A EVOLUÇÃO DE
DEUS

ROBERT WRIGHT

A EVOLUÇÃO DE
DEUS

Tradução de
FLÁVIO DEMBERG

Revisão técnica de
MARCELO TIMOTHEO DA COSTA

EDITORA RECORD
RIO DE JANEIRO • SÃO PAULO
2012

CIP-BRASIL. CATALOGAÇÃO NA FONTE
SINDICATO NACIONAL DOS EDITORES DE LIVROS, RJ

W933e Wright, Robert, 1957-
A evolução de Deus / Robert Wright; tradução Flávio Demberg. – Rio de Janeiro:
Record, 2012.

Tradução de: The evolution of God
Inclui bibliografia e índice
ISBN 978-85-01-08890-1

1. Deus – História das doutrinas. 2. Monoteísmo – História. 3. Religiões –
Relações. I. Título.

CDD: 200.9
10-2608
CDU: 2-9

Título original em inglês:
THE EVOLUTION OF GOD

Copyright © 2009 by Robert Wright
Publicado mediante acordo com Little, Brown and Company, Inc., New York, New
York, USA. Todos os direitos reservados.

Todos os direitos reservados. Proibida a reprodução, armazenamento ou transmissão
de partes deste livro através de quaisquer meios, sem prévia autorização por escrito.
Proibida a venda desta edição em Portugal e resto da Europa.

Texto revisado segundo o novo Acordo Ortográfico da Língua Portuguesa.

Direitos exclusivos de publicação em língua portuguesa para o Brasil
adquiridos pela
EDITORA RECORD LTDA.
Rua Argentina, 171 – 20921-380 – Rio de Janeiro, RJ – Tel.: 2585-2000
que se reserva a propriedade literária desta tradução.

Impresso no Brasil.

ISBN 978-85-01-08890-1

Seja um leitor preferencial Record.
Cadastre-se e receba informações sobre nossos
lançamentos e nossas promoções.

EDITORA AFILIADA

Atendimento direto ao leitor:
mdireto@record.com.br ou (21) 2585-2002.

Para John,
meu hodômetro

O interlocutor no diálogo com Deus não é o indivíduo, mas a espécie humana.

— *Gordon Kaufman*

Sumário

Introdução   11

I
NASCIMENTO E CRESCIMENTO DOS DEUSES

1. A fé primordial   19
2. O xamã   43
3. Religião na era das chefias   63
4. Deuses dos Estados antigos   91

II
A EMERGÊNCIA DO MONOTEÍSMO ABRAÂMICO

5. Politeísmo, a religião da antiga Israel   123
6. Do politeísmo à monolatria   159
7. Da monolatria ao monoteísmo   199
8. A história de Fílon   225
9. Logos: o algoritmo divino   257

III
A INVENÇÃO DO CRISTIANISMO

10. O que Jesus fez?	289
11. O apóstolo da caridade	311
12. A seleção natural do cristianismo	339
13. Como Jesus tornou-se o salvador	357

IV
O TRIUNFO DO ISLAMISMO

14. O Alcorão	385
15. Meca	403
16. Medina	415
17. Jihad	439
18. Maomé	455

V
DEUS TORNA-SE GLOBAL (OU NÃO)

19. A imaginação moral	477
20. Bem, não somos especiais?	503
Epílogo: A propósito, o que é Deus?	519
Apêndice: Como a natureza humana criou a religião	539
Uma nota sobre as traduções	569
Agradecimentos	573
Notas	577
Bibliografia	655
Índice	673

Introdução

Em certa ocasião, fui censurado do púlpito da igreja de minha mãe. O ano era 1994. Meu livro *O animal moral* tinha acabado de ser publicado e tive a sorte de ver parte dele citada na revista *Time*. O trecho falava sobre as diferentes maneiras pelas quais nossa natureza humana evoluída complica o projeto do casamento. Uma dessas complicações é a tentação natural e universalmente humana de se corromper, e esse fora o ângulo que os editores da *Time* escolheram para destacar na capa da revista. Ao lado da clara imagem de uma aliança quebrada, estavam as palavras: "Infidelidade: ela pode estar em seus genes."

O pastor da Primeira Igreja Batista de Santa Rosa, Califórnia, interpretou o artigo como uma defesa ímpia da promiscuidade, e assim o disse na manhã de um domingo. Depois do culto, minha mãe foi até ele e lhe disse que seu filho era o autor do artigo. Quero acreditar que — dada a maravilha do amor maternal — ela o tenha dito com orgulho.

Até que ponto me desviei! Por volta dos nove anos, na Igreja Batista Emanuel, em El Paso, Texas, eu aceitara o chamado de Deus e andara até a frente da igreja, enquanto um pregador visitante, chamado Homer Martinez, pronunciava o "convite" — o chamado para os pecadores não remidos aceitarem Jesus como seu salvador.

Algumas semanas depois, fui batizado pelo pastor da igreja. Agora, quase três décadas depois, outro ministro batista me situava nas proximidades de Satã.

Se o pastor tivesse lido meu artigo na *Time* com atenção, duvido que o teria atacado tão veementemente. (Na verdade, eu argumentava que, embora o impulso ao adultério seja natural, podemos e devemos resistir a ele.) Por outro lado, havia pessoas que não leram apenas o trecho, mas todo o livro, e concluíram que eu era qualquer coisa de ímpio. Eu argumentava que as partes mais sublimes e elevadas da existência humana (amor, sacrifício, nosso próprio senso de verdade moral) eram produtos da seleção natural. O livro parecia um tratado completamente materialista — materialista no sentido de "materialista científico", como em "A ciência pode explicar tudo em termos materiais; logo, quem precisa de Deus? Especialmente um Deus de quem se supõe transcenda de algum modo mágico o universo material".

Creio que "materialista" não é um termo tão equivocado para mim. De fato, neste livro falo sobre a história da religião, e de seu futuro, de uma perspectiva materialista. Penso que a origem e o desenvolvimento da religião possam ser explicados pela referência a coisas concretas, observáveis: a natureza humana, fatores políticos e econômicos, mudanças tecnológicas etc.

Mas não acho que uma abordagem "materialista" da origem, da história e do futuro da religião — como a que apresento aqui — exclua a validade de uma visão de mundo religiosa. Com efeito, sustento que a história da religião apresentada neste livro, materialista como é, em realidade afirma a validade de uma visão de mundo religiosa; não uma concepção de mundo *tradicionalmente* religiosa, mas uma que é, em algum sentido significativo, religiosa.

Parece paradoxal. Por um lado, penso que os deuses surgiram como ilusões e que a história subsequente da ideia de deus é, em certo sentido, a evolução de uma ilusão. Por outro lado: (1) a história dessa própria evolução aponta para a existência de algo que pode ser

INTRODUÇÃO

chamado significativamente de divino; e (2) a "ilusão", no curso da evolução, tornou-se tão eficaz que se aproximou da plausibilidade. Em ambos os sentidos, a ilusão tornou-se cada vez menos ilusória.

Isso faz sentido? Provavelmente, não. Espero que o faça ao fim do livro. Por ora, devo apenas admitir que o tipo de deus que permanece plausível, após toda essa eficácia, não é o tipo de deus que a maioria dos fiéis religiosos tem em mente.

Há duas outras coisas que espero que façam novo tipo de sentido ao fim deste livro; ambas são aspectos da situação mundial atual:

Uma é o que as pessoas chamam de choque de civilizações — a tensão entre o Ocidente judaico-cristão e o mundo muçulmano, manifestada de modo conspícuo em 11 de setembro de 2001. Desde aquele dia, as pessoas vêm se perguntando como, se possível, as religiões abraâmicas do mundo poderão conviver entre si, na medida em que as forças da globalização as colocam em contato cada vez mais próximo.

Bem, a história é repleta de civilizações em conflito e, também, de civilizações em harmonia. E a história do papel das ideias religiosas — atiçando as chamas ou abrandando-as, e frequentemente se alterando no processo — é instrutiva. Creio que ela nos diz o que podemos fazer para que o "embate" atual tenha um final feliz.

O segundo aspecto da situação mundial atual a que me refiro é outro tipo de conflito — o "conflito" muito debatido entre ciência e religião. Como o primeiro tipo de embate, este possui uma história longa e educativa. Ela pode ser traçada desde pelo menos a antiga Babilônia, quando se percebeu repentinamente que os eclipses, que haviam sido por muito tempo atribuídos a seres sobrenaturais malignos e implacáveis, ocorriam a intervalos previsíveis — previsíveis o suficiente para provocar o questionamento de se seres sobrenaturais malignos e implacáveis eram realmente o problema.

Desde então houve muitas descobertas perturbadoras (do ponto de vista da religião), mas sempre alguma noção de divino sobreviveu ao encontro com a ciência. A noção teve de mudar, mas isso não é uma acusação contra a religião. Afinal, a ciência mudou continuamente, revisando, senão descartando, as velhas teorias, e nenhum de nós considera isso uma acusação contra a ciência. Pelo contrário, achamos que essa contínua adaptação está levando a ciência a se aproximar mais da verdade. Talvez a mesma coisa esteja acontecendo com a religião. Talvez, no fim, uma abordagem impiedosamente científica da nossa situação — como a abordagem que me foi censurada do púlpito da igreja de minha mãe — seja realmente compatível com uma verdadeira visão de mundo religiosa e seja parte do processo que a aprimore, aproximando-a mais da verdade.

Essas duas grandes questões de "conflito" podem ser colocadas em uma frase: poderiam as religiões do mundo moderno se reconciliar umas com as outras e se reconciliar com a ciência? Creio que a história aponte para respostas afirmativas.

Como serão as religiões depois de tal adaptação? Essa questão é surpreendentemente fácil de responder, pelo menos em linhas gerais. Primeiro, elas terão de responder aos desafios do bem-estar psicológico humano que são colocados pelo mundo moderno. (De outro modo, elas não terão aceitação.) Segundo, terão de ressaltar algum "propósito superior" — algum tipo de padrão ou tópico superior que possamos usar para nos ajudar a orientar a vida cotidiana, a reconhecer o que é bom ou ruim, e a dar sentido à alegria e ao sofrimento, igualmente. (De outro modo, não seriam religiões, pelo menos no sentido com que emprego a palavra "religião").

Agora as perguntas realmente difíceis: *como* as religiões realizarão essas proezas? (Presumindo que elas consigam; se não conseguirem, todos nós — crentes, agnósticos ou ateus — poderemos ter um grande problema.) Como as religiões se adaptarão à ciência e umas às outras? Como seria uma religião bem adaptada a uma era de ciência avançada e rápida globalização? Para que tipo de propósito ela apontaria, que tipo de orientação forneceria? Há uma visão de mundo intelectualmente honesta que se qualifique de fato como religião e possa, em meio ao caos do mundo atual, proporcionar conforto e orientação pessoal — e talvez ainda tornar o mundo menos caótico? Não digo que eu tenha as respostas, mas indicações claras surgem naturalmente no curso do relato da história de Deus. Então, aqui vamos!

I

NASCIMENTO E CRESCIMENTO DOS DEUSES

Em síntese, pode-se dizer que praticamente todas as grandes instituições sociais nasceram na religião.

— *Emile Durkheim*

CAPÍTULO 1

A fé primordial

Os chukchis, um povo nativo da Sibéria, têm sua maneira própria de lidar com ventos fortes. Um homem chukchi entoa: "Vento Oeste, olhe aqui! Olhe o meu traseiro. Nós vamos lhe dar um pouco de gordura. Pare de assoprar!" O pesquisador europeu do século XIX que registrou esse ritual descreveu-o da seguinte forma: "O homem que pronuncia o conjuro deixa cair suas calças e vira-se a sotavento, expondo suas nádegas nuas para o vento. A cada palavra, ele bate palmas."[1]

Ao fim do século XIX, viajantes europeus haviam reunido vários relatos de rituais em terras distantes e pouco conhecidas. Algumas dessas terras eram habitadas por povos tidos como selvagens — povos cuja tecnologia não incluía a escrita ou mesmo a agricultura. E alguns desses rituais, como o dos chukchis, pareciam estranhos.

Poderia um ritual como esse ser chamado de religioso? Alguns europeus repeliam essa consideração, ofendidos pela comparação implícita entre suas elevadas formas de adoração e as tentativas rudes de aplacar a natureza.

Talvez por isso é que sir John Lubbock, um antropólogo britânico do fim do século XIX, prefaciou sua discussão sobre religiões "selvagens" com um aviso: "É impossível discutir o assunto sem mencionar algumas coisas que são muito repugnantes aos nossos sentidos", ele escreveu em *The Origin of Civilization and the Primitive Condition of Man*. No entanto, fez uma promessa aos leitores. Ao explorar esse "melancólico espetáculo de superstições grosseiras e formas bárbaras de adoração", ele "se esforçaria para evitar, o máximo possível, qualquer coisa que pudesse trazer desconforto para os meus leitores."[2]

Um desconforto de que Lubbock poupou seus leitores foi o pensamento de que os cérebros desses pudessem ter muito em comum com os cérebros selvagens. "As condições mentais de um selvagem são tão diferentes das nossas, que, em geral, é muito difícil acompanhar o que lhe está passando na mente, ou entender os motivos que o influenciam." Embora os selvagens "tenham razões — sejam elas quais forem — para o que fazem e para os que acreditam, essas motivações são, com frequência, muito absurdas". O selvagem demonstra "extrema inferioridade mental" e sua mente, "como a de uma criança, fatiga-se facilmente".[3] Naturalmente, portanto, as ideias religiosas dos selvagens "não são resultado de reflexão aprofundada".

Desse modo, havia tranquilidade suficiente para os leitores de Lubbock: "A religião, como entendida pelas raças selvagens inferiores", não é só diferente da religião civilizada, "mas é até mesmo o contrário." De fato, se conferirmos o título "religião" aos rituais rústicos e temores supersticiosos que os observadores dos selvagens relataram, "já não poderemos considerar a religião como peculiar ao homem". Pois que "o uivo de um cão para a lua seria um ato de adoração tanto quanto algumas cerimônias que foram descritas pelos viajantes".[4]

Talvez não nos surpreenda que um instruído cristão britânico assim desprezasse elementos da "religião primitiva". ("Religião primitiva" denota, de modo geral, a religião de povos sem escrita, sejam caçadores-coletores ou agrícolas). Afinal, nas religiões primitivas, há profunda reverência por superstições rudimentares. Em geral, profecias obscuras determinam decisões de guerra e paz. E os espíritos dos mortos podem causar males — ou, por meio da mediação de

A FÉ PRIMORDIAL 21

um xamã, oferecer conselhos. Em resumo, as religiões primitivas são repletas de elementos que foram notoriamente abandonados quando o monoteísmo trazido do Egito por Moisés substituiu o paganismo de Canaã.

Mas, realmente, essa substituição não foi tão bem definida, e a prova está na própria Bíblia, embora em partes que não sejam muito lidas pelos fiéis dos dias de hoje. Lá, você encontrará o primeiro rei de Israel, Saul, consultando incógnito uma necromante para lhe solicitar que levantasse o profeta Samuel da tumba a fim de obter orientação política. (Samuel não gostou da ideia: "Por que perturbas o meu descanso chamando-me?")[5] Lá, você também encontrará superstição rudimentar. Quando o profeta Eliseu, preparando o rei Joás para a batalha contra os arameus, o instrui para golpear a terra com algumas flechas, ele fica desapontado com os três golpes dados: "Era preciso dar cinco ou seis golpes! Terias então derrotado Aram até o extermínio; agora, porém, vencerás Aram três vezes só!"[6]

Mesmo o máximo em refinamento teológico abraâmico — o próprio monoteísmo — parece ser um recurso inconstante na Bíblia. Ainda que boa parte das escrituras presuma a existência de um só Deus, alguns trechos emitem um tom diferente. O livro do Gênesis menciona o tempo em que um grupo de divindades masculinas descia para copular com belas mulheres humanas; esses deuses "se uniam às filhas dos homens e estas lhes davam filhos". (E não eram crianças comuns: "estes homens famosos foram os heróis dos tempos antigos".)[7]

Aqui e em outras referências, a Bíblia hebraica — a mais antiga escritura da tradição abraâmica e, nesse sentido, o marco inicial do judaísmo, do cristianismo e do islamismo — descreve vestígios de sua ancestralidade. Aparentemente, o monoteísmo abraâmico surgiu organicamente do "primitivo", por um processo mais evolucionário do que revolucionário.

Isso não significa que haja uma linha de descendência cultural entre as religiões "primitivas" dos registros antropológicos e as religiões "modernas". Não é como se, há três ou quatro milênios, os povos que falavam com o vento enquanto abaixavam as calças começassem a se ajoelhar para falar com Deus. Até onde sabemos, a ancestralidade cultural do judaísmo, do cristianismo e do islamismo não inclui nenhuma tradição de conversas com os ventos e, certamente, não há razão para pensar que a religião chukchi seja parte dessa ancestralidade — que, nos idos do primeiro ou segundo milênio AEC. (Antes da Era Comum), a cultura chukchi da Sibéria teria de algum modo influenciado a cultura do Oriente Médio.

Ao contrário, a ideia é que as religiões "primitivas" de modo geral, como registradas por antropólogos e outros viajantes, possam nos dar alguma noção do contexto ancestral das religiões modernas. Devido à eventualidade do isolamento geográfico, culturas como a chukchi escaparam à revolução tecnológica — o advento da escrita — que colocou outras partes do mundo dentro dos registros históricos e as empurrou para a modernidade. Se essas culturas "primitivas" não nos mostram as religiões pré-históricas específicas de onde emergiram as religiões com registros antigos, elas, pelo menos, nos dão um quadro geral. Ainda que a súplica monoteística não tenha surgido dos rituais ou crenças dos chukchis, talvez a sua lógica tenha nascido de um *tipo* de crença que os chukchis mantinham: a noção de que as forças da natureza são animadas por mentes ou espíritos que podem ser influenciados por meio da negociação.

Lógica selvagem

Essa foi, de fato, a teoria de um contemporâneo de John Lubbock: Edward Tylor, um pensador bastante influente, que às vezes é considerado o pai da antropologia social. Tylor, conhecido de Lubbock e, em dado momento, seu crítico, acreditava que a forma primordial de religião era o "animismo". A teoria do animismo de Tylor era, entre os acadêmicos de seu tempo, a explicação dominante de como

A FÉ PRIMORDIAL 23

a religião começou. Ela "conquistou o mundo de um só golpe",[8] escreveu um antropólogo do início do século XX.

A teoria de Tylor baseava-se em um paradigma que permeava a antropologia no fim do século XIX, e que foi desprezado por muitas décadas, tendo ressurgido recentemente: o evolucionismo cultural. A ideia é a de que a cultura humana no sentido amplo — arte, política, tecnologia, religião etc. — evolui de modo muito semelhante à evolução das espécies biológicas: novos traços culturais surgem e podem prosperar ou perecer, e, como consequência, instituições e sistemas de crenças formam-se e modificam-se. Um novo ritual religioso pode surgir e ganhar adeptos (se ele for considerado, digamos, um eficiente neutralizador de ventos). Novos deuses podem nascer e crescer. Novas ideias sobre deuses podem aparecer — como a ideia de que só existe um deles. A teoria do animismo de Tylor pretende explicar como essa ideia, o monoteísmo, evoluiu da religião primitiva.

O "animismo" é, por vezes, definido como a atribuição de vida ao que é inanimado: consideram-se vivos os rios, as nuvens, as estrelas. Isso é parte do que Tylor quis dizer com o termo, mas não é tudo. O animista primitivo, na explicação de Tylor, via as coisas vivas e as não vivas como que habitadas — animadas — por uma alma ou espírito; os rios e as nuvens, os pássaros e as feras, e também as pessoas, tinham essa "alma-fantasma", esse "vapor, névoa ou sombra", essa "causa da vida e do pensamento no indivíduo que ela animava".[9]

A teoria de Tylor apoiava-se em uma visão mais favorável da mente "primitiva" do que aquela expressa por Lubbock. (A Tylor é creditada uma doutrina que se tornou o pilar da antropologia social — a "unidade psíquica da humanidade", a ideia de que as pessoas de todas as raças são basicamente as mesmas, de que há uma natureza humana universal.) Ele via o animismo não como um oposto bizarro do pensamento moderno, mas como um produto primitivo natural proveniente da mesma curiosidade especulativa que gerou o pensamento moderno. O animismo foi a "filosofia infantil da humanidade", elaborada por "antigos filósofos selvagens".[10] E fez o que as boas teorias devem fazer: explicar fatos normalmente misteriosos de maneira comedida.

Para começar, a hipótese de que os humanos possuem uma alma-fantasma responde convenientemente a algumas dúvidas que, para Tylor, devem ter ocorrido aos primeiros humanos, tais como: "o que acontece quando sonhamos?" As sociedades primitivas usam a noção da alma humana para resolver esse enigma. Em alguns casos, a ideia é de que a alma-fantasma vaga durante o sono, vivendo aventuras que o sonhador depois recorda; décadas depois que Tylor escreveu, o antropólogo A. R. Radcliffe-Brown observou que os andamaneses relutavam em acordar as pessoas, uma vez que algum mal poderia resultar se o sono fosse interrompido antes de a alma ter retornado para casa.[11] Em outros casos, a ideia é de que quem sonha está sendo visitado por outras almas. Em Fiji, Tylor registrou, achava-se que as almas deixavam seus corpos "para perturbar outras pessoas durante o sono".[12]

E a ideia de que as almas dos mortos retornavam para visitas por meio dos sonhos é bem frequente nas sociedades primitivas.[13] Desse modo, o animismo lida com outro enigma com que se defrontavam os antigos seres humanos: a morte em si. A morte, nesse cenário, é o que acontece quando a alma deixa o corpo definitivamente.

Uma vez que os antigos humanos conceberam a ideia de alma, Tylor diz, estendê-la para além de nossa espécie foi um passo apenas lógico. O selvagem não poderia deixar de "reconhecer nos animais as mesmas características que atribuíra à alma humana, particularmente os fenômenos da vida e morte, vontade e julgamento". E as plantas, "participando como os animais dos fenômenos da vida e morte, saúde e doença, naturalmente têm algum tipo de alma atribuído a elas".[14]

Nesse sentido, a ideia de que paus e pedras possuem almas é racional, se vista da perspectiva de uma "tribo não civilizada". Afinal, paus e pedras não aparecem em sonhos? Os fantasmas que vemos nos sonhos, ou quando deliramos de febre, não vestem roupas ou carregam armas? "Como então podemos acusar o selvagem com uma afetação absurda por basear sua filosofia e religião na própria evidência de seus sentidos?" Tylor deve ter se lembrado de Lubbock quando falou acerca dos povos primitivos: "A própria afirmação de que suas ações são imotivadas e de que suas opiniões são sem sentido é, em si, uma teoria, e, eu digo, uma teoria totalmente falsa, inventada para dar conta de todo o tipo de coisas que aqueles que não as entendiam assim pudessem explicá-las facilmente."[15]

Depois que uma visão de mundo animista abrangente tomou forma, Tylor afirmou, ela começou a evoluir. Em algum momento, por exemplo, a noção de que cada árvore possuía um espírito abriu caminho para a noção de que as árvores seriam coletivamente governadas pelo "deus da floresta".[16] Esse politeísmo incipiente então amadureceu e, por fim, organizou-se como monoteísmo. Em 1866, em um artigo na *Fortnightly Review*, Tylor resumiu todo o processo naquilo que pode ser a única história da religião publicada em uma só frase — e talvez seja também uma das frases mais longas já publicadas:

> Partindo da mais simples teoria que atribui vida e personalidade aos animais, vegetais e minerais igualmente — por meio da qual pedras, plantas e rios teriam espíritos guardiões vivendo entre eles e cuidando de sua preservação, crescimento e transformações — até aquela que vê em cada parte do mundo a atenção protetora e auxiliadora de uma divindade apropriada e, por fim, de um Ser Supremo governando e controlando a hierarquia inferior — passando por todas essas gradações de opinião, podemos assim ver resolvida, em um estágio após o outro, a disputa há muito travada entre uma teoria do animismo, que explica cada fenômeno da natureza dando-lhes uma vida como a nossa, e uma ciência natural de lento desenvolvimento, que, em cada parte, substitui pela ação voluntária independente o funcionamento de uma lei sistemática.[17]

Alguma pergunta?

Há várias, na realidade. A teoria de Tylor não manteve o prestígio que uma vez teve. Alguns questionam que ela torna a evolução dos deuses algo como um exercício de razão pura, quando, na verdade, a religião foi profundamente moldada por muitos fatores, desde a política e a economia até a infraestrutura emocional humana. (Uma diferença entre o evolucionismo cultural moderno e aquele dos tempos de Tylor é a ênfase moderna sobre as várias maneiras como as "memes" — rituais, crenças e outros elementos básicos da cultura — propagam-se ao atraírem partes não racionais da natureza humana.)

Ainda assim, no geral, a posição de Tylor sustenta-se bem hoje em dia. Embora divergente quanto às forças que moldaram a religião, seu ímpeto inicial parece realmente ter vindo de pessoas que, como nós, estavam tentando encontrar sentido no mundo. Todavia, elas não tinham a herança da ciência moderna para lhes dar uma vantagem antecipada, e assim tiraram conclusões pré-científicas. E, à medida que a compreensão do mundo evoluía — especialmente por meio da ciência — a religião evoluía na sequência. Assim, Tylor escreveu, "uma linha contínua de conexão mental" une "o selvagem que cultua fetiches ao cristão civilizado".[18]

Nesse nível de generalidade, a visão de mundo de Tylor não só sobreviveu ao escrutínio da erudição moderna, como saiu daí fortalecida. A psicologia evolucionista mostrou que, bizarras como possam parecer algumas crenças "primitivas" — e bizarras como possam parecer as religiões "modernas" para ateístas e agnósticos — elas são produções da humanidade, produtos naturais de um cérebro criado pela seleção natural para dar sentido ao mundo por meio de uma miscelânea de ferramentas cujo resultado coletivo não é totalmente racional.

A elaboração do entendimento moderno sobre como as religiões "primitivas" surgiram inicialmente na mente humana pode ser lida no apêndice deste livro. Por ora, o ponto principal é que, mesmo que o cenário "do-animismo-para-o-monoteísmo" de Tylor pareça deficiente a nossa perspectiva moderna, ainda há muita coisa que faz

A FÉ PRIMORDIAL 27

sentido. Em particular: para entender os estágios iniciais da evolução dos deuses, e de Deus, temos de imaginar como viam o mundo as pessoas que viveram milênios atrás, não só em relação à ciência, mas em relação à escrita ou mesmo à agricultura; e não há melhor auxílio para esse experimento mental do que a nossa imersão na visão de mundo das sociedades caçadoras-coletoras que foram observadas pelos antropólogos — a visão de mundo dos "selvagens", como Lubbock e Tylor diriam.

É claro, seria interessante observar *literalmente* as sociedades pré-históricas, as sociedades cujas religiões realmente evoluíram para as religiões antigas do registro histórico. Mas não há registros detalhados das crenças que existiam antes da escrita; tudo o que há são objetos encontrados por arqueólogos — ferramentas e adornos, e, aqui e acolá, uma pintura rupestre. Se o vasto espaço em branco deixado pelo período da humanidade anterior à escrita tiver de ser preenchido, o será pela vasta literatura sobre as sociedades caçadoras-coletoras observadas.

Usar os caçadores-coletores como janelas para o passado tem seus limites. Por exemplo, os registros antropológicos não contêm culturas caçadoras-coletoras "puras", culturas que não tenham sido corrompidas pelo contato com sociedades mais avançadas tecnologicamente. Afinal, o processo de observar uma cultura envolve o contato com ela. Além disso, muitas sociedades caçadoras-coletoras tiveram contato com missionários ou exploradores antes de terem suas religiões documentadas.

Novamente, então, na medida em que as crenças religiosas de uma cultura indígena pareçam "estranhas" — têm pouca semelhança com as crenças das culturas que tiveram contato com ela — esse contato é uma explicação improvável para elas. Não parece ser provável, por exemplo, que a prática de mostrar o traseiro para o vento tenha sido ensinada aos chukchis por um missionário cristão da Inglaterra vitoriana.

Quando uma categoria "estranha" de crença é encontrada em sociedades caçadoras-coletoras de vários continentes, é menos provável que tenha sido uma mera importação, mas sim um produto genuíno do estilo de vida caçador-coletor. Como veremos, não há noções caçadoras-coletoras que não passem por esses dois testes: elas são difundidas e — aos nossos olhos — são estranhas. Assim, com bastante segurança, podemos reconstruir o ambiente espiritual das eras pré-históricas, de tempos antes de as religiões entrarem nos registros históricos.

Ninguém mais acredita, como alguns antropólogos do século XIX acreditavam, que os caçadores-coletores são exemplos cristalinos da religião em seu momento de origem, dezenas de milhares de anos atrás. Mas eles são as melhores pistas que temos para as crenças religiosas de aproximadamente 12.000 AEC, antes da invenção da agricultura. As pinturas rupestres são interessantes, mas elas não falam.

Deuses caçadores-coletores

Os klamaths, um povo caçador-coletor que habitava onde hoje é o estado de Oregon, falavam. E, felizmente para nós, eles falaram para alguém que os entendia mais claramente do que como os visitantes geralmente entendem os povos indígenas: Albert Samuel Gatschet, um linguista pioneiro que nos anos 1870 compilou um dicionário e uma gramática do idioma klamath. Os textos de Gatschet sobre os klamaths capturam algo encontrado em todas as culturas caçadoras-coletoras: a crença em seres sobrenaturais — e sempre em mais de um; não há algo como uma sociedade caçadora-coletora intrinsecamente monoteísta.

Na verdade, os registros antropológicos revelam pelo menos cinco diferentes *tipos* de seres sobrenaturais caçadores-coletores, alguns dos quais são encontrados em todas as sociedades caçadoras-coletoras. A maior parte desses seres está presente na maioria dessas sociedades. A cultura klamath, com rica teologia, ilustra todos os cinco tipos.[19]

Ser sobrenatural caçador-coletor Tipo I: espíritos elementais. Partes da natureza que os cientistas modernos consideram inanimadas podem ter vida, possuir inteligência e personalidade, e uma alma. Desse modo, as ações da natureza podem tornar-se um drama social. Quando os klamaths viam as nuvens ocultando a lua, isso poderia significar que Muash, o vento sul, estava tentando matar a lua — e, realmente, era o que se sucedia, embora a lua parecesse sempre ressuscitar no final.

Ser sobrenatural caçador-coletor Tipo II: títeres. Partes da natureza podem ser controladas por seres distintos dessas partes da natureza. Segundo os klamaths, o vento oeste era emitido por uma anã flatulenta, de cerca de 80 cm de altura, trajando um vestido de pele de veado e um chapéu de palha (e que podia ser vista na forma de uma pedra em alguma montanha próxima). Às vezes, os klamaths pediam a ela que assoprasse os mosquitos para longe de Pelican Bay.[20]

A combinação de seres sobrenaturais do tipo I e II em um só cenário é possível. Os klamaths acreditavam que os furacões eram regidos por um espírito interno, o Shukash. A tribo vizinha dos caçadores-coletores modocs, embora concordasse, acreditava que o Shukash era, por sua vez, controlado por Tchitchatsa-ash, ou "O Grande Ventre", cujo estômago continha ossos que chacoalhavam, criando o som assustador do furacão.[21] Do mesmo modo, Leme-ish, o espírito do trovão para os klamaths, era tido, por vezes, como uma única entidade, e, em outras, como sendo cinco irmãos que, por terem sido banidos da sociedade organizada, agora faziam barulhos para assustar as pessoas. (Essas divergências interpretativas formam o material bruto da evolução cultural, da mesma maneira que as mutações biológicas criam as diferentes características que sustentam a evolução genética.)

Ser sobrenatural caçador-coletor Tipo III: espíritos orgânicos. Os fenômenos naturais que mesmo nós consideramos vivos podem ter poderes sobrenaturais. O coiote, por exemplo, abriga maus espíritos e, Gatschet registrou, "sua voz lúgubre é presságio de guerras, desgraças e morte".[22] Uma espécie de pássaro pode fazer nevar, enquanto outra pode gerar um nevoeiro. Alguns espíritos animais poderiam ajudar os klamaths a curar doenças, colaboração essa facilitada por um espírito chamado Yayaya-ash, que assumiria a forma de um homem de uma só perna e conduziria o curandeiro à morada daqueles espíritos animais, para obter conselhos.

Ser sobrenatural caçador-coletor Tipo IV: espíritos ancestrais. As sociedades caçadoras-coletoras quase sempre possuem espíritos de mortos e, em geral, esses espíritos são quase tão maus quanto bons. Os espíritos ancestrais, Gatschet escreveu, eram "tema de medo e abominação, sentimentos que eram ampliados pela crença em sua onipresença e invisibilidade".[23]

Ser sobrenatural caçador-coletor Tipo V: o deus supremo. Algumas sociedades caçadoras-coletoras, mas certamente não todas, possuem um "deus supremo". Não se trata de um deus que controle os outros deuses. (Um antropólogo do início do século XX escreveu sobre os klamaths com certo tom de desaprovação: "não houve tentativa de agrupar os espíritos em um panteão ordenado".)[24] Mais exatamente, um deus supremo é um deus que, em algum sentido, é mais importante que os outros seres sobrenaturais e é, em geral, um deus criador. Para os klamaths, ele era Kmukamtch, que habitava o sol. Kmukamtch criou o mundo, em seguida criou os próprios klamaths (de uma amora roxa) e continuou a sustentá-los, embora fosse sabido que ele havia feito chover piche incandescente sobre sua criação em um ataque de cólera.[25]*

---

*Notas sublinhadas estão mais bem desenvolvidas, ao fim do livro.

A FÉ PRIMORDIAL 31

Então, qual é o sentido de todos esses deuses e/ou espíritos? (A linha entre "deuses" e "espíritos" é pouco distinta. Usarei a palavra "deuses" de modo abrangente como referência a ambos.) Obviamente, uma utilidade desses deuses para os klamaths era explicar o misterioso funcionamento da natureza. O conjunto de seres sobrenaturais já citado aqui (apenas a "ponta do iceberg" dos klamaths) explica por que neva, por que o vento sopra, por que as nuvens cobrem a lua, por que os trovões fazem estrondos, por que os sonhos contêm pessoas mortas e assim por diante. Toda sociedade caçadora-coletora conhecida tem a dinâmica da natureza explicada de modo semelhante, em termos sobrenaturais — ou, pelo menos, em termos do que *nós* consideramos sobrenatural; para os caçadores-coletores, esses seres invisíveis são organicamente ligados ao mundo natural observável, da mesma maneira que, na ciência moderna, a força gravitacional é organicamente ligada à lua que observamos em órbita.

Isso nos leva a uma das mais irônicas características da religião caçadora-coletora: ela não existe. Ou seja, se você perguntasse aos caçadores-coletores qual é a religião deles, eles não saberiam do que você está falando. Os tipos de crenças e rituais que rotulamos como "religiosos" são tão interligados em seus pensamentos e atitudes cotidianos que eles não possuem uma palavra para isso. Podemos chamar de "sobrenaturais" algumas de suas explicações de como o mundo funciona; outras, chamaríamos de "naturalistas". Todavia, essas são categorias nossas, não deles. Para eles, parece adequado tratar uma doença buscando o deus que a causou, do mesmo modo que para nós parece adequado procurar o germe que a causou.[26] Essa perfeita interligação dos aspectos — em nossos termos — religiosos e não religiosos da cultura também continuaria na história escrita. O hebraico antigo, a língua de maior parte da Bíblia Sagrada, não tinha uma palavra para religião.

Com todo o respeito devido aos costumes caçadores-coletores (e aos antigos hebreus), continuarei usando palavras como "religião" e "sobrenatural" — em parte, para facilitar a comunicação com os leitores que já as usam; e, em parte, por um motivo mais profundo: creio que os aspectos da vida caçadora-coletora que chamamos de "religiosos" são exemplos da cultura humana que, por meio da evolução cultural, foram transmutados nas religiões modernas.

Quando coisas ruins acontecem a pessoas boas

Além do interesse geral sobre como o mundo funciona, os caçadores-coletores manifestam um interesse particular na questão de por que coisas *ruins* acontecem. De acordo com os haidas, ameríndios da costa norte do Pacífico, os terremotos acontecem quando um cão muito grande de uma divindade do mar (cuja função é sustentar as ilhas nas quais os haidas vivem) se sacode.[27] Se os pigmeus mbutis, da região do Congo, na África, encontram parte da floresta carente de caça, isso significa que os *keti*, vorazes espíritos caçadores da floresta, passaram por lá primeiro.[28] Quando adoece um boxímane da tribo !kung, do deserto do Kalahari, é provável que tenha sido trabalho dos *gauwasi* — espíritos ancestrais — que podem estar agindo por ordem de um deus.[29]

É claro, os caçadores-coletores não são os únicos povos a se perguntar por que acontecem coisas ruins. A tradição cristã, por si só, produziu imensa quantidade de tratados sobre a questão. Mas os caçadores-coletores conseguem responder a ela melhor do que muitos teólogos modernos; pelo menos, as suas respostas são menos atormentadas por paradoxos. Os teólogos das religiões abraâmicas — judeus, cristãos ou islâmicos — são coagidos desde o princípio por uma premissa rígida: a de que a realidade é governada por um Deus bom, onisciente e onipotente. E a razão por que esse deus capaz de curar o câncer amanhã, por outro lado assiste a pessoas inocentes

A FÉ PRIMORDIAL

sofrerem, é um enigma. Pergunte a Jó, que, após anos de devoção, caiu em desgraça. Ao contrário da maioria das vítimas inocentes, a Jó foi permitido questionar o próprio Deus sobre a aparente injustiça de tudo que lhe acontecera, embora, ao fim, tenha sido forçado a se conformar com esta resposta: você não entenderia. Inúmeros teólogos lutaram com essa questão por meio de textos extensos, apenas para chegar à conclusão da mesma resignação.

No universo caçador-coletor, o problema do mal não é tão desconcertante, porque o sobrenatural não toma a forma de um único ser todo-poderoso, muito menos de um ser moralmente perfeito. Em vez disso, o reino do sobrenatural é povoado por vários seres que, via de regra, são notavelmente bastante parecidos com os seres humanos: nem sempre eles estão de bom humor e o que os deixa mal-humorados não faz muito sentido.

Por exemplo, Karei, o deus do trovão dos caçadores-coletores semangs, do Sudeste da Ásia, ficaria irritado se visse pessoas penteando o cabelo durante uma tempestade ou assistindo a cães copulando.[30] Nas ilhas Andamão, o deus da tempestade, Biliku, poderia se enfurecer se alguém derretesse cera de abelha ou fizesse barulho quando as cigarras estivessem cantando. O antropólogo britânico A. R. Radcliffe-Brown, ao estudar os ilhéus de Andamão um século atrás, observou que eles realmente derretiam cera de abelha, na expectativa de que Biliku não os notasse. Radcliffe-Brown surpreendeu-se com essa "discrepância entre seus preceitos e suas ações".[31] Mas nao é seguro que "preceito" scja a palavra correta para uma regra formulada por uma divindade que não é um modelo de moral, para início de conversa. Radcliffe-Brown vinha de uma cultura em que "deus" significava bom, mas essa fórmula dificilmente é universal e, entre os caçadores-coletores, ela é quase desconhecida.

Desse modo, Kmukamtch, o deus do sol dos klamaths, mantinha certo ressentimento de seu formoso filho adotivo, Aishish, e gastava muito tempo e energia roubando as roupas de Aishish para tentar vesti-las. (Isso explica por que, às vezes, o sol é envolvido por pequenas nuvens brancas — são as roupas enfeitadas de Aishishi.)[32] Ainda pior, Kmukamtch está sempre tentando seduzir as esposas de Aishish. Mas isso não é nada comparado ao comportamento de Gaona, o deus supremo dos caçadores-coletores !kung da África, que estuprou a esposa de seu filho e comeu dois cunhados.[33]

Quando as pessoas más não são castigadas

O fato de os deuses dos caçadores-coletores não serem paradigmas de virtude ajuda a explicar uma observação feita por diversos antropólogos: os caçadores-coletores geralmente não "veneram" seus deuses. Em realidade, eles os tratam exatamente como tratariam uma pessoa qualquer — gentilmente, em alguns dias; nem tanto, em outros. Os ainus, aborígines do Japão, tentavam eventualmente obter favores divinos com oferendas de cerveja de painço, mas se os deuses não retribuíssem com boa sorte, os ainus ameaçavam reter toda a cerveja futura até que as coisas melhorassem.[34] Os curandeiros !kungs costumavam intercalar uma dança de cura com reprovações a um deus de nome Gauwa, que trazia doenças: "Pênis descoberto! Você é mau."[35] Se Gauwa (algo como uma pessoa estabanada) trouxesse o remédio errado, o curandeiro gritaria: "Idiota! Você se enganou. Você me envergonha. Saia daqui!" Rude, mas eficiente: às vezes, Gauwa voltava com o remédio correto.[36] Mesmo quando os caçadores-coletores mostram respeito em rituais para os deuses, quase sempre esse respeito parece mais ligado ao temor que à reverência, e o ritual não é muito formal. Os semangs, diante de uma tempestade violenta e cientes de que ela foi motivada pelo fato de terem assistido à cópula de cães ou por alguma transgressão semelhante, tentavam desesperadamente compensar o erro cortando as canelas das pernas, misturando o sangue com água e atirando-o na direção do deus em questão, enquanto gritavam: "Pare! Pare!"[37]

A FÉ PRIMORDIAL 35

Entretanto, algumas vezes os rituais dos caçadores-coletores são suficientemente solenes, a ponto de podermos imaginá-los evoluindo para algo parecido com um culto moderno. No começo do século XX, quando o explorador Knud Rasmussen visitou alguns inuítes (conhecidos como esquimós, em sua época), ele observou o rigor com que pressagiavam os julgamentos de Takanakapsaluk, a deusa do mar. Durante a visita de Rasmussen, as focas e os pescados estavam escassos. Sabia-se que a deusa do mar retinha suas dádivas quando os inuítes violavam as regras dela. (Compreensivelmente, já que as violações tornavam-se imundícies, eram carregadas pela correnteza para o fundo do mar, embaraçavam o seu cabelo e a cobriam com uma sujeira sufocante.) Então, os inuítes reuniam-se em uma casa escura e fechavam os olhos, enquanto o xamã, por trás de uma cortina, descia ao fundo do mar e se aproximava de Takanakapsaluk. Depois de conhecer a origem da irritação da deusa, ele retornava aos inuítes e exigia saber quem tinha cometido as violações que ela citara. Apresentavam-se as confissões e, com elas, aumentavam-se as chances de se caçarem focas. O ânimo melhorava.

Nesse caso, o "preceito", palavra que Radcliffe-Brown usou duvidosamente em relação aos ditames do deus da tempestade dos andamaneses, poderia estar correto. O tom solene da ocasião e a vergonha chorosa dos confessantes sugerem que os decretos da deusa do mar eram regras para cuja violação não havia justificativas. Porém, mesmo aqui, os preceitos não eram "morais" no sentido moderno da palavra, já que não se referiam a comportamentos que realmente prejudicassem outras pessoas; as regras da deusa do mar não desencorajavam a violência, o roubo, a trapaça etc. Elas concentravam-se em violações de rituais. (No caso que Rasmussen observou, uma mulher deixou de jogar fora certos itens domésticos depois de ter feito um aborto.) Sim, essas violações de códigos rituais são *consideradas* prejudiciais às outras pessoas — mas somente por atraírem a ira sobrenatural sobre os vizinhos do transgressor. Na falta dessa suposta sanção sobrenatural, quebrar as regras seria inócuo e, portanto, obviamente não "imoral", no sentido moderno do termo. Em outras palavras, nas sociedades caçadoras-coletoras, os deuses, de modo geral, não ajudam a resolver problemas morais que poderiam existir na sua ausência.

No século XIX, quando estudiosos europeus começaram a analisar seriamente as religiões "primitivas", eles ressaltaram essa ausência de uma dimensão moral clara — a falta de referências ao roubo, trapaça, adultério e assemelhados. Edward Tylor observou em 1874 que as religiões das sociedades "selvagens" eram "praticamente desprovidas daquele elemento ético que, para a mente culta moderna, é o próprio objetivo geral das religiões práticas". Tylor não estava dizendo que os selvagens não tinham uma moralidade. Ele ressaltou que os padrões morais dos selvagens são, em geral, "bem definidos e louváveis". Ocorre que "esses princípios éticos firmam-se na tradição e na opinião pública", em vez de sobre uma base religiosa.[38] Como escreveu a etnógrafa Lorna Marshall, em 1962, após observar o relacionamento entre os !kungs e o grande deus Gaona: "As más ações do homem contra o homem não são levadas ao julgamento de Gao!na, nem são consideradas assunto dele. O homem corrige ou revida tais más ações ele mesmo, em seu contexto social. Gao!na pune as pessoas com base em seus motivos próprios, motivos estes bastante obscuros às vezes."[39]

Isso não quer dizer que os caçadores-coletores nunca usem a religião para desencorajar comportamentos destrutivos ou problemáticos. Alguns aborígines australianos costumavam dizer que os espíritos são incomodados por pessoas frívolas ou muito tagarelas.[40] E quando Charles Darwin, a bordo do HMS *Beagle*, visitou a Terra do Fogo, alguns dos caçadores-coletores locais falavam de um gigante que vagava pelas florestas e montanhas, sabia tudo o que você fazia e punia más ações, como o assassinato, trazendo mau tempo. O capitão do navio, Robert FitzRoy, relembrou uma das falas dos nativos: "Cai chuva — cai neve — cai granizo — vento sopra — sopra — sopra muito forte. Muito ruim matar homens."[41]

Contudo, o mais característico[42] nas sociedades caçadoras-coletoras está na observação de um antropólogo acerca dos klamaths: "As relações com os espíritos não têm implicações éticas."[43] Mesmo que as religiões hoje em dia tenham a ver em grande medida com a moralidade, parece que o começo não foi dessa maneira. E, certamente, a maioria das sociedades caçadoras-coletoras não fez uso do incentivo moral extremo: um céu reservado para os bons e um inferno para recolher os maus. Nem havia algo como a noção hinduísta e budista de Karma, um placar moral que determina seu destino na próxima vida. Sempre há uma vida após a morte na religião dos caçadores-coletores, mas quase nunca se trata de um incentivo ou uma ameaça. Em geral, os espíritos das pessoas vão para o mesmo lar eterno. E naquelas sociedades em que o mundo dos mortos tem subdivisões, aquela para a qual o espírito se dirigirá — como registraram alguns antropólogos — refere-se mais a como a pessoa morreu do que a como ela viveu. Muitos andamaneses acreditavam que, se a pessoa morresse afogada, ela se tornaria um espírito do mar, vagando sob as águas; tendo outro tipo de morte, ela se tornaria um espírito da selva.[44] Os haidas que morressem por afogamento se tornariam baleias assassinas.[45]

A ausência geral de sanções morais nas religiões caçadoras-coletoras não é tão incompreensível. Os caçadores-coletores viveram — como todos que viveram 12.000 anos atrás — em grupos íntimos, essencialmente transparentes. Uma aldeia poderia consistir em trinta, quarenta, cinquenta pessoas, de modo que é difícil conceber muitas más ações. Se um homem roubasse a ferramenta de caça de outro, onde iria escondê-la? E qual seria o sentido de tê-la se não fosse possível usá-la? E, de qualquer modo, valeria a pena correr o risco de ser pego — ficando sujeito à ira do dono da ferramenta, sua família e amigos próximos, e ainda à consequente desconfiança dos outros membros? O fato de se ter de conviver com as mesmas pessoas o resto da vida é, por si só, um forte incentivo para tratá-las decentemente. Se você quer que elas o ajudem quando você precisar, é melhor ajudá-las quando elas precisarem. Os caçadores-coletores não são modelos de honestidade e probidade, mas variantes desses ideais foram detectadas com frequência, a ponto de a questão não ser um problema determinante. A ordem social pode ser preservada sem a utilização do poder da religião.

Uma razão para isso é que a aldeia caçadora-coletora é o ambiente para o qual nascemos, o ambiente que a seleção natural "planejou" para a mente humana. Os psicólogos evolucionistas dizem que a natureza humana inclui pelo menos dois mecanismos inatos básicos, que nos deixam propensos a tratar bem as pessoas. Um deles, produto de uma dinâmica evolutiva conhecida como seleção de parentesco, leva-nos ao sacrifício em prol de parentes próximos. Outro, o altruísmo recíproco, leva-nos a ter em consideração os amigos — os não parentes com quem temos relacionamentos cooperativos de longa duração. Se você vivesse em uma aldeia caçadora-coletora, a maioria das pessoas com quem se relacionasse estaria em uma dessas duas categorias e, portanto, dentro do âmbito de sua boa convivência. Sim, você teria rivais, mas se eles se tornassem profundos inimigos, você ou o rival poderia deixar o grupo e mudar-se para uma aldeia vizinha. Mas um tipo de relacionamento que você definitivamente *não teria* em uma aldeia caçadora-coletora seria um relacionamento anônimo. Não há oportunidades para furtos ou embustes. Não seria possível tomar dinheiro emprestado, pegar um ônibus e sair da cidade.

Como o antropólogo Elman Service observou em 1966, valores como amor, generosidade e honestidade nessas sociedades "não são propagados ou reforçados mediante a ameaça da retaliação religiosa, porque elas não precisam dessa ameaça". Quando as sociedades modernas pregam tais valores, estão mais preocupadas com "a moralidade na sociedade em maior escala, fora da esfera do parentesco e das amizades próximas. Os povos primitivos não têm essa preocupação porque não concebem — não *têm* — uma sociedade em maior escala para ser ajustada. A ética não se aplica a estranhos; estes são simplesmente inimigos, não são sequer pessoas".[46]

A última frase pode parecer exagerada e está claramente em desacordo com as muitas descrições elogiosas aos povos indígenas em filmes e livros. Entretanto, esse estreito limite da consideração moral é, de fato, característico das sociedades caçadoras-coletoras. O amor universal — um ideal encontrado em muitas religiões modernas, ainda que seja considerado somente na violação — não é sequer um ideal na sociedade caçadora-coletora típica.

Este livro é, em parte, sobre como e por que os limites morais se expandiram; sobre como as religiões vieram a abranger grupos cada vez maiores de pessoas dentro do círculo de consideração moral. Com esse entendimento, estaremos em melhor posição para avaliar as condições de o círculo ter se expandido — em particular, para as religiões abraâmicas, a fim de conciliá-las entre si, e compreender, consequentemente, sua afinidade.

O que é religião

Você pode ser desculpado por observar as religiões nas sociedades caçadoras-coletoras e, como John Lubbock, concluir que elas têm pouco em comum com as religiões que conhecemos. Certamente, essa foi a reação de muitos europeus do século XIX. Onde está a dimensão moral da religião? Onde está o amor fraternal? Onde está a reverência — e não só o medo — ao divino? Onde estão os rituais imponentes? Onde está a busca pela paz interior? E que confusão é essa de espíritos e divindades fazendo coisas inverossímeis para controlar partes do mundo que são, na verdade, controladas pelas leis naturais?

De qualquer modo, as religiões caçadoras-coletoras têm pelo menos duas características que são encontradas, em um sentido ou outro, em todas as grandes religiões do mundo: elas tentam explicar por que acontecem coisas ruins e, portanto, oferecem maneiras de tornar melhor as coisas. Um devoto cristão orando por uma criança gravemente enferma parece ser instrumento mais sutil do que a confrontação profana do curandeiro !kung com um de seus deuses, mas, em algum nível, a lógica é a mesma: efeitos bons ou maus estão sob o controle de um ser sobrenatural e este ser é sujeito a influências. E aqueles cristãos que, no espírito do modernismo, abstêm-se de pedir a Deus intervenções terrenas estão, em geral, esperando ter melhor tratamento na outra vida. Até os budistas que não acreditam em deuses (e a maioria dos budistas acredita) procuram, por meio da meditação ou de outras disciplinas, um ajuste espiritual que os deixe menos suscetíveis ao sofrimento.

Parece ceticismo perceber que toda religião se refere basicamente a atender interesses egoístas. E, realmente, a ideia foi colocada de modo preciso por um famoso cético. H. L. Mencken disse sobre a religião: "Sua única função é dar acesso ao homem a forças que parecem controlar seu destino; e seu único propósito é induzir essas forças a serem favoráveis a ele... Nada mais é essencial."[47] Entretanto, pessoas menos céticas também colocaram o autointeresse na essência da religião, talvez em linguagem mais sublime. Cerca de um século atrás, o psicólogo William James escreveu em *As variedades da experiência religiosa* que a religião "consiste na crença de que existe uma ordem invisível, e que o nosso bem supremo reside em ajustarmo-nos harmoniosamente a ela".[48]

A diferença entre a afirmação de Mencken e a de James é importante. Na versão de Mencken, o objetivo do jogo é mudar o comportamento dos seres sobrenaturais. A versão de James praticamente exclui essa possibilidade e lança o ônus da mudança sobre nós; nós é que devemos nos "ajustar harmoniosamente" à "ordem não invisível". James parece adotar a suposição moderna de que a ordem invisível — o divino, como dizem hoje em dia — é inerentemente boa; e que discrepâncias entre os desígnios divinos e nossos próprios interesses refletem imperfeições de nossa parte.

A FÉ PRIMORDIAL

É claro, a religião sempre teve a ver, de certo modo, com autointeresses. As doutrinas religiosas não poderiam sobreviver se não apelassem para a psicologia dos povos, cujos cérebros as abrigam, sendo o interesse egoísta uma fonte poderosa de apelo. No entanto, o interesse egoísta pode assumir várias formas e, quanto a isso, pode ser alinhado ou não com outros interesses vários: os interesses da família, os interesses da sociedade, os interesses do mundo, os interesses da moral e da verdade espiritual. A religião quase sempre forma vínculos entre o interesse próprio e alguns desses outros interesses, mas a quais ela se vincula, e de que maneira, isso muda através da história. E, através da história — no conjunto, de uma perspectiva mais ampla — há um padrão na mudança. A religião aproximou-se da moral e da verdade espiritual e, por isso, tornou-se mais compatível com a verdade científica. A religião não só evoluiu; ela amadureceu. Uma premissa deste livro é que a história da religião, desde a Idade da Pedra, é, em certa medida, o movimento da definição de Mencken para a de James.

A religião precisa amadurecer mais se o mundo pretende sobreviver em bem-estar — e se a religião pretende manter o respeito das pessoas intelectualmente críticas. Porém, antes de nos ocuparmos dessas questões, vejamos a questão de como ela amadureceu até hoje: como partimos das religiões caçadoras-coletoras que eram o padrão de 12.000 anos atrás para o monoteísmo que é a base do judaísmo, do cristianismo e do islamismo. Então, estaremos em melhor posição para refletir sobre o futuro da religião e para dizer o quão verdadeira ela é ou pode ser.

CAPÍTULO 2

O xamã

Há hoje no mundo uma grande e misteriosa força que faz a fortuna de milhões de pessoas. É conhecida como mercado de ações. Existem pessoas que alegam ter *insights* especiais dessa força. São os chamados analistas de mercado. A maioria deles erra sobre o comportamento futuro do mercado e muitos deles erram quase sempre. De fato, não é certo que o conselho deles valha de alguma coisa. Economistas de renome argumentam que é melhor escolher as ações aleatoriamente do que procurar a orientação de analistas de mercado; de um modo ou de outro, é cego conduzindo cego, mas em um dos casos você não tem de pagar comissão.[1]

Não obstante, a análise de mercado é uma atividade lucrativa, mesmo para alguns profissionais notoriamente incompetentes. Por quê? Porque sempre que as pessoas sentem a presença de uma força considerável e enigmática, elas desejam acreditar que há uma maneira de compreendê-la. Se você convencê-las de que você é a chave para essa compreensão, poderá conquistar grande prestígio.

Esse fato marcou profundamente a evolução da religião e parece que o fez desde quase o seu início. Desde que houve uma crença no sobrenatural, houve demanda por pessoas que dissessem compreendê-lo. E, a julgar pelas sociedades caçadoras-coletoras observadas, havia um estoque para atender à demanda. Embora a maioria das sociedades caçadoras-coletoras não tivesse nenhuma estrutura, no sentido moderno da palavra (uma mínima liderança política clara, quando alguma; pouca divisão do trabalho econômico), elas tinham especialistas religiosos. Também os tinham as sociedades que eram um pouco mais avançadas tecnologicamente: sociedades que, embora não fossem totalmente agrícolas, complementavam a caça e a coleta com o cultivo de hortas (sociedades "horticultoras") e a criação de rebanhos.

O termo adotado com mais frequência para esses especialistas religiosos é "xamã".[2] (A palavra vem da língua dos tungus, um povo nômade da Sibéria, e às vezes é traduzida como "aquele que sabe".) Esse rótulo esconde algumas diferenças. Os xamãs na Eurásia e no extremo norte da América do Norte geralmente entram em impressionantes estados de transe, quando os espíritos os possuem e falam por meio deles. Em outros lugares, incluindo grande parte das Américas, o xamã é menos cativado pelos espíritos e mais tendente a apenas se relacionar com eles por meio de visões ou sonhos e, então, parafraseá-los.[3]

Do mesmo modo, os poderes específicos alegados pelos xamãs mostram grande variação. Alguns xamãs no leste da América do Norte poderiam pegar uma semente, apertá-la com o polegar e o dedo indicador, e arremessá-la com tamanha força que mataria uma pessoa a vários quilômetros de distância.[4] Na Austrália, a arma letal preferida era um osso, apontado para a vítima após pronunciarem-se as palavras mágicas apropriadas.[5] Alguns xamãs esquimós poderiam ir até a lua; outros, transformar-se em ursos.[6] Alguns xamãs da Amazônia poderiam transformar-se em onças-pintadas com a ajuda de uma droga que, como descrito por um antropólogo, fazia o xamã deitar em sua rede, "rugir e bufar, rasgar o ar com as mãos em forma de garra", convencendo os espectadores de que "sua alma errante tornara-se um felino sanguinário".[7] Nas ilhas Andamão, um xamã combateria uma epidemia agitando uma tocha e instruindo os maus espíritos para que se afastassem.[8] No sul do Alasca, um xamã tlingit lutaria contra a doença vestindo um avental especial e uma máscara, correndo em círculos em torno do paciente, enquanto sacudiria um chocalho e cantaria para uma série de espíritos (mudando sua máscara conforme cada espírito), talvez desmaiando de exaustão de vez em quando.[9] Na África, o curandeiro !kung san dançaria por pelo menos dez horas, entrando finalmente em um estado de transe que converteria a sua energia de cura em um vapor útil e permitiria que ele conversasse com os deuses ou com os espíritos dos mortos.[10]

O que une os xamãs de todas as partes é a tentativa de contato com um mundo oculto que define o destino humano. E eles tendem a concentrar seu poder em coisas que são importantes e erráticas — doenças, o clima, predadores, presas. Um padre jesuíta que, no século XVIII, se deparou com os abipões da América do Sul, resumiu os poderes declarados pelos xamãs: "infligir doença e morte, curar todos os males, conhecer eventos remotos e futuros; provocar chuva, granizo e temporais; convocar as sombras [almas] dos mortos e consultá-las acerca de assuntos ocultos; assumir a forma de um tigre; segurar qualquer tipo de serpente sem risco etc.".[11] O influente estudioso de xamanismo Mircea Eliade escreveu: "O que é fundamental e universal é a luta do xamã contra o que poderíamos chamar de 'forças do mal.'(...) É consolador e reconfortante saber que um membro da comunidade é capaz de ver o que está oculto e invisível para os outros membros, e trazer informações diretas e confiáveis dos mundos sobrenaturais".[12]

O xamã representa um passo crucial no surgimento da religião organizada. Ele (ou, às vezes, ela) é a ligação entre a religião ancestral — um amálgama fluido de crenças em um amálgama fluido de espíritos — e o que veio a ser a religião: um corpo distinto de crenças e práticas, mantido por uma instituição autorizada. O xamã é o primeiro movimento em direção a um arcebispo ou um aiatolá.

Essa afirmação não será bem recebida por todos. Atualmente, o xamanismo (por vezes, referido como "neoxamanismo") ocupa uma posição significativa na espiritualidade da Nova Era, e parte desse apelo é o seu nítido contraste com as religiões modernas. O xamanismo, nessa visão, evoca um tempo de antes de a industrialização impossibilitar a comunhão com a natureza, de antes de as hierarquias da igreja desencorajarem a experiência direta com o divino ao se tornarem intermediários oficiais para o sagrado. Sob essa perspectiva, a fase xamanística primordial da religião foi algo como o Jardim do Éden antes de Adão e Eva estragarem tudo.

Certamente os anais do xamanismo incluem temas atraentes. Alguns estudiosos sérios veem no xamã da Idade da Pedra as origens do misticismo, que, em sua forma moderna, tem trazido paz de espírito a muitos. Eliade escreveu que o xamanismo esquimó e o misticismo budista têm como objetivo "a libertação das ilusões da carne".[13] E o xamanismo em geral, ele diz, é impregnado com "a determinação de transcender a condição individual e profana", para recuperar "a própria origem da existência espiritual, que é, ao mesmo tempo, 'verdade' e 'vida'".[14]

Tudo muito interessante. Entretanto, os xamãs inevitavelmente têm uma infeliz característica em comum com os líderes religiosos das sociedades modernas: são seres humanos. Na fase xamanística da evolução religiosa, podemos ver não só o lado bom da religião, mas também algumas das imperfeições que a perseguiram desde então. A religião, por nascer do cérebro das pessoas, está sujeita a levar as marcas de nossa espécie, seja para o bem ou para o mal.

Como se tornar um xamã

O surgimento do xamã, do líder religioso, foi bastante natural. A religião primordial consistia, em parte, em pessoas narrando histórias umas às outras, na tentativa de explicar por que coisas boas e ruins aconteciam, de prever esses acontecimentos, e, se possível, de intervir, aumentando, assim, a proporção de boas coisas em relação às ruins Sempre que as pessoas — caçadores-coletores, analistas de mercado ou quem quer que seja — competem nos domínios da explicação, da predição e da intervenção, algumas delas ganham reputação pelo sucesso. Elas tornam-se líderes em seus campos. Por meio dessa competição é que o xamanismo provavelmente surgiu e se manteve.

A julgar por diversas sociedades caçadoras-coletoras observadas, a competição era informal e contínua, e a posse de poder espiritual, uma questão de gradação. Durante as danças noturnas de cura do !kung san, qualquer homem ou mulher poderia entrar em estado de transe e, assim, invocar o *num*, uma energia espiritual curativa. Mas, apenas uma minoria dos !kungs seria reconhecida como "senhores do *num*", e só os mais extraordinários destes teriam o dom de ver o grande deus Gaona.[15] Entre os klamaths, como um antropólogo mencionou, "alguns xamãs tinham consideravelmente mais poder que outros, e todos aqueles que tinham poder eram capazes de, em certo grau, usá-lo da maneira que o xamã o usava".[16] O antropólogo Robert Lowie, após estudar os índios crows das planícies norte-americanas, escreveu que "qualquer membro da tribo poderia se tornar um xamã", depois de ter passado por uma "busca da visão" e ter recebido uma aparição significando sua adoção por um espírito em particular.[17]

Nessas sociedades, como Lowie registrou acerca dos crows, "a maior ou menor dignidade" dos aspirantes a xamã dependia "do teste pragmático de sua eficácia". Se os feitiços de cura fossem seguidos da cura, ou seus rituais de chuva fizessem chover, sua credibilidade aumentava. Assim, os homens crows que, após receberem uma visão, fossem "conspicuamente bem-sucedidos na guerra, seriam reconhecidos como preferidos de algum ser poderoso". Todavia, coitado do índio crow que, como Lowie relatou, se sentisse inspirado por seu espírito adotivo a apresentar uma nova efígie para a dança do sol. Quando "seu uso fosse seguido da morte da esposa do dançarino-chefe", essa inspiração seria desmascarada como uma "revelação simulada".[18]

NASCIMENTO E CRESCIMENTO DOS DEUSES

A competição para ser xamã raramente era tão igualitária como entre os crows. Em algumas sociedades, ser descendente de um xamã reconhecido dava alguma vantagem, e as circunstâncias do nascimento também poderiam ajudar em algum sentido; vir ao mundo em meio a uma violenta tempestade ou com uma marca de nascença incomum poderia ser um sinal. Em regiões da Sibéria, meninos afeminados tinham boas perspectivas e, quando se tornavam xamãs, alguns se vestiam como mulheres e se casavam com homens.[19] Misteriosos acontecimentos precoces — ter um sonho estranho profético, sobreviver a um raio ou à mordida de uma cobra — poderia significar, em algumas sociedades, uma marca xamanística.

Independentemente de como tivessem chegado à função, os xamãs de todos os lugares tinham de fazer frequentes demonstrações de seus poderes sobrenaturais para manter sua credibilidade em alta. Mas como poderiam fazê-lo, haja vista a aparente irrealidade de suas crenças sobrenaturais?

Em alguns contextos, um alto percentual de sucesso é inerentemente provável. Entre os arandas da Austrália central, uma das atividades do xamã era garantir que os eclipses solares fossem temporários — um bom trabalho — se você pode fazê-lo[20] E, uma vez que a maioria das doenças, como os eclipses, é temporária, a intervenção médica xamanística era também algo possível de ser demonstrado, na média. Entre os semangs da península Malaia, os seguintes procedimentos xamanísticos provavam-se eficazes no exorcismo dos maus espíritos de uma mulher doente: arranque duas árvores novas; pegue a terra dos buracos resultantes; esfregue-a no corpo da mulher; cuspa nela; em seguida, jogue as árvores vigorosamente na selva.[21]

Os índices de sucesso são mais altos em sociedades em que os xamãs têm a opção de rejeitar casos particularmente difíceis.[22] A proteção futura da carreira apoia-se em subterfúgios filosóficos. Entre os americanos nativos da Guiana, a culpa pela morte de um paciente caía sobre o destino, não sobre o xamã.[23] Na Austrália e em muitos outros lugares, o insucesso de uma intervenção do xamã poderia ser atribuído a feitiços contrapostos por algum xamã hostil.[24] Um xamã tlingit, ao falhar na cura de um paciente, poderia culpar alguém que ele identificasse como um bruxo, que ou confessaria sob tortura ou seria morto.[25] Apesar desses recursos de preservação da reputação da prática do xamã, a confiança em um xamã reputado não é inabalável. Nas ilhas Andamão — Edward Horace Man registrou no século XIX — a morte de um filho do xamã foi vista como "sinal de que seu poder estava enfraquecendo", e ele agora seria pressionado para demonstrar "provas adicionais de sua suposta superioridade", para que o respeito do povo por ele não diminuísse.[26] Curiosamente, tais infortúnios podem ajudar a manter a crença religiosa. O entendimento de que as proezas do xamã têm altos e baixos permite que a sociedade testemunhe as repetidas falhas sem questionar a noção geral do poder xamanístico. O moderno mercado de ações também é assim misterioso: quando um analista de mercado famoso faz uma série de suposições erradas, dizemos que ele perdeu o talento e procuramos por um analista que ainda o tenha, em vez de questionar a noção de que esse "talento" não era nada mais que uma série de palpites corretos. Nas sociedades modernas "laicas", assim como nas religiosas "primitivas", a crença na competência é sustentada pela disponibilidade oportuna dos especialistas. Entre os ojibwas (também conhecidos como chippewas), um líder religioso que falhasse em manter "afinidade demonstrável" com o mundo sobrenatural simplesmente seria substituído, registrou um estudioso. "O líder era descartável."[27]

As recompensas do xamanismo

Mas era bom enquanto durava. Em geral, os xamãs eram bons em converter seus poderes em ganhos materiais. E eles assim o faziam, fossem poderes benignos ou malignos. Eis o que disse Man sobre os xamãs andamaneses: "Achava-se que eles poderiam trazer problemas, doenças e morte sobre quem não demonstrasse sua crença neles de

50 NASCIMENTO E CRESCIMENTO DOS DEUSES

alguma forma substancial; assim, geralmente conseguiam obter o melhor de tudo, por ser considerado imprudente negar-lhes alguma coisa, e não tinham escrúpulos em exigir qualquer coisa pela qual se sentissem atraídos."[28]

Em algumas sociedades, a remuneração do xamã, como a dos médicos modernos, era por serviço. Em troca pelo tratamento de um paciente, um xamã poderia receber batatas-doces (na Micronésia), trenós e arreios (entre os esquimós do leste), colares de contas e cocos (os mentawais de Sumatra), tabaco (os ojibwas), peles (os washos da região central de Nevada), escravos (os haidas), ou mesmo, entre alguns esquimós, um parceiro sexual — a mulher ou filha de um cliente satisfeito, por empréstimo.[29]

Entre os nomlakis da Califórnia, se um xamã dissesse: "Esses colares de contas são muito brutos", significava que precisaria receber mais colares para fazer a cura.[30] Em outras culturas, o xamã evitava essa negociação inconveniente graças a um espírito que definia os honorários, cumprindo ao xamã informar exatamente o preço regulado pelo sobrenatural. Eis o relato de um antropólogo sobre um xamã nootka que atendia a um paciente gravemente doente:

Ele movimentou o chocalho algumas vezes e começou a murmurar um cântico, do fundo da garganta. Demorou um pouco para expressá-lo em boa voz. Seu murmúrio tornou-se confiante; o barulho do chocalho, mais agudo. Dessa maneira, ele convocava o espírito para ajudá-lo. Era a hora de o parente mais próximo do doente levantar e informar sua oferta de pagamento: cobertores, peles, canoas(...) Segundo a crença geral, o xamã não tinha influência alguma na aceitação ou recusa da oferenda. O espírito se encarregava disso(...) Não fosse suficiente a oferta, o ser sobrenatural se afastava, levando sua aura de poder. A voz do xamã enfraquecia, o cântico voltava a ser um murmúrio baixinho. O parente do paciente tinha, então, de aumentar sua oferta. Quando o montante satisfizesse o espírito, este se aproximaria novamente e o cântico do xamã se ampliaria.[31]

O XAMÃ

Em reconfortante contraste com os médicos modernos, alguns xamãs davam garantias por seu trabalho. No oeste do Canadá, um xamã gitskan que tivesse recebido cobertores por seus serviços os devolveria se o paciente morresse.[32] Entre os shastas, ao sul da tribo dos gitskans, metade da remuneração era reembolsada.[33]

Os crows (que, talvez não por acaso, ampliaram o contato com a cultura dos brancos) desenvolveram um dos mais completos mercados espirituais, que incluía a propriedade intelectual. Aqueles cujas buscas de visão tivessem sido bem-sucedidas poderiam vender um pouco de seu poder xamanístico para os menos afortunados, geralmente na forma de poderosos rituais e instrumentos, tais como cânticos e estilos de vestimentas. Um crow comprou um padrão de pintura facial cerimonial de sua própria mãe.[34]

Até xamãs que não recebiam remunerações ou doações podiam se beneficiar de seu trabalho. Entre os onas da Terra do Fogo, o pagamento pelos serviços era raro, mas, como registrou um antropólogo, "as pessoas abstinham-se de toda e qualquer coisa" que pudesse deixar o xamã "aborrecido ou irritado".[35] Além disso, nas sociedades pré-agrícolas, assim como nas sociedades modernas, a maior posição social, ainda que intangível, pode trazer benefícios tangíveis. Os xamãs ojibwas, relata um antropólogo, recebiam uma "remuneração mínima", trabalhando por "prestígio, não por remuneração. Um dos símbolos de prestígio da liderança religiosa era a poliginia(...) Os líderes homens tinham mais de uma mulher".[36] No clássico estudo *The Law of Primitive Man*, E. Adamson Hoebel observou que, entre alguns esquimós, "um xamã influente, com reputação estabelecida, pode denunciar um membro de seu grupo como culpado por um ato repulsivo contra os animais ou os espíritos e, com base em sua própria autoridade, ordenar uma penitência(...) Uma expiação aparentemente comum é o xamã ordenar que uma mulher dita culpada tenha relações sexuais com ele (seus poderes sobrenaturais neutralizariam os efeitos do erro dela)".[37]

Eis, portanto, o padrão: nas sociedades pré-agrícolas de todo o mundo, pessoas lucraram, de um modo ou de outro, com o cultivo de uma reputação por acesso especial ao sobrenatural.[38] É o suficiente para fazer pensar: teriam eles, no curso do estabelecimento de sua credibilidade, recorrido por vezes à burla? Seria o xamã comum uma fraude — ou, como colocou um antropólogo, uma "fraude pia"?[39]

Pode-se assim argumentar, certamente. Antropólogos descobriram que xamãs em várias culturas usavam ventriloquia para ajudar os espíritos a falar, algumas vezes tendo aprendido a arte com um veterano.[40] Xamãs esquimós, que sangravam abundantemente depois de se ferirem com um arpão cerimonial, impressionavam plateias ignorantes da bexiga animal cheia de sangue por baixo de suas roupas.[41] Um dos truques mais usados pelos xamãs era curar a doença "sugando" um objeto maligno de dentro do paciente e o exibindo para todos verem — um truque de ilusionismo que se espalha pelo mapa etnográfico da Tasmânia à América do Norte.[42]

Conforme relatado por um antropólogo, os xamãs ojibwas — famosos por seus truques na arte de escapar, como Houdini,[43] entre outros truques — assistiam às apresentações uns dos outros com uma combinação produtiva de motivos: "para aprender os truques uns dos outros e para talvez desmascarar um rival como fraude".[44] Um impostor descoberto seria ridicularizado, até mesmo banido, mas os fiéis não considerariam sua desonestidade uma mácula para os líderes espirituais em geral, do mesmo modo que hoje a exposição dos falsos curandeiros não abala a crença no não visível. E por falar dos truques da moderna cura pela fé: os xamãs kwakiutls usavam "espiões" que, como os espiões empregados por alguns curandeiros de hoje, se misturavam às pessoas, descobriam seus sofrimentos e os transmitiam secretamente ao curandeiro, infundindo ao diagnóstico deste muita teatralidade.[45]

Em resumo, há espaço para suspeitas. Mesmo assim, com frequência os próprios etnógrafos que detectaram essas fraudes julgaram os xamãs com indulgência. Edward Horace Man especulou que os xamãs andamaneses "imaginavam-se dotados de sabedoria superior";[46] e Rasmussen relatou que os xamãs dos inuítes coppers "consideravam seus vários truques como maneiras de colocá-los em contato com os espíritos".[47]

Estados alterados

Decerto, os xamãs tinham motivos para se sentir verdadeiramente em contato com o mundo sobrenatural. Um desses motivos, especialmente comum nas Américas, eram as drogas. Quando um xamã tukano, do noroeste da Amazônia, ia encontrar o Senhor dos Animais, e buscava permissão para os tukanos matarem sua caça, a ingestão prévia de alucinógenos servia como lubrificante social.[48]

Outro catalisador para alucinações é passar longo tempo sem comer ou dormir. Tais provações são, algumas vezes, parte da iniciação do xamã. Quando a busca da visão por um crow era produtiva, o sucesso tinha vindo, em geral, após jejum de quatro dias e quatro noites, tendo estado sozinho e seminu no mais das vezes no topo de uma montanha.[49] Um aspirante a xamã tlingit, do sul do Alasca, passaria semanas comendo somente um tipo de casca de árvore que induz ao vômito, até que ele fosse "preenchido" por seu "espírito auxiliador" (e tivesse encontrado uma lontra surgida divinamente, cuja língua ele cortaria fora).[50] Enquanto isso, no outro extremo das Américas, candidatos a xamã yahgans eram isolados e "exigia-se que jejuassem, entoassem muitos cânticos, mantivessem determinada postura, dormissem pouco e bebessem água através de um osso oco de pássaro".[51]

A enriquecedora provação da iniciação pode ser intensificada pela violência. Frequentemente, um crow, em sua busca da visão, empregaria a automutilação, amputando um terço de um dedo da mão esquerda. Na Austrália, tornar-se um xamã poderia significar fazer na língua um furo grande o bastante para passar o dedo mínimo por ele — e depois garantir que o buraco não se fechasse, uma vez que o fechamento representaria o fim da função xamanística. Outra abordagem adotada pelos xamãs estabelecidos era cortar a língua, enfiar um graveto afiado sob a unha e usar cristais mágicos para fazer incisões sobre seu corpo por três dias consecutivos, produzindo sangramento nas pernas, cabeça e abdome. Esse procedimento, registrado pelo etnógrafo Baldwin Spencer, no século XIX, deixava o aspirante a xamã "realmente em um estado débil".[52]

Também favorável para a experiência espiritual é a disposição natural dos tipos de pessoas que se tornavam xamãs. Em algumas culturas, os xamãs surpreenderam os antropólogos como psicóticos, pessoas que podiam estar, de fato, ouvindo vozes que ninguém ouvia. Outros pareciam profundamente neuróticos ou, pelo menos, pareciam possuir a sensibilidade taciturna associada aos artistas, inclusive alguns eram muito melancólicos. Os chukchis costumavam descrever alguém que tivesse ouvido o chamado xamanístico como "condenado à inspiração".[53]

De fato, em muitas sociedades, a vida do xamã tem desvantagens suficientes para desencorajar um puro charlatão a tentar se beneficiar dela. Além das privações e dos ferimentos mencionados, a abstinência sexual também era exigida. Para os jivaros da América do Sul, um ano sem sexo era o preço para se tornar um xamã experiente.[54] Entre os tlingits, um jovem que pretendesse se tornar um xamã de nível superior deveria abster-se por pelo menos quatro anos — para não mencionar dormir à noite ao lado do cadáver do xamã que ele viria a substituir.[55] Falando em cadáveres: em algumas sociedades, os xamãs eram mortos quando um de seus pacientes morria, um risco que poderia desencorajar os praticantes que não se sentissem verdadeiramente capacitados.[56]

Sem dúvida, os xamãs do mundo variavam do verdadeiro crente ao impostor calculista. E, sem dúvida, muitos credos verdadeiros foram atacados pela desconfiança. Mas é também assim em outras tradições espirituais. Há ministros cristãos profundamente religiosos que insistem que a congregação ore pelos doentes, mesmo que eles pessoalmente duvidem que Deus use pesquisas de opinião para decidir quem vive e quem morre. Há ministros que possuem um conceito mais abstrato da divindade do que a imagem de Deus que eles evocam na igreja. E há outros que perderam completamente sua fé, mas que mantêm as aparências. Para todas essas pessoas, uma motivação pode ser encorajar os fiéis; outra, manter sua própria posição como líder da comunidade, com quaisquer vantagens que isso traga. Como o antropólogo Spencer Rogers observou em seu estudo *The Shaman*, "os limites da dedicação espiritual e da promoção pessoal nunca foram claros na história das seitas do mundo ocidental".[57] Dada a linha às vezes imprecisa entre motivação consciente e inconsciente, a distinção pode ser pouco clara até mesmo na mente do líder religioso em questão.

Isso é real?

Em todo caso, há pouca dúvida de que muitos xamãs, no decorrer do tempo, tenham tido o que parecem ser experiências espirituais válidas. Mesmo nas sociedades tecnologicamente modernas, as pessoas que jejuem, ou sofram ferimentos, ou passem dias em solidão, ou ingiram alucinógenos, relatam efeitos desde visões e vozes ao contato inefável com a realidade absoluta. E, às vezes, o resultado é uma experiência transformadora, que modifica sua vida.

Dada a crença de muitos xamãs na realidade de suas experiências transcendentais, há realmente validade nelas? Os antigos adeptos religiosos faziam contato com alguma coisa "de outro mundo"? Alguns argumentariam que a própria eficácia das técnicas xamanísticas, como o jejum, responde negativamente à questão: se a mera manipulação fisiológica do cérebro pode produzir a experiência, então ela é uma alucinação.

Mas aqui, perversamente, as ciências biológicas modernas vêm em resgate do transcendente, ainda que de maneira limitada.

A psicologia evolucionista, o moderno entendimento darwinista da natureza humana, parece desvalorizar a religião de várias maneiras. Neste capítulo, uma ênfase na natureza inerentemente buscadora de status dos humanos escondeu-se em segundo plano, ajudando a explicar por que, em todas as sociedades, algumas pessoas buscam reputação como especialistas religiosos. E, no apêndice deste livro, a psicologia evolucionista é usada para explicar as próprias origens da crença religiosa como resíduos de distorções internas de percepção e cognição; a seleção natural não nos projetou para acreditar somente em coisas reais, de modo que estamos suscetíveis a certos tipos de engano.

Porém, essa ideia de tendências mentais internas tem também outra implicação: nossos estados normais de consciência são, em certo sentido, arbitrários; são estados que ajudam a servir à programação peculiar da seleção natural deste mundo. Isto é, eles ajudaram organismos (nossos ancestrais) a disseminar genes em um ecossistema específico de um planeta específico.

Há algumas coisas não tão desagradáveis que podemos dizer sobre tais estados de consciência — coisas como "eficaz em termos darwinistas" e "valioso do ponto de vista dos genes". Entretanto, algumas propriedades que não podemos atribuir com segurança a esses estados de consciência são "conducentes a um profundo *insight* da natureza primordial da realidade" e "conducentes à apreensão da verdade moral". E é possível ao menos que tenhamos condições de realmente aproximar o cérebro de uma dessas propriedades (ou de ambas), manipulando-o fisiologicamente. Se as tendências e os filtros são físicos, em princípio, então removê-los talvez seja também uma ação física.

O XAMÃ

William James, em *As variedades da experiência religiosa*, explorou a influência de coisas como a meditação e o óxido nitroso em nossa consciência e concluiu que "a nossa consciência desperta normal (...) não passa de um tipo especial de consciência, enquanto em toda a sua volta, separadas dela pela mais fina das telas, se encontram formas potenciais de consciência inteiramente diferentes".[58] A posição de James no livro — de que essas formas alternativas possam ser, em algum sentido, mais verdadeiras que a consciência comum — é a postura devidamente imparcial e, foi, na verdade, reforçada pela psicologia evolucionista.

Isso não quer dizer que um crow tenha sido realmente adotado pelo espírito do trovão, ou que os "senhores do *num*" dos !kung san estivessem verdadeiramente vislumbrando o semblante de algum deus durante seus transes. Além disso, nem tudo que eles viam era tão especificamente teológico. Um senhor do *num* descreveu a experiência desta maneira: "os olhos ficam claros e, então, você vê as pessoas claramente".[59] Outro relatou: "faz seus pensamentos serem nada na sua cabeça". As duas descrições poderiam ter sido ditas por um místico budista. E ambas condizem com esta conjuntura metafísica não insólita: existe de fato uma consciência contemplativa pura, mas nosso maquinário mental evoluído, em seu modo de funcionamento normal, subordina essa consciência para fins específicos e por conseguinte a distorce.

Em todo caso, a possível verdade de alguma parte da experiência do senhor do *num* não está excluída por conta de sua indução. Sem dúvida, o estado de transe alcançado durante horas de dança é resultado, entre outros fatores, das batidas rítmicas na base do cérebro, chegando a mais de 60.000 batidas em uma sessão de dança, pelas estimativas do antropólogo Melvin Konner.[60] Mas isso não tira a possibilidade da verdade da experiência que o próprio Konner teve enquanto dançava com os !kungs, "aquela sensação 'oceânica' de unidade com o mundo".[61] O oposto dessa experiência — nosso sentido cotidiano de desconfiada separação de todos, exceto de alguns poucos parentes e amigos confiáveis — é um legado da seleção natural, nada mais, nada menos. Tem sido útil para direcionar os genes para a próxima geração e, portanto, deve ter, em algum sentido, refletido fielmente algumas características do ambiente social, mas sem necessariamente capturar todo o cenário. Tem sido, de certa forma, estrategicamente "verdadeiro", mas isso não o torna metafísica ou moralmente verdadeiro.

Os primeiros políticos

Há evidências de que, no xamanismo, está a origem da política formal. Os buriates da Ásia relataram aos etnógrafos que seus primeiros líderes políticos eram xamãs.[62] E as palavras dos inuítes para "xamã" e "líder" são praticamente idênticas — *angakok* e *angajkok*.[63] Além disso, embora tenha havido sociedades com xamãs, mas sem líderes políticos reconhecidos, houve poucas, se alguma, sociedades com um líder político, mas sem especialistas religiosos. E, em algumas sociedades, o xamã e o líder político eram uma só pessoa.[64]

Mesmo os xamãs que não tinham poder político definido podiam exercer grande influência. Em geral, eles eram conselheiros em assuntos de guerra e paz. Se os onas estivessem planejando a invasão de uma tribo vizinha e o xamã tivesse presságios desfavoráveis, ele aconselharia a diplomacia; se os presságios fossem bons, ele encorajaria a guerra.[65]

Além desse estímulo à guerra, os xamãs às vezes criavam o antagonismo. Essa tendência era evidente até *dentro* das sociedades, em uma competição local pela supremacia do sobrenatural. Os xamãs dos diferentes clãs dos haidas exibiam, de acordo com o relato de um antropólogo, "a rivalidade e o ódio mais mordazes", a ponto de tentar matar uns aos outros com feitiçaria.[66] E Lowie registrou um duelo de forças ocultas entre dois xamãs crows: Grande-boi, que invocou um espírito do trovão, e Coxa-branca, que manipulou com eficiência o poder de uma rocha sagrada. O embate deixou Coxa-branca cego e matou parentes de Grande-boi.[67]

Talvez a maneira mais comum de um xamã criar antagonismo externo à sociedade era, diante da falha de curar uma doença ou de melhorar o tempo, culpar o xamã de um povo vizinho, como o faz um político moderno que desvia a atenção dos problemas domésticos por meio de bravatas. Desse modo, um xamã klamath explicava certa vez que a nevasca e a doença recentes tinham sido causadas por um espírito no topo do monte Shasta, lá colocado por um xamã da tribo dos modocs. Essa questão particular foi resolvida sem combate corpo a corpo. O xamã klamath enviou um espírito que escravizou o espírito do cume da montanha, matando o xamã modoc a distância.[68] Mas, na América do Sul, quando os xamãs jivaros culpavam o feiticeiro de uma tribo próxima por uma doença fatal, o ataque militar era inevitável. Afinal, a alma do morto poderia atormentar os parentes se não houvesse vingança. A boa notícia era que sua religião os apoiaria na missão; a vestimenta de combate simbolizava a afinidade com Etsa, um deus da caça e da guerra, e eles cantavam hinos sagrados no caminho para a batalha. Depois, eles jogavam os crânios de suas vítimas em um rio, como oferenda à Anaconda. Tendo removido os crânios, eles podiam agora lhes encolher as cabeças, aprisionando, desse modo, as almas vingativas de suas vítimas.[69]

O papel do xamã de cultivar a antipatia e a violência, tanto dentro da sociedade como externamente, é mais uma evidência contra a visão romântica da religião corrompida — que teria nascido pura para ser corrompida depois. Aparentemente, uma das funções modernas mais infames da religião, como fomentadora de conflitos entre sociedades, faz parte da história desde bem próximo de seu começo.

Registrando o placar

Dito tudo isso, a religião no tempo dos xamãs era mais uma força para o bem ou para o mal? Há duas grandes escolas de pensamento sobre essa questão.

Os "funcionalistas" veem a religião como servindo os interesses da sociedade como um todo. Assim, o prolífico sociólogo francês Emile Durkheim pôde encontrar virtudes na religião mesmo sob as condições mais desafiadoras. Alguns observadores, por exemplo, foram muito pressionados para explicar que bem social advinha dos violentos rituais de luto dos aborígines australianos, durante os quais as mulheres usavam ferramentas de caça para ferir suas cabeças, e os homens, com facas de pedra, cortavam tão profundamente os músculos de suas coxas que chegavam a cair, paralisados.[70] Em *As formas elementares da vida religiosa*, ele escreveu que o luto conjunto não só ajudava as pessoas a suportar o trauma da perda recente, como, na realidade, tornava-as coletivamente mais fortes. Pois "toda comunhão das consciências, seja sob a forma que for, eleva a vitalidade social. A violência excepcional das manifestações por meio das quais se exprime necessária e obrigatoriamente a dor comum atesta inclusive que a sociedade, nesse momento, está mais viva e atuante do que nunca".[71]

Em oposição aos funcionalistas está um grupo que poderíamos chamar de céticos ou, talvez, "marxistas" — não porque eles sejam comunistas, mas por pensarem, como Marx, que as estruturas sociais, incluindo crenças compartilhadas, tendem a servir aos poderosos. O antropólogo Paul Radin, em seu livro de 1937, *Primitive Religion*, descreveu o xamanismo esquimó como servindo a um só grupo de interesse: os xamãs esquimós. Sua "complexa teoria religiosa" e as "técnicas xamanísticas espetaculares" foram "desenvolvidas para duas coisas: manter a intermediação com o sobrenatural exclusivamente nas mãos do *angakok* [xamã] e manipular e explorar o sentimento de medo do homem comum".[72]

Essas duas posições dominam a discussão sobre as virtudes da religião, tanto a primitiva como a moderna. Há os que pensam que a religião serve à sociedade em geral, fornecendo confiança e esperança diante da dor e da incerteza, superando nosso egoísmo natural por meio da coesão comunitária. E há aqueles que acham que a religião é um instrumento de controle social, manipulado pelos poderosos para autoengrandecimento — um instrumento que entorpece as pessoas para que sejam exploradas ("o ópio do povo"), quando não as está amedrontando. Em um ponto de vista, os deuses são bons; e, no outro, são ruins.

Todavia, não é possível que os dois lados estejam equivocados ao ver a questão de maneira tão genérica? Não é possível que a função social e importância política da religião tenham mudado segundo o curso da evolução cultural?

Na verdade o próprio Marx permitiu-se essa possibilidade. Em sua visão da evolução cultural, a fase caçadora-coletora da história da humanidade foi idilicamente igualitária; a sociedade, e, portanto, a religião, corrompeu-se somente mais tarde. (Por isso é que coloquei a palavra "marxista" entre aspas ao aplicá-la à posição cética genérica sobre religião; Marx não era um cético genérico.)

Como deve estar claro agora, a visão de Marx sobre a vida caçadora-coletora era muito simples. Certamente, uma pequena sociedade que viva pouco acima do nível de subsistência é mais igualitária que uma sociedade industrial moderna, que deve reunir grandes disparidades entre os mais ricos e os mais pobres. Entretanto, é difícil argumentar que não há diferenças de poder, e nenhuma exploração desse poder, em uma sociedade em que os xamãs acumulam recompensas infundindo o medo irracional, ou em uma sociedade em que os xamãs convençam as mulheres que a maneira de agradar aos deuses é fazer sexo com xamãs.

Ainda assim, Marx estava ciente de uma coisa: uma vez que a estrutura social se modifica através do tempo, e a religião é, pelo menos em parte, um reflexo da estrutura social, as virtudes da religião podem se modificar conforme um padrão, à proporção que a evolução cultural modifique essa estrutura. A transformação na estrutura social que conduziu a religião para além da era dos xamãs é o tema do próximo capítulo. Com a invenção da agricultura, as virtudes da religião, e o caráter dos deuses, começariam a mudar.

CAPÍTULO 3

Religião na era das chefias

Quando o capitão James Cook visitou a Polinésia nas décadas de 1760 e 1770, havia dois aspectos da cultura que o irritavam. O sacrifício humano, por exemplo: "um absurdo desperdício da raça humana", ele escreveu em seu diário. Visitando um templo no Taiti, ele contou 49 crânios e, como nenhum deles parecia desgastado, deduziu que "não havia decorrido muito tempo desde que esse número considerável de pobres coitados fora oferecido neste altar de sangue".[1] Cook, então, assistiu ao oferecimento do 50º cadáver, que teve o olho esquerdo removido e colocado sobre uma folha de bananeira pouco antes de um sacerdote pedir auxílio divino na guerra contra uma ilha próxima.[2]

Posteriormente, Cook tentaria demover a fé dos nativos nesse ritual, assinalando que o deus em questão parecia nunca comer qualquer um dos corpos sacrificados. "Mas a isso eles responderam que o deus vinha à noite, de maneira invisível, e se alimentava somente da alma ou parte imaterial, a qual, de acordo com sua doutrina, mantinha-se em torno do local do sacrifício até o corpo da vítima ser consumido inteiramente pela putrefação." Cook só podia esperar que, algum dia, "esse povo crédulo" percebesse o "horror de assassinar seus companheiros com o fim de fornecer tal banquete invisível para o deus deles".[3]

64 NASCIMENTO E CRESCIMENTO DOS DEUSES

Havia, entretanto, um aspecto da vida nas ilhas polinésias que Cook aprovava: a coesão social. Passando por Tonga, ele escreveu: "Parece, de fato, que nenhuma das nações mais civilizadas conseguiria superar esse povo na grande organização observada em todas as ocasiões; no pleno atendimento aos comandos de seus chefes; e na harmonia que subsiste em todos os níveis, e os une como se fossem um só homem, instruídos e direcionados pelo mesmo princípio."[4]

Um único princípio realmente orquestrava, em algum sentido, a harmonia social polinésia e era o mesmo princípio que inspirava os polinésios a extrair olhos de cadáveres recentes: a reverência ao divino. De acordo com um francês que visitou a Polinésia no século XVIII, os deuses dominavam tanto a vida que "não havia um só ato, iniciativa ou acontecimento que não fosse atribuído a eles, submetido à sua avaliação ou executado sob seus auspícios".[5] Isso pode parecer exagero, mas não tanto. Qualquer que fosse sua reação à vida na Polinésia indígena — se você admira sua organização, incomoda-se com a sua brutalidade, ou ambos — o julgamento seria em grande parte o julgamento acerca da religião deles.

Nas sociedades indígenas das ilhas polinésias, da Nova Zelândia, ao sul, até o Havaí, ao norte; de Tonga, no leste, à Ilha de Páscoa, no oeste, havia o que os antropólogos chamam de *chiefdoms*, ou "chefias".[6] As chefias são sociedades tipicamente agrícolas e bem maiores e mais sofisticadas que as sociedades caçadoras-coletoras, compreendendo em geral várias aldeias e milhares de pessoas. A liderança está nas mãos de um "chefe" e pode haver chefes regionais abaixo dele.

As chefias ocorreram nas Américas e na África, além da Polinésia, e resquícios das primeiras chefias foram encontrados por arqueólogos em todo o mundo, notadamente nos arredores de grandes civilizações antigas. O nível de organização social da chefia parece ter sido um estágio intermediário padrão entre as sociedades caçadoras-coletoras e os primeiros Estados antigos, como o Egito e a China da dinastia

RELIGIÃO NA ERA DAS CHEFIAS

Shang — regimes urbanos e maiores, que dominavam a escrita. A chefia, a forma mais avançada de organização social no mundo de sete mil anos atrás, representa a fase pré-histórica final na evolução das organizações sociais, e a evolução da religião.

Há muitas diferenças entre as chefias observadas, mas uma coisa que elas compartilham é a confiança estrutural no sobrenatural. Seus sistemas político e religioso são profundamente entrelaçados; seus governantes têm conexão especial com o divino e associam essa condição ao uso político. Um estudioso ocidental escreveu: o chefe polinésio "representa, para o povo, um deus".[7]

O xamanismo, portanto, parece ter sido o início de algo importante. Essa forma inicial de especialidade religiosa, encontrada nas sociedades horticultoras e caçadoras-coletoras, era, no máximo, uma liderança amorfa. Embora as demonstrações de habilidade sobrenatural dessem ao xamã posição social e um tipo de poder sobre a vida das pessoas, a influência xamanística raramente se traduzia em clara autoridade política. No entanto, com a emergência da agricultura e a consolidação das chefias, a liderança política e religiosa desenvolveu-se e fundiu-se, e essa fusão manteve coesas essas novas sociedades complexas.

Isso significa que os deuses passaram a ser bons? Teriam os deuses amorais, e por vezes imorais, do mundo caçador-coletor sido substituídos por algo de melhor propósito? Teriam os deuses finalmente encontrado uma vocação superior? Essas perguntas nos remetem à discussão do capítulo anterior, entre funcionalistas e "marxistas": a religião serve ao povo ou somente aos poderosos?

Não há grupo de chefias melhor posicionado para lançar luz sobre essa questão do que o grupo situado na Polinésia. Em virtude de suas cercanias — o vasto oceano — essas chefias estavam distantes da influência cultural de sociedades tecnologicamente mais avançadas. (As chefias norte-americanas, em contraste, compartilhavam o continente com os astecas, uma sociedade-estado). E quando as culturas estrangeiras vieram para a Polinésia, muitos eram europeus que registravam suas impressões iniciais para a posteridade. Esses observadores não eram experientes antropólogos modernos (que aprendem a não se render a juízos de valor, como "um absurdo desperdício da raça humana", mesmo quando analisam sacrifícios humanos). Contudo, eles reuniram um banco de dados que, filtrado por antropólogos posteriores, nos dá noção de como eram os deuses pouco antes de eles entrarem nos registros históricos.

Os deuses da Polinésia

Há mais de três milênios, as ilhas polinésias foram povoadas por uma corrente de migrações que partiu do Sudeste Asiático.[8] Desse modo, cada ilha teve sua herança cultural comum levada para diferentes direções. A Polinésia é, portanto, um testemunho da inquietação que a evolução cultural compartilha com a evolução biológica, a criação persistente e a retenção seletiva de novas características. Da mesma maneira que Darwin notou sutis diferenças na fisiologia dos tentilhões que viviam nas várias ilhas Galápagos, os antropólogos surpreenderam-se com as variações culturais entre as ilhas polinésias.

Consideremos o deus chamado Tangaroa — ou Tangaloa, ou Ta'aroa, dependendo da ilha em que se estivesse. Era bem sabido que ele tivera um grande papel na criação, mas que papel exatamente? Em alguns locais, dele dizia-se ter erguido os céus; em outros, que teria emergido as ilhas.[9] Em Samoa, parecia que Tangaloa teria criado a humanidade e, talvez, até a própria matéria; portanto, ele residia gloriosamente nos céus, uma divindade preeminente.[10] Nas ilhas Marquesas, Tangaroa vivia desonrosamente sob os pés de Atanua (deusa da aurora), após perder uma luta contra o marido desta, Atea (deus da luz).[11]

Mas se os vários povos polinésios discordavam sobre deuses específicos, eles concordavam sobre os deuses em geral. Por exemplo, todos acreditavam que existiam inúmeros deuses. Nas ilhas da Sociedade — o arquipélago cuja ilha principal é o Taiti — havia deuses do mar (que usavam tubarões para levar sua ira ao povo) e deuses do ar (que enviavam furacões e tempestades). Havia deuses dos pescadores, dos navegantes, dos costureiros de redes de pescar e mais de uma dúzia de deuses da agricultura. Existia um deus dos carpinteiros (não confundir com os deuses dos construtores de telhados de sapê), vários deuses médicos (alguns especializados em fraturas e luxações), deuses dos atores e cantores, e um deus dos "cabeleireiros e cardadores".[12]

Alguns antropólogos chamam esses tipos de deuses de "deuses departamentais", e uma das razões pelas quais existem tantos deles na Polinésia é que havia muitos departamentos. Enquanto em uma sociedade caçadora-coletora todos são caçadores e/ou coletores, a evolução das chefias significou divisão real do trabalho e os deuses se multiplicaram para atender a todas as novas atividades vocacionais.

Os deuses polinésios supervisionavam atentamente a economia, uma questão sempre presente na mente de seus súditos. O antropólogo E. S. Craighill Handy escreveu em seu livro *Polynesian Religion*, de 1927: "Todos os empreendimentos sérios eram considerados atividades sagradas pelos polinésios."[13]

Nenhum negócio era mais sério que pescar. Um barco, talvez uma canoa dupla com vinte homens, partiria e desapareceria de vista, para retornar com montes de bonitos e outros peixes grandes — ou retornaria vazia, ou mesmo não conseguiria voltar.[14] Os riscos eram altos, e o sucesso implicava agir de acordo com as regras dos deuses desde o começo.

E isso significava desde o começo *mesmo*. "A construção da canoa era um assunto religioso", escreveu no século XIX o havaiano David Malo, acerca da cultura indígena de sua terra natal. Quando um homem encontrava uma árvore que lhe parecia de estrutura adequada, ele relatava ao mestre construtor de canoas, que dormia pensando no assunto, deitado diante de um santuário. Se ele sonhasse com um homem nu, ou com uma mulher nua, "cobrindo suas vergonhas com as mãos", isso significava que a árvore não serviria, Malo relata.[15] Personagens atraentes e bem-vestidos, ao contrário, eram sinal verde.

Na noite antes de derrubar a árvore, os artesãos acampavam próximo a ela, oravam e ofereciam aos deuses cocos, peixe e um porco. Na manhã seguinte, em um fogão montado perto do pé da árvore, eles assavam o porco e — tendo os deuses ingerido seus nutrientes espirituais — comiam a carne. Em seguida, rezavam para seis deuses e duas deusas, incluindo divindades da floresta, da canoa e do machado.[16] Então, usavam seus machados de pedra contra a árvore. Depois de ela cair, o mestre construtor de canoas vestia um traje cerimonial e ficava de pé sobre a árvore, perto de sua base, com o machado na mão. Daí, gritava: "Golpeie e penetre com o machado! Dê-nos uma canoa!", e golpeava a madeira. Ele repetia as palavras, e golpeava de novo, e repetia as palavras, e golpeava novamente e assim por diante, da base até a copa da árvore. Depois, ele decorava a árvore com uma videira florida, proferia uma oração sobre o corte da copa, e a cortava. A conclusão da canoa poderia levar muitos dias e envolver repetidos apelos aos deuses, para não mencionar outra rodada de oferendas de porco, peixes e cocos. Só o ato de fazer as amarras da canoa já era um assunto de "solenidade máxima", Malo escreveu.[17]

Uma vez terminada, a canoa é baixada com a correia transportadora divina, para a supervisão dos novos deuses. O deus protetor da pesca, Kuula, era cultuado em pequenos santuários de pedra em sua homenagem. Mas havia outros deuses da pesca — "variados e numerosos", Malo escreveu — e cada pescador adotava o "deus de sua escolha". A escolha trazia consequências. O deus de um pescador, por exemplo, tinha profundas restrições contra a cor preta; por isso, nenhum membro da família vestia preto e qualquer coisa dessa cor era banida da casa.[18]

Uma cerimônia marcava o princípio da estação para cada tipo de pescado. Quando era época de pescar o *aku* (bonito), um indivíduo nobre comia um olho de *aku* juntamente com o olho de um humano sacrificado. (Tratava-se de boa notícia para aqueles que gostavam do *aku*, porque indicava o término do período durante o qual o ato de comer *aku* era punido com a morte.) Na noite anterior à primeira expedição da estação, os pescadores reuniam-se no santuário da pesca, onde passavam a noite, afastados da tentação do sexo com suas esposas, o que poderia atrair a ira divina. Levavam oferendas de sacrifício, adoravam o deus da pesca e, antes de se retirarem para dormir, faziam responsos, durante os quais um sacerdote dizia: "Proteja-nos dos pesadelos, dos sonhos de mau agouro, dos presságios ruins."[19]

Do ponto de vista de um moderno construtor de barcos ou de um pescador comercial, muito disso poderia parecer preparação inútil para o trabalho. E, de fato, é difícil argumentar com um pescador ambicioso que retirar de casa tudo que tenha a cor preta seja, por si só, tempo bem aproveitado. Entretanto, o efeito combinado de todos esses rituais era envolver a atividade da pesca e da construção de canoas em um ar de solenidade que, supostamente, estimularia sua execução rigorosa e minuciosa. Em todo caso, retornaremos à questão de qual era o benefício da dimensão religiosa da economia polinésia. Por ora, vale ressaltar apenas que a dimensão religiosa foi considerável.

Tapu e Mana

Amparando a vida econômica das ilhas, havia dois princípios religiosos essenciais, que também embasavam muito da vida em geral na Polinésia. Um era o *tapu*, de onde vem a palavra "tabu". *Tapu* referia-se a coisas rejeitadas ou proibidas. Assim, todos os comportamentos proibidos mencionados nos parágrafos anteriores eram *tapu*:

comer *aku* antes da estação; vestir preto se o deus proibia isso; fazer sexo com a esposa antes de uma expedição de pesca. Essas coisas não eram apenas vistas com maus olhos e punidas com a desaprovação social, da maneira que poderia ocorrer se alguém usasse preto em uma regata hoje em dia. As violações ao *tapu* eram punidas pelos próprios deuses, na forma de uma pescaria infrutífera, uma doença e até a morte. O *tapu* dava consistência à trama ritual da Polinésia.

O segundo conceito essencial era *mana*. Os estudiosos discordam sobre o que significa *mana* — em parte, sem dúvida, porque seu significado variava sutilmente de chefia para chefia. Alguns dizem que *mana* era um poder mágico ou divino, um tipo de eletricidade sobrenatural. Outros dizem que *mana* seria mais mundano; basicamente, somente eficácia, sucesso em obter o que se desejava.[20] Independentemente de como *mana* é definido, tratava-se de algo religioso, pois *mana* era entregue à sociedade polinésia pelos deuses. Era o estímulo da estrutura de incentivo polinésia. Do mesmo modo que as violações ao *tapu* poderiam trazer infortúnios, o respeito por ele poderia ampliar o *mana*. Os chefes possuíam o *mana* em proporções espetaculares. Eles eram canais através dos quais o *mana* penetrava na sociedade e escoava pela hierarquia social até as camadas inferiores. Esse papel de "torneira" divina foi uma extensão natural da lógica do xamanismo: elevar sua importância pelo pretexto de acesso especial ao sobrenatural. (Isso não significava que os chefes não acreditassem, eles próprios, no *mana*. Percebe-se um ar de autêntico desespero no modo com que um novo chefe nas ilhas Salomão implorava à alma de seu antecessor morto que "rogue aos deuses por algum *mana* para mim". Prostrado diante do corpo do chefe anterior, ele declarava: "Eu como dez vezes o seu excremento.")[21]

Se o *mana* tornava especial o chefe, o *tapu* formalizava sua peculiaridade. Um dos tabus mais consistentes da Polinésia era o contato informal com o chefe. O capitão Cook observou que, quando um chefe tonganês caminhava, as pessoas não só abriam caminho para ele, mas se sentavam até que ele passasse. O único contato permitido era ajoelhar-se e tocar cuidadosamente o seu pé.[22] Em algumas ilhas, a plebe não podia sequer ouvir um chefe falar; um porta-voz — um "chefe orador" — transmitia seus pronunciamentos. Não havia chance de a familiaridade alimentar o desrespeito.

Como se isso tudo não fosse suficiente, em geral os chefes eram descendentes dos deuses — e, com a morte, poderiam tornar-se deuses eles próprios, se já não fossem considerados divinos. Em algumas ilhas, o chefe era também o sumo sacerdote e, nas ilhas em que ele não o era, o chefe e o sacerdote trabalhavam em estreita colaboração. Isso significava que o chefe poderia ajudar a decidir o que era e o que não era *tapu* — um poder nada banal em uma sociedade em que as violações ao *tapu* eram fortemente evitadas. Em resumo, os líderes políticos polinésios eram banhados em uma autoridade que emanava do divino. Assim eram os não raros discursos de um chefe tonganês, relatados pelo capitão Cook: "O mais profundo silêncio e total atenção eram observados durante o discurso, até mesmo em maior grau do que é observado entre nós, nas deliberações mais sérias e mais importantes de nossas respeitáveis assembleias."[23]

Essa autoridade e sua origem são características comuns das chefias. Entre os natchez, no atual estado do Mississippi, o chefe era conhecido como "Irmão do Sol", um título para ampliar sua estatura, uma vez que o Sol era uma divindade sem equivalência. Maturin Le Petit, um missionário jesuíta, comentou sobre os natchez em 1730: "Esse povo obedece cegamente ao mínimo desejo de seu grande Chefe. Eles o consideram como senhor absoluto, não só de seus bens, mas também de suas vidas."[24]

Depois da morte de um chefe natchez, Le Petit relatou, vários de seus súditos comiam tabaco a ponto de perder a consciência, para então serem ritualmente estrangulados, acompanhando, assim, o chefe para o além. Resquícios de funerais em vários continentes sugerem que esse serviço de acompanhamento após a morte era um benefício bem difundido para os chefes. Parece haver uma verdade geral na observação de Le Petit sobre o chefe natchez: a "credulidade do povo o sustenta na autoridade despótica que ele reivindica".[25]

Crime e castigo

Na Polinésia, o chefe usava sua autoridade divina para iniciativas típicas: organizar festividades, organizar os exércitos, manter sistemas de estradas e de irrigação — e reunir os recursos necessários.[26] Sim, os políticos modernos fazem a mesma coisa — gastar e cobrar impostos — sem serem considerados, nem um pouco, sagrados. Mas eles têm uma vantagem sobre os chefes: leis escritas, em geral apoiadas em uma constituição consagrada, e sustentadas por tribunais que não só impingem seu cumprimento como lhes emprestam legitimidade. Os chefes, sem a santidade laica que essas coisas conferem, dependem do velho tipo de santidade.

No Havaí, durante a época da colheita de alimentos para o festival anual do *makahiki*, o chefe (ou "rei", como os ocidentais às vezes o denominavam, tão extensos e sofisticados eram os regimes políticos havaianos) decretava toda a terra sob *tapu*, confinando cada indivíduo à sua propriedade. Os sacerdotes, carregando uma imagem do deus Lono, juntavam-se aos coletores de impostos no trajeto pela chefia, levantando o *tapu* em seu caminho, libertando o povo, distrito por distrito. Se insatisfeitos com a contribuição feita por um distrito, eles amaldiçoavam o povo em nome de Lono.[27]

Os deuses não eram a única força coerciva. Os chefes tinham serviçais armados que podiam aplicar surras e forçar banimentos.[28] Entretanto, para qualquer governante, quanto menos tivesse de apelar para isso, melhor. E quando a força precisasse ser aplicada, quanto menos mundana ela parecesse, melhor; a crença de que as leis violadas eram comandos dos deuses, e não apenas caprichos dos chefes, pode explicar por que as surras, em alguns casos, eram suportadas sem protestos.[29]

Além disso, nas chefias há limites para o raio de ação da coerção governamental, e aqui surge oportunidade para a religião cumprir uma segunda função no ordenamento da sociedade. Uma diferença entre a chefia e o Estado é que o governo do Estado possui, em geral, o monopólio do uso legítimo da força: não importa o que o seu vizinho tenha feito a você ou a sua família — roubo, assalto, até assassinato — você não pode retaliar; o governo administra a punição. Nas chefias, no entanto, assim como nas sociedades caçadoras-coletoras, as queixas podem ser expressas pela retaliação violenta. Isso não quer dizer que essas sociedades sejam sem lei; a punição por determinado crime pode ser uma questão de consenso e ter a bênção do chefe. Apenas a aplicação da punição é que é tarefa das vítimas ou de seus parentes.

Esse tipo de *laissez-faire* no cumprimento da lei é um princípio mais instável de ordem social nas chefias que nas sociedades caçadoras-coletoras. Em uma pequena aldeia caçadora-coletora, todos se conhecem e se encontram com frequência, e podem, algum dia, precisar da ajuda um do outro. Assim, os custos da inimizade são altos e a tentação de ofender alguém é proporcionalmente baixa. Nas chefias, que possuem milhares ou dezenas de milhares de integrantes, algumas pessoas são mais distantes e, portanto, alvos mais suscetíveis de exploração.

E há mais a explorar. Enquanto em uma sociedade caçadora-coletora não há praticamente a propriedade privada, as famílias nas chefias possuem coisas como jardins e pomares, um convite franco ao roubo. E conforme o crime se torna mais atraente, ele se torna mais violento. Uma vez que a punição fica a cargo das vítimas, assoma a possibilidade de rixas de família contra família. E, uma vez que nas chefias essas "famílias" podem ser grandes clãs que chegam a formar uma pequena aldeia, o termo "rixa" pode ser um eufemismo.

Nessa fase de evolução cultural — com o controle individual perdendo sua eficácia, porém o governo não ainda tomando todas as rédeas — foi exigida uma força suplementar de controle social. A religião parece ter respondido a essa convocação. Enquanto a religião nas sociedades caçadoras-coletoras praticamente não possuía uma dimensão moral, a religião nas chefias da Polinésia já a possuía: ela desencorajava sistematicamente os comportamentos antissociais.

Isso pode não ser notado em observações fortuitas dos deuses polinésios. Em muitos casos, esses deuses são reminiscentes dos deuses caçadores-coletores, e incluem certa falta de virtude consistente.[30] Robert Williamson, que no início do século XX condensou heroicamente centenas de relatos sobre a Polinésia central em alguns volumes clássicos sobre a religião local, escreveu que os deuses das ilhas da Sociedade "comiam e bebiam, casavam-se e entregavam-se a favores sexuais, e discutiam e brigavam entre si". Em outras palavras, "as pessoas os imaginavam como seus semelhantes, só que dotados de grandes poderes".[31] Assim, a estratégia era dar-lhes oferendas, como alimentos e respeito. Orações e sacrifícios para os deuses do ar poderiam afastar as tempestades — ou trazê-las, no caso de uma frota invasora estar se aproximando.[32] E se você fosse o agressor e seu inimigo tivesse se protegido em uma fortaleza, você poderia subornar os deuses do inimigo, dispondo oferendas próximo ao forte a fim de estimular a deserção divina.[33]

Do mesmo modo, a expectativa pela vida após a morte, que hoje é um incentivo ou uma ameaça moral para muita gente, manteve nas chefias polinésias o aspecto fortemente amoral que possuía nas sociedades caçadoras-coletoras; a vida no além era definida por outras coisas, não pela maneira como se tratava as pessoas neste mundo. Nas ilhas da Sociedade, se alguém morresse no mar, seu espírito entraria em um tubarão; e, se a pessoa morresse em combate, ele assombraria o campo de batalha.[34] Com o tempo, a maioria das almas polinésias migrava para um lugar distante, ora descrito como um mundo inferior

RELIGIÃO NA ERA DAS CHEFIAS

tenebroso, ora como uma ilha longínqua. Poderia ser um local no céu, mais esplêndido — uma "morada de luz e júbilo"[35], como descreveu um ocidental acerca de uma versão da ilha — mas, sendo uma pessoa comum, viver uma vida correta não a levaria para lá; esse paraíso era reservado para a classe governante e talvez para algumas outras elites. (Nas ilhas da Sociedade, era acessível para artistas — cantores, atores, dançarinos — embora não gratuitamente; eles tinham de matar qualquer criança que gerassem, ou seriam expulsos da guilda dos artistas, que era o portão para esse paraíso.)[36] Em geral, observou Handy, "prestígio, ritos e as circunstâncias em torno da morte determinam o destino na outra vida".[37]

Entretanto, se faltavam à religião polinésia os incentivos morais de algumas religiões modernas — um deus exemplar, que define atribuições na vida após a morte, de acordo com o nível de conduta da pessoa — havia outro guia moral inerente a ela.

Para começar, embora os polinésios não se preocupassem com punições à sua espera na outra vida, havia um temor edificante de castigos que pudessem *originar-se* de lá, por meio de fantasmas que desaprovassem seu comportamento. De acordo com uma lenda havaiana, o espírito de um homem morto assombra seu assassino até que este compense o ato construindo três casas, uma para os parentes da vítima, outra para seus criados e uma terceira para os ossos do morto.[38]

A crença de que qualquer pessoa que você maltrate possa vir a assombrá-lo das tumbas pode transformar você em uma pessoa muito agradável. Esse incentivo — medo de fantasmas — também é encontrado em algumas religiões horticultoras ou caçadoras-coletoras, mas nas chefias polinésias ele adquiriu o poder adicional de supervisão divina: os mesmos deuses que não puniriam na outra vida castigavam as pessoas nesta mesma. Os deuses tonganeses, por exemplo, puniam o roubo com ataques de tubarão. ("Em consequência", registrou o antropólogo H. Ian Hogbin, "os ladrões hesitavam em nadar durante o período em que havia mais tubarões".)[39] E esses deuses tonganeses também davam recompensas, além das punições; *mana* era concedido não somente por execução correta dos rituais, mas por excelência moral — evitar roubos e outros atos antissociais.[40] Um reforço de *mana* não era mera abstração; isso significava mais porcos e batatas-doces, aqui e agora.

Contudo, a sanção divina padrão na Polinésia era uma ameaça, não um incentivo. Em Samoa, relatou um missionário do século XIX, "as calamidades são atribuídas a pecados do indivíduo ou de seus pais, ou de algum parente próximo". O roubo, por exemplo, poderia originar "úlceras, edemas e inflamações no abdome".[41]

Mesmo a vida familiar era sujeita à aprovação sobrenatural. Nas ilhas da Sociedade, um pescador que discutisse com sua esposa antes de uma expedição teria má sorte. Uma mulher que enganasse o marido enquanto ele estivesse no mar poderia trazer pior sorte, inclusive seu afogamento.[42] E, em muitas ilhas polinésias, a hostilidade contra parentes poderia ser punida com doenças.[43] Em uma sociedade em que famílias extensas vivem juntas e formam a unidade básica da sociedade, essa ameaça sozinha poderia produzir excelentes resultados em termos de harmonia social.

Quando acrescentamos todas as pequenas maneiras por meio das quais a religião polinésia estimulava a moderação,[44] temos uma boa quantidade de incentivos — suficientes, talvez, para compensar a ausência de um sistema legal centralizado. E a religião nas chefias estava fazendo mais que substituir as leis laicas ainda não inventadas: estava pavimentando o caminho para essas leis.[45]

Por exemplo, as chefias polinésias adotavam a propriedade de terras, algo que não havia, em geral, nas sociedades caçadoras-coletoras. No mundo moderno, os indicadores de propriedade são coisas mundanas; você pode respeitar cercas ou marcas de topografia, mas não as reverencia. A julgar pelas chefias polinésias, os indicadores de propriedade começaram como algo mais cerimonioso. Em várias ilhas, uma família poderia (por vezes com a ajuda de um sacerdote) aplicar um tabu sobre seu pomar e horta, deixando para os deuses o encargo de processar os ladrões ou invasores por meio de doença ou morte. Esses tabus sobre a propriedade eram indicados por meio de sinais feitos de folhas, paus e outros materiais acessíveis. Em Samoa, os sinais comunicavam convenientemente o tipo de desgraça que aguardava o infrator. A fibra de coco talhada na forma de tubarão significava ataques de tubarão; uma lança enfiada no solo indicava nevralgia facial. (O sistema não era perfeito. Se os nativos tonganeses pedissem a um visitante ocidental para retirar o sinal, e assim o tabu, eles comeriam alegremente as frutas de uma árvore antes proibida.)[46]

Samoa, diferentemente da maioria das chefias polinésias, tinha rudimentos de um corpo de júri. Se uma queixa não tivesse sido resolvida pela retaliação, uma comissão de habitantes locais chamada *fono* ouviria os depoimentos. E, aqui também, a lei era interligada ao sobrenatural. Às vezes, o acusado tinha de beber uma substância que, se lhe causasse doença ou morte, significaria que ele era culpado.[47] E o acusado tinha sempre de jurar sua inocência a algum deus. Sim, até hoje o réu deve jurar por Deus que dirá a verdade, mas em Samoa o juramento era menos perfunctório: o medo da vingança divina poderia levar a uma confissão dramática.

O lado sombrio dos deuses polinésios

Quando comparamos a vida moderna com a vida na sociedade caçadora-coletora, as diferenças são enormes. Temos uma economia produtiva e complexa, caracterizada por divisão do trabalho, investimentos de capital e alta tecnologia. Temos um governo sofisticado, com sua autoridade apoiando-se em leis que definem sanções e preservam a legitimidade. Tudo isso permite que as pessoas interajam pacífica e produtivamente com outras que mal as conhecem. E todo o sistema é racionalizado; embora ele se apoie parcialmente em ins-

78 NASCIMENTO E CRESCIMENTO DOS DEUSES

tituições morais e se valha de sentimentos religiosos ("Que Deus me ajude"), justificamos nossos sistemas econômico, político e legal em termos pragmáticos, revisando-os em nome da eficácia.

Porém, aparentemente não chegamos a essa racionalidade por vias muito racionais. Quando a estrutura social deu seu primeiro grande passo em direção ao mundo moderno, evoluindo da sociedade caçadora-coletora para a chefia agrária, ela dependia bastante dos deuses. Nem todas as chefias observadas eram tão impregnadas de religião como as da Polinésia, mas, comparadas às sociedades modernas, as chefias em geral eram muito religiosas. Nas chefias, os deuses eram guardiões do poder político, supervisores do desempenho econômico e protetores das normas sociais que permitiam que quantidades jamais vistas de pessoas vivessem juntas. E essa densidade residencial — essa alta concentração de cérebros e egos — patrocinou um tipo de sinergia criativa, acelerando os índices de mudança social e tecnológica, impelindo a sociedade em direção à sua forma moderna. O que quer que você pense do mundo em que vive hoje, agradeça aos deuses das chefias por ele.

Mas, quão gratos os polinésios teriam sido? Seu sistema social era um sistema justo? A religião, ao sustentá-lo, sustentava o bem-estar público? Ou os deuses eram somente um instrumento de opressão, mantido firmemente por uma classe dominante que desejava continuar vivendo da maneira a que tinha se acostumado?

A Polinésia certamente dá alguma sustentação a esse segundo ponto de vista. Os chefes, por exemplo, tinham várias esposas, como condizia a alguém quase divino. E, em geral, a classe dominante recebia muitos alimentos. No Havaí, fontes preciosas de proteína — porcos, galinhas, peixes — amontoavam-se de maneira desproporcional nas mesas de jantar da elite, embora os legumes e hortaliças fossem bem mais acessíveis.[48] Nas ilhas da Sociedade, a plebe não podia entrar nas dependências do templo, sítio dos grandes sacrifícios aos deuses; no entanto, os sacerdotes podiam entrar, e comiam parte das oferendas que os deuses deixavam para trás — a parte física. Os sacerdotes polinésios também lucravam com os sagrados serviços xamanistas, o contato remunerado com o sobrenatural. Um de seus trabalhos era curar doenças por meio de adivinhação de que transgressão as teria causado.[49] Um missionário metodista do século XIX relatou acerca de um sacerdote de Samoa que entrou em um transe de diagnóstico por meio de "bocejos e tosses preliminares", e daí para contorções e convulsões, até que, finalmente, o deus que o possuiu prescreveu a expiação restauradora, algo como "dar presentes para o sacerdote".[50]

As elites também esbanjavam nos cuidados médicos. Quando um tonganês do povo ficava doente, os sacerdotes podiam prescrever um modesto sacrifício de cura: cortar a junta de um dedo de um parente de posição inferior na hierarquia social. Entretanto, para a doença de um chefe, às vezes a única cura era estrangular uma criança.[51]

A igualdade perante a lei não era um princípio fundamental na Polinésia. Em Tonga, o assassinato era punido de um modo ou de outro, mas não se fosse o assassinato de um homem do povo por um chefe.[52] Em Samoa, o adultério poderia ensejar uma série de punições informais, a menos que fosse cometido com uma esposa do chefe, caso em que a punição era formal e variava somente de morte por afogamento a morte por espancamento.[53] O sacrifício humano também parece ter sido uma tendência da alta classe. Nas ilhas da Sociedade, registrou um antropólogo, os candidatos a sacrifícios eram de diversas categorias, entre as quais prisioneiros de guerra, blasfemadores e "pessoas desagradáveis ao chefe ou ao sacerdote".[54]

Em defesa dos deuses polinésios

Diante de tais fatos, o que um funcionalista poderia dizer em defesa do argumento de que a religião beneficia a sociedade como um todo? Mais do que você pode imaginar.

Considere-se o sacrifício humano, como avaliado nos termos clínicos do funcionalismo. Mesmo o capitão Cook, que o considerava um "desperdício da raça humana", observou que muitos dos adultos sacrificados eram criminosos. E muitos outros eram "meros indivíduos inferiores, que vagavam de um lugar a outro e de ilha em ilha, sem ter domicílio fixo, ou sem conseguir qualquer maneira reconhecida de sustento honesto".[55]

Podemos considerar hoje a morte como pena excessiva para muitos crimes, principalmente para indivíduos transientes e indigentes. Mas, bem depois de Cook ter feito seu registro, sua Inglaterra natal prenderia pessoas pobres em prisões de devedores. E, em todo caso, a remoção da sociedade de pessoas que tiram dela mais do que dão não é, em frios termos econômicos, um "desperdício". Isso pode até ter tornado a chefia mais forte e mais eficiente, e, assim, ter sido socialmente "funcional", independentemente de como consideremos sua moralidade. (A crença no sobrenatural possui outras formas de eliminar os ineficientes. Em várias sociedades, inclusive algumas caçadoras-coletoras, as pessoas acusadas de feitiçaria ou bruxaria e punidas com o exílio ou a morte eram, no mais das vezes, indivíduos notadamente não cooperativos ou antissociais.)[56] No geral, a religião polinésia parecia manter a máquina funcionando. Sob a austera observação dos deuses, construíam-se canoas, pescavam-se peixes, criavam-se porcos e cultivavam-se batatas-doces.

Mas não haveria maneira mais fácil de obter um bom trabalho — digamos, fazendo com que grupos de construtores de canoas competissem entre si para vender canoas aos pescadores, confiando-se no incentivo do lucro para estimular a capacidade profissional? Já ouviram falar da livre iniciativa?

Essas são questões levantadas de uma perspectiva moderna, em uma sociedade que possui coisas como dinheiro e mercados eficientes. Mas quando a humanidade deu seu primeiro passo em direção ao mundo de hoje, deslocando-se de pequenas aldeias caçadoras-

RELIGIÃO NA ERA DAS CHEFIAS 81

coletoras para as grandes sociedades agrárias constituídas de várias aldeias, a lógica dessas questões não era tão óbvia. Certamente, havia o escambo nas chefias polinésias. Mas, aparentemente, coisas que agora acontecem por meio da mágica do mercado necessitavam de um impulso do governo e/ou da religião. Nas festividades organizadas pelos chefes — e abastecidas por contribuições dos agricultores e dos pescadores, inspiradas pelo divino — a plebe que comia iguarias de ilhas distantes tinha, com efeito, trocado seu trabalho pelo alimento desejado, algo que hoje nós fazemos com dinheiro.

A religião polinésia promovia ações que mesmo nas sociedades modernas são organizadas pelo governo, não pelos mercados — construir estradas e sistemas de irrigação; proporcionar uma rede de segurança social. Em várias ilhas, os chefes usavam seu poder sagrado para extrair contribuições para um armazém de alimentos a que toda a sociedade poderia recorrer em tempos de escassez, do mesmo modo que os governos modernos coletam impostos para auxílios em desastres. E, em Samoa, os pescadores tinham o equivalente rudimentar de um seguro contra desemprego: ao fim de uma expedição de pesca de bonitos, cada canoa rendia parte de sua coleta ao *tautai*, o pescador-chefe, que organizava um banquete para todos os pescadores.[57] Uma vez que as canoas com pouco pescado eram excluídas dessa taxação, mas participavam do banquete, isso representava uma redistribuição dos "ricos" para os "pobres". O contexto sagrado — o fato de que o *tautai* era um tipo de líder religioso — devia desencorajar o ressentimento dos pescadores constantemente mais bem sucedidos.

Na visão funcionalista, alguns benefícios da chefia deveriam ser encarados como pagamento por serviços administrativos. Afinal, nas sociedades modernas, aos titãs dos negócios e da política são concedidos riqueza e/ou poder, e a justificativa disso (pelo menos para aqueles que os defendem) é que seriam apenas compensações por funções sociais vitais. De qualquer modo, o *tipo* de compensação concedida aos chefes polinésios pode nos surpreender por sua estranheza. É com orgulho justificado que podemos dizer que não estrangulamos crianças em nome dos poderosos. Ainda assim, deveríamos provavelmente não nos exceder em nossa autocongratulação. Nas chefias, os homens poderosos têm várias esposas, enquanto nas sociedades modernas eles têm (se quiserem) várias amantes. Nas chefias, os poderosos podiam praticar atos que, se praticados por outros, trariam consequências graves, enquanto nas sociedades modernas o mesmo privilégio é concedido de maneira menos formal: os ricos e os poderosos usam advogados caros e redes de contatos para se esquivarem da justiça, enquanto os infratores pobres vão para a cadeia.

Entretanto, mesmo que os chefes tivessem benefícios que nos pareçam estranhos, eles também pagavam preços incomuns. Em Tonga, os chefes sacrificavam seus próprios filhos, embora fossem filhos nascidos de mulheres de classes inferiores e, portanto, fora da linha de sucessão do chefe.[58] Também eram esperadas formas menos dramáticas de *"noblesse oblige"*. Como observado pelo antropólogo Marshall Sahlins, "mesmo os maiores" chefes polinésios sabiam que "a generosidade era sua obrigação moral".[59]

A graça salvadora dos chefes

De fato, talvez não devêssemos nos surpreender com o abuso de poder dos chefes, mas com os limites dessa exploração — com os serviços sociais e os sacrifícios que faziam. Poderíamos imaginar que alguém de linhagem divina, envolvido em uma aura de santidade ritual, pudesse estar distante de ambos. Por que não estavam?

Uma razão é que o povo não é bobo. Nossos cérebros foram preparados pela seleção natural para nos afastar do perigo, inclusive da exploração. Eles são, devido a peculiaridades da história da evolução, suscetíveis a ideias e sentimentos religiosos, mas não são facilmente enganados por estes. Os taitianos falam dos chefes que "se embriagam do poder da autoridade".[60] E evitar esse mote estava dentro do inte-

RELIGIÃO NA ERA DAS CHEFIAS

resse dos chefes; por toda a Polinésia, como observou o arqueólogo Patrick Kirch em *The Evolution of the Polynesian Chiefdoms*, "uma liderança com autoridade excessiva poderia incitar o espectro da revolta".[61] Ou o espectro de um golpe não violento. No Taiti, sacerdotes e outras elites abordavam um chefe insistentemente despótico e ofereciam esta orientação: "Retirai-vos e comei um pernil temperado com estrume! Vossa nobreza é retirada de vós; vós sois deposto para caminhar na areia, para andar como os homens comuns."[62]

Outra coisa que mantinha honestos os chefes era a competição com outras chefias. A guerra era comum na Polinésia e, principalmente, entre as chefarias.[63] A guerra valoriza a eficiência social. As classes dominantes notavelmente parasitárias, que monopolizam completamente os frutos do trabalho comum a ponto de deixar pouco incentivo para ele, acabam por terminar no lado perdedor, e seus modelos culturais centralizados na autoridade terminam na lixeira da história. Em contraste, uma religião que estimule a coesão social e a produtividade pode não só sobreviver como prevalecer, difundindo-se sobre sociedades mais fracas por meio da conquista. Nesse sentido, ela pode se reproduzir pacificamente. Assim como as pessoas comuns imitam as pessoas bem-sucedidas, as sociedades imitam as sociedades poderosas.

Essa dinâmica — o movimento funcionalista de competição entre as sociedades — oferece, ao menos, explicações especulativas para fatos enigmáticos. Por que os chefes sacrificariam seus próprios filhos aos deuses? (Por que as religiões que não exigiam sacrifícios de vítimas pelas elites tinham dificuldade em preservar a lealdade do povo e, assim, não conseguiam sustentar o vigor social necessário para impor-se na competição intersocial?) Por que era permitido aos artistas das ilhas da Sociedade, aqueles destinados ao paraíso apenas sonhado pelo povo, que zombassem do chefe em exibições públicas? (Por que a sátira social pode ajudar a detectar tendências de autoritarismo nos chefes antes de estes promoverem um desequilíbrio social autodestrutivo?)

O padrão exibido nas chefias da Polinésia estende-se além delas, para outras chefias e mesmo para outros tipos de sociedade. Em certo sentido, a classe dominante, constituída como tal de seres humanos, tentará, consciente ou inconscientemente, dirigir a cultura, inclusive a crença religiosa, para atender a seus fins egoístas. Porém, esse esforço se defrontará com duas forças de oposição, uma interna e outra externa. A interna é a resistência popular à exploração; a população comum, menos poderosa, porém mais numerosa, defenderá, consciente ou inconscientemente, seus interesses. Isso pode significar rebelião e pode apenas indicar resistência a ideias religiosas não compatíveis. (Em Tonga, as elites estavam convencidas de que a plebe não tinha vida após a morte; alguns plebeus discordavam.)[64] A força externa contra o abuso de poder da classe dominante é a competição com sistemas sociais alternativos — isto é, sociedades vizinhas.

Por isso uma dialética progressiva: as elites usam sua autoridade para obter mais poder, mas esse excesso enfrentará resistências de base popular e, ocasionalmente, reações negativas na forma de revolução, derrota militar ou recessão econômica. As sociedades formadas por essas forças fornecem muitas anedotas tanto para "marxistas" como para funcionalistas, e não justificam tanto uns ou outros.

O processo evolutivo não presta muita atenção aos detalhes míticos ou cosmológicos de uma religião. Se um deus se chama Tangaloa ou Tangaroa, ou se esse deus ajudou a criação erguendo os céus ou emergindo as ilhas, não afeta muito a eficiência social. Contudo, têm importância os tipos de comportamento que os deuses puniam ou recompensavam. A produtividade e a harmonia social são trunfos na competição intersocial e, portanto, são favorecidas pelo peneiramento sem fim da evolução cultural. Não é surpreendente que, embora as biografias dos deuses sejam bem diferentes entre uma chefia polinésia e outra (fruto de movimentos essencialmente aleatórios), temas mais pragmáticos sejam mais estáveis. Por toda a Polinésia, a religião encorajou o trabalho árduo e desencorajou o roubo e outros atos antissociais.

Claro, por nossos padrões, as religiões polinésias podem parecer distantes de uma eficiência ótima. Tanta superstição sem sentido, tanta ênfase na perfeição de rituais! Uma religião mais potente não realocaria o tempo usado em sacrifícios para a construção de canoas? Ela não se concentraria mais intensamente em encorajar a honestidade, a generosidade e outras bases de apoio à harmonia social? Seus incentivos e ameaças não seriam mais enérgicos? Certamente, a ameaça de doenças ou de morte tem grande efeito. Mas por que não colocar mais munição — como o céu e o inferno?

Uma resposta é que a evolução cultural leva tempo. Não podemos esperar que um processo obscuro e impreciso se dê magicamente, da noite para o dia, especialmente durante a era das chefias. Naquele tempo a inovação cultural não ocorria e se espalhava por um mar de milhões de cérebros interligados eletronicamente. Havia somente milhares de cérebros em uma sociedade e a comunicação entre eles dependia da tecnologia da Idade da Pedra: andar e falar. E o contato *entre* sociedades era ainda mais difícil.

Mesmo assim, a religião polinésia desenvolveu alguns recursos bastante sofisticados. *Mana*, o mesmo princípio que rendia aos chefes sua autoridade e lhes justificava a santidade, podia também antecipar seu fim. Da mesma forma que o *mana* naturalmente substancial de um chefe lhe permitia efetiva governança, o mau exercício da governança significava diminuição do *mana*. Assim, se um chefe perdesse algumas batalhas, sua posição poderia ser usurpada por algum guerreiro nobre cujos triunfos em combate foram considerados como evidência de alto *mana*.[65] Esse mecanismo de retroalimentação, uma maneira de expulsar os chefes antes que seus equívocos atingissem proporções desastrosas, pode ter sido favorecido pela evolução cultural, uma vez que as chefias sem esse mecanismo tendiam a ser superadas por aquelas que o possuíam.

Ao mesmo tempo, essa doutrina também recebe um impulso da lógica simples. Se, de fato, os chefes favorecidos pelos deuses tinham êxitos, os erros constantes de um chefe sugeriam que ele perdera os favores dos deuses. Certamente, os erros quase que *tinham de* significar isso, se a crença na religião é suportar os altos e baixos da vida. Toda religião, para sobreviver ao escrutínio da lógica elementar, deve ter suas escapatórias explicativas. Com os chefes polinésios, assim como com os xamãs no capítulo anterior, uma escapatória era a suposição de que a diminuição dos poderes terrenos significava uma perda do contato com o divino. E essa escapatória colocava um limite em quanto de exploração a que até mesmo um líder inspirado pelo divino poderia recorrer.

O princípio geral aqui é que o vínculo entre o divino e o mundano funciona nas duas vias. As pessoas que acreditam que o divino controla os aspectos terrenos às vezes serão compelidas, por mudanças no plano mundano, a refletir sobre o que está ocorrendo no plano divino. É um tipo de lei de simetria involuntária e, como veremos no próximo capítulo, essa lei influenciou bastante a evolução dos deuses desde a era das chefias.

Ciência e conforto

Embora a religião seja moldada por tensões entre grupos — elite versus povo; sociedade versus sociedade — ações formativas também acontecem em um nível mais refinado. Para começar, se um meme religioso não encontra um porto seguro no cérebro dos indivíduos, ele não tem como se disseminar de um cérebro a outro para assim caracterizar todo um grupo. E um modo de um meme ter receptividade em um cérebro é fazê-lo se sentir melhor.

A religião polinésia pode parecer austera (e, realmente, ela impingia aos polinésios muitas obrigações, morais e rituais, além de alguma ansiedade de desempenho), mas, ao mesmo tempo, ela fazia o que a religião sempre fez: confortava as pessoas diante da incerteza ou da dúvida. Na era das chefias, a dúvida não era filosófica; ela era, como no tempo dos caçadores-coletores, sobre segurança material — estar vivo e saudável. Uma oração noturna nas ilhas da Sociedade iniciava-se deste modo:[66]

> Salve-me! Salve-me!
> É o anoitecer;
> É o anoitecer dos deuses.
> Proteja-me, oh, meu Deus!

A oração incluía ainda pedido de proteção contra "morte repentina", entre outras coisas, e proteção contra "o guerreiro furioso", cujos "cabelos estão sempre em pé". Concluía, dizendo: "Permita que eu e meu espírito vivamos e que descansemos em paz nesta noite, oh, meu Deus!"

Proporcionar esse tipo de consolo é uma maneira consagrada pelo tempo para que as doutrinas religiosas cresçam. No entanto, conforme segue a evolução cultural, alteram-se as coisas que as pessoas consideram confortadoras. A razão é que as coisas que originalmente lhes causavam apreensão mudam. Parte da oração das ilhas da Sociedade pede proteção contra "disputas de fronteiras", um tipo de problema que não poderia existir na sociedade caçadora-coletora típica. A religião é uma característica da evolução cultural que, entre outras coisas, responde a angústias criadas por essa evolução; ela ajuda a proteger as mudanças sociais de si mesmas.

Porém, hoje, além de gerar novas angústias, a evolução cultural ameaçou esse augusto instrumento de solução para elas. Para muitas pessoas, o advento da ciência moderna solapou a noção de deuses e ameaçou toda a perspectiva da religião.

É irônico, portanto, o tamanho da dívida da ciência para com a religião. Os polinésios eram ávidos estudantes do céu noturno. Os taitianos, escreveu o capitão Cook, podiam prever o surgimento e desaparecimento periódico das estrelas, "com mais precisão do que poderia supor um astrônomo europeu".[67] Como muito da cultura polinésia, essa habilidade era motivada por razões pragmáticas (em grande parte, devido às necessidades de navegação), embora amparada na religião. Os "sacerdotes-astrônomos navegadores", como um estudioso os chamou, rastreavam os corpos celestes de postos de observação em plataformas nos templos.[68] E uma importante estrela de navegação, Ta'i-Rio-aitu, era uma manifestação de Rio, que, sendo o deus dos pescadores de atum e de bonito, proveria naturalmente tal orientação.[69]

Haja vista as crenças polinésias sobre a divindade das estrelas e o controle divino do clima, não é surpresa que alguns polinésios tentassem prever o clima observando o céu noturno.[70] O que é mais surpreendente é que eles acertavam. Cook escreveu que "eles podem prever o clima, pelo menos os ventos, com muito mais precisão do que nós".[71] A explicação aparente é que tanto o céu noturno quanto os ventos predominantes mudam de forma sazonal. Logo, havia certamente uma correlação entre as estrelas e o clima; os polinésios apenas tinham a explicação errada para essa relação. Entretanto, é dessa maneira que o progresso científico em geral começa: encontrando uma correlação entre duas variáveis e postulando uma explicação plausível, senão falsa. Nesse sentido, a "ciência" data dos tempos anteriores à invenção da escrita.

E o resto é história. O discernimento e explicação antigos das correlações acabaram conduzindo à visão de mundo moderna que considera tais explicações muito grosseiras. A ciência moderna, assim como a economia moderna, as leis modernas e os governos modernos, evoluíram de formas primordiais que eram entrelaçadas, de maneira simbiótica, com o pensamento religioso. De fato, não é tão certo que teríamos essas instituições modernas não fosse pela religião antiga, que muito fez para levar a cultura e organização social humana para além do estágio caçador-coletor.

Depois das chefias, o próximo grande estágio na evolução da organização social é a sociedade-estado (ou, como às vezes é chamada, "civilização"). As sociedades-estado são maiores que as chefias, com governos mais sofisticados, até burocráticos, e possuem tecnologia da informação mais avançada — em geral, um sistema desenvolvido de escrita. Contudo, em um aspecto são muito parecidas com as chefias: a religião permeia a vida.

Esse fato, como veremos no capítulo seguinte, é especialmente bem documentado nas duas grandes civilizações que ocupariam as terras em que o deus abraâmico viria a nascer — a Mesopotâmia, ao norte e ao leste; o Egito, ao sul e a oeste. Essa ocupação não é apenas geográfica. No Egito e na Mesopotâmia, apareceriam temas teológicos que, talvez não por coincidência, voltariam a aparecer na religião da antiga Israel, elementos de identidade divina que viriam a completar o DNA do deus abraâmico, Iavé.

Também no Egito e na Mesopotâmia apareceriam deuses que existiriam para compor o ambiente de formação de Iavé. Alguns desses deuses migrariam para Israel e lá atrairiam adoradores, desviando a devoção que poderia, de outro modo, ser direcionada para Iavé, estimulando sua inveja. Alguns acompanhariam e inspirariam invasores da Mesopotâmia quando estes entraram na terra dos israelitas e, em um dos atos mais significativos da história da religião, destruíram o templo de Iavé.

Tudo isso ajudaria a formar a natureza de Iavé como monoteísmo surgido na terra dos israelitas, plantando a semente das três doutrinas abraâmicas modernas. Na Mesopotâmia e no Egito antigo, começamos a nos deslocar da evolução da religião, em maior escala, e da evolução dos deuses, genericamente, para a evolução da religião ocidental e para a evolução de Deus.

CAPÍTULO 4

Deuses dos Estados antigos

Na antiga Mesopotâmia, onde as divindades entraram pela primeira vez no registro histórico, os deuses eram, em geral, menos divinos. Certa vez um importante deus chamado Enki embriagou-se e entregou à deusa Inanna os poderes secretos que governavam a civilização. Inanna não era, ela própria, um pilar de responsabilidade sóbria; embora esperta (ela enganou Enki para que ele bebesse excessivamente), era autocomplacente e passava a maior parte de seu tempo fazendo sexo. Um hino do começo do segundo milênio (na época em que a deusa recebeu o nome de Ishtar) canta: "Sessenta, e mais sessenta, se satisfazem um a um sobre sua nudez. Homens jovens ficam cansados, Ishtar não se cansará."[1] Por algum tempo, Inanna/Ishtar foi a deusa protectora das prostitutas e também dizia-se que ajudava as esposas a esconder seu adultério.[2] (Um texto mesopotâmico refere-se a uma mulher que, tendo engravidado do amante, rezava a Ishtar, olhando para a imagem de seu marido: "Desejo que a criança se pareça com ele.")[3] O grande deus Enlil (um eventual viciado em sexo) ordenou certa vez um dilúvio épico, semelhante ao dilúvio bíblico a que Noé sobreviveria; porém, enquanto o deus de Noé usou o dilúvio para punir o povo por sua maldade, a motivação de Enlil foi menos nobre: a humanidade estava fazendo muito barulho enquanto ele tentava dormir... daí, ele decidiu extingui-la.[4]

Em resumo, os deuses da civilização mesopotâmica antiga eram parecidos com seus ancestrais, os deuses das chefias e das sociedades caçadoras-coletoras: basicamente, humanos — para o bem ou para o mal — exceto pelos poderes sobrenaturais. Assim também o eram no Antigo Egito, na China Antiga e em outros locais onde, com o surgimento da escrita, a organização social cruzou a fronteira nebulosa entre as chefias e os Estados: a linha entre a religião "primitiva" e a "civilizada" também se mostrou nebulosa. Os deuses ainda não eram modelos de virtude e ainda eram reconhecidos tanto por sua esperteza e crueldade quanto por seu amor e compaixão. E, embora mentalmente humanos, assumiam uma variedade de formas, algumas assustadoras. No Egito, corpos mumificados de crocodilos de milhares de anos foram descobertos em um templo em homenagem a Sobek, um deus-crocodilo.[5]

A diferença mais evidente entre os deuses "primitivos" das sociedades pré-estados e os deuses dos Estados antigos estava na escala e grandeza. Os deuses polinésios eram homenageados com pequenos templos-pirâmides ("marae"); os deuses mesopotâmicos, com grandes templos-pirâmides ("zigurates"). Os polinésios faziam imagens das divindades em madeira ou pedra; os egípcios usavam ouro e rodeavam seus ídolos com mobiliário luxuoso.

Alguns estudiosos do início da era cristã, ao encontrarem resíduos das religiões dos Estados antigos, ficaram horrorizados: todos aqueles deuses animais amorais, seus absurdos ampliados pela ornamentação exagerada que os acompanhava. "O deus dos egípcios", escreveu Clemente de Alexandria, é "uma besta que se contorce sobre um divã púrpura."[6]

Clemente viveu no fim do século II da era cristã. Na sua época, surgira o perfil agora familiar de religião ocidental: crença em um só deus, um deus fundamentalmente bom que se preocupa com o aperfeiçoamento moral dos seres humanos — não com a satisfação de seus próprios desejos — e que se importava com todas as pessoas de todos os lugares. Ou seja, um *monoteísmo* que possui um núcleo ético e é *universalista*.

Os dois últimos desses três elementos podem interagir intensamente. Um código de ética, por si só, não é necessariamente grande coisa; mesmo racistas assassinos podem ter boas relações com membros de sua própria raça e, nesse sentido, serem éticos. No entanto, se o deus que nos orienta a tratar bem o próximo dá tanto valor a pessoas de outras raças e nações quanto a seus vizinhos, então fica mais difícil justificar maus-tratos a estrangeiros (pelo menos em tese). Na época de Clemente, essa conclusão era clara na doutrina da igreja e o próprio Clemente escreveu críticas contra o racismo, que era usado para justificar a escravidão.

Naturalmente, Clemente tinha um alto padrão para a divindade. Não é surpreendente que, de sua perspectiva, parecia haver dois mundos — o mundo introduzido pelo deus dos hebreus durante o primeiro milênio AEC e consolidado por Jesus Cristo no fim desse milênio; e um mundo anterior, o mundo no qual as religiões passadas chafurdavam.

Entretanto, esta é uma falsa separação. É verdade que quando a religião adentrou o registro histórico, por volta do início do terceiro milênio AEC, não havia sinais do monoteísmo, muito menos de um monoteísmo de escopo ético e universalista. Nem os três elementos — o monoteísmo, uma essência ética e o universalismo — viriam a ser combinados por um milênio. Porém, também é verdadeiro que cada um desses elementos surgiu de forma rudimentar, em um ou outro Estado antigo, durante o terceiro ou segundo milênio AEC Talvez ainda mais importante: que o resultado sinérgico desses dois últimos elementos — a extensão da consideração moral por pessoas de outras terras, de outras raças — tenha começado a se arraigar. À época em que surgiu o Deus adorado por Clemente, ele já tinha sido antecipado pelas religiões que Clemente desprezava.

Além disso, o progresso moral estimulado por essas religiões viria a se infundir na própria lógica da religião, conforme a direção básica da evolução social. Desde o começo, a evolução cultural impulsionou a divindade — e, portanto, a humanidade — em direção ao aperfeiçoamento moral.

Os deuses entram no registro

Os primeiros registros escritos de religião são, em vários sentidos, fragmentários, a começar pelo sentido literal: por vezes, os arqueólogos que exploravam a região da Mesopotâmia encontravam somente um pedaço de placa ou cilindro de argila com, digamos, uma lista de deuses. Mas as coisas podiam ser mais difíceis. No Egito, os escribas usavam não a argila, mas o papiro, que se deteriorava facilmente. Assim os registros do Antigo Egito encontrados tendem a ser o tipo de informações que seriam inscritas nas paredes das tumbas — o que provavelmente não abrange a religião egípcia como um todo, do mesmo modo que os monumentos modernos não abrangeriam toda a cultura moderna. No terceiro milênio AEC., uma citação da deusa egípcia do céu, Nut, é registrada: "O Rei é meu primogênito... ele muito me compraz."[7] Mas não sabemos como Nut se sentia acerca dos plebeus, ou como estes se sentiam em relação a ela. Na China Antiga, o registro é também incompleto. Os escritos duráveis mais antigos, da dinastia Shang do segundo milênio AEC, eram em ossos de bois e em cascos de tartaruga, na forma de perguntas dirigidas aos deuses. O entalhador do rei gravava as perguntas em um casco ou escápula; o adivinho do rei aquecia as peças até que elas rachassem; e o rei interpretava as rachaduras. Por exemplo, quando um rei chamado Wu Ding teve dor de dente, seu adivinho fez setenta rachaduras em cinco cascos de tartaruga para determinar se o descontentamento de algum ancestral morto era a origem do problema; e, tendo sido

DEUSES DOS ESTADOS ANTIGOS

essa a razão, quem era o ancestral. Descobriu-se que o culpado era o patriarca Geng, o tio do rei — uma descoberta que culminou na seguinte inscrição: "Oferecemos um cão ao patriarca Geng [e] abrimos um carneiro... Se rezamos por meio dessas [oferendas], o dente doente certamente será curado."[8] Tratava-se de boa notícia para o rei, mas não nos diz como se trataria uma dor de dente na China Antiga se você não fosse o rei.

Mesmo na Mesopotâmia, onde o meio de escrita usual — as placas de argila — era resistente o suficiente para esperar as descobertas arqueológicas, os registros históricos são parciais. Praticamente ninguém era alfabetizado. Escrever era um ofício difícil de aprender; não havia um alfabeto fonético compacto, mas sim vários símbolos complexos que representavam palavras inteiras ou conceitos. E a classe dominante ensinava os escribas. Portanto, mesmo aqui, a religião como registrada na história antiga é, em grande medida, a história *oficial* da religião, não a história completa.

Uma ajuda para superar essa parcialidade é o fato de que os Estados antigos apareceram em diferentes épocas, em diferentes lugares. Nas Américas, região que foi povoada muito tempo depois que o hemisfério oriental, a agricultura foi inventada mais tarde e os Estados evoluíram posteriormente. Assim, quando os europeus "descobriram" a América, eles puderam testemunhar, entre os astecas e os maias, a vida cotidiana de povos cujo sistema de escrita estava em seus estágios iniciais de evolução. Infelizmente, tanto para os nativos americanos como para a posteridade, esses europeus eram mais predadores que os antigos visitantes europeus da Polinésia. A cultura indígena foi rapidamente corrompida e, em alguns casos, extinta. No século XVI, um bispo espanhol, querendo demonstrar a superioridade de sua religião, queimou uma coleção valiosa de textos maias, juntamente com alguns indígenas maias.[9]

Apesar disso, obtivemos um vislumbre da cultura cotidiana mesoamericana. Esse vislumbre sugere que os aspectos "não documentados" das religiões dos Estados antigos são aproximadamente o que esperaríamos que fossem se presumíssemos que os Estados antigos, tendo emergido das chefias, manteriam muitos dos traços destas. Em especial: os deuses adulados e bajulados pelos reis nos escritos eram respeitados nas ruas. Sem dúvida, a religião mesoamericana era mais do que esses deuses — profecias comuns, curas mágicas etc. Contudo, a religião "oficial" do Estado era aceita pelas massas.

O caráter dos deuses podia variar de um Estado antigo para outro. Os espíritos ancestrais ou divindades, embora encontrados em todos os lugares, tinham papel importante especialmente na China. E algumas civilizações podiam ter mais deuses místicos ou mutáveis do que outras (embora afirmações de que os deuses de algumas civilizações eram mais próximos de "forças" impessoais do que de "seres" antropomórficos pareçam não resistir ao escrutínio).[10] Mas uma coisa que o divino tinha em comum em todos esses lugares era a sua importância. Eis algumas observações feitas por estudiosos sobre várias civilizações antigas. Egito: "As características principais dessa cultura e sociedade eram determinadas pela existência e força de suas crenças religiosas, que a tudo permeavam." China: "O destino dos seres humanos era inseparável do mundo além do homem." Maias: "Tudo no mundo maia era imbuído, em diferentes graus, por uma força não visível ou caráter sagrado." Astecas: "A existência girava totalmente em torno da religião. Não havia um ato sequer, público ou privado, que não recebesse o tom do sentimento religioso." Mesopotâmia: "Os deuses intervinham constantemente em todos os lugares e participavam de tudo."[11]

Isso explicaria por que existiam tantos deuses! No segundo milênio AEC, quando os escribas mesopotâmicos elaboraram um censo divino, listando os deuses das várias cidades da Mesopotâmia, eles chegaram a quase dois mil nomes.[12] O panteão de um Estado antigo incluía, em geral, vários deuses da natureza (sol, lua, tempestade, fertilidade etc.) e deuses que protegiam a crescente variedade de profissões, em especial deuses dos agricultores, dos escribas, dos mercadores e dos artesãos. A Mesopotâmia tinha deuses para tudo, desde o processo de fazer tijolos ao de fermentação, enquanto na sociedade asteca os ladrões reivindicavam sua própria divindade. Havia também deuses que desafiavam a fácil categorização: o deus maia do suicídio; o "senhor dos currais" da Mesopotâmia; as oito divindades egípcias que protegiam os pulmões, o fígado, o estômago e os intestinos (dois deuses por órgão).[13]

Como os deuses da pré-história, esses deuses esperavam bens e serviços dos humanos e distribuíam recompensas ou punições, em conformidade. Assim, todos os povos faziam sacrifícios aos deuses, os bajulavam — isto é, os adoravam — e atendiam às suas necessidades de várias maneiras. (Na Mesopotâmia uma placa com instruções rituais iniciava assim: "Quando lavar a boca de um deus,...")[14] Em todos os lugares, o resultado era uma relação simbiótica entre o povo e os deuses, tendo cada qual algo de que o outro necessitava. E em todo o lugar — assim como nas chefias — os líderes políticos tomavam a iniciativa de mediar esse relacionamento e, de fato, o definiam; em todos os lugares, a religião era usada pelos poderosos para se manterem poderosos.[15]

Daí a semelhança na maneira pela qual os estudiosos descreveram civilizações tão distantes. Os reis maias eram "condutos pelos quais as forças sobrenaturais eram canalizadas para o mundo humano".[16] O rei egípcio era "o único intermediário que poderia servir aos deuses e, desse modo, manter os fluxos de energia" para o mundo.[17]

Ordem e caos

E o que aconteceria se o rei não estivesse lá para cumprir esse papel? Caos! De acordo com a cosmologia mesopotâmica, o universo já esteve à beira do caos, mas, felizmente, a realeza foi inventada, o que permitiu que fossem convocados deuses que preferiam a ordem para derrotar uma geração mais antiga de deuses que não a valorizavam.[18] No Egito, as forças do caos representavam uma ameaça particular com a morte de um rei — uma doutrina que, sem dúvida, funcionava em favor do herdeiro legítimo e contra possíveis usurpadores.[19] O mundo dos astecas era, como colocou um estudioso, "frágil e tênue... inerentemente instável... propenso a cair em desequilíbrio a qualquer momento" e mergulhar no "vazio e nas trevas".[20] Felizmente, era possível evitar esse destino por meio de sacrifícios humanos, que davam ao sol alimento suficiente para que continuasse abrindo seu caminho através do céu.[21] É claro, sacrificar adequadamente centenas de pessoas por mês não era trabalho para amadores; assim, os líderes da igreja e do Estado eram essenciais.

Eles trabalhavam em estreita colaboração. Primeiro, o rei enviaria exércitos para conquistar os povos vizinhos e, assim, acumular corpos vivos (uma empreitada legítima, já que os astecas eram o povo escolhido de Huitzilopochtli, o deus que os retirou da desordem).[22] Os líderes religiosos faziam o resto, como levar as vítimas ao alto do templo, lhes extrair o coração ainda pulsante e empurrar os cadáveres escadaria abaixo; ou (se o sacrifício era ao deus do fogo) atirar as vítimas em uma fogueira, rasgar com ganchos os corpos contorcidos e, *só então*, lhes extrair o coração ainda pulsante.[23] A boa notícia para as vítimas era que elas teriam uma boa vida após a morte.[24]

A simbiose igreja-Estado nem sempre foi tão harmoniosa. Os sacerdotes, como todos nós, eram ambiciosos e, às vezes, sua influência atingia um ponto em que as disputas de poder com o rei extravasavam. Todavia, não é imprecisa a descrição de Herbert Spencer, no século XIX, acerca das civilizações antigas: "originalmente, igreja e Estado eram indistinguíveis".[25] Políticos e sacerdotes controlavam juntos a sabedoria sagrada na qual se apoiavam seu prestígio e influência.

Os funcionalistas e os "marxistas" poderiam debater sobre quão explorador era o eixo igreja-Estado. Os marxistas diriam que, no Egito, na Mesopotâmia, na China e na Mesoamérica, os cadáveres dos reis eram, por vezes, acompanhados de dezenas ou mesmo centenas de cadáveres menos nobres; aparentemente, serviçais, consortes e outros ajudantes essenciais eram designados para acompanhar o rei na outra vida.[26] Os funcionalistas poderiam responder que os sacrifícios, ainda que os menos severos, eram às vezes também sofridos pelas elites — como os sacerdotes astecas que jejuavam, nunca se casavam e periodicamente furavam o corpo com espinhos de cactos.[27] Para quem quer que pense que a religião não impunha esforços à classe dominante, basta contemplar o ritual maia de preparação para a guerra, durante o qual o rei enfiava um caco de obsidiana em seu pênis e, em seguida, puxava um cordão através do ferimento.[28]

Os marxistas poderiam sugerir ainda o influente papel econômico exercido em geral pela igreja, que teria grande participação na apropriação de terras, no comércio ou nas finanças. Em uma cidade asteca de duzentas mil pessoas, um só templo empregava cinco mil delas.[29] E, em algumas cidades da Mesopotâmia, a igreja possuía um quarto das terras. Quando lemos em um registro da Babilônia sobre alguém que pediu prata emprestada com a "sacerdotisa Amat-Shamash" e se comprometeu em "pagar os juros do deus-sol", devemos nos perguntar se a taxa de juros seria mais baixa que aquela que o mercado mundano cobraria.[30]

Em resposta, os funcionalistas poderiam observar que os templos mesopotâmicos cuidavam dos órfãos, das viúvas, dos pobres e dos cegos.[31] E poderiam acrescentar que, mesmo que o complexo industrial igreja-estado estivesse cobrando bem acima do mercado, um complexo industrial desequilibrado é melhor do não ter nenhum.

Entretanto, se quisermos defender a religião antiga, tentar refutar a posição marxista talvez não seja o melhor caminho. Talvez seja melhor adotar partes da visão de mundo marxista e aproveitá-las criativamente: admitir que a religião antiga estava largamente a serviço do poder econômico e político; e, em seguida, observar como as mudanças na estrutura de poder, durante o milênio, reformularam a doutrina religiosa. Em certos aspectos, essa mudança foi para melhor. Na verdade, essa amarração da lógica divina à lógica material da política e da economia ajudou a conduzir a religião em direção ao aperfeiçoamento moral. É a principal razão da sinergia crucial entre ética e universalismo — a razão principal pela qual o círculo da consideração moral expandiu-se no tempo, além dos limites das tribos e das raças. Esse grandioso movimento do divino pode ser entendido somente pela observação da submissão da divindade aos fatos reais.

A bússola moral

Para que o círculo moral se expandisse, obviamente era necessário que ele existisse. Deveria haver um código que incentivasse as pessoas a tratar o próximo com consideração. Contudo, sempre houve isso na sociedade humana. E, nos Estados antigos — mais que nas chefias e muito mais que nas sociedades caçadoras-coletoras —, esse código buscou apoio na religião.

Os deuses mesopotâmicos estabeleciam claras diretrizes éticas, desde a mais geral (procure ajudar as pessoas, não maltratá-las) à mais específica (não urine ou vomite nos rios).[32] E, embora a obediência não levasse o indivíduo aos céus, a violação poderia trazer o inferno à terra: doenças, morte e outros problemas. Para esse fim, os deuses tinham um corpo de policiais de elite — seres demoníacos, especialistas em suas áreas. Havia demônios com os nomes de "Febre", "Icterícia", "Tosse" e "Calafrio". Outro demônio causava epidemias e um ser maligno feminino chamado "Extinguidor" matava criancinhas.[33] No geral, era o suficiente para impedir que uma pessoa urinasse em um rio.

Os egípcios e os maias poderiam ficar doentes por terem mentido ou cometido outros pecados.[34] Os astecas poderiam pegar uma infecção de pele por terem urinado em um pé de cacau e a libertinagem

DEUSES DOS ESTADOS ANTIGOS

poderia gerar punições desde tosses à inanição em virtude de um fígado intoxicado — para não mencionar a morte de filhotes inocentes de peru, que cairiam duros diante de humanos adúlteros.[35] E, se um jovem asteca desmaiasse enquanto estivesse perfurando seu pênis em homenagem aos deuses, isso significaria que ele não conseguira manter sua virgindade (embora outra explicação pudesse ser dada).[36] Enquanto isso, na Índia, os textos védicos do fim do segundo milênio AEC falam de punições — doenças e outras aflições — para falhas éticas, como roubar.[37]

Mesmo quando a orientação moral antiga não envolvia o policiamento divino, ela podia ter uma dimensão religiosa. As "Instruções de Ptahhotep", um manual egípcio para rapazes das classes altas, não respaldavam seus preceitos com sanções; porém, como o seu reputado autor, Ptahhotep, fora deificado postumamente, o manual ganhou mais força que um livro de autoajuda. Além disso, ele fazia referência a conceitos egípcios religiosos/metafísicos, como o *ka*, a alma ou o espírito do indivíduo. Por exemplo: "Não maldiga ninguém, superior ou inferior; o *ka* abomina isso".[38]

Nada disso deveria causar surpresa. Mesmo nas chefias polinésias, vimos a religião começar a responder com sanções morais ao desafio de manter a ordem em uma sociedade cada vez maior e mais difícil de administrar que uma aldeia caçadora-coletora. Nas cidades antigas, com populações às vezes na ordem das centenas de milhares, o desafio só fez crescer. Portanto, as religiões que incentivavam as pessoas a tratar as outras com consideração — o que contribuía para uma cidade mais ordenada e produtiva — teriam uma vantagem competitiva sobre as religiões que não o fizessem.[39] A descrição antiga dos deuses como defensores da ordem contra o caos, embora politicamente conveniente para as elites, também era, nesse sentido, exata. Os deuses — ou, pelo menos, a crença neles — protegiam as civilizações antigas das forças da desordem que, de fato, ameaçam as organizações sociais complexas.

E aqui, como nas chefias polinésias, a chave para manter a ordem social era direcionar o interesse individual. Se você quisesse evitar doenças, a morte prematura e demais aflições menores; se quisesse evitar a desonra divina; se quisesse manter seu *ka* em perfeita ordem, você teria de se comportar de modo propício à coesão social, o que incluía tratar bem as pessoas de sua vizinhança.

Mas e as pessoas de outras cidades, de outros Estados, de outras sociedades — pessoas com crenças diferentes, de outra cor de pele? Havia algum motivo para não maltratá-las, ou não lhes roubar as terras, ou não assassiná-las? Por que a religião encorajaria a *expansão* do círculo de consideração moral? De onde viria essa inspiração divina? Dos próprios fatos reais.

Deuses como lubrificantes geopolíticos

A Mesopotâmia do começo da história era uma mescla de cidades-estados. A maioria delas tinha um templo central devotado a um único deus dominante — Enlil em Nippur; Enki em Eridu.[40] Ocasionalmente, uma cidade tinha dois deuses principais, como em Uruk, onde An dividia o estrelato com Inanna, sua confiável e aprazível consorte.[41] Cada templo também abrigava deuses menores — parentes dos deuses maiores, conselheiros e outros auxiliares.

Essas cidades ainda não eram unificadas sob um mesmo governo regional. Todavia, por volta do começo do terceiro milênio, elas travavam contato por meio de uma combinação de comércio e guerra. Conforme o conhecimento mútuo se desenvolvia, elas se deparavam com uma questão enfrentada com frequência por Estados que se aproximavam em um mundo cada vez menor: como se posicionar diante dos deuses um dos outros? Como lidar com afirmações concorrentes acerca da verdade religiosa?

DEUSES DOS ESTADOS ANTIGOS

A resposta, até onde posso afirmar, era: em parte porque, benevolentemente, eles não viam tais afirmações como concorrentes. Esses povos eram politeístas. Para um politeísta, não há limites no número de deuses possíveis e, portanto, não há compulsão natural para contestar a existência dos deuses de outros povos. E mais: se há um relacionamento proveitoso entre os povos — se há comércio ou alianças militares — pode ser interessante ir além da tolerância e verdadeiramente afirmar a crença nos deuses do outro. E isso ainda pode ser recíproco.

Parece ter sido isso o que aconteceu na Mesopotâmia antiga: os deuses principais das diferentes cidades aglutinaram-se em um panteão aceito regionalmente. Na verdade, não era apenas um panteão, mas um clã. Os deuses das várias cidades tinham relação de sangue entre si e, com o transcorrer do milênio, as cidades chegariam a um acordo quanto aos detalhes da árvore genealógica.[42]

Havia uma divisão rudimentar de trabalho entre os deuses. O deus de uma cidade representava o sol; outro deus representava a força nas sementes; um terceiro (Inanna, naturalmente) representava o amor; e assim por diante. Uma vez que todos os povos da Mesopotâmia precisavam do sol, das sementes e do amor, isso indicava que (como colocou o arqueólogo W. G. Lambert): "Cada comunidade dependia, para sua subsistência, da maioria — senão de todas — das divindades do país."[43]

Em resumo, como as cidades mesopotâmicas envolveram-se em uma teia de confiança recíproca — precisando umas das outras como parceiros comerciais e, por vezes, como aliados militares — essa interdependência no mundo real refletiu-se precisamente no plano divino. E, com esse reflexo, os deuses deram um passo em direção ao universalismo, expandindo seus domínios de uma só cidade para toda a Mesopotâmia. O deus das sementes, embora tivesse sido provincial em algum momento, abençoava agora todas as sementes da Mesopotâmia. A religião parece às vezes um obstáculo para a harmonia internacional dentro de um mundo cada vez menor; contudo, aparentemente, não precisaria ser assim.

Certamente, poderíamos descrever tudo isso de maneira cínica. Imagine que você fosse rei de uma cidade e quisesse fazer negócios com o rei de outra cidade. Você sabe que o prestígio local dele está associado à importância do deus principal da cidade. Como rei, ele mantém o templo do deus, que é, de certo modo, uma vitrine para ele, bem como para o deus. Além disso, os sacerdotes do templo são os principais atores econômicos e devem controlar parte do comércio entre as duas cidades do qual você deseja participar. Logo, a última coisa que você faria é começar desrespeitando aquele deus; e a primeira coisa que você vai querer fazer é adotá-lo. Portanto, a liberalidade teológica pode reduzir-se ao interesse econômico. Como ambas as partes podem beneficiar-se da relação comercial — porque a interação econômica é uma "soma não zero" — dois deuses então mutuamente estranhos podem compartilhar o mesmo espaço. Assim também o é no caso de uma aliança militar ou de outra relação de soma não zero que um rei queira travar com outro: a harmonia entre as crenças pode emergir de autointeresses iluminados.

Isso não quer dizer que tal harmonia seja resultado de um cálculo consciente. O interesse pessoal pode influenciar nossas crenças de maneira sutil, e há evidências de que alguns reis antigos acreditavam genuinamente nos deuses estrangeiros que adotaram. Nem isso quer dizer que o sentimento religioso era um mero "epifenômeno" — algo que reflete a realidade política e econômica e nunca a influencia. A Mesopotâmia antiga, sem o governo unificado, era ligada pelo que Lambert chama de "unidade de cultura"[44], e muito da força unificadora dessa cultura veio provavelmente do poder da crença religiosa. Em uma era em que as pessoas temiam os deuses e buscavam desesperadamente seus favores, um panteão interurbano de deuses que dividiam funções entre si deve ter fortalecido os laços emocionais entre as cidades. Quer você acredite ou não que o poder emocional da religião emane verdadeiramente do divino, esse poder em si é real.

Direito internacional antigo

O papel da religião na facilitação das relações entre governos não se limitava às sociedades-estados. Os polinésios às vezes viajavam ao exterior para participar de cerimônias em templos "internacionais".[45] Entretanto, quando a evolução social atinge o nível dos Estados é que os deuses começam a sustentar algo que pode ser chamado de "direito internacional". Eis o excerto de um tratado de paz do segundo milênio AEC entre o Egito e os hititas:

> Aquele que não observar todas estas palavras escritas sobre esta placa de prata da terra de Hatti e da terra do Egito, possam os mil deuses da terra de Hatti e os mil deuses da terra do Egito destruir sua casa, seu país e seus servos(...) Mas aquele que mantiver estas palavras que estão sobre a placa de prata, seja ele hitita ou egípcio, e não desprezá-las, possam os mil deuses da terra de Hatti e os mil deuses da terra do Egito dar-lhe boa saúde e vida longa, também a suas casas, a seu país e a seus servos.

Mesmo antes, no terceiro milênio AEC, a divindade e o direito internacional estavam entrelaçados nas cidades-estados da Mesopotâmia. Um cilindro de argila descreve a definição de uma fronteira entre duas cidades-estados, Lagash e Umma. "Enlil, o rei de todas as terras e pai de todos os deuses, definiu uma fronteira para o deus de Lagash e o deus de Umma, por decreto. O rei de Kish mediu-a de acordo com a palavra do deus dos assentamentos legais e lá erigiu um marco de fronteira em pedra."[46]

A autoridade divina nem sempre era suficiente. De fato, esse mesmo decreto foi violado pelo rei de Umma, que então foi punido pelo exército de Lagash (ou, como dizem os registros históricos, pelo deus de Lagash *através* do exército de Lagash). Mas, em geral, esses acordos eram respeitados, porque uma cidade-estado poderosa assumia o papel de árbitro e, se necessário, de fiscalizador.[47] Aqui também a divindade evoluiria para refletir e reforçar a lógica geopolítica. A elevação de uma cidade-estado como poder hegemônico regional geralmente significava a elevação de seu deus no panteão mesopotâmico regional.[48] Do mesmo modo em um nível mais local: a divindade de uma grande cidade teria maior importância que aquelas das cidades periféricas dentro de sua esfera de influência. Como escreveram os arqueólogos C. C. Lamberg-Karlovsky e Jeremy Sabloff, um "ideal informado teologicamente" sustentava um "equilíbrio sancionado divinamente" entre as comunidades mesopotâmicas.[49]

Um "equilíbrio sancionado divinamente" soa bem, mas havia um lado sórdido. O equilíbrio regional da Mesopotâmia estava nas mãos das cidades-estados dominantes, que estabeleciam esse domínio da maneira de sempre: matando muitas pessoas. A guerra desempenhava papel fundamental na vida do mundo antigo e, ao atribuir-lhe essa responsabilidade, estaríamos sendo negligentes se não mencionássemos os deuses. Como H. W. F. Saggs observou: "em todo lugar, a vontade divina era a justificativa formal para a guerra".[50] E o domínio, uma vez estabelecido, não significava simplesmente assumir de forma abnegada a responsabilidade de manter o equilíbrio regional; significava quase sempre exigir tributos dos Estados menores.

Se havia alguma redenção dos deuses antigos pelos massacres e extorsões que eles apoiavam, ela estava na amplitude da paz subsequente. O equilíbrio mesopotâmico, mesmo pontuado por mudanças violentas de poder, lubrificava o comércio e outras formas de contato, nutrindo, assim, as fontes de interdependência prática que são quase sempre a vanguarda da tolerância intercultural e do universalismo divino.

Com a passagem do terceiro milênio AEC, essa aproximação a uma ordem regional — uma união vaga organizada em torno de um poder hegemônico regional — daria lugar a algo mais sólido: um Estado regional, dirigido de modo centralizado. Como muitas das mudanças geopolíticas, isso aconteceria por meio da força. E como muitas das conquistas na Antiguidade, isso terminaria por expandir o reinado da interdependência potencial.

Isso também demonstra mais uma vez a maleabilidade adaptável do divino. Assim como os deuses evoluíram para sustentar a unidade vaga das cidades-estados do sul da Mesopotâmia no começo do terceiro milênio AEC, eles evoluiriam para apoiar uma unidade mesopotâmica mais ampla, ao fim desse terceiro milênio. E isso aconteceria em razão de algo que pode parecer surpreendente: os conquistadores do mundo antigo — pelos menos, os maiores — eram menos propensos a destruir os ídolos dos inimigos vencidos do que a adorá-los.

Sargão expande o reinado

Por volta de 2350 AEC, Sargão da Acádia tornou-se o primeiro grande conquistador da Mesopotâmia. Ao tentar subjugar o sul da Mesopotâmia desde sua base no norte, ele estava enfrentando um grande desafio de multiculturalismo. O sul da Mesopotâmia tinha base étnica e linguística suméria, enquanto Sargão era um estrangeiro que falava o acádio, uma língua semítica. (Aqui "semítica" não se refere aos judeus, mas à família de línguas da qual o hebraico e o árabe se desenvolveram.)

Felizmente, Sargão era um homem teologicamente flexível. Embora os deuses acádios o tivessem ajudado a subjugar os sumérios, isso não queria dizer que os deuses sumérios eram seus inimigos. Na cidade de Nippur, ele fez com que os sacerdotes locais concordassem com ele que sua vitória fora a vontade do importante deus sumério Enlil (um julgamento que pode ter sido apoiado pela exibição do rei deposto de Nippur preso por uma coleira).[51] Também havia informações reconfortantes para os devotos de An, o deus sumério dos céus: Sargão, pelo que se pôde constatar, era cunhado de An![52] E também havia o elaborado galanteio de Sargão à deusa suméria Inanna. Embora ela não fosse exatamente conhecida por resistir aos apelos masculinos,

Sargão não se arriscou. Sua eloquente filha Enheduanna — a quem ele faria suma sacerdotisa de Ur, um centro religioso da Suméria — dedicou-se a escrever hinos em louvor de Inanna. Enheduanna fez todo o possível: "Magnífica rainha das rainhas, saída do ventre sagrado... sábia onisciente... sustento das multidões... antiga rainha das bases celestiais e do zênite... Como sois superior aos outros deuses."[53] Mas não tão superior a ponto de manter seu nome. Ishtar era uma deusa acádia consagrada, e Sargão, ao afirmar a unidade divinamente sancionada de seu império acádio-sumério, declarou que Ishtar e Inanna eram, em realidade, a mesma divindade.[54] Portanto, por que usar dois nomes? A partir de então, Inanna, embora mantendo seus traços essenciais, seria conhecida como Ishtar.[55]

A combinação de crenças ou conceitos religiosos — "sincretismo" — é uma maneira comum de criar unidade cultural na sequência da conquista, e com frequência, como foi o caso aqui, os próprios deuses são combinados. É claro, quando duas culturas se fundem, alguns de seus deuses podem não se corresponder. Os deuses sumérios sem uma contraparte acádia aproximada entraram na cultura acádia ou com seus nomes sumérios (Enlil, por exemplo), ou com alguma variação acádia (An tornou-se Anu).[56] Entretanto, de uma maneira ou de outra, a maioria dos deuses dos sumérios vencidos sobreviveu, fosse mantendo sua identidade intacta ou pela fusão com um deus acádio. Essa permanência divina era comum nas guerras antigas. (Os astecas, para quem as conquistas eram uma rotina, construíram um templo específico para deuses importados.)[57] Um estudioso disse que, nas ondas de invasão que varreram o Oriente Médio no segundo milênio AEC, "raramente, ou mesmo nunca, os deuses conquistados eram extintos".[58]

Assim também o era no primeiro milênio. Alexandre, o Grande, ao colocar grande parte do mundo conhecido sob domínio grego, viria a exaltar os deuses dos territórios que ele conquistara. E os deuses nativos de Alexandre receberiam a mesma cortesia pragmática quando a Grécia se viu do outro lado das contendas. Por isso é possível mapear o panteão grego sobre o panteão romano, mudando-se os nomes: Afrodite por Vênus, Zeus por Júpiter e assim por diante. No mundo antigo politeísta, um sábio conquistador era um conquistador teologicamente flexível. Depois que a guerra terminava, e havendo um império para se governar, não fazia sentido começar disputas desnecessárias.

Podemos observar a conveniente maleabilidade do politeísmo de duas maneiras. Por um lado, ela era uma ferramenta útil para imperialistas brutais — um ópio, como Marx diria, para as massas recém-subjugadas. Por outro lado, era um elixir de harmonia intercultural. Por mais cruéis que fossem os conquistadores, por mais egoístas que fossem suas ambições, no longo prazo eles conduziam mais e mais povos, sobre territórios cada vez mais vastos, em um intercâmbio cultural e econômico.

Sargão conduziu a Mesopotâmia até bem próximo do universalismo, estendendo o alcance dos deuses sumérios para além de seu território ao sul e através de um divisor cultural. Isso ainda representaria quase nada diante do universalismo simples, direto e monoteísta que emergiria com a tradição abraâmica: um deus que governa toda a humanidade. Contudo, mesmo na Mesopotâmia do terceiro milênio AEC, quando o politeísmo demonstrava seu potencial geopolítico, já havia forças aproximando a teologia do monoteísmo.

Rumo ao monoteísmo

Desde o princípio, a tendência de o divino acompanhar o político aplicou-se não só às relações políticas entre as cidades-estados da Mesopotâmia, mas também à política interna. E, internamente, a ordem política era vertical. Diferentemente das sociedades caçadoras-coletoras, as cidades-estados possuíam uma liderança clara. E, como nas chefias, a liderança era hierárquica, porém mais elaborada e burocrática.

110 NASCIMENTO E CRESCIMENTO DOS DEUSES

Assim na terra como no céu. Não só as cidades-estados — e, posteriormente, toda a região — possuíam um só deus líder (às vezes, um deus que era *chamado* de rei), esse deus superior possuía deuses subalternos que representavam claramente uma corte real. Um documento mesopotâmico do segundo milênio AEC lista deuses com títulos como valete, chefe principal, pastor principal, jardineiro, embaixador, vizir, grão-vizir, ajudante de ordens, comissário, secretário, sentinela, guarda-portão, fiscal e cabeleireiro.[59] E uma narrativa mesopotâmica citava Enki — ele próprio subordinado ao grande Enlil — indicando um deus como "inspetor de canais" e outro como responsável pela justiça.[60]

Também no Egito, o panteão desenvolveu hierarquia semelhante.[61] E na China da dinastia Shang, o deus do céu parecia comandar o espetáculo, supervisionando os deuses do vento, da chuva, dos rios, das montanhas e assim por diante.[62] Mas, em nenhum lugar, a tendência hierárquica era mais clara que na Mesopotâmia, ou tão bem documentada. Lá, como descreve o historiador Jean Bottero, um "simples ajuntamento incoerente" de deuses, na aurora da civilização, tornara-se "através de séculos de evolução, ponderações e maquinações mitológicas, uma verdadeira organização de poder sobrenatural... que dominava os povos à proporção que a estruturada autoridade real terrena dominava seus súditos".[63]

A "pirâmide de poderes" resultante, como Bottero veio a chamá-la, foi em si um tipo de etapa em direção ao monoteísmo. Enlil, no tempo em que se encontrava no topo da pirâmide, era chamado de "o magnífico e poderoso legislador que domina o Céu e a Terra, que tudo conhece e entende".[64] Certamente, tais passagens podem exagerar o consenso geral: os escritores da Mesopotâmia, assim como os escritores de outras sociedades politeístas, tendiam a exaltar qualquer deus a que estivessem se referindo, mais ou menos como as pessoas costumam bajular aquele de quem estão falando. Ainda assim, havia uma tendência teológica em ação, uma tendência em direção à ma-

DEUSES DOS ESTADOS ANTIGOS

jestade concentrada, e o sucessor de Enlil na liderança do panteão mesopotâmico levaria essa tendência a outro nível, aproximando mais a Mesopotâmia do moderno pensamento religioso ocidental.

O único e incomparável Marduk

Esse sucessor foi Marduk. Marduk era uma personalidade formidável. Por exemplo, "seu coração é um tambor" e "seu pênis é uma serpente" que lança esperma de ouro.[65] No entanto, essas declarações só apareceram depois que Marduk alcançou a majestade e ele não a alcançou por si próprio. Um importante apoio veio do rei babilônico Hamurabi, que entrou em cena no começo do segundo milênio, séculos depois de o Império Acádio estabelecido por Sargão ter surgido e desaparecido, em uma era em que a Mesopotâmia se encontrava outra vez politicamente fragmentada.

Hamurabi é famoso por ter produzido um dos primeiros códigos de leis do mundo antigo. Hoje em dia, considera-se às vezes que a lei foi uma alternativa à religião — regras mundanas de comportamento, impostas pela polícia, sem necessidade de reforço sobrenatural. Contudo, nos Estados antigos, a lei doméstica, assim como as leis internacionais, era sustentada pelos deuses. Em primeiro lugar, Hamurabi foi divinamente autorizado a organizar as leis. Como consta na introdução de seu código de leis, Anu e Enlil, os dois deuses principais do panteão mesopotâmico, escolheram Hamurabi como rei "para produzir a lei da justiça na terra, destruir os maus e os perversos".[66] Até o fim do código, cerca de trinta deuses são citados,[67] e, em alguns casos, eles têm função judicial — como quando um suspeito é atirado em um rio para que se verifique se o deus do rio o prenderá, o que significará que o suspeito é (postumamente) culpado.[68] Mas nenhum desses deuses tem o mesmo tipo de tratamento que Marduk nas passagens iniciais

112 NASCIMENTO E CRESCIMENTO DOS DEUSES

do código: aqui, Anu e Enil declaram Marduk um deus "magnífico" e atribuem a ele o "domínio sobre o homem terreno".[69]

Que fortuito avanço para o próprio Hamurabi! Marduk era deus da cidade da Babilônia, a base de Hamurabi, e este pretendia estender o controle da cidade sobre toda a Mesopotâmia.[70] Não seria difícil para os grandes deuses da Mesopotâmia abrir o tapete vermelho para o domínio de Marduk para bem além dos limites da cidade. Ainda assim, Hamurabi não alcançou seus objetivos maiores; ele morreu antes de dominar toda a Mesopotâmia. Porém, nos séculos seguintes, a Babilônia dominou de fato a Mesopotâmia e, não por coincidência, Marduk veio a se tornar o deus mais importante do panteão mesopotâmico, destituindo Enlil.[71]

Os defensores de Marduk não parariam de louvar sua supremacia. Em um desenvolvimento teológico mais amplo, os outros deuses do panteão foram rebaixados da subordinação a Marduk para se tornarem meros aspectos dele. Assim, Adad — antes conhecido como deus da chuva — era agora "Marduk da chuva". Nabu, o deus escriba, tornara-se "Marduk dos escribas".[72] Ou, para olhar as coisas da perspectiva de Marduk, como em outro texto referente ao deus: "Nabu, dono do estilo da tábua, é sua habilidade."[73] E assim por diante, em sequência; os principais deuses da Mesopotâmia foram "engolidos" por Marduk, um a um.

Os estudiosos discordam acerca da importância desse passo rumo ao monoteísmo, e sobre sua causa principal.[74] Algumas explicações seguem a linha de Edward Tylor, que acreditava que a passagem do politeísmo para o monoteísmo foi parte de um movimento natural em direção ao racionalismo científico. Assim, a série de listas de deuses mesopotâmicos que impunha uma hierarquia crescente no panteão não era somente reflexo do governo hierárquico, mas fruto da busca humana por ordem intelectual e unidade de compreensão. Quando Marduk absorveu as funções dos outros deuses, ele tornou-se um tipo de grande teoria unificada da natureza.

DEUSES DOS ESTADOS ANTIGOS

Em alguns contextos, esse movimento intelectual foi estimulado tecnologicamente. Se, por exemplo, a irrigação e as novas técnicas de armazenamento e de melhor planejamento estatal auxiliaram a separar a humanidade dos caprichos da natureza, a ideia de um grupo de deuses de temperamento imprevisível e voluntarioso parece menos plausível.[75] E, ainda que a investigação científica não tenha sido exatamente acelerada no mundo antigo, ela pode ter começado a eliminar um pouco do mistério do universo, esvaziando mais adiante a necessidade intelectual por tais deuses. Por muito tempo, os mesopotâmicos atribuíram os eclipses a demônios e batiam tambores para dispersá-los. Porém, durante o primeiro milênio AEC, os sacerdotes-astrônomos da Babilônia descobriram que os eclipses podiam ser previstos com exatidão, apesar dos impulsos demoníacos.[76] O ritual sagrado dos tambores permaneceu — assim como muitos costumes religiosos cuja razão de ser desapareceu. (A antiga precursora escandinava da árvore de Natal também era um dispersador de demônios.)

Em contraste com essas explicações "intelectualistas" da tendência em direção ao monoteísmo está a explicação completamente política: para os babilônios empenhados em dominar a Mesopotâmia para sempre, haveria melhor arma teológica do que reduzir os possíveis rivais de Marduk a partes de sua anatomia? Ou, para colocar de maneira menos cínica: para os babilônios que queriam permear a Mesopotâmia com o entendimento e o bom convívio multicultural, haveria melhor cimento social que um único deus que abrangesse todos os deuses?

Qualquer que fosse a explicação para a crescente evolução da concepção unificada do divino na Mesopotâmia, a tendência não prevaleceu. Com o tempo, Marduk foi forçado a um acordo de divisão de poder com outro deus supremo. Entretanto, ele fora a maior aproximação a um monoteísmo universalista na Mesopotâmia. Com efeito, as lógicas do monoteísmo e do universalismo eram interligadas. Se a questão da evolução de Marduk em direção ao monoteísmo era

114   NASCIMENTO E CRESCIMENTO DOS DEUSES

política — para unificar uma região etnicamente diversificada — presumivelmente ele lançaria suas redes o suficiente para abranger essas etnicidades. E, de fato, ele o fez. De acordo com o clássico mesopotâmico poema *Épico da Criação*, ele possuía a "soberania sobre todo o mundo". E, naturalmente, já que "Ele nomeou os quatro cantos do mundo; a humanidade ele criou". Há indicações de que ele não só regia toda a humanidade, mas se dispunha favoravelmente a ela: "Extenso é o seu coração; ampla, a sua compaixão." (Embora — não nos enganemos — ele "subjugue o desobediente".)[77]

Monoteísmo verdadeiro

Enquanto isso, no Egito, um deus se aproximaria ainda mais do monoteísmo universalista do que Marduk. Sua história ilustra como as vias para o monoteísmo podem ser variadas.

A tentativa de Marduk de se tornar o único deus verdadeiro fora envolvida por alguma generosidade e tato diplomático. Sim, os outros deuses no panteão tinham de se submeter a ele e até — como dizem no mundo empresarial — serem incorporados por ele mediante termos desfavoráveis. Entretanto, ele não negava a existência anterior do deus ou sua respeitável legitimidade; em verdade, ele se aproveitava dessa legitimidade. No poema *Épico da Criação*, são os deuses que organizam um banquete e (depois de beberem bastante) o consagram como novo líder, jurando que "nenhum entre os deuses deverá transgredir o limite dele".[78] A experiência do Egito com o monoteísmo foi mais abrupta e envolveu menos cordialidade. Foi o equivalente divino de um golpe de estado — e não sem violência.

O golpe foi arquitetado no século XIV AEC por um faraó enigmático e excêntrico, conhecido como Amenófis IV. Se sua motivação foi o entusiasmo religioso ou uma conspiração política, depende do estudioso com quem você falar, mas poucos negarão a relevância do contexto político que ele herdou ao ascender ao trono, ou da teologia que se imiscuía na situação.

A teologia tinha a marca de um monoteísmo emergente: o domínio do firmamento divino por um único deus, Amon. Amon tornou-se mais poderoso depois de promover uma série de campanhas militares no Egito e obter credibilidade com as vitórias decorrentes. Vasta riqueza e posse de terras afluíram para os templos de Amon — o que significava, em termos práticos, que os sacerdotes de Amon, que possivelmente promoveram eles próprios essas guerras, eram agora poderosos, administrando um império comercial que abrangia a mineração, a manufatura e o comércio.[79]

Até que ponto era ameaçador esse conglomerado para o poder do novo faraó, não se pode afirmar, mas certamente um jovem que se torna líder com a morte prematura de seu pai, como foi o caso de Amenófis IV, pode ser desculpado por se sentir inseguro.[80] As denominações dadas a Amon — rei dos deuses, príncipe dos príncipes — não seriam algo que lhe desse alguma confiança; tampouco o indício ocasional de que Amon poderia não só ser soberano sobre os outros deuses, como absorvê-los, ao estilo de Marduk.[81]

Para subjugar Amon, o novo faraó utilizou-se indiretamente do legado do venerável deus Rá. Rá era, por vezes, associado a um ícone simples — um disco solar com duas hastes, conhecido como Aton, que significa "disco".[82] O disco solar, que parecia originalmente representar a energia radiante de Rá, adquiriu posteriormente o papel de uma divindade independente e veio a receber, efetivamente, a preferência de Amenófis III,[83] pai do jovem faraó. Na sequência, Amenófis IV promoveu Aton, elevando-o de um deus comum para "aquele que decreta a vida"; aquele que "criou a terra"; aquele que "construiu a si mesmo por si mesmo"; aquele cujos "raios solares significam visão para tudo que ele criou".[84]

Isso queria dizer que Aton era ainda maior que Amon? Pode-se dizer. O faraó apagou o nome Amon em todas as suas ocorrências.

Pessoas com nomes que contivessem "Amon" tiveram de mudá-los. E quanto ao antes poderoso sumo sacerdote de Amon, sua última façanha conhecida durante o reinado de Amenófis IV foi ser despachado para quebrar pedras em uma pedreira.[85]

Amon não estava sozinho como alvo do processo de extinção. A palavra "deuses" foi apagada de alguns textos e seu uso, descontinuado, já que agora havia um deus verdadeiro.[86] Os deuses anteriores não receberam sequer a cortesia que Marduk oferecia às divindades mesopotâmicas que ele suplantara — a absorção em um novo ser supremo; simplesmente, eles eram declarados como "extintos" e seus sacerdócios eram dissolvidos.[87] O faraó ergueu uma grande cidade em homenagem a Aton, chamou-a de Akhetaton ("Horizonte de Aton") e mudou para lá a capital. A si próprio, batizou-se de Akhenaton ("Auxiliar de Aton"), nomeando-se como sumo sacerdote de Aton, e declarando-se filho de Aton, sendo reverenciado como tal: "Oh, belo filho do disco solar" — um disco solar que, os cortesãos diziam, "não exaltava o nome de nenhum outro rei".[88]

Enquanto Marduk, depois de absorver os principais deuses da Mesopotâmia, mantinha algumas divindades por perto como esposa e servos, Aton, no ápice de seu poder, firmou-se solitário no firmamento divino, um claro prenúncio do deus hebreu, Jeová. E do famoso universalismo de Jeová: Aton criara os seres humanos e cuidava deles — de *todos* eles. Como canta o Grande Hino a Aton:

> Puseste cada homem no seu lugar
> e lhes deste o seu sustento.
> (...)
> Suas línguas falam diversamente,
> como é diversa sua aparência.
> Sua pele é diferente,
> pois diferenciastes os estrangeiros.[89]

Raízes do progresso moral

Entretanto, esse universalismo inter-racial não era inteiramente novo, e Aton não merece todo o crédito. Curiosamente, mais crédito deveria ser dado ao seu rival deposto, Amon. As guerras patrocinadas por Amon não só tornaram ricos os seus sacerdotes, e assim ameaçaram o poderio do faraó, mas também — como acontece com as guerras de conquista — expandiram os horizontes culturais e econômicos. Dos territórios conquistados, vieram tanto escravos como elites estrangeiras, que receberiam educação egípcia antes de retornarem para auxiliar na administração das colônias. O idioma egípcio absorveu palavras estrangeiras; a economia, mercadorias estrangeiras; e o panteão recebeu deuses estrangeiros, do mesmo modo que os deuses egípcios entrariam nas terras conquistadas.[90]

O novo cosmopolitismo não apagou magicamente o racismo e a xenofobia do passado isolacionista do Egito, mas os reduziu bastante. Enquanto alguns deuses estrangeiros foram adotados como filhos ou filhas pelos deuses egípcios, alguns seres humanos forasteiros, incluindo escravos, uniram-se a famílias egípcias e elevaram sua posição socioeconômica. A literatura egípcia, que antes descrevia as terras estrangeiras como hostis e seus habitantes como desprezíveis, agora fazia referência a heróis egípcios que migraram para outras terras, se casaram com estrangeiros e lá se estabeleceram.[91]

Portanto, ao fazer de Aton o único deus verdadeiro, não só para os egípcios, mas para toda a humanidade, Akhenaton estava apenas refletindo o seu tempo. No Egito imperial da época, como observa o egiptólogo Donald Redford, o cosmopolitismo estava no ar. "Era desse sentimento universalista que Akhenaton se sentia herdeiro e que ele desenvolveu dentro do contexto de seu monoteísmo."[92] De fato, sabia-se que Amon, predecessor de Aton, criara *também* toda a humanidade e definira as raças.[93] Um hino falava de sua preocupação com o bem-estar dos "asiáticos" (ou seja, os mesopotâmicos e outros povos a leste do Egito).[94] E, em um texto redigido provavelmente antes da era de Akhenaton, dizia-se que um deus egípcio "protegia as almas" das quatro "raças" da humanidade: os asiáticos, os egípcios, os líbios e os negros (núbios, ao sul).[95] As quatro raças são representadas no mundo dos mortos, o "mundo inferior", onde lhes era prometida uma vida abençoada após a morte.[96]

O império do Egito não duraria para sempre e o cosmopolitismo viria e diminuiria. Porém, o movimento em direção à conexão intercultural continuaria, ainda que esporadicamente, pois ele foi impulsionado essencialmente pela evolução tecnológica. Os mesmos avanços nos transportes e nas comunicações que tornaram possível os grandes impérios fariam, em combinação com os avanços na manufatura, com que mais e mais povos entrassem em contato uns com os outros. Sem dúvida, o contato seria muitas vezes hostil e essa hostilidade se refletiria tanto nas doutrinas religiosas como nas atitudes morais. No século após o reinado de Akhenaton, um poeta egípcio narra a conversa de um rei belicoso com Amon, o mesmo deus que uma vez se preocupou com o bem-estar dos asiáticos: "Que são esses asiáticos para vós, Amon? Miseráveis que não conhecem Deus."[97]

Contudo, naquela época da história do antigo Oriente Médio, dois princípios revelaram-se.

Primeiro, o impulso básico da evolução tecnológica dificultaria cada vez mais que a existência de outros povos fosse ignorada. Esse padrão de longa duração reflete-se na evolução do idioma egípcio, conforme analisado pelo egiptólogo Siegfried Morenz. Uma palavra que em meados do terceiro milênio AEC significava "um egípcio" — e era usada para distinguir os egípcios dos suspeitos e talvez subumanos habitantes dos territórios vizinhos — viria a significar, em meados do segundo milênio, "um ser humano" e seria usada mesmo para prisioneiros de guerra destinados à escravidão.[98]

Segundo, o relacionamento dos deuses de um povo com os deuses de outros povos dependeria, quase sempre, do relacionamento político e econômico entre esses povos. O comércio e outras relações das quais ambas as partes podem se beneficiar — relações de soma não zero — poderiam fazer com que o deus de um povo se importasse com o bem-estar de outros povos e até com que estes o adotassem; de qualquer modo, uma relação de soma não zero provavelmente envolveria a concessão de humanidade básica e a extensão de pelo menos alguma consideração moral ao outro povo. É claro, a guerra e outras formas de antagonismo poderiam estimular uma teologia de intolerância e uma moralidade de indiferença, ou coisa pior. Se há alguma redenção para a guerra, ela está no que às vezes se segue, quando um conquistador compreende diversos territórios em um só conjunto político e econômico, e a teologia e a moralidade se expandem de acordo. No balanço entre comércio e guerra, cresceu a extensão das relações de soma não zero. Isso foi propício para a expansão do círculo de consideração moral.

Assim, o que aconteceu com Aton, que no século XIV AEC, foi o mais claro exemplo de monoteísmo universalista até hoje? Depois de décadas de sua promoção como deus único, ele perderia força. Aparentemente, maldizer os sacerdotes mais poderosos do Egito não era uma receita para a vida eterna. Mesmo que você seja um deus, precisará de aliados terrestres bem posicionados para ter sucesso em tal revolução social. Com a morte de Akhenaton, Aton perdeu seu amigo menos dispensável.

Algumas pessoas afirmam que Aton, no entanto, mudou o mundo para sempre. Sigmund Freud, em seu livro *Moisés e o monoteísmo*, sugeriu que Moisés estava no Egito durante o reinado de Aton e, então, levou a ideia do monoteísmo para Canaã, onde ele inauguraria a civilização judaico-cristã.

Como veremos, esta não é a explicação mais plausível para a emergência do monoteísmo na antiga Israel. Em realidade, constata-se que Marduk teve mais a ver com essa emergência do que Aton. Muitos séculos depois de Marduk não ter tido sucesso em levar a civilização do Oriente Médio além do limite para um monoteísmo durável, ele ajudou a *impulsioná-la* nessa direção. Ele viria a confrontar e derrotar, e até humilhar, um deus da antiga Israel, e os israelitas responderiam com a criação de um monoteísmo próprio.

II

A EMERGÊNCIA DO MONOTEÍSMO ABRAÂMICO

Quem poderá, nas nuvens, igualar-se ao Senhor?
Quem é semelhante ao Senhor entre os filhos de Deus?
Terrível é Deus na assembleia dos santos,
Maior e mais tremendo que todos os que o cercam.

— Salmo 89, 7

Não há outro deus fora de mim,
Deus justo e Salvador não existe, a não ser eu.
Volvei-vos para mim e sereis salvo,
todos os confins da terra,
porque eu sou Deus e sou o único,
juro-o por mim mesmo!
A verdade sai da minha boca,
minha palavra jamais será revogada:
Todo joelho deve dobrar-se diante de mim,
toda língua deve jurar por mim.

— Isaías 45, 21-3

CAPÍTULO 5

Politeísmo, a religião da antiga Israel

A Bíblia Hebraica — que os cristãos chamam de Antigo Testamento — registra uma experiência marcante que o profeta Elias vivenciou no monte Sinai. Deus disse a Elias que ficasse lá à espera de um encontro com o divino. Então, "passou diante do SENHOR um vento impetuoso e violento, que fendia as montanhas e quebrava os rochedos, mas o SENHOR não estava naquele vento; depois do vento, a terra tremeu, mas o SENHOR não estava no tremor de terra; passado o tremor de terra, acendeu-se um fogo, mas o SENHOR não estava no fogo; e depois do fogo ouviu-se um som de puro silêncio.[1] Estas últimas palavras são às vezes traduzidas como "uma voz mansa e delicada". Porém, de qualquer modo, temos a imagem: o deus hebreu, Iavé, diante de todos os distúrbios atmosféricos, se esconde.

O episódio, contado no primeiro livro de Reis, é citado com frequência como um marco na história da religião. No politeísmo "primitivo", as forças da natureza podiam ser habitadas pelos deuses, ou equiparadas livremente com eles. Entretanto, no monoteísmo que estava ganhando forma no Oriente Médio, havia maior distanciamento entre a natureza e a divindade. "Diferentemente das divindades pagãs, Iavé não estava em nenhuma dessas forças da natureza, mas em um domínio separado", escreveu Karen Armstrong sobre a experiência de Elias no monte, em seu livro *Uma história de Deus*.[2]

124   A EMERGÊNCIA DO MONOTEÍSMO ABRAÂMICO

A divindade pagã clássica da Bíblia era Baal, adorada pelos ridicularizados cananeus e, às vezes, pelos israelitas desiludidos que se afastaram da devoção a Iavé. Baal, um deus da fertilidade, era também chamado de Senhor da Chuva e do Orvalho.[3] Iavé, por outro lado, não era Senhor de nada em particular — e era Senhor de tudo; ele era a fonte elementar do poder natural, mas não administrava a natureza em seus detalhes; parecia-se mais com um presidente do conselho do que um diretor-executivo.

Em geral, esse tipo de deus é descrito como mais moderno que os deuses pagãos como Baal, mais compatível com uma visão de mundo científica. Afinal, procurar leis mecanicistas da natureza não faria muito sentido se, como acreditavam os pagãos dos tempos de Elias, a natureza fosse animada pelos humores inconstantes de vários deuses. Há mais espaço para o predomínio dos princípios científicos se houver um só deus, sentado em algum lugar acima da confusão — talvez capaz de intervir em ocasiões especiais, mas tipicamente governando sobre um universo de regularidade normativa.

"Transcendente" é um termo que alguns estudiosos usam para descrever esse deus, enquanto outros preferem "remoto" ou "oculto".[4] Em todo o caso, trata-se de um deus que, embora menos conspícuo que os deuses pagãos, é mais poderoso. Como colocou o estudioso da Bíblia, Yehezkel Kaufmann, em sua obra monumental de oito volumes, *History of Israelite Religion*: "Iavé não vive nos processos da natureza; ele os controla."[5]

Kaufmann, ao escrever em meados do século XX, viu este e outros aspectos diferenciados de Iavé como evidência de que o deus hebreu fora mais revolucionário que evolucionário. Ele rejeitava a ideia de que a religião israelita era "um desenvolvimento orgânico do ambiente religioso" do Oriente Médio. Ao contrário, a religião de Iavé era "uma criação original do povo de Israel. Era absolutamente diferente de tudo o que o mundo pagão conhecera".[6]

Se realmente Iavé tomou forma em tal esplêndido isolamento — e tão cedo como Kaufmann e outros tradicionalistas consideram — é

POLITEÍSMO, A RELIGIÃO DA ANTIGA ISRAEL 125

assunto a que retornaremos. Por ora, é importante ressaltar que, embora esse deus "transcendente" possa ter sido "moderno", o Iavé da época de Elias ainda não possuía o que muitas pessoas chamariam de uma moderna sensibilidade *moral*. Por exemplo, ele não era muito tolerante com perspectivas teológicas alternativas. No episódio do primeiro livro de Reis, Deus usa sua "voz silenciosa" para instruir Elias sobre como eliminar todos os adoradores de Baal da vizinhança. Em seguida, um capítulo depois, quando alguns sírios expressaram dúvidas acerca do poder do deus hebreu, Iavé acentua a perplexidade deles produzindo 127.000 mortes entre os sírios.[7] Esse deus pode ter falado suavemente, mas ele carregava um bom porrete.

Claro, essa é uma reclamação comum contra o monoteísmo que surgiu no Oriente Médio — que sua teologia gerou intolerância beligerante. Alguns até veem isso como uma propriedade intrínseca do monoteísmo; enquanto o politeísmo abre espaço para a legitimidade dos deuses de outros povos, os monoteístas ardorosos, conforme essa acusação, são refratários à coexistência pacífica.

Se isso é verdade, é momentosamente lastimável. Cristãos e muçulmanos, assim como os judeus, referem-se a seu deus como aquele que, de acordo com a Bíblia, se revelou a Abraão no segundo milênio AEC Essas três religiões abraâmicas possuem mais de três bilhões de seguidores, pouco mais da metade da população mundial. E, embora os três grupos declarem a mesma linhagem para seu deus, nem sempre se veem *adorando* o mesmo deus. Essa percepção parece ter estimulado certa quantidade de violência Iavé x Iavé (as Cruzadas, jihads etc.) que apenas reforçou a reputação de intolerância beligerante do monoteísmo abraâmico.

Então, seria isso verdadeiro? A violência é parte do caráter do deus abraâmico? Há alguma coisa nesse deus — ou algo no monoteísmo em geral — que tenha favorecido os massacres através dos tempos? O primeiro passo para responder a essa pergunta é ver como se formou o caráter do deus abraâmico.

Você pode achar que isso é impossível. Se, como eu, você cresceu com uma compreensão das escrituras baseada no catecismo dominical, vai achar que Deus não foi exatamente "formado". Ele estava lá no começo, completamente formado, e então deu forma a tudo o mais. Pelo menos, essa é a história na Bíblia. Além disso, estudiosos sérios, incluindo Yehezkel Kaufmann e outros que ele influenciou, analisaram a Bíblia e chegaram a uma explicação também impressionante do nascimento de Iavé.[8]

Mas essa não era realmente a história na Bíblia, ou não era ao menos toda a história. Se lermos a Bíblia Hebraica com atenção, ela conta a história de um deus em evolução, um deus cujo caráter muda radicalmente, do começo ao fim.

Há um problema, contudo, se pretendermos assistir a toda essa história. Não podemos simplesmente começar a ler o primeiro capítulo do Gênesis e seguir em frente, esperando que Deus evolua. É quase certo que o primeiro capítulo do Gênesis foi escrito depois de seu segundo capítulo, por um diferente autor.[9] A Bíblia Hebraica ganhou forma lentamente, durante muitos séculos, e a ordem em que ela foi escrita não é a ordem que hoje aparece. Felizmente, os estudos bíblicos podem, em alguns casos, nos dar uma ideia bem exata da sequência dos textos. O conhecimento da ordem de composição é um tipo de "decodificador" que permite que vejamos um padrão na evolução de Deus, que, de outro modo, permaneceria oculto.

Enquanto isso, a arqueologia complementou esse decodificador com poderosas ferramentas interpretativas. No começo do século XX, um camponês sírio, ao arar a terra, encontrou restos de uma antiga cidade cananeia chamada Ugarit. Os estudiosos começaram a decifrar o idioma ugarítico e a escavar o terreno em busca de textos ugaríticos. Esses textos, juntamente com outros vestígios da cultura cananeia descobertos em décadas recentes, permitiram a organização de algo notavelmente ausente das escrituras hebraicas: a história do ponto de vista dos cananeus adoradores de Baal.[10] E, nas últimas décadas,

POLITEÍSMO, A RELIGIÃO DA ANTIGA ISRAEL

a arqueologia trouxe outra verificação sobre a história contada na Bíblia. Escavações na terra dos israelitas esclareceram sua história, algumas vezes a expensas da narrativa bíblica.

Quando juntamos tudo isso — a leitura dos textos cananeus, uma "decodificação" seletiva dos textos bíblicos e uma nova compreensão arqueológica da história israelita — temos um retrato totalmente novo do deus abraâmico. Um retrato que, por um lado, absolve o monoteísmo abraâmico de algumas das mais graves acusações contra ele, ainda que, por outro lado, desafie a base padrão da fé monoteísta. É um retrato que, em geral, expressa o deus abraâmico em termos pouco elogiosos, embora mapeie seu amadurecimento e ofereça esperanças para o desenvolvimento futuro. E, certamente, é um retrato muito diferente daquele exibido na sinagoga, na igreja ou na mesquita padrão.

Deus em pessoa

Inicialmente, embora Iavé possa ter terminado "em um domínio separado" — como um Deus distante, até mesmo transcendente, cuja presença é sentida sutilmente —, não era esse tipo de deus que aparecia nas escrituras mais antigas, fragmentos da Bíblia que podem se remeter aos últimos séculos do segundo milênio AEC De fato, mesmo no primeiro milênio AEC, quando a maior parte — senao sua totalidade — do Gênesis tomou forma, Deus era uma divindade prática. Ele pessoalmente "plantou" o Jardim do Éden e fez "vestes de pele" para Adão e Eva, "e os vestiu". E não parece que ele tenha feito essas coisas enquanto pairava etereamente sobre o planeta. Depois que Adão e Eva comeram o fruto proibido, de acordo com o Gênesis, "eles ouviram os passos do Senhor Deus que passeava no jardim à hora da brisa da tarde e o homem e sua mulher esconderam-se da presença do Senhor Deus no meio das árvores do jardim". Esconder-se pode parecer uma

128 A EMERGÊNCIA DO MONOTEÍSMO ABRAÂMICO

estratégia ingênua a se empregar diante do Deus onisciente que hoje conhecemos, mas aparentemente ele não era onisciente naquele tempo. "Mas o Senhor Deus chamou o homem: 'Onde estás?', disse-lhe."[11]

Em suma, Iavé é, nesse momento, notavelmente parecido com aqueles deuses "primitivos" das sociedades caçadoras-coletoras e das chefias: visivelmente humano — com poderes sobrenaturais, certamente, mas não com poder infinito.

Parece estranho que o Deus que criou todo o universo seja limitado em sua capacidade. No entanto, não está claro se o Deus que "passeava" no Jardim do Éden *realmente* criou o universo. Sim, ele criou a terra e o céu, e criou os seres humanos (do pó). Mas a parte sobre a criação das estrelas e da lua e do sol, e da própria luz — a história no primeiro capítulo do Gênesis — parece ter sido incluída posteriormente. No começo, até onde podemos dizer, Iavé ainda não era um criador *cósmico*.

E se voltarmos aos poemas que a maioria dos estudiosos considera os textos mais antigos da Bíblia, não há menção sobre Deus criando *qualquer coisa*. Ele parece estar mais interessado em destruir; em grande medida, ele é um deus guerreiro.[12] Aquele que alguns acreditam ser o mais antigo texto da Bíblia, Êxodo 15, é uma ode a Iavé por ter afogado o exército egípcio no mar Vermelho. O cântico começa: "Cantarei ao Senhor, porque manifestou a sua glória; precipitou no mar cavalos e cavaleiros... O Senhor é um guerreiro."[13]

Se Iavé começou sua vida como um deus guerreiro, e não como um diretor-executivo, e muito menos como um presidente do conselho, quem estava administrando o universo? A resposta parece ser a seguinte: os vários outros deuses. Naquele momento, o politeísmo reinava. O problema aqui não é apenas se alguns israelitas adoravam outros deuses além de Iavé; isso já fica claro até mesmo para o leitor ocasional da Bíblia. (Grande parte do enredo da Bíblia pode ser sintetizado dessa maneira: os israelitas adoravam outros deuses; Iavé os punia; os israelitas se corrigiam, mas novamente se desviavam de sua fidelidade; Iavé os punia novamente; e assim por diante.) A questão, entretanto, é que mesmo os israelitas que *não* adoravam outros deuses além de Iavé acreditavam na existência daqueles deuses. As primeiras afirmações de devoção a Iavé não o destacavam por ser o único deus, mas por ser o melhor deus para os israelitas, aquele que deveria ser adorado. O antigo cântico a Iavé "guerreiro" faz esta pergunta: "Quem entre os deuses é semelhante a vós, Senhor?"[14] De fato, às vezes a Bíblia menciona sem rodeios outros deuses. No livro dos Números, por exemplo, quando os moabitas são subjugados, é dito que o seu deus Camós "fez dos seus filhos fugitivos e das suas filhas cativas".[15]

E quando a Bíblia não menciona a existência de outros deuses, essa ideia pode ser inferida da mesma forma. As escrituras alertam aos israelitas que "se servirdes a outros deuses e vos prostrardes diante deles, então a ira do Senhor se inflamará contra vós".[16] Os autores da Bíblia (aqui e acolá) alertariam contra "servir" a outros deuses se estes nem sequer existissem? E Iavé se declararia "um deus ciumento" se não houvesse deuses de quem se enciumar? Aparentemente, o próprio Deus não foi monoteísta no começo. Até mesmo a mais famosa exigência de Deus por devoção — "Não terás outros deuses diante de minha face", como está no Êxodo — não exclui a existência de outros deuses.[17]

Em outras palavras, antes de a religião israelita negar a existência de quaisquer outros deuses exceto Iavé, ela passou por uma fase em que reconhecia a existência deles, condenando, porém, sua adoração (pelos israelitas, pelo menos; se os moabitas queriam cultuar Camós, era problema deles).[18] Em termos técnicos, a religião israelita atingiu o monoteísmo somente após um período de "monolatria" — devoção exclusiva a um deus, sem negar a existência de outros.

Esse entendimento é aceito pela maioria dos estudiosos bíblicos, inclusive alguns que são judeus ou cristãos convictos. Entretanto, o assunto torna-se mais controverso quando se sugere que durante longo tempo até a palavra "monolatria" seria excessiva para a doutrina israelita predominante — um tempo em que nem todos os deuses diferentes de Iavé eram considerados maus ou estranhos; um tempo em que Iavé participava de um panteão israelita, operando ao lado de outros deuses.

Se lermos as escrituras com atenção, encontraremos alusões a esse tempo. Notoriamente, a Bíblia diz que Deus "criou o homem à sua imagem", mas essas não foram as palavras de Iavé. Quando Iavé é realmente citado, no versículo anterior, ele diz: "Façamos o homem à nossa imagem e semelhança."[19] E quando Adão come o fruto proibido, Iavé diz: "Eis que o homem se tornou como um de nós, conhecedor do bem e do mal." Quando se inicia a construção da torre de Babel, que alcançará os céus, e Iavé opta por intervir preventivamente, ele diz: "Vamos! Desçamos para lhes confundir a linguagem de sorte que não mais se compreendem uns aos outros."[20]

Vamos? A quem esse *nós* se refere? Se você fizer essa pergunta a algum sacerdote judeu ou cristão, poderá receber respostas como "os anjos" ou "a hoste celestial, o exército de Deus". Ou seja, Iavé era acompanhado por outros seres sobrenaturais, embora não classificados como deuses.[21] A Bíblia diz de outra forma. Ela fala mais de uma vez de uma "assembleia divina", em que Deus teria lugar; e os outros assentos não parecem ser ocupados por anjos. O Salmo 82 diz: "Levanta-se Deus na assembleia divina, entre os deuses profere o seu julgamento." E o próprio Deus, ao dirigir-se mais adiante aos outros membros da assembleia, diz "Vós sois deuses".[22]

As muitas referências bíblicas à existência de vários deuses são, de certo modo, surpreendentes. Pois, embora a Bíblia tenha sido *composta* ao longo de vários séculos, as partes mais antigas passaram pelas mãos de editores posteriores que decidiram quais livros e versículos seriam mantidos e quais seriam descartados — e esses editores pareciam ter um preconceito contra o politeísmo. Assim, essas alusões ao politeísmo israelita que se mantiveram na Bíblia são, provavelmente, "somente a ponta do iceberg", como afirmou o estudioso Mark S. Smith em seu livro *The Origins of Biblical Monotheism*.[23]

Como esse iceberg, o politeísmo plenamente desenvolvido da antiga Israel, seria? E como exatamente ele se derreteu, dando lugar ao monoteísmo que teria tamanho impacto no mundo? É boa hora para nos voltarmos à arqueologia. No século passado, artefatos descobertos na Terra Santa esclareceram a história bíblica. Em realidade, "esclareceram" é um eufemismo. A história como contada na Bíblia foi, em alguns casos, obliterada pelos fatos no solo.

Histórias bíblicas desenterradas

A versão bíblica padrão da história antiga israelita é simples: os israelitas escaparam da escravidão no Egito, vagaram pelo deserto e finalmente chegaram à terra prometida, Canaã. Os nativos — os cananeus — eram um povo perverso e amaldiçoado, do lado errado da teologia e, portanto, da história. Os israelitas avançaram, conquistaram a cidade de Jericó com a ajuda de Iavé, e, em seguida, tomaram uma série de outras cidades cananeias. Já bastava desses cananeus; como o livro de Josué diz: "Josué feriu toda a terra: a montanha, o Negeb, a planície, as colinas com todos os seus reis, sem poupar ninguém, votando ao interdito tudo o que respirava, conforme havia ordenado o Senhor Deus de Israel."[24] Esse enredo encaixa-se perfeitamente com as teses de Ychezkel Kaufmann e de outros estudiosos, que negam que a religião israelita tenha se desenvolvido organicamente do contexto social local. Quanto mais rápida e mais decisiva tivesse sido a conquista de Canaã pelos israelitas, menor a chance de que a cultura nativa se impusesse.

Em princípio, a arqueologia moderna parece apoiar Kaufmann nesse ponto. William Foxwell Albright, contemporâneo de Kaufmann, às vezes reconhecido como fundador da arqueologia bíblica, certamente sugeriu isso. Em seu livro *From the Stone Age to Christianity*, publicado em 1940, ele diz que os artefatos descobertos na Terra Santa mostraram um quadro claro: os israelitas marcharam do Egito para Canaã e "avançaram sem perda de tempo para destruir e ocupar as cidades cananeias por todo o país", substituindo rapidamente o paganismo autóctone por um iaveísmo radicalmente diferente.[25]

E isso também foi uma boa coisa, na visão de Albright, pois, de outro modo, o paganismo cananeu "teria quase que inevitavelmente reduzido os padrões iaveístas a um ponto que seria impossível sua recuperação". Em vez disso, "os cananeus, com sua adoração orgiástica da natureza, seu culto à fertilidade na forma de símbolos da serpente e nudez sensual, e sua mitologia rude, foram substituídos por Israel, com sua simplicidade pastoral e pureza de vida, seu monoteísmo sublime e seu severo código de ética".[26]

Albright levou mais em consideração a influência evolutiva local do que Kaufmann o fez.[27] Entretanto, ele enfatizava, "as escavações mostram um rompimento dos mais abruptos" entre a cultura cananeia encontrada pelos israelitas e a cultura que estes construíram na Palestina por volta do fim do segundo milênio AEC.[28]

Albright era um cristão devoto e Kaufmann, um judeu devoto, fatos que podem estar relacionados com seus pontos de vista sobre a história israelita. Em todo o caso, hoje em dia suas perspectivas perderam sustentação. As décadas recentes da pesquisa arqueológica — incluindo minuciosas escavações de várias cidades supostamente dominadas pelos israelitas — não conseguiram descobrir indicações de conquistas violentas. Não há sequer muita evidência de um influxo mais lento e mais pacífico de peregrinos do deserto, uma substituição gradual de cananeus por israelitas. Na verdade, parece cada vez mais que os israelitas *eram* cananeus. Os arqueólogos bíblicos discordam veementemente disso, mas, como um deles — William G. Dever — observou, há hoje consenso sobre uma coisa: os primeiros israelitas que se estabeleceram nas montanhas de Canaã "não eram invasores

POLITEÍSMO, A RELIGIÃO DA ANTIGA ISRAEL 133

estrangeiros, mas vieram em sua maioria de algum lugar da sociedade cananeia... a única questão remanescente é *de que lugar* de Canaã".[29]

Talvez a mais intrigante teoria de como os cananeus se tornaram israelitas seja a do arqueólogo iconoclasta Israel Finkelstein, que escavou muitos sítios na Terra Santa.[30] Sua teoria mantém a noção bíblica de uma transição israelita de pastores nômades para agricultores assentados, mas deixa intacta pouca coisa mais da história bíblica.

Finkelstein observa que no século XII AEC, quando a Idade do Bronze estava dando lugar à Idade do Ferro, houve uma ruptura política e econômica, pode-se dizer um colapso, por todo o Oriente Médio. Isso teria sido ruim para os pastores nômades cananeus, que eram simbioticamente ligados aos agricultores das aldeias e cidades cananeias, acostumados a trocar carne por grãos. Com o rompimento desses mercados, eles podem ter sido forçados a desistir de suas práticas nômades: fixaram-se e cultivaram suas próprias plantações, ao mesmo tempo em que mantiveram a criação de animais.

E, realmente, em meio a esse caos transicional — Finkelstein afirma — uma onda de novos povoados apareceu sobre áreas de montanhas antes áridas, no centro de Canaã. Esses assentamentos tinham formato oval — a forma com a qual os pastores de ovelhas costumavam organizar suas tendas, formando um pátio onde abrigavam os animais à noite. Porém, em vez de tendas, foram erguidas casas simples com paredes, e, ao contrário dos pastores nômades, essas pessoas possuíam ferramentas agrícolas rudimentares. Elas pareciam estar em um fluxo de mudança, mas de uma vida nômade para uma vida sedentária, agora não só criando animais, mas também cultivando plantações.

Durante essa transição da Idade do Bronze para a do Ferro, novos povoados estabeleceram-se muito além da terra que viria a constituir Israel, nas áreas que a Bíblia chama de Moab, Amon e Edom. No entanto, diz Finkelstein, há uma diferença: nos povoados de Israel não havia vestígios de porcos. Pelo menos uma parte da Bíblia parece estar correta: os antigos israelitas se viram compelidos a não comer carne de porco. Essa sequência de aldeias sem porcos é a evidência arqueológica mais antiga em Canaã de um grupo distinto de pessoas que podem ser chamadas de israelitas.

Na concepção de Finkelstein, portanto, a história bíblica está invertida. Ainda que tenha havido realmente uma ruptura social em Canaã ao fim do segundo milênio AEC, esta foi a *causa* da emergência de Israel, não o resultado. E acerca do movimento de Moisés liderando os hebreus para escapar da escravidão: "Não houve Êxodo em massa do Egito", escreve Finkelstein.[31]

A teoria de Finkelstein não ganhou aceitação universal.[32] Alguns estudiosos, por exemplo, acham que os antigos israelitas migraram para as colinas campestres vindo de aldeias e cidades cananeias, em vez de simplesmente terem se estabelecido em uma área por que vagaram durante muito tempo como nômades. E mesmo que os mais antigos israelitas sejam descendentes de uma longa linhagem de cananeus, eles podem ter absorvido uma tribo de exilados do Egito (uma possibilidade que o modelo básico de Finkelstein não rejeita). Entretanto, agora parece claro que a história do livro de Josué — substituição repentina da cultura cananeia pela cultura israelita — está errada.[33] Muito tempo depois da primeira evidência firme de um povo israelita distinto, houve um contato progressivo com a cultura cananeia em geral. Vários dados, incluindo a ausência de fortificações e armas naquelas primeiras aldeias, sugerem que o contato foi, no mais das vezes, pacífico.[34] De fato, um desses antigos povoados israelitas ilustra a continuidade cultural entre Canaã e Israel que Kaufmann e Albright minimizavam. Nele foi encontrado um touro de bronze, exatamente o tipo de ídolo "cananeu" que os devotos bíblicos de Iavé abominavam.[35]

Certamente, não seria novidade para Kaufmann ou Albright que os israelitas às vezes adorassem ídolos cananeus. A Bíblia mostra isso repetidamente, bem como as consequências. Todavia, na história bíblica, como geralmente interpretada, esses episódios foram desvios da verdadeira fé antiga, lapsos de um monoteísmo que deve ter antecedido aquelas primeiras aldeias israelitas, já que, afinal, ele fora trazido para Canaã por Moisés. Realmente, tanto Kaufmann e Albright remetem o monoteísmo ao tempo de Moisés, ao fim do segundo milênio AEC[36] No entanto, alguns historiadores bíblicos agora duvidam de que Moisés tenha até existido, e praticamente nenhum deles hoje acredita que os relatos bíblicos de Moisés sejam confiáveis. Essas histórias foram escritas séculos depois dos eventos relatados, e foram editadas ainda mais tarde, às vezes por monoteístas que, presume-se, queriam permear sua teologia com imponente autoridade.

Quem era Iavé antes de ser Iavé?

De um ponto de vista objetivo, não há razão para presumir que o advento do monoteísmo israelita tenha acontecido em qualquer outro lugar senão Canaã, depois de séculos de imersão na cultura cananeia; nenhuma razão para duvidar de que a religião israelita resultou exatamente do tipo de desenvolvimento orgânico da cultura local, o que Kaufmann e Albright diziam não ter ocorrido. É até possível que Iavé, que passa boa parte da Bíblia lutando contra os sórdidos deuses cananeus pela devoção dos israelitas, tenha começado como um deus cananeu, não como um deus importado.

O teste dessa hipótese evolutiva — ou, pelo menos, o seu primeiro teste — é se ela é esclarecedora. Ela ajuda a esclarecer partes obscuras da história de Iavé? Se, sob a sua luz, examinamos as pistas enigmáticas e dispersas da Bíblia sobre as origens de Iavé, estas aparecem menos confusas, mais coerentes? A resposta é sim.

Consideremos a "assembleia divina", que parece em desacordo com a teologia básica da Bíblia, e, entretanto, é nela citada mais de uma vez.[37] Como vimos, vários estados antigos, como o Egito

136 A EMERGÊNCIA DO MONOTEÍSMO ABRAÂMICO

e a China, parecem ter modelado seus panteões em estruturas governamentais, ainda que parcialmente. E a Mesopotâmia possuía, mais especificamente, uma assembleia deliberativa de deuses — um conselho. Dado que a Mesopotâmia está nas proximidades de Canaã, não seria surpreendente encontrar uma assembleia como essa na antiga tradição cananeia.

E, de fato, é o que encontramos em Ugarit, a antiga cidade ao norte de Canaã, cujos textos traduzidos muito esclareceram o contexto da religião israelita. Lá, no fim da Idade do Bronze, às vésperas do nascimento de Israel, há um conselho divino. E o deus mais frequentemente descrito como seu chefe — um deus de nome El (pronunciado *ale* ou *el*) guarda curiosa semelhança com Iavé.[38] Ambos os deuses eram poderosos, ainda que sensíveis. El era reconhecido como um "touro", embora também fosse chamado de "Amável El, o misericordioso".[39] Do mesmo modo, Iavé, mesmo naquela aparição inicial como um deus guerreiro, é guiado por sua compaixão pelos israelitas — "Conduzistes com bondade este povo que libertastes".[40] Ambos os deuses apareciam em sonhos, tornaram-se padroeiros dos sonhadores e falavam frequentemente por meio de profetas.[41] E os dois foram deuses criadores paternalistas. El foi o "criador das criaturas" e "pai da humanidade".[42] Como colocou Smith, El era "o pai divino por excelência".[43]

Não é de surpreender que o sentido literal do termo ugarítico para o "conselho divino" cananeu seja "Conselho de El". Um pouco mais surpreendente é que, se pegarmos as versões inglesas da Bíblia e examinarmos a referência hebraica a "assembleia divina", na qual Deus está sentado, conforme o Salmo 82, encontraremos esta frase: *adat El* — que pode ser traduzida como "Conselho de El".[44] Hmmm!

E isso é só o começo. Ocorre que se pesquisarmos a palavra "deus" em algumas partes da Bíblia, encontraremos não a palavra hebraica para Iavé, mas sim a palavra hebraica *El*. Uma vez que o El cananeu aparece nos registros históricos antes do deus israelita Iavé, é tentador concluir que Iavé, de alguma maneira, surgiu de El, e pode até ter começado como uma versão renomeada de El.

Há motivos para resistir, pelo menos preliminarmente, a essa tentação: a palavra hebraica *El* é como a palavra "deus" — ela pode se referir tanto a divindades em geral ("Hermes, um deus da Grécia antiga") como a uma divindade em particular (Deus, com *D* maiúsculo). A diferença é que o hebraico antigo não usa a convenção maiúscula/minúscula para distinguir as coisas. Portanto, não podemos inferir, a cada vez que vemos o deus hebreu como El, que seu *nome* seja El.

Entretanto, há alguns momentos na Bíblia, quando "El" se refere ao deus hebreu, que o termo parece ser um nome próprio. De acordo com o Gênesis, Jacó "erigiu um altar, que chamou de El-Deus de Israel". Isso pode ser traduzido como "deus, o deus de Israel"; porém, se você não maiusculizar o primeiro "deus", a expressão não fará muito sentido; seria como dedicar um altar à "divindade, a divindade de Israel".[45] Em outras palavras, o primeiro "deus" tem de ser um deus *específico*, e o deus específico chamado El, de quem sabemos que, naquela parte do mundo, fora líder do panteão no norte de Canaã. (Na verdade, algumas traduções inglesas do Gênesis registram "El-Elohe-Israel", sem constrangimentos, como "El-Deus de Israel".)[46] Se isso não é vínculo estreito o suficiente entre a religião israelita e El, veja-se a própria palavra "Israel".[47] Nos tempos antigos, os nomes eram inspirados com frequência nos deuses, e nomes terminados em "el" em geral se referiam ao deus El.

Uma referência bíblica especialmente intrigante à palavra *El* está na frase *El Shaddai*, traduzida comumente como "Deus Todopoderoso". Contudo, "Todo-poderoso" é uma tradução equivocada; embora o exato significado de *Shaddai* mantenha-se nebuloso, a palavra parece referir-se às montanhas, e não à onipotência — mas essa é outra história.[48] Para os nossos fins, o que é interessante é a maneira como o nome é usado no sexto capítulo do Êxodo, durante uma das conversas de Moisés com Deus. Deus diz: "Eu sou Iavé.

138 A EMERGÊNCIA DO MONOTEÍSMO ABRAÂMICO

Apareci a Abraão, a Isaac e a Jacó como El Shaddai; mas não me dei a conhecer a eles pelo meu nome de Iavé." Até mesmo o próprio Iavé diz ter começado com o nome El![49]

É claro, Iavé não diz explicitamente que começou como o deus *cananeu* El. E, no momento em que ele está falando, os israelitas (na versão bíblica da história) ainda não tinham chegado a Canaã. Mas essa história pode ter entrado na narrativa histórica de Israel muito tempo depois de quando se diz que ela aconteceu. E se há uma lição proveniente dos estudos bíblicos modernos é que essas histórias em geral dizem mais da época em que foram criadas do que da época que alegam estar descrevendo.

Assim, o que o Êxodo 6 sugere sobre a época de sua criação? Se você estivesse construindo uma história de seu deus, por que acrescentaria essa estranha informação de que seu deus costumava usar outro nome? Teorias sobejam. Uma é esta: você está tentando mesclar duas tradições religiosas; você está tentando convencer dois grupos de pessoas (um grupo que adora um deus chamado Iavé e outro que adora um deus chamado El) de que eles adoram, na realidade, o mesmo deus.[50]

Simpatizantes dessa teoria às vezes invocam um padrão na Bíblia que foi notoriamente destacado por Julius Wellhausen, estudioso do século XIX. De acordo com a "hipótese documental", as fases iniciais da narrativa bíblica — da criação ao tempo de Moisés — vieram em grande parte de dois autores (ou de dois grupos de autores afins), um conhecido como a fonte J e outro conhecido como a fonte E. A fonte E refere-se ao deus hebreu como El ou como Elohim (daí, o E). A fonte J refere-se ao deus hebreu como Iavé (e é conhecida como J por causa da maneira como Iavé é soletrado em alemão, o idioma de muitos estudiosos bíblicos pioneiros, inclusive de Wellhausen).

A hipótese documental sugere que, em algum momento da história israelita, havia de fato duas tradições geograficamente distintas a serem reconciliadas, uma que adorava um deus chamado El e outra que

POLITEÍSMO, A RELIGIÃO DA ANTIGA ISRAEL 139

adorava um deus chamado Iavé.[51] Os adeptos dessa hipótese dizem que o(s) autor(es) J viveram no sul, na região de Israel conhecida como Judá; o(s) autor(es) E teriam vivido no norte — que, particularmente, é mais próximo do centro de adoração de El.[52]

O sistema de Wellhausen já não goza do apreço quase universal que teve em meados do século XX[53], mas não há como negar que a Bíblia apresenta diferentes vocabulários para o deus de Israel. E se realmente o deus hebreu foi resultado de uma fusão — talvez entre uma facção cuja divindade principal era um deus criador de nome El e outra facção que adorava um deus da guerra chamado Iavé[54] — não seria nada de novo. Como vimos, o mundo antigo era repleto de fusões teológicas politicamente convenientes. Um catalisador comum era que as duas partes tivessem alguma relação de soma não zero. Especificamente: ambas sentiam que poderiam obter mais da cooperação, e até da consolidação, do que do conflito.

Certamente, a Bíblia possui alusões à união de grupos antes separados. Israel é descrita no fim do segundo milênio AEC, antes de se tornar uma sociedade-estado completa com um rei, como uma confederação de doze tribos. Na primeira lista de tribos da Bíblia, entretanto, não se encontram algumas das doze. As tribos ausentes estão ao sul; aparentemente, as tribos que constituíram Israel nesse período inicial estavam ao norte de Canaã, onde a adoração de El era muito provável.[55] Por isso, talvez, o nome Israel.

A fusão de tribos de Israel pode estar refletida vagamente na história dos patriarcas — Abraão que gerou Isaac que gerou Jacó. Poucos estudiosos consideram que essa linhagem seja correta, mas a maioria a considera importante. Muitos aceitam variações de uma teoria criada pelo estudioso alemão Martin Noth, em 1930: os diferentes patriarcas foram ancestrais sagrados, reais ou mitológicos, de diferentes tribos; uma tribo ou um grupo de tribos afirmava que Abraão era o fundador; outra afirmava que era Isaac; outra, Jacó. Unificar politicamente esses povos significava combinar seus mitos de fundação em um só mito, e, no processo, combinar seus ancestrais em uma só família.[56] Isso explicaria por que alguns relatos supostamente antigos da linhagem patriarcal parecem incompletos. Em um versículo do Deuteronômio, Abraão, que é identificado com cidades do sul como Hebron, não é mencionado, enquanto Jacó, do norte, o é.[57]

Essa ideia básica — de que Israel agrupou-se em algum lugar em torno do centro de adoração a El, e somente adotou Iavé posteriormente, à proporção que absorvia tribos estrangeiras do sul — recebe um pouco de apoio das antigas inscrições egípcias. O nome "Israel" entra nos registros históricos em 1219 AEC, em uma placa de pedra egípcia conhecida como a Estela de Merenptah. A palavra refere-se a um povo, não a um local.[58] Mas esse povo parece ter estado em algum lugar de Canaã, provavelmente na montanha de Efraim — na região norte do que viria a se tornar Israel.[59]

Essa estela não faz menção a Iavé. Sua única alusão possível a algum deus é o "el" em Israel. E séculos passarão até que um texto mencione em conjunto Israel e "YHWH" (a antiga grafia de Iavé, bem antes de as línguas semíticas ocidentais serem escritas com vogais). De maneira intrigante, no entanto, há referências egípcias distintas a um "Ihw" ainda antes da primeira referência a Israel.[60] Aqui, Ihw parece ser não um deus, mas um lugar. Entretanto, nos tempos antigos, lugares e deuses às vezes tinham o mesmo nome.[61] Além disso, o lugar parece ser próximo a Edom, ao sul de Canaã, como faria sentido se de fato um povo do sul, adorador de Iavé, viesse a se fundir com um povo do norte, adorador de El.

Essa peça encaixa-se no quebra-cabeça de outra maneira, também. A inscrição completa diz: "Ihw [na] terra dos shasus".[62] Os shasus eram nômades que tiveram um histórico de antagonismo com o Egito — exatamente o que esperaríamos se o antagonismo com o Egito fosse uma questão central para a biografia de seu deus principal. Um antigo relevo egípcio até mostra pessoas referidas como shasus sendo levadas como cativos por soldados egípcios.[63]

Aquela primeira referência a Israel, na Estela de Merenptah, alardeia que o Egito exterminou os israelitas ("não a semente" de Israel).[64] Isso provaria uma subestimação das forças regenerativas de Israel e, mais especificamente, sugere que uma fusão dos shasus e dos israelitas teria feito sentido politicamente. Um inimigo em comum é um excelente motivador para alianças. (Para colocar de modo mais técnico: o inimigo em comum aproxima a aliança de uma soma não zero, já que uma ameaça externa aumenta os benefícios da cooperação interna e os custos mútuos de discórdias domésticas.) E esse inimigo comum em particular contribuiria, certamente, para a criação de uma narrativa compartilhada de salvação divina do tormento egípcio.[65]

Traduttore, traditore

O momento em Êxodo 6 é curiosamente abrupto: Deus apenas anuncia que está mudando seu nome de El Shaddai para Iavé. Não seria impossível que uma fusão teológica pudesse acontecer assim, tão rapidamente; na antiga Mesopotâmia (ver capítulo 4), Sargão muda o nome de Inanna para Ishtar por decreto. Mas esse foi um caso de poder radicalmente desigual; Sargão tinha acabado de subjugar os adoradores de Inanna. E não há nenhuma evidência arqueológica de um domínio comparável da Israel do norte pela Israel do sul, ao fim do segundo milênio AEC ou no começo do primeiro milênio. Na verdade, a evidência deslocou-se para outra direção, sugerindo que os relatos bíblicos exageraram o poder do sul no início — que, na realidade, a região sul de Israel pode ter sido a parte mais fraca durante os primeiros dois séculos do primeiro milênio.[66]

Portanto, se houve alguma fusão da religião do norte com a do sul, perto do início do primeiro milênio AEC, provavelmente ela terá sido mais gradual do que uma repentina substituição de El por Iavé. Seria talvez algo como a convergência das cidades-estados sumerianas, no tempo de Sargão, no terceiro milênio AEC. Como esses regimes

142 A EMERGÊNCIA DO MONOTEÍSMO ABRAÂMICO

desenvolveram-se de modo interligado, seus deuses juntaram-se em um panteão coletivo, com o deus principal da cidade-estado mais poderosa obtendo um lugar proporcionalmente superior no panteão. No caso da antiga Israel, isso implicaria um primeiro período de coexistência de El e Iavé. E, se realmente tribos nômades do sul juntaram-se a uma confederação do norte inicialmente mais forte, a coexistência pode ter sido em termos desiguais: Iavé seria admitido no panteão da Canaã do norte, porém não no nível superior, não a par com o grande deus criador El.

A Bíblia contém, de fato, fragmentos de evidências daquele tempo, mas eles são difíceis de achar, porque, através dos tempos, os editores e tradutores da Bíblia não exatamente se esforçaram para destacá-los. Muito pelo contrário. Consideremos este versículo, aparentemente inocente, do 32º capítulo do Deuteronômio, na versão do rei Jaime publicada em 1611:

> When the Most High divided to the nations their inheritance, when he separated the sons of Adam, he set the bounds of the people according to the number of the children of Israel.
> For the Lord's portion *is* his people; Jacob *is* the lot of his Inheritance.[67]

> [Quando o Altíssimo dividia as heranças, às nações,
> quando separava os filhos de Adão uns dos outros,
> ele fixou limites aos povos,
> conforme o número dos filhos de Israel;
> entretanto a parte do Senhor *era* o seu povo;
> Jacó *era* a porção de sua herança.]

Esse versículo, embora um pouco obscuro, parece dizer que Deus — chamado de *Most High* ("Altíssimo") em um momento, e de *Lord* ("Senhor"), em outro — divide, de certa forma, o povo do mundo em

POLITEÍSMO, A RELIGIÃO DA ANTIGA ISRAEL

grupos e, em seguida, manifesta interesse especialmente particular em um grupo, o de Jacó. No entanto, essa interpretação apoia-se na suposição de que ambos os termos "Altíssimo" e "Senhor" referem-se *de fato* a Iavé. Será mesmo?

O segundo termo (*the Lord*), sem dúvida, se refere; este termo é a tradução padrão inglesa da Bíblia para o termo hebraico original *Ihwh*. No entanto, poderia o termo *Most High* — *Elyon* — se referir a El? É possível; as duas palavras aparecem juntas — *El Elyon* — mais de uma dúzia de vezes na Bíblia. O que move essa perspectiva de possível para provável é a estranha história por trás de outra parte desse versículo: a frase *children of Israel* ("filhos de Israel").

A versão do rei Jaime resgatou essa frase do "texto massorético", uma edição hebraica da Bíblia que tomou forma no começo da Idade Média, mais de um milênio depois de o Deuteronômio ter sido escrito. De onde o texto massorético — a Bíblia em hebraico mais antiga existente — a obteve é um mistério. A frase não é encontrada em nenhuma das duas versões muito mais antigas do versículo, hoje disponíveis: uma versão em hebraico nos Manuscritos do Mar Morto e em uma versão em grego na Septuaginta, uma tradução pré-cristã da Bíblia Hebraica.

Por que algum editor inventaria a frase? Alguma coisa estaria sendo encoberta?

Alguns estudiosos que usaram os Manuscritos do Mar Morto e a Septuaginta para reconstruir a versão autêntica do versículo dizem que "filhos de Israel" foi inserido em substituição a "filhos de El".[68] Com essa frase perdida restaurada, um versículo que era obscuro repentinamente ganhou sentido: El — o deus altíssimo, *Elyon* — dividiu os povos do mundo em grupos étnicos e deu um grupo a cada um de seus filhos. E a Iavé, um desses filhos, foi dado o povo de Jacó. Aparentemente, neste ponto da história israelita (e não há como dizer quando essa história se originou), Iavé não era Deus, mas apenas um deus — e um filho de Deus, um entre vários.[69]

144 A EMERGÊNCIA DO MONOTEÍSMO ABRAÂMICO

Então, como Iavé ganhou posição? Como um deus inicialmente consignado a um nível inferior do panteão acaba por se combinar com o deus principal, El, e até, em certo sentido, superá-lo? A julgar por outros exemplos de ascensão divina no mundo antigo, uma explicação provável seria a mudança no poder relativo entre o norte e o sul de Israel, entre a região de El e a de Iavé. É bem possível que tal aumento de poder relativo do sul de Israel tenha ocorrido durante o século VIII AEC — e, certamente, tenha sido drástico ao fim do século, quando, como veremos no próximo capítulo, o norte caiu sob o domínio assírio. Foi depois dessa consolidação de poder no sul que a maior parte da Bíblia Hebraica foi escrita; assim, os escribas do sul, que eram partidários de Iavé, tiveram chance de ampliar sua estatura e de minimizar a perspectiva do norte, centrada em El.[70]

Parece um cenário plausível: El, um poderoso deus do norte, admite Iavé nos níveis inferiores de seu panteão, permitindo que os peregrinos de Iavé integrem uma confederação política — Israel — em uma parceria menor com os seguidores de El; e, por fim, é o nome de Iavé, e não o de El, que fica relacionado a Israel, graças a uma mudança de destino: os sguidores de Iavé tornam-se mais poderosos, ao contrário dos partidários de El, que, de fato, se deparam com o desastre.

Entretanto, por mais plausível que esse cenário possa parecer, ele tem falhas. Por exemplo, se Jacó está associado com o norte, e, portanto, presumivelmente com El, antes de uma fusão El-Iavé, por que, no versículo do Deuteronômio, o deus do povo de Jacó é Iavé, mesmo quando El parece ainda estar separado de Iavé, no topo do panteão? Jacó não teria entrado no rebanho de Iavé somente depois da fusão Iavé-El?

Talvez não haja reconstrução da história antiga de Israel que explique satisfatoriamente todas essas curiosas evidências, incluindo a descrição de Iavé como filho de *Elyon* na versão não adulterada do Deuteronômio 32 e a fusão de Iavé e El Shaddai, em Êxodo 6.[71] Como veremos no capítulo 8, a solução pode estar em nos concentrarmos na história posterior de Israel, bastante tempo depois de a confederação tribal ter se consolidado e bastante tempo depois de ela ter se desenvolvido como um Estado maduro, completo, com um rei.

Enquanto isso, qualquer que seja a verdade sobre a história antiga de Iavé, há uma coisa que podemos dizer com certeza: os editores e tradutores da Bíblia às vezes a tornaram obscura — talvez deliberadamente, em uma tentativa de ocultar evidências do antigo politeísmo predominante.[72]

A vida sexual de Iavé (e outros mitos)

Contudo, muito ainda se mantém visível para complicar a tarefa daqueles que afirmam ver grandes e acentuadas diferenças entre o deus abraâmico e os deuses dos arredores. Uma diferença sempre destacada, por exemplo, é a de que, enquanto os deuses pagãos tinham vida sexual, Iavé não a tinha. "O Deus de Israel", como colocou Kaufmann, "não tem qualidades ou desejos sexuais."[73] É verdade que não existe nenhuma ode bíblica a Iavé que se compare à bravata ugarítica de que Baal copulou com uma novilha "77 vezes", até "88 vezes", ou que o pênis de El "se estende como o mar".[74] E parece enigmático que, se Iavé veio a se combinar com El, e El possuía vida sexual, por que o Iavé após a fusão não manteve a vida sexual? Por que, mais especificamente, Iavé não herdou a esposa de El, a deusa Athirat?

Talvez ele a tenha herdado. Há referências na Bíblia a uma deusa de nome Aserá e os estudiosos acreditam que Aserá é apenas a versão em hebraico para Athirat.[75] É claro, os autores bíblicos não descrevem Aserá como a esposa de Deus — não é o tipo de tema teológico que eles costumam tratar — mas sim acumulam desprezo a ela e aos israelitas que a cultuavam. Entretanto, no fim do século XX, arqueólogos descobriram inscrições intrigantes, datadas de cerca de 800 AEC, em dois sítios diferentes no Oriente Médio. As inscrições eram bênçãos em nome não só de Iavé, mas de "sua Aserá".[76] A palavra "sua" enseja uma interpretação intrigante em uma passagem do segundo livro de Reis, relatando que, perto do fim do século VII, Aserá estava no templo de Iavé. Um sacerdote que não apoiava o politeísmo "mandou tirar do templo do Senhor a imagem de Aserá e levá-la para fora de Jerusalém, para o vale do Cedron, onde a queimaram. Depois de reduzida a cinzas, lançou-as nos sepulcros do povo."[77] No capítulo seguinte, veremos como esse momento foi crucial na evolução do monoteísmo.

A questão da vida sexual de Iavé é parte de uma questão maior, bem mais arriscada: até que ponto Iavé era mitológico? Não "mitológico" no sentido de não ser verdadeiro, mas no mesmo sentido de que os deuses gregos eram mitológicos: houve histórias sobre seus relacionamentos com outros seres extraordinários? Ele combateu deuses ou semideuses e fez alianças com outros? Ele participou de uma novela sobrenatural?

Muitos estudiosos dizem que não. De fato, na visão de Kaufmann, a natureza "não mitológica" de Iavé "é a essência da religião israelita" e "a separa de todas as formas de paganismo", incluindo, certamente, a religião cananeia nativa.[78]

Há, duplamente, más notícias para aqueles que, como Kaufmann, aclamariam Iavé como um rompimento claro em relação ao mito pagão. Primeiro, há indícios de que esse rompimento não foi assim tão claro — que, como quase tudo o mais na história da religião, ele tenha sido mais evolucionário do que revolucionário. Segundo, ao tentarmos traçar essa evolução, vemos que a árvore genealógica de Iavé contém algo ainda mais preocupante do que uma fusão inicial com a divindade cananeia El. Pode ser que Iavé, mesmo herdando os genes de El, de algum modo adquiriu os genes da mais aviltada das divindades cananeias: Baal.

É claro, Baal era profundamente imerso no mito. Ele lutou contra Yamm, o deus do mar, e Mot, o deus da morte. Um texto ugarítico menciona até que ele "derrotou Lotan", um "dragão" de sete cabeças.[79] Totalmente mitológico!

Entretanto, a Bíblia rende esta homenagem a Iavé: "esmagastes nas águas as cabeças de dragões; quebrastes as cabeças do Leviatã".[80] E a antiga palavra hebraica referente a Leviatã — *Livyaton* — é, ao que sabemos, a mesma para "Lotan"; aparentemente, Iavé não só matou dragões de várias cabeças, mas matou o próprio dragão de várias cabeças que Baal derrotara. O mesmo capítulo dos Salmos apresenta Iavé subjugando o mar.[81] Ou, talvez, o Mar: alguns tradutores dão inicial maiúscula à palavra, porque se refere a *yam*, a antiga palavra hebraica para o deus do mar que Baal derrotou.[82] A Bíblia também assegura, no livro de Isaías, que Iavé "fez desaparecer a morte para sempre" — e, referindo-se à "morte" está a palavra hebraica para Mot, o deus da morte contra quem Baal lutou violentamente.[83]

Então, por que as traduções inglesas da Bíblia referem-se a "mar", em vez de "Yamm", e a "morte", em vez de "Mot"? O hebraico antigo não possuía letras maiúsculas. Ao vermos a palavra hebraica *mawet* isoladamente, não podemos dizer se se trata do nome próprio Mot ou do substantivo comum que significa morte. Assim, os tradutores da Bíblia podem optar e, via de regra, eles escolhem o substantivo comum. Mas devemos analisar essa opção. Por exemplo, ao decidir se Iavé estava "desaparecendo" com Mot ou simplesmente com a morte: claro que não é nenhuma coincidência que, na mitologia cananeia, Mot era conhecido por "desaparecer" com as pessoas no fim de suas vidas e conduzi-las ao "Sheol", o mundo inferior da vida após a morte — ou que Mot tenha "desaparecido" com o rival de Iavé, Baal.[84]

Ou consideremos a enigmática referência bíblica à "cólera" de Iavé "contra os rios" e sua "ira contra o mar".[85] Por que estaria Iavé contrariado com os rios e o mar? Como ele poderia culpar a água por fluir? Essas passagens não fariam mais sentido se as palavras hebraicas para "rios" e "mar" (*nahar* e *yam*) fossem traduzidas como Nahar e Yamm, os seres sobrenaturais com quem Baal lutou em estilo tão mitológico?[86] (Talvez sentindo uma dor de consciência, os tradutores da *New Revised Standard Version* da Bíblia em inglês admitam vagamente essa possibilidade, em pequenas notas de rodapé que digam "ou *contra o Rio*" e "ou *contra o Mar*".) A justificativa para uma tradução mitológica só se amplia quando vemos como o próprio Iavé aparece nessas passagens. Ele conquista as forças da natureza em carros triunfais ("Pisastes o mar com vossos cavalos"). Ele brande um arco e intimida a lua e o sol com a "luz de vossas flechas" e o "resplendor do relâmpago de vossa lança".[87]

Essas duas últimas imagens são geralmente citadas para se referir ao relâmpago,[88] e aqui temos outro exemplo da linha imprecisa entre os mitos dos pagãos cananeus e a religião da antiga Israel: Iavé, além de lutar contra as próprias forças da natureza que Baal combateu e tendo sido representado em termos antropomórficos, como os deuses mitológicos em geral o são, é descrito como o *tipo* particular de deus mitológico que Baal era: um deus da tempestade. No Salmo 29, Iavé é a fonte dos trovões e dos relâmpagos: "A voz do Senhor sobre as águas; o Deus glorioso troveja... A voz do Senhor separa as labaredas do fogo".[89]

Em 1936, H. L. Ginsberg, professor no Seminário Teológico Judaico, sugeriu que esse poema tinha sido originalmente um hino a Baal. A teoria a princípio excêntrica de Ginsberg passou a se tornar predominante, à proporção que surgiam mais evidências a seu favor. Um estudioso, por exemplo, substituiu no poema as ocorrências de "Iavé" para "Baal" e descobriu que, com isso, a quantidade de aliterações crescera bastante.[90]

O eminente estudioso bíblico Frank Moore Cross argumenta que um dos principais eventos de toda a Bíblia — a travessia do mar Vermelho — teria raízes na mitologia de Baal.[91] Ele observa que esse episódio demonstra, em certo sentido, o mar se submetendo à vontade de Deus, um distante eco de Baal dominando o Mar (Yamm) em batalha. E, certamente, há uma atmosfera mítica no relato do evento em Êxodo 15. Aqui, a cena não se parece com o relato (provavelmente posterior) de Êxodo 14, que é aquele descrito no filme *Os Dez Mandamentos*, de Cecil B. DeMille; as águas não só se dividem majestosamente diante do comando de Moisés e se voltam para afogar os egípcios. Mais que isso, Deus está notória e antropomorficamente envolvido, e sua autoridade sobre o mar é proporcionalmente ativa: "Ao sopro de vosso furor amontoaram-se as águas; levantaram-se as ondas como muralha."[92]

Entretanto, quaisquer que sejam os paralelos entre o episódio do mar Vermelho e os mitos de Baal, há uma grande diferença. Enquanto os mitos de Baal ocorrem em um mundo sobrenatural, a história bíblica é fundamentalmente uma história *humana*. Sim, a história é formada essencialmente por intervenções de cima, mas a ação real é na terra. Como Cross coloca, as batalhas de Iavé, ao contrário das típicas batalhas de Baal, são "particularizadas no tempo e no espaço". Um "padrão mítico" foi substituído por um "padrão épico".[93] Daí o título de seu influente livro de 1973, *Canaanite Myth and Hebrew Epic*.

Mesmo quando Iavé age à maneira claramente mitológica — derrotando um dragão de várias cabeças, por exemplo — a referência bíblica é fugaz, não há um enredo extenso. "A imagística mítica é abundante na Bíblia", observa Mark S. Smith, embora o "mito como narrativa" seja praticamente ausente.[94] A explicação de Smith para a ausência do mito narrativo envolve, entre outras razões, supressão.[95] Perto de meados do primeiro milênio AEC, diz ele, os motivos mitológicos caíram em desuso; as escrituras hebraicas passam a descrever Deus de uma forma menos antropomórfica do que antes, e às vezes sem forma.[96] Smith afirma que durante esse período, quando o mito estava perdendo força, os textos anteriores foram editados e reeditados; talvez os sacerdotes consideraram sua perspectiva de Iavé conflitante com os relatos anteriores das façanhas deste e "optaram por não preservá-las, censurando-as funcionalmente, portanto".[97]

150   A EMERGÊNCIA DO MONOTEÍSMO ABRAÂMICO

Mas por que se dar ao trabalho? Mesmo que o mito tenha caído em desuso, por que se importar em apagar a memória de sua aceitação anterior? Provavelmente porque havia grandes riscos teológicos. Afinal, os deuses mitológicos lidam com outros deuses poderosos e às vezes têm seus desejos contrariados; porém, se você é o Deus único e todo-poderoso, sua vontade não pode ser contrariada! A mitologia, em outras palavras, significa politeísmo. Portanto, um projeto de remoção da narrativa mítica antiga das escrituras pode ter sido parte de um projeto maior: reelaborar as escrituras para sugerir que, desde as origens da religião israelita, Iavé era todo-poderoso e merecedor de devoção exclusiva. (A estudiosa Marjo Christina Annette Korpel comparou descrições bíblicas e ugaríticas do divino e encontrou linguagem "espetacularmente" semelhante, "onde força, honra, dignidade e compaixão são referidas", enquanto "tudo que implicava fraqueza, humilhação ou desejo é evitado no Antigo Testamento".)[98]

Essa motivação explicaria os tipos de momentos mitológicos que *realmente* escaparam à edição. Em repetidas vezes, o enredo dura somente o suficiente para sugerir que, se existia uma base para o politeísmo, ela agora estava liquidada. No Salmo 82 — a cena da assembleia divina mencionada anteriormente, em que Deus tem lugar entre outros deuses — o relato termina com Deus prevendo a morte dos deuses; ou, em uma interpretação corrente, *sentenciando-os* à morte por suas más ações.[99]

Do mesmo modo, o encontro de Iavé com os deuses Mar e Rio dura o tempo suficiente para que ele subjugue casualmente esses irritantes remanescentes de um politeísmo arcaico. Deixar *essa* parte do legado de Baal associada a Iavé era teologicamente seguro. Mas e os reveses de Baal, tais como "desaparecer" por conta de Mot, o deus Morte? Tal humilhação não seria compatível com um deus merecedor de devoção exclusiva e, de fato, as escrituras, editadas, não mostram Iavé herdando essa parte da identidade de Baal. Em vez disso, vemos no livro de Isaías a promessa de que Iavé fará *"desaparecer"* Mot "para sempre", uma afirmativa direta da superioridade de Iavé, não só em relação a Mot, como a Baal.[100]

De certa forma, portanto, os editores de meados do primeiro milênio que, de acordo com Smith, ajudaram a desmitologizar a Bíblia não estavam empenhados em eliminar o mito propriamente dito. Na realidade, foram os *tradutores* posteriores que mudaram Mar para mar, Rio para rio e Morte para morte. O inimigo, particularmente, era o mito no qual os deuses diferentes do ator principal eram poderosos. E uma vez que a narrativa prende o interesse somente quando o seu final é incerto — ou seja, quando há mais de um personagem poderoso — o fim desses temas significou o fim da verdadeira narrativa mítica.

Esse fim conjunto do politeísmo e da narrativa mítica pode ser vislumbrado, refletido, através de fragmentos de mitos que se mantiveram na Bíblia. Um versículo do livro de Habacuc, em uma tradução mais comum, diz: "Deus vem do... monte Farã" e "Diante dele avança a peste, e a febre lhe segue os passos."[101] Mas as palavras hebraicas que se referem a "peste" e a "febre" são as palavras para os *deuses* da peste e da febre, Deber e Resheph.[102] No panteão cananeu, Deber e Resheph eram cruelmente destruidores,[103] mas, como observou Smith, esse perfil deles não aparece na Bíblia. Ao contrário, eles aparecem como membros modestos da comitiva de Iavé. E os tradutores posteriores, ao transformar os nomes desses deuses em substantivos comuns, converteram Peste e Febre de divindades menores para meros aspectos do poder de Iavé, aspectos esses abstratos. Iavé parece repetir aqui a estratégia que vimos Marduk exercer no capítulo anterior, deslocando-se para o monoteísmo por meio de conquistas sutis, assimilando os outros deuses em seu ser.

Essa passagem do Habacuc ilustra a posição de Smith sobre como o politeísmo cananeu caminhou para o monoteísmo israelita. Os deuses que estavam abaixo de El no panteão, como Deber e Resheph, perderam estatura e vieram a desaparecer no conjunto. Com a gerência de nível médio agora extinta, tudo o que restava do *downsizing* do panteão era uma divindade no topo — agora conhecida como Iavé — e os seres sobrenaturais bem abaixo: os mensageiros divinos ou anjos.[104]

Fecundação cruzada

O teólogo Robert Karl Gnuse observou prescientemente em 1997 que "uma 'mudança de paradigma' parecia estar em desenvolvimento"; em seguida, mais estudiosos viriam a reconhecer "a evolução gradual de uma complexa religião iaveísta desde um passado politeísta". Progressivamente, "a percepção de uma emergência gradual do monoteísmo adapta-se a um entendimento que realça a continuidade intelectual de Israel com o mundo antigo".[105]

A "continuidade intelectual" — conexão orgânica entre a religião israelita e as religiões que a antecederam — certamente se associa ao padrão que vimos nos últimos capítulos. Os deuses mudam de natureza e se combinam com outros deuses, ganhando outros nomes, e a crença pode mudar drasticamente no processo; entretanto, não se veem novas religiões surgindo do nada. Mesmo o faraó egípcio Akhenaton, que não era exatamente avesso à inovação teológica, moldou seu monoteísmo com o material que tinha à mão: Aton, seu único e verdadeiro deus, havia vivido antes em um contexto politeísta e surgiu inicialmente como um desdobramento do deus do sol Rá.

Porém, a continuidade intelectual pode ser confusa, e certamente foi esse o caso da antiga Israel. O líder do panteão cananeu era El, e vimos razões, neste capítulo, para considerar que Iavé herdou muitas das características de El.[106] No entanto, vimos motivação para incluir Iavé também na linhagem de Baal. Ele é descrito no idioma usado para descrever Baal e combate os mesmos inimigos mitológicos contra quem Baal lutou. (Um versículo bíblico até parece identificar seu lar, o monte Sião, com a residência de Baal, o monte Sapan.)[107]

POLITEÍSMO, A RELIGIÃO DA ANTIGA ISRAEL

Então, qual foi a história? Como Iavé resultou de parte de El e parte de Baal? Como reconciliamos essas suas duas tradições?

O primeiro passo é lembrar que deuses são produtos de evolução cultural, não de evolução biológica. Na evolução biológica, as linhas de descendência são claras. Você recebe características ou de um dos pais, ou dos dois, conforme o processo de reprodução da espécie, assexuada ou sexualmente. Em ambos os processos, tão logo o embrião comece a se desenvolver, a herança é definida — não há mais ajustes em seu DNA. Na evolução cultural, ao contrário, a "fecundação cruzada" infinita é possível. É por isso que a língua inglesa, embora chamada de "germânica", possui semelhanças com as línguas românicas. Tempos depois de as tribos germânicas terem se estabelecido na Inglaterra, o idioma que seus descendentes falavam foi intercambiando palavras com o idioma francês através do canal da Mancha. E, por esse motivo, a própria origem "germânica" recebeu influência de várias outras fontes, incluindo os conhecidos anglos e os saxões, mas aproximando-se também de outras tribos.

Em outras palavras: a evolução cultural é imprecisa. Questões simples — tais como se Iavé possui *mais* de El ou de Baal — podem não ter resposta, muito menos uma resposta visível através das brumas da Antiguidade. Ainda assim, o assunto é digno de pesquisa: como El, o mentor intelectual do conselho, chegou a se combinar com Baal, o terrível deus da tempestade que é descrito por um estudioso como um "estúpido viril"?[108] E como suas identidades finalmente se reconciliaram em um Deus? Por mais elusivas que sejam as respostas, procurá-las é o primeiro passo para reconhecer a grande contribuição feita pela religião israelita à evolução de Deus.

Um aspecto inicialmente enigmático da situação é que Baal, em toda a Bíblia, é rival de Iavé. Hostilidade extrema não parece ser boa base para uma fusão. No entanto, na evolução cultural, a competição pode estimular, de fato, a convergência. Certamente, isso é verdadeiro

154   A EMERGÊNCIA DO MONOTEÍSMO ABRAÂMICO

na evolução cultural *moderna*. A razão por que os sistemas operacionais desenvolvidos pela Microsoft e pela Apple são tão parecidos é que as duas empresas tomaram emprestado (esse é o termo educado) recursos lançados pelo outro quando estes se provaram populares.

Assim também o é com as religiões. O sistema operacional de Baal possuía um recurso que, na sociedade agrícola antiga, teria despertado a inveja de qualquer concorrente: como um deus da tempestade, Baal trazia a chuva.[109] Isso, talvez, explique as referências atmosféricas em algumas descrições de Iavé — sua voz de trovão, sua lança como o raio; qualquer coisa que Baal pudesse fazer, ele fazia melhor.[110] E daí, as descrições de Iavé como um deus "Cavaleiro das nuvens";[111] um dos apelidos cananeus de Baal era "cavaleiro das nuvens".

Contudo, independentemente de quanto tempo Iavé tenha passado absorvendo a personalidade de Baal, ele teve de finalmente renunciar àquele, para se transformar no deus que tornou famosa a antiga Israel por tê-lo produzido: todo-poderoso, mas não de modo conspícuo; o senhor da natureza, ainda que transcendente. Aqui, voltamos ao cenário bíblico citado no início deste capítulo, o encontro de Elias no cimo do monte com um estranhamente elusivo Iavé, no capítulo 19 do primeiro livro de Reis.

Eu disse "estranhamente" elusivo porque apenas um capítulo antes, a Bíblia apresenta um Iavé bem diferente. Elias organizara uma confrontação pública entre Iavé e Baal. Os devotos de Iavé e os devotos de Baal preparariam um novilho como oferenda e convocariam seu deus para, dos céus, acender o fogo sob o animal. O deus que atendesse ao pedido seria o deus real. Poderíamos pensar que Baal, o temido deus da tempestade, enviaria um raio, especialmente diante de 450 de seus profetas o aclamando. Mas nenhum raio de Baal foi enviado. Iavé, entretanto, acendeu *sua* oferenda, mesmo depois de Elias tê-la encharcado em água! "Então subitamente o fogo do Senhor baixou do céu e consumiu o holocausto, a lenha, as pedras, a poeira e até mesmo a água da valeta".[112] Caso encerrado: o povo estava conven-

POLITEÍSMO, A RELIGIÃO DA ANTIGA ISRAEL

cido, os 450 profetas de Baal foram ignominiosamente aniquilados e Iavé triunfou. Ele destronou Baal à maneira de Baal — e, para que todos entendessem bem, ele terminou o espetáculo enviando uma chuva, a suposta especialidade de Baal.[113]

Agora, com Baal derrotado, Iavé poderia parar de se exibir ou, pelo menos, diminuir o espetáculo. Como o estudioso bíblico Richard Elliott Friedman observa, essa foi a última vez na Bíblia Hebraica que Deus executará um milagre expressivo diante de uma vasta plateia.[114] E o capítulo seguinte do livro primeiro de Reis nos dará um novo e sutil Iavé, o deus que "não estava no vento" e "não estava no fogo", e que fala, quando muito, com "um murmúrio de brisa ligeira". Aqui, diz Frank Moore Cross, começa uma "nova era" no "modo de se autoexpressar" de Iavé. A "estrondosa voz de Baal" tornara-se "o murmúrio imperceptível" de Iavé.[115] Iavé, tendo feito uma boa imitação de Baal para roubar-lhe a cena, poderia agora promover seu ato. O El nele contido — o deus diretor-executivo que fala por meio de seus profetas — excedera ao Baal dentro dele, apenas em uma forma superior: Iavé se tornaria mais remoto que El e, por fim, transcendente.

Essa é, pelo menos, uma interpretação. Trata-se de uma questão em aberto se essa extensão da Bíblia pode carregar tanto peso simbólico quanto os intérpretes modernos lançaram sobre ela; se seus autores (e editores posteriores) pretendiam descrever a transição fundamental de um deus antiquado, participativo, que produz fogo, para um deus transcendente, sutil, até silencioso. (Mesmo depois dessa transição para uma "nova era", quando Iavé se dirige a Elias discretamente ou nem tanto, ele traz fogo, um terremoto e um vento que destruía rochedos — marcas pouco distintivas de uma discrição divina.)

Entretanto, o que quer que essa cena queira significar, a direção para a qual aponta é, certamente, a direção para a qual a Bíblia se movimenta. Como Friedman observou em seu livro *The Hidden Face of God*, as descrições da Bíblia de um Iavé ativo, claramente intervencionista, declinam em frequência conforme a narrativa bíblica se desdobra. É perto do começo da história que Iavé tende a aparecer às pessoas, ou falar com elas, ou fazer maravilhas por muitos testemunhadas. Próximo do fim, ele é menos proeminente; na verdade, não há praticamente menção a ele no último livro da Bíblia Hebraica, Ester.[116]

É claro, a ordem na qual os livros (e capítulos e versículos) da Bíblia aparecem não é a ordem na qual foram escritos. Mas mesmo que olhemos o texto na ordem de sua autoria, veremos uma tendência (pelo menos, se usarmos a perspectiva predominante, embora não inquestionável, da datação dos textos).[117] As antigas escrituras oferecem um deus participativo, antropomórfico, que caminha pelo jardim, convoca as pessoas, lhes faz roupas, gentilmente conclui uma arca antes de desencadear uma inundação devastadora, e afoga egípcios assoprando sobre o mar (através de seu nariz). Esse deus respira "o agradável odor" dos sacrifícios ofertados sob o fogo.[118] Nas escrituras posteriores, vemos menos o Deus em pessoa e começamos a ver um deus incorpóreo. O quarto capítulo do Deuteronômio, aparentemente um produto de meados do primeiro milênio, destaca que mesmo quando Deus falou para seu povo, "nenhuma forma víeis" (e, por essa razão, seria um erro adorar ídolos e fabricar "para vós uma imagem esculpida representando o que quer que seja").[119]

A evolução de uma divindade participativa, antropomórfica, para uma divindade menos intrusiva e mais abstrata dificilmente é harmoniosa.[120] A segunda metade do primeiro milênio viu uma irrupção de textos apocalípticos, repletos de imagística mitológica; o livro de Daniel vê Deus como pessoa. ("Brancas como a neve eram suas vestes, e tal como a pura lã era sua cabeleira".)[121] Entretanto, no conjunto, parece haver uma tendência: o movimento, durante o primeiro milênio AEC, de afastamento de um politeísmo antropomórfico para um monoteísmo mais abstrato.

Quando avaliamos essa tendência — esse movimento errático, porém orientado, de uma concepção de deus para outra — é difícil

POLITEÍSMO, A RELIGIÃO DA ANTIGA ISRAEL   157

não concluir que a história tradicional do deus abraâmico simplesmente é errada. O monoteísmo desenvolvido não emergiu na história israelita, como Kaufmann afirmou, "como um *insight*, uma intuição original".[122] A religião israelita antiga desenvolveu-se de religiões anteriores, religiões "pagãs", do mesmo modo que estas se desenvolveram. E daí, por fim, se desenvolveu o deus mais moderno da religião israelita posterior: um único deus, transcendente, todo-poderoso, onisciente — o deus dos judeus, dos cristãos e dos muçulmanos. Seria um deus de influência sem precedentes, um deus que por vários séculos dominaria povos que eram dominantes no mundo.

Mas a questão permanece: *Por quê?* Que forças empurraram Israel em direção ao monoteísmo? Somente quando respondermos a essa pergunta, poderemos responder à questão levantada no início deste capítulo: qual é exatamente a conexão entre monoteísmo e intolerância, entre monoteísmo e violência? Abordaremos essas questões no próximo capítulo. Entretanto, há pelo menos uma coisa que já podemos dizer sobre monoteísmo e violência. Uma premissa compartilhada por todos que cometem violência em nome do deus abraâmico é a de que esse deus é especial — o único e verdadeiro deus. E a maioria dessas pessoas diria que sua peculiaridade está manifesta no modo como ele surgiu: há mais de três milênios, ele apareceu repentinamente, anunciou sua presença e rejeitou o politeísmo pagão da época. Se perguntarmos a eles como sabem disso, provavelmente dirão que as escrituras assim o dizem.

No início do século XX, a arqueologia parecia reforçar esse tipo de crença. William Albright, o "pai da arqueologia bíblica", escreveu em 1940 que estávamos vendo "a confirmação arqueológica do conteúdo geral da tradição israelita".[123] Mas na segunda metade do século XX, essa declaração foi questionada e os arqueólogos passaram a desconfiar se ela não estaria mais baseada na fé cristã de Albright do que nos estudos. Progressivamente, a narrativa bíblica recebeu questionamentos com base em fatos revelados pelos sítios

158   A EMERGÊNCIA DO MONOTEÍSMO ABRAÂMICO

arqueológicos. Assim, hoje, quando os fiéis apontam para a escritura como prova de que seu Deus é diferente de todos os outros deuses antigos — que ele é o único e verdadeiro deus — qualquer cético bem versado em arqueologia pode replicar: mas como alguém pode dirigir sua fé para um livro que continuamente está em desacordo com a realidade histórica?

À luz das últimas décadas de estudos bíblicos, os céticos podem ir além. Para começar, a Bíblia Hebraica — lida cuidadosamente, e sob a luz dos antigos escritos cananeus — não conta realmente a história que os fiéis dizem; pelo menos, não conta a história de forma verossímil. Ao longo do roteiro monoteísta, apresentam-se evidências diversas que colocam esse roteiro em dúvida. A história é derrubada não só pelos fatos arqueológicos, mas pelo próprio texto.

É claro, um fiel pode escolher ignorar essas evidências, ou pode se esforçar para adaptá-las, ao modo como os antigos astrônomos explicavam os padrões planetários com teorias cada vez mais barrocas, em vez de simplesmente aceitarem que a Terra gira em torno do Sol. No entanto, judeus, cristãos e muçulmanos que sejam espiritualmente interessados e intelectualmente sérios terão de lidar com as evidências e, de algum modo, reconciliar suas crenças com elas. A etapa seguinte dessa lide é entender quando e como — e, acima de tudo, por que — o monoteísmo abraâmico, de fato, emergiu.

CAPÍTULO 6

Do politeísmo à monolatria

Não se encontram muitas mulheres com o nome Jezebel. O nome saiu de moda um milênio atrás e nunca mais foi resgatado. Na verdade, ele ficou tão carregado de conotações ruins que é agora um adjetivo pejorativo. A palavra "jezebel", de acordo com um dicionário, refere-se a "uma mulher perversa e despudorada".[1] Tudo remonta à Jezebel bíblica. Casada com Acab, rei de Israel, durante o século IX AEC, ela foi uma adepta diligente do deus cananeu Baal e falava ao rei Acab que retornasse o culto a Baal. Isso diminuiu suas chances de ser descrita favoravelmente na Bíblia.

Jezebel foi uma personagem coadjuvante essencial na história bíblica que ilustrou o capítulo anterior: Iavé derrota Baal na demonstração organizada por Elias, e, posteriormente, "aparece" a este — de modo invisível e inefável — no monte Sinai. Foi por causa do vívido entusiasmo de Jezebel por Baal que Elias organizou primeiramente esse confronto decisivo entre os dois deuses. E o resto é história: com o maior rival de Iavé subjugado e a identidade deste deslocando-se para a transcendência, a religião israelita estava no caminho do monoteísmo moderno.

Ou assim é que foi escrito. Se Iavé realmente se saiu melhor que Baal e se efetivamente algum espetáculo na montanha foi organizado

160 A EMERGÊNCIA DO MONOTEÍSMO ABRAÂMICO

por Elias, esses temas não são exatamente objeto de unanimidade. A história de Elias pode ter sido escrita séculos depois de sua (alegada) ocorrência, tendo sido posteriormente reescrita por pessoas que defendiam a devoção exclusiva a Iavé e que, possivelmente, distorceram a narrativa nessa direção.[2] Entretanto, o conflito subjacente — a oposição de Elias às atitudes de Acab e Jezebel em prol de Baal — é algo que muitos estudiosos bíblicos entendem que seja baseado em fatos. E essa rebelião contra o politeísmo sancionado regiamente é, em geral, vista como um marco na evolução intermitente do monoteísmo, uma evolução que levaria mais séculos até seu apogeu.

Mais especificamente, o incidente é considerado um marco na evolução da *monolatria*, um ponto intermediário no caminho para o monoteísmo desenvolvido. Elias não estava afirmando necessariamente que Baal não *existia* (a posição monoteísta), mas sim que ele não merecia o respeito dos israelitas. Cerca de dois séculos depois da época de Elias, a monolatria seria a orientação oficial do rei dos israelitas e a adoração de outros deuses diferentes de Iavé seria desencorajada com zelosa brutalidade. Este capítulo abordará a questão de como a monolatria se deslocou da periferia extrema para o centro da política israelita — de como foi montado o cenário para o monoteísmo desenvolvido.

Seria interessante saber com segurança se a história de Elias é verdadeira. Se for, pelo menos em sua essência política, começamos nossa busca pelas origens da monolatria perguntando o que inspirou Elias a se opor ao rival de Iavé, Baal. Se for falsa, começamos nossa busca perguntando o que inspirou os escritores bíblicos posteriores a criar essa história — por que eles próprios vieram a se opor ao culto de outros deuses diferentes de Iavé, revendo, depois disso, sua teologia na história.

Porém, ao que parece, esses dois caminhos levam praticamente ao mesmo lugar, produzindo conclusões semelhantes sobre que forças fizeram de Iavé o único deus dos israelitas. A melhor maneira de

DO POLITEÍSMO À MONOLATRIA

confirmar isso é escolher um dos caminhos e segui-lo. Começaremos presumindo, apenas como exercício de raciocínio, que a antiga história da Bíblia seja verdadeira e prosseguiremos na narrativa bíblica da teologia revelada de Israel, até chegarmos a alguns episódios mais firmemente baseados em fatos. Nosso caminho, por fim, retornará em si mesmo, uma vez que esses episódios posteriores lançam luz sobre a autoria da história de Elias. Estaremos, então, em condições de explicar a evolução da monolatria israelita com alguma segurança.

Porém, deixemos claro primeiro — caso ainda não o esteja — qual viés filosófico embasará a empreitada. As tentativas de explicar mudanças nas doutrinas religiosas apoiam-se em duas vertentes básicas: aquela que realça o poder das ideias; e aquela que realça a força das circunstâncias materiais. Israel foi levado para a monolatria, e finalmente para o monoteísmo, mais por inspiração e reflexão teológica, ou mais por política, economia e outros fatores sociais concretos? Para retomar o exemplo: o que levou Elias e seus seguidores a desprezar Jezebel e Baal? Jezebel foi odiada por sua associação com Baal (e, portanto, com o politeísmo) ou Baal foi odiado por sua associação com Jezebel (e, portanto, com quaisquer interesses políticos e econômicos que ela representava)?

A Bíblia, é claro, favorece a primeira interpretação: Elias e seus seguidores, presos à verdade divina, opuseram-se à adoração de Baal e, assim, se tornaram inimigos de todos que apoiavam tal devoção. Contudo, a Bíblia possui uma vertente natural a favor do poder da crença religiosa, a capacidade de as ideias moldarem os fatos terrenos. O livro que ora você lê realça, ao contrário, o poder dos fatos terrenos; ele procura explicar como a concepção de Deus se alterou em resposta a eventos do mundo. Assim, ele leva a sério a possibilidade de que, apesar de todo o fervor religioso de Elias, a batalha deste contra Baal possa ter motivações mundanas. O conflito teológico com Jezebel e seu marido, Acab, pode ter mais a ver com Jezebel e Acab do que com teologia.

162 A EMERGÊNCIA DO MONOTEÍSMO ABRAÂMICO

Vimos, certamente, exemplos de motivações mundanas moldando princípios teológicos. Vimos os xamãs esquimós dizerem a mulheres pecaminosas que o perdão divino dependia de elas fazerem sexo com um xamã esquimó. Vimos os chefes polinésios declararem que as pessoas que os aborrecessem tinham de ser sacrificadas aos deuses. Vimos Sargão da Acádia fundir Ishtar e Inanna em um só deus que serviria a suas ambições imperiais. Vimos Akhenaton, o engenheiro do monoteísmo egípcio, exterminar deuses cujos sacerdotes ele considerava uma ameaça política. Repetidamente, vimos o divino, ou pelo menos as ideias sobre o divino, reformuladas pelos aspectos mundanos. Os fatos terrenos — fatos sobre o poder, o dinheiro e outras coisas crassas — foram, com frequência, a linha de frente da mudança, trazendo a reboque a crença religiosa.

É claro, às vezes a influência se desloca na direção oposta. As crenças religiosas, especialmente no curto prazo, podem moldar o horizonte político e econômico. É perfeitamente possível que Elias tivesse fé profunda em Iavé e que essa fé tenha inspirado um movimento político contra Acab e Jezebel. Nesse sentido, a influência pode se dar nas duas direções simultaneamente: talvez a motivação de Elias fosse inteiramente baseada na fé, mas alguns de seus partidários tivessem desavenças políticas ou econômicas com Jezebel e o rei Acab.

Em resumo, toda a história é muito complexa e concentrar-se exclusivamente em qualquer "causa primeira" é simples demais. Entretanto, afirmarei que, no conjunto, a melhor maneira de explicar a longa evolução do politeísmo para a monolatria e para o monoteísmo é por meio das forças sociais concretas. Apesar do risco de simplificar demais: a política e a economia nos deram o único e verdadeiro deus das crenças abraâmicas.

Em geral, as pessoas religiosas consideram essa afirmação desalentadora, pois ela parece reduzir a fé de um propósito superior a uma miragem, a um reflexo ilusório dos aspectos mundanos. Ao final deste livro, argumentarei que o oposto é, em certo sentido, verda-

DO POLITEÍSMO À MONOLATRIA 163

deiro: que observar os fatos mundanos como causas primeiras acaba por apresentar um novo tipo de *evidência* do propósito superior. De qualquer modo, o que agora estou afirmando é que para compreender por que o monoteísmo evoluiu na antiga Israel, temos de compreender a política e a economia subjacentes na antiga Israel. Somente então poderemos ver em que medida, se em alguma, a intolerância e a beligerância foram "incorporadas" no monoteísmo abraâmico e como elas se tornaram, ou não, uma parte do caráter do deus abraâmico.

O movimento "tão somente Iavé"

Portanto, que forças sociais podem ter ajudado a canalizar a oposição às políticas de Acab e Jezebel, e, consequentemente, a Baal? Para começar, é bom lembrar que, nos tempos antigos, quando homens de sangue real se casavam com mulheres estrangeiras em geral não se tratava de um capricho romântico. Era parte de uma política de relações exteriores, uma maneira de se consolidarem relações com outra nação. Jezebel era a filha do rei Etbaal, regente das cidades de Tiro e Sidônia, na Fenícia (atual Líbano). Seu casamento com Acab foi arranjado pelo pai deste, rei Amri, que, ao realizar essa aliança com a Fenícia, deu a Israel acesso conveniente àqueles portos do Mediterrâneo. E, como de costume no mundo antigo, a aliança com um país significava tratar seus deuses com respeito. Assim, se, como a Bíblia conta, Acab construiu um altar para Baal[3] na capital de Israel, Samaria, isso não foi apenas uma concessão à sua burlesca esposa. Era parte da lógica do casamento de Jezebel, em primeiro lugar, a expressão teológica da lógica política por trás daquele casamento.[4]

E assim foi por muito tempo. A Bíblia, revendo de maneira desconfiada a teologia do rei Salomão no século X AEC, reclama que ele teve centenas de esposas que "desviaram seu coração para outros deuses", inspirando reverência oficial a "Astarte, deusa dos

164 A EMERGÊNCIA DO MONOTEÍSMO ABRAÂMICO

sidônios, a Melcom, a abominação dos amonitas" e a "Camós, a abominação de Moab". Mas todo esse "mal aos olhos de Iavé"[5] era possivelmente uma boa política externa aos olhos de Salomão. Uma política externa "internacionalista" — que dá ênfase a amplas alianças e ao comércio — requer certo respeito aos deuses estrangeiros.

Nessa linha, os oponentes a uma política internacionalista poderiam se opor às relações amistosas entre as crenças — o respeito aos deuses estrangeiros, ou até mesmo a sua adoção — encorajadas por aquela política. Talvez tenha sido assim que Israel começou sua jornada em direção à monolatria, por meio de uma reação ao internacionalismo. Mas por que alguém se oporia a uma política externa internacionalista? No caso do internacionalismo de Acab, várias teorias foram oferecidas.

Talvez, por exemplo, alguns comerciantes locais tenham sido afetados com a decisão de Acab de permitir que os comerciantes fenícios participassem do comércio em Israel. Certamente, a estrutura econômica naqueles dias permitia que o ressentimento contra os comerciantes fenícios fosse traduzido em ressentimento contra os deuses fenícios. Como o estudioso bíblico Bernard Lang observou, nos tempos antigos, os lugares de práticas religiosas às vezes executavam "muitas atividades de um banco moderno", e há provas de que os comerciantes fenícios usavam o templo de Baal como seu centro de operações.[6]

Nesse cenário, a tensão entre o eleitorado de Acab e o de Elias reduz-se aos interesses políticos e econômicos próprios. Da perspectiva de Acab, a aliança com a Fenícia faz sentido. Não só abre os mercados do Mediterrâneo para Israel através dos portos fenícios, mas também dirige o comércio leste-oeste através de Israel, criando rotas comerciais que Acab poderia controlar proveitosamente. E mais: a aliança dava a Israel um forte aliado para o caso de conflito militar com alguma das grandes potências da região. Se o preço de tudo isso era tolerar Baal e permitir que alguns comerciantes fenícios ganhassem dinheiro,

DO POLITEÍSMO À MONOLATRIA

assim seja. As relações com a Fenícia produziam ganhos mútuos e a teologia de Acab expandia-se proporcionalmente. Porém, para os israelitas cujo meio de vida fora ameaçado pelos comerciantes fenícios, as relações com a Fenícia eram desiguais: os fenícios ganhavam e eles perdiam. Sua teologia retraía-se proporcionalmente.

Essa teoria do ressentimento dos comerciantes é bem especulativa. Contudo, o princípio geral faz sentido e já vimos isso acontecer na antiga Mesopotâmia e em outros lugares: atitudes em relação a um deus estrangeiro podem depender de como os estrangeiros são percebidos. Se os habitantes locais sentirem que podem ganhar com a interação cooperativa com esses estrangeiros, eles podem adotar o deus, ou pelo menos não levantar protestos quando seus compatriotas o fizerem. No entanto, se esses habitantes perceberem o jogo como de soma zero — se acreditarem que seu sucesso está inversamente relacionado com o sucesso dos estrangeiros, que esses estrangeiros têm de perder para que eles ganhem — então sua teologia será provavelmente menos inclusiva. Vamos chamar a isso de lei da tolerância religiosa: possivelmente, as pessoas serão mais abertas a deuses estrangeiros quando se virem em um jogo de soma não zero com os estrangeiros — se virem seu sucesso como relacionado positivamente com o sucesso dos estrangeiros; se, até certo ponto, virem a si próprios e aos estrangeiros como estando no mesmo barco.

O mundo antigo, ao vincular tão fortemente a política externa e a teologia, tornou esse princípio especialmente imprescindível. Entretanto, uma versão dele também ocorre nos tempos modernos. As pessoas que lucram em negócios com outras pessoas tendem a não questionar suas crenças religiosas: viva e deixe viver.

Acerca disso, a dinâmica básica vai além da questão da tolerância religiosa para a questão da tolerância em geral. Naturalmente, as pessoas, sem ter muita consciência disso, criticam inimigos e rivais em vários aspectos. Se dois homens estiverem disputando a mesma mulher, e você perguntar a eles o que acham das opiniões um do

166 A EMERGÊNCIA DO MONOTEÍSMO ABRAÂMICO

outro — em política, moda, literatura, o que quer que seja — provavelmente receberá comentários negativos e estes serão sinceros. Em contraposição, as pessoas julgam ponderada e lenientemente os potenciais colaboradores e suas crenças. Assim, o vínculo entre interesse próprio e tolerância não precisa ser uma questão de cálculo *consciente*, um fato que exploraremos adiante. A lei da tolerância religiosa nasceu organicamente da natureza humana.

Há outra teoria sobre o que fomentou a oposição a Acab e Jezebel, e, portanto, a Baal. Ao aliar-se com a Fenícia, Israel estava virando as costas para outro Estado poderoso — a Assíria, a nordeste. De fato, o poder ameaçador da Assíria era uma coisa que a aliança com os fenícios pretendia neutralizar. Como observa Lang, provavelmente havia uma facção israelita que apoiava a aliança com a Assíria, em vez de com a Fenícia. Certamente, tal facção prevaleceu alguns anos depois da morte de Acab: o rei Jeú, que tomou o poder por golpe de Estado, cortejaria o apoio da Assíria e assim redirecionaria a política externa israelita. Talvez não tenha sido por coincidência que, de acordo com a Bíblia, Jeú também viria a assassinar cada adepto de Baal em Israel, a destruir o templo de Baal e a substituí-lo por uma latrina.[7]

Talvez desse modo Elias tenha obtido apoio dos israelitas pró-assírios. Nesse caso, ao ódio a Baal demonstrado pelos inimigos de Acab pode ter correspondido a preferência pelo deus assírio Assur — um fato que os editores monoteístas da Bíblia, pelo que sabemos, deixaram no chão da sala de edição. Em outras palavras, é bem possível que muitos partidários de Elias fossem tão politeístas quanto Acab e Jezebel e, simplesmente, discordaram destes quanto a que deuses adorar. Todavia, a moral da história seria a mesma: as pessoas toleram, até adotam, as teologias estrangeiras na medida em que percebem a possibilidade de ganhos mútuos por meio da colaboração.

É claro, se a interpretação tradicional está certa, e a coalizão de Elias foi monolátrica, consagrada à adoração de Iavé *apenas e somente*, então uma facção pró-Assíria com afinidade aos deuses assírios não se

DO POLITEÍSMO À MONOLATRIA   167

encaixaria na coalizão. E, em algum momento da história israelita, um movimento "tão somente Iavé" (como o historiador Morton Smith o chamou)[8] deve ter tomado forma. Esse movimento, por definição, teria rejeitado o culto de todos os deuses de origem estrangeira. Assim, se a preferência de Israel por um aliado ou outro implicasse a adoção ativa dos deuses do aliado, essa preferência não faria sentido como parte da motivação de um movimento "tão somente Iavé". Um ceticismo acerca de alianças internacionais em geral seria mais coerente.

A primeira monolatria clara

Com isso em mente, vamos avançar para um tempo em que há mais evidências de que a mensagem "tão somente Iavé" *tenha ganhado* voz. No século VIII AEC, muito depois de Jezebel ter morrido, surgiu o profeta Oseias, cujos relatos foram transcritos em livro aparentemente durante seu tempo de vida ou logo depois.[9] Embora seu texto estivesse sujeito a edições posteriores, muitos estudiosos consideram que a mensagem principal foi consolidada não muito tempo depois de sua morte; assim, é razoável falar de uma teologia "oseiana", que reflete uma linha de pensamento israelita ao final do século VIII AEC[10] Certamente, há muito mais estudiosos que pensam desse modo do que os que acham que a história de Elias seja um relato verdadeiro. Em todo caso, assim como fizemos em relação à história de Elias, prosseguiremos por ora com a suposição de que o registro bíblico seja algo preciso: veremos no livro de Oseias um homem chamado Oseias cujos relatos dizem alguma coisa sobre o tempo em que ele viveu.

Oseias é, por vezes, visto como um monoteísta, mas não há motivos para achar que ele tenha ido além da monolatria. Ele nunca nega a existência de outros deuses além de Iavé e nunca diz que os estrangeiros não devam adorá-los.[11] Quando insiste que os israelitas

168 A EMERGÊNCIA DO MONOTEÍSMO ABRAÂMICO

não devem "conhecer" outro deus a não ser Iavé, ele não quer dizer "conhecer" no sentido moderno de "ter consciência de". A palavra hebraica original está mais próxima de "ser fiel a". Era usada em tratados para expressar a lealdade de uma nação vassala.[12]

Assim, esse sentido de "conhecer" caracteriza de fato Oseias como um claro monolátrico. Quando ele cita Iavé, "Não conheces outro Deus fora de mim, não há outro salvador senão eu",[13] está expressando o viés partidário de "tão somente Iavé". Ele também pode estar fazendo história intelectual, definindo o modelo para uma das frases mais famosas da Bíblia. O primeiro dos Dez Mandamentos — "Não terás outros deuses diante de minha face" (outro versículo monolátrico frequentemente interpretado como monoteísta) — provavelmente surgiu após o tempo de Oseias.[14]

Então, Oseias demonstraria o que a lógica acima sugere ser o pensamento de um monolátrico: um certo ceticismo quanto a alianças em geral? Talvez. Ele menciona várias vezes duas grandes potências, a Assíria e o Egito, e nunca sob uma perspectiva favorável. Realça a inutilidade da aliança entre qualquer dessas potências e "Efraim" — o reino de Israel ao norte, onde ele vivia. (A grande Israel é, nessa época, dividida em dois Estados: o do norte, chamado Efraim ou Israel; e o do sul, chamado Judá.) "A Assíria não nos salvará", ele diz; e, acerca das negociações com os líderes egípcios, estas são apenas "motivo de escárnio para eles na terra do Egito...". Os líderes de Efraim são "tolos e sem sentido; chamam o Egito, voltam-se para a Assíria".[15]

Parte da resistência de Oseias parece estar baseada nos termos frequentemente aviltantes daquelas alianças. Como Israel é um pequeno Estado encravado entre duas grandes potências, "aliança" geralmente significa vassalagem. Quando o livro de Oseias reclama que os líderes de Efraim "fazem aliança com a Assíria e transportam óleo para o Egito",[16] não está falando sobre venda de óleo para o Egito, mas sim sobre doação ao Egito, como tributo.

DO POLITEÍSMO À MONOLATRIA

Entretanto, as grandes potências não são o único problema.[17] Como o estudioso bíblico Marvin Sweeney escreveu, Oseias mostra "hostilidade contra o envolvimento estrangeiro em geral".[18] De fato, a desconfiança contra nações estrangeiras é tão difundida que se aproxima da xenofobia. Oseias escreve: "Efraim mistura-se com os outros povos... Estrangeiros o consomem sem que ele o perceba!" E "Israel foi devorado. Ei-los que se tornaram como um objeto sem valor entre as nações!".[19] Provavelmente, a lógica de Acab, Salomão e outros reis que adotaram uma política externa internacionalista era de que a imersão em um mundo maior tornaria Israel mais rica. Oseias tem a visão contrária. Ele vê uma Israel cada vez mais pobre e cuja pobreza só se intensifica por meio das potências internacionais. "Não terão sequer uma espiga, e o grão não dará farinha; e mesmo que a desse, seria comida pelos estrangeiros".[20] Se nenhuma nação colabora com Israel, segue-se que nenhum deus de outra nação deve ser adorado ou sequer respeitado.

De fato, Oseias expressa seu isolacionismo religioso e político com a mesma linguagem metafórica. "Porque te prostituíste, afastando-te de teu Deus", ele fala aos israelitas. Ao adorar os deuses cananeus que afirmam trazer chuva e prosperidade, Israel "dizia: Seguirei os meus amantes, daqueles que me dão o meu pão e a minha água, a minha lã e o meu linho, o meu óleo e a minha bebida". Essa imagem de infidelidade é estendida à política externa de Israel. Os líderes de Efraim "subiram à Assíria, Efraim, como um asno selvagem solitário, contratou amantes para si. Em vão [os israelitas] multiplicam as alianças... terão que se sujeitar ao fardo de reis e príncipes [estrangeiros]".[21] Em Oseias, como no mundo antigo em geral, teologia e geopolítica espelham-se uma à outra.

Preconceito justificável

Que os partidários do movimento "tão somente Iavé" tinham uma visão preconceituosa das alianças estrangeiras não é nenhuma novidade. Há muito, os estudiosos observaram um tom anti-internacionalista nos livros proféticos, que censuravam a infidelidade a Iavé. ("Nacionalismo profético", alguns o chamariam.)[22] Mas isso não quer dizer que esses estudiosos aceitam a perspectiva sugerida aqui — de que forças políticas e econômicas tenham moldado a teologia. Uma correlação entre atitudes políticas e religiosas não resolve, por si só, a questão de quem foi a causa de quem. Pode ser que o desprezo de Oseias pelo internacionalismo o tenha levado a ser monolátrico; mas também pode ser que a monolatria de Oseias o tenha feito desprezar o internacionalismo. Afinal, o internacionalismo trazia o contato com deuses estrangeiros. E pode ter havido outras razões para que os monolátricos desprezassem as alianças. Alguns profetas diziam que procurar o apoio de grandes potências demonstrava a falta de fé na capacidade de Iavé, sozinho, garantir a segurança de Israel.

Então, por que não consideramos a palavra dos profetas e aceitamos que a teologia formou sua visão acerca das relações exteriores, em vez de o contrário? Em certo sentido, provavelmente o fazemos. Oseias e outros profetas de sua época realmente têm os sinais do verdadeiro fiel. Segundo a Bíblia, Oseias escolheu sua esposa por ordem de Deus: "Vai e desposa uma mulher dada ao adultério", aparentemente de modo que seu casamento fosse uma metáfora para a infidelidade de Israel a Iavé. Como se isso não fosse fanatismo o suficiente, ele batizou um de seus filhos como "Não Meu Povo", para simbolizar a resposta de Iavé à infidelidade.[23] E não nos compadeçamos apenas do filho de Oseias, pois um filho de Isaías passou a vida com o nome de "Toma depressa os despojos, faze velozmente a presa", um cartaz ambulante de uma das profecias de Isaías.[24] Tudo

DO POLITEÍSMO À MONOLATRIA 171

isso sugere que a motivação profética pode ter sido mais profunda, e menos materialmente racional, do que poderíamos imaginar se ela fosse inspirada somente pela análise geopolítica.

Mas a questão, para a finalidade presente, não é o que motivou Oseias e outros profetas a expressar a mensagem monolátrica. A questão é por que essa mensagem teve ressonância — por que ela se popularizou. Aqui cabe uma analogia com a evolução biológica. A teoria darwinista diz que as características que se disseminam por uma população tendem a ser aquelas que facilitam a sobrevivência e a reprodução. Mas ela não diz que todas as características que *surgem* (digamos, por meio de mutação genética) terão essa tendência, e a previsão de quais delas se espalharão é indiferente à questão de por que elas surgiram. A mensagem de Oseias, poderíamos dizer, foi uma "mutação" cultural — e, sem dúvida, outros profetas foram gerando mutações alternativas. A questão de se as relações exteriores moldaram a teologia não é tanto a questão de por que essas mutações surgiram ou de por que algumas delas se disseminaram e outras, não. Especificamente: será que a mensagem de Oseias espalhou-se porque as pessoas acreditaram cada vez mais que o relacionamento de Israel com o mundo era basicamente uma soma zero — que Israel provavelmente não teria vantagens com o internacionalismo, por meio da cooperação e colaboração com outros países?

Certamente, os israelitas poderiam ter chegado a essa conclusão. A carreira de Oseias começou durante os anos finais do reino de Jeroboão II e se estendeu por décadas desde então. Pelo que se revelaram, esses anos finais do mandato de Jeroboão foram os anos finais de um século de estabilidade e prosperidade para o reino de Israel ao norte.[25] Pouco depois da morte do rei, em 747 AEC, as relações exteriores de Israel entraram em uma espiral descendente de 25 anos, gerando campo para percepções de soma zero do mundo.

A Assíria reviveu sua beligerância anterior, deslocando seu exército para oeste e exigindo pesados tributos dos Estados mais fracos, in-

172 A EMERGÊNCIA DO MONOTEÍSMO ABRAÂMICO

clusive Israel.[26] Israel procurou refúgio nas alianças; seu rei juntou-se a Damasco e a algumas cidades fenícias e filisteias em uma revolta contra os assírios.[27] Em resposta, a Assíria apropriou-se de muito do território de Israel e arrasou todas as suas maiores cidades, deixando sob controle israelita somente a capital, Samaria, e algumas áreas montanhosas próximas. A Israel radicalmente reduzida pagaria tributos à Assíria por algum tempo, para não desaparecer por completo. No entanto, na expectativa frustrada do apoio egípcio, Israel interrompeu os pagamentos. A Assíria sitiou Samaria e, após subjugar a cidade em 722 AEC, deportou grande parte da população — as "dez tribos perdidas de Israel".[28] Esse foi o fim do reino de Israel ao norte. Agora, o único repositório do legado israelita estava no reino de Judá, ao sul. Não é surpresa que, à época da queda do reino do norte, a política externa isolacionista de Oseias, acompanhada de seu correlato teológico — aversão aos deuses de origem estrangeira — tenha encontrado audiência o suficiente para que sua mensagem sobrevivesse e fosse levada a Judá, talvez com a fuga de seus partidários diante do ataque assírio.[29]

Depois da queda do reino do norte, o quadro das relações exteriores também não era bom ao sul. Judá também enfrentava a ferocidade assíria. Nas duas décadas seguintes, suas tentativas de alianças de defesa, como as tentativas prévias de Efraim, falhariam. Judá rebelou-se contra a Assíria sem sucesso, e duas décadas depois da derrubada de Efraim, o rei de Judá viu-se preso em uma Jerusalém sitiada, à semelhança de "um pássaro na gaiola", como os anais assírios orgulhosamente relataram. Jerusalém teve de abrir mão do ouro e tesouros em seu templo, rendendo-se à vassalagem à Assíria.[30]

A história subsequente de Judá teria seus momentos de glória, e suas relações com os vizinhos não seriam uma soma zero implacável; houve momentos em que as alianças valeram a pena. Entretanto, no decorrer do século seguinte, permaneceria a posição problemática de ser um Estado pequeno em uma região dominada por uma agressiva superpotência mesopotâmica (primeiro a Assíria, depois o Império Caldeu, ou Neobabilônico, que sobreveio à Assíria). Portanto, viveu-se muito tempo entre resistências infrutíferas contra a superpotência e a aceitação de humilhante vassalagem a ela.[31] Em consequência, o principal fator de estímulo ao respeito por deuses estrangeiros — a evidência de relações proveitosas com países estrangeiros — era, às vezes, difícil de encontrar.

Deus dos pequenos povos

Tão importante quanto as relações exteriores parecem ter sido na emergência da monolatria, o movimento "tão somente Iavé" pode também ter recebido incentivo da política interna. Na época de Oseias, quando os profetas registraram pela primeira vez sua posição contrária ao culto de outros deuses diferentes de Iavé, a luta de classes começava a surgir. O profeta Amós, contemporâneo de Oseias, no reino do norte,[32] repreende aqueles que "esmagam no pó da terra a cabeça dos pobres e pervertem o caminho dos aflitos", que "oprimis os necessitados e dizeis a vossos maridos: 'Traga algo para bebermos!'"[33] Enquanto isso, em Judá, Isaías reclama daqueles "que redigem sentenças opressivas, para afastar os pobres dos tribunais, e negar direitos aos fracos do meu povo, para despojar as viúvas e saquear os órfãos".[34]

Por que as críticas proféticas contra os ricos coincidem com as diatribes proféticas contra a adoração de outros deuses diferentes de Iavé? Talvez por causa da conexão natural entre a indignação contra a classe alta de Israel e a oposição ao internacionalismo que, como vimos, estava associada aos deuses estrangeiros. As escavações arqueológicas mostram o tempo de Oseias como uma época de grande desigualdade econômica entre os israelitas. Era também um tempo de expansão do comércio internacional,[35] e não pode ter escapado à atenção dos pobres que os ricos estavam estreitamente ligados a esse

174 A EMERGÊNCIA DO MONOTEÍSMO ABRAÂMICO

comércio — não só porque o controlavam e lucravam com isso, mas porque possuíam muitos produtos importados caros.[36]

Amós não vincula explicitamente os ricos ao comércio exterior, mas concentra críticas ao consumo excessivo, que envolvia claramente os produtos estrangeiros. Ele ataca aqueles que "estão deitados em leitos de marfim" (e o marfim do século VIII descoberto pelos arqueólogos no norte de Israel tem traços fenícios e é repleto de motivos egípcios).[37] Ao mesmo tempo, ao sul, Isaías critica o povo de Judá, pois "transige com os estrangeiros" — uma referência às transações comerciais — e "a sua terra está cheia de prata e de ouro".[38]

Mesmo hoje, os ricos gostam de ostentar artigos importados exóticos e mesmo hoje eles são criticados por isso. Porém, nos tempos antigos, o vínculo entre riqueza e comércio exterior era mais forte, porque os itens de luxo dominavam o comércio de longa distância. Sendo o transporte muito difícil e custoso, somente produtos com alta proporção de valor compensariam a comercialização. O comércio internacional envolvia largamente joias, tecidos e especiarias, que, por sua vez, eram associados a pessoas ricas odiosas. Assim, o impulso anti-internacionalista do movimento "tão somente Iavé" se fortaleceria naturalmente com a indignação contra as elites cosmopolitas.

De fato, Sofonias, um profeta monolátrico ardoroso que viveu cerca de um século depois de Oseias, Amós e Isaías, escreveu que quando o dia do Juízo Final vier, Iavé castigará a classe governante e "os que se vestem como estrangeiros".[39] E haverá lamentos no quarteirão comercial "porque todo o povo dos mercadores foi aniquilado, e exterminados todos os traficantes de prata".[40]

Sofonias é uma figura pouco conhecida, talvez porque o livro de Sofonias seja um dos mais curtos da Bíblia. Mas ele merece atenção. Acredita-se que ele tenha vivido nas últimas décadas do século VII AEC, quando o movimento "tão somente Iavé", como veremos, deu um grande salto em proeminência e poder. E mesmo desconsiderando-se quando ele viveu, e quando o livro de Sofonias foi escrito e editado

DO POLITEÍSMO À MONOLATRIA

(a datação dos textos bíblicos é coisa das mais incertas), o livro é importante como um nítido tratado monolátrico e um dos que são consistentes com o cenário esboçado nas páginas anteriores: de que o movimento "tão somente Iavé" ganhou força por meio da precaução contra o envolvimento internacional e de uma indignação contra as elites que lucravam com esse envolvimento.

Certamente, os deuses cuja devoção Sofonias atacava impetuosamente tinham um sotaque estrangeiro. Ele advertia que Iavé em breve castigaria aqueles que "se prostram diante de Iavé, mas juram por Melcom", deus dos amonitas, que ocupam a atual Jordânia. Iavé também punirá os que "se prostram nos telhados" para idolatrar o "exército dos céus", que, nesse contexto, significa corpos celestiais deificados, talvez do tipo que era cultuado na Assíria e pelos administradores assírios na terra dos israelitas.[41] E, é claro, Iavé iria purgar Judá de "tudo o que resta de Baal".[42]

Como em Oseias, a visão de Sofonias dos deuses estrangeiros corresponde muito à sua visão das nações estrangeiras. É com evidente satisfação que ele relata que Iavé "destruirá a Assíria". E quanto aos amonitas (juntamente com os moabitas): suas terras serão "um deserto eterno. Os sobreviventes do meu povo os saquearão, e os que restaram de minha nação serão seus herdeiros".[43] Sim, como em Oseias, não é imediatamente claro se a influência é da geopolítica sobre a teologia ou vice-versa. Uma correlação entre hostilidade contra outras nações e hostilidade contra os deuses estrangeiros não significa que a primeira é causa da segunda. Afinal, faria sentido para um monoteísta ou um monolátrico ardoroso torcer, e mesmo esperar, pelo fim das nações que abraçavam deuses alternativos.

Porém, ocorre que, em alguns casos pelo menos, essas nações *não* são condenadas apenas por sua teologia. O ódio de Iavé, e dos profetas, às vezes deriva explicitamente dos fatos terrenos. Os amonitas e os moabitas, diz Sofonias, são amaldiçoados porque "injuriaram o meu povo e se vangloriaram contra a sua terra".[44] Os assírios também parecem ser muito seguros de si, na opinião de Sofonias. Depois de pintar um quadro pomposo da devastação que Iavé irá promover sobre Nínive, a capital assíria, Sofonias pergunta: "Esta é a cidade alegre e cheia de confiança em si mesma, que dizia em seu coração: 'Eu, e só eu!'"?[45] Essa sensação de ser tratado com desprezo ou arrogância pelos superiores e poderosos é comum nos textos proféticos que reforçam a devoção a Iavé. Iavé reafirma por Isaías: "Abaterei o orgulho dos arrogantes e humilharei a pretensão dos tiranos."[46]

Esse tipo de reação ilustra até que ponto a avaliação das relações exteriores — e portanto dos deuses estrangeiros — pode ser formada por emoções como a indignação e a humilhação. Nesse sentido, pode ser equivocado falar sobre os antigos israelitas considerando as perspectivas internacionais e avaliando se as alianças são proveitosas ou não, se são soma zero ou soma não zero. Pois, em alguns casos, a reação é emocional; a avaliação está tendo lugar em um nível inconsciente.[47]

Esse ambiente sociopolítico antigo é bem parecido como o moderno ambiente sociopolítico criado pela globalização. Naquele tempo, como hoje, o comércio internacional e o consequente avanço econômico trouxeram acentuadas mudanças e divisões sociais, separando os ricos cosmopolitas da população mais pobre e mais isolada. Naquele tempo, como hoje, alguns dos representantes desta última categoria eram ambivalentes, na melhor das hipóteses, em relação à influência estrangeira, econômica e cultural, e também se ressentiam com as elites cosmopolitas que se alimentavam dessa influência. E naquele tempo, como hoje, alguns dos representantes da última categoria estendiam sua aversão aos estrangeiros à teologia, desprezando tradições religiosas alienígenas. Essa dinâmica, em diferentes graus, ajudou a gerar os cristãos fundamentalistas, os judeus fundamentalistas e os muçulmanos fundamentalistas. E, aparentemente, ajudou a gerar o deus que eles cultuam.

Duas teorias

Esse seria, pelo menos, um cenário para explicar o movimento de Israel em direção à monolatria e, daí, para o monoteísmo. Vamos chamá-lo de cenário PE, já que ele está bastante relacionado com a política externa de Israel. Ele considera os monolátricos da antiga Israel como ardorosos nacionalistas, contrários a uma política externa internacionalista. Mais especificamente, considera-os nacionalistas populistas, extraindo apoio através da indignação do homem comum com as elites cosmopolitas que lucravam com a política externa internacionalista.

O cenário PE possui suas virtudes. Por um lado, ele explicaria por que os apelos da Bíblia pela devoção exclusiva a Iavé são tão frequentemente imbuídos de um espírito nacionalista, uma aversão ao estrangeiro. Esse espírito vai bem além dos textos proféticos citados anteriormente. A principal narrativa da história da antiga Israel é a chamada história deuteronomista, que compreende os livros Deuteronômio, Josué, Juízes, I e II Samuel, e I e II Reis. Na história deuteronomista, os afastamentos da devoção a Iavé são constantemente denunciados como maléfica influência estrangeira — como imitação pelos israelitas das "abominações dos povos".[48] O tom frequentemente nacionalista, às vezes até xenofóbico, das passagens monolátricas da Bíblia requer explicação e o cenário PE consegue fornecê-la.

Entretanto, o cenário PE possui deficiências, especialmente quando ele se propõe a ser uma explicação completa e autossuficiente para a evolução da monolatria em Israel. Certamente, a monolatria pura — rejeição da devoção a *quaisquer* deuses, exceto Iavé — seria, no cenário PE, consequência do verdadeiro e puro nacionalismo — rejeição de alianças com *quaisquer* nações. Porém, na vida real, não há algo como um rei *completamente* nacionalista, um rei que não veja nenhuma sinergia potencial nas relações com algum vizinho.

178 A EMERGÊNCIA DO MONOTEÍSMO ABRAÂMICO

Uma vez que reis internacionalistas eram mais abertos a deuses estrangeiros que os reis mais nacionalistas, uma política externa nacionalista teria tendências monolátricas; ainda assim, para que o cenário PE nos levasse à monolatria, o rei precisaria ter um grau de nacionalismo implausível.

E mesmo assim o cenário PE não conseguiria explicar totalmente a evolução da monolatria. Afinal, a monolatria provavelmente exigiria a rejeição de mais do que apenas os deuses *estrangeiros*. Um ponto de vista levantado no capítulo anterior, lembremo-nos, era o de que o monoteísmo israelita teria evoluído do politeísmo *israelita*; há indicações de um panteão autóctone, e o movimento para a monolatria, e daí para o monoteísmo, teria envolvido a extinção de todos os deuses do panteão, exceto um.

É claro, alguns membros do panteão de Israel podem ter sido importações estrangeiras, mas certamente nem todos eram aquisições recentes. Recordemos Aserá, a suposta esposa de Iavé. Por muito tempo ela estivera com El, habitante antigo da região e possível origem de parte do DNA de Iavé; assim, ela estaria profundamente enraizada na tradição israelita, tanto quanto um deus poderia estar. Se a monolatria deveria prevalecer, portanto, em algum momento ela e Iavé teriam de se divorciar, e outros deuses da reconhecida linhagem israelita também deveriam ser expulsos; seria necessária uma faxina doméstica. Para que essa faxina fosse bem-sucedida, seria necessário o apoio do rei de Israel, e uma política externa nacionalista sozinha — como no cenário PE — não parece explicar por que ele apoiaria isso. Entretanto, a política externa não é o único contexto político com que um rei tem de lidar. Há também a política interna. Eis aqui a segunda explicação mais importante de como a tendência para a monolatria ganhou massa crítica. Vamos chamá-la de cenário PI, para política interna — ou, talvez, para poder interno. Costumamos considerar os reis antigos como autocratas que regiam com mão forte, mas, na realidade, normalmente eles se defrontavam com grupos rivais, seja na forma de

DO POLITEÍSMO À MONOLATRIA

outros aristocratas, chefes tribais, líderes de ciãs dispersos ou sacerdotes dissidentes. A política israelita por volta de meados do primeiro milênio AEC ofereceria aos reis uma oportunidade de combater essa força centrífuga, de dirigir o poder interno para o centro. Aproveitar a oportunidade significaria alinhar-se com o movimento "tão somente Iavé". No cenário PI, a extinção de todos os deuses, exceto Iavé, viria a ter uma lógica convincente no contexto da política de poder.

Como os reis se tornaram mais devotos

A lógica começa com o fato de que os reis israelitas sempre tiveram uma afeição especial por Iavé. Afinal, ele era o deus nacional — o deus que representava Israel no palco internacional e, mais especificamente, dava legitimidade ao rei. De fato, o rei, de acordo com os Salmos, era filho de Iavé.[49] Portanto, mesmo o mais politeísta dos reis teria interesse em glorificar Iavé. Acab, que supostamente apoiava o Baal de Jezebel, nomeou seus filhos em homenagem a Iavé.[50]

Como o fariam muitas outras autoridades. A partir do século VIII, com o aumento do uso da escrita, os israelitas deixaram cada vez mais evidências de nomes pessoais — "selos" de assinatura feitos em pedra ou osso.[51] Em estudo pioneiro com cerca de 1.200 selos datados dos séculos VIII, VII e início do século VI, o estudioso Jeffrey Tigay mostrou que aproximadamente a metade dos nomes surgidos se referia a deuses e que, desses, mais de 80% se referiam a Iavé.[52] Por vários motivos, isso não quer dizer que Israel estava a pelo menos 80% do caminho para a monolatria. (Por exemplo, os israelitas não parecem ter nomeado pessoas em honra de divindades femininas, embora os arqueólogos tenham encontrado grande número de ídolos femininos, sugerindo adoração a deusas.)[53] Todavia, como colocou a estudiosa Diana V. Edelman, ao menos isso significava que "uma pessoa que quisesse que seu filho progredisse na burocracia gover-

180 A EMERGÊNCIA DO MONOTEÍSMO ABRAÂMICO

namental o nomeava em honra da divindade masculina principal do panteão, Iavé".[54] Mesmo antes de o movimento "tão somente Iavé" ter triunfado, Iavé era o foco divino do rei e da corte, o patrono dos assuntos de Estado. Se havia somente um deus a quem o rei tivesse de atrelar o seu destino, esse deus era Iavé.

E isso não era apenas porque Iavé, como deus nacional, desse aos reis o brilho da legitimidade divina. Havia também uma ligação mais concreta e circunstanciada entre um Iavé forte e um rei forte.

Na antiga Israel, os profetas estavam entre os conselheiros mais importantes do rei.[55] Seus conselhos emanavam do divino. Se eles se manifestassem a favor ou contra uma guerra, não falariam apenas sobre a situação das tropas inimigas; falariam sobre a vontade de Iavé, a que eles tinham acesso em primeira mão, talvez por assistirem às deliberações da assembleia divina. (Como disse a Acab um profeta "catastrofista", a fim de confirmar sua boa-fé: "Eu vi o Senhor assentado no seu trono...")[56] Assim, uma maneira de um rei manter controle firme sobre a política era decidir quais profetas de Iavé teriam mais voz. E, sem dúvida, os reis entendiam bem desse assunto, já que Iavé era mais ou menos o deus oficial do Estado.[57]

Infelizmente para os reis, Iavé, embora possuísse indiscutível autoridade sobre a guerra, não era a única fonte possível de orientação divina em todos os assuntos políticos. Outros deuses tinham opiniões, como seus profetas rapidamente haviam de mostrar.(A Bíblia relata misteriosamente que houve, em algum momento, "quatrocentos profetas de Aserá" no reino do norte de Israel.)[58] E os reis provavelmente tinham menos influência sobre esses profetas do que sobre os profetas de Iavé.[59]

A propósito, não era preciso sequer ser profeta — isto é, alguém com acesso especial a um deus em particular — para dirigir os conselhos sobrenaturais para o discurso político. Havia o antigo e habitual conjunto de técnicas de adivinhação quase mágicas. Você poderia até consultar os mortos por meio de um médium. Esse tipo

DO POLITEÍSMO À MONOLATRIA

de necromancia poderia rivalizar com a influência dos profetas de Iavé; a Bíblia refere-se a espíritos dos mortos com a palavra hebraica para deus (*elohim*), que também é usada para Iavé.[60]

Em resumo, o pluralismo sobrenatural era um inimigo do poder real. Se cada profeta de cada deus saísse por aí transmitindo decretos divinos, e cada clã em Israel consultasse o espírito de seu reverenciado ancestral acerca de assuntos políticos, o rei teria dificuldades para manter sua posição. Para consolidar o poder político, ele tinha de consolidar o poder sobrenatural; entre os objetivos do movimento "tão somente Iavé" estava "controlar as vias de acesso à vontade divina", observa o historiador e teólogo Patrick D. Miller em seu livro *The Religion of Ancient Israel*.[61]

Em realidade, o mesmo ambiente hostil a estrangeiros que alimentou a intolerância contra os deuses estrangeiros também agiu contra os rivais de Iavé no panteão doméstico. Uma das leis mais confiáveis da ciência política é o efeito "união em torno da bandeira". Quando uma nação encara uma crise, seja a declaração de uma guerra ou um impressionante ataque terrorista, cresce o apoio ao líder da nação. Nos tempos antigos — antes da separação da igreja e do Estado, quando o supremo líder político e militar era um deus — essa regra possivelmente funcionou no nível da devoção divina. E uma vez que as crises que começaram no fim do século VIII estavam associadas principalmente às relações exteriores, elas beneficiaram Iavé em particular.[62] Desde os tempos mais remotos da história israelita, Iavé foi o deus das relações exteriores, o deus que podia autorizar a guerra e orientar seu povo no combate (ou, ao contrário, aconselhar comedimento); ele era o deus comandante em chefe. Assim, Iavé atrairia naturalmente a lealdade popular por meio dos conflitos internacionais.[63] E como a devoção divina é um recurso finito, parte dessa atenção viria naturalmente à custa de outros deuses, inclusive daqueles de origem doméstica.

Alguns estudiosos acham que essa dinâmica por si só conduziu Israel no caminho rumo ao monoteísmo. Como o teólogo Gerd Theissen colocou: "Israel viveu em estado de crise permanente" e "as condições de crise contínua levaram à monolatria contínua".[64] Mas, provavelmente, havia mais em jogo. O motivo pelo qual esse tipo de devoção é chamado de efeito "união em torno da bandeira", lembremo-nos, é que ele ocorre tanto no nível mundano como no nível divino. Em épocas de crise nacional, a popularidade da liderança política cresce e as pessoas desenvolvem o desejo de conceder poder a ela. Para os líderes que gostam de acumular mais poder — uma categoria que inclui praticamente todos os reis que já existiram — isso é uma oportunidade, um momento mágico para ser agarrado.

Mas como agarrá-lo? Os políticos modernos aproveitam tais momentos para reeditar leis — dando ao governo federal mais poder de policiamento, de taxação, mais poder para atropelar governos locais ou liberdades civis. Esse tipo de tomada de poder completamente legalista era possível também para os políticos antigos, mas perspectivas melhores apresentavam-se inteiramente em outro plano. Ao eliminar o panteão doméstico, o rei poderia tornar eterna a glorificação de Iavé e, assim, expandir eternamente o próprio poder real. Seria o equivalente antigo de tornar permanente a lei marcial.

Em torno do fim do século VII AEC, essa oportunidade foi agarrada pelo rei mais importante da história teológica de Israel. Não é difícil reconhecê-lo. A narrativa histórica da Bíblia, depois de dizer que rei após rei "fez o mal aos olhos do Senhor",[65] o laureia com esta rara declaração: "Fez o que é bom aos olhos do Senhor".[66] Seu nome era Josias e ele assumiu o trono por volta de 640 AEC — cerca de meio século depois da morte do último rei não maléfico, Ezequias.

Josias foi elevado ao trono ainda menino por uma facção de "nacionalistas antiassírios", como menciona um estudioso,[67] e procurou adotar uma política externa extremamente militarizada — exatamente o tipo de coisa que o cenário PE previa para um monolátrico.

DO POLITEÍSMO À MONOLATRIA   183

Entretanto, esses fatores também são consistentes com o cenário PI. Como o antagonismo estrangeiro ajuda o líder a centralizar o poder, poderíamos esperar um rei inclinado a centralizar o poder para fomentar tal antagonismo, como Josias o fez ao resistir ao domínio assírio. Ou, a esse propósito, mesmo que sua beligerância não fosse conscientemente planejada para consolidar o poder interno, ele poderia acabar aceitando as coisas como elas se apresentassem: ao perceber como o conflito externo estava aumentando seu poder, ele poderia ter decidido manter a tendência, aproveitando a oportunidade para diminuir o panteão doméstico.

Também condizente com ambos os cenários PE e PI é a correlação entre ideologia e teologia que vemos nos três reis israelitas que governaram no século VII — o nacionalista e monolátrico Ezequias, um rei internacionalista e politeísta chamado Manassés, e o nacionalista e monolátrico Josias.[68] E uma vez que os modelos PE e PI não são mutuamente excludentes, tanto melhor para ambos.

O padrinho

Cada um desses três reis representou um ponto de articulação na flutuação entre o politeísmo e a monolatria, durante um século, em Israel. Mas, ao fim, o ponto Josias se provaria o mais significativo. Em retrospectiva, ele foi um tipo de padrinho do monoteismo. Ainda que tenha sido ele próprio apenas um monolátrico,[69] ele definiu o cenário para a chegada do único e verdadeiro deus.

Aqui "padrinho" é usado no sentido inocente, e não no sentido da Máfia, embora, no que diz respeito aos métodos, Josias não se opusesse a um pouco de violência. (Pelo menos isso é o que se deduz da narrativa em II Reis, a que os estudiosos dão mais crédito do que às antigas histórias bíblicas, como o episódio de Elias.)[70] Para começar, Josias ordenou aos sacerdotes que retirassem do templo de Iavé, e queimassem, "todos os objetos fabricados para o culto de Baal, de Aserá e de todo o exército dos céus" (que, neste contexto, representa corpos celestiais deificados). Ele removeu da entrada do templo cavalos usados na adoração ao sol e "queimou os carros do sol". Destruiu santuários construídos para "Astarte, a abominação dos sidônios, e para Camós, abominação dos moabitas, e para Melcom, abominação dos amonitas" — e, como um tipo de sinal de exclamação, cobriu esses lugares com ossos humanos. Josias também baniu os necromantes, os adivinhos, os deuses domésticos e os ídolos, e "todas as abominações que se viam na terra de Judá e em Jerusalém".[71]

Como fez Ezequias, o rei Josias despediu "os lugares altos" — altares em Judá onde vários deuses podiam ser adorados.[72] Mas os altares em si não eram o único alvo. De acordo com a Bíblia, Josias "despediu" os sacerdotes a eles vinculados, incluindo enfaticamente os sacerdotes que "ofereciam sacrifícios a Baal, ao sol, à lua, às constelações". E além de Judá, no antigo reino do norte, Josias extrapolou: "Matou todos os sacerdotes dos lugares altos que ali havia e queimou sobre esses altares ossos humanos. Depois regressou a Jerusalém."[73]

Tratava-se, provavelmente, de uma Jerusalém mais poderosa do que a que ele deixou, pois todas as fontes de autoridade divina fora de Jerusalém estavam agora desorganizadas. Josias "centralizou o culto", como mencionam os estudiosos, e ele o fez em dois sentidos.

Primeiro, e mais obviamente, transferiu a devoção de vários deuses para Iavé — que, convenientemente, era o deus que dotava Josias de seu poder. Segundo, e mais sutilmente, centralizou o culto *de* Iavé. Afinal, Iavé havia sido adorado, juntamente com outros deuses, em muitos dos "lugares altos" que Josias tinha acabado de destruir. Enquanto esses altares fossem usados por sacerdotes ou profetas locais, distantes do fácil controle de Jerusalém, a interpretação da vontade de Iavé seria perigosamente ilimitada. Na verdade, esses cultos locais a Iavé foram tão retirados dos iavistas de Jerusalém que Iavé, por vezes, ramificou-se em diferentes versões de si próprio. Arqueólogos

DO POLITEÍSMO À MONOLATRIA

encontraram referências escritas do século VIII AEC não só a Iavé, mas a "Iavé de Samaria" e "Iavé de Teman".[74] Em uma teocracia, esse tipo de fragmentação divina ameaça a unidade nacional. Josias, ao restringir o culto legítimo de Iavé ao templo em Jerusalém, estava asseverando o controle sobre a identidade de Iavé e, portanto, sobre a identidade de Judá.

Esse pode ser o significado real de um dos mais famosos versículos da Bíblia. Os judeus chamam esse versículo de Shemá. Jesus o considerou o mais importante mandamento da Bíblia Hebraica,[75] e Josias bem poderia concordar; considera-se que o trecho é parte do texto base de suas reformas religiosas. Em geral, o Shemá é traduzido como uma declaração do monoteísmo, ou pelo menos da monolatria, como nesta tradução em inglês da *New Revised Standard Version* da Bíblia: *"Hear, O Israel: The LORD is our God, the LORD alone."* Porém, como os editores da *NRSV* reconhecem em nota de rodapé, outra tradução possível é *"The LORD our God is one LORD"*. E, uma vez que a palavra *"LORD"* é uma substituta para a palavra *"Yahweh"* do hebraico original (como ocorre em todas as ocorrências de *LORD* em maiúsculas na maioria das edições em inglês da Bíblia), teríamos esta tradução: *"Hear, O Israel: Yahweh our god is one Yahweh."*[76]

A questão, em outras palavras, não era tanto se os israelitas tinham de adorar Iavé e não outros deuses (embora Josias certamente estimulasse isso). A questão era que, qualquer que fosse o Iavé local que eles estivessem habituados a adorar, este era simplesmente uma extensão do Iavé de Jerusalém. Portanto, os únicos guias válidos para a sua vontade seriam os profetas de Jerusalém, localizados convenientemente na corte do rei. A era da autonomia interpretativa local estava encerrada.

Essa centralização do divino e, consequentemente, do poder político está consolidada em uma passagem bíblica tida como reflexo do planejamento de Josias, quando o próprio Iavé declara: "Aquele que recusar ouvir as palavras que o profeta pronunciar em meu nome, eu próprio pedir-lhe-ei contas disso. Mas se o profeta (...) falar em nome de outros deuses, será morto". Além disso, se alguém — profeta ou leigo — disser a ti "Vamos servir a outros deuses", tu deves matar essa pessoa, mesmo se for "teu irmão — filho do teu pai ou da tua mãe —, teu filho, tua filha, ou a mulher que repousa em teu seio, ou o amigo a quem amas como a ti mesmo". E caso te depares com uma cidade cheia de israelitas que adorem outros deuses, "farás passar ao fio de espada os habitantes dessa cidade, juntamente com o seu gado, e a votarás ao interdito com tudo o que nela se encontrar".[77]

Apesar de todo esse poder de fogo, Josias não foi completamente bem-sucedido. Os arqueólogos encontraram ídolos femininos — quase certos de serem de uma deusa, possivelmente de Aserá — em casas do final do século VII o suficiente para sugerir que os politeístas secretos eram numerosos.[78] Entretanto, o reino de Josias foi um marco decisivo no movimento rumo ao monoteísmo. Iavé, e tão somente Iavé — e, mais especificamente, Iavé de Jerusalém — era agora o deus dos israelitas oficialmente sancionado.

A imagem de Josias que emerge aqui não é favorável: um déspota cruel que priva as pessoas de seus deuses amados para seu próprio benefício político. Todavia, ele possui atributos compensadores. Ele não *apenas* eliminou o panteão popular; ele o eliminou e deu ao povo — especialmente às classes inferiores — algo em troca. As reformas de Josias foram além da religião, concedendo aos camponeses redução de dívidas, proteção contra o confisco de suas propriedades e aquilo que um estudioso chamaria de "um rudimentar sistema de previdência social".[79]

Então, marquemos um ponto para o cenário PE, por meio do qual o movimento "tão somente Iavé" conseguiu energia tanto do anti-internacionalismo como do ressentimento de classe, desde a época de Oseias, Amós e Isaías. E, novamente, esse apoio ao cenário PE não exclui o cenário PI. Ambas as dinâmicas podem ter agido: a rejeição

DO POLITEÍSMO À MONOLATRIA

nacionalista a deuses estrangeiros e a redução do panteão doméstico para consolidar o poder político. E as duas dinâmicas podem ter recebido estímulo do ambiente geopolítico adverso de Israel. Assim, não precisamos necessariamente escolher entre uma ou outra. Contudo, seria interessante descobrir se ambas as dinâmicas *realmente* desempenharam um papel importante — e, se assim o foi, procurar esclarecer o relacionamento entre elas.

Alienando os não estrangeiros

O cenário PE enfatiza a rejeição aos deuses estrangeiros como o caminho para a monolatria. E certamente é verdade que muitos dos deuses cuja adoração Josias suprimiu são explícita ou implicitamente identificados na Bíblia como estrangeiros. Mas devemos realmente considerar a palavra da Bíblia sobre que deuses eram estrangeiros? Relembremos o capítulo anterior, em que alguns autores da Bíblia pareciam exagerar a condição estrangeira de coisas de que não gostavam. Talvez os profetas monolátricos e os políticos fizessem o mesmo. Talvez a Bíblia, por meio de sua nada lisonjeira caracterização de deuses diferentes de Iavé, refletisse não só a teologia de Josias, mas sua técnica retórica: rotular deuses domésticos como estrangeiros para facilitar sua expulsão do panteão.

O estudioso bíblico Baruch Halpern argumenta desse modo. Ele acredita que várias divindades que foram "estigmatizadas como estrangeiras" durante as reformas religiosas de Israel eram, na realidade, subordinadas a Iavé no panteão israelita.[80] Assim, vemos "a sistemática transformação da retórica xenofóbica tradicional... contra a religião tradicional de Israel", de modo que, ao fim, a religião de Israel estava "alienada de si própria".[81] Nessa interpretação, os autores bíblicos, ao incluírem o culto de, digamos, divindades celestiais entre "as abominações dos povos",[82] estavam apenas usando o horror ao estrangeiro para eliminar as divindades nativas.

Isso pode parecer plausível, mas um problema que aparece nessa análise é a dificuldade para definir que deuses *eram* nativos. Os estudiosos tentaram aprofundar-se nessa questão por décadas, com alguns marcando a linhagem estrangeira dos rivais de Iavé, enquanto outros postulavam as linhagens domésticas. Os dois lados foram tão diligentes que ouvir a ambos pode nos levar a um estado de grande indecisão. E, realmente, vale a pena passar algum tempo nesse estado, já que essa indecisão nos diz algo importante sobre a evolução dos deuses.

A favor do argumento de Halpern está o fato de que, quando Josias decide queimar os objetos de culto das divindades celestiais, ele os encontra no próprio templo de Iavé.[83] Ao que parece, a maioria dos israelitas, incluindo os sacerdotes de Jerusalém, considerava esses deuses parte natural da família de Iavé, e não invasores de além das fronteiras de Judá. Por outro lado, isso não quer dizer que eles não pudessem ter sido importações recentes. A cultura assíria, que varreu todo o reino do norte até o colapso, no fim do século VIII, e que, em seguida, avançou mais sutilmente sobre uma Judá vassala da Assíria, adotava intensamente a "religião astral" e, portanto, pode ter fornecido alguns dos deuses que a Bíblia diz ter Josias reprimido, notadamente "a lua, as constelações e todo o exército dos céus".[84] E talvez, à época de Josias, esses estrangeiros mostraram-se atraentes aos adoradores de Iavé e passaram a integrar a família de Iavé. De fato, arqueólogos encontraram um selo de assinatura palestino de meados do século VII que representa um ícone lunar no estilo assírio, mas que pertencia a um homem cujo nome homenageava Iavé, "Natan-Yahu".[85]

Entretanto, como observou o estudioso Lowell Handy, também há razões para suspeitar que a adoração à lua antecede a hegemonia cultural assíria do século VII. Em uma história bíblica que deve ser bem antiga,[86] Josué diz à lua que interrompa repentinamente seu trajeto, e Iavé usa sua influência para obter a submissão da lua.[87]

DO POLITEÍSMO À MONOLATRIA 189

Dado que pedaços de rochas em órbita não são o tipo de coisa com que alguém geralmente conversaria, os estudiosos perguntaram-se por muito tempo se a palavra hebraica para lua — *yareah* — nessa escritura não se referiria a um *deus*-lua. Essa suspeita cresceu quando os textos ugaríticos revelaram a existência de um deus-lua cananeu do fim do segundo milênio, chamado Yarih. E há evidências de que Yarih era uma divindade predileta de El,[88] cuja identidade, como vimos, fora primordialmente interligada à de Iavé. Assim, Iavé e Yareah podem ter se conhecido por algum tempo.[89] (E talvez esse aspecto particular de seu passado compartilhado tenha sobrevivido ao processo editorial da Bíblia porque ilustra a superioridade de Iavé sobre Yareah, um momento imperdível na transição do politeísmo para o monoteísmo.)

Muitas divindades na lista de indesejáveis de Josias têm ancestralidade tão obscura quanto a da deusa-lua e podem ser enquadradas ou como estrangeiras, ou como domésticas. Considere-se a deusa Astarte (ou "Ashtoreth", ou "a Rainha do Céu", duas denominações bíblicas que aparentemente se referem a Astarte). É verdade que ela foi adorada na cidade fenícia de Sidônia (território de Jezebel!) e assim pôde ser desdenhada como "a abominação dos sidônios".[90] Porém, também é verdade que Astarte pertencera ao panteão ugarítico, encabeçado por El; como Yareah, ela pode ter participado da comitiva de Iavé desde os primórdios.[91] De fato, constata-se que "Astarte" é apenas o nome cananeu para Ishtar, a antiquíssima deusa mesopotâmica exuberantemente voluptuosa, citada no capítulo 4. (Não é preciso dizer que Astarte passou algum tempo como consorte do notoriamente viril Baal.)[92]

Aqui, chegamos a uma grande parte do problema de decidir se os deuses estigmatizados como estrangeiros eram, na verdade, nativos. As árvores genealógicas dos deuses podem se ramificar tão profusamente que, embora os deuses nativos ostentem grande semelhança com os deuses estrangeiros, isso se dá pela origem comum, e não por uma interferência externa. Sim, Jezebel pode ter trazido Baal de Tiro. Mas isso não quer dizer que esse Baal, de origem fenícia, seja o mesmo Baal que "originalmente pertenceu à herança cananeia", como coloca Mark Smith.[93] Isso apenas significa que os adversários do Baal nativo não tiveram dificuldades para estigmatizá-lo.

Adversários como Elias? Retornamos ao ponto de partida deste capítulo — a questão de o que exatamente ocorreu entre Elias, Acab e Jezebel, e por que ocorreu. Mas agora nos encontramos em melhor posição para responder a essa questão.

Elias revisitado

A história de Elias provém do primeiro livro de Reis, e, portanto, do conjunto de sete livros conhecidos como a história deuteronomista, assim chamada porque conta a história israelita segundo os princípios teológicos, morais e legais apresentados no livro do Deuteronômio. E quais são esses princípios? Simplesmente: os de Josias. Isso não quer dizer que toda a história deuteronomista foi escrita durante a época de Josias, por escribas de Josias. (Grande parte pode ter sido escrita por eles, mas a maioria dos estudiosos concorda que alguma parte foi escrita antes da época de Josias e outra parte, depois.) Isso apenas quer dizer que a história é contada da perspectiva da ideologia de Josias; que se os escribas de Josias *tivessem* a intenção de escrever uma obra magistral de propaganda — uma história que autorizasse e sacralizasse os preceitos de Josias — eles teriam proposto algo como a história deuteronomista.

Coloquemo-nos no lugar deles. Suponha que, mesmo que seu rei tentasse restringir a devoção somente a Iavé, bolsões inconvenientes de adoradores de Baal persistissem. E suponha que você estivesse escrevendo durante tempos de coerção nacional, quando a xenofobia gerasse repercussão — ou, pelo menos, que você estivesse tentando

DO POLITEÍSMO À MONOLATRIA 191

organizar o apoio político de um determinado segmento xenofóbico da sociedade. Isso poderia ajudar a: (a) descrever Baal como estrangeiro; (b) associar Baal à conivente esposa estrangeira de algum rei anterior; e (c) tornar rei quem tivesse uma má reputação inicialmente. O estudioso William Schniedewind acredita que, nas histórias anteriores sobre Acab, narradas bem antes da época de Josias, ele tinha má fama, mas somente por desapropriar a vinha de um cidadão. Então, muito tempo depois da morte de Acab, alguns simpatizantes do "tão somente Iavé" reforçaram a acusação; Acab, dizia-se agora (no I Reis), fizera um ídolo para adoração da deusa israelita Aserá. Posteriormente, acredita Schniedewind, Acab foi descrito como "um franco adorador do Baal fenício" — parte de uma nova polêmica bíblica que "considerava qualquer ídolo uma divindade estrangeira".[94]

Em outras palavras, a quantidade não desprezível de tinta derramada em especulações sobre o que motivou Elias a se opor à adoração de Baal por Acab pode ter sido derramada em vão. Tudo pode ter sido uma história inventada. No começo deste capítulo, pouco antes de eu derramar minha parte dessa tinta, referi-me a essa possibilidade e disse que, em certo sentido, isso não importava: presumir que a história de Elias seja verdadeira ou presumir que ela seja uma peça de propaganda possui algumas implicações em comum.

Especialmente: em ambos os casos, o movimento em direção ao monoteísmo está vinculado a uma reação contra algo estrangeiro. Se a história de Elias for verdade, pelo menos algum apoio a Elias em sua guerra contra o Baal fenício veio de elementos antifenícios. Se a história for falsa, e tomou forma durante alguma cruzada monolátrica posterior, possivelmente assim o foi porque a retórica antifenícia, e talvez largamente xenofóbica, teve uma audiência receptiva. Assim também seria com a questão da precisão com que conseguimos datar várias passagens dos livros proféticos que falam do movimento "tão somente Iavé".[95] Se os dois temas interligados de Oseias — a monolatria e uma aversão ao contato estrangeiro — foram, de fato, ampliados ou

192   A EMERGÊNCIA DO MONOTEÍSMO ABRAÂMICO

mesmo criados bem depois da época de Oseias, deve ter havido algo que os tornasse retoricamente simbióticos. Igualmente, as diatribes de Sofonias contra as nações e contra os deuses estrangeiros devem coexistir por alguma razão, independentemente de quando foram escritas. Não obstante como datemos esses textos bíblicos; e não obstante o quanto de precisão factual atribuamos a eles, não há como negar o espírito de nacionalismo, e mesmo de xenofobia, que envolve o movimento de Iavé em direção ao *status* de único e verdadeiro deus.

Em outras palavras, mesmo que o cenário PE esteja errado no nível teológico — equivocado em sua tese de que a monolatria ganhou muita força com a rejeição dos deuses verdadeiramente *estrangeiros* — sua análise da psicologia política de Israel está certa. Na condição de uma pequena nação golpeada por grandes potências, Israel frequentemente teve de escolher entre a guerra contra inimigos poderosos e uma paz que muitos israelitas achavam humilhante. E a hostilidade resultante contra as potências estrangeiras só foi intensificada entre a plebe, que se indignava com a maneira pela qual as elites cosmopolitas lucravam com os favorecimentos aos opressores de Israel. Isso — a psicologia do cenário PE — é o que foi aproveitado pelo movimento "tão somente Iavé", mesmo que o cenário PI seja correto e que o movimento se resumisse principalmente em eliminar deuses israelitas nativos para consolidar o poder do rei. Sem considerar o quão precisa é a rotulação da Bíblia de todos aqueles deuses "estrangeiros", o cenário PE e o cenário PI, entre si, capturam a dinâmica psicológica e política que levou Israel do politeísmo à monolatria.

Assim, a lei da tolerância religiosa — ou, a rigor, seu outro lado — mostra-se válida: quando as pessoas se virem em jogos de soma zero com estrangeiros, elas não estarão dispostas a abraçar, ou até mesmo tolerar, práticas religiosas e deuses estrangeiros. E essa lei mostra-se válida independentemente de se os vários deuses "estrangeiros" na Bíblia são realmente estrangeiros.

DO POLITEÍSMO À MONOLATRIA

Ainda seria interessante conhecer o grau de precisão da Bíblia quanto à descrição desses deuses. Seria a história deuteronomista — a história contada do ponto de vista do rei Josias e de outros seguidores do movimento "tão somente Iavé" — uma crítica direta e nacionalista contra tudo que viesse de além das fronteiras de Israel? Ou teria sido o uso astuto da xenofobia uma forma de estigmatizar coisas que vinham, na realidade, de dentro das fronteiras de Israel?

Sem dúvida, houve elementos de ambos. Por um lado, os israelitas devem ter absorvido alguns elementos religiosos verdadeiramente estrangeiros, em passado não muito distante. As chances de um pequeno país na periferia da Assíria, nos séculos VIII e VII AEC, não hospedar um único santuário a um deus assírio são quase as mesmas de um pequeno país moderno dentro da esfera de influência americana não ter um McDonald's ou um Starbucks.[96] (E as chances de não existirem israelitas indignados com esses santuários são quase as mesmas de ninguém se indignar com a intrusão cultural de uma América com hegemonia global.) Por outro lado, não há dúvida de que os autores deuteronomistas usaram artifícios de retórica para dar a outros deuses diferentes de Iavé a aura de estrangeiros. Até Aserá — que provinha de uma ampla linhagem israelita para ser chamada de estrangeira — recebeu a marca de alienígena; a Bíblia refere-se aos "profetas de Aserá, que comem à mesa de Jezebel".[97]

Certamente, desde o começo, a história deuteronomista aproveita ao máximo a facilidade com que o doméstico pode ser estigmatizado como estrangeiro. Lembremo-nos, no capítulo anterior, de um dos mitos de fundação de Israel, no livro (deuteronomista) de Josué: que os israelitas vieram do deserto para a terra prometida e de imediato conquistaram os nativos. E lembremo-nos de que a arqueologia está mostrando hoje que essa história não é verdadeira. Agora, repare em uma implicação importante dessa falsa história: a de que qualquer coisa nativa da terra de Canaã é, na realidade, estrangeira, remanescentes da cultura "estrangeira" que fora eliminada (mas, infelizmente, não de modo completo)[98], com a bênção de Deus.[99]

194 A EMERGÊNCIA DO MONOTEÍSMO ABRAÂMICO

Com frequência, a Bíblia deixa isso explícito. O repúdio às divindades celestiais, citado anteriormente — repúdio às "abominações dos povos" — é, na verdade, uma redução. A versão completa é "as abominações dos povos que o Senhor tinha despojado diante dos filhos de Israel".[100] Essa fórmula é invocada repetidamente nos textos deuteronomistas para neutralizar os rivais de Iavé. Em uma passagem que Josias provavelmente usou para justificar suas reformas, Moisés teria instruído os israelitas antes de eles entrarem em Canaã: "Não se ache no meio de ti quem se dê à adivinhação, à astrologia, aos agouros, ao feiticismo, à magia, ou que pratique encantamentos ou a evocação dos mortos". E por que não? Por que essas são "abominações" das "nações que vais despojar". Em verdade, "é por causa dessas abominações que o Senhor teu Deus expulsa diante de ti essas nações". Assim, "quando entrares na terra que o Senhor teu Deus te dá, não te porás a imitar as práticas abomináveis da gente daquela terra".[101] Aparentemente, alguns israelitas *cometeram* o erro de preservar religiões nativas; caso contrário, esse texto — certamente escrito muito depois da era de Moisés e, bem possível, durante os tempos de Josias — não teria sido escrito.

Observar a curiosa conveniência política e teológica da história deuteronomista não é dizer que ela seja um produto de desonestidade intencional. Provavelmente, ela teve vários autores, ao longo de séculos, e baseou-se em uma história oral que veio a se formar gradualmente. E qualquer antropólogo é capaz de dizer que a história oral de uma cultura, embora baseada em algumas verdades essenciais sobre o passado, pode naturalmente inclinar-se a certas tendências sem que nenhuma pessoa esteja tentando conscientemente voltá-la naquela direção. Uma tendência natural é denominada marcação étnica: à proporção que um grupo étnico age para preservar, ou construir inicialmente, uma identidade coesa, ele destaca diferenças entre si próprio e os povos vizinhos.[102] Conforme essas diferenças se ampliam e se incorporam no mito histórico, elas podem chegar a uma

DO POLITEÍSMO À MONOLATRIA 195

distorção considerável. Todavia, isso não significa que uma pessoa perpetrou intencionalmente a distorção.

Nesse sentido, o mito de fundação de Israel — os israelitas deixando o Egito e aniquilando nativos — é um desenvolvimento natural da verdade da fundação de Israel: a nação de Israel emergiu de dentro de Canaã e lá se consolidou. Reclassificar as tradições cananeias como estrangeiras foi parte dessa consolidação, parte do processo por meio do qual Israel construiu uma identidade dentro do cenário da cultura do Oriente Médio. De fato, esse mito naturalmente emergente encontrou sinergia com realidades emergentes e interligadas — políticas, como o perigoso ambiente internacional dos israelitas e uma necessidade de a realeza centralizar o poder; e teológicas, como a monolatria. E o resto é história.

Os usos da intolerância

E quanto à questão maior envolvendo essa investigação? A evolução do monoteísmo, como os críticos do monoteísmo alegariam, implicou a intolerância beligerante? Certamente, a história até agora — a evolução da monolatria — não fez nada para refutar essa alegação. A intolerância é parte inseparável da política de Josias. Suas aspirações foram duas: ele queria tornar Judá um Estado centralizado, forte, e então usar esse poder agressivamente — primeiro, na conquista de Israel ao norte (a Israel que tinha sido perdida para a ofensiva assíria um século antes), e talvez, posteriormente, na conquista das terras além.[103] A tendência ferozmente nacionalista do movimento "tão somente Iavé" serviu bem aos fins expansionistas. Pois, se os povos politeístas vizinhos sempre ameaçaram corromper a religião israelita, os israelitas não deveriam ter escrúpulos em destruí-los. Como diz o livro do Deuteronômio:

Quanto às cidades daqueles povos cuja possessão te dá o Senhor, teu Deus, não deixarás nelas alma viva. Segundo a ordem do Senhor, teu Deus, votarás ao interdito os hiteus, os amorreus, os cananeus, os ferezeus, os heveus, os jebuseus, para que não suceda que eles vos ensinem a imitar as abominações que praticam em honra de seus deuses e venhais a pecar contra o Senhor vosso Deus.[104]

Os povos que estavam mais distantes, e, portanto, com menos probabilidade de corromper a cultura local, poderiam ser tratados de modo mais leniente. Se uma cidade distante se rendesse pacificamente, seus habitantes poderiam viver como escravos, e, se resistissem, "passarás todos os varões a fio da espada", mas deixaria vivo o restante: "Só tomarás para ti as mulheres, as crianças, os rebanhos e tudo o que houver na cidade, e viverás dos despojos dos teus inimigos".[105]

Novamente aqui, a questão de quantos deuses a que se opunha a facção "tão somente Iavé" eram estrangeiros e quantos eram nativos não importa. Em qualquer caso, o combustível a que Josias recorria era o nacionalismo. Em qualquer caso, uma vez que a monolatria estava em ascensão, seu ímpeto nacionalista poderia ser usado contra estrangeiros ou contra israelitas inconformados. E, em qualquer caso, a fase culminante do movimento "tão somente Iavé" não apresenta nada que elimine a noção de que o impulso de Israel em direção ao monoteísmo não era também um impulso em direção à intolerância. Aniquilar todos em cidades israelitas; aniquilar todos em cidades estrangeiras — ambas as ações são casualmente admitidas pelo Código Deuteronômico por alegação de que as vítimas sofriam de confusão teológica.[106] A abordagem de Josias acerca da tolerância religiosa era simples: as ideias estrangeiras sobre o divino eram más, e assim o eram as pessoas que as adotavam. E essa intolerância fatal é uma expressão natural da lógica política do movimento "tão somente Iavé".

Em resumo: se a devoção exclusiva a Iavé teria de se tornar algo que hoje diríamos moralmente louvável, a religião israelita teria de

DO POLITEÍSMO À MONOLATRIA

evoluir mais. Na realidade, colocando a moralidade de lado, ela teria de evoluir mais *teologicamente* para conquistar seu lugar na história. Afinal, não se tratava de monoteísmo. Nenhum dos textos deuteronomistas e nada dito pelos profetas até os tempos de Josias expressa a crença clara de que *somente* Iavé existe — de que os deuses de outros povos são meras fábulas daqueles povos. Para Israel ir além da monolatria e abraçar o monoteísmo, algo mais seria necessário.

Resultou-se algo doloroso. Josias, imbuído do espírito belicoso de um ardoroso nacionalista, devotado a Iavé e confiante da devoção recíproca deste, foi por demais pretensioso. Ele se deparou com o revés no campo de batalha e ajudou a introduzir o que seria lembrado por longo tempo como a maior calamidade da história dos israelitas. Em meio ao trauma resultante, o impulso monoteísta se tornaria evidente. Através de uma cadeia de paradoxos que faz sentido apenas em retrospectiva, o insucesso manifesto da devoção única a Iavé iria intensificar essa devoção, até finalmente alcançar um nível completamente novo, ultrapassando o limiar da monolatria para o monoteísmo.

CAPÍTULO 7

Da monolatria ao monoteísmo

O rei Josias de Judá pode ter sido o homem mais perversamente bem-sucedido da história do mundo.

Por um lado, é difícil argumentar contra este veredicto do estudioso Marvin Sweeney: "A reforma de Josias foi um fracasso absoluto."[1] Josias queria unificar a Israel do norte e do sul, para restaurar a célebre grandeza do império davídico e fazê-lo em nome de Iavé, cobrindo o deus de Israel com glória ainda maior. Porém, as coisas saíram erradas. Josias foi morto pelos egípcios. As circunstâncias de sua morte foram obscuras,[2] trazendo duas décadas de odiosa submissão israelita — primeiro ao Egito, depois à Babilônia — seguida de catástrofes. Quando o rei Sedecias de Judá se revoltou contra os babilônios, estes o capturaram, mataram seus filhos diante de seus olhos, arrancam-lhe estes mesmos olhos e incendiaram o templo de Iavé. E concluíram um processo que haviam começado anos antes, a remoção das classes privilegiadas de Israel para a Babilônia.[3] Nesse momento, por volta de 586 AEC, o exílio babilônico — o trauma mais famoso na história da antiga Israel — estava em plena execução. Sem dúvida, os babilônios, seguindo as convenções teológicas da época, fizeram tudo isso para representar a humilhação de Iavé pelas mãos de seu deus nacional, Marduk. Quando, décadas antes, Josias começou a enaltecer Iavé, não era esse o resultado que ele tinha em mente.

E ainda assim, isso viria a ser a melhor coisa que já acontecera a Iavé. A teologia de Josias — o culto a Iavé e somente Iavé — não só sobreviveria e prevaleceria, como prevaleceria de forma mais intensa e sublime. Os judeus — e depois os cristãos, seguidos pelos muçulmanos — viriam a crer que o deus abraâmico não era apenas o único deus digno de adoração, mas o único deus que existe; a monolatria evoluiria para o monoteísmo. Como observou o teólogo Ralph W. Klein, "Os teólogos exilados de Israel extraíram o máximo de sua desgraça".[4]

Orquestrar uma revolução teológica sísmica não é o tipo de coisa que se faz da noite para o dia. Mas se houve alguma coisa que o exílio deu aos intelectuais israelitas foi tempo para refletir sobre a situação. Eles passaram cerca de meio século na Babilônia até que os persas, tendo vencido os babilônios e, assim, herdado os israelitas, começaram a retornar os exilados para Jerusalém, onde muitos israelitas haviam se mantido desde então. Em Jerusalém, ideias moldadas pelo fogo refinador do exílio viriam a levar a melhor.

Dando sentido à desgraça

Às vezes costuma-se dizer que a tese monoteísta surgiu como maneira de "dar sentido" à catástrofe que se abatera sobre Jerusalém. Isso é correto, mas insuficiente. Sim, as religiões sempre levantaram a questão de por que coisas ruins acontecem; e, sim, essa foi uma questão que os intelectuais exilados de Israel tiveram motivo de sobra para levantar; e, sim, essa ponderação conduziu, enfim, ao monoteísmo. Portanto, faz sentido, como alguém já disse, que a teologia exílica tenha sido uma solução para o "problema do mal" ou o "problema do sofrimento". Mas esse sentido é bastante equivocado. Afinal, o "problema do mal" só surge de forma crítica se acreditamos em um

DA MONOLATRIA AO MONOTEÍSMO

Deus único, bom e todo-poderoso. Somente se Deus for onipotente, todo o sofrimento humano torna-se algo que ele opte por permitir; e somente se ele for inteiramente benevolente, essa opção torna-se algo intrigante. E esse tipo de deus, infinito em poder e bondade, é exatamente o tipo de deus que, até onde sabemos, não existia antes do exílio; é o tipo de deus cujo surgimento durante o exílio estamos tentando *explicar*. O monoteísmo não pode ser a premissa da reflexão teológica que o criou.

Além disso, descrever desse modo a revolução teológica de Israel — "dar sentido" ao sofrimento, "ponderar" sobre o problema do mal — faz o culto parecer mais abstrato e filosófico, e menos urgente, do que eram esses cultos naqueles dias. É quase certo que o "discurso teológico" que produziu o monoteísmo tenha começado como uma profusão de recriminações políticas: diferentes facções, com suas diferentes teologias, culpando umas às outras pelo que acontecera de errado.

A Bíblia relata um episódio exílico de troca de acusações. Após a conquista dos babilônios, um grupo de israelitas, incluindo o profeta Jeremias, foi para o Egito em vez de para a Babilônia. Havia um desacordo sobre por que as coisas tinham dado errado. Jeremias dizia que Iavé punira os israelitas porque vários deles cultuavam outros deuses. E que se eles insistissem, se continuassem a "oferecer incenso e libações à Rainha do Céu", Iavé mataria a todos, fosse pela espada ou pela fome.[5] Os devotos da Rainha do Céu tinham uma perspectiva diferente. Eles pareciam achar que a origem dos problemas de Israel eram os jeremias do mundo — os adeptos do "tão somente Iavé". Eles diziam, em uníssono: "tínhamos, então, fartura de pão, vivíamos na abundância e não sabíamos o que fosse a desgraça. Mas desde que cessamos de oferecer incenso à Rainha do Céu e de fazer-lhe libações, tudo nos faltou e perecemos pela espada e pela fome".[6]

E eles tinham razão! Se Jeremias estivesse certo e o culto somente a Iavé fosse o ingresso para a glória nacional, como a nação começou a decair pouco depois das reformas do monolátrico Josias? E observe que o ato inaugural dessa queda da nação foi a morte do próprio Josias, o chefe nacional do movimento "tão somente Iavé". O que nos faz refletir sobre a premissa desse movimento — a de que Iavé era um deus que podia e iria cuidar de você, se lhe fosse dedicada devoção exclusiva.

Como Iavé poderia sobreviver a esse poderoso ataque retórico? Com uma pequena ajuda de seus amigos. Nas duas décadas entre a morte de Josias e o incêndio do templo, o movimento iaveísta parece ter-se mantido ativo, mesmo tendo perdido o poder político de que desfrutava enquanto Josias era rei.[7] Então, Jeremias não estava sozinho: na Babilônia, havia outros pensadores israelitas que arriscaram sua reputação pela ideia de um Iavé forte e protetor. Algumas das melhores mentes da nação estariam procurando uma teologia que pudesse reconciliar a catástrofe de Israel com a grandeza do deus de Israel.

Parte da solução era simples. Josias pode ter feito um trabalho completo de reforma da religião oficial de Israel, mas havia — no mundo antigo como no de hoje — uma distância entre a religião oficial e as verdadeiras crenças da população comum. Embora a Bíblia nos diga que Josias tenha dirigido seus ataques aos "deuses domésticos",[8] a abundância de ídolos em forma de deusas encontrados pelos arqueólogos nas casas israelitas sugere que, se assim foi, ele não teve muito sucesso. Portanto, Jeremias e outros monolátricos podiam argumentar que a teimosa infidelidade do povo era o pecado que fez com que Iavé punisse Israel.

E também havia o fato de que os sucessores de Josias — os vários reis que aparecem entre sua morte e o exílio — parecem não ter compartilhado sua devoção a Iavé. Se a infidelidade existia tanto no nível da plebe como no nível da realeza, não é de surpreender que Iavé não tenha se erguido na defesa de Israel!

É claro, nenhuma dessas desgraças posteriores a Josias explicariam por que o próprio Josias morreu prematuramente. Mas aqui, a ideia de justiça tardia se mostraria útil. Josias foi precedido por vários reis politeístas, notavelmente o pecaminoso e influente Manassés. O meio século de promiscuidade teológica de Manassés terminou somente dois anos antes de se iniciar o reino de Josias e deixou muitos pecados para que até mesmo Josias conseguisse apagar. O livro segundo de Reis nos conta que "Não houve antes de Josias rei algum que se convertesse, como ele, ao Senhor, de todo o seu coração, de toda a sua alma e de todas as suas forças (...) Contudo, o Senhor não abrandou a violência de seu furor contra Judá, por causa das provocações que Manassés lhe havia feito."[9]

Até aqui, tudo bem. Esses pecados — infidelidade épica anterior a Josias mais infidelidade contínua após Josias — poderia, em tese, explicar por que Iavé condescendeu com a conquista de seu povo. Na verdade esta se tornou a explicação oficial da história deuteronomista, que se conclui com a história do exílio babilônico no livro segundo de Reis.

Duas ordens de magnitude

Atribuir infortúnios geopolíticos à ira de seu deus nacional não era novidade em Israel ou, na verdade, no Oriente Médio em geral.[10] Foi assim que os moabitas do século IX AEC explicaram por que seu deus nacional Camós apenas observou enquanto Israel os subjugava. Como o rei Mesa de Moab explicou na "Estela de Mesa", Israel "humilhou Moab por muitos dias, pois Camós estava irritado com sua terra".[11] Entretanto, os moabitas não prosseguiram até concluir que Camós era o único deus existente. Nem os israelitas chegaram a esse extremo em tentativas anteriores de explicar adversidades por meio da ira divina. O que fez a adversidade babilônica ser diferente? A sua magnitude, em pelo menos dois sentidos da palavra.

Em primeiro lugar, a conquista babilônica não foi uma refrega passageira contra uma nação pequena. Não se assemelhou à ocasião em que, como conta a Bíblia, Iavé se irritou com os israelitas e "entregou-os nas mãos de Cusã-Rasataim, rei da Mesopotâmia, a quem se sujeitaram durante oito anos". Nem foi como quando Iavé "fortaleceu a Eglon, rei de Moab, contra Israel", forçando-a a 18 anos de vassalagem.[12] Não se tratava agora de vassalagem, mas de exílio; e este não veio das mãos de alguma tribo cananeia, mas do maior império dentro da esfera de conhecimento de Israel.

Essa magnitude não empurrou os intelectuais exílicos de Israel inexoravelmente na direção de um deus único e todo-poderoso, mas é fácil imaginar que alguns tenham sido tocados nesse sentido. Afinal, um deus que utiliza todo um império como instrumento de reprimenda deve ser bem poderoso. Essa lógica irônica — de que quanto mais intensamente sua nação é ameaçada, mais poderoso seu deus deve ser — surgiu no século VIII, quando o grande Império Assírio atormentou toda a Israel e devastou parte dela. Quando Isaías citou Iavé casualmente, dizendo: "Ai da Assíria, vara de minha cólera", ele não estava descrevendo um deus comum.[13] Um deus assim provavelmente tinha na palma de sua mão o deus imperial da Assíria, o poderoso Assur.

Isaías estava escrevendo no relativo conforto do sul — em Judá, que era acossada pelo poder assírio, mas não subjugada, como o era o reino do norte de Efraim. Em contraposição, a reação teológica seminal à subjugação babilônica veio de pessoas que sofreram o peso de uma conquista e que, como exiladas vivendo em terra estrangeira, refletiram sobre suas implicações. Este é o segundo sentido pelo qual o monoteísmo israelita resultou da "magnitude" da conquista babilônica: a teologia monoteísta foi moldada por pessoas que sentiram o trauma decorrente em grandes proporções. Não só viram sua terra ser conquistada; viram sua terra desaparecer — e isso depois de testemunharem a destruição do símbolo mais concreto de sua nacionalidade: o templo de seu deus nacional. Agora, elas viviam entre pessoas que falavam um idioma diferente, cultuavam deuses diferentes. Tratava-se de uma crise não só de segurança nacional, mas de identidade nacional.

Essas duas formas de magnitude — a importância da derrota geopolítica de Israel e a profundidade do trauma psicológico — trouxeram duas opções teológicas básicas para a mesa, sendo uma delas intragável. Primeira, os israelitas poderiam simplesmente concluir que seu deus perdera a batalha; Iavé teria feito o seu melhor, apenas para perder para o poderoso Marduk, deus imperial dos babilônios. No entanto, o pensamento de seu deus nacional como perdedor nunca foi atraente (para israelitas, para moabitas, para as pessoas em geral) e, nesse caso, era simplesmente algo insuportável. Pois se Iavé perdera essa batalha, ele a perdera de modo totalmente humilhante. Seu templo — seu lar — havia sido destruído e seu povo, saqueado. Pensar em derrota tão abjeta de seu deus era quase como que pensar em seu deus como morto. E naquele tempo, naquela parte do mundo, pensar em seu deus nacional como morto significava pensar na extinção de sua nacionalidade. A identidade divina, a identidade nacional e a identidade étnica eram essencialmente inseparáveis.

Só restava a opção dois: concluir que a derrota tinha sido a vontade de Iavé. Mas se a derrota foi vontade de Iavé, então ele era mais forte do que antes se concebera. Afinal, os babilônios derrotaram os poderosos assírios. Se empunhar a Assíria como a "vara de minha cólera" era testemunho da força de Iavé, o que significava quando ele fez o mesmo com os conquistadores da Assíria? De acordo com o livro de Habacuc, o próprio Iavé dirigiu a atenção dos israelitas para essa questão quando o ataque babilônico se deu. "Olhai para as nações e vede. Ficareis assombrados e pasmos! Porque vou realizar, em vossos dias, uma obra que não acreditaríeis, se vo-la contassem. Vou suscitar os caldeus [babilônios], esse povo feroz e impetuoso, que percorre vastas extensões da terra para se apoderar de moradas que não lhe pertencem. (...) Este povo zomba dos reis, os príncipes são objeto de seu gracejo".[14] Imagine o quão poderoso você deve

206   A EMERGÊNCIA DO MONOTEÍSMO ABRAÂMICO

ser para que *eles* sejam objeto de gracejo — para fazer com que eles involuntariamente realizem sua punição para você! Marduk, o deus deles, tem de ser seu fantoche!

Daí a ironia da emergência do monoteísmo israelita. Como Mark Smith observou, "Israel está no nível mais baixo de poder político e, de modo inverso, exalta sua divindade como senhor de todo o universo".[15] A lógica pode parecer perversa, mas é lógica apesar de tudo. Um deus que governa as ações do maior império conhecido é um deus que pode governar a própria história.

Entretanto, a palavra "lógica" é equivocada em sua esterilidade. A religião sempre foi uma interação entre o pensamento e a emoção. Ao explorar a estrutura emocional da teologia exílica, podemos incluir um pormenor em sua lógica. E também podemos responder, enfim, à questão de que tipo de divindade o deus abraâmico era no momento em que se tornou o único e verdadeiro deus — o momento em que deus se tornou Deus.

A segunda vinda de Isaías

Nenhum escritor bíblico refere-se mais diretamente a essas questões que o profeta Isaías. Este não é o mesmo Isaías que, de seu abrigo, escreveu sobre o ataque da Assíria contra Israel, ocorrido no século VIII. Aquele Isaías, os estudiosos hoje concordam, está restrito aos primeiros 39 capítulos do livro de Isaías. Os 15 capítulos seguintes (ou mais) foram escritos em sua maior parte durante o exílio, mais de um século depois, provavelmente na Babilônia. Esse outro Isaías — "Segundo Isaías" ou "Dêutero-Isaías" — é um exemplo perfeito do efeito do exílio sobre a teologia israelita. O segundo Isaías chama o exílio de "cadinho da aflição", e ele não se iguala aos outros autores bíblicos na apresentação do produto desse cadinho.[16]

DA MONOLATRIA AO MONOTEÍSMO

Com frequência nos capítulos do Segundo Isaías, Iavé fala diretamente. Ele não é modesto. "Eu sou o Senhor, sem rival, não existe outro Deus além de mim." "Sou eu, sou eu o Senhor, não há outro salvador a não ser eu". "Eu sou o primeiro e o último." "Antes de mim, nenhum deus foi formado, e depois de mim não haverá outro." "Sou eu, o Senhor, que fiz todas as coisas, estendi os céus e firmei a terra." "Eu formei a luz e criei as trevas."[17] E assim por diante. Não é surpresa os estudiosos bíblicos citarem o Segundo Isaías como um marco. Após séculos de profetas iaveístas, que não se aventuraram, sem ambiguidades, para além da monolatria, finalmente declarações monoteístas surgem com clareza e força.

Contudo, há um segundo tema nesse texto que chama tanta atenção dos estudiosos quanto o monoteísmo. Se Iavé é, como diz o Segundo Isaías, "Deus de toda a terra", a questão que se coloca é a de qual seria sua posição perante toda a terra. E qual seria a relação de Israel com o resto do mundo depois que o sofrimento de Israel terminasse? A resposta, como em geral apresentada, é inspiradora. Deus promete que "trará a justiça às nações". Ele é universal não só em seu poder, mas em sua preocupação, e essa compaixão abrangente dá a Israel uma missão importante. Iavé diz em um trecho muito citado: "Vou fazer de ti a luz das nações, para propagar minha salvação até os confins do mundo."[18]

Essa edificante interpretação do Segundo Isaías é popular entre os intelectuais cristãos e judeus que reconhecem o lado sinistro de Iavé, que, como vimos, pode ser encontrado alhures na Bíblia. De fato, dizem eles, Iavé exibe algum chauvinismo e intolerância nacional em sua história inicial, como relatado em Josué e no Deuteronômio, mas ao fim ele amadurece e chegamos a um deus preocupado com o bem-estar de todos os povos. Israel, depois de séculos de conflitos com as nações, agora passa a salvá-las; do alto, lhe é dada a tarefa de iluminação global. Sua visão de mundo, poderíamos dizer, desloca-se da soma zero para a soma não zero, com a transferência dos povos do mundo da categoria de "implacáveis inimigos" para a categoria de "potenciais convertidos".

Essa interpretação do Segundo Isaías faz algum sentido à luz do exílio. O trauma pode trazer mudanças e, em geral, as mudanças são proporcionais ao trauma. Se um carro tem perda total depois de um acidente porque o motorista bebeu e dirigiu, esse motorista pode jurar nunca mais beber novamente. Se o filho dele morre no acidente, tem-se outro nível de reorientação: ele pode lançar uma campanha contra beber na direção, e pode até mesmo considerar que essa campanha é a sua missão, sua vocação. Os intelectuais em exílio na Babilônia sofreram um trauma que se assemelha mais à perda do filho que à do carro. Eles precisavam de um paradigma que pudesse explicar tanto o seu sofrimento como transmutá-lo em algo positivo, um paradigma que pudesse formar um novo compromisso religioso, com força redentora, ao final.

E eles o encontraram — pelo menos de acordo com a interpretação padrão do Segundo Isaías: os israelitas, tendo sofrido por sua infidelidade a Iavé, tentariam evitar que os outros povos repetissem o erro. O monoteísmo é, portanto, moralmente universal desde o seu nascimento, e qualquer beligerância que ele tenha mostrado desde então é uma aberração, um desvio da norma e da estrutura.

Porém, uma leitura imparcial dos textos exílicos leva a uma conclusão menos animadora — a de que o universalismo presente no nascimento do monoteísmo possa não merecer o qualificativo de "moral". É verdade que vários textos exílicos preveem um dia em que todas as nações, por meio de Israel, terão contato com o deus de Israel. Entretanto, a história do Oriente Médio está repleta de nações que desejavam conduzir outras nações ao contato com seus deuses e, em geral, a forma de contato que elas tinham em mente era a submissão abjeta. Reconhecer a grandeza de seu deus nacional era reconhecer a grandeza — a superioridade — de sua nação. E assim também o é no Segundo Isaías: Deus está prometendo que os vários

DA MONOLATRIA AO MONOTEÍSMO

povos que atormentaram e escravizaram Israel através dos séculos receberão, ao final, o que merecem; eles serão forçados a reconhecer a superioridade de Israel tanto no plano político como no teológico.

Eis aqui, por exemplo, o que o Deus do Segundo Isaías diz aos israelitas sobre os egípcios, etíopes e sabeus: eles "passarão para o teu domínio e te pertencerão, servir-te-ão e desfilarão acorrentados, prostrar-se-ão diante de ti e te implorarão: 'Só contigo Deus está! Fora dele não há nenhum Deus'".[19]

Alguns capítulos depois, Iavé diz aos israelitas que "com a minha mão farei um sinal às nações, levantarei meu estandarte para alertar os povos". Um início moralmente promissor, mas eis que o sinal é de instrução a esses povos para que sirvam aos israelitas. E quanto aos regentes dessas nações: "Prostrar-se-ão diante de ti, a face contra a terra, lamberão a poeira dos teus pés. Então saberás que sou eu o Senhor". E como ainda não fosse suficiente: "Farei teus opressores comer sua própria carne, embriagar-se-ão com seu próprio sangue, como se fosse vinho. E toda criatura saberá que sou eu o Senhor teu Salvador, teu Redentor, o Poderoso de Jacó."[20]

Sob essa luz, o monoteísmo da teologia exílica aparece menos como um desvio radical do raciocínio de soma zero que ajudou a fortalecer a monolatria, e mais como sua apoteose. As visões do Segundo Isaías da prometida dominação de Israel estão na tradição dos "oráculos contra as nações" que aparecem nos textos proféticos anteriores ao exílio, de tendência monolátrica. E a linhagem soma zero dessas visões pode se remeter para até antes deles. O estudioso bíblico Rainer Albertz, em seu livro *Israel in Exile*, argumenta que todo o gênero descendeu de oráculos proféticos séculos antes, que foram prelúdios à guerra real.[21]

No entanto, Albertz, como muitos outros intérpretes da teologia exílica, tenta dar a melhor aparência possível a tudo isso. Depois de analisar uma série de julgamentos vingativos no texto aparentemente exílico de Ezequiel, ele diz que esses julgamentos "terminam com um

210   A EMERGÊNCIA DO MONOTEÍSMO ABRAÂMICO

surpreendente tom reconciliador: o julgamento de Iavé trará para os vizinhos de Israel — exceto para Edom — o conhecimento de Iavé".[22]

Bem, "conhecimento de Iavé" é uma maneira de dizer; é verdade que o verbo "saber" aparece. Por exemplo, ele surge no fim dessa proclamação em Ezequiel, diretamente feita por Deus aos amonitas:

> Porque bateste palmas e bateste com os pés, manifestando riso e desdém pela terra de Israel, também eu vou estender a minha mão contra ti, entregar-te à pilhagem das nações, extirpando-te dentre os povos, expulsar-te de tua casa e aniquilar-te. Assim saberás que eu sou o Senhor.[23]

Em outras palavras, você deve "saber" quem é que manda. E assim ocorre em outros "tons reconciliadores" em Ezequiel. Moab e suas cidades "saberão que eu sou o Senhor", depois que ele prepara para que elas sejam conquistadas por um vizinho — sua punição por acharem que Israel não era especial, que "a casa de Judá é como todas as outras nações". E quanto aos filisteus e os cereteus: "Exercerei sobre eles uma vingança terrível, furiosos castigos, para que saibam que eu sou o Senhor quando eu lhes impuser a minha vingança."[24]

E, diz Ezequiel, Sidônia (território de Jezebel) também receberá o conhecimento:

> E saberão que sou eu o Senhor,
> quando contra ti exercer meus julgamentos
> e em ti manifestar minha santidade.
> Enviar-lhe-ei uma peste e o sangue inundará suas ruas,
> onde sucumbirão feridos, golpeados
> por uma espada, que surgirá de toda parte;
> assim saberão que sou eu o Senhor.[25]

A "santidade" que Iavé aqui promete "manifestar" traz à lembrança a obra de Rudolf Otto, de 1917, *O sagrado*. Como mostra Otto, nos tempos antigos o conceito de "sagrado" não possuía a implicação moderna de bondade moral. (Com frequência na Bíblia, a palavra hebraica traduzida como "sagrado" refere-se a uma pureza meramente ritual.) Na verdade, Otto argumenta, o "sagrado" em sua forma primordial representava o que ele chamou de "numinoso" — uma força sublime que inspiraria terror e medo; uma "majestade terrível".[26]

A derradeira vingança

Como exatamente a força sagrada seria manifestada? Os monoteístas exílicos imaginavam exércitos israelitas algum dia conquistando o mundo? Em Ezequiel, Iavé diz aos israelitas que "saberão as nações que eu sou o Senhor (...) quando eu houver manifestado a minha santidade aos vossos olhos".[27] Ler esse versículo como uma aspiração militar teria feito sentido no antigo Oriente Médio: um deus mostrou sua grandeza por meio do poder de sua nação.

Certamente, os israelitas passaram bastante tempo do outro lado dessa lógica. A Assíria, constante opressor de Israel, celebrou vitórias capturando ou destruindo ídolos estrangeiros, reforçando a verdade teológica sob o triunfo marcial: a inferioridade dos deuses estrangeiros perante o grande deus Assur. Uma inscrição assíria que registra a queda de uma cidade israelita no século VIII ostenta: "e os deuses, nos quais eles confiavam, como despojos foram considerados".[28]

Mais especificamente, havia precedente para a vítima humilhada da conquista imperial planejar e executar uma grande retaliação que ocorreu tanto no plano teológico como no geopolítico: os próprios babilônios que haviam agora subjugado Israel. Os assírios arrasaram a Babilônia no começo do século VII, retirando a estátua de Marduk de seu templo. Como os israelitas um século depois, os babilônios atribuíram sua derrocada ao descontentamento de seu deus principal contra seu povo. E, como os israelitas, eles profetizaram, logo após,

212 A EMERGÊNCIA DO MONOTEÍSMO ABRAÂMICO

que a estima de seu deus retornara a seu favor.[29] De fato, ele agora estava voltado para a vingança contra a Assíria e sua ira e abrangência sobrenaturais seriam exibidas geopoliticamente. "Marduk, supremo senhor, olhai-me favoravelmente", declara o rei Nabopolassar em um documento babilônico. "E para vingar a Acádia... ele me escolheu para reinar sobre as terras e os povos das terras, sobre todos, que ele colocou em minhas mãos."[30] Daí a resultante conquista de Israel pelos babilônios — parte do plano revelado de grande vingança de seu deus.

Agora era a vez de os israelitas tornarem-se vingativos. No aspecto geopolítico, seu êxito nunca alcançaria — nunca poderia alcançar — o dos babilônios.[31] Sua vingança teria de se fazer em um plano teológico, onde produziria algo com grandiosidade histórica. Rainer Albertz refere-se a algumas passagens exílicas contra os babilônios como "teologia da retaliação",[32] mas a expressão poderia cobrir a teologia exílica de um modo geral, incluindo a teologia que deu vida ao monoteísmo.

O impulso retaliativo é universal nos homens, praticamente enraizado nos genes de nossa espécie.[33] E é sentido de maneira profunda e, em geral, com intensidade. No entanto, ainda que carregado de emoção, ele possui uma lógica intrínseca e, nos termos dessa lógica, o monoteísmo de Israel faz sentido. A essência dessa lógica é, como a Bíblia assinala, olho por olho, dente por dente; a punição é proporcional à transgressão original. E qual foi a magnitude da transgressão que os exilados de Israel sofreram? Os babilônios não só conquistaram a terra deles e humilharam o seu deus. Eles os retiraram de sua terra e, ostensivamente, *mataram* o seu deus. Enquanto a Assíria saqueara os tesouros do templo de Jerusalém, os babilônios destruíram o próprio templo. E o templo de um deus era, no antigo Oriente Médio, literalmente a casa do deus.[34]

A transgressão derradeira exige a punição derradeira. Uma resposta adequada quando um povo mata o seu deus é matar o deus deles — é eliminá-lo da existência. E se os deuses de outras nações não

DA MONOLATRIA AO MONOTEÍSMO

existirem mais, e se você já decidiu (desde o tempo de Josias) que Iavé é o único deus de *sua* nação, basta então prosseguir da monolatria para o monoteísmo.

Isso não quer dizer que o monoteísmo tenha decorrido da lógica retaliativa tão rigorosamente como dois e dois são quatro. Afinal, a Babilônia foi a única nação que impôs a indignidade infinita da destruição da casa de Iavé — e, obviamente, havia uma série de deuses babilônicos que teriam de desaparecer antes que o monoteísmo pudesse se estabelecer. Por outro lado, os oráculos exílicos contra as nações sugeriam que, embora a conquista babilônica fosse o maior exemplo de desonra proveniente do exterior, havia tantos outros exemplos que eles começaram a se misturar. Havia um sentimento de humilhação tão arraigado que, para compensá-lo, seria necessária a elevação de Iavé a níveis sem precedentes — o que significava a degradação dos outros deuses do mundo a profundezas sem precedentes, perigosamente próximas do nível de subsistência. O monoteísmo era, entre outras coisas, a derradeira vingança.

A salvação derradeira

Mas a vingança não era a única força motivadora da teologia exílica. Que dizer da promessa de Iavé, no Segundo Isaías, de levar a salvação aos confins do mundo? Deve haver *alguma coisa* nisso, correto?

Parece que sim. Chamar o Deus exílico de "universalista" é exato dentro de um sentido bem definido da palavra. Sim, o Segundo Isaías vê Iavé como o Deus de todos os povos. Mas isso não significa que Deus se sinta igualmente *devotado* a todos os povos. O estudioso bíblico Harry Orlinsky, um dos primeiros a disputar a radiante interpretação internacionalista padrão do Segundo Isaías e de várias outras partes da Bíblia, assim coloca: "O Deus *nacional* da Israel bíblica é um Deus *universal*, mas não um Deus *internacional*" — porque Israel tem uma aliança exclusiva com ele.[35] Com efeito, na visão de Orlinsky, Israel seria uma "luz para as nações", principalmente no sentido de anunciar esse fato. "Israel ofuscará as nações", ele escreveu, por meio de "seu triunfo e reabilitação concedidos por Deus; o mundo inteiro observará essa única luz-guia, que é o único povo com aliança com Deus. Israel servirá a todo o mundo como o exemplo da lealdade e onipotência de Deus".[36]

Isso não significa que Iavé não tinha obrigações para com os povos do mundo. Como observa Orlinsky, assassinato e brutalidade em qualquer lugar da terra eram "contrários ao universo ordenado de Deus". Ao final, portanto, a imposição de sua vontade seria uma boa nova para os povos pacíficos do mundo. Como o Primeiro Isaías notoriamente sonhou, Deus

> será o juiz das nações,
> o governador de muitos povos.
> De suas espadas forjarão relhas de arados,
> e de suas lanças, foices.
> Uma nação não levantará a espada contra outra,
> e não se arrastarão mais para a guerra.[37]

Assim, mesmo que nenhuma nação possa esperar o tipo de devoção divina que Israel receberá, Iavé pode ainda dizer sinceramente, no Segundo Isaías, que, como ele se prepara para trazer justiça às nações, "em mim as ilhas terão esperança, e contarão com meu braço".[38]

Entretanto, a fase um do plano para levar ordem ao mundo era punir aqueles que ameaçassem a ordem — os quais, naquele momento, eram todos os inimigos de Israel. O deus exílico era mais um promotor cujo objetivo final de trazer justiça para a sociedade requeria o objetivo de curto prazo de levar os criminosos à justiça. Só que, nesse caso, os criminosos eram a maior parte do mundo conhecido.

DA MONOLATRIA AO MONOTEÍSMO

Se o objetivo de curto prazo do promotor — a justiça retaliativa — é a chave para o entendimento da evolução do monoteísmo, o objetivo de longo prazo — a ordem mundial — ilumina outra dimensão maior da teologia exílica: a salvação nacional. A humanidade possui várias maneiras de lidar com o estresse prolongado e uma delas é a expectativa por tempos melhores. Aqui, como com a retaliação, há em geral uma simetria: quanto mais intenso o estresse e mais desesperadora a situação, mais fabulosos são os tempos vindouros esperados. Na forma extrema, o resultado é o apocaliptismo — revelações do dia da salvação, quase sempre no fim dos tempos, quando a justiça tardia é finalmente realizada.

O pensamento apocalíptico é mais notoriamente associado com o cristianismo antigo, mas há variantes surgidas em várias épocas e lugares, sob circunstâncias de certo modo semelhantes. Daí os "cultos à carga" na Melanésia, do início do século XX. Em resposta ao domínio europeu, profetas nativos previram um dia de salvação, quando os símbolos do poder colonial — os cais e as pistas de decolagem através dos quais as mercadorias eram carregadas para fins comerciais — mudariam de propósito: a carga seria trazida pelos deuses ou por ancestrais sagrados, prenunciando uma era de bênçãos; a mesa política seria virada, com os brancos agora no fundo da hierarquia e uma vida mais confortável para os melanesianos.

Do mesmo modo, para os antigos israelitas, o juízo final de Iavé traria não só o júbilo da retaliação, mas o conforto da salvação — "salvação" no sentido mundano de liberdade da aflição. Com Deus tendo estabelecido sua lei globalmente, Israel já não teria de se preocupar com exércitos invasores. No dia do Juízo Final, quando "ignominiosamente retirar-se-ão confusos os que fabricam ídolos", Israel "obterá do Senhor uma salvação eterna; sem confusão ou vergonha, por todo o sempre". Finalmente, os israelitas "chegarão a Sião com cânticos de triunfo, uma alegria eterna cingir-lhes-á a cabeça; o júbilo e a alegria os acompanharão, a tristeza e os lamentos fugirão".[39]

A EMERGÊNCIA DO MONOTEÍSMO ABRAÂMICO

Sem dúvida essa teologia — uma teologia de salvação monoteísta — ganhou impulso quando, próximo do fim do século VI, os exilados *realmente* retornaram a Sião. Na verdade, eles não retornaram pela conquista, como alguns certamente imaginavam. Mas regressaram de uma maneira que sustentou a lógica por trás do monoteísmo. A Pérsia conquistou a Babilônia, e Ciro, o rei da Pérsia, mandou os israelitas para casa. Consideremos as implicações: Iavé não só controlou o império que havia conquistado o Império Assírio; ele controlou o império que conquistou o império que havia conquistado o Império Assírio.

Como Iavé diz na Bíblia: "a Ciro que levei pela mão para derrubar diante dele as nações". Iavé explicou a Ciro que lhe traria sucesso no campo de batalha, "a fim de que se saiba que eu sou o Senhor, aquele que te chama pelo teu nome, o Deus de Israel. E por amor de meu servo Jacó, e de Israel que escolhi, que te chamei pelo teu nome".[40] (As memórias do próprio Ciro — ou pelo menos uma de suas memórias oficiais — divergem. Em um cilindro de barro descoberto em 1879, ele diz ter sido chamado para conquistar a Babilônia e terras além pelo deus babilônio Marduk, "o grande senhor", a quem ele agora adoraria fielmente.)[41]

No fim, portanto, a lógica por trás do monoteísmo é bem simples, haja vista a disposição natural dos intelectuais exílicos de Israel. A honra de Israel e o seu orgulho só poderiam ser salvos por extremos intelectuais. Se a conquista da Babilônia *não* significava a desgraça de Iavé, se Iavé *não* era um débil entre os deuses, então ele deve ter orquestrado a catástrofe de Israel — e orquestrar uma calamidade dessa magnitude era próximo de orquestrar a própria história, o que deixaria pouco espaço, se algum, para alguma autonomia dos outros deuses. Além disso, se Iavé, no curso dessa orquestração, viesse a reivindicar abertamente a sua dignidade, os deuses dos opressores de Israel veriam a própria dignidade, portanto o próprio poder, praticamente desaparecer. E mais: se Iavé pudesse trazer o que os israelitas tanto esperavam — o prometido dia da salvação, uma paz para sempre

DA MONOLATRIA AO MONOTEÍSMO

imperturbada — então sua autoridade sobre o mundo teria de ser completa e eterna. Pois, na ausência de tal controle internacional, como os dois últimos séculos da história israelita pareciam mostrar, o mundo continuaria a criar problemas para Israel.

A implicação — de que todos os deuses diferentes de Iavé não podem ter essencialmente nenhum poder — não resulta, por si mesma, no monoteísmo. Podemos imaginar os intelectuais israelitas enfraquecendo esses deuses completamente, sem matá-los. Ainda assim, a lógica teológica do exílio de Israel, uma lógica que só foi natural devido às circunstâncias, faz com que o aparecimento do impulso monoteísta no Segundo Isaías e em outros textos exílicos não seja uma surpresa.

Mas se trata de monoteísmo?

Há uma razão pela qual eu me referi ao aparecimento do "impulso monoteísta" e não do "monoteísmo".[42] Em meio às exclamações monoteístas nos escritos exílicos, ocorre uma frase eventual que não parece tão monoteísta. Por exemplo, o Segundo Isaías descreve a queda da Babilônia pelas mãos de Ciro fazendo referência a Bel (outro nome para Marduk) e seu filho Nebo: "Bel cai, Nebo desmorona", e "eles mesmos vão ao cativeiro"[43] (o que, na realidade, não aconteceu, devido à prudente política de Ciro de abraçar, ou pelo menos tolerar, os deuses das terras conquistadas). Acerca desse ponto, se relermos as várias declarações monoteístas do Segundo Isaías citadas acima e substituirmos o Senhor — como se lê nos textos originais — por Iavé, algumas delas perdem um pouco o brilho monoteísta.

Além disso, não sabemos quase nada sobre a prática religiosa real durante o exílio e há poucas evidências claras de práticas monoteístas em séculos *após* o exílio. De fato, no livro de Malaquias, aparentemente escrito bem depois do exílio, Deus fala a uma audiência judaica que parece cética de sua jurisdição universal. Aguardem, ele diz, até que ele puna os edomitas, "o povo contra o qual o Senhor irou-se para sempre". Depois, "vereis isto com vossos olhos e direis: o Senhor é grande, muito além do território de Israel!"[44]

Uma vez que pouco se sabe sobre a religião judaica nos séculos após os primeiros vislumbres exílicos de pensamento monoteísta, é difícil dizer o que determinou a posição: por que a visão do Segundo Isaías, entre as várias que competiram por audiência durante o exílio, prevaleceu e, então, permaneceu? Como Israel passou séculos nas proximidades de povos politeístas e, ainda assim, manteve-se fiel ao seu credo monoteísta?

Em primeiro lugar, a psicologia política que nutriu o monoteísmo reapareceu várias vezes nos séculos seguintes. A autonomia relativa de que Israel parece ter usufruído sob o domínio persa não durou para sempre. Depois da conquista da Palestina por Alexandre, o Grande, em 332 AEC, governantes de origem grega se sucederam e, finalmente, tornaram-se opressivos o suficiente para despertar uma revolta. A luta pela independência reforçou o tradicional ímpeto político do movimento "tão somente Iavé": um rancor nacionalista contra deuses de linhagem estrangeira (e também contra as elites judaicas que mantinham relações com os estrangeiros dominantes). Com efeito, a provocação culminante para a revolta judaica foi uma tentativa de colocar uma estátua de Zeus no templo de Jerusalém. E, possivelmente, o sucesso da revolta, que trouxe um período de independência de 142 a 63 AEC, assegurou a teologia por trás da revolta.

Monoteísmo como filosofia

Os gregos também podem ter alimentado o monoteísmo de Israel em um nível menos político, mais cerebral. Muito antes de Alexandre conquistar a Palestina, a hipótese monoteísta ocorrera aos pensadores gregos.[45] E, embora a reação de Israel ao domínio grego

DA MONOLATRIA AO MONOTEÍSMO

tenha sido, por fim, de rejeição, houve nesse meio-tempo bastante mistura entre as culturas grega e judaica.

O monoteísmo grego surgiu de uma das grandes aspirações culturais da Grécia: o refinamento racional das ideias religiosas. Alguns creditam aos gregos a invenção da teologia no sentido estrito da palavra (embora a religião tenha sido sempre sujeita a um tipo de orientação racional, como quando os intelectuais israelitas adaptaram a teologia à situação exílica). O rigor dos religiosos gregos prenunciou as tentativas modernas de reconciliação da crença religiosa com uma perspectiva científica e, nesse sentido, a atração dos pensadores gregos pelo monoteísmo era natural. Quanto mais a natureza fosse vista como lógica — quanto mais as irregularidades de superfície se dissolvessem na lei regular — mais sentido faria concentrar a divindade em uma única força que jaz em algum lugar por trás de todas as coisas. No século VI AEC, o filósofo Xenófanes (que pode ter sido o primeiro monoteísta grego)[46] escreveu a respeito de Deus: "Permanece sempre imóvel no mesmo lugar; e não lhe convém mover-se de um lugar para outro. E sem esforço move tudo com a força do seu pensamento. Todo ele vê, todo entende, todo ouve."[47]

Os gregos não foram os primeiros soberanos imperiais de Israel a destacar a regularidade da natureza. Na época do exílio, os astrônomos babilônios podiam prever eclipses solares e lunares. Como Baruch Halpern observou, essa "noção de previsibilidade do céu" pode ter despertado "profunda confusão teológica, já que a independência dos deuses foi repentinamente colocada em questão".[48] Halpern ainda afirma que os intelectuais israelitas podem ter assimilado essa antiga ciência celestial bem antes do exílio; os astrônomos babilônios foram empregados pelos assírios que dominaram os israelitas durante grande parte do século VIII AEC.

Nessa perspectiva, a ira da Bíblia contra aqueles que adoravam as divindades celestiais conhecidas como "exércitos dos céus" pode ter se apoiado em uma base tanto intelectual como política. Afinal,

220 A EMERGÊNCIA DO MONOTEÍSMO ABRAÂMICO

por que atribuir autonomia, para não mencionar divindade, a seres que se comportam tão mecanicamente? E por que interpretar esse comportamento como presságios? ("Assim disse o Senhor: Não aprendais o caminho das nações, nem vos espanteis com os sinais dos céus, porque com eles se atemorizam as nações.")[49] Mais razoável pensar que por trás do mecanismo do céu noturno está o único deus verdadeiramente autônomo ("o Senhor dos exércitos"). Como diz o Segundo Isaías: "Levantai os olhos para o céu e olhai: Quem criou todos estes astros? Aquele que faz marchar o exército completo, e a todos chama pelo nome."[50]

Talvez o candidato mais intrigante à influência imperial sobre a teologia israelita esteja na Pérsia, que reinou sobre Israel entre os períodos de domínio babilônico e grego. A religião persa, o zoroastrismo, é descrita geralmente como "dualista", porque se refere não a um só deus bom — um deus criador e protetor — mas a um deus mau, contra quem o deus bom luta. Embora o cristianismo e o judaísmo tenham Satã, um ser sobrenatural maléfico e nada impotente, ainda podemos chamá-los de monoteístas. Em todo caso, o "dualismo" zoroastrista da Pérsia estava mais perto do monoteísmo do que a média das religiões antigas.[51]

E mais: o relacionamento de Israel com a Pérsia possuía aquele excelente lubrificante de intercâmbio entre crenças: a lógica da soma não zero. Desde a época em que Ciro da Pérsia conquistou a Babilônia, senão antes, ele era visto pelos exilados como um aliado. Ele, então, corroborou a confiança deles, retornando-os para Jerusalém e administrando a nova Israel com certa liberalidade. Para que não se questione que isso poderia ter tornado os israelitas abertos à influência teológica de Ciro: ele é o único não israelita em toda Bíblia a ser chamado pela palavra hebraica para "messias".[52] E em alguns versículos dessa descrição messiânica de Ciro, como uma vez observado pelo estudioso Morton Smith, há descrições de Iavé que parecem descrições persas do deus "bom" zoroastrista, Ahura Mazda.[53] Tudo isso levou Smith a ponderar se a influência persa sobre a teologia israelita pudesse ter sido uma parte cuidadosamente planejada da estratégia política da Pérsia desde o início.[54]

Possivelmente. Mas a teologia exílica de Israel cresceu tão organicamente da teologia pré-exílica de Josias e atende tão perfeitamente às necessidades psicológicas dos exilados que parece improvável que tenha sido importada como um item de decoração persa. Mais plausível é a convergência de correntes de longa duração do pensamento israelita com as necessidades estratégicas de Ciro.[55] Certamente, Ciro estava em condições de favorecer algumas correntes em relação a outras. Ele tinha controle sobre quais israelitas, e talvez sobre quais textos israelitas, retornariam a Jerusalém para formar a administração de Israel. E o monoteísmo pode ter chamado a atenção de Ciro como mais propício à harmonia imperial que as teologias alternativas da época.[56] De fato, no capítulo seguinte, veremos evidências de que os teólogos pós-exílio de Israel foram guiados pelo programa de Ciro.

Ao final, o número de fatores possíveis na consolidação do monoteísmo abraâmico quase se equivale à escassez de evidências sobre eles.[57] Humildade é uma atitude adequada para quem quer que aventure opinião sobre como e por que o monoteísmo surgiu e perdurou na antiga Israel. Entretanto, se os textos bíblicos considerados exílicos são realmente exílicos, podemos ter uma visão das forças que incentivaram o primeiro impulso claramente monoteísta de Israel e um vislumbre fugaz da natureza do deus único e verdadeiro em seu nascimento.

E que tipo de deus era ele? Uma avaliação franca daqueles textos torna difícil a conclusão de que ele era o que muitos fiéis abraâmicos contemporâneos gostariam que ele fosse: um deus moralmente moderno, um deus de compaixão universal. Se tivéssemos de dar uma resposta simples à questão simples que pairou sobre toda esta

222 A EMERGÊNCIA DO MONOTEÍSMO ABRAÂMICO

exposição — Era o deus abraâmico um deus de paz e tolerância no momento em que se tornou o soberano do universo? — essa resposta seria não.

É claro, preferiríamos *não* ter de dar resposta tão simples. A natureza de um deus nesse ponto da história era uma coisa complexa — sem dúvida, havia discordâncias quanto a essa natureza mesmo entre os monoteístas exílicos — e muito dessa complexidade está perdido nas brumas da história. Contudo, se olharmos os textos bíblicos mais antigos que proclamam explicitamente a chegada do monoteísmo e perguntarmos qual de seus vários sentimentos parece motivar mais diretamente essa proclamação, a resposta pareceria estar mais próxima do ódio do que do amor, mais próxima da retaliação do que da compaixão. Até onde podemos dizer, o Deus único e verdadeiro — o Deus dos judeus, depois dos cristãos e depois dos muçulmanos — era originalmente um deus de vingança.

Felizmente, a afirmação anterior tem um asterisco oculto: *Mas isso não importa.* A salvação do mundo no século XXI pode depender bastante de quão pacífico e tolerante o monoteísmo abraâmico possa ser. Porém, não importa se esses atributos tenham sido desenvolvidos ou não no nascimento do monoteísmo. Isso porque o monoteísmo veio a se mostrar, moralmente falando, algo muito maleável, algo que, sob circunstâncias auspiciosas, pode ser uma fonte de tolerância e compaixão. Como veremos nos capítulos seguintes, esse fato é patente na história subsequente dos judeus, cristãos e muçulmanos.

O cristianismo é, claro, o exemplo mais famoso. O Novo Testamento apresenta uma proclamação direta de compaixão universal e contrasta claramente essa atitude com a moralidade do Antigo Testamento. Jesus diz: "Tendes ouvido o que foi dito: Amarás o teu próximo e poderás odiar o teu inimigo. Eu, porém, vos digo: Amai os vossos inimigos e orai pelos que vos perseguem."[58]

Se a tese deste livro está correta, é completamente plausível que as escrituras judaicas pudessem ter produzido essa declaração, tivessem

DA MONOLATRIA AO MONOTEÍSMO

seus autores nas mesmas circunstâncias comparáveis àquelas dos autores cristãos dessa passagem. E, de fato, como veremos em vários capítulos adiante, uma declaração quase idêntica a essa é encontrada na Bíblia Hebraica e pode ter inspirado a versão posteriormente atribuída a Jesus.

O outro lado dessa tese é que esse sentimento generoso não foi indelevelmente estampado nas almas cristãs, tanto quanto a vingança fora estampada nas almas dos judeus. Estivessem os cristãos na posição dos judeus exílicos, sua resposta teológica provavelmente teria sido equivalente.

Não se trata de mera conjectura. O livro final do Novo Testamento é o Apocalipse. Como alguns textos exílicos da Bíblia Hebraica, o Apocalipse é apocalíptico, no sentido da expectativa pelo dia da salvação. Nesse dia, o anticristo seria subjugado e os cristãos resignados receberiam sua recompensa. E quem é exatamente esse anticristo que receberá seu castigo merecido? Ele exibe o sinal 666, e este vem a ser uma versão numérica oculta do nome de Nero, o imperador romano que perseguiu os cristãos de forma impressionante. Quando os cristãos enfrentaram a opressão pelas mãos dos imperialistas romanos, eles fizeram o que os judeus haviam feito quando se depararam com a opressão dos imperialistas babilônicos: sonharam com a vingança e sacralizaram o sonho na teologia.

Como que para confirmar o paralelo histórico, o Apocalipse vincula o anticristo a uma figura chamada "Babilônia, a grande, a mãe da prostituição". Posteriormente, no livro, há muito júbilo diante de sua queda: "Aleluia! A salvação, a glória e o poder são do nosso Deus (...) Ele executou a grande Prostituta, que corrompia a terra com a sua prostituição, e nela vingou o sangue dos seus servos!" Há mais exaltação adiante, alguns versículos depois. Entra em cena um cavalo branco, cujo cavaleiro, chamado "Verbo de Deus", é geralmente tido como Jesus: "Ele julga e guerreia com justiça." Com efeito, ele "veste um manto tinto de sangue" e "de sua boca sai uma espada afiada, para com ela ferir as nações, porque ele deve governá-las com um cetro de ferro, e pisar o lagar do vinho da ardente ira de Deus, o Todo-poderoso".[59] O Segundo Isaías não teria dito melhor.

O que aconteceu com o outro Deus cristão, aquele que queria que amássemos nossos inimigos? As circunstâncias mudam e Deus muda com elas. Essa dinâmica — como trabalhada dentro do judaísmo, do cristianismo e do islamismo — é a história de grande parte do restante deste livro.

CAPÍTULO 8

A história de Fílon

No livro do Êxodo, Deus envia sua orientação aos israelitas por meio de Moisés: "Não blasfemarás contra Deus."[1] Pelo menos é assim que ela é apresentada na maioria das versões modernas da Bíblia — como mais uma demanda por devoção a Iavé. Mas na Septuaginta, a tradução grega da Bíblia feita durante os séculos III e II AEC, o versículo tem diferente sentido: ele diz para não blasfemar contra os "deuses".

Um judeu dos tempos antigos usou essa versão do versículo como uma janela para a alma de Deus. Fílon de Alexandria, nascido perto do fim do século I AEC, viu um traço profundo de tolerância em Iavé. Na reflexão de Fílon, a lei divina, mesmo afirmando a existência de um único e verdadeiro Deus, "apoiava os que tinham opinião diferente, aceitando e honrando aqueles que eles acreditam, desde o início, serem deuses".[2]

Fílon não acreditava na *existência* de deuses de outros povos. Ele era um judeu devoto e um monoteísta fervoroso.[3] Entretanto, ele acreditava que a lei de Deus "amordaça e restringe seus próprios discípulos, não permitindo que blasfemem contra esses [deuses] com garrulice, pois ela crê que é melhor o louvor eloquente".[4]

O que levou Fílon a essa interpretação de Êxodo 22:28? Alguns responderiam: "A tradução de Êxodo 22:28 para o grego." Em outras palavras: Fílon, fluente em grego, leu a prescrição da Septuaginta sobre a blasfêmia contra os "deuses", interpretou-a literalmente e o resto é história. Certamente, essa seria a leitura da história de Fílon pelos "deterministas bíblicos", pessoas que acham que as escrituras exercem influência determinante sobre o pensamento religioso dos fiéis e que as circunstâncias políticas e sociais são, quando muito, irrelevantes.

O "determinismo bíblico" parece um paradigma acadêmico arcano, mas é usado por não acadêmicos de uma maneira consequente. Depois dos ataques terroristas de 11 de setembro de 2001, com os americanos tentando compreender as forças em jogo, as vendas de vários tipos de livros aumentaram. Algumas pessoas compraram livros sobre o islamismo; outras, sobre a história recente do Oriente Médio; e outras compraram traduções do Alcorão. E, claro, algumas pessoas compraram mais de um tipo de livro. Mas as pessoas que *só* compraram traduções do Alcorão estavam exibindo sinais de determinismo bíblico. Elas pareciam achar que entenderiam a motivação dos terroristas simplesmente pela leitura de suas antigas escrituras — apenas pesquisando no Alcorão passagens que defendessem a violência contra os infiéis e, as encontrando, concluiriam a análise, satisfeitas por terem encontrado a causa essencial do 11 de setembro.

Algumas pessoas, sob a influência do determinismo bíblico, têm uma perspectiva muito sinistra do futuro. Elas notaram que as escrituras das três doutrinas monoteístas adotam o massacre de infiéis. Se essas escrituras tiverem a palavra final em um mundo com armas nucleares e biológicas, veremos uma matança que fará as Cruzadas parecerem coisa pequena.

Felizmente, há uma interpretação diferente da história de Fílon, uma que não vê a tradução do Êxodo na Septuaginta como determinante. Afinal, Fílon não *tinha* de parar e estender-se sobre o significado daquele versículo. Ele não *tinha* de usá-lo como ocasião para um sermão sobre como a preservação da "paz" e da "dignidade" exige respeito pela opinião alheia.[5] Talvez tenha havido fatores que

A HISTÓRIA DE FÍLON

o motivaram a buscar e esclarecer esses temas. E, talvez, se ele não os tivesse encontrado no Êxodo, teria encontrado em algum outro lugar na Bíblia.

Quais foram esses fatores em questão? O que tornou a tolerância atraente para Fílon, mesmo quando alguns outros judeus eram menos tolerantes? A propósito, o que torna a tolerância atraente para alguns judeus, cristãos e muçulmanos hoje em dia, mesmo quando outros de mesma crença condenam ou matam infiéis? Em realidade, as respostas a essas duas questões são basicamente a mesma. A história de Fílon ilustra as circunstâncias gerais que levaram as pessoas a uma coexistência pacífica; ela nos ajuda a acrescentar um novo nível de detalhamento à "lei da tolerância religiosa", esboçada no capítulo 6.

No processo, a história de Fílon exibe os ingredientes do amadurecimento moral de um deus. Os deuses falam por meio de seus seguidores; assim, quando mudam as interpretações predominantes de um deus, a própria natureza do deus muda. Iavé pode ter se empenhado em punir infiéis durante as reformas do rei Josias, e pode ter se concentrado em retaliações no momento em que o monoteísmo nascia; todavia, se ele permaneceria de mau humor dependeria do que as pessoas que criam nele acreditavam sobre ele. Fílon cria em Iavé com toda a sua alma e seu coração — cria que ele era o único e verdadeiro deus — e não acreditava que ele era um deus de intolerância e vingança. Na medida dessa perspectiva, Deus poderia amadurecer — tornar-se moralmente mais compreensivo, até mesmo espiritualmente mais profundo.

E na medida mais *provável* dessa perspectiva, favorecida pelas tendências básicas da história humana, talvez o amadurecimento de Deus seja, em certo sentido, "natural" — uma parte intrínseca da história humana, perturbadoramente irregular, propenso a fases de estagnação e mesmo de retrocesso. A história de Fílon sugere que esse é o caso. Ela mostra por que as forças que nutriram o amadurecimento moral de Deus foram, com efeito, mais fortes que aquelas de estagnação ou de retrocesso. E mostra por que, no século XXI, as forças da bondade podem ser, mais uma vez, vencedoras.

Poderíamos achar que apontar — na realidade, estruturar — uma direção moral que seja incorporada à história seria realização suficiente para um só homem. O legado de Fílon vai mais além. Se uma direção moral está, de fato, incorporada na história, surgem três questões: Primeira, há evidências de algum "propósito superior", algum plano revelado em que a humanidade esteja agora envolvida ao máximo? Segunda, esse plano é divino, em algum sentido? E, caso seja, ele poderia desenvolver-se aos poucos em uma teologia moderna — uma teologia que não envolvesse alguma divindade antropomórfica sentada em um trono, mas que concebesse, de outro modo, um divino mais abstrato; uma teologia que desse espaço para que leis científicas predominassem neste planeta? Notavelmente, Fílon, ao escrever cerca de dois milênios antes que a ciência moderna criasse uma necessidade premente por tal teologia, providenciara um esboço dela.

No entanto, antes de vermos como Fílon ajudou a nos dar um Deus intelectualmente moderno, vejamos como ele ajudou a nos dar um Deus moralmente moderno.

Liberdade de interpretação

Essencial para a capacidade de amadurecimento de um deus é a flexibilidade semântica das escrituras. Dentro de certos limites, as pessoas podem olhar os textos sagrados e ver o que quiserem ver — ver o que atende às suas necessidades psicológicas, sociais e políticas. Há várias origens dessa liberdade interpretativa e, coletivamente, elas são muito importantes.

Uma origem é a total ambiguidade. Em todas as línguas, palavras podem ter mais de um significado; portanto, ler implica fazer escolhas. Quando o contexto da redação original é muito diferente do

A HISTÓRIA DE FÍLON

contexto do leitor — distante no tempo ou no espaço, ou em ambos — as escolhas realizadas podem distanciar o texto da intenção do autor. Em um episódio de *The Twilight Zone [Além da Imaginação]*, os terráqueos descobriram tarde demais que o Livro Sagrado trazido pelos visitantes extraterrestres, intitulado *To Serve Man [Como servir os homens]*, não era, como pensado inicialmente, um manifesto filantrópico; tratava-se de um livro de receitas culinárias.

Esses terráqueos, pelo menos, conseguiram ao fim perceber o sentido pretendido; revisaram sua interpretação pouco antes de serem comidos. Mais comumente, esse tipo de certeza mantém-se para sempre oculto. Êxodo 22:28, o ponto de articulação da ética de Fílon, é um exemplo. No hebraico, a palavra *elohim* é tanto singular como plural — deus e deuses. Quando *elohim* é o sujeito de uma oração, essa ambiguidade é esclarecida pela flexão verbal (variação do verbo de acordo com a pessoa gramatical). Mas, em Êxodo 22:28, *elohim* é o objeto da oração, não o sujeito (Não blasfemarás contra *elohim*). Aqui, portanto, o tradutor tem liberdade de ação.[6]

Teria o tradutor em questão — quem quer que tenha traduzido esse versículo para o grego, na Septuaginta — usado a liberdade de ação para exercitar uma tendência pessoal pela tolerância entre as crenças? É possível. Mas mesmo sem essa vantagem, mesmo que o tradutor tivesse traduzido por "deus", e não "deuses", Fílon provavelmente teria encontrado uma maneira de destacar o lado pacífico e tolerante de Deus. Primeiramente, ele não era nenhum amador quando se tratava de traduções criativas. (Ele afirmou que "Jerusalém" significava "visão de paz", quando a cidade provavelmente recebeu esse nome em homenagem a Shalem, um deus antigo.)[7] Além disso, a ambiguidade não era a única ferramenta disponível para o exegeta criativo.

Outra ferramenta é a retenção seletiva. Você pode convenientemente esquecer certas partes do legado das escrituras. Durante as Cruzadas, quando os cristãos estavam dispostos a massacrar os infiéis, eles estavam bem cientes dos assassinatos em massa justificados pela fé e sancionados por Deus, presentes na Bíblia. Durante a

230 A EMERGÊNCIA DO MONOTEÍSMO ABRAÂMICO

Guerra Fria, quando os Estados Unidos eram parte de uma aliança internacional de vários credos, que incluía as nações muçulmanas e budistas, aquele tema foi desprezado; gerações inteiras de cristãos americanos foram criadas segundo uma seleção enganosamente agradável das histórias da Bíblia.

Fílon, do mesmo modo, foi competente na omissão silenciosa das partes mais lúgubres da Bíblia. Em um discurso sobre a ideia de justiça na Bíblia Hebraica, ele refere-se às leis da guerra apresentadas no vigésimo capítulo do Deuteronômio. Este capítulo inclui o terrível versículo que citei dois capítulos atrás:

> Quanto às cidades daqueles povos cuja possessão te dá o Senhor, teu Deus, não deixarás nelas alma viva. Segundo a ordem do Senhor, teu Deus, votarás ao interdito os hiteus, os amorreus, os cananeus, os ferezeus, os heveus, os jebuseus, para que não suceda que eles vos ensinem a imitar as abominações que praticam em honra de seus deuses e venhais a pecar contra o Senhor, vosso Deus.[8]

Poderíamos achar que seria impossível para Fílon reconciliar esse versículo — que acata o massacre de mulheres e crianças — com o Deus justo que ele estava inclinado a apresentar. Poderíamos achar que Fílon seria incapaz de enquadrar esse versículo dentro da doutrina de tolerância religiosa que ele encontrara no Êxodo, uma vez que, aqui, Deus quer que as pessoas sejam aniquiladas precisamente pelo fato de as suas religiões serem estrangeiras. Ao que parece, Fílon achou impossível também: ele ignorou o versículo inteiro. E concentrou-se em uma parte diferente do Deuteronômio 20, na qual Deus prescreve tratamento relativamente mais brando para as cidades mais distantes de Israel. Se a cidade não se render com a aproximação do exército de Israel, diz a Bíblia, os israelitas deverão passar "todos os varões que nela houver ao fio da espada", e, em vez de matar mulheres, crianças e rebanhos, "tu os tomará para ti".[9]

A HISTÓRIA DE FÍLON

Mesmo aqui, Fílon remove algumas arestas brutas, empregando ainda outro instrumento de interpretação criativa: paráfrases livres, até equivocadas. Ele destaca que Israel deve "poupar as mulheres", mesmo que tenha esmagado "todo o exército adversário em um massacre generalizado". Isso parece um pouco menos brutal que matar todos os homens adultos, sejam ou não soldados — o que, de fato, é a exigência do versículo em questão. Além disso, Fílon diz que é assim que Israel punirá os povos que "renunciarem à sua aliança" com Israel, quando, na realidade, se trata da punição que Deus reserva para qualquer cidade que resista à conquista israelita. F.H. Colson, um estudioso britânico do começo do século XX, que traduziu as obras de Fílon para o inglês, especulou que "a maneira curiosa pela qual Fílon aqui se limita a guerras contra aqueles que se revoltarem contra uma aliança só pode ser explicada, creio eu, como expressão de uma convicção de que a Lei [a lei divina, ou Torá] não poderia jamais ter a intenção de sancionar guerras de conquista ou de agressão".[10]

Ambiguidade, retenção seletiva e paráfrases distorcidas combinam-se para influenciar profundamente os fiéis sobre o significado de sua religião. Porém, por seu puro poder semântico, nenhuma dessas ferramentas rivaliza com a hábil aplicação de metáforas e parábolas. Em um só movimento, elas podem obliterar o sentido literal de um texto e substituí-lo por algo radicalmente diferente.

Desse modo, alguns hinduístas do século XX, liderados por Gandhi, removeram o tom bárbaro da primeira cena do Bhagavad Gita, que descreve o deus Krishna encorajando os fiéis a massacrar sem remorsos um inimigo e mesmo seus parentes. Na verdade, disse Gandhi, toda essa cena bélica era uma metáfora para uma guerra *interior* — a guerra contra nosso lado obscuro, a guerra para cumprir nossas responsabilidades e viver corretamente. De modo semelhante, alguns muçulmanos dizem que a "luta" representada pela palavra *jihad* deveria ser entendida como uma luta interior, e não uma batalha militar contra infiéis.

Quanto a Fílon: lembra-se daquela terrível cena bíblica em que um Iavé aparentemente vingativo afoga o exército egípcio no mar Vermelho? Fílon suaviza o episódio interpretando-o, basicamente, como uma parábola metafísica: o cativeiro no Egito representava a escravidão de uma pessoa aos impulsos do corpo físico, enquanto a fuga do Egito representava a liberdade, a passagem para o reino da orientação espiritual. Nesse sentido, os egípcios buscando o último fôlego seria uma metáfora para o fim da armadilha da alma.[11] De acordo com Fílon, quando o Êxodo regozija — "ele lançou ao mar o cavalo e o cavaleiro(...) o Senhor é um guerreiro" —, está louvando Deus por subjugar os apetites básicos do corpo.[12] Fílon não está dizendo que a história não aconteceu, mas parece sugerir que a lição principal a ser tirada é de transformação interior, e não de um massacre mundano; de fuga aos impulsos animais, e não de manifestação deles.[13]

A destreza demonstrada por Fílon tem sido empregada por pensadores de todas as grandes religiões do mundo. Isso explica a grande diferença de opiniões teológicas e morais dentro de uma mesma crença — diferenças de época para época, de lugar para lugar, de pessoas para pessoas. Então, por que algumas pessoas às vezes escolhem a paz e a tolerância, e outras, não? Em meio à revolta dos macabeus, que libertou Jerusalém do domínio do Império Selêucida, no século II AEC, os judeus destruíram santuários pagãos.[14] Agora, dois séculos depois, em uma cidade diferente, Fílon encorajava um caminho bem diferente. Por quê?

A vida de Fílon

Fílon viveu em mundos sobrepostos. Étnica e religiosamente, ele era judeu. Politicamente, viveu no Império Romano. Intelectual e socialmente, seu mundo era basicamente grego; embora Alexandria fosse no Egito, a camada superior da sociedade era, em sua maioria,

A HISTÓRIA DE FÍLON   233

grega, um legado da fundação da cidade por Alexandre, o Grande, no século IV AEC.[15] E havia os egípcios, de maioria numérica, embora não influentes.

Fílon nasceu em uma família rica e influente. Manter esse *status* significava, antes de tudo, ter boas relações com os poderes existentes — políticos romanos e gregos de classe alta. Não é uma tarefa delicada pessoas ricas e poderosas manterem boas relações com outras pessoas ricas e poderosas; no entanto, o fato de Fílon ser judeu complicava as coisas. O monoteísmo dos judeus era um incômodo ocasional para os politeístas locais, especialmente nos tempos em que os líderes romanos, declarando-se como divinos, exigiam devoção.[16] Essa era uma exigência contra a qual os judeus devotos se viam obrigados a resistir, e essa resistência alimentou o antissemitismo entre os gregos e os egípcios.

É claro, você sempre poderia abjurar o seu judaísmo. (O sobrinho de Fílon escolheria essa direção e alcançaria grande poder, tornando-se governador do Egito.)[17] Mas Fílon era muito religioso e, portanto, tinha de reconciliar seus vários mundos. Ele tinha de preservar a viabilidade de seu mundo judaico — e a integridade de sua fé judaica — mesmo dentro dos mundos grego, romano e egípcio.

Não era tarefa para qualquer um. Imagine tentar explicar ao imperador Calígula, que considerava a si mesmo como divino, por que você preferiria que as estátuas dele não adornassem as sinagogas de Alexandria, para não dizer o templo de Jerusalém. Fílon tentou. As multidões alexandrinas revoltaram-se contra os judeus, queimando alguns até a morte, depois que estes se recusaram a ver suas sinagogas assim corrompidas. Fílon liderou uma delegação até Roma para rogar pelo caso dos judeus, a fim de que a sanção oficial não mantivesse essa perseguição.

O relato de Fílon sobre sua tentativa de esclarecer um homem notoriamente narcisista acerca de aspectos morais é curiosamente interessante. Quando Calígula pergunta por que os judeus se recusam a comer carne de porco, Fílon responde: "Povos diferentes têm costumes diferentes e a adoção de alguns deles nos é proibida, como outros costumes o são para nossos oponentes." Um simpatizante de Fílon, tentando colocar a questão sob a perspectiva de Calígula, comentou: "Sim, assim como muitos não comem carne de carneiro, que é muito fácil de obter." Calígula respondeu: "Certamente, pois não é agradável."[18] Tanto quanto na perspectiva do carneiro.

Contudo, ao final a delegação de Fílon teve sucesso — pelo menos, sucesso suficiente para que os judeus de Alexandria retomassem suas vidas e sua religião. Calígula declarou na presença de Fílon que, embora os judeus fossem "tolos em recusar-se a acreditar que eu tenho a natureza de um deus", eles são, na realidade, "mais desafortunados do que perversos".[19]

A sanidade de Calígula já foi muito debatida, mas naquele momento, pelo menos, ele estava sendo racional. Essa tolerância relutante faz sentido. Quaisquer que fossem as diferenças teológicas entre Calígula e os judeus, seu relacionamento com eles era, na verdade, de soma não zero. Eles eram um povo produtivo e pagavam seus impostos. Deixar os alexandrinos matá-los seria, portanto, um prejuízo econômico líquido, e, mais ainda, uma perturbação da ordem social que poderia se mostrar contagiosa, incitando os judeus e/ou seus inimigos em qualquer parte do império. E do ponto de vista de Fílon, certamente, a violência era uma proposição prejudicial. "Viva e deixe viver" era lógico para os dois pontos de vista, e a lógica — neste caso, pelo menos — venceria.

O encontro com Calígula foi o ponto mais alto da carreira política conhecida de Fílon, mas seu contexto social de soma não zero seria durante muito tempo o contexto da vida de Fílon. A situação dos judeus em Alexandria era precária e ter a permissão de praticar o monoteísmo era uma façanha por si só. Se eles exagerassem e fossem vistos como agressivamente intolerantes, seu *status* mudaria de minoria tolerada para o de inimigos odiados. Esse problema de imagem estava claramente na mente de Fílon quando ele adotou sua interpretação de Êxodo 22, 28. Sob a luz da tolerância expressa nesse versículo, ele perguntaria, como as pessoas podem alegar que o judaísmo tem a intenção de "destruir os costumes de outros povos"?[20]

De fato, Fílon aproxima-se de expressar a lógica de soma não zero em sua doutrina de tolerância como esperaríamos de alguém que viveu quase dois milênios antes da invenção da teoria do jogo. Intolerância, ele assim via, geraria mais intolerância e o resultado seria perder-perder. Por mais ilusórios que possam ser os deuses pagãos, os que neles creem "não são pacíficos ou se harmonizam com aqueles que não aceitem de bom grado sua opinião. E isso é o começo e a origem das guerras". E, afinal, "para nós a Lei [a Torá] descreveu a fonte da paz como uma bela posse".[21]

Paz, fraternidade e poder

Para entender a tolerância de Fílon como expressão da lógica de soma não zero, temos de entender essa lógica em sua forma verdadeira e pouco glamorosa. Como os jogos de soma não zero, ao contrário dos jogos de soma zero, podem ter resultados "ganhar-ganhar", as pessoas às vezes os consideram um excesso de amabilidades. Eles podem até ser, mas em geral não o são. Quase sempre, em um jogo de soma não zero, há uma dimensão de soma zero — um conflito de interesses. Quando você compra um carro novo, há uma faixa de preços que faz com que a compra lhe pareça vantajosa (digamos, algo inferior a 28.000 dólares) e uma faixa de preços que torna a venda lucrativa para o vendedor (digamos, algo acima de 27.000). Uma vez que há uma sobreposição dessas faixas de preço — a possibilidade de um resultado lucrativo para ambos os jogadores — o jogo é de soma não zero. Mas ainda há um conflito de interesses, porque quanto mais perto de 27.000 o preço estiver, melhor para você; e quanto mais perto de 28.000, melhor para o vendedor. A movimentação ao longo da distribuição entre 27.000 e 28.000 é uma soma zero, porque ela reduz a lucratividade de um jogador exatamente na medida em que aumenta o lucro do outro. Daí o regateio, que por vezes leva à decepção, à desconfiança, ao arrependimento do comprador e por aí vai. O regateio também pode levar ao cancelamento do negócio — um resultado perder-perder, uma vez que ambos os jogadores perderam a vantagem que o negócio teria gerado.

Fílon e Calígula tinham um conflito de interesses de maior risco do que o de um comprador e um vendedor de carros. Calígula queria ser adorado em todos os lugares; focos de resistência eram, portanto, perigosos: e se os pagãos começassem a imitar essa teimosia judaica?[22] Fílon, de seu lado, gostaria de ver o fim de Calígula; outros imperadores haviam sido mais tolerantes com os judeus. Entretanto, embora tanto Calígula como os judeus preferissem que o outro não existisse, procurar realizar esse desejo tinha uma desvantagem proibitiva: o resultado provavelmente seria perder-perder.

Isso por si só — a possibilidade de um resultado perder-perder — faz o jogo ser de soma não zero. Afinal, um resultado que seja negativo para ambos os lados não resulta em zero; há uma correlação entre os lucros dos jogadores, mesmo que seja para pior. Além disso, evitar uma perda dupla é — pelo menos, em termos relativos — um tipo de ganho duplo. O impasse nuclear de décadas durante a Guerra Fria era, assim, uma soma não zero — não porque cada ano em que se evitou uma guerra nuclear tenha trazido ganho mútuo e tangível, mas porque, se o jogo tivesse sido jogado de maneira diferente, ele poderia trazer perda mútua e tangível. E aqui também a dinâmica da soma não zero traz um tipo de tolerância; embora o Ocidente e o Oriente considerassem um ao outro como mais ou menos perverso, nenhum dos dois tentou eliminar o outro.

Da mesma forma, a doutrina de tolerância de Fílon não significava que ele aceitasse os deuses pagãos, ou que acreditasse neles, ou mesmo que ele simpatizasse com os pagãos. Havia pelo menos um pagão — Calígula — que ele odiava e, a propósito, também não tinha, em especial, grande apreço pelos egípcios. (Em um trecho que, embora ambíguo, parece se aplicar aos egípcios em geral, ele os chama de "uma sementeira do mal, em cujas almas se reproduzem o veneno e o temperamento das víboras e dos crocodilos nativos".)[23] No entanto, Fílon percebia a insensatez de se iniciar uma guerra nuclear; daí sua doutrina de tolerância.

Caso o poder tivesse sido radicalmente redistribuído — se uma rebelião judaica contra um dos mais antissemitas dos imperadores romanos repentinamente parecesse possível — Fílon poderia ter moderado o discurso sobre tolerância e paz. Naquilo que pode ter sido uma referência velada ao poderio romano, ele escreveu: "Quando a ocasião se oferece, é conveniente se opor aos seus inimigos e destruir seu poder de ataque; porém, não havendo tal oportunidade, é prudente manter-se quieto, enquanto se alguém quiser obter algum benefício deles, é vantajoso aplacá-los."[24]

Fílon ilustra aqui um ponto importante. A "lei da tolerância religiosa", como apresentada no capítulo 6, está incompleta. Foi dito que as pessoas são mais abertas aos deuses estrangeiros quando elas se veem em jogos de soma não zero com os estrangeiros — quando veem seus lucros correlacionados positivamente com os lucros dos estrangeiros. A rigor, a situação de tolerar os deuses de outros povos *nem sempre* depende de a lógica ser de soma não zero. Suponha que uma revolta judaica pudesse ser facilmente abafada pelas autoridades romanas e que estas se beneficiassem de alguma forma dessa subjugação dos judeus; o resultado, portanto, seria literalmente ganhar-perder. Ainda faria sentido para Fílon evitar o movimento, já que ele estaria no lado perdedor. Assim, a versão apurada da lei da tolerância religiosa é que a tolerância é mais plausível quando você se vê no lado perdedor da intolerância, independentemente se a dinâmica pareça de soma zero ou não zero; entretanto, quando a dinâmica é vista como uma soma

238   A EMERGÊNCIA DO MONOTEÍSMO ABRAÂMICO

não zero — quando ambos os lados se veem como perdedores — a tolerância *mútua* procede.

Voltando à questão original: por que Fílon defendia a tolerância, enquanto os judeus em Israel dois séculos antes despedaçavam ídolos pagãos? Talvez simplesmente porque os judeus em Israel, dois séculos antes, achavam que podiam fazê-lo sem represálias. E estavam certos; as rebeliões contra os soberanos imperiais foram bem-sucedidas. Possivelmente, Fílon, naquela posição, teria feito o mesmo.

Essa conclusão pode parecer desanimadora. Ela parece excluir o "aperfeiçoamento" do "aperfeiçoamento moral", tornando a "tolerância" uma manobra tática.

Mas o desânimo não é necessariamente justificado. Em primeiro lugar, a inteligência tática e o aperfeiçoamento moral não são mutuamente excludentes. O que começa como manobra tática, como coexistência relutante, pode, por vários motivos, evoluir para uma apreciação mais verdadeira, mais filosófica, da tolerância — uma apreciação, até, da beleza da diversidade de crenças. Ter uma razão pragmática, egoísta, para coexistir com outros povos pode ser (mesmo que por vezes não o seja) o primeiro passo em direção a considerá-los de modo não egoísta. E, uma vez iniciado esse caminho, não há limite necessário. Sabe-se que os povos desenvolvem — e articulam toda uma filosofia em torno disso — verdadeira cordialidade para com a humanidade como um todo.[25]

Teoria do jogo e a Bíblia

A lógica da soma não zero que torna a tolerância uma tática inteligente, e que pode às vezes levar a uma tolerância moralmente mais significativa, é, na realidade, um recurso bastante comum na vida. A existência humana é rica em motivações próprias para se começar a pensar menos egoisticamente e tal lógica surge repetidas vezes na

A HISTÓRIA DE FÍLON

Bíblia Hebraica. Uma maneira de reconhecê-la é procurar casos em que os israelitas afirmam a legitimidade de um deus estrangeiro. No livro Juízes, Israel sofrera um revés militar nas mãos dos amonitas e viria a preferir evitar novos conflitos. Seu líder militar, Jefté, pergunta ao rei amonita: "Porventura não possuis tudo o que teu deus Camós te deu a conquistar? E nós, por que não possuiríamos tudo o que Iavé, nosso Deus, conquistar para nós?"[26] Quando a coexistência pacífica é interessante, os deuses estrangeiros merecem respeito.

Pelo menos, eles merecem que o respeito seja *expresso*. Ao referir-se à terra que "teu deus Camós te deu", Jefté está se abstendo diplomaticamente de fazer uma afirmação declarada em algum lugar da Bíblia: a de que, na verdade, foi Iavé, e não Camós, que deu aos amonitas a sua terra. Notavelmente, essa asserção, como a manifestação de tolerância entre crenças de Jefté, vem com o propósito de justificar uma política de coexistência pacífica. Iavé está aconselhando os israelitas a não criar problemas com os amonitas: "Não os ataques, nem lhes faças guerra, porque nada te darei da terra dos amonitas; foi aos filhos de Lot que dei a possessão dessa terra". E Lot, um sobrinho de Abraão, era da família.[27]

Assim, uma única peça da lógica teórica do jogo — nesse caso a lógica da coexistência pacífica entre Israel e Amon — pode ter diferentes manifestações teológicas, conforme o contexto retórico. Quando a audiência é amonita, o desfecho é o respeito por um deus amonita. Quando a audiência é israelita, o desfecho é um domínio ampliado das preocupações de Iavé, um pouco do movimento em direção ao universalismo moral; os amonitas também são, em certo sentido, um povo de Iavé, assim foi dito aos israelitas. De qualquer modo, seja em direção à tolerância entre crenças ou em direção ao universalismo, há um tipo de progresso moral.

Estender criteriosamente a preocupação de Iavé aos amonitas ilustra por que, como argumentei no capítulo anterior, o caráter moral do único e verdadeiro Deus no momento de seu nascimento não

240 A EMERGÊNCIA DO MONOTEÍSMO ABRAÂMICO

importa muito no longo prazo. Ainda que uma força motivadora da emergência do monoteísmo pareça ser a hostilidade, o Deus que surgiu não precisava *se manter* hostil aos vizinhos de Israel. Mesmo que o "universalismo" atribuído ao Deus do exílio seja, de certa forma, um eufemismo para a retaliação em larga escala, esse Deus foi capaz de amadurecer, de se modificar em direção ao universalismo *moral*, à compaixão universal. De fato, os escritos aparentemente exílicos de Ezequiel mostram Deus prometendo que Amon não será mais lembrada entre as nações.[28] Mas, no passado, Deus havia se sentido mais próximo de Amon e poderia se sentir assim novamente no futuro.[29]

Além disso, mesmo se houvesse retrocesso, cada manifestação de amadurecimento moral exibido por Deus, uma vez registrada nas escrituras, pode ser revivida mais tarde, até em maior amplitude, quando as circunstâncias forem propícias. Por várias vezes, a Bíblia Hebraica exige tratamento decente aos estrangeiros que migraram para Israel e chega a ponto de dizer: "e tu o amarás como a ti mesmo, porque fostes já estrangeiros no Egito".[30] Fílon, vivendo em um ambiente multiétnico e querendo promover a tolerância judaica e conversões voluntárias ao judaísmo, fez desse versículo a base para uma breve rapsódia: Deus quer que "todos os membros da nação amem os imigrantes, não só como amigos e parentes, mas por si mesmos, em corpo e alma: em corpo, agindo o mais possível em seu interesse comum; em espírito, tendo as mesmas alegrias e pesares, de modo que eles pareçam ser partes separadas de um mesmo ser vivo, que é reunido e unificado por sua solidariedade".[31]

Rute e Jonas

O Iavé das escrituras exibe constantes manifestações de amadurecimento moral. O livro de Rute, situado próximo do fim na Bíblia Hebraica, oferece uma revelação surpreendente: o rei Davi não era etnicamente puro.[32] Sua bisavó Rute não era só estrangeira, mas uma estrangeira cujo país natal incomodou Israel durante séculos: Moab. Uma interpretação do passado multiétnico de Davi — a de que o amor de Deus ultrapassa as fronteiras étnicas e está disponível a todos que o adorem — se sobressai nos detalhes da história de Rute. "Rute, a moabita", como ela é chamada, é aceita em Israel depois de afirmar sua fidelidade a Iavé e provar sua bondade por meio de trabalho árduo e afabilidade. Um homem israelita, depois de conhecê-la e a sua história, declara: "Que o Senhor te retribua pelo bem que fizeste e recebas uma farta recompensa do Senhor, Deus de Israel, sob cujas asas vieste buscar refúgio!"[33] Então, facilitando esse processo, ele se casa com ela.

Como explicar esse espírito inclusivo do livro de Rute? As teorias divergem. Alguns estudiosos acham que ele foi escrito após o exílio e que seu pano de fundo é o casamento interétnico.[34] Quando os exilados da Babilônia retornaram a Israel, depararam-se com muitos casamentos entre judeus e gentios, o que motivou discussões sobre sua conformidade. Na doutrina judaica, as forças contrárias ao casamento entre etnias prevaleceram ao final, mas o livro de Rute, afirmam os estudiosos, é um legado literário das forças a favor desses casamentos; se o próprio Davi descende de um casamento misto, o autor de Rute dizia, claro que o casamento interétnico não pode ser um pecado!

Outros estudiosos dão ao livro de Rute uma origem anterior, talvez próxima da época de Davi e Salomão. De acordo com a Bíblia, Israel empregava, então, muitos estrangeiros como trabalhadores em projetos reais e mercenários no exército. Talvez, o argumento prossegue, o tema da tolerância interétnica, presente no livro, pretendesse validar o intercâmbio estrangeiro sob um aspecto econômico.[35]

Veja o que essas duas teorias compartilham: a lógica da soma não zero. Quando os estrangeiros concordam em trabalhar para as elites de Israel, estas e aqueles veem vantagens no relacionamento. Quando os estrangeiros e os israelitas se casam, o casal pretende obter vantagens mútuas do relacionamento. Em ambos os cenários,

242 A EMERGÊNCIA DO MONOTEÍSMO ABRAÂMICO

as histórias que reforçam a amizade interétnica — como o livro de Rute — poderiam facilitar o jogo de soma não zero em questão. E, em ambos os casos, os israelitas que se beneficiassem do jogo poderiam estimular a narração de tais histórias.

O ponto não é que uma dessas duas teorias seja necessariamente a correta. O ponto é apenas que elas fazem sentido, e que teorias que fazem sentido tenderão a se parecer. Se você quiser explicar a promoção de temas de amizade e tolerância interétnica, vai ser útil encontrar pessoas que tenham obtido vantagens com essa promoção; essas pessoas serão, em geral, aquelas que de algum modo estejam participando de jogos de soma não zero para além dos limites étnicos.

Independentemente de quando a história de Rute surgiu e de quando ela foi escrita, a decisão de incluí-la na Bíblia Hebraica veio após o exílio — depois que o impulso monoteísta expressou-se claramente no Segundo Isaías, depois da condenação dos moabitas por Iavé em Sofonias ("Os sobreviventes do meu povo os saquearão") e em Ezequiel ("eu abrirei o flanco de Moab e as suas cidades fora das fronteiras").[36] Que "Rute, a moabita" devesse, ao final, ser bem recebida no cânone judaico, trata-se de um tributo ao potencial evolucionário da moralidade.

Também promissor é o livro de Jonas, provavelmente escrito depois do exílio e, como Rute, então admitido ao cânone judaico. Se pedirmos às pessoas que relatem um fato notável sobre Jonas, elas deverão mencionar o tempo em que ele ficou dentro de uma baleia (ou, como a Bíblia diz, um peixe grande) e depois viveu para contar a história. Mas isso não é tão notável como outra das mudanças de enredo do livro.

No início da história, Deus se dirige a Jonas para que este fosse pregar na cidade de Nínive, a fim de repreender os seus habitantes por seu caminho perverso. Jonas resiste a essa convocação. Ele tenta fugir em um navio, apenas para ser engolido pelo mar e, então, pelo peixe, depois da tempestade trazida por Iavé. Deus o liberta, mas

A HISTÓRIA DE FÍLON 243

insiste que ele vá para Nínive e complete sua missão. Lá, Jonas alerta o povo sobre o castigo iminente de Deus. Isso chama a atenção do rei de Nínive, que urge o seu povo ao arrependimento — que jejuassem, se cobrissem de sacos de pano, e "deixe cada qual o seu mau caminho e converta-se da violência que há em suas mãos. Quem sabe Deus volte atrás, arrependa-se e acalme o ardor de sua ira, de modo que não pereçamos!"[37]

Deus, de fato, arrepende-se e Jonas não fica satisfeito. Isso era exatamente o que ele temia quando recebeu a missão da pregação: que, no fim, Iavé provasse ser um "Deus clemente e misericordioso, de coração e muita compaixão".[38] O desgosto de Jonas perante tal piedade pode parecer estranho, mas considere que Nínive era a capital da Assíria, o império que por tanto tempo atormentou Israel.[39] Sob essa perspectiva, o que poderia parecer estranho era a compaixão de Iavé pelo povo de Nínive. Certamente, Jonas nunca a compreendeu. O livro termina com Deus tentando explicá-la para ele: "E não hei de ter compaixão da grande cidade de Nínive, onde há mais de cento e vinte mil seres humanos, que não sabem distinguir a mão direita da esquerda...".[40]

Esse versículo é interessante não só porque Deus está preocupado com o povo de Nínive, mas por causa da sutileza de sua preocupação. Embora o arrependimento deles tenha sido o que lhes rendeu o perdão, Deus parece tolerante com a confusão moral que os fez cair em desgraça, em primeiro lugar. Quando diz que eles "não sabem distinguir a mão direita da esquerda", ele está dizendo, em vernáculo atual, que eles não sabem distinguir entre o bem e o mal.

Tradicionalmente, esse tipo de ignorância — não distinguir entre o bem e o mal — era o que incitava a ira de Deus, não a sua compaixão. Por isso é que os israelitas sofreram tanto: porque viviam esquecendo que a adoração a outros deuses diferentes de Iavé era o mal, e Iavé castigava essa ignorância. E por isso é que Deus prometia punir quase todas as nações conhecidas: porque elas não tinham entendido que era ruim atacar ou insultar o povo de Israel. Agora, repentinamente, Iavé não só tem piedade daqueles moralmente obtusos, como se apieda até mesmo daqueles que eram antigos opressores de Israel. No livro de Ezequiel, Deus orgulhava-se de ter feito a Assíria sofrer "como merece a sua malignidade".[41] Agora, em Jonas, o sofrimento dos assírios não alegra a Deus, e ele vê a maldade deles como uma lamentável confusão. Este é um deus capaz de um amadurecimento radical.

As virtudes do império

Capacidade para o amadurecimento é uma coisa boa, mas o que o mundo realmente precisa é de um deus que *realmente* amadureça. Hoje em dia, a globalização tornou o planeta pequeno demais para acomodar pacificamente grandes religiões que estejam em conflito. Se o deus abraâmico — o deus dos judeus, o deus dos cristãos e o deus dos muçulmanos — não encorajar a tolerância, estaremos todos em apuros. Precisamos de um deus cuja compreensão corresponda à escala da organização social, a escala global. O que a Bíblia Hebraica nos diz sobre a possibilidade de um deus global?

Nos tempos antigos, a coisa mais próxima da globalização era a formação de impérios multinacionais. Povos de etnicidades e religiões diferentes eram forçados a se relacionar sobre uma mesma base, sobre uma mesma plataforma de intercâmbio econômico. A vida entre esses povos era, como a vida entre os diversos povos em um mundo globalizado, uma soma não zero: havia ganhos mútuos se eles se entendessem e colaborassem; e perdas mútuas se eles não o fizessem. Depois do exílio, Israel viu-se nessa mesma situação: uma nação, que uma vez fora independente, ou que acatara, inconformada, a situação de Estado vassalo, estava agora firmemente instalada em um império — um império desejoso de respeitar sua religião desde que ela se entendesse com seus vizinhos. A questão é, portanto: de-

A HISTÓRIA DE FÍLON 245

monstrava o deus abraâmico, nos primeiros anos do monoteísmo, sensibilidade para o tipo de jogo de soma não zero que caracteriza o mundo moderno? O Deus de Israel amadureceu moralmente quando era do interesse dos israelitas esse amadurecimento moral?

As duas referências citadas — Rute e Jonas — são certamente animadoras, considerando-se que esses livros sejam, de fato, pós-exílio. A recente compaixão de Iavé pelo povo de Nínive, no livro de Jonas, era uma compaixão por um povo que então fazia parte do mesmo império que os israelitas. Assim também no livro de Rute, com a atitude inclusiva em relação aos moabitas. Em partes da Bíblia escritas antes do exílio, a origem dos moabitas foi apresentada em termos depreciativos; seu fundador, Moab, era produto de incesto, nascido do encontro sexual entre o embriagado Lot e uma de suas filhas.[42] Agora, após o exílio, os moabitas ganharam um lugar mais respeitável na árvore genealógica — eles são ancestrais do próprio rei Davi. Que diferença um império não faz!

Talvez a melhor evidência do amadurecimento moral de Deus depois do exílio venha do autor bíblico (ou autores) conhecido como fonte Sacerdotal. A fonte Sacerdotal (postulada primeiramente como parte da hipótese de Wellhausen, abordada no capítulo 5) é assim chamada por refletir a perspectiva da classe sacerdotal. A maioria dos estudiosos julga que a fonte ou tradição Sacerdotal — abreviada por "P" [do inglês *Priestly source*] — foi escrita ou durante ou logo após o exílio (ou, possivelmente, nas duas épocas).[43] De qualquer modo, parece seguro dizer que P teve a aceitação dos líderes do Império Persa. Afinal, os persas, ao liberarem os israelitas para retornar à Jerusalém pós-exílica, e darem a Israel algum grau de autonomia, queriam que a classe dominante de Israel apoiasse de maneira confiável os objetivos do império, e teriam exercido influência nesse sentido. Assim, se a fonte P foi estruturada por sacerdotes que escreveram logo após o exílio, esses sacerdotes estavam de acordo com as exigências da Pérsia. Assim também no caso de P ter sido escrita *durante* o exílio: se os sacerdotes que estavam na Babilônia durante o exílio não tivessem sido complacentes com a Pérsia, provavelmente não teriam se tornado uma influência formadora da Israel pós-exílio. Sem dúvida P é a voz do império e seus valores são aqueles que a Pérsia queria implantar na nova Israel.

Um exame na visão de mundo de P sugere que o império podia, de fato, expandir os horizontes morais. Para começar, P é mais inclinada que os autores bíblicos anteriores a dizer que muitas nações — e não só Israel — figuram diretamente nos planos de Deus. Nos textos pré-exílicos, há relatos de Deus prometendo a Abraão que grandes acontecimentos estariam à espera de seus descendentes: eles seriam muitos e traríam boas coisas à terra. Porém, a única referência a uma entidade política real citada por Abraão está no singular: "Farei de ti uma grande nação, te abençoarei e exaltarei o teu nome."[44] De acordo com a fonte sacerdotal, a promessa de Deus a Abraão é um pouco diferente: "serás pai de uma multidão de nações".[45]

Uma mudança similar de ênfase aparece na história de Jacó, neto de Abraão e pai de Israel. Em uma parte do Gênesis que parece ter sido escrita antes do exílio, o destino de Jacó é detalhado nestas instruções de seu pai, Isaac: "que os povos te sirvam, que nações se prostrem diante de ti!"[46] Na tradição P, ao contrário, o desejo final de Isaac para Jacó é que Deus possa abençoá-lo "de sorte que te tornes uma multidão de povos".[47] E, de acordo com P, o próprio Deus reforça essa visão mais coletiva, dizendo a Jacó que "uma nação, uma assembleia de nações" nascerá dele.[48]

Se a fonte Sacerdotal está realmente refletindo o impulso de inclusão internacional do império, isso pode explicar algumas outras coisas — em particular, o curioso termo "El Shaddai". Como vimos no capítulo 5, esse termo é traduzido ordinariamente como Deus Todo-poderoso (embora "Todo-poderoso" possa ser uma tradução equivocada, e "Deus" possa ser uma referência equivocada, já que "El" poderia se referir ou a "deus" genericamente, ou ao deus especí-

A HISTÓRIA DE FÍLON   247

fico chamado El). Naquele capítulo, vimos também que Iavé, no livro do Êxodo, aparece a Moisés e explica que Abraão, Isaac e Jacó não o conheciam como Iavé, mas como "El Shaddai". Ao tentar entender essa tentativa de equiparar Iavé com outro deus, presumimos que a história entrou na tradição israelita muito antes, talvez refletindo a convergência de diversas tribos para formar Israel: talvez, dissemos, Israel tenha sido formada por uma combinação de adoradores de El e adoradores de Iavé, e essa história tenha surgido para reconciliar as duas tradições.

Mas também é possível que a história tenha tomado forma muito depois e reflita realidades políticas posteriores — e talvez essas realidades fossem sobre o ambiente internacional de Israel, e não sua política interna. Assim, é notável que este versículo — Êxodo 6:3 — seja geralmente atribuído à fonte Sacerdotal. Seria possível que essa equivalência de Iavé com El Shaddai tivesse servido de alguma forma aos objetivos de harmonia imperial da Pérsia e, portanto, de melhores relações entre Israel e seus vizinhos?

Outras pistas sugerem que sim. A outra ocasião em que a Bíblia equipara Iavé a El Shaddai também aparece em um trecho atribuído à Sacerdotal — e ela ocorre naquela mesma passagem, citada acima, em que P apresenta Deus vaticinando que de Abraão fará grandes "nações", não só uma "nação".[49] Mais adiante, naqueles dois trechos nos quais uma visão igualmente coletiva é passada a Jacó, Deus é novamente mencionado como "El Shaddai" (embora não explicitamente identificado como Iavé).[50] Há, portanto, três trechos sacerdotais separados em que o termo "El Shaddai" é associado a uma visão coletiva do futuro da linhagem abraâmica — a uma assembleia ou de "nações" ou de "povos". Trata-se de muitos trechos, haja vista que o termo "El Shaddai" aparece apenas sete vezes em toda a Bíblia Hebraica![51]

Mas qual é o vínculo lógico exato entre esse nome particular para Deus e a linguagem de inclusão internacional? Uma possibilidade é que uma ou mais nações que eram, como Israel, parte do Império

248 A EMERGÊNCIA DO MONOTEÍSMO ABRAÂMICO

Persa chamavam seu deus de El Shaddai, e P estava afirmando que esse deus e o Deus de Israel eram um único e mesmo deus.[52]

Outra possibilidade, mais interessante, é que P estava pensando em escala maior, resolvendo algum tipo de tensão criada na psique de Israel pelo projeto de consolidação imperial. No Gênesis, P descreve uma árvore genealógica completa de patriarcas nacionais no Oriente Médio e, desse modo, estabelece os graus de parentesco entre as nações. (Por exemplo, uma vez que o patriarca de Edom, Esaú, como o patriarca de Israel, Jacó, é filho de Isaac, Israel e Edom estão intimamente relacionadas). Essa "tabela de nações" não é uma criação original; P está consolidando e, às vezes, complementando as linhagens patriarcais descritas por outros autores bíblicos. Entretanto, como sugeriu o estudioso suíço Konrad Schmid, a estruturação dos dados por P em uma única árvore genealógica poderia ser uma tentativa de dar tom harmônico à relação com as nações vizinhas.

Certamente, isso poderia ser interessante de um ponto de vista persa; uma vez que várias nações nessa árvore eram agora parte do Império Persa, os laços de parentesco dentro do império eram reforçados. De fato, pelo que sabemos, a mesma árvore genealógica era divulgada em outras partes do império, com o mesmo sentimento implícito. De qualquer modo, dentro de Israel o sentimento teria sido claro: o patriarca de Israel, Jacó, era parente — mesmo que distante, em alguns casos — de patriarcas por todo o império.

Todavia, é aqui que a tensão surge entre o projeto imperial e a autoestima de Israel. Se a organização da árvore genealógica reforça o fato anteriormente obscuro de que Jacó era o neto de Abraão, e se o deus de Abraão tinha sido tradicionalmente El Shaddai, então a árvore genealógica estaria descrevendo o deus Iavé de Israel como, de certa forma, subordinado a um deus diferente — a menos, é claro, que se concluísse que Iavé e El Shaddai fossem apenas dois nomes diferentes para o mesmo deus.[53]

A HISTÓRIA DE FÍLON   249

Nesse cenário, P está resolvendo o problema criado pela própria ideia de uma árvore genealógica internacional — mantendo um deus de determinada nação no topo, não obstante a natureza hierárquica das árvores genealógicas.[54] Mas se esse fosse o problema de P, equiparar Iavé com o deus de Abraão não resolveria, por si só, o desafio. Pois a árvore ia além de Abraão e sugeria que alguns patriarcas nacionais poderiam ser superiores a ele. Enquanto Abraão era um descendente de décima geração de Noé, os patriarcas dos assírios e dos arameus eram descendentes de terceira geração! Talvez essa posição fosse conveniente para dois conceituados integrantes do Império Persa, mas como um teólogo israelita, como P, lidaria com a estatura implícita dos deuses nacionais daqueles povos? O deus Assur da Assíria *também* seria o mesmo que Iavé?

Talvez sim. Ocorre que *El Shaddai* não é a variação mais comum em P para o nome de *Iavé*. Esse título vai para a palavra *elohim*. E essa variação pode ter importância geopolítica ainda maior.

Deus com D maiúsculo

A palavra *elohim* pode ter entrado no hebraico por meio do aramaico, o idioma dos arameus, que viveram no norte de Israel. Esse nome aparece em escrituras supostamente pré-exílio, bem como na fonte Sacerdotal — o que não é surpresa, já que o aramaico vinha crescendo como língua franca desde o século VIII. Porém, pelo mesmo motivo — porque o termo *elohim* implicava a transcendência das fronteiras nacionais — ele se ajusta especialmente bem na perspectiva internacionalista de P; *elohim* sugeria, como um estudioso colocou, um divindade que era "internacional e não específica".[55]

De fato, *Elohim* é o termo usado para Deus quando P leva sua governança por todo o planeta. É P que acrescenta à história de Noé que o arco-íris foi criado após o grande dilúvio como sinal da "aliança eterna estabelecida entre Deus e todos os seres vivos de toda espécie que estão sobre a terra" — e a palavra usada para "Deus" nesse trecho é *Elohim*. Assim também o é em P quando, no primeiro livro do Gênesis, *Elohim* abençoa toda a espécie humana e lhe dá a custódia da terra.[56]

Konrad Schmid vê três nomes diferentes para Deus em P — Elohim, El Shaddai e Iavé — correspondendo a três "círculos concêntricos". A fonte Sacerdotal, diz ele, descreve "um círculo do mundo sobre o qual Deus se apresenta como Elohim; um círculo abraâmico no qual Deus está relacionado com El Shaddai; e, finalmente, um círculo israelita, dentro do qual Deus pode ser invocado por seu nome real e de culto, Iavé".[57] Nessa visão, o termo *Elohim* adquire novo sentido para os israelitas depois do exílio; com efeito, P o mudou de um substantivo comum (nosso deus, deus deles) para um nome próprio (Deus).[58] Em certo sentido, isso é pouco surpreendente e pode não ter sido novidade; se você é um monoteísta, como P, o substantivo comum para deus praticamente *tem de* ser a mesma coisa que o nome próprio para Deus. Entretanto, Schmid acha que essa manobra gramatical teve uma implicação mais sutil e inovadora: P estava dizendo que os deuses das diferentes nações — todos os elohims — eram apenas diferentes manifestações da mesma divindade subjacente: Elohim, com E maiúsculo.

Compare-se o tipo de monoteísmo que Schmid atribui a P e aquele encontrado no Segundo Isaías. Neste, o monoteísmo surge por meio da *exclusão* dos deuses das outras nações. O entendimento era o de que essas nações — naquele momento inimigas de Israel — estavam erradas ao crer em seus deuses e não enxergariam quem era o verdadeiro Deus até que tivessem um encontro flagrante com ele ("Farei teus opressores comer sua própria carne (...) E toda criatura saberá que eu, Iavé, sou o teu Salvador").[59] A fonte Sacerdotal, em contraposição, declara o monoteísmo pela *afirmação* da existência dos deuses de outras nações. Com P, ao que parece, o monoteísmo abraâmico converteu-se de uma teologia violentamente nacionalista e exclusiva — a teologia presente em sua criação — para uma teologia mais internacional e inclusiva.

Sendo assim, trata-se de outro tributo à maleabilidade de Deus. O monoteísmo surgiu como uma ferramenta para elevar os israelitas perante seus vizinhos, e agora estava se tornando uma maneira de colocar Israel na mesma plataforma de seus vizinhos. O deus abraâmico estava amadurecendo.

Mas em relação aos egípcios...

Havia limites para o amadurecimento. Afinal, o Império Persa não incluía o mundo todo. De fato, após o exílio, o império tinha um grande rival pelo domínio: o Egito. Se realmente P é a voz do Império Persa ao fim do exílio, esperaríamos que sua atitude em relação ao Egito, e à teologia egípcia, fosse claramente pouco tolerante; o Deus pós-exílico pode ser universal em sua abrangência, mas isso não significa que sua compreensão seja distribuída igualmente por todo o globo.

E, sem dúvida, na concepção de P, o Egito parece estar no outro lado de um divisor moral. Para começar, naquela "tabela de nações", nenhuma nação está mais longinquamente relacionada a Israel do que o Egito. Enquanto Abraão, o patriarca de Israel, descende do filho de Noé, Sem, que a Bíblia identifica como adorador de Iavé,[60] o Egito descende de outro filho de Noé, Cam, cuja associação religiosa não é mencionada e a quem se atribui, enfaticamente, má reputação.[61]

A posição moralmente dúbia do Egito é reforçada pela inclusão de P à narrativa histórica da Bíblia. É claro, a fonte Sacerdotal não *inventou* o antagonismo contra o Egito, que percorre o livro do Êxodo; os versículos pré-exílio também transmitem hostilidade e é quase certo que algumas das tribos de origem de Israel tenham uma história verdadeira de conflito contra o Egito. Ainda assim, a fonte Sacerdotal aprofundou a demonização do Egito na Bíblia.

É P, por exemplo, que nos conta que "Os egípcios impunham aos israelitas a mais dura servidão, amarguravam-lhes a vida com duros trabalhos". Então, os israelitas, "gemendo ainda sob o peso da servidão, clamaram", e Deus os ouviu. E, depois de ouvi-los, Deus falou, para o Egito, da maneira que falou para quase todas as nações quando o Segundo Isaías retratava praticamente todo o mundo como inimigo de Israel: "Saberão os egípcios que eu sou o Senhor, quando eu estender a mão sobre o Egito e fizer sair dele os israelitas."[62]

A fonte Sacerdotal descreve a mão estendida de Deus: Iavé transforma toda a reserva de água do Egito em sangue e, como se não fosse suficiente, envia rãs, que anteriormente habitavam as águas, para infestar o Egito. É, então, a hora de trazer os insetos — piolhos, moscas ou mosquitos, dependendo da tradução. Em seguida, Iavé inflige "úlceras" na pele de todos os homens e animais do Egito. Depois, em uma noite, mata todos os primogênitos do Egito, um acontecimento que P relata brevemente antes de prescrever a Páscoa judaica, que deverá ser celebrada para sempre pelos israelitas nessa noite.[63] Aqui, a voz do Império Persa está ajudando a garantir que a hostilidade contra o Egito — contra um inimigo do Império Persa — figure de maneira central no calendário de rituais do judaísmo.

Em meio à narrativa da Páscoa judaica, a fonte Sacerdotal parece envolver-se em um problema teológico. P faz Iavé declarar que "exercerei minha justiça sobre todos os deuses do Egito".[64] Deuses? Mas P não era monoteísta? Sim, mas P pode estar imaginando um dia em que havia mais de um deus sobre a terra, antes de Iavé assumir o controle total. E, uma vez que uma das "justiças" que Iavé pode ter "exercido" foi a pena de morte, essa história poderia servir como um marco no surgimento do monoteísmo. Em todo o caso, esse trecho curioso sustenta o fato de que, mesmo que Schmid esteja certo e o movimento essencial da teologia de P seja internacionalmente inclusivo, ele não é *universalmente* inclusivo. Aparentemente, se os deuses quiserem se qualificar para a teologia inclusiva de P — se quiserem ser manifestações de Elohim — um bom atributo é estar associado a uma nação que faça parte do Império Persa.

Em resumo, P é uma voz das boas relações em larga escala, mas não das boas relações universais. Portanto, o deus descrito por P — mais ou menos o Deus oficial dos israelitas no retorno do exílio — não amadureceu tanto quanto gostaríamos. Mas poderíamos realmente pedir mais? Afinal, na época de P, a força da soma não zero ainda não se espalhara por todo o mundo; Israel não tinha oportunidades ganho duplo com, digamos, o Extremo Oriente, e não havia sequer possibilidades reais de colaboração com o Egito, enquanto este fizesse parte da lista dos inimigos da Pérsia. O deus abraâmico estendera sua compreensão para além dos jogos de soma não zero percebidos, que é tudo o que esperamos de um deus.

Mas isto é Deus?

Ou, melhor, tudo o que esperamos de um "deus". O deus que venho descrevendo é um deus entre aspas, um deus que existe na cabeça das pessoas. Quando eu disse no capítulo 5, por exemplo, que Iavé era forte, ainda que misericordioso, quis dizer que seus adeptos *pensavam nele* como forte, ainda que misericordioso. Não existe nenhum motivo especial para acreditar que havia um deus "lá fora" que correspondesse a essa concepção interna. Da mesma forma, quando digo que Deus demonstra progresso moral, o que realmente estou dizendo é que a *concepção* das pessoas acerca de Deus move-se em uma direção moralmente progressiva.

É claro, do ponto de vista do devoto tradicional, isso não é um pensamento animador. Com efeito, no conjunto, a perspectiva que estou expondo parece uma piada do tipo "boa e má notícia" para cristãos, muçulmanos e judeus tradicionalistas. A má notícia é que o deus que você pensava ter nascido perfeito, na realidade nasceu imperfeito. A boa notícia é que esse deus imperfeito não era um deus mesmo, mas só uma invenção da imaginação humana. Obviamente, para o fiel tradicional, as duas são más notícias.

No entanto, os fiéis tradicionais entram nesta conversa com uma elevada expectativa: a de que uma teologia antiga, que se formou milênios antes de a ciência começar a revelar a natureza do mundo, possa sobreviver incólume à análise crítica moderna. Atualmente, há pessoas que se diriam com orientação religiosa ou, pelo menos, com orientação espiritual, para não pedir muito. Elas nasceram em um mundo científico que parece não oferecer nenhuma sustentação em particular à busca espiritual, e ficariam contentes com a prova de que essa busca não é vã, afinal. Elas são um pouco como Fiodor Pavlovitch em *Os irmãos Karamazov*. Quando seu filho ateu lhe diz que não existe Deus nem a imortalidade, ele reflete, taciturno: "Não há absolutamente nada, então." Porém, ele continua energicamente: "Talvez exista alguma coisa? Qualquer coisa é melhor que nada."

Existe alguma coisa? Qualquer coisa? Há qualquer evidência de alguma coisa? Qualquer sinal de que a vida é mais do que a soma de suas partículas subatômicas — algum propósito superior, algum sentido mais profundo, talvez até alguma coisa que se qualificasse como "divino", em algum sentido dessa palavra? Se você aborda a busca espiritual com esperanças assim modestas — com o ceticismo humilde da modernidade, em vez da certeza revelada do mundo antigo — nesse caso, uma avaliação racional da situação pode se provar mais animadora. Pode ser que haja, como Fiodor Pavlovitch colocaria, alguma evidência de alguma coisa.

O que poderia se caracterizar como evidência de um propósito superior em ação neste mundo? Em primeiro lugar, uma direção moral na história. Se a história conduz naturalmente a consciência humana em direção ao aperfeiçoamento moral, ainda que lenta e irregularmente, isso seria prova de que há algum sentido nisso tudo. Pelo menos, seria mais prova do que a outra opção — se a história não mostrasse uma direção perceptível, ou se mostrasse uma direção descendente: a humanidade como um todo se tornando mais obtusa moralmente, mais vingativa e intolerante.

Ou, para trazer a questão de volta para o contexto presente: na medida em que "deus" amadurece, isso é evidência — talvez não evidência sólida, mas *alguma* evidência — de um propósito superior. O que levanta a questão: se "deus" realmente amadurece, e amadurece com obstinada insistência, isso quer dizer que podemos começar a pensar em tirar as aspas da palavra? Ou seja: se a concepção humana de deus inclui aperfeiçoamento moral; e se ela reflete o correspondente aperfeiçoamento moral da própria humanidade; e se o aperfeiçoamento moral da humanidade emana da dinâmica básica subjacente à história; e se concluirmos que esse aperfeiçoamento é, assim, evidência de um "propósito superior", isso resulta em evidências de um deus real?

Não nos antecipemos. "Propósito superior" é uma expressão bastante vaga e é possível imaginar isso sendo concedido por algo bem diferente de um deus, em sua concepção tradicional.[65]

De qualquer modo, no próximo capítulo, abordaremos algumas implicações teológicas de uma história moralmente orientada. Nos capítulos subsequentes nos concentraremos na história em si mesma. Tentarei mostrar que, no conjunto, não obstante os momentos de retrocesso, as concepções humanas do divino tornam-se moralmente mais elaboradas — que "deus" tende a se aperfeiçoar moralmente porque a humanidade está, ela própria, se aperfeiçoando moralmente. E a razão, eu direi, é que as circunstâncias favoráveis ao aperfeiçoamento moral — a amplitude e a densidade da dinâmica da soma não zero — intensificam-se com o passar do tempo. A evolução tecnológica (rodas, estradas, escrita cuneiforme, alfabetos, trens, microchips) insere cada vez mais pessoas em relacionamentos de soma não zero

256 A EMERGÊNCIA DO MONOTEÍSMO ABRAÂMICO

com cada vez mais pessoas, a distâncias cada vez maiores, muitas das vezes cruzando-se fronteiras étnicas, nacionais ou religiosas. Isso não garante o progresso moral, mas conduz as possibilidades nessa direção e, no longo prazo, as possibilidades tendem a se realizar.

Que o insistente crescimento da soma não zero é essencial para a história humana, como parte do próprio mecanismo da evolução cultural, trata-se de um argumento que o espaço aqui não permite que eu desenvolva. (Eu o fiz em meu livro anterior *Não zero*.) Mas essa crescente soma não zero estará visível no decorrer deste livro e no amadurecimento de Deus. É a causa primeira do amadurecimento de Deus. Ou, talvez devamos dizer, somente a "causa" do amadurecimento de Deus, já que persiste a possibilidade de que essa soma não zero crescente foi causada, ela própria, por alguma outra coisa — talvez, por um deus antiquado, como os tradicionalistas esperariam; e talvez por algo mais abstrato, mais moderno filosoficamente. Em qualquer caso, porém, por algo mais profundo.

Contudo, antes de prosseguir com a história do amadurecimento de Deus, vale a pena analisar brevemente o antigo pensador abraâmico que tentou de modo notável obter as duas maneiras: ver a divindade de maneira abstrata, como um tipo de lógica dentro da história, e ainda fazê-lo de um modo que preservasse a satisfação emocional da religião tradicional. Por acaso, esse pensador era Fílon de Alexandria.

CAPÍTULO 9

Logos: o algoritmo divino

O conflito entre ciência e religião é às vezes apresentado como uma metáfora geográfica — como uma tensão entre Atenas, antigo berço da filosofia secular, e Jerusalém, símbolo da verdade religiosa revelada. Muitos pensadores religiosos antigos ignoravam essa tensão ou tentavam minimizá-la. "O que Atenas tem a ver com Jerusalém?", perguntava o teólogo cristão Tertuliano, por volta de 200 EC (Era Comum). Quanto menos, melhor, ele achava. Tendo recebido a verdade revelada através de Cristo, "não queremos nenhuma disputa excêntrica".[1]

Bem, isso foi naquele tempo. Hoje a ciência é tão claramente poderosa que os teólogos não podem desconsiderar levianamente a sabedoria secular. Para a maioria das pessoas instruídas e esclarecidas, Atenas e Jerusalém devem ser reconciliadas ou Jerusalém será excluída do mapa.

Dois milênios atrás, Fílon de Alexandria sentiu essa necessidade em seu íntimo. Alexandria ficava situada entre Atenas e Jerusalém — fisicamente, não só metaforicamente — e Fílon estava ligado às duas culturas. Sua herança cultural judaica e seu ambiente social grego inspiravam-no, em conjunto, a buscar a síntese da teologia bíblica e da filosofia grega. Ele passou a mostrar que a religião revelada poderia não só resistir ao desafio da razão, mas ser nutrida por esta, e vice-versa.

De certo modo, este é mais um exemplo da lógica da soma não zero, estimulando a síntese intelectual. Assim como a interdependência das cidades mesopotâmicas no terceiro milênio AEC levou-as a costurar um panteão pansumeriano, a interdependência dos judeus e gregos levaria Fílon a mesclar o pensamento judeu e o grego. E isso não seria apenas uma questão calculista, da percepção de Fílon de que judeus e gregos se relacionariam melhor se entendessem suas visões de mundo como compatíveis. Fílon participou da cultura grega — teatro, corridas de cavalos, lutas de boxe — e, sem dúvida, tinha amigos próximos que eram intelectuais gregos.[2] Quanto mais próximos são os amigos, maior a necessidade que eles têm de compartilhar uma visão de mundo em comum. Isso é só a natureza humana: nosso instinto de entrar em jogos de soma não zero, de manter aliados sociais, de estimular a convergência intelectual; da mesma maneira que nosso instinto de participar de jogos de soma zero estimula a divergência intelectual quando definimos as pessoas como nossas adversárias.

E, à parte a soma não zero, havia o problema da dissonância cognitiva. Fílon acreditava que o judaísmo e grande parte da filosofia grega eram verdades e, enquanto esses pensamentos parecessem em conflito, ele não descansaria.[3]

Mas sua missão ia além de demonstrá-los compatíveis. Se a revelação original da verdade derradeira vinha de fato de Iavé, as mais profundas reflexões da filosofia grega deveriam estar prefigurados nas escrituras. Essa linha de argumentação exigiria toda a habilidade intelectual de Fílon e produziria uma interpretação criativa, frequentemente alegórica, da Bíblia. "Ele leu Platão relacionando-o com Moisés, e leu Moisés relacionando-o com Platão, até o ponto em que se viu convencido de que ambos disseram essencialmente as mesmas coisas", escreveu o historiador de religião Erwin Goodenough, cujos vários livros sobre Fílon, no começo do século XX, ajudaram a estabelecer a posição deste como um dos mais importantes pensadores da Antiguidade. "Com efeito, ele costumava dizer que Platão plagiara as ideias de Moisés, mas suas interpretações bíblicas geralmente apresentam-se como se ele achasse que Moisés tivesse sido ensinado por Platão."[4]

Ainda que um pouco da ginástica intelectual de Fílon seja artificial, ela produziu algo de valor duradouro. Se as pessoas de qualquer das crenças abraâmicas — judaísmo, cristianismo ou islamismo — estiverem procurando pelo mais antigo teólogo abraâmico cuja expressão carregue uma sensibilidade moderna, Fílon pode ser esse pensador. Aliás, se elas estiverem procurando não pela mais antiga expressão teológica compatível com a ciência, mas pela *melhor* expressão teológica compatível com a ciência, Fílon ainda pode ser esse pensador. Na essência de seu corpo teológico, por vezes canhestro, está a base de uma teologia moderna viável.

A ponte entre Atenas e Jerusalém era só um dos projetos de construção intercultural que Fílon propôs. Enquanto Jesus pregava na Galileia, Fílon, em Alexandria, dispunha uma visão de mundo com ingredientes importantes e uma terminologia específica, que se mostraria no cristianismo durante sua consolidação nos dois séculos seguintes. Ao mesmo tempo, parte de seus escritos lembraria o budismo e também as tradições místicas que se desenvolveriam no judaísmo, no cristianismo e no islamismo. Aqui também Fílon está antecipando a modernidade — antecipando uma prática espiritual que não precisaria (embora pudesse) envolver uma divindade administradora. Mas essas façanhas são efeitos da missão que era mais preciosa ao coração de Fílon e com a qual devemos começar: a conciliação da religião judaica com a filosofia grega.

Deus como programador

A síntese de Fílon entre fé e razão era abrangente, já que ele asseverava a racionalidade máxima não só da teologia como dos rituais. (Ao que parece, ele foi a primeira pessoa a defender o rito judaico da circuncisão como forma de higiene pessoal.)[5] Mas, de um ponto

260 A EMERGÊNCIA DO MONOTEÍSMO ABRAÂMICO

de vista moderno, sua maior contribuição pode ter sido o confronto com o mais óbvio obstáculo para a conciliação entre a religião tradicional e a abordagem científica: a ideia de um deus antropomórfico e amiúde intervencionista.

Na Bíblia, Deus é às vezes descrito como fisicamente antropomórfico (sentado em um trono, por exemplo) e muitas vezes como psicologicamente antropomórfico (propenso ao ciúme, à ira etc.). Essa concepção dos deuses perdeu espaço entre os filósofos gregos desde Xenófanes, cinco séculos antes da época de Fílon, dada a sua arbitrariedade. Se cavalos e bois tivessem uma teologia, Xenófanes afirmava, "os cavalos pintariam figuras de deuses semelhantes a cavalos, e os bois semelhantes a bois".[6] Entretanto, um deus amiúde intervencionista — um deus que distribui pragas, tempestades e chispas de fogo para manter a humanidade no rumo — não coexistiria facilmente com uma visão de mundo científica. Essa visão de mundo não viria a se desenvolver por aproximadamente dois milênios depois de Fílon, mas seu espírito motivador e seu anseio como explicação universal haviam surgido séculos antes, na época de Aristóteles.

Habilmente, Fílon descartou a descrição antropomórfica de Deus na Bíblia, considerando-a uma parábola.[7] E quanto a como Deus *era* se ele não parecia humano: embora Fílon pareça ter concebido Deus como personificado, em *certo* sentido,[8] sua conclusão era de que "nenhum nome, nem expressão, nem concepção de qualquer tipo é adequada".[9]

Mas se alijar de um deus antropomórfico e em geral intervencionista trazia um problema. Era bastante fácil dizer que Deus desafia a compreensão humana e que está fora, em outra realidade, além da meramente material — que ele é inefável e transcendente. Todavia, se este for o caso, qual é exatamente sua conexão com este mundo? Como ele é reconhecido por suas ações cotidianas? Além disso, qual é sua conexão *conosco*? Como obtemos conforto, apoio espiritual e orientação moral de um deus que está recolhido em algum lugar?

Como Goodenough descreveu o desafio que Fílon enfrentou: "Deve haver um Ser Inconexo que, ainda assim, mantém alguma conexão."[10]

Fílon respondeu a esse desafio com uma palavra: "logos". A palavra tanto fazia parte do vocabulário cotidiano do grego, como era um termo técnico na filosofia grega. Era a forma nominal de um verbo que significava "falar" e "calcular", e, naturalmente, significava "discurso" e "cálculo" ou "computação". Porém, na época em que os filósofos antigos a utilizaram, ela teve vários significados, como "razão" e "ordem".[11] Em sua missão de conciliar um Deus transcendente com um Deus ativo e expressivo, Fílon aproveitaria todos esses significados e muito mais.

Por outro lado, o Logos de Fílon era, como Goodenough afirmou, o "princípio racional do universo" e a "Lei Natural para todos os homens e a matéria".[12] Nesse sentido, era como o que os cientistas modernos chamariam de as leis básicas da física, química e biologia — as normas que mantêm o mundo em operação e íntegro. O Logos, escreveu Fílon, era "o Elo do Universo que não pode ser rompido".[13]

Entretanto, o Logos de Fílon tinha uma profundidade divina que as simples leis da ciência não têm. Primeiramente, ao animar a matéria e os homens, ele anima a história. Poder-se-ia dizer o mesmo quanto às leis da ciência, é certo, mas se essas leis não foram dadas por Deus, não há nenhuma razão para esperar que a história por elas animada conduza a algum fim em particular. Na visão de Fílon, o Logos, ao contrário, dava à história uma direção — com efeito, uma direção moral: a história movia-se em direção ao bem. Uma história dirigida pelo Logos viria, ao fim, a unificar a humanidade em liberdade política; o Logos trabalharia "para o objetivo de que todo o nosso mundo seja um único Estado, beneficiando-se da melhor das constituições, uma democracia".[14]

Ao mesmo tempo, Fílon acreditava que o Logos existira antes dos humanos ou da terra ou, nesse sentido, da matéria.[15] Antes de criar o universo, Deus formulou o Logos à maneira que um arquiteto conceberia uma planta ou que um programador de computador elaboraria um algoritmo. Muito antes de a ciência moderna começar a questionar o cenário da criação em seis dias no Gênesis, Fílon apropriou-se da questão considerando esses seis dias uma parábola: na realidade, eles se referiam não à criação da terra, dos animais e do homem por Deus, mas à criação do Logos, o algoritmo divino, que traria à existência a terra, os animais e o homem uma vez que fosse liberado sobre o mundo material — isto é, uma vez que o mundo material fosse criado para servir como seu meio.[16] Então, o plano de Deus poderia se revelar de modo tangível. O Logos, escreve o estudioso David Runia, é "o instrumento de Deus tanto na criação como na administração providencial do cosmo".[17] Como o próprio Fílon afirmou: "O Logos foi concebido na mente de Deus antes de todas as coisas e se manifesta na conexão com todas as coisas."[18]

Os pensadores gregos de antes da época de Fílon falavam de um *logos* que agia nos seres humanos de duas maneiras — dentro da mente (na formação de um pensamento) e no discurso (quando o pensamento é expresso no mundo físico).[19] A teologia de Fílon aplicava essa dicotomia a Deus. Primeiro, Deus concebeu o Logos em sua mente. Em seguida, ao criar o mundo, ele, de certa forma, expressou o Logos, infundindo com este a matéria. Ele falou ao universo em seu princípio, e, por meio da direção contínua do Logos, ele fala a nós agora. Pode-se escolher outras metáforas, e os estudiosos escolheram — o Logos é "o sopro de Deus" ou um "fluxo" emanando de Deus, ou "a face de Deus voltada para a criação"[20] — mas, em qualquer caso, o Logos é o ponto de contato entre a humanidade e o divino.

Assim é que o Logos reconcilia a transcendência de Deus com uma presença divina no mundo. O próprio Deus está além do universo material, mais ou menos como o programador de um videogame está fora do videogame. Contudo, o videogame em si — o algoritmo dentro da caixa — é uma extensão do programador, um reflexo da mente do programador. Da mesma forma, se Deus imbuiu o Logos com seu espírito e seus valores, conhecer o Logos é perceber a intenção divina, até mesmo conhecer uma parte de Deus.[21] Deus pode estar fora do universo físico, mas, como afirma Goodenough, há "uma presença imanente e uma cooperação da divindade no mundo criado".[22] O papel dos seres humanos, poderíamos dizer, é, por sua vez, cooperar com a divindade, uma tarefa que eles melhor desempenharão se perceberem essa presença e o propósito que ela transmite.

Familiarizando-se com o programa

Em algum momento da jornada através da complexa visão de mundo de Fílon, temos de abandonar ou melhorar radicalmente a analogia do videogame (a qual, me ocorreu agora, Fílon nunca endossou, para começar). Independentemente de quão transcendente Deus seja, podemos nos aproximar mais de um contato real com ele do que o Pac-Man jamais poderia com Toru Iwatani, seu criador. Os vários intérpretes de Fílon discordam da proximidade a que podemos chegar. Alguns dizem que Fílon acreditava que um tipo de contato direto com Deus era, de algum modo, possível; outros falam de uma união com "o divino" que não chega a ser uma comunhão com o próprio Deus.[23]

Todavia, seja como for a conexão, o primeiro passo para realizá-la era tentar entender Deus e a vontade de Deus. Assim, decifrar o Logos poderia trazer iluminação não só intelectual, como espiritual. "O *logos* tem o propósito de guiar a alma humana ao reino do divino", escreveu o estudioso Thomas Tobin. E, embora o conhecimento perfeito de um Deus inefável e transcendente não seja possível, a busca vale o esforço, porque quanto mais longe você vá, mais parecido com Deus você pode se tornar.[24] Goodenough assim propõe: "Alguém pode ser ou agir como sobre-humano porque o sobre-humano tornou-se, em alguma medida, uma parte desse alguém."[25] A chave é encontrar a harmonia com o Logos.

264 A EMERGÊNCIA DO MONOTEÍSMO ABRAÂMICO

Como você imagina o que isso envolveria? Como decifrar o Logos, em primeiro lugar? Bem, se você for judeu, já tem uma vantagem. Fílon acreditava que Deus privilegiou os judeus com a revelação inicial. O Logos, disse ele, estava refletido na Torá, a lei judaica transmitida a Moisés. Na verdade, a Torá não só reflete o Logos — ela não só diz como você se deve comportar para se harmonizar com o princípio que governa o universo e tudo que há nele; as regras de vida descritas na Torá são *parte do* Logos. Nesse sentido, o Logos é um pouco parecido com o conceito budista do dharma: ambos são a verdade sobre como as coisas são — sobre como o universo funciona — e a verdade sobre como devemos viver nossas vidas, dada a maneira como as coisas são. É a lei da natureza e é a lei para a vida sob a perspectiva da natureza.

Esse duplo sentido é difícil de ser aceito por algumas pessoas, uma vez que hoje separamos frequentemente a descrição (leis científicas) da prescrição (leis morais). Mas para muitos pensadores antigos, a conexão era estreita: se as leis básicas da natureza foram apresentadas por um Deus perfeito, devemos nos comportar de acordo com elas, e auxiliá-las em sua realização; devemos ajudar o Logos a conduzir a humanidade na direção que Deus deseja para a humanidade.

E que direção Deus *realmente* quer para nós? A direção da maior harmonia com outras pessoas e com outros povos, diz Fílon. A Torá, como apresentada por Moisés, era bem detalhada, mas Fílon sentia que muitas de suas conclusões poderiam ser apreendidas de maneira simples: "Isso é o que nosso profeta mais sagrado, por meio de todas as suas regras, deseja especialmente criar, unanimidade, boa vizinhança, camaradagem, reciprocidade de sentimentos, pelas quais casas, cidades, nações, países e toda a raça humana possam progredir para a suprema felicidade."[26]

Pois bem, então este é um começo: ser agradável com as pessoas, mesmos com aquelas que não sejam de sua tribo. Mas, certamente, deve haver mais do que isso na receita de Fílon para a união bem-

LOGOS: O ALGORITMO DIVINO

aventurada com o divino. Além disso, como os gentios deveriam usar essa receita? Por que eles seguiriam as notas de Fílon sobre a Torá, já que Deus não revelou a Torá para eles em primeiro lugar? Eles teriam de considerar os judeus como modelos a serem seguidos?

Fílon certamente aprovava essa abordagem, mas ela não era necessária. A vantagem do Logos era que não se precisava acreditar na palavra de ninguém para isso. De fato, veja como os filósofos gregos se saíram bem sem a vantagem de uma formação judaica. "O que os discípulos da mais excelente filosofia obtêm de seus ensinamentos, os judeus o têm de seus costumes e leis, que é conhecer a mais suprema, a mais antiga Causa de todas as coisas..."[27] Qualquer pessoa no mundo, nos tempos de Fílon ou hoje, pode, em princípio, entender o que é preciso para alcançar um tipo de concórdia com Deus. É uma questão empírica.

Quanto a onde exatamente os não privados da revelação especial devem começar a busca: Fílon não é tão conciso e direto como desejaria o buscador moderno da comunhão divina, pressionado pelo tempo como possa estar. Na verdade, Fílon é, quase sempre, pouco direto. Os estudiosos discutiram à exaustão o significado de suas obras, tentando resolver paradoxos e definir seus contornos, interpolando quando necessário, para preencher as lacunas. (Alguns de seus escritos sobreviveram somente em fragmentos; outros, nem assim.)

Nesse caso — de entender como o Logos pode ser decifrado por meio da observação e reflexão — a interpolação pode começar com um único fato importante: Fílon equipara o Logos com a sabedoria, usando os dois termos indistintamente.[28] Em um momento, é o Logos que está conduzindo as almas para a comunhão divina; no momento seguinte, é a sabedoria que está fazendo o trabalho, levando-as para além do mundo material ("a sabedoria, pela qual almas solitárias e suplicantes podem escapar para o Não criado").[29]

Essa equivalência Logos-sabedoria pode não ser o que o buscador espiritual mais precisa neste momento de extremo esforço para compreender Fílon. Por um lado, trazer a sabedoria para a cena complica ainda mais nossa imagem de um Logos já multifacetado. Por outro, a aparente implicação — de que o caminho para Deus está em agir com sabedoria — soa, de maneira decepcionante, prosaica e lugar-comum. No entanto, a equivalência entre Logos e sabedoria é a chave para decifrar o código de Fílon, para entender como o Logos pode servir de caminho para o divino. Como um bônus, essa equivalência vem a ter um tipo de poesia espiritual em torno dela.

A anatomia da sabedoria

A poesia é particularmente convincente se você a aborda, como muitos leitores de Fílon o fizeram, sob a perspectiva das escrituras. Ao equiparar o Logos com a sabedoria, Fílon estava recorrendo à "literatura sapiencial" judaica — livros bíblicos, como o livro dos Provérbios, e livros antigos que não fariam parte da Bíblia, mas que eram considerados sagrados na época, como o Sabedoria de Salomão e o livro de Sirac. Nessas obras, sabedoria é muito mais do que habilidade e astúcia. Em Provérbios, a "Sabedoria" é descrita como uma mulher. "Feliz do homem que encontrou a sabedoria", porque "mais vale este lucro que o da prata, e o fruto que se obtém é melhor que o fino ouro". De fato, "nada que desejas a iguala (...) Os seus caminhos estão semeados de delícias. Suas verdades são pacíficas. É uma árvore de vida para os que a colhem, e felizes são os que a ela se apegam!".[30] Em suma: uma mulher que vale a pena perseguir.

Algumas pessoas interpretam isso como personificação poética, mas, com efeito, a Sabedoria já havia sido provavelmente considerada uma deusa, talvez filha de Iavé.[31] Seguramente, nos Provérbios ela é descrita como, em *certo* sentido, uma filha de Iavé. Ela diz: "O Senhor me criou, como primícia de suas obras, de seus feitos mais antigos." E, uma vez nascida, ela começa a agir de modo muito parecido com o

Logos nascente descrito por Fílon, como um importante intermediário na criação do universo. Ela diz que quando Deus "traçou o horizonte na superfície do abismo; (...) Quando assentou os fundamentos da terra, junto a ele estava eu como artífice, brincando todo o tempo diante dele".[32]

Isso levanta uma questão. Quando Fílon diz que a sabedoria é o que nos transporta para além do mundo material, ele parece estar falando de um tipo de compreensão possível aos homens. Mas quando os Provérbios falam sobre a Sabedoria como sendo a criação de Deus que, por sua vez, criou o mundo, ela parece-se mais com a sabedoria que Deus utilizou no projeto da realidade física. E, certamente, o tipo de sabedoria que as pessoas têm é bem diferente do tipo de sabedoria que Deus possui. Correto?

Não sejamos precipitados. O interessante da visão de mundo de Fílon é a potencial continuidade entre os dois tipos: o caminho pelo qual os seres humanos comuns podem, se forem diligentes, participar da sabedoria de Deus. Vemos isso metaforicamente nos dois papéis atribuídos à Sabedoria nos Provérbios: ela é tanto o ser que ajuda Deus a criar o mundo, como o ser que agora acena aos mortais comuns que a adotem. Mas, deixemos a metáfora. Por todo poder inspirador que a Sabedoria (e, portanto, o Logos) tinha para os antigos quando ela era personificada, até deificada, tratar a sabedoria em termos abstratos, modernos, é o modo de explicar a visão de mundo de Fílon para as pessoas na era moderna. Pois assim podemos entender exatamente como Deus poderia ter estabelecido o mundo de modo que as pessoas comuns, apenas usando sua cabeça, pudessem alcançar algum tipo de comunhão com o divino. Em outras palavras: como Deus poderia ter estabelecido o Logos de modo que os sérios buscadores da verdade espiritual pudessem segui-la até ele — ou até ele, ela ou isso, como falaríamos hoje.

268 A EMERGÊNCIA DO MONOTEÍSMO ABRAÂMICO

A lógica da sabedoria bíblica

Os Provérbios e outros livros sapienciais judaicos são parte de uma
tradição sapiencial maior no antigo Oriente Médio, encontrada do
Egito até a Mesopotâmia. Essa literatura era voltada inicialmente
para rapazes de classe superior conforme se aproximassem da idade
adulta. Em certo sentido, trata-se de exortação moral. O livro dos
Provérbios anuncia em seu início que objetiva transmitir um senso de
"integridade, justiça e honestidade". Entretanto, o versículo seguinte
desloca-se para um reino de autoajuda pragmática, prometendo que
o livro dará "discernimento aos simples" e "reflexão ao jovem".[33]

Pela lógica da literatura sapiencial, não há uma grande lacuna aqui.
Você aprende a virtude aprendendo a *sabedoria* da virtude, aprendendo que a virtude é em interesse próprio. No livro dos Provérbios, a
senhora Sabedoria diz: "Eu, a Sabedoria, sou vizinha da sagacidade, e
o conhecimento da prudência está à minha disposição".[34] Isso porque
você pode trilhar o caminho para o conhecimento do Logos mesmo
sem ter nascido judeu, sem ter acesso à Torá. Você pode simplesmente
observar o funcionamento do mundo e ver que tipos de comportamento produzem resultados e que tipos conduzem ao sofrimento. Os
comportamentos mais proveitosos têm mais propensão de refletir a
virtude, de manifestar a sabedoria, de convergir para o Logos.

Sem dúvida, Fílon aconselharia que você observasse a autoridade,
que aceitasse os ensinamentos da literatura sapiencial. Mesmo deixando de lado o fato de que se trata de escrituras sagradas, que refletem
a vontade de Deus, essa literatura foi reunida ao longo do tempo por
alguns dos observadores mais astutos da condição humana. Aceitá-la
de bom grado, portanto, era uma excelente maneira de poupar tempo.
Entretanto, a sabedoria dos sábios estaria, em princípio, disponível
direta e empiricamente pela simples observação das consequências
dos comportamentos. Quando os Provérbios registram que "a soberba

precede à ruína, e o orgulho, à queda",[35] estão realmente *registrando* isso, afirmando que, de fato, a soberba e o orgulho das pessoas geralmente têm seu castigo merecido. É assim que o mundo funciona. Do mesmo modo, o livro de Sirac, ao questionar a conveniência da riqueza, observa: "Há quem é preservado de pecar devido à pobreza e no seu repouso não terá remorso." Entretanto, "As vigílias para enriquecer ressecam a carne, as preocupações tiram o sono". Estes são juízos de fato, como na observação de Sirac de que "Inveja e ira abreviam os dias, e a inquietação acarreta a velhice antes do tempo". Estudos modernos sobre emoções e saúde física corroboram essa afirmação — e também esta, de Sirac: "A alegria do homem torna mais longa a sua vida."[36]

Mesmo no âmbito da moral, a literatura sapiencial lida com causa e efeito. O livro dos Provérbios alertam aos jovens para que não se envolvam com ladrões assassinos, pois as pessoas que vivem pela espada por ela morrerão. "Eles mesmos armam emboscadas contra seu próprio sangue e se enganam a si mesmos. Tal é a sorte de todo homem ávido de riqueza: arrebata a vida àquele que a detém." E um homem não deve dormir com a esposa de outro homem porque perde a honra e talvez mais: "Porque o marido, furioso e ciumento, no dia da vingança não terá piedade."[37]

Essas generalizações não são absolutas. No conjunto, a literatura sapiencial não está dizendo que o mal é sempre punido por meio de consequências sociais, ou que as pessoas más nunca vencem. Realmente essa literatura é entremeada com lamentos de injustiças terrenas. Ainda assim sua conclusão é de que existem generalizações estatisticamente válidas sobre as consequências dos comportamentos — de que a virtude é geralmente recompensada e as más ações geralmente são punidas. A literatura sapiencial pretende apoiar-se basicamente em uma *ciência* do comportamento humano, e aqui está parte de sua modernidade; ela vê o mundo social como uma extensão do mundo natural e ambos os mundos como passíveis de estudos empíricos. ("O vento norte traz chuva e a língua detratora anuvia os semblantes", diz o lviro dos Provérbios.)[38] Na busca pela regularidade estatística por baixo do caos aparente e da complexidade da vida, a literatura sapiencial percebe "uma ordem que opera por trás das experiências", como escreveu Gerhard von Rad em seu clássico livro *Wisdom in Israel*.[39]

E de onde vem essa ordem? Eis aqui o ponto de articulação entre o científico e o teológico. A ordem em operação é o Logos, e ele veio originalmente de Deus. Este organizou o mundo de modo que o mero aprendizado em interesse próprio — o estudo das causas e efeitos e a preferência por efeitos proveitosos — guiaria as pessoas em direção à virtude. Assim, quando os Provérbios registram que "quem faz uma cova nela cairá, quem revolve uma pedra, esta sobre ele rolará", podemos pensar em Deus não como quem empurra pessoas em covas ou rola pedras sobre elas, mas como aquele que projetou a "gravidade" social que gera esses efeitos.[40] Talvez por isso ele não precise passar todo o seu tempo lançando raios — porque aqui na terra, tudo está sob controle, de acordo com o plano original, o Logos.

Nessa perspectiva, há pouca diferença entre a fé de um cientista — fé nas leis ordenadas que governam o mundo — e a fé religiosa. Como von Rad afirmou: "na sabedoria proverbial, há fé na estabilidade dos relacionamentos elementares entre os homens, fé na semelhança dos homens e de suas reações, fé na consistência das ordens que sustentam a vida humana e, portanto, implícita ou explicitamente, fé em Deus que colocou essas ordens em operação".[41]

Igualmente, chegar a um acordo com essa ordem social (aprender que o mau comportamento implica consequências desagradáveis) é chegar a um acordo com Deus. O livro dos Provérbios pode realçar as forças sociais mundanas que geram castigos aos pecadores — alertar potenciais adúlteros que tomem cuidado com maridos ciumentos — mas também afirma que "o temor do Senhor é princípio da sabedoria".[42] A senhora Sabedoria, nos Provérbios, diz: "Se acolheres, meu filho, mi-

LOGOS: O ALGORITMO DIVINO   271

nhas palavras e guardares com carinho meus preceitos, (...) se invocares a inteligência e chamares por entendimento, (...) então compreenderás o temor do Senhor e descobrirás o conhecimento de Deus".

É esse o vínculo entre as duas sabedorias, a sabedoria cotidiana banal dos seres humanos e a Sabedoria de Deus: Deus foi tão sábio que organizou um mundo no qual a busca racional por interesses próprios leva as pessoas à sabedoria. Isso explica por que a senhora Sabedoria, nos Provérbios, pode atuar nos dois papéis. Ela é tanto a própria Sabedoria de Deus — a Sabedoria que participou do projeto inicial do mundo, quando foi a "artífice" enquanto ele assentava os fundamentos da terra — como a doadora da sabedoria aos homens. Pela Sabedoria do projeto inicial do mundo é que os seres humanos são guiados em direção à sabedoria.

E assim, em certo sentido, em direção à Sabedoria — em direção à própria mente de Deus. "Pois a sabedoria é uma estrada em linha reta", escreveu Fílon. "E é quando o curso da mente é guiado ao longo dessa estrada que ela alcança o objetivo que é a recognição e o conhecimento de Deus."[43] Quando percorremos a realidade social de maneira sábia, estamos seguindo o Logos em retorno à sua origem.

E, não por acaso, essa sábia concordância com o Logos significa adesão à virtude, a qual Fílon personifica como uma mulher: "Pois o Logos de Deus, quando se manifesta em nossa constituição terrena, dá ajuda e assistência para aqueles que são próximos da virtude e para ela se voltam, permitindo-lhes, assim, refúgio e segurança perfeitos, porém envia sobre seus adversários desgraças irreparáveis."[44]

Isso, portanto, é uma percepção de que o contato com o divino é possível. Obter a sabedoria implica concordância com o Logos, e o Logos, a Sabedoria de Deus, é uma extensão de Deus; é uma dimensão do divino que pode ser acessada no mundo material. Parece razoável em teoria. Esse é o problema — parece teórico demais! Quando as pessoas pensam em uma comunhão com o divino, geralmente imaginam algo que as faça se sentir especiais, se sentir extasiadas, se sentir...

divinas! Até agora, o que lemos é que, se você prestar atenção e se comportar virtuosamente, estará se unindo, em certo sentido técnico, com o Logos, que é uma emanação divina.

Claro que, para os antigos, a personificação — ou deificação — do Logos como senhora Sabedoria trazia uma carga emocional. No livro dos Provérbios, ela beira a sedução: "Não abandones a sabedoria, e ela te guardará: ama-a, ela te protegerá."[45] (Não surpreende que Fílon, em algum momento, se refira à Sabedoria — ou, como ele citava em grego, Sophia — como sua esposa.)[46] Mas se o segredo para a versão de êxtase religioso de Fílon é levar tais imagens a sério, nós, os modernos, estamos em apuros. Mesmo se chamássemos a sabedoria de Sophia, não conseguiríamos retratá-la como uma mulher, muito menos como uma deusa.

Felizmente, o poderoso sentido de contato com o divino de Fílon não dependia inteiramente dessa personificação arcaica. Sua metafísica permitiu uma rota mais moderna para o Nirvana e ele a esboçou com algum detalhamento.

Receita para o Nirvana

De acordo com Fílon, cada mente humana tem um duplo relacionamento com o Logos.[47] Primeiro, como microcosmo: a mente é para o corpo como o Logos cósmico é para o mundo físico; é o princípio de raciocínio que nos rege, da mesma maneira que o Logos cósmico é o princípio de raciocínio que rege o universo. Segundo, cada mente humana é uma parte do Logos divino, uma extensão minuciosa dele; a mente, Fílon escreveu, é "uma parte inseparável do divino e da alma abençoada".[48] Nesse sentido, não precisamos tentar alcançar a união com o divino — nós nascemos com o divino.

Mas há união e União. A parte da mente que é extensão direta do Logos é a mente *racional*. E, na visão de Fílon, a mente racional

LOGOS: O ALGORITMO DIVINO

está sempre em conflito com os impulsos animais básicos, que, se conseguirem o que querem, distorcerão nossa visão e corromperão nossa motivação. Quanto mais nossa mente racional dominar nossos impulsos básicos, mais conectados ao divino estaremos. E se quisermos a União — se quisermos conhecer Deus tão intimamente quanto possível — precisaremos tornar nossa conexão com o Logos tão pura quanto possível: manter nossa mente racional totalmente no controle do espetáculo, resistindo a paixões e tentações. Sobre o caminho para a sabedoria, Fílon diz: "Todo aquele ligado ao corpo sensual odeia e rejeita esse caminho e tenta corrompê-lo. Pois não há duas coisas tão completamente adversas como a sabedoria e os prazeres da carne." O grande impedimento para o bem são "as paixões que aguilhoam e ferem a alma".[49]

Aqui, Fílon parece um antigo pensador que via as paixões como inimigas da iluminação. Entre as citações mais antigas atribuídas a Buda, está: "A melhor das virtudes [é] a ausência de paixões; o melhor dos homens, aquele que tem olhos para ver." O paralelo entre o pensamento de Fílon e o pensamento budista pode ser levado a um nível mais refinado. Na filosofia budista, há uma desconfiança profunda não só das paixões violentas, mas das distorções mais sutis, impregnadas no próprio mecanismo de percepção sensorial. Buda expressou sérias dúvidas sobre o que ele chamou de "as pistas dos sentidos", que têm a tendência de estimular, entre outras coisas, opiniões más e injustas sobre nossos irmãos seres humanos.[50] Aqui, similarmente, está a descrição de Fílon sobre os sentidos — ou, como ele os chamava coletivamente, "sentido": "Seus padrões de julgamento", ele escreveu, são "espúrios e corruptos, e imersos em opinião falsa", e "feitos para ludibriar e enganar e arrebatar a verdade de seu lugar no coração da natureza."[51] E Fílon, como Buda, entendeu que parte dessa corrupção do conhecimento puro se dá por preconceitos egoístas; ele se rebela especialmente contra o papel corrompedor da "inveja".

Fílon também compartilha da desconfiança da mística oriental em relação à linguagem, a convicção de que as palavras, em sua limitação, são incapazes de capturar a verdadeira natureza da realidade, sendo, portanto, um impedimento para a apreensão do divino. Ele condena o discurso por ser "autoexultante e orgulhoso", assombrando-se perante sua "audácia de tentar a tarefa impossível de usar sombras para me indicar substâncias".[52]

Fílon acreditava, como Buda, que a situação exigia uma cirurgia radical. Se quisermos nos aproximar do divino, o caminho a seguir, Fílon escreveu, "não é aquela maneira de pensar que consiste na prisão do corpo de seu próprio livre-arbítrio, mas aquela que, livre de suas cadeias, escapa das muralhas da prisão e, se assim podemos dizer, deixa para trás o seu proprio eu".[53] E é difícil conseguir isso por meio de qualquer coisa, exceto pela solidão monástica. Pois você deve primeiro separar a si mesmo do "corpo e de seus desejos intermináveis"; sua alma deve "libertar-se, como eu disse, do vizinho de nossa parte racional, o elemento irracional, que como uma torrente em cinco afluentes derrama-se pelos canais de todos os sentidos e desperta a violência das paixões". A "faculdade do raciocínio" deve "afastar e banir de si aquela que tem a aparência de ser a mais íntima dela, a palavra do discurso". A questão essencial é "que o logos ou o pensamento na mente pode ser abandonado por si só, em solidão, destituído do corpo, destituído da percepção dos sentidos, destituído da expressão do discurso falado; pois quando ele for assim deixado, viverá uma vida em harmonia em tal solidão". Somente então poderá o logos que está em todos nós conceder "sua alegre reverência à Existência Única"[54] — isto é, a Deus (aqui descrito por Fílon em linguagem abstrata, semelhante a termos teológicos modernos, tais como "realidade absoluta" e "o fundamento do ser").

Em resumo, a comunhão com Deus consistia em libertar a mente, de modo severo, de todas as suas inclinações profanas, após o que restaria algo como a razão pura e a sabedoria pura. O pequeno logos pessoal, incorrupto, poderia então desfrutar de uma conexão clara com o Logos cósmico. A mente seria uma extensão essencialmente contínua da mente de Deus. Fílon escreveu: "assim, se quiseres ter Deus como parte de tua mente, primeiro torna-te uma parte digna dele".[55] Somente então seria possível vivenciar o paradoxo: de que o triunfo da razão sobre a emoção pode levar à mais profunda emoção — uma "embriaguez sóbria", como Fílon chamou.[56]

Ele falou por experiência? Um fragmento de seus escritos sugere que sim, que ele teria uma vez alcançado algo como uma união extática com o divino:

> Houve uma vez, quando estava me devotando à filosofia e à contemplação do mundo e de suas partes, que atingi a fruição daquela Mente que é verdadeiramente bela, desejável e abençoada; pois vivi em comunhão constante com expressões e ensinamentos sagrados, nos quais me regozijei ávida e insaciavelmente. Nenhum pensamento mundano ou básico me ocorreu, nem me humilhei pelo conforto físico, pela riqueza ou pela glória, porém me pareceu ter nascido nas cumeadas, em êxtase da alma, e acompanhar o sol, a lua e todo o céu e o universo em suas revoluções. Então, ah!, então, espreitando das alturas etéreas e direcionando o olhar da minha inteligência como de uma torre de vigia, mirei o espetáculo indizível de todas as coisas terrenas e vi-me afortunado por ter impetuosamente escapado às calamidades da vida mortal.[57]

De volta à realidade

Infelizmente, Fílon relata, seus dias de contemplação extática chegaram ao fim quando "aquele inimigo do bem, a inveja" repentinamente "caiu sobre" ele e, por meio de uma sequência de eventos que ele não detalha, de algum modo o arrastou de volta para o mundo dos atos

276 A EMERGÊNCIA DO MONOTEÍSMO ABRAÂMICO

humanos.[58] As coisas não foram mais as mesmas. No "vasto mar das preocupações políticas", ele escreveu, "ainda sou arremessado ao acaso, incapaz até de subir à superfície". (Embora, às vezes, quando "há calma e quietude temporárias nos tumultos políticos, eu ganhe asas e deslize pelas ondas, quase em voo, e seja levado pelas brisas do entendimento". Então, ele podia abrir seus olhos e ser "inundado pela luz da sabedoria".)[59]

Em certo sentido, Fílon está exagerando a tensão entre a vida de ação e a vida de contemplação, entre a política e a iluminação. Como vimos, ele utilizou "a luz da sabedoria" em seu papel como líder da comunidade judaica de Alexandria. Ele se viu em uma situação em que o relacionamento de judeus com gregos e romanos era uma soma não zero, e respondeu a ela com sabedoria, no sentido bíblico: ao buscar racionalmente o interesse próprio (os interesses da comunidade judaica), ele terminou no lado da virtude (defendendo a tolerância entre crenças e o respeito mútuo). Ele estava, portanto, em sua vida política, seguindo os mandos do Logos.

Aqui, na vida de Fílon, vemos também o vínculo entre Sabedoria e sabedoria, entre o Logos cósmico, o plano divino desvelado sobre a terra, e o logos na mente de Fílon. O logos de Fílon, ao espelhar o Logos cósmico — removendo de si as distorções das paixões e revelando a razão pura — manifesta o Logos cósmico, impulsionando o plano divino.

Vemos ainda o vínculo entre o Logos como princípio determinante, como causa primeira da história, e o Logos como princípio moral. Em resposta à incitação do primeiro, Fílon ajuda a avançar o segundo — ajuda a realizar os ideais da Torá como ele os entendia.

Contudo, ainda falta uma peça nesse quebra-cabeça. Como o Logos conseguiu "incitar" Fílon? Como ele "arranjou" para que Fílon estivesse em uma situação de soma não zero, para início de conversa? Toda a questão do Logos, lembremos, era se livrar da necessidade de um Deus intervencionista, participativo, o tipo de Deus que poderia

LOGOS: O ALGORITMO DIVINO 277

olhar par baixo, convocar Fílon e colocá-lo em alguma situação de soma não zero, de modo que, ao agir sabiamente, ele pudesse avançar o plano de Deus. O Logos deveria ser menos como um deus personalizado e mais como as leis da natureza ou de um programa de computador — algo que se movimentasse automática e incessantemente. Mas como algo tão mecânico e geral poderia dar a Fílon oportunidade para uma ação sábia?

Fílon, infelizmente, não está aqui para responder a essa pergunta. Porém, não é difícil reunir um cenário que permita uma resposta coerente com seus escritos. Eis um desses cenários, um tipo de algoritmo cósmico que poderia explicar como Fílon chegou a uma situação de soma não zero:

Suponha que parte do Logos, como manifestado por meio dos homens, seja a parte inquisitiva, inventiva, da mente racional, a parte que tem nos dado um conjunto crescente de tecnologias, desde a roda ao ônibus espacial, dos caracteres cuneiformes à World Wide Web. (*Logos spermatikos*, uma expressão usada por Fílon e por filósofos gregos antigos, tem um desses significados, "razão germinadora", que produz novos *insights* em uma pessoa.)[60] Suponha que uma consequência dessa evolução tecnológica seja colocar as pessoas em situações de soma não zero com uma variedade cada vez maior de pessoas, incluindo, de modo crescente, pessoas de diferentes etnicidades e até pessoas situadas a longas distâncias. Assim, repetidamente, uma parte diferente da mente racional será convocada — uma parte que possa responder a tais situações de maneira inteligente, promovendo, desse modo, a tolerância.

O resto, como diriam, seria história. É claro, muitos desses encontros resultariam em violência e destruição. Mas à proporção que as pessoas respondessem à crescente soma não zero, como Fílon o fez — sabiamente, com interesse próprio altruísta — a tolerância ganharia cada vez mais espaço que a intolerância, o respeito pelos direitos dos outros avançaria no conjunto, e assim a humanidade se moveria, ainda que irregularmente, em direção ao aperfeiçoamento moral. E, às vezes, o caminho seria a razão desapaixonada, como Fílon o fez quando descobriu interesses em comum com adversários, como Calígula, apesar de sua antipatia por eles.

Não estou sugerindo que se fosse pedido ao próprio Fílon que resumisse a essência da interface Logos-logos em 250 palavras, ele recitaria o parágrafo anterior. No entanto, estou dizendo que esta é uma leitura dessa interface que faz sentido e é bastante coerente com sua visão de mundo e com o movimento observado na história. Além disso, Fílon provavelmente *aprovaria* algo como a formulação acima. Para que "o universo possa produzir uma harmonia como a de uma obra-prima da literatura", ele escreveu, o Logos "age como mediador entre os adversários em meio a suas diferenças e os reconcilia pelas vias triunfantes da paz e da concórdia".[61] Ou, dizendo de outro modo: a sabedoria dos seres humanos individuais, tal como Fílon, leva à paz e à concórdia, sustentando, assim, a Sabedoria maior, a Sabedoria divina, ao realizar seus objetivos.

Fílon entendeu que a sabedoria favorece a paz e a concórdia não só porque a paz é preferível à guerra, mas porque ela traz a oportunidade de benefícios mútuos por meio da interação proveitosa. E uma das fontes principais desses benefícios é o fato de que nações diferentes possuem recursos diferentes, e que pessoas diferentes possuem habilidades diferentes; elas têm uma complementaridade que pode ser aproveitada, desde que elas não estejam brigando. Em certo ponto, Fílon descreve a direção da história (um produto direto do Logos, em sua visão de mundo) propondo essa complementaridade, essa forma de soma não zero, como sua essência. Referindo-se a "todas as coisas criadas" — nas quais ele inclui as diferentes espécies vegetais e animais, e também as diferentes pessoas e os diferentes povos — ele escreve que Deus "não fez nenhuma dessas coisas particulares completas em si mesmas, para que não houvesse necessidade umas das outras. Assim, por meio do desejo de obter o que precisa, cada coisa

LOGOS: O ALGORITMO DIVINO

tem de necessariamente aproximar-se de outra que possa atender à sua necessidade, e essa aproximação deve ser mútua e recíproca. Portanto, por meio da reciprocidade e da combinação, assim como uma lira é formada de notas distintas, Deus quis que as coisas chegassem à união e concórdia e formassem uma só harmonia, e que uma cooperação universal as governasse, e conduzisse à perfeição de todo o mundo".[62]

Dois milênios depois de Fílon ter escrito, ainda não chegamos à fraternidade universal. Entretanto, como ele antecipara, a história trouxe progresso moral e motivação para uma esperança real. E se você não se sente esperançoso, volte lá e releia sua Bíblia Hebraica. A sugestão pode parecer estranha, haja vista o quão fria, senão cética, minha leitura das escrituras tem sido. E, certamente, muitas pessoas reagem a essa leitura cética e fria *perdendo* as esperanças. Algumas pessoas ficam desapontadas ao descobrir, por exemplo, que um famoso versículo do Levítico — "Amarás o teu próximo como a ti mesmo" — refere-se somente aos irmãos israelitas, não aos povos das nações vizinhas. De fato, o desapontamento é evidente mesmo na voz de Harry Orlinksy, o pioneiro depreciador dos versículos aparentemente animadores da Bíblia, e que depreciou aquele versículo em particular. "Infelizmente", ele diz sobre Levítico 19:18, "seu autor não tinha mais ninguém em mente a não ser os irmãos israelitas."[63] Todavia, há duas razões que mostram por que o desapontamento é uma reação equivocada.

Razões para animar-se

Primeira, a injunção para amar a todos os israelitas representou um real progresso moral à época. Antes de as tribos de Israel serem fundidas em um único regime político — primeiro, uma confederação; depois, uma nação — é seguro dizer que a empatia e o afeto raramente excediam as fronteiras de cada tribo. A expansão da organização social do nível tribal para o nível nacional abriu novas oportunidades para somas não zero, em especial a cooperação entre tribos para lutar contra inimigos comuns; e a doutrina da fraternidade nacional, em oposição à meramente tribal, evoluiu como uma maneira de ajudar na realização dessas oportunidades. Nesse sentido, Moisés, ao intermediar a expressão da Torá por Deus, com seu efeito de coesão nacional, estava a serviço do Logos. "Amarás o teu próximo como a ti mesmo" pode não ter tido intenção global e, portanto, pode não representar o zênite moral de toda a humanidade, mas ainda representa um marco decisivo; isso expandiu o círculo da fraternidade.

A segunda razão para que as pessoas não se sintam desapontadas ao saber que "Amarás o teu próximo" era originalmente uma afirmação nacionalista é o próprio fato de que as pessoas *realmente* se sentem desapontadas quando ouvem que "Amarás o teu próximo" foi uma expressão inicialmente nacionalista. Esse sentimento disseminado de desapontamento, refletindo o universalismo moral do mundo moderno, é, em si mesmo, prova de que houve progresso desde os tempos bíblicos. O "infelizmente" de Harry Orlinsky é motivo para animação.

E o progresso não começou somente na era moderna. Como o próprio Orlinsky escreve: "Há pouca dúvida de que, desde cedo na era pós-bíblica, primeiro entre os judeus e posteriormente também entre os cristãos, Levítico 19:18 tenha se tornado o pilar bíblico do internacionalismo, do conceito de fraternidade mundial e da igualdade essencial de toda a humanidade."[64]

É claro, se esse progresso foi realmente conduzido pelo tipo de Logos que descrevi — a sábia resposta ao inexorável progresso tecnológico — ele não seria restrito aos judeus e aos cristãos, uma vez que nem a sabedoria nem a inovação tecnológica são exclusividades deles. Como os tentáculos da tecnologia amarram grupos cada vez

O Logos global

No primeiro milênio AEC, à proporção que várias escrituras hebraicas enfatizavam o amor ao próximo, ou que se tratassem os estrangeiros decentemente, ou que se esperasse por um dia em que as espadas se transformariam em arados, outras culturas moviam-se na mesma direção.

Na China, Confúcio disse que a virtude suprema é o *ren* — uma sensível preocupação com os outros — e resumiu essa lei aproximadamente como Hillel consolidaria mais tarde na Torá, dizendo: "Não faça aos outros o que não desejaria para si."[65] Confúcio também disse: "Ame seus semelhantes."[66] Tal como na injunção bíblica paralela do Levítico, esse amor pode ter sido restrito à abrangência nacional. Mas, uma geração após, o filósofo chinês Mozi foi além, defendendo explicitamente o amor a toda a humanidade.[67] De acordo com Mozi, o supremo deus chinês, Tian, "deseja que os homens amem e auxiliem uns aos outros, e não deseja que eles odeiem ou prejudiquem uns aos outros".[68] E: "Não há Estados importantes e não há Estados desimportantes no mundo. Todos são cidades-estados de Tian."[69]

Enquanto isso, na Índia, as escrituras budistas tinham a dizer o seguinte:

> Que ninguém engane
> ou despreze outrem, em nenhum lugar,
> ou devido à raiva ou má vontade
> deseje que alguém sofra.
> Tal qual uma mãe, colocando em risco a própria vida,

ama e protege o seu filho, o seu único filho,
da mesma forma, abraçando todos os seres,
cultive um coração sem limites.
Com amor bondade para todo o universo,
cultive um coração sem limites:
Acima, abaixo e em toda a volta,
desobstruído, livre da raiva e da má vontade.[70]

De modo recorrente, essas revelações morais — como as revelações da literatura sapiencial bíblica — são fundamentadas pragmaticamente; as vantagens da virtude para o virtuoso são realçadas.[71] Buda diz que "O homem virtuoso é feliz neste mundo". Por exemplo: renunciar ao ódio traz "serenidade da mente".[72] Confúcio disse: "O homem sábio é atraído pela benevolência (*ren*) porque percebe que ela lhe é favorável." Afinal, "Se o cavalheiro abandona a benevolência, de que modo pode ele construir um nome para si?"[73]

No geral, o primeiro milênio AEC apresenta um surpreendente e amplo padrão: através do território eurasiano, do Pacífico ao Mediterrâneo, sábios abordam a expansão do círculo de interesse moral, encorajando a compreensão e obstruindo a antipatia. E "sábios" é realmente a palavra, pois eles falam dentro do espírito da literatura sapiencial, em termos de interesses próprios altruístas: se você quer paz, e quer paz de espírito, fará bem em dominar seu lado perverso e em assumir a benevolência.

Nada disso é para dizer que a história apresenta progresso linear e simples, que a cada século as pessoas ficam menos etnocêntricas, menos exigentes, mais tolerantes, mais amantes da paz. Muitas das grandes revelações morais do primeiro milênio AEC foram recebidas com discórdia, e o seriam ainda hoje. Um rápido olhar nas atrocidades do século passado deixa isso claro. Além disso, não é certo que nossa história moral melhorará sensivelmente, que a humanidade responderá sabiamente à vasta teia de interdependência que constitui a sociedade global. Tudo o que o Logos faz é criar situações nas quais círculos de inclusão moral cada vez maiores façam sentido racional; o resto é conosco e, em geral, nós falhamos. Entretanto, não há dúvida de que, desde que a civilização começou, tem havido progresso efetivo nas doutrinas morais disponíveis. E um impulso de progresso ocorreu no primeiro milênio AEC.

Por quê? Por que no primeiro milênio AEC essas revelações repentinamente encontraram solo fértil de maneira tão ampla? Que manifestações do Logos estavam movendo a humanidade adiante?

Certamente, trata-se de um milênio de grandes mudanças materiais.[74] As moedas foram inventadas e apareceram na China, Índia e no Oriente Médio.[75] As rotas comerciais se ampliaram, atravessando as fronteiras políticas. No curso do milênio, os mercados, como observou o historiador William McNeill, suplantaram as economias controladas pelo Estado.[76] As cidades cresceram e se dinamizaram proporcionalmente, e, em muitos casos, tornaram-se mais diversificadas etnicamente.

Tudo isso trouxe pelo menos três efeitos:

Primeiro: a expansão dos compromissos econômicos significava mais relacionamentos de soma não zero entre povos de diferentes etnias e mesmo diferentes regimes políticos. Assim, mais pessoas tinham interesse próprio no bem-estar contínuo das pessoas que eram, em vários aspectos, diferentes delas. O interesse próprio pode não ter determinado o interesse por aquelas pessoas, mas fortaleceu a lógica por trás de não odiá-las.

Segundo: cada vez mais pessoas viram-se em um ambiente radicalmente diferente daquele para o qual a seleção natural as havia "projetado". Emoções que funcionavam razoavelmente bem no ambiente ancestral eram agora de valor duvidoso. Em uma aldeia caçadora-coletora, a ira vingativa podia ajudar as pessoas a defender seus interesses, mas quando você sente essa ira surgir depois que um motorista lhe dá uma fechada, o efeito principal é o aumento do risco de uma doença coronária. Claro, não havia carros na Índia antiga, na

China ou no Egito, mas, como as leis e a polícia vieram substituir a vingança como garantidores da ordem social, o ódio e a ira perderam um pouco de sua utilidade e tornaram-se cada vez mais sem sentido, senão completamente contraproducentes, tanto do ponto de vista da sociedade como individual. Mesmo no início do segundo milênio AEC, um texto egípcio de instruções morais alertava que, uma vez que "os tumultos se espalham como fogo no feno", você deveria "se controlar diante de pessoas exaltadas" e não "provocá-las com palavras (...) se deixá-las sozinhas, os deuses responderão a elas".[77] O ódio já não era o que costumava ser.

Terceiro: como mais pessoas estavam em contato com maior número de outras pessoas do que nunca, havia mais intercâmbios de ideias. E isso incluía ideias sobre como lidar com a primeira e a segunda mudança acima. Se reprimir o ódio, ampliar a compreensão e exibir benevolência provavam-se como bons conselhos de autoajuda, essas ideias se disseminariam rapidamente através de uma densa rede de mentes. Notavelmente, é por entre as multidões que, de acordo com o livro dos Provérbios, a senhora Sabedoria trabalha melhor: "A Sabedoria apregoa pelas ruas, nas praças eleva sua voz: clama nas encruzilhadas, à entrada das portas da cidade anuncia". Como a tecnologia demanda e favorece a aproximação das pessoas, ela tanto cria novos problemas como propaga as soluções, e, em geral, o resultado é a equiparação da autoajuda com a virtude. "No cume das montanhas posta-se ela, nas encruzilhadas dos caminhos (...) 'Ó simples, aprendei prudência (...) Todas as palavras de minha boca são justas'".[78]

A jornada

Em certo sentido, voltamos ao princípio. Começamos vários capítulos atrás vendo Iavé inicialmente envolvido em um contexto politeísta e cercado por figuras mitológicas (Praga e Peste, por exemplo). E isso parecia ser evidência das origens "primitivas" da religião israelita.

Contudo, no final, uma das figuras mitológicas mais obscuras da Bíblia — a Sabedoria — mostra-se como importante vínculo a uma teologia bastante moderna e até plausível, cujos contornos gerais foram por Fílon vislumbrados, e cuja dinâmica essencial foi *apresentada* por Fílon enquanto ele estruturava uma doutrina de tolerância entre as crenças.

Algumas décadas depois da morte de Fílon, o Logos fez uma aparição em um livro grego que viria a se tornar famoso mundialmente. Porém, o papel do Logos ficaria obscuro, porque quando o livro foi traduzido para outras línguas europeias, incluindo o inglês, "Logos" seria traduzido como "Verbo". Por exemplo, "No princípio era o Verbo". O livro é o Evangelho de João, o último e mais místico dos quatro evangelhos do Novo Testamento.

Em outra tradução, o livro de João inicia-se: "No princípio era o Logos, e o Logos estava com Deus e o Logos era Deus." Conforme o livro prossegue, fica claro que esse Logos assumiu a forma de Jesus Cristo: "E o Logos se fez carne e habitou entre nós; e nós vimos a sua glória, glória que ele tem junto ao Pai como Filho único, cheio de graça e de verdade."[79]

Fílon, tendo escrito durante a existência de Jesus, referiu-se ao Logos como o filho de Deus. Que influência, se alguma, seu texto teve sobre o Evangelho de João, não se sabe.[80] Em todo caso, é quase certo que o autor de João, ao usar "Logos", tinha mais em mente do que a palavra "verbo". Qualquer intelectual no mundo greco-judaico do final do primeiro século da era cristã encontraria o uso de "Logos" em textos filosóficos ou teológicos. E a obra de Fílon não era um exemplo excêntrico desse tipo de texto; obras tais como a Sabedoria de Salomão também equiparavam Logos com sabedoria, descrevendo uma força de origem divina e de efeito iluminador.[81] Portanto, faz todo o sentido o Evangelho de João descrever Jesus como "a luz verdadeira, que ilumina todo homem".[82]

286 A EMERGÊNCIA DO MONOTEÍSMO ABRAÂMICO

Jesus foi realmente uma encarnação do Logos? Certamente ele parece ser um bom candidato. De acordo com a Bíblia, ele pregou generosidade, tolerância, até o amor universal, e essa mensagem pareceria estar fazendo o trabalho do Logos: a expansão do círculo de consideração moral.

Mas, e se o que a Bíblia disse sobre Jesus não for verdadeiro? E se Jesus *não* disse realmente todas as coisas compassivas atribuídas a ele? E se uma das poucas coisas que pudermos dizer sobre Jesus com bastante certeza é que ele era bem diferente daquele Jesus descrito na Bíblia? Isso o faz menos uma encarnação do Logos? E isso deveria abater nossa fé no Logos? Essas perguntas nos confrontarão no próximo capítulo.

III

A INVENÇÃO DO CRISTIANISMO

Perguntou-lhes então: "De que estais falando pelo caminho, e por que estais tão tristes? Um deles, chamado Cleofas, respondeu-lhe: "És tu acaso o único forasteiro em Jerusalém que ignora o que nela aconteceu estes dias?" — "Que foi?", perguntou-lhes ele. Disseram: "O que aconteceu a Jesus, o Nazareno... Era um profeta poderoso em obras e palavras, diante de Deus e de todo o povo. Nossos sumos sacerdotes e nossos magistrados o entregaram para ser condenado à morte e o crucificaram. Nós esperávamos que fosse ele quem havia de redimir Israel."

— *Lucas 24: 17-21*

Por fim, irmãos, alegrai-vos, procurai a perfeição, animai-vos. Tende um só coração, vivei em paz, e o Deus de amor e de paz estará convosco. Saudai-vos uns aos outros no ósculo santo.

— *Segunda Epístola de Paulo aos Coríntios (13: 11-12)*

CAPÍTULO 10

O que Jesus fez?

Historiadores de religião têm uma regra irônica para avaliar as referências históricas na Bíblia: quanto menos sentido tiver a referência, mais provável que ela seja verdadeira. Isto é, quanto menos sentido *teológico* a referência tiver, mais provável que ela seja verdadeira. Afinal, se os autores da Bíblia foram inventando coisas, esperaríamos que eles inventassem coisas que convivessem facilmente com suas crenças religiosas. Quando os vemos lutando para conciliar algum fato inadequado com sua teologia, as chances são de que esse fato seja realmente um fato — uma verdade tão bem conhecida em seus círculos que não havia como negá-la ou ignorá-la.

Essa é uma das razões que tornam críveis os relatos bíblicos da zelosa devoção do rei Josias a Iavé, abordada no capítulo 6. Dado que Josias vem a morrer vergonhosamente e que a fortuna de Israel se converteu em catástrofes, teria sido teologicamente mais simples para os editores monoteístas da Bíblia descrever Josias como um politeísta desmedido que incorreu na ira eterna de Deus. Sua oposição ao politeísmo era tão inconveniente teologicamente que a melhor explicação para sua inclusão na Bíblia era a sua verdade.

Esse critério de credibilidade — chame-o de regra da inconveniência teológica — é uma das razões que fazem com que os historiadores

290 A INVENÇÃO DO CRISTIANISMO

atribuam tanto crédito à Crucificação de Jesus. Não há referências escritas a Jesus sendo crucificado até duas décadas depois de sua morte, mas podemos ter certeza de que a Crucificação aconteceu, em parte porque ela fez muito pouco sentido teológico.[1]

Isso pode parecer estranho. O que poderia fazer mais sentido para um cristão do que a morte de Jesus na cruz? A Crucificação manifesta um dos temas centrais do cristianismo, o amor de Deus pela humanidade.

Como diz o representativo versículo cristão de João 3:16: "Pois Deus amou tanto o mundo, que entregou o seu Filho único...". E, tão poderosamente quanto essas palavras ressoem hoje, imagine o impacto delas no mundo antigo. Por toda a história, os deuses haviam sido seres para quem se fazia sacrifícios. Agora, eis um deus que não só não exigia sacrifícios rituais, mas que ele próprio fazia sacrifícios — em verdade, o sacrifício derradeiro — por nós.[2] Todos os pecados da humanidade, incluindo o nosso, poderiam ser ajustados no balanço contábil pela redenção do autossacrifício de Deus.

E essa inversão do sacrifício era só o Primeiro Ato da teologia da Crucificação. O Segundo Ato — a Ressurreição de Jesus depois de sua execução e sepultamento — era, igualmente, um símbolo poderoso. Ele ilustrava tanto a possibilidade da vida eterna como o fato de que qualquer pessoa, de qualquer etnia e classe social, poderia se qualificar a ela; tudo que tinha a fazer era aceitar e compreender a Ressurreição do próprio Jesus. Lê-se em todo o versículo de João 3:16: "Com efeito Deus amou tanto o mundo, que lhe deu o seu Filho único, para que todo o que nele crer não pereça, mas tenha a vida eterna." O livro dos Gálatas detalha essa política aberta de inclusões: "Já não há judeu nem grego, nem escravo nem livre, nem homem nem mulher, pois todos vós sois um só em Cristo Jesus."[3] A salvação universal estava sendo oferecida por um Deus dadivoso e profundamente compassivo, e é difícil imaginar um símbolo mais ressonante desse fato do que a Crucificação de seu filho.

O QUE JESUS FEZ? 291

Por que, então, se a Crucificação se adapta à teologia cristã de modo tão lógico e tão intenso, os estudiosos dizem que ela passou no teste da inconveniência teológica (ou, como eles chamariam, o "critério da dissimilaridade")? Porque, ainda que a Crucificação possa parecer teologicamente conveniente agora, não o parecia quando aconteceu. Para os seguidores de Jesus, a Crucificação era, além de emocionalmente dolorosa, um sério problema de retórica.

Afinal, esperava-se que Jesus fosse o Messias.[4] ("Messias" é o significado da palavra grega que se tornou a designação de Jesus: Christos.) Hoje os cristãos entendem o Messias como alguém enviado dos céus que fez o sacrifício derradeiro — sua vida — pela humanidade, trazendo salvação espiritual para o mundo. Mas, no tempo de Jesus, perder a vida não era parte das atribuições do Messias.

A palavra "messias" veio do verbo hebraico que significa "aplicar óleo em", ungir. Na Bíblia Hebraica, os reis de Israel eram às vezes chamados de "messias" de Iavé — os ungidos de Deus.[5] Ao fim do primeiro milênio AEC, com a proximidade do nascimento de Jesus, algumas seitas judaicas viram um "ungido", um messias, como figura central de suas visões apocalípticas de uma esperada batalha final contra os inimigos de Deus.[6] A expectativa mais comum parece ter sido que esse messias, como a maioria dos "ungidos" da Bíblia Hebraica, seria um rei.[7] Daí as palavras que, conforme o Evangelho de Marcos, foram inscritas na cruz pelos carrascos de Jesus: "Rei dos Judeus." E daí o sarcasmo deles quando ele estava para morrer: "Que o Messias, Rei de Israel, desça agora da cruz, para que vejamos e creiamos!"[8]

Ser rei não era um pré-requisito rígido para ser um messias. A Bíblia Hebraica refere-se ocasionalmente a um sumo sacerdote ou mesmo a um profeta como ungidos divinos.[9] Essa diversidade foi refletida no pensamento apocalíptico perto da época de Jesus. Segundo os Manuscritos do Mar Morto — deixados por uma seita que se estabelecera próximo do Mar Morto, mais de um século antes do nascimento de Jesus — a batalha culminante entre o bem e o mal seria travada sob a liderança de dois personagens messiânicos, um sacerdote e um príncipe.[10] E mesmo que o messias fosse um rei, seu triunfo não necessariamente viria somente da força bélica. Os "Salmos de Salomão", escritos décadas antes do nascimento de Jesus, prenunciavam um rei messiânico que iria "destruir as nações ímpias com a palavra de sua boca".[11]

Entretanto, uma coisa que todos os messias anunciados da era de Jesus tinham em comum era que eles ajudariam no triunfo culminante sobre o mal exercendo a liderança aqui na terra — o que significava, para começar, não morrer antes do triunfo culminante sobre o mal.[12] Assim, segundo a lógica prevalecente, a morte de Jesus deve ter sido um golpe devastador para os discípulos que afirmavam ser ele o Messias.

Entretanto, de acordo com a lógica prevalecente, a morte do rei Josias no fim do século VII (AEC), em conjunto com a catástrofe subsequente de Judá, deveria ter justificado os politeístas e ter significado a condenação da monolatria, para não falar do monoteísmo. Porém, o movimento "tão somente Iavé" provou-se criativo à época, e assim o seria com o movimento de Jesus agora.[13] Os iaveístas de Judá encontraram uma maneira de transformar a calamidade em um símbolo do poder universal de Deus, e os seguidores de Jesus acharam uma maneira de transformar a calamidade em um símbolo do amor universal de Deus.

Como eles fizeram isso? Por que o fizeram? Responder a essas questões ajuda a mostrar que essa manobra teológica ao estilo "fazer do limão uma limonada" não é a única coisa que o cristianismo incipiente tem em comum com o monoteísmo judaico incipiente. Em ambos os casos, também, as escrituras posteriores tiveram uma tendência de cobrir os rastros dos teólogos — de remodelar o passado de um modo que ocultasse a evolução real da doutrina. Os autores e editores monoteístas posteriores da Bíblia Hebraica, ao recontarem a história de Israel, criaram a ilusão de um monoteísmo israelita nativo,

O QUE JESUS FEZ? 293

descrevendo como estrangeiros os deuses diferentes de Iavé, quer eles o fossem ou não. Os autores do Novo Testamento, ao recontarem a vida de Jesus, criaram a ilusão de que a crença pós-Crucificação era basicamente a mesma que a crença pré-Crucificação. O cristianismo que evoluiu nas décadas e séculos após a morte de Jesus — o cristianismo que tinha a Crucificação como seu ponto essencial — foi adaptado para parecer uma extensão direta do que o próprio Jesus teria dito e realizado. E, em alguns casos, isso significou alterar o que Jesus tinha efetivamente dito e realizado.

Isso não quer dizer, em ambos os casos, que havia uma desonestidade deliberada e violenta. Como as histórias eram disseminadas oralmente, de pessoa para pessoa, e desta para outras, um desonestidade geral pode ter se formado sem uma iniciativa consciente de iludir. Imagine os seguidores de Jesus crucificado tentando fazer convertidos — possuídos por uma convicção tão poderosa que floreavam a história aqui e acolá, e com uma convicção tão ardorosa que eles mesmos acreditavam em seus floreios.

De qualquer modo, para nossos objetivos, a honestidade dos autores da Bíblia não é o que interessa. Em vez disso, a lição de casa é que, ao desvendar a revolução cristã, temos de trazer ao Novo Testamento a mesma perspectiva que trouxemos ao "Antigo" Testamento, a Bíblia Hebraica. Temos de nos lembrar de que as narrativas bíblicas refletem não só os tempos em que aconteceram os eventos relatados, mas os tempos em que as narrativas coalesceram. Com isso em mente, podemos entender como exatamente a Crucificação, um ato que, em tese, deveria ter destituído em definitivo esse suposto messias, terminou por transformá-lo em um símbolo do amor universal.

Decerto, isso exigiu algum trabalho. Pois, com efeito, o Jesus real — o "Jesus histórico" — não enfatizava o amor universal. Pelo menos isso é o que um olhar crítico e atento às escrituras efetivamente sugere.

O "Jesus histórico"

Provas concretas sobre o "Jesus histórico" são raras. Os relatos evangélicos da Bíblia sobre a vida e a palavra de Jesus — os livros de Mateus, Marcos, Lucas e João — foram escritos entre 65 e 100 EC, de 35 a 70 anos depois de sua morte.[14] Naquela época, o material bruto, histórias que circulavam sobre Jesus em forma oral ou escrita, foi, sem dúvida, moldado pelas necessidades psicológicas e retóricas de seus seguidores. (As epístolas de Paulo — livros do Novo Testamento como Filipenses e Romanos — foram escritas mais cedo, cerca de 20 anos depois da morte de Jesus. Infelizmente, elas não dizem quase nada sobre a vida de Jesus e muito pouco sobre suas palavras.)

O livro de Marcos é geralmente considerado o mais confiável, e termos factuais, dos quatro evangelhos. Foi escrito por volta do ano 70, cerca de quatro décadas depois da Crucificação. Trata-se de um longo intervalo, mas foi menos tempo para a acumulação de informações dúbias do que as quase cinco décadas disponíveis para Mateus e Lucas, ou as seis ou sete décadas para João. Além disso, durante a redação de Marcos, havia pessoas de 60 ou 70 anos de idade que, quando jovens, testemunharam os feitos e ditos de Jesus e que conheciam seus detalhes biográficos — e cujas recordações podem ter constrangido a inventividade do autor. Esse conjunto de pessoas teria diminuído durante a década ou nos anos seguintes, antes de os outros evangelhos tomarem forma, expandindo a liberdade criativa.

De fato, conforme avançamos nos evangelhos na ordem de sua composição, vimos a acumulação de informações cada vez mais dúbias. Marcos não nos oferece nada como "a verdade nua e crua", mas sua história é bem menos adornada que os relatos posteriores. (O nome e identidade real do autor de Marcos, como o dos outros evangelhos, são desconhecidos, mas, para todos os efeitos, e por conveniência, chamarei os autores pelos nomes de seus livros.)

O QUE JESUS FEZ?

Consideremos a questão de Jesus ser de uma humilde aldeia, Nazaré. A Bíblia Hebraica dissera que o Messias seria um descendente do rei Davi e, como Davi, nasceu em Belém.[15] Marcos nunca se referiu à questão de como "Jesus de Nazaré" poderia ter nascido em Belém. Mas, na época em que Mateus e Lucas foram escritos, uma resposta havia surgido — duas respostas, até. Lucas diz que os pais de Jesus foram para Belém, para um recenseamento, e retornaram a Nazaré depois de seu nascimento. Na versão de Mateus, os pais de Jesus pareciam viver em Belém. Como, então, Jesus acabou em Nazaré? Por meio de uma elaborada história paralela, que tem a família fugindo para o Egito, sob intimidação, e então, ao deixar o Egito, considerando o retorno à perigosa Belém, e se estabelecendo "numa cidade chamada Nazaré".[16] Essa contradição entre Lucas e Mateus sugere que, nesse caso, Marcos, o evangelho mais antigo, seria o lugar para se encontrar a inconveniente verdade: Jesus de Nazaré era Jesus de Nazaré.

Também a questão da atitude de Jesus diante da própria morte: se Jesus era o filho de Deus, enviado ao mundo para morrer, acharíamos que ele aceitaria sua morte com gratidão — talvez não com alegria, mas pelo menos com certa resignação nobre. Afinal, ele estava ciente de todo o plano, e sabia, também, que ressuscitaria ao fim. Entretanto, em Marcos, suas últimas palavras são: "Meu Deus, meu Deus, por que me abandonaste?" — como se a Crucificação fosse uma terrível surpresa c o ato final. Em Lucas, escrito uma ou duas décadas depois, não há tal perplexidade, e as últimas palavras de Jesus são, ao contrário, mais equânimes: "Pai, em tuas mãos entrego o meu espírito." Em João, suas últimas palavras são simplesmente "Está consumado", e, novamente, não há sinais de dúvida ou surpresa.[17] (E, quanto ao mais indulgente dos ditos de Jesus na cruz — "Pai, perdoa-lhes, porque não sabem o que fazem" — expresso anteriormente na cena da Crucificação em Lucas, parece que o trecho foi incluído posteriormente em Lucas.)[18] Novamente, Marcos, o relato mais antigo, possui uma característica inconveniente da história de Jesus que os evangelhos posteriores obscurecem.

Entretanto, há pelo menos duas verdades inconvenientes que permaneceram não só em Marcos, mas em Mateus, Lucas ou em ambos. Primeira, quando os fariseus desafiam Jesus para que mostrasse sinais vindos do céu — "para pô-lo à prova", como coloca Marcos — ele não os atendeu. Segunda, ele foi rejeitado em sua própria cidade natal, e ali também não realizou milagres efetivamente persuasivos. A permanência dessas irrealizações nos evangelhos escritos depois de Marcos pode significar que, como sugeriram os estudiosos, alguns dos fracassos de Jesus tornaram-se tema de conversa entre os opositores do movimento de Jesus e talvez tenham se convertido em uma crítica escrita e unificada que permaneceu por décadas.[19]

Mesmo aqui, em que Marcos não está sozinho em admitir fatos inconvenientes, ele dá a impressão de ser o mais sincero e o que menos possui camadas de artifícios, que se acumulam nos relatos posteriores. Em Marcos, quando alguns fariseus pedem um "sinal do céu", Jesus simplesmente entra em seu barco e sai ofendido, depois de dizer: "Por que pede esta geração um sinal? Em verdade vos digo, jamais lhe será dado um sinal." Em Mateus, a história fica ainda melhor. Nele também, Jesus diz que essa geração não receberá sinal algum, porém, agora há um motivo: essa geração é má. Além disso, Jesus inverte o pedido por um sinal, acusando os fariseus de não saber ler os "sinais dos tempos". Em uma segunda ocasião em Mateus, Jesus usa tal desafio como oportunidade para predizer enigmaticamente sua própria morte e ressurreição; agora os fariseus *receberam* um sinal, mas são cegos para vê-lo. E em Lucas — considerado posterior a Mateus pela maioria dos estudiosos que não os julgam contemporâneos — o problema foi minimizado; o pedido por um sinal já não vem efetivamente dos fariseus, mas de meros observadores anônimos, e é despachado com uma resposta confiantemente indireta, que inclui a predição enigmática da morte e ressurreição de Jesus.[20]

Especialmente inconveniente para os seguidores de Jesus, foi, sem dúvida, a rejeição na cidade em que ele nasceu. Nazaré tinha apenas cerca de trezentos habitantes. A maioria teria conhecido Jesus pessoalmente, e muitos eram provavelmente seus parentes. Não é surpreendente que a história de tamanha rejeição permanecesse tempo suficiente para que Marcos, Mateus e Lucas se sentissem obrigados a confrontá-la, o que fizeram com crescente sucesso.

Nos três, Jesus descarta o fracasso com um aforismo que ficaria famoso. A versão original, como transmitida em Marcos: "Um profeta só é desprezado em sua pátria, entre os seus parentes e na sua própria casa." Depois, os relatos evangélicos diferem. Marcos diz de Nazaré que Jesus "não podia realizar ali nenhum milagre" e deixou as pessoas em um estado de "incredulidade". Mateus, acrescentando engenhosamente que o segundo causou o primeiro, transforma o episódio em uma lição prática da importância da fé: "E não fez ali muitos milagres, por causa da incredulidade deles." Lucas toma outra direção. Primeiro, Jesus, antes de parecer indiferente a um pedido popular para que fizesse milagres, preventivamente antecipa o pedido:

> "Sem dúvida ireis citar-me este provérbio: Médico, cura-te a ti mesmo. Todas as maravilhas que fizeste em Cafarnaum, segundo ouvimos dizer, faze-o também aqui em tua pátria." E acrescentou: "Em verdade vos digo, nenhum profeta é bem aceito em sua pátria."

Então, ele cita um precedente na Bíblia Hebraica de profetas utilizando seus poderes milagrosos no estrangeiro em vez de na própria pátria: quando Eliseu curou um leproso sírio, apesar do sofrimento dos leprosos israelitas. Na narrativa de Lucas, é esse ensinamento — uma referência solidária aos gentios — que faz com que a multidão se volte contra Jesus, e não a omissão em realizar milagres.[21]

O acréscimo de informações e interpretações suspeitosamente convenientes depois do texto de Marcos não significa que o próprio

298 A INVENÇÃO DO CRISTIANISMO

Marcos seja um documento confiável ou que seu autor seja ingênuo. Marcos parece responsável por um dos artifícios de defesa mais impressionantes dos evangelhos: a explicação de por que Jesus, enviado por Deus para convencer as pessoas de que o reino de Deus estava próximo, convenceu tão poucas pessoas.

No quarto capítulo de Marcos, Jesus compartilha uma misteriosa parábola com uma grande multidão supostamente incompreensiva. Depois, mais adiante:

> Quando se acharam a sós, os que o cercavam e os doze indagaram dele o sentido das parábolas. Ele disse-lhes: "A vós é revelado o mistério do Reino de Deus; aos de fora, porém, tudo se lhes propõe em parábolas; deste modo, eles olham sem ver, escutam sem compreender, sem que se convertam e lhes seja perdoado.[22]

Estranho — aquele que foi enviado do céu para espalhar a palavra divina codifica propositadamente a palavra de modo que a maioria das pessoas não a entenda! A estranheza só é relativamente diminuída pelo fato de que há um precedente na Bíblia Hebraica (na história do profeta Isaías, a quem Jesus alude aqui). Seguramente, essa foi uma tentativa antecipada de explicar por que Jesus, que aparentemente veio para iluminar as pessoas, iluminara tão poucos até a sua morte — uma explicação tão necessária que a história foi mantida em Mateus e Lucas.

Tal é o padrão geral, assimétrico. Marcos é mais inclinado que os evangelhos posteriores a admitir fatos inconvenientes ("Por que me abandonaste?"). E quando os evangelhos posteriores incluem tais fatos (o fiasco em Nazaré, por exemplo), eles tendem a manter os artifícios de Marcos que procuram justificá-los e, às vezes, incluem artifícios adicionais absolvedores, não encontrados em Marcos. Os evangelhos posteriores envolvem a vida de Jesus em mais e melhor ofuscamento do que o de Marcos. Conforme passam as décadas — 70, 80, 90

EC — a história de Jesus torna-se menos sujeita à memória histórica e mais impressionante.

Essa tendência culmina em João, o último dos evangelhos. Aqui, fatos impróprios que mesmo Mateus ou Lucas se sentiram obrigados a admitir são ignorados ou até invertidos. Não há menção ao fiasco de Nazaré, e quanto à omissão de Jesus em enviar sinais aos fariseus: quase sempre, no livro de João, os fariseus estão convencidos que Jesus pode realizar sinais e maravilhas. Como um deles se admira: "Ninguém pode fazer os sinais que fazes, se Deus não estiver com ele."[23]

De fato, à época de João, houve uma mudança geral no teor dos milagres de Jesus. Em Marcos, Jesus não fazia milagres ostentosamente, e às vezes ele até procurava fazê-los em particular. (Uma resposta aos críticos que observaram que pouca gente, além dos seguidores de Jesus, afirmavam ter testemunhado os milagres dele?) Em João, Jesus transforma os milagres em espetáculos. Antes de ressuscitar Lázaro — coisa que Jesus não faz em nenhum dos outros evangelhos — ele diz que a doença de Lázaro era "para a glória de Deus, para que, por ela, seja glorificado o Filho de Deus". Além disso, os milagres são agora explicitamente simbólicos. Quando Jesus cura um homem cego, ele diz: "Sou a luz do mundo."[24]

Uma declaração, de fato, pouco modesta — mas o Jesus de João não é um homem modesto. Em nenhum dos evangelhos anteriores Jesus se equipara a Deus. Em João, porém, ele diz: "Eu e o Pai somos um."[25] A lenda e a teologia cristãs tiveram, nesse ponto, sessenta ou setenta anos para se desenvolver, e elas são menos obedientes do que antes às lembranças do Jesus humano, real.

Tudo isso indica que, se formos tentar reconstruir o "Jesus histórico", mesmo em linhas as mais gerais, Marcos, o evangelho mais antigo, deve ser o ponto de partida. Nele, mais do que em qualquer outro relato da vida e dos ditos de Jesus, o número de fatos nitidamente inconvenientes e dificilmente disfarçados sugerem, pelo menos, algum grau de realidade.

Venha a nós o Vosso Reino

Como é o Jesus de Marcos? Para começar, aventureiro. No princípio, depois de ter sido batizado no rio Jordão por João Batista, ele passou quarenta dias sozinho no deserto. Esse episódio poderia ser apócrifo, mas é um prelúdio plausível para uma carreira messiânica. Sabemos pelas "buscas da visão" dos jovens nativos americanos que a solidão ascética pode gerar um sentido de propósito elevado, algumas vezes estimulado pelo suposto contato alucinatório com seres sobrenaturais. No livro de Marcos, o ser sobrenatural era Satanás, cujas tentações fracassaram em desviar Jesus de sua missão.

Essa missão tinha duas partes.

Uma parte era sair por aí para curar pessoas, exorcizar seus demônios e, ocasionalmente, multiplicar seus alimentos. Aqui Jesus se parece mais com os curandeiros e exorcistas que perambulavam pela Palestina àquela época.[26] Ele também parecia um xamã clássico de uma sociedade "primitiva": depois da aprendizagem que envolvia a bênção de um praticante mais experiente (João Batista) e uma fase de amadurecimento por meio da privação ascética, ele estava pronto para curar os doentes físicos e espirituais.[27] Jesus teria empregado os truques de prestidigitação que, era sabido, muitos xamãs verdadeiros adotavam? (Um livro acadêmico sobre Jesus é intitulado *Jesus the Magician* [Jesus, o Mágico].) Ou ele apenas teria o "dom" — digamos, um efeito tranquilizador sobre pessoas com doenças induzidas de forma histérica — que produziu histórias de sucesso suficientes para que seus seguidores as divulgassem com algum floreio? Ou seus feitos milagrosos teriam sido completas invencionices de seus seguidores, elaboradas para compensar as conhecidas ocasiões em que ele fora desafiado a produzir "sinais" e se omitira?

Difícil dizer. Em todo caso, se Jesus tivesse sido só mais um milagreiro palestino itinerante, nós nunca teríamos ouvido falar dele. É a segunda parte, não xamanista, da missão de Jesus que se provaria de grande importância. Em Marcos, seu primeiro ato ao retornar do deserto é ir para a Galileia e começar a predizer a chegada do "Reino de Deus".

Aqui, Jesus está retomando o que o Segundo Isaías* interrompeu meio milênio antes: o estilo apocalíptico. Isaías vislumbrou um dia em que Iavé finalmente traria justiça ao mundo, quando os fiéis resignados poderiam se regozijar, quando a desigualdade opressiva do poder seria invertida. Jesus compartilhava a antecipação de Isaías de um tempo em que "os últimos serão primeiros, e os primeiros serão últimos", como ele afirmou. Mas Jesus foi mais específico sobre quando esse tempo viria: muito, muito em breve. O dia da salvação, quando o bem finalmente triunfaria sobre o mal, estava próximo. Daí o termo "evangelho" — "boa nova". As primeiras palavras de Jesus no Evangelho de Marcos são: "Cumpriu-se o tempo e o Reino de Deus está próximo: arrependei-vos e crede no Evangelho."[28]

Como seria a vinda do reino? Algumas passagens atribuídas a Jesus fazem com que ela pareça uma coisa espiritual e sutil, talvez uma metáfora. "O Reino de Deus não virá de um modo ostensivo. Nem se dirá: 'Ei-lo aqui! E Ei-lo ali!', pois o Reino de Deus já está no meio de vós." Mas este versículo de Lucas foi escrito cerca de quinze anos depois da morte de Jesus, talvez para suavizar as crescentes dúvidas sobre a previsão de Jesus de que o reino de Deus chegaria a qualquer momento. Indício mais confiável provém de Marcos, na forma da própria predição: "Em verdade vos digo, dos que aqui se acham, alguns há que não experimentarão a morte, enquanto não virem chegar o Reino de Deus com poder." E eles saberão quando o virem: "o sol escurecerá, a lua não dará a sua claridade, os astros cairão do céu".[29]

O drama estava pronto, já que o evento sagrado não era nada mais que a imposição do estado ideal de Deus — que, até então, existira somente no céu — sobre o mundo normalmente imperfeito dos seres

---

*O livro canônico tradicionalmente atribuído ao profeta Isaías apresenta três partes bastante diferentes quanto à temática, época e também autoria. Daí a seguinte nomenclatura: Primeiro Isaías (capítulos 1-39), Segundo Isaías (capítulos 40-55) e Terceiro Isaías (capítulos 56-66). [N. do R.T.]

humanos. Como o Pai-Nosso expressa: "Venha a nós o Vosso Reino, seja feita a Vossa Vontade, assim na terra como no céu."

A vontade de Deus era que aqueles não merecedores da cidadania seriam excluídos, destinados ao sofrimento eterno. Aqui, Jesus fala clara e seriamente: se teu pé for para ti ocasião de queda, corta-o fora e "se teu olho for para ti ocasião de queda, arranca-o: melhor é entrares com um só olho no Reino de Deus do que, tendo dois olhos, seres lançado à geena,* (...) onde o fogo não se apaga".[30]

Onde está o amor?

E qual era o critério de admissão? Qual era a concepção de retidão para Jesus? Se tentarmos o máximo para reconstruir o "Jesus histórico", qual dos ensinamentos morais atribuídos a ele parece ser genuinamente dele? A resposta que emerge das versões mais antigas de sua mensagem desapontará os cristãos que creditam a Jesus a boa nova da compaixão ilimitada de Deus.

No livro de Marcos, a palavra "amarás" aparece somente em um trecho.[31] Jesus, indagado por um escriba sobre qual seria o primeiro de todos os mandamentos, cita dois: "O primeiro é (...) amarás ao Senhor teu Deus de todo o teu coração, de toda a tua alma, de todo o teu espírito, e de todas as tuas forças. O segundo é este: Amarás o teu próximo como a ti mesmo."[32] Quando o escriba concorda e considera esses mandamentos como "mais do que todos os holocaustos e todos os sacrifícios", Jesus diz: "Não estás longe do Reino de Deus."

Isso é definitivamente uma mensagem de amor. Mas amor em que amplitude? Vimos que no versículo que Jesus cita — a injunção da Bíblia Hebraica para que se ame o próximo — o sentido de "próximo" era provavelmente restrito aos israelitas. Em outras palavras: próximo significava próximo. Não há motivo claro para crer que essa parte

---

*Geena: inferno na linguagem bíblica. [*N. do R.T.*]

do evangelho mais antigo, a única parte de Marcos em que a palavra "amarás" aparece, tenha significado mais abrangente.

Na verdade, há motivo para crer o contrário. Dois evangelhos trazem a história de uma mulher que pede a Jesus que exorcize um demônio de sua filha. Infelizmente para ela, ela não é de Israel. (Ela é "cananeia" em um evangelho, "siro-fenícia" em outro.) Jesus leva isso em consideração e responde, com uma de suas menos simpáticas parábolas: "Não convém tirar o pão dos filhos e jogá-lo aos cachorrinhos." Pateticamente, a mulher responde: "mas os cachorrinhos ao menos comem as migalhas que caem da mesa dos seus donos!",[33] após o que Jesus se apieda e joga-lhe algumas migalhas, expulsando os demônios.

Os defensores de Jesus poderiam dizer que ele estava apenas esclarecendo asperamente o fato de que os gentios podem encontrar a salvação por meio da fé. Com efeito, é desse modo que a história é contada em Mateus, quando Jesus exclama: "Mulher, grande é a tua fé!" Mas, em Marcos, a narrativa anterior da história, não há menção à fé. O que parece ganhar a atenção de Jesus é o reconhecimento da mulher de sua posição inferior ao aceitar sua resposta à metáfora dos cachorrinhos e do dono; com a mulher atirada a seus pés, Jesus apenas responde: "Pelo que disseste, vai-te: o demônio saiu da tua filha."[34]

Esse Jesus não se parece com o Jesus cego às etnias, presente no cântico das atuais aulas de catecismo dominicais:

> Jesus ama as criancinhas,
> Todas as criancinhas do mundo.
> De todas as cores, de todas as raças,
> Todas são cobertas por Sua graça,
> Jesus ama as criancinhas do mundo.

Os defensores da ideia tradicional de um Jesus cego às raças poderiam assinalar que, no fim do livro de Marcos, Jesus diz aos seus discípulos: "Ide por todo o mundo, proclamai o Evangelho a toda criatura. Aquele que crer e for batizado será salvo." Ocorre, porém,

304   A INVENÇÃO DO CRISTIANISMO

que essa passagem foi acrescentada bem depois de Marcos ter escrito o livro.[35] Além disso, levar a palavra do deus de Israel para o mundo não necessariamente significa dar aos estrangeiros a posição de israelitas. O Segundo Isaías desejava que os povos do mundo testemunhassem a grandeza de Iavé e assim encontrassem alguma salvação, mas a ideia era que eles então se curvassem a Sião, em subserviência ao deus de Israel, e, portanto, a Israel. De fato, quando Jesus diz em Marcos "Não está escrito: *Minha casa será chamada casa de oração para todos os povos?*", ele está aludindo a uma passagem na qual o Segundo Isaías prevê os estrangeiros sendo trazidos à casa de Deus em Israel "para tornarem-se servos seus".[36]

Em resumo, a julgar pelo livro de Marcos, o mais antigo e confiável dos quatro evangelhos, o Jesus que conhecemos hoje não é o Jesus que realmente existiu. O Jesus real acredita que você deva amar aos seus próximos, mas isso não deve ser confundido com amar a toda a humanidade. Ele crê que você deva amar a Deus, mas não há menção de Deus amando você. Com efeito, se você não se arrepender de seus pecados e não atentar à mensagem de Jesus, lhe será negada a entrada no Reino de Deus. (E o Jesus que disse: "Aquele que estiver sem pecado, que atire a primeira pedra"?[37] Este versículo não só é do último evangelho, João, mas aparentemente foi acrescentado séculos depois de João ter escrito o livro.) Em Marcos, não há Sermão da Montanha, não há bem-aventuranças. Jesus não diz "Bem-aventurados os mansos" ou "Oferece a outra face" ou "Amai os vossos inimigos".

O Evangelho segundo Q

Para aqueles que gostariam de pensar que Jesus disse essas três frases, há alguma esperança. A esperança chama-se "Q". Os livros de Mateus e Lucas compartilham muitos relatos e estes se dividem em duas categorias: a dos relatos encontrados em Marcos; e a dos relatos não encontrados em Marcos. A maioria dos estudiosos postula que os autores de Mateus e Lucas tiveram acesso ao livro de Marcos e a alguma outra fonte — um documento real, presume-se — que se denomina como Q.* Se Q existiu, ele deve ter sido anterior a Mateus e Lucas, e alguns estudiosos consideram que ele é bem mais antigo, tendo quase uma aproximação com o "Jesus histórico", como Marcos. E Q inclui o Sermão da Montanha, que apresenta, entre várias declarações surpreendentes, esta bastante radical: "Ouviste o que foi dito: Amarás o teu próximo e odiarás o teu inimigo. Eu, porém, vos digo: amai os vossos inimigos e orai pelos que vos perseguem; desse modo sereis os filhos do vosso Pai que está nos céus, porque ele faz nascer o seu sol tanto sobre os maus como sobre os bons, e faz chover sobre justos e injustos."[38]

Definitivamente, isso se parece com o amor universal. Afinal, se amarmos nossos inimigos, a quem *não* amaremos? Entretanto, estaria de fato claro que Jesus está falando aqui dos inimigos gentios — sobre os inimigos *dos* judeus, em vez dos inimigos *entre* os judeus? Certamente a atitude de Jesus em relação aos gentios não parece muito bondosa dois versículos depois, quando, explicando sobre a necessidade de expandir o amor amplamente, ele diz: "Se saudais apenas os vossos irmãos, que fazeis de extraordinário? Não fazem isto também os gentios?"[39] Citando essa e outras partes de Q, o estudioso C. M. Tuckett observou: "A linguagem natural de Q parece presumir que 'gentios' são aqueles que estão fora da esfera da salvação." Os "limites de referência parecem ser inteiramente voltados a Israel."[40] Em outras palavras, "amai os vossos inimigos", bem como "amarás o teu próximo", é uma fórmula de coesão social israelita, não de vínculo interétnico.

Tuckett pode estar errado, claro, mas isso seria objeto de controvérsia. De qualquer modo, no próximo capítulo, veremos a razão

---

*Nomenclatura derivada da palavra alemã "Quelle", isto é, "fonte", denominada hipotética fonte literária utilizada na composição dos textos atribuídos a Mateus e Lucas. [*N. do R.T.*]

para duvidar de que o Jesus real tenha realmente expressado a frase "amai os vossos inimigos".

Para encontrarmos Jesus levando explicitamente o mandamento do amor para além das fronteiras de Israel, temos de ir ao livro de Lucas. Depois de estabelecer que "Amarás o teu próximo" está no cerne da lei judaica, Jesus recebe a pergunta: "E quem é meu próximo?" Ele responde com uma história sobre um homem de Jerusalém que fora roubado, espancado e deixado na estrada. Dois judeus como o homem, um sacerdote e um levita, passaram por ele sem ajudá-lo; daí, um homem de Samaria passa por ali, apieda-se dele e o ajuda a se restabelecer. (Samaria fazia parte do reino do norte da antiga Israel, mas, depois de sucessivas conquistas imperiais, o judaísmo não se estabeleceu por lá, tornando os samaritanos estrangeiros perante os judeus.) Jesus disse: "Qual destes três te parece ter sido o próximo do homem que caiu nas mãos dos ladrões?" Seu interlocutor diz: "Aquele que usou de misericórdia para com ele." Jesus responde: "Vai, e faze tu o mesmo."[41]

Essa parábola — a parábola do bom samaritano — é matéria principal das aulas de catecismo de domingo e é fácil entender por quê: ela leva explicitamente o amor para além das fronteiras étnicas. Porém, ela não é encontrada nos dois candidatos a fonte evangélica mais antiga — o Evangelho de Marcos e o hipotético Q. Assim, trata-se de uma declaração improvável do Jesus histórico, especialmente diante de seu desacordo com declarações que *são* encontradas nas fontes anteriores, tais como Jesus chamando os estrangeiros de "cachorrinhos". Ela está em desacordo, também, com outras fontes que, se não são as mais antigas, são pelo menos tão antigas quanto Lucas. Por exemplo, em Mateus, Jesus só tem isto a dizer sobre os samaritanos, pouco antes de enviar seus discípulos para divulgar a palavra da salvação: "Não tomeis o caminho dos gentios, nem entreis em cidade de samaritanos. Dirigi-vos, antes, às ovelhas perdidas da casa de Israel."[42]

A natureza israelocêntrica do reino vindouro de Deus ecoa no resto do Novo Testamento. Já parou para pensar por que há doze discípulos? Tanto em Mateus como em Lucas, Jesus diz que, uma vez chegado o reino de Deus, cada discípulo reinará sobre uma das doze tribos da Israel reconstituída. E uma vez que eles estarão sentados ao lado do soberano desse reinado — presumidamente, Jesus ou outro personagem ungido divinamente, se não o próprio Iavé — isso sugere um papel proeminente para Israel no plano das coisas; sugere que o "reino de Deus" é também o "reino de Israel".[43] Com efeito, no livro dos Atos, os apóstolos perguntam a Jesus: "Senhor, é porventura agora que ides restaurar o reino de Israel?"[44]

É improvável que essa conversa, tida como após a Ressurreição, tenha ocorrido. Mas a questão é que o autor dos Atos (que era também o autor de Lucas) deve ter absorvido tradições locais sobre o ministério de Jesus e ainda considerou esse tipo de pergunta como algo que os apóstolos poderiam ter perguntado. Além disso, Jesus não usa a oportunidade para corrigi-los e ampliar o universalismo, dizendo "Isso não diz respeito a Israel". Ele parece aceitar a premissa de um reino israelita vindouro, corrigindo-os apenas sobre a questão do tempo: "Não compete a vós conhecer os tempos e os momentos que o Pai fixou com sua própria autoridade."[45]

O que, exatamente, havia de novo?

Com frequência, Jesus é chamado de radical, de revolucionário, mas nossa tentativa de definir os vagos contornos do "Jesus histórico" mostra que, em muitos aspectos, ele parece tradicional.

Para começar, ele era, acima de tudo, um profeta apocalíptico — como Albert Schweitzer demonstrou notoriamente no livro de 1906, *A busca do Jesus histórico*.[46] E era um herdeiro direto dos antigos profetas apocalípticos judaicos, notadamente o Segundo Isaías. O "reino de Deus" de Jesus, embora descrito em Mateus como um "Reino dos Céus", seria o reino antecipado pelo Segundo Isaías, aqui mesmo, na

308 A INVENÇÃO DO CRISTIANISMO

Terra. E, assim como o reino de Isaías, ele não iria somente estabelecer o Deus de Israel, mas o próprio Israel, soberanamente. E. P. Sanders, um estudioso do cristianismo antigo, escreveu: "A esperança de Jesus pelo reino encaixa-se nas esperanças longa e profundamente mantidas pelos judeus, que continuaram buscando Deus para redimir seu povo e constituir um novo reino, no qual Israel estaria em segurança e em paz, e no qual os gentios serviriam ao Deus de Israel. Jesus acolheu o pensamento tradicional sobre Deus e Israel: Deus escolhera toda a Israel e ele iria um dia redimir a nação."[47]

Nem havia nada de novo no discurso em prol dos pobres e fracos. Os profetas bíblicos faziam isso desde, pelo menos, os tempos de Amós e do Primeiro Isaías, mais de sete séculos antes. A exploração dos fracos, eles alertavam, era uma das formas de Israel desafiar a vontade de Iavé.

Mas se não havia nada de novo no apocaliptismo de Jesus ou em sua política progressista, poderia haver algo criativo na combinação dos dois. Como vimos, a visão apocalíptica — na antiga Israel e em qualquer lugar — tinha uma característica típica de polaridade reversa: algum dia, os oprimidos estarão no topo e os opressores se encontrarão em situação inferior. Em geral, essa inversão de poder se dá em um cenário internacional: todo um povo, por exemplo, Israel, finalmente se ergue sobre os povos vizinhos por muito tempo domi-nantes. Jesus, contudo, parece ter previsto essa inversão de posição não só *entre* as nações, mas também *dentro* da nação israelita. Sua famosa promessa de que "os últimos serão primeiros, e os primeiros serão últimos" poderia resumir a previsão do futuro geopolítico no Segundo Isaías, mas Jesus parecia tê-la aplicado internamente, para o futuro social de Israel. Quando ele disse "É mais fácil um camelo passar pelo buraco de uma agulha do que um rico entrar no Reino de Deus!", quis dizer que, vindo o dia do Juízo Final, os israelitas pobres ascenderiam na hierarquia social da nação. Jesus combinava a política progressista do Primeiro Isaías com a inversão apocalíptica bastante destacada no Segundo Isaías, e justificava a primeira com base na segunda.[48]

Essa manobra retórica pode ter sido politicamente conveniente. Os oprimidos parecem ter tido grande participação entre o eleitorado de Jesus e eles, sem dúvida, teriam se entusiasmado com a perspectiva de uma ascendência iminente. Essa mensagem também pode ter levado a Jesus alguns seguidores não tão oprimidos. A cada vez que ele entoava a metáfora do camelo na agulha, era uma tentativa de convencer as pessoas com posses a vender seus bens e a aderir à causa.

É claro, não podemos ter certeza de que Jesus abraçou a causa dos oprimidos. Não é um tema recorrente em Marcos, e, mesmo na fonte Q, no Sermão da Montanha, ele é ambíguo; Lucas o tem falando: "Bem-aventurados os pobres", enquanto Mateus o tem como: "Bem-aventurados os pobres em espírito."[49]

Entretanto, pelo menos essa mensagem faz sentido político: em geral os agitadores possuem seguidores de classes inferiores. E, pelo menos, ela não é contestada por diversas passagens no evangelho mais antigo. A mensagem de amor universal, em contraposição, é claramente contraditória com as passagens em Marcos, e não é uma vencedora política natural. Então, como essa mensagem entrou na tradição cristã?

Para responder a essa questão, precisamos avançar para além do "Jesus histórico". Precisamos entender não as montanhas da Galileia, onde Jesus pregava, ou mesmo as ruas de Jerusalém, onde seu ministério atingiu violento clímax. Precisamos entender as cidades do Império Romano pelas quais o movimento de Jesus se espalhou nas décadas seguintes. Nelas é que se formou o Jesus que os cristãos hoje conhecem, depois que o Jesus real morreu. Nelas é que o Jesus Cristo — o Messias crucificado que não deveria ter morrido — nasceu novamente.

CAPÍTULO 11

O apóstolo da caridade

Se realmente, como o capítulo anterior sugeriu, o amor não constituía um grande tema na mensagem real de Jesus, quem o tornou um tema cristão essencial? Várias pessoas o fizeram, mas o papel germinador foi provavelmente desempenhado pelo apóstolo Paulo.

No mundo moderno, as ideias de Paulo sobre o amor fraternal são mais conhecidas por meio do famoso trecho das escrituras: "A caridade é paciente, a caridade é bondosa, não é invejosa, não é arrogante nem escandalosa...".[1] Mas essa passagem de uma carta aos coríntios é apenas uma pequena amostra da obra de Paulo sobre o tema. Enquanto Jesus expressa a palavra "amarás" somente duas vezes em todo o Evangelho de Marcos, Paulo a usa mais de dez vezes em uma única epístola, em sua carta aos romanos. Em algumas vezes, ele está falando do amor de Deus pelo homem; em outras, sobre a necessidade de o homem amar a Deus; e em quase metade das vezes, ele está falando da necessidade de as pessoas amarem umas às outras — a necessidade do "amor fraternal", como por vezes ele cita.[2] Com efeito, Paulo é o autor, no Novo Testamento, da substancial extensão da fraternidade para além das etnias, das classes sociais, e até dos gêneros. Em sua epístola aos Gálatas, citada no capítulo anterior: "Já

312 A INVENÇÃO DO CRISTIANISMO

não há judeu nem grego, nem escravo nem livre, nem homem nem mulher, pois todos vós sois um só em Cristo Jesus."[3]

O "apóstolo Paulo" não era um dos doze apóstolos de Jesus.[4] Pelo contrário: depois da Crucificação, ele parece ter perseguido os seguidores de Jesus. De acordo com o livro dos Atos, ele "devastava a Igreja: entrando pelas casas, arrancava delas homens e mulheres e os entregava à prisão".[5] Porém, quando pretendia tratar dessa maneira alguns seguidores sírios de Jesus, ele passou pela experiência de conversão no "caminho para Damasco". Ele ficou cego pela luz e ouviu a voz de Jesus. Isso mudou sua perspectiva. Por fim, concluiu que Jesus havia morrido para reparar os pecados da humanidade.

Paulo devotou o resto de sua vida para disseminar essa mensagem, e se saiu muito bem nisso. Tanto quanto o próprio Jesus, alguns estudiosos dizem, Paulo foi vital para o sucesso futuro do movimento religioso que viria a ser chamado de cristianismo. E, *mais* do que Jesus, aparentemente Paulo foi responsável por introduzir nessa religião a noção de amor fraternal interétnico.

Por que Paulo se tornou o arauto de um Deus cujo amor não conhecia limites étnicos? Seria porque ele era naturalmente caridoso e tolerante, um homem que, sem esforço, imbuía de um sentimento de integração tudo que encontrava? Improvável. Mesmo em suas epístolas, que provavelmente refletem uma versão filtrada da natureza de Paulo, o vemos declarando que os seguidores de Jesus que discordassem dele acerca da mensagem do evangelho deveriam sofrer um "anátema" — ou seja, sofrer condenação por Deus ao sofrimento eterno.[6] O estudioso John Gager descreveu Paulo como um "pregador e organizador agressivo, abominado e atacado asperamente pelos demais apóstolos do movimento de Jesus".[7]

Não, as origens da doutrina de Paulo de amor interétnico não se apoiam em seu próprio amor caridoso, embora, talvez, ele tenha reunido bastante desse amor no curso de sua vida. Essa doutrina também não flui naturalmente de suas crenças essenciais sobre Jesus. A mensagem evangélica de Paulo pode ser dividida em quatro partes: Jesus era o Messias há muito esperado, o Cristo; o Messias morreu como um tipo de compensação pelos pecados da humanidade; os homens que acreditassem nisso — que reconhecessem a redenção de Cristo por eles — poderiam ter a vida eterna; mas eles deveriam demonstrar essa fé rapidamente, pois o dia do Juízo Final estava próximo.

Essa mensagem pode sugerir um Deus amoroso, mas não diz nada diretamente sobre a importância de as pessoas amarem umas às outras, muito menos sobre a importância de estender esse amor para além das fronteiras étnicas. Então, de onde veio a doutrina que hoje as pessoas consideram como o "amor cristão"? Ela emerge da interação entre as ambições de liderança de Paulo e seu ambiente social. E muito se deve ao Império Romano, assim como a Paulo.

Falta de amor

No Império Romano, o século após a Crucificação foi um tempo de deslocamentos. As pessoas confluíam para as cidades, provenientes de campos e vilarejos, encontravam-se com culturas e povos estrangeiros, e geralmente enfrentavam essa migração sem o apoio de parentes. O classicista E. R. Dodds descreveu "o habitante desenraizado das grandes cidades" no império: "o homem tribal urbanizado, o camponês que veio para a cidade em busca de trabalho, o soldado desmobilizado, o *rentier* arruinado pela inflação e o escravo manumisso".[8]

Era algo semelhante ao que ocorreu na virada do século XX nos Estados Unidos, quando a industrialização atraiu os americanos para cidades turbulentas, para longe de suas famílias extensas. Naquele tempo, como o cientista social Robert Putnam observou, urbanitas sem raízes encontraram apoio em organizações sociais promissoras, como o Elks Club e o Rotary Club. Pode-se pensar que condições semelhantes no antigo Império Romano originassem organizações similares. Com efeito, as cidades romanas viram um crescimento de associações voluntárias.[9] Algumas eram associações profissionais, outras se pareciam com clubes, e outras eram cultos religiosos ("cultos" no sentido antigo de grupos devotados à adoração de um ou mais deuses, não no sentido moderno de grupos marginais extravagantes). Todavia, qualquer que fosse sua forma, elas eram o equivalente ao que um estudioso chamou de famílias fictícias para pessoas cujas famílias reais estavam em aldeias ou vilarejos distantes.[10]

Os serviços familiais oferecidos por esses grupos iam dos aspectos materiais, como enterrar os mortos, aos aspectos psicológicos, como dar às pessoas a sensação de que outras pessoas se importavam com elas. Em ambos os casos, as primeiras igrejas cristãs atendiam às necessidades presentes. Quanto aos aspectos materiais: a igreja, Dodds escreveu, provia "o essencial para a segurança social", cuidando das "viúvas e órfãos, dos velhos, dos desempregados e dos incapacitados; tinha um fundo funerário para os pobres e um serviço de assistência em tempos de epidemias.[11] Quanto aos aspectos psicológicos: nos textos de Paulo, "irmãos" é um sinônimo para "seguidores de Jesus". Uma igreja era uma grande família.

Em certa medida, portanto, o "amor fraternal" de Paulo era apenas um produto de seu tempo. A igreja cristã estava oferecendo o espírito de parentesco de que as pessoas necessitavam e que outras organizações ofereciam. Um termo geralmente aplicado a essas organizações era *thiasos*, ou confraria; a linguagem da fraternidade não era, por si, uma inovação.[12] Entretanto, os antigos escritos cristãos "utilizam vocabulário de parentesco em grau sem paralelo com as organizações sociais contemporâneas", observou um estudioso.[13] Naquela epístola aos coríntios citada em tantos casamentos, Paulo usa a denominação "irmãos" mais de vinte vezes.

Não é difícil pensar nas razões pelas quais os antigos cristãos tiveram um senso familiar maior que a média. Por exemplo, eles eram monoteístas. Enquanto os pagãos que constituíam a maioria da população deveriam distribuir sua fidelidade entre vários cultos religiosos, os cristãos oravam em uma, e só uma, congregação. As relações com os colegas congregados eram, desse modo, profundas. Porém, em certo sentido, isso só amplia o enigma da devoção de Paulo ao tema do amor. Se a fraternidade era tão natural às congregações monoteístas no Império Romano, por que Paulo teve de passar tanto tempo pregando sobre ela?

A chave para entender por que Paulo tornou-se o apóstolo da caridade e um símbolo da fraternidade universal é lembrar-se de que ele era bem mais que um fiel seguidor de Jesus. Ele era um homem de grande ambição. Essa ambição parece ter sido honestamente espiritual, associada a uma mensagem que Paulo considerava o verdadeiro caminho para a salvação. Entretanto, é interessante comparar Paulo aos empresários modernos, com motivações mais mundanas. Ele era um homem que queria divulgar sua marca, a marca Jesus; ele queria abrir franquias — congregações de seguidores de Jesus — em cidades por todo o Império Romano. Curiosamente, essas aspirações imperiais incutiram na pregação de Paulo uma ênfase no amor fraterno, que ele poderia nunca ter desenvolvido caso estivesse satisfeito em administrar apenas uma lojinha de bairro.

Paulo como CEO

Qualquer um que quisesse estabelecer uma ampla organização no mundo antigo se depararia com dois grandes problemas: a tecnologia de transportes e a tecnologia da informação. Naqueles dias, a informação não podia viajar mais rápido do que a pessoa que a carregava, que, por sua vez, não podia ir mais rápido do que o animal que a transportava. Uma vez que Paulo fundava uma congregação e saía para fundar outra em uma cidade distante, ele ia para outro mundo; não era possível retornar com frequência para inspecionar a operação, e ele não podia disparar e-mails para manter os líderes da igreja no rumo.

Diante do que hoje seriam evidentes deficiências tecnológicas, Paulo aproveitou ao máximo o que havia de tecnologia da informação: epístolas. Ele enviou cartas para congregações distantes a fim de mantê-las consonantes com sua missão geral. O resultado chegou até nós na forma das Epístolas Paulinas do Novo Testamento (ou, pelo menos, sete, de treze, que a maioria dos estudiosos considera autênticas). Essas cartas não são somente reflexões espirituais inspiradoras — embora em geral o sejam — mas instruções para resolver problemas administrativos.

Consideremos aquele famoso hino à caridade em I Coríntios. Essa carta foi escrita em resposta a uma crise. Desde sua partida de Corinto, a igreja fora dividida pelo partidarismo e Paulo confrontava-se com rivais pela autoridade. No começo da carta, ele lamenta o fato de alguns congregados dizerem "Eu sou discípulo de Paulo", enquanto outros diziam "Eu, de Cefas".[14]

Havia um segundo problema, possivelmente relacionado com o primeiro. Muitos na igreja — "entusiastas", como alguns estudiosos os chamam — acreditavam ter, eles próprios, acesso direto ao conhecimento divino e estar próximos da perfeição espiritual. Alguns achavam que não precisavam aceitar as orientações da igreja em assuntos morais. Outros exibiam seus dons espirituais falando línguas desconhecidas espontaneamente durante os cultos de louvor, algo que deveria incomodar os devotos mais humildes e que, em doses maiores, poderia arruinar uma cerimônia. Como o estudioso Gunther Bornkamm escreveu: "A marca dos 'entusiastas' era que eles repudiavam as obrigações responsáveis para com os outros."[15]

Em outras palavras, lhes faltava amor fraterno. Por isso a insistência de Paulo sobre o tema em I Coríntios e, especialmente, no capítulo 13, o "capítulo da caridade". À luz desse contexto, a linguagem

O APÓSTOLO DA CARIDADE

nesse capítulo ganha novo sentido. É em referência às interrupções da devoção pela glossolalia que Paulo escreve: "Ainda que eu falasse as línguas dos homens e dos anjos, se não tiver a caridade, sou como o bronze, que soa, ou como o címbalo que retine". E quando ele diz que a caridade "não é invejosa, não é arrogante nem escandalosa", ele está chamando atenção dos coríntios que exibem seus dons espirituais de maneira competitiva e espalhafatosa — seja falando em línguas desconhecidas, profetizando ou mesmo por meio da generosidade.

Paulo não foi tão longe a ponto de proibir a glossolalia. Mas ele enfatizou que falar aos irmãos em uma língua incompreensível a eles não era um ato de caridade, enquanto falar de maneira inteligível "edifica, exorta, consola". Assim sendo, ele apresentou algumas orientações. Como regra, ninguém deveria falar línguas estranhas a menos que houvesse alguém presente que pudesse interpretar legitimamente e, mesmo assim, esses discursos deveriam ser poucos e ordenados: "Se há quem fala em línguas, não falem senão dois ou três, quando muito, e um após o outro." A profecia, por outro lado, é permitida porque é inteligível e, assim, pode servir aos outros. (Mas as pessoas não poderiam usar seus alegados dons proféticos para questionar a autoridade de Paulo? Não se preocupe — Paulo está um passo à frente: "Se alguém se julga profeta ou agraciado com dons espirituais, reconheça, nas coisas que vos escrevo, um mandamento do Senhor. Mas se alguém não reconhecer isto, também não será reconhecido.")[16]

A vantagem do "amor fraternal" não foi apenas a coesão produzida nas congregações cristãs. Recorrer aos sentimentos familiais também permitiu a Paulo afirmar sua autoridade perante os rivais. Afinal, não foi ele, e não eles, que fundou a família dos coríntios cristãos? Ele diz aos coríntios que está escrevendo "para vos admoestar como meus filhos muito amados. Com efeito, (...) fui eu que vos gerei em Cristo Jesus pelo Evangelho. Exorto-vos, portanto, que sejais meus imitadores".[17]

Tivesse Paulo permanecido entre os coríntios, ele poderia ter mantido unida a congregação pela mera força de sua presença, com menos pregações sobre a necessidade de unidade — a necessidade de todos os irmãos serem um no "corpo de Cristo".[18] Mas como ele se sentia compelido a ir adiante e a estabelecer igrejas por todo o império, ele teve de introduzir o amor fraterno como valor dominante e cultivá-lo assiduamente. No caso de I Coríntios, capítulo 13, o resultado foi uma das mais belas obras literárias da civilização ocidental — talvez mais bela fora de seu contexto do que nele inserido.

Amor sem fronteiras

Assim, para o pregador ambicioso do início do cristianismo, a doutrina do amor fraterno tinha pelo menos duas virtudes. Primeira, os laços fraternais fariam das igrejas lugares atraentes, promovendo uma receptividade familial, para muitos inexistente fora dali, em uma época de urbanização e migrações. Como escreveu a estudiosa Elaine Pagels: "Desde o princípio, o que atraía os forasteiros a entrar em uma assembleia de cristãos (...) era a presença de um grupo unido por meio do poder espiritual em uma grande família."[19] (E não há dúvida de que Paulo queria que suas igrejas projetassem uma imagem atraente. Em I Coríntios, ele pergunta: se "numa assembleia da Igreja inteira todos falarem em línguas, os homens simples ou infiéis que entrarem não dirão que estais loucos?")[20] Segunda, a doutrina do amor fraterno tornou-se uma forma de controle remoto, um instrumento que Paulo poderia usar a distância para induzir a coesão congregacional.

A rigor, essa ênfase na fraternidade nem sempre significava ênfase na fraternidade *interétnica*. Pelo que sabemos, algumas dessas congregações iniciais não eram etnicamente diversificadas — caso em que a coesão dentro das igrejas não precisava envolver laços que ultrapassassem as fronteiras étnicas. Assim, de onde veio essa conotação de amor fraterno cristão?

O APÓSTOLO DA CARIDADE

Parte da resposta é que a ideia de ultrapassar os limites étnicos estava incorporada na concepção de Paulo de sua missão recebida divinamente. Ele deveria ser o apóstolo dos gentios; deveria levar a graça da salvação do messias dos judeus — Jesus Cristo — para além do mundo judaico. Aqui, nas origens das aspirações de Paulo, ele está cruzando a mesma ponte que cruzou quando disse que não havia "judeu nem grego", pois todos agora teriam direito à salvação de Deus.

Ao igualar judeus e gregos, Paulo estava, em certo sentido, colocando o pragmatismo acima dos princípios das escrituras. Conforme o próprio relato de Paulo, a base escritural de sua missão para com os gentios estava nos textos proféticos, notadamente nas expectativas apocalípticas do Segundo Isaías, que previu a vinda do messias e um movimento, há muito esperado, de reverência mundial a Iavé. E, como vimos no capítulo 7, essas passagens não eram exatamente uma ode ao igualitarismo étnico. A ideia básica é que as nações gentias se submeteriam de modo humilhante ao domínio do deus de Israel e, portanto, a Israel. Deus prometia aos israelitas que, com a salvação, os egípcios e os etíopes igualmente "passarão para o teu domínio e te pertencerão. Servir-te-ão e desfilarão acorrentados, prostrar-se-ão diante de ti". Com efeito, "todo joelho deve dobrar-se diante de mim, toda língua deve jurar por mim". Assim, "toda a descendência de Israel achará no Senhor o triunfo e a glória".[21]

É claro, os cristãos preferem olhar para trás e realçar as passagens menos nacionalistas do Segundo Isaías — tais como a promessa de Iavé de trazer salvação "até os confins do mundo", com Israel ao fim cumprindo um papel altruísta de iluminação, como uma "luz das nações".[22] Mas essas não são as passagens que Paulo enfatiza. Explicando sua missão aos gentios em uma carta aos romanos, ele cita o versículo sobre todo joelho se dobrando e toda língua jurando, sem mencionar nada a respeito de luz das nações. Declara que seu trabalho é ajudar a "obter a obediência dos gentios". Alinhado com os antigos profetas apocalípticos, ele parece pensar que a questão principal é o mundo se submeter ao messias de Israel; Jesus, diz Paulo citando o Primeiro Isaías, é "aquele que surgirá para governar as nações".[23] E Paulo parece aceitar a ideia de que as linhagens étnicas podem garantir a predileção divina, até mesmo a salvação, para aqueles que, de outro modo, dela não seriam dignos; embora muitos judeus não vejam Jesus como o Messias, "quanto à eleição, eles são muito queridos, por causa de seus pais".[24]

Contudo, no fim, essas e outras conjecturas teóricas importam pouco diante dos fatos reais. Quaisquer insinuações residuais nas escrituras, de superioridade dos judeus sobre os gentios, que Paulo possa ter absorvido em sua obra, foram diluídas por uma decisão estratégica que ele tomou desde cedo.

O modelo empresarial de Paulo

Havia outros seguidores judeus de Jesus que, como Paulo, queriam levar o evangelho aos gentios. Mas muitos insistiam que, para se habilitarem à graça da salvação de Jesus, os gentios teriam de agir de acordo com a lei judaica, a Torá, o que significava seguir dietas rígidas e, além disso, submeter-se à circuncisão. Em uma época sem a anestesia moderna, exigir que homens adultos fizessem uma cirurgia no pênis para que pudessem adotar uma religião era um desincentivo.

Paulo captou a importância de tais barreiras de entrada. No que se referia aos gentios, ele aboliu a maioria das regras de dieta judaica e, com especial ênfase, a obrigação da circuncisão: "Estar circuncidado ou incircunciso de nada vale em Cristo Jesus, mas sim a fé que opera pela caridade." Paulo estava tão decidido a eliminar a barreira da circuncisão que, quando discutia com colegas seguidores de Jesus sobre a questão, sua noção de amor fraterno às vezes o abandonava. Em sua carta aos Gálatas, ele expressou o desejo de que aqueles que pregavam a circuncisão obrigatória "que se façam mutilar"![25] (E

O APÓSTOLO DA CARIDADE

alguns estudiosos dizem que "mutilar" é uma tradução eufemística de uma passagem grega indicativa de uma cirurgia mais dramática: "Corte tudo fora!" é a tradução alternativa.)[26]

Há pouca dúvida sobre a inteligência estratégica de Paulo. Muitas religiões da época, incluindo algumas "religiões arcanas", eram abertas a pessoas de diferentes etnias. Mas esses movimentos costumavam ter barreiras para a afiliação, inclusive financeiras, como sacerdotes que cobravam taxas de iniciação.[27] As igrejas cristãs possuíam uma vantagem competitiva por não terem tais barreiras financeiras, e Paulo ampliava a vantagem certificando-se de que não houvesse outros tipos de barreiras.

Essa decisão de desvincular a afiliação das restrições impostas pela lei judaica não só mitigou a tendência da carta de Paulo aos romanos — a ideia de que sua missão era subjugar os gentios em nome do messias de Israel; ela também rendeu a Paulo a acusação de "rejeitar" a Torá. Contudo, essa "rejeição" pretendia se aplicar aos neófitos *gentios* do movimento de Jesus. De fato, Paulo pode ter se considerado um bom judeu fiel à Torá, embora um que, ao contrário da maioria dos judeus, estava convencido de que o messias havia finalmente chegado. (Em nenhuma de suas cartas, Paulo usa a palavra "cristão".)[28]

Quer Paulo achasse ou não que sua identidade estava agora separada do judaísmo, ele não podia se permitir cortar os laços do movimento de Jesus com o judaísmo, porque precisava utilizar a infraestrutura de adoração judaica. Segundo o livro dos Atos, quando ele ia a uma cidade e começava a recrutar pessoas para o movimento, por vezes iniciava as pregações na sinagoga local. Com efeito, ainda segundo os Atos, alguns dos primeiros neófitos mais importantes de Paulo eram judeus. Logo, ainda que considerações de ordem prática distanciassem, do ritual judaico, a variante de Paulo do movimento de Jesus, elas motivavam a continuação do contato com o mundo judaico. E, mesmo que Paulo se irritasse com a rejeição de suas doutrinas por alguns judeus dentro do movimento de Jesus (para não falar dos judeus fora dele), ele continuava a buscar reaproximação, tentando preservar uma base ampla.

Em resumo, o tipo de ponte que Paulo construiu para o mundo gentio acabaria afastando muitos judeus, e talvez até afastando Paulo deles, mas era uma ponte que ele não poderia derrubar. Assim, uma simbiose interétnica persistiu e deu o tom aos textos de Paulo. Por isso, a frase "não há judeu nem grego" entrou nas escrituras, com sua conotação permanente de igualitarismo étnico.

Houve aspectos do modelo empresarial de Paulo que forçaram ainda mais intensamente a conexão interétnica. Para conhecê-los, comecemos com a referência acima ao fato de os "primeiros neófitos mais importantes" serem judeus. Agora, deixemos de lado a parte sobre eles serem judeus e concentremo-nos na ideia de neófitos "importantes" — sejam judeus ou gentios. Que tipos de pessoas no Império Romano se classificariam como neófitos "importantes"? Como recrutá-las? Por mais mundanas, até maquiavélicas, que essas perguntas possam parecer, responder a elas mostrará quão profundamente a ideia de harmonia interétnica foi incorporada na logística da missão de Paulo, e quão propício era o seu ambiente para o sucesso dessa missão. E, sob essa luz, ficará claro por que ele acabou pregando não só a tolerância interétnica, ou mesmo as alianças, mas a fraternidade interétnica, o *amor* interétnico.

Voando em classe executiva

Nos tempos antigos, como atualmente, um pré-requisito para estabelecer uma operação de *franchising* é encontrar pessoas que administrem as franquias. Não é qualquer um que pode fazê-lo. Embora o cristianismo seja famoso por acolher os pobres e oprimidos em suas congregações, Paulo precisaria, para efetivamente *administrar*

O APÓSTOLO DA CARIDADE

as congregações, de pessoas de melhor posição social. Em primeiro lugar, essas pessoas precisariam providenciar um local de reunião. Embora historiadores falem de antigas "igrejas" em várias cidades, não havia construções dedicadas à devoção cristã. Casas e salões emprestados eram a infraestrutura inicial. A julgar pelo livro dos Atos, o estabelecimento de congregações cristãs por Paulo dependia em grande medida do "apoio de autoridades e proprietários ricos", como demonstrou o estudioso Wayne Meeks.[29]

O livro dos Atos relata um episódio significativo do ministério de Paulo em Filipos, uma cidade da colônia romana da Macedônia. Paulo e seus companheiros começaram a falar às mulheres reunidas junto a um rio, fora dos portões da cidade. Os Atos contam que "uma mulher, chamada Lídia, vendedora de púrpura da cidade de Tiatira e temente a Deus [ou seja, uma judia], escutava-nos. O Senhor abriu-lhe o coração, para que ela atendesse ao que Paulo dizia".[30] Lídia — a primeira europeia convertida ao que seria mais tarde chamado de cristianismo — começou seu serviço para a igreja recrutando "os de sua casa", o que, quase certamente, incluía não só sua família, mas os criados e talvez os escravos.[31] E seu serviço não terminava aqui. O autor dos Atos escreve: "Foi batizada, juntamente com sua família, e fez-nos este pedido: 'Se julgais que tenho fé no Senhor, entrai em minha casa e ficai comigo.' E obrigou-nos a aceitar." Em seguida, ao que parece, eles fizeram com que ela os accitasse: a casa de Lídia tornou-se centro de reunião da congregação cristã local.[32]

Para encontrar pessoas como Lídia, Paulo tinha de se envolver com o que seriam, pelos padrões de hoje, os círculos das elites. A "púrpura" que Lídia vendia era um tecido caro, feito com uma tintura rara. Sua clientela era abastada, e ela teve recursos para viajar de sua terra natal, na Ásia Menor, para a Macedônia. Ela seria o equivalente antigo de alguém que viaje hoje através do Pacífico ou do Atlântico em classe executiva.

324   A INVENÇÃO DO CRISTIANISMO

Do ponto de vista de Paulo, a vantagem de pregar para a classe executiva ia além do fato de que as pessoas que viajam de classe executiva têm recursos. Havia também o fato de que as pessoas que viajam, viajam — isto é, estão em movimento. A julgar pelo livro dos Atos, muitos dos primeiros associados cristãos de Paulo eram, como ele, viajantes.[33] Como Meeks observou, "grande parte da missão" de estabelecer e sustentar as congregações cristãs "era executada por pessoas que viajavam por outros motivos".[34]

Havia pelo menos duas maneiras para se utilizar esses grupos viajantes. Primeira, em uma época em que não havia serviço postal público, eles poderiam levar as cartas para as igrejas distantes.[35] Segunda, eles poderiam até fundar congregações distantes.

Consideremos Áquila e Priscila, marido e mulher. Segundo os Atos, quando Paulo foi de Atenas para Corinto e os encontrou pela primeira vez, eles haviam se mudado de Roma para Corinto. Entre as coisas que tinham em comum com Paulo, estava o seu ofício. "Como exercessem o mesmo ofício", relatam os Atos, "morava e trabalhava com eles". Áquila e Priscila tornaram-se, então, dois de seus principais missionários, mudando-se para Éfeso e fundando uma igreja em sua casa.[36]

A atividade que Paulo compartilhava com eles era, conforme a interpretação que se tenha de uma palavra grega, ou fabricação de tendas ou trabalho em couro. Qualquer dos ofícios permitiria a Paulo se relacionar com a classe de comerciantes, mas a fabricação de tendas era uma profissão especialmente oportuna. Naquele tempo, as tendas não eram para lazer; eram o que os viajantes mais ricos usavam para evitar hospedar-se em estalagens, ambientes em geral mal frequentados e depravados.[37] As tendas eram, em suma, o equipamento padrão para aqueles que viajavam de classe executiva. Com efeito, as tendas *eram*, de certo modo, a classe executiva. Ao fabricar e vender tendas, Paulo teria se relacionado exatamente com o tipo de pessoas com quem ele precisava se relacionar.

O APÓSTOLO DA CARIDADE

Essas pessoas, como os viajantes de classe executiva de hoje, eram cosmopolitas. Eram de diversas etnias, lidavam com pessoas de várias etnias, e seus interesses financeiros ditavam, desse modo, alguma tolerância acerca das diferenças étnicas, certa relação amistosa para além das fronteiras étnicas. Esses valores cosmopolitas foram desenvolvidos dentro da lógica do comércio de longa distância no Império Romano multinacional, do mesmo modo como são desenvolvidos dentro da lógica do comércio de longa distância em uma era de globalização. Quando a economia atrai povos de diferentes etnias e culturas para relacionamentos de soma não zero, é provável que daí decorra tolerância intercultural e interétnica. Nesse sentido, uma parte não clara do trabalho de Paulo teria sido feita pela tendência da época. Ainda assim, há uma diferença entre tolerância interétnica, e mesmo alianças, e fraternidade interétnica. Para bem explicar a antiga ênfase cristã no amor fraterno, precisamos explorar mais profundamente o modelo empresarial de Paulo.

Benefícios adicionais

Quando as pessoas abrem uma franquia local de alguma marca — um McDonald's, um Pizza Hut — elas o fazem porque esperam obter algum retorno. O que as pessoas esperavam obter de retorno ao transformar suas casas em franquias cristãs? Em alguns casos, sem dúvida, era principalmente o benefício do evangelho; provavelmente, Lídia achou gratificantes os ensinamentos iniciais de Paulo, mas nunca saberemos quais benefícios adicionais — sociais, econômicos ou outro qualquer — ela obteve ao estabelecer uma igreja. Mas como a franquia continuou e a igreja expandiu-se para cada vez mais cidades, ela oferecia novos benefícios para os líderes das igrejas.

Especificamente: hospedagem segura. As tendas eram adequadas para pousadas noturnas na estrada, mas quando se chegava à cidade

326 A INVENÇÃO DO CRISTIANISMO

grande, melhores acomodações eram preferíveis — especialmente, se se planejava ficar durante algum tempo e fazer negócios. As cartas de Paulo às congregações cristãs incluíam, com frequência, pedidos de hospitalidade para líderes da igreja em trânsito.[38] Tal privilégio, como escreve um estudioso, seria "estendido a todas as casas de fé, que os receberiam em confiança, embora fossem completos estranhos". Isso foi uma espécie de revolução, já que "segurança e hospitalidade em viagens era, tradicionalmente, privilégio dos poderosos".[39] O Império Romano havia tornado as viagens distantes mais fáceis do que nunca na história, e o cristianismo explorou esse fato. Era, entre outras coisas, o Holiday Inn da época.

Porém, há uma grande diferença. O dono de um Holiday Inn não está convidando os hóspedes para sua casa. Além disso, seus cartões de crédito estão registrados, no caso de eles serem maus hóspedes. Os antigos que hospedavam viajantes que eles não conheciam pessoalmente estavam se colocando em maior risco. E eles estariam mais inclinados a aceitar isso se acreditassem que o hóspede não era um mero hóspede, mas um parente espiritual, um "irmão".

Mal o viajante no Império Romano chegava a uma cidade, deparava-se com um problema: ele precisava de informações e orientações, e não existia a internet. A rede a ser conectada eram as outras pessoas. Mas onde encontrar pessoas dispostas a fornecer informações valiosas, lhe mostrar a cidade, ajudá-lo a fazer contatos com outras pessoas de sua profissão ou com potenciais clientes? Bem, que tal uma congregação repleta de "irmãos" — todos provavelmente dispostos a lhe dar a mão se o considerassem como um deles? Paulo escreveu aos romanos: "Recomendo-vos a nossa irmã Febe, diaconisa da igreja de Cêncreas, para que a recebais no Senhor de um modo digno dos santos, e a ajudais em tudo o que ela de vós precisar."[40]

Cêncreas era um porto próximo de Corinto. Paulo estava ali pedindo aos romanos para estender o amor familial a uma grega, e assim o fazia com a intenção de entrelaçar sua organização imperial. Como observou o estudioso Wayne McCready, a antiga linguagem cristã de intimidade familial não só "acentuou a coesão interna que distinguia as assembleias dos primeiros cristãos", mas também "aplicou-se ao princípio universal que transcendeu as referências locais e geográficas e uniu várias comunidades locais em um todo coletivo".[41] A igreja internacional de Paulo foi construída sobre os valores cosmopolitas presentes de tolerância interétnica e amizade, mas ao oferecer sua rede internacional de comunicação para pessoas com recursos, ela foi além desses valores: um tipo de amor interétnico foi o valor essencial que manteve o sistema unido.

Pode parecer sarcástico explicar o crescimento de uma religião em crassos termos comerciais, especialmente uma religião do *amor*, como se as religiões fossem meras redes de comunicação. Mas tais funções práticas cumprem ainda hoje um papel no poder das religiões. A igreja mórmon, cuja taxa de crescimento tem sido comparada à do antigo cristianismo,[42] é uma rede eficiente de contatos comerciais. E no mundo antigo, os laços religiosos cumpriam um papel ainda mais significativo no comércio. Com efeito, as antigas associações gregas e romanas que eram essencialmente de classe — associações de marinheiros, ou de artesãos etc. — parecem nunca ter sido exclusivamente seculares. Como o estudioso S. G. Wilson escreveu, "um elemento de devoção religiosa" era "um recurso sempre presente nas associações antigas, como, de fato, na vida antiga em geral".[43] A confiança na transação, da qual o negócio dependia — uma confiança que hoje se apoia em leis elaboradas e na sua certa aplicação —, nos tempos antigos apoiava-se parcialmente em leis, mas essencialmente na confiança na integridade do indivíduo. E a irmandade religiosa era uma das grandes fundações desse tipo de confiança.

O império como oportunidade

A abordagem pragmática deste capítulo sobre a ênfase de Paulo no amor é um tanto especulativa. Não sabemos o suficiente sobre a igreja antiga para explicar esse crescimento com total certeza. O que podemos dizer com bastante segurança, entretanto, é que o sucesso de Paulo foi uma combinação de condições oportunas e a eficaz exploração delas.

O Império Romano representava, entre outras coisas, uma enorme oportunidade comercial. Ao aproximar cidades então remotas através de estradas sólidas, e uni-las sob um código legislativo uniforme, o império abriu novos horizontes para os mercadores ambiciosos e, na época de Paulo, eles estavam começando a entender isso. Foi o que tornou concebível a grande ambição de Paulo para a igreja: não só a vastidão do palco romano, mas o fato de que o império já havia criado fluxos comerciais que Paulo poderia utilizar. Paulo enxergou uma oportunidade empresarial sem precedentes: a possibilidade de construir uma organização religiosa de proporções imperiais.

Entretanto, deve ter havido algo de desafiante em seu objetivo, porque, embora o Império Romano tenha existido por quase um século, nenhum outro lograra esse objetivo. Sim, outras religiões afloraram, especialmente as religiões arcanas gregas e romanas, mas estas pareciam carecer de uma liderança centralizada e de uma doutrina uniforme. Os cultos dionisíacos espalharam-se de cidade a cidade (como seria de se esperar de uma religião que exigia beber grandes quantidades de vinho), mas, como observou um estudioso, "uma vez estabelecidos, os cultos locais adquiriam grande autonomia e podiam tomar formas bem diferentes de uma cidade para outra".[44] Aparentemente, havia desafios para qualquer um que quisesse fundar congregações em várias cidades e mantê-las integradas.

Nunca saberemos com certeza qual foi o segredo de Paulo, mas algumas das melhores hipóteses são as que destaquei. Primeira, ele usou a tecnologia da informação da época — cartas transportadas manualmente — com incomum sagacidade para manter uniformes as congregações distantes. Isso significava deixar claro o tema do amor familial. Segunda, ele estendeu essa noção de fraternidade para além das congregações locais e de etnias particulares. Isso facilitou a provisão de hospitalidade aos líderes da igreja em trânsito e, com o decorrer do tempo, aos cristãos em geral. Desse modo, o amor fraterno ajudou a manter a igreja unificada — ou, pelo menos, mais unificada que outras religiões cosmopolitas, e unificada o suficiente para manter-se forte por longo tempo.

Um princípio geral aqui é que em um regime multiétnico como o Império Romano, qualquer um que quisesse começar uma grande organização deveria ser etnicamente receptivo, a fim de evitar que recursos valiosos fossem desperdiçados e que potenciais adeptos não fossem recrutados. As sinagogas espalhadas pelo Império Romano foram um exemplo de recurso valioso. A igreja cristã em Roma foi outro exemplo. Paulo não tinha fundado a igreja em Roma, e, provavelmente, havia diferenças de doutrina entre esses cristãos latinos e os cristãos na Grécia e na Ásia Menor, que Paulo havia iniciado. Caso tivesse optado, Paulo poderia ter insistido nessas diferenças até o ponto do cisma. Mas ele queria usar os recursos da igreja romana, já que preparava missões para a Espanha e além; e isso pode ajudar a entender o tom cordial de sua carta aos romanos: "a todos os que estão em Roma, queridos de Deus, (...) eu dou graças ao meu Deus mediante Jesus Cristo, por todos vós, (...) vos menciono incessantemente em minhas orações, (...) desejo ardentemente ver-vos".[45] Bastante íntimo, haja vista que a maioria era de pessoas que ele não conhecia! Contudo, essa era uma simples aplicação da fórmula de sucesso do antigo cristianismo.

Como o universal é universal?

Pode parecer implausível que uma doutrina do amor verdadeiro, puro e sem fronteiras pudesse emergir dos imperativos estratégicos do empreendedorismo, mesmo quando a empresa é uma religião. E, realmente, *é* implausível. O que emergiu com o antigo cristianismo não é, de fato, estritamente falando, um deus do amor *universal*. O apelo central da antiga igreja, lembremo-nos, era de que o amor fraternal seria uma forma de amor familial. E o amor familial é, por definição, discriminador — é dirigido para o interior, não para o exterior; para os parentes, não para qualquer um.

Esse é o tipo de amor que Paulo geralmente prega — amor dirigido primeiro e principalmente para outros cristãos. "Amai-vos mutuamente com afeição terna e fraternal", ele diz aos romanos. "Pela caridade, fazei-vos servos uns dos outros", instrui os membros da congregação de Galácia. Ele lembra aos tessalonicenses que "vós mesmos aprendestes de Deus a amar-vos mutuamente; e é o que estais praticando muito bem para com todos os irmãos [seguidores de Jesus] em toda a Macedônia. Mas ainda vos rogamos, irmãos, que vos aperfeiçoeis cada vez mais".[46]

Isso não quer dizer que as pregações de Paulo não ofereçam base para o amor verdadeiramente universal. Amiúde, ele exorta os cristãos para estender a generosidade e hospitalidade para os não convertidos, e, por vezes, vai além. Ele diz aos tessalonicenses: "Que o Senhor vos faça crescer e avantajar na caridade mútua e para com todos os homens." No entanto, ele não está habituado a situar cristãos e não cristãos em *exatamente* o mesmo plano. Ele fala aos gálatas: "Façamos o bem a todos os homens, mas particularmente aos irmãos na fé."[47]

Paulo está traçando uma linha tênue — ocasionalmente exorta um tipo de "amor" por não cristãos, embora sugira que este seja um mo-

O APÓSTOLO DA CARIDADE

tivador menos eficiente do que a "caridade fraterna", que ele defende incansavelmente entre os cristãos. Isso pode parecer paradoxal, mas traçar essa linha foi essencial para o sucesso inicial do cristianismo.

Sob certo aspecto, o cristianismo ganhou reputação ao estender a generosidade aos não cristãos. Alguns daqueles que foram favorecidos com isso juntaram-se à igreja, outros certamente a elogiaram desde então, e vários observadores ficaram impressionados com a receptividade da igreja aos desafortunados.

Entretanto, o cristianismo não podia estender a generosidade aos não cristãos infinitamente. Afinal, tratava-se de uma organização que queria crescer, e entre os seus principais incentivos para o ingresso estava o fato de que ela oferecia os benefícios de uma família extensa, incluindo assistência material em momentos de necessidade. Se qualquer um pudesse obter esses benefícios sem adesão, como muitas pessoas ingressariam? Além disso, como um pequeno grupo de pessoas teria condições de atender infinitamente a todos que pedissem, se muitos desses beneficiados jamais contribuiriam com alguma coisa, em retorno? O segredo para o crescimento do cristianismo foi ser receptivo a forasteiros, mas não infinitamente receptivo — a menos, é claro, que eles se tornassem membros, quando então se esperaria que contribuíssem e não apenas recebessem.

Essa natureza discriminatória do amor cristão reflete-se mais de um século depois de Paulo nas palavras do teólogo cristão Tertuliano: "O que salta aos olhos de nossos inimigos é nossa ternura: 'Olhe apenas', eles dizem, 'olhe como eles se amam uns aos outros!'"[48] Uns aos outros, não a todos.

Essa discriminação também se reflete em uma famosa declaração de Jesus no livro de Mateus. Jesus está dizendo a seus seguidores que eles devem tratar até os mais humildes como se estes fossem o próprio Jesus, de modo que no dia do Juízo Final, ele possa lhes dizer: "Pois tive fome e me destes de comer. Tive sede e me destes de beber. Era peregrino e me acolhestes. Estive nu e me vestistes, enfermo e me visitastes, na prisão e viestes a mim." Esse aparente chamado de uma compaixão sem fronteiras é seguido de um qualificativo raramente observado. Quando os seguidores de Jesus perguntam com perplexidade "Senhor, quando foi que te vimos enfermo ou na prisão e fomos te visitar?", Jesus responde: "Em verdade vos digo: todas as vezes que o fizestes a um desses meus irmãos mais pequeninos [algumas vezes traduzido como "membros da minha família"], foi a mim mesmo que o fizestes."[49] Irmãos? Família? No sentido comum do antigo cristianismo, esses termos significariam outros cristãos.

É claro, se Paulo foi um dos pioneiros no uso desses termos, talvez eles tivessem uma conotação diferente, mais verdadeiramente universal, quando Jesus falou. Mas o livro de Mateus só foi escrito depois do tempo de Paulo; logo, sua linguagem deve ser interpretada sob tal luz. E sob essa luz, a passagem é bastante consistente com o uso instrumental de Paulo da ideia de amor fraterno, sugerindo que talvez essas não tenham sido as palavras de Jesus, mas, ao contrário, foram colocadas em sua boca para justificar uma estratégia que, à época em que Mateus foi escrito, provara ser interessante. (Elas não aparecem no evangelho mais antigo, o de Marcos, ou na possível antiga fonte Q, reconstruída hipoteticamente — somente em Mateus.)

Embora a associação a uma das igrejas de Paulo permitisse que alguém desfrutasse do amor fraterno, não garantia esse privilégio por toda vida. Sendo um irmão, você seria monitorado, e autoindulgência em excesso poderia levar à expulsão. A mesma carta aos coríntios que traz o famoso hino à caridade contém esta passagem: "escrevi-vos que não vos associeis com alguém que traga o nome de irmão e, não obstante, seja impudico ou avarento ou idólatra ou difamador ou beberrão ou ladrão. Com tal indivíduo nem sequer deveis comer. (...) Tirai o perverso do vosso meio".[50] A igreja de Paulo possuía critérios generosos para associação à irmandade, mas fundamentos rígidos para a expulsão.

Essa política de associação ajuda a explicar como o cristianismo era capaz de aceitar membros de todas as classes sociais, inclusive indigentes. Desde que eles não explorassem a generosidade e sucumbissem aos vícios, poderiam ser produtivos. Com efeito, as igrejas cristãs parecem ter sido instrumentos de mobilidade social, dando educação a discípulos interessados. Um cristão do século II registrou: "Não só os ricos entre nós seguem nossa filosofia, mas os pobres recebem as instruções de graça... Admitimos todos que desejam ouvir."[51]

Era uma fórmula consistente: dirigir-se a todos e manter os honestos e os determinados. No entanto, uma implicação dessa fórmula era evitar que o "amor universal" se tornasse verdadeiramente "universal". O amor estendia-se além da irmandade dos cristãos temporária e condicionalmente; a forma mais completa de amor seria negada àqueles que não se associassem à irmandade e àqueles que se associaram, mas não se mantiveram determinados em sua associação. A intenção era tornar a igreja antiga organicamente coesa. Como afirmou Paulo: "Embora sejamos muitos, formamos um só corpo em Cristo, e cada um de nós somos membros uns dos outros".[52]

O significado da injunção da Bíblia Hebraica para que se ame ao próximo como a si mesmo sempre dependeu da definição de "próximo". Paulo realmente mudou essa definição, mas ele não lhe deu abrangência infinita. Um "próximo" não era simplesmente *qualquer* judeu ou grego. Como Peter Brown escreveu acerca do Império Romano do século III: "O ensinamento da igreja definia para o cristão quem *não* era seu próximo: o próximo do cristão *não* era necessariamente seu parente, *nem* seu vizinho em uma residência, *nem* seu compatriota ou concidadão; o próximo era seu camarada cristão."[53]

Irmãos, sim; porém, inimigos?

Há um tipo de amor cristão que não se encaixa nessa fórmula e, portanto, não pode ser explicado em termos de laços intracongregacionais ou intercongregacionais. Em dois dos evangelhos, Jesus diz: "Amai vossos inimigos."[54] Qual é a lógica prática por trás *desse* tipo

334   A INVENÇÃO DO CRISTIANISMO

de amor? E se houver alguma, por que não é a lógica percebida por Paulo, que nunca expressou essas palavras?

Na realidade, embora Paulo não diga "Amai vossos inimigos", ele chega bem perto. Tão perto, de fato, que parece sugerir que ele *realmente* percebia a lógica por trás disso — que, com efeito, pode ter sido ele quem introduziu a ideia na literatura cristã. Somente mais tarde, talvez, ela tenha sido atribuída a Jesus, em uma forma mais completa e mais detalhada.

A injunção "Amai vossos inimigos", como vimos, aparece tanto em Mateus como em Lucas. Na versão de Mateus, Jesus diz: "Eu, porém, vos digo: amai os vossos inimigos e orai pelos que vos perseguem". Na carta aos romanos, escrita mais de uma década antes de Mateus ou Lucas, Paulo diz: "Abençoai os que vos perseguem; abençoai-os e não os amaldiçoeis." E, embora Paulo efetivamente não diga para *amar* seus inimigos, ele acrescenta: "Se o teu inimigo tiver fome, dá-lhe de comer, se tiver sede, dá-lhe de beber." Paulo também diz, nessa mesma passagem: "A ninguém pagueis o mal com o mal; (...) Não vos vingueis uns aos outros." Similarmente, Jesus, pouco antes de aconselhar as pessoas a amar seus inimigos, diz: "Não resistais ao mau. Se alguém te ferir a face direita, oferece-lhe também a outra."[55]

É claro, não é surpreendente que Paulo apoiasse o mesmo conjunto de ideias que Jesus, dado que ele é, em certo grau, um aficionado de Jesus. Mas se Paulo está repetindo as palavras de Jesus, por que ele não reforçou sua autoridade reafirmando isso? Afinal, ele estava falando para grupos de adoradores de Jesus. E por que ele não repetiu a versão mais expressiva e vigorosa dos ditos de Jesus sobre o assunto: "Amai vossos inimigos"?

É possível que Paulo simplesmente não estivesse muito familiarizado com os ditos de Jesus — mas não é provável. Afinal, por seus relatos, ele passara duas semanas em Jerusalém, hospedado com o apóstolo Pedro, e também conheceu o irmão de Jesus, Tiago.[56] Aliás, ele passou muito de seu tempo nos círculos em que as palavras de

Jesus eram propagadas. Certamente, ele teria ouvido uma das frases mais notáveis de Jesus — isto é, se Jesus realmente a disse.

A mesma questão aparece com a doutrina do amor fraterno. À época em que o livro de João cita Jesus falando a seus seguidores "Dou-vos um mandamento novo: amai-vos uns aos outros", este *não era*, em realidade, um novo mandamento;[57] Paulo havia iniciado a divulgação dessa determinação aos seguidores de Jesus décadas antes. Do mesmo modo, antes de os outros três evangelhos mostrarem Jesus falando às pessoas para que cumprissem a lei judaica amando a seu próximo como a si mesmo, Paulo havia falado aos gálatas que "toda a lei está contida num só preceito: *Amarás o teu próximo como a ti mesmo*". E aqui também ele não faz menção ao fato de Jesus ter dito a mesma coisa.[58]

Vimos o valor pragmático do amor fraterno e vimos como Paulo pode ter chegado a esse preceito sem a inspiração de Jesus. Mas e quanto a "Amai vossos inimigos"? Se Jesus realmente não disse isso, de onde Paulo tirou essa ideia?

Talvez dos fatos reais — fatos que deram a Paulo motivo para enxergar a sabedoria da perseverança passiva diante da inimizade. Paulo fazia parte de uma minoria religiosa que era bastante malvista e que, se não demonstrasse moderação diante das provocações, poderia ser perseguida até a extinção.[59] Nesse aspecto, sua situação era parecida com a de Fílon, outro adepto de uma crença suspeita no Império Romano do século I. Fílon, como vimos, adaptou-se recomendando aos camaradas judeus que não antagonizassem a maioria pagã — e trabalhando em uma doutrina de tolerância entre crenças nas escrituras judaicas.

Certamente, Paulo parecia saber que uma arremetida de bondade poderia frustrar o inimigo ao negar-lhe o que mais queria: uma justificativa para o ódio, um pretexto para o ataque. Depois de recomendar aos cristãos que dessem de comer e de beber ao seu inimigo, ele acrescenta: "Procedendo assim, amontoarás carvões em brasa sobre a sua cabeça."[60]

De fato, Paulo não foi o primeiro a imaginar que ser amistoso com o inimigo poderia ser um poderoso contra-ataque. Seu versículo sobre as "brasas" vem do livro dos Provérbios, que é precedido por este conselho: "Se teu inimigo tem fome, dá-lhe de comer; se tem sede, dá-lhe de beber."[61] Paulo, ao introduzir a doutrina da bondade para com os inimigos no cristianismo, não estava apenas sendo sensato; ele estava sendo sensato quanto à orientação da literatura sapiencial hebraica.

O amadurecimento de Deus (continuação)

Tivemos contato anterior com a literatura sapiencial em um contexto teológico. Na teologia de Fílon — e, como sugeri no capítulo 9, em uma possível teologia moderna — a acumulação da sabedoria humana é uma manifestação do propósito divino. A direção da história, como definida pela dinâmica básica da evolução cultural, conduz pragmaticamente as pessoas para doutrinas funcionais que, de maneira fascinante, contêm elementos de verdade moral. Conforme as pessoas se envolvem cada vez mais em situações de soma não zero com mais e mais pessoas, através de maiores distâncias geográficas e culturais, a busca razoável pelos interesses próprios determina o reconhecimento dos interesses, e portanto a humanidade, de um número crescente de outros seres humanos.

Ou, para colocar um pouco de teologia em sua forma mais ambiciosa, como formulado no capítulo 7: talvez o amadurecimento de "Deus" signifique a existência de Deus. Isto é: se a história conduz naturalmente as pessoas em direção ao aperfeiçoamento moral, à verdade moral, e seu Deus, como elas a concebem, amadurece de acordo, tornando-se moralmente mais significativo, talvez esse amadurecimento seja evidência de algum propósito superior, e talvez — possivelmente — a origem desse propósito seja algo digno do nome divindade.

O APÓSTOLO DA CARIDADE

A linha principal do amadurecimento de "Deus" traçada neste capítulo foi a evolução de uma doutrina de amor interétnico. Em uma observação mais próxima, vimos que ela é menos original e menos impressionante do que parecia à primeira vista — menos verdadeiramente universal. Entretanto, não se trata de pouca coisa. A ideia de que todas as pessoas, independentemente de raça ou nacionalidade, sejam candidatas iguais ao amor de Deus (desde que não desperdicem a oportunidade!) é uma forma de igualitarismo étnico. E o igualitarismo étnico é provavelmente mais próximo da verdade moral do que outras opções.

Assim, para fins teológicos, seria interessante saber: essa doutrina moralmente progressiva foi, de fato, um efeito muito provável do processo histórico? Ou foi uma feliz casualidade, produto da interpretação original de um homem acerca da carreira profética excêntrica de outro homem? Se foi a primeira — se foi um efeito natural da história — então, é provável que esse "amadurecimento de Deus" signifique a existência de Deus, ou, pelo menos, de algo que poderíamos chamar de divino, embora diferente das antigas concepções de Deus.

Tais são as questões que venho tentando esclarecer ao tratar Paulo unidimensionalmente — como mais um homem ambicioso e astuto, que aconteceu de estar no ramo de negócios da religião. Na medida em que qualquer homem como ele provavelmente terminaria pregando a tolerância interétnica, e até mesmo o amor, essas doutrinas podem ser vistas como frutos do contexto econômico, político e social da época. E na medida em que esse contexto é, por sua vez, uma expressão do movimento natural da história em direção a uma organização social mais extensa, essas doutrinas podem ser vistas como expressão da própria história.

Provisoriamente, podemos dizer que esse parece ser o caso. Conforme a organização social se expandiu, conforme as estradas romanas cruzaram as fronteiras de mais nações, os interesses econômicos levaram as pessoas a um mundo multiétnico, cosmopolita, e o "Deus do amor" evoluiu em reflexo a esse fato. Se as aspirações organizacionais de Paulo pretendiam, de fato, se realizar na escala do Império Romano, os valores de sua organização teriam de abranger a diversidade étnica do império.

Todavia, dúvidas permanecem. Por exemplo: as aspirações organizacionais de Paulo *pretendiam* se realizar na escala do Império Romano? Ou a versão paulina do cristianismo poderia facilmente não ter prosperado em meio à concorrência acirrada entre religiões naquele império? E se o cristianismo paulino tivesse realmente sucumbido perante o sucesso de outras religiões, que características a religião vencedora teria apresentado? Tais questões ajudam-nos a responder à questão maior de se a doutrina do amor fraterno interétnico estaria "prevista" — se, desde o princípio, seria provável de ela se desenvolver. Nunca iremos esclarecer a questão em definitivo; há muitos imponderáveis. Contudo, o próximo capítulo nos levará para mais perto de uma resposta.

CAPÍTULO 12

A seleção natural do cristianismo

Não demorou muito para que os cristãos começassem a incomodar. Já em 64 EC, antes de todos os livros do Novo Testamento terem sido escritos, o imperador Nero lambuzava com piche os seguidores de Jesus, pendurava-os em cruzes e ateava fogo.[1] Sempre econômico, o perseguidor Nero (de acordo com o historiador romano Tácito) aproveitava os corpos em chamas "como iluminação quando a luz do dia caía".[2] O objetivo imediato do imperador era fazer dos cristãos bodes expiatórios, culpá-los por um incêndio devastador que algumas pessoas atribuíam a ele. Entretanto, havia uma fonte de tensão menos efêmera entre os cristãos e os regentes romanos. Como os judeus, os cristãos não se enquadravam no modelo romano de religião.

O governo romano permitia às pessoas a adoração de quaisquer deuses que escolhessem, desde que também fosse prestada homenagem aos deuses oficiais do império. Os cristãos recusavam-se a venerar os deuses do Estado, e também não podiam dar legitimidade aos vários outros deuses que as pessoas cultuavam. Na verdade, eles desafiavam ativamente essa legitimidade, porque os cristãos não eram apenas monoteístas; eram monoteístas com tendência ao proselitismo.

O proselitismo excedia a perseguição, e com isso o cristianismo cresceu; até que, em 312, ele cruzou seu famoso limiar: o imperador

Constantino, inspirado por uma visão, decidiu travar uma batalha crucial sob o símbolo da cruz. A vitória decorrente elevou Jesus em sua estima e ajudou a abrir uma era de tolerância oficial ao cristianismo.[3] Ao fim do século IV, o cristianismo era a religião oficial do império e as religiões pagãs foram banidas.

A conversão de Constantino é uma pedra de toque no debate sobre os papéis do acaso e da necessidade na história. Alguns a veem como fruto de uma contingência: sem a mudança de disposição de Constantino, o cristianismo poderia nunca ter destituído o paganismo como religião da Europa e toda a história teria sido diferente. Outros dizem que o cristianismo, embora longe de ser uma religião majoritária, já tinha alcançado massa crítica e prevaleceria em qualquer caso.

Suponhamos que o êxito do cristianismo no Império Romano tenha sido, realmente, devido a Constantino — como o foi, pelo que sabemos. E suponhamos que Constantino tivesse perdido essa batalha, ou que não tivesse lutado sob o signo da cruz, e o cristianismo tivesse fracassado. O que teria acontecido com a ideia de amor fraterno interétnico, uma ideia que até então crescera em íntima associação com o cristianismo?

É uma importante questão teológica. No capítulo 9, enquanto analisávamos a antiga — embora moderna, em alguns aspectos — teologia de Fílon, deparamo-nos com a ideia de Logos — um condutor divino do propósito cósmico desvelado que, ao mesmo tempo, serve como um tipo de motor do aperfeiçoamento moral. Se a doutrina de Paulo de alianças interétnicas tivesse sucumbido senão por uma única vitória militar, qual seria realmente a força desse motor? Se o Logos é real, o aperfeiçoamento moral não deveria ser promovido por algo afinal mais forte que os caprichos da história? Mas que indícios há de tal força? Por que deveríamos pensar que, apesar do destino de Constantino, as alianças interétnicas teriam boa chance de triunfar no embate entre os valores religiosos no Império Romano?

Uma plataforma aberta

Em primeiro lugar, porque a formação do Império Romano tornou as alianças interétnicas um bem mais valioso do que antes. Vimos amostras disso no capítulo anterior, ao dissecar a estratégia de Paulo de construção de uma igreja internacional. Para ter maior clareza do valor agregado pelo império, vejamos a ilha grega de Delos, no século II AEC, o século anterior ao do nascimento do Império Romano.

Um deus cultuado naquela ilha era Héracles-Melqart (fusão do deus Melqart, da cidade de Tiro, com a figura divina grega Héracles, também conhecido como Hércules). Héracles-Melqart tinha muitos seguidores entre os mercadores e exportadores procedentes da cidade de Tiro. Com efeito, o nome oficial da organização "religiosa" devotada à sua adoração era Heraclesiastai dos Mercadores e Exportadores de Tiro.[4]

Os mercadores e exportadores que pertenciam a esse culto faziam sacrifícios a Héracles-Melqart na expectativa de obter favores. Porém, não era exatamente Héracles-Melqart quem concedia os favores. Pertencer a esse culto significava obter informações comerciais úteis de outros mercadores e exportadores, e construir laços proveitosos com eles; o culto era, de um ponto de vista profissional, um banco de dados e uma rede conveniente de contatos. Se você fosse um mercador ou exportador de Tiro, na ilha de Delos, naturalmente se associaria ao culto, já que a associação lhe seria proveitosa.

De crucial importância, para os fins desta análise, é o fato de que, ao se associar, você agregaria ainda mais valor à associação, uma vez que estaria ampliando ligeiramente o banco de dados e o número de contatos potencialmente úteis. Em geral, *quanto mais membros no culto, mais valiosa era a associação.*

Esse fenômeno é conhecido pelos economistas como "externalidades positivas de rede" — quanto mais itens de alguma coisa houver, maior é o valor de cada item. Obviamente os economistas não costumam aplicar este conceito à religião. Aplicam-no a coisas como software. O exemplo clássico é o Microsoft Windows. Uma vez que milhões de cópias do Windows são utilizadas e vários softwares foram feitos para essa plataforma, o Windows torna-se mais valioso do que se houvesse somente milhares de cópias em uso. A cada vez que alguém "se associa" à rede, comprando um computador com Windows, aumenta-se o valor da associação por meio do aumento do incentivo para se criar software para a plataforma Windows.

A noção de externalidades de rede pode ser aplicada à maioria das coisas que, de algum modo, constitua uma rede, e as religiões certamente são um desses casos. Sempre que há externalidades positivas de rede, um princípio comum se estabelece: para explorar integralmente as externalidades, as organizações devem evitar barreiras arbitrárias à associação. O que nos traz de volta a Delos.

Anos depois de os adoradores de Héracles-Melqart construírem um templo para seu deus em Delos, outro grupo construiu um templo para o deus do mar Poseidon naquela ilha. Esses homens provinham da cidade de Berytos — Beirute — e eram chamados de Poseidoniastai dos Mercadores, Exportadores e Atacadistas de Berytos.[5] A mesma composição de profissionais da Heraclesiastai de Tiro (com mais ou menos atacadistas), mas que terminaram por adorar um deus diferente, em um templo diferente.

Isso não estimularia a fusão dos dois grupos? Duplicando os recursos, não se duplicaria o banco de dados? E a fusão não facilitaria as viagens comerciais, já que se poderia então viajar entre Delos, Tiro e Beirute com hospitalidade garantida? Em outras palavras: a associação a duas religiões aliadas não teria sido mais proveitosa, mais interessante, do que a associação a uma das religiões isoladamente, em função da lógica das externalidades de rede?

É claro, fundir grupos de Tiro e de Beirute era difícil, porque havia um grande divisor cultural entre as duas cidades. Ainda assim,

A SELEÇÃO NATURAL DO CRISTIANISMO 343

tratava-se de um divisor *arbitrário*; em termos estritamente comerciais, os membros dos dois grupos poderiam ter se beneficiado (no conjunto) da interação amistosa entre si. Em outras palavras, esses dois cultos, ao permitirem que a cultura os separasse, estavam desperdiçando uma potencial sinergia, estavam deixando de realizar as externalidades de rede. Em teoria, essa falha os deixaria vulneráveis à concorrência de uma religião que estivesse aberta também aos povos de Tiro e de Beirute.

Talvez esse tipo de falha não tivesse grande consequência no século II AEC. Talvez os mercadores de Tiro e os de Beirute movimentavam-se em mundos comerciais muito distanciados, de modo que não havia mesmo muita sinergia potencial entre eles. Contudo, posteriormente, quando Roma subjugou cada nação, isso mudaria. Com a "Pax Romana" — a paz romana — dos primeiros dois séculos EC, uma grande arena comercial se abriu, com enorme potencial de negócios entre povos de diferentes cidades, diferentes nações, diferentes etnias. Um grupo inclusivo poderia melhor aproveitar a energia expansiva das externalidades de rede do que grupos nacionais ou étnicos específicos.

Suponhamos, por exemplo que houvesse duas seitas dentro de uma religião chamada cristianismo. Suponhamos que os membros das duas seitas se beneficiassem do contato recíproco. No entanto, suponhamos que uma seita aceitasse de bom grado pessoas de todas as nacionalidades e a outra dificultasse a associação de estrangeiros. A primeira seita não teria maior potencial para as externalidades de rede? Não seria provável que ela crescesse mais rapidamente do que a outra? E, se seu tamanho excedesse o da rival por uma margem crescente, sua vantagem competitiva não seria cada vez maior, graças à lógica das externalidades de rede? Ou seja, o cristianismo de Paulo não se sairia melhor do que um hipotético cristianismo alternativo cujas doutrinas não promovessem vínculos interétnicos?

Na verdade, esse não é um simples exercício mental. Havia várias seitas dentro do antigo cristianismo — várias versões do movimento

344 A INVENÇÃO DO CRISTIANISMO

de Jesus que, em princípio, poderiam ter vencido a competição intramuros e terem se tornado o cristianismo "dominante", como, por fim, a versão de Paulo conseguiu. E pelo menos uma delas se encaixa na descrição desse hipotético cristianismo alternativo.

Judeus por Jesus

Lembra-se dos seguidores de Jesus que Paulo desejava que se "mutilassem", porque a insistência deles quanto à circuncisão desencorajaria os não judeus a se associarem ao movimento de Jesus? É pouco provável que eles tenham se mutilado literalmente e, ao que parece, também não o fizeram metaforicamente: seus herdeiros espirituais ainda permaneceram por cerca de dois séculos depois.[6] Documentos do século IV referem-se a um grupo chamado "ebionitas", que insistiam que os adoradores de Jesus fossem inteiramente judeus. Os gentios poderiam receber a salvação, mas somente depois de sua conversão ao judaísmo, o que significava rigorosa observância dos rituais da lei judaica, desde a alimentação *kosher* à circuncisão.

Como Bart Ehrman observou em seu livro *Lost Christianities*, a concepção de Jesus dos ebionitas era provavelmente mais próxima da própria visão de Jesus de si mesmo que a imagem que veio a prevalecer com o cristianismo. Jesus não era deus, diziam os ebionitas, só um messias. E embora ele, como alguns reis israelitas anteriores, fosse um filho de Deus, ele tinha nascido como qualquer outro humano, de uma mulher fecundada biologicamente. (Na verdade os ebionitas diziam que Jesus era um filho *adotado* de Deus, escolhido por sua conduta exemplar.)

Aqui, os ebionitas estavam sendo mais fiéis às escrituras hebraicas do que os cristãos de hoje. Quando o Evangelho de Mateus expressa a concepção virginal, ele alude à profecia no livro de Isaías, em que "a virgem conceberá e dará à luz um filho que se chamará Emanuel".[7]

A SELEÇÃO NATURAL DO CRISTIANISMO

Mas, na verdade, a palavra hebraica em Isaías traduzida na Septuaginta como "virgem" significa "mulher jovem".

Entretanto, na concorrência entre memes, a verdade não é a única coisa que importa. E os ebionitas, ao dificultarem o ingresso de gentios no movimento de Jesus, claudicaram na sua versão do movimento.[8] A doutrina ebionita suprimiu as externalidades de rede, enquanto a versão do cristianismo de Paulo parece quase planejada para maximizar essas externalidades. E a versão de Paulo prevaleceu.

O vice-campeão

A versão do cristianismo que parece ter terminado em segundo lugar na competição pelo título de cristianismo dominante compartilhava essas características de maximização das externalidades de rede. Trata-se de um tipo de cristianismo monolátrico conhecido como marcionismo. Seu fundador, Marcião, acreditava que a Bíblia Hebraica se referia a um deus — um deus criador e colérico — e que Jesus revelara outro deus: um deus amoroso, que oferecia salvação da corrupção mundana deixada pelo deus criador. E Marcião abraçou a doutrina do "amor fraternal" interétnico de Paulo.

De fato, Marcião — que, dois séculos antes de o Novo Testamento começar a ser organizado, tornou-se o primeiro a reunir antigos textos cristãos em um cânone oficial — incluiu muitas das cartas de Paulo, bem como um dos quatros evangelhos, o de Lucas.[9] (Para que o deus da salvação não fosse fundido com o deus criador, Marcião editou Lucas; agora, Jesus se referia a Deus não como "Senhor do Céu e da Terra", mas como "Senhor do Céu".)[10]

A adoção de Paulo por Marcião não impediu que sua igreja fosse uma rival do que os estudiosos viriam a chamar mais tarde de igreja paulina — isto é, a versão do cristianismo que, por fim, tornou-se dominante e que estruturou o Novo Testamento como seu cânone.

Com efeito, a rivalidade intensificou-se quando o cristianismo marcionista se mostrou robusto. Um cristão paulino do século II observou com inquietação que Marcião estava disseminando sua versão do evangelho para "muitos povos de todas as nações". Ainda no século V, os bispos cristãos alertavam os viajantes para que evitassem entrar em uma igreja marcionista por engano.[11] Talvez uma batalha cruel pelo domínio do cristianismo não devesse nos surpreender, já que ambos os lados empunhavam uma doutrina tão eficiente como a do amor fraternal.

Havia uma característica do cristianismo marcionista que poderia parecer estrategicamente inadequada: Marcião, ao contrário de Paulo, rompeu todos os laços com o judaísmo. Ao rejeitar a Bíblia Hebraica e excluir temas judaicos de seu cânone, foi impossível a Marcião realizar o que Paulo parece ter feito: contar com a infraestrutura do judaísmo para apoio logístico e recrutamento. Porém, na época em que Marcião se revelou, a igreja "paulina" também tinha efetivamente cortado esses laços. Ao fim do século I, o cristianismo já não era considerado uma espécie de judaísmo e um flagrante antissemitismo surgiria em breve dentro da igreja.

Essa tensão emergente entre cristãos e judeus seguia o padrão agora familiar: a tolerância e as alianças vicejavam quando o jogo era visto como de soma não zero, mas eram menos vigorosas quando o jogo era percebido como de soma zero. No Império Romano, quem se negasse a adorar os deuses do Estado precisava de uma isenção especial, e a melhor chance de obter uma estava em possuir um sólido patrimônio histórico — mostrar que sua tradição religiosa há muito antecedia o Império Romano. Tanto cristãos como judeus poderiam apontar para as escrituras hebraicas como evidência de suas profundas raízes, mas se ambos conseguiriam ter sucesso com isso era outra questão. Afinal, poderia realmente haver mais de um herdeiro legítimo da tradição hebraica? Portanto, os cristãos, ao insistirem em seu pedido de isenção, tinham de solapar a alegação judaica de legitimidade. Eles argumentavam que os judeus abandonaram o próprio deus ao matar o filho deste. Era por isso — explicava, no século II, o Santo Padre da Igreja Justino — que os homens judeus eram circuncidados: uma marca divinamente imperativa de sua culpa. (E quanto ao fato de o ritual de circuncisão ser anterior à morte do filho, por cerca de um milênio, Justino dizia: Deus é presciente.)[12]

Esse é o mesmo Justino que, em outros contextos, aclamava a transcendência cristã das fronteiras étnicas: "Nós que (...) recusávamos conviver com povos de outras tribos por causa de seus costumes diferentes, agora convivemos intimamente com eles."[13] No entanto, aparentemente, essa tolerância dependia da tribo e do contexto. Quando os coríntios e os romanos trocavam obséquios sob os auspícios de sua fé comum e dividiam o risco pelo sucesso dessa fé, o jogo era de soma não zero. Mas quando duas tribos competem por um único prêmio — o título de herdeiro legal da tradição hebraica — trata-se de outra história.

Jesus foi realmente necessário?

A popularidade do cristianismo marcionista sugere que se a crença que hoje conhecemos como cristianismo — cristianismo paulino — não tivesse se desenvolvido no século II ou III, outra versão de cristianismo provavelmente teria prevalecido: especificamente uma versão que contemplasse a doutrina de alianças interétnicas, a doutrina que aproveitou as externalidades de rede oferecidas pela plataforma aberta do Império Romano. Mas e se não tivesse havido Jesus, nenhuma versão do cristianismo poderia ter adotado essa doutrina, certo? Bem, talvez não houvesse algo chamado cristianismo. Mas mesmo que Jesus não tivesse existido, ou tivesse morrido na obscuridade, algum outro veículo para o meme das alianças transétnicas poderia, sim, ter surgido.

Existiam vários veículos ao redor. Por exemplo, Apolônio de Tiana. Como Jesus, ele viveu no século I. Segundo histórias relatadas posteriormente por seus devotos, ele viajava com seus discípulos de cidade em cidade, fazendo milagres: curando aleijados e cegos, expulsando demônios. Esses poderes emanavam de seu acesso especial ao divino — ele era o filho de Deus, alguns diziam — assim como de seu dom de profetizar. Ele pregava que as pessoas deveriam se preocupar menos com o conforto material e mais com o destino de suas almas, e defendia uma ética de compartilhamento. Foi perseguido pelos romanos e, ao morrer, ascendeu aos céus. Isso conferiu bela simetria à sua vida, uma vez que, para começar, seu nascimento fora milagroso; antes de nascer, sua divindade havia sido anunciada à sua mãe por uma figura celestial.[14]

Parece familiar?

No entanto, alguém poderia alegar, Apolônio de Tiana não postulou uma doutrina de amor interétnico! Bem, como vimos, provavelmente Jesus também não o fez. A doutrina foi desenvolvida por Paulo, um empreendedor religioso que a usou como alicerce para a sua ampla empreitada.

E se Paulo não tivesse existido? Bem, então Paulo não teria sido o Bill Gates de sua época, a pessoa que viu uma plataforma aberta e lançou uma empresa que a dominaria. Mas alguém o teria sido. Quando uma nova e grande plataforma surge — seja por meio da invenção do microcomputador ou da fundação do Império Romano — em geral alguém encontra uma maneira de explorá-la.

Ou, para colocar a questão em linguagem mais técnica: quando o surgimento de uma nova plataforma cria potenciais externalidades positivas de rede, alguém provavelmente encontrará uma maneira de materializá-las à custa da concorrência. *Algum* sistema operacional de microcomputadores teria alcançado grande sucesso quando os microcomputadores se tornaram acessíveis, independentemente da existência de Bill Gates.

A SELEÇÃO NATURAL DO CRISTIANISMO

Os paralelos entre Apolônio e Jesus podem não ser coincidência. Na época em que as histórias sobre Apolônio foram reunidas em livro, os evangelhos cristãos já tinham aparecido, e seus seguidores — consciente ou inconscientemente — podem ter floreado o perfil de Apolônio em relação ao de Jesus. Mas esse é o ponto: convergências desse tipo eram naturais. Os antigos catequizadores estavam trabalhando em um ambiente competitivo. Estavam tentando obter e manter a atenção das pessoas, contar uma história que pudesse ocupar lugar especial em suas vidas espirituais. Para uma religião ser bem-sucedida, ela teria de oferecer pelo menos tanto quanto a concorrência oferecia. Assim, as religiões naturalmente se desenvolviam na direção das rivais de sucesso, do mesmo modo que os softwares rivais são forçados pelo mercado a adotar os melhores recursos uns dos outros.

Daí a ironia de que a convergência de forma é, em geral, um produto da concorrência acirrada. Os seguidores de Jesus menosprezavam Apolônio, assim como os seguidores de Apolônio desdenhavam de Jesus — e assim como os adeptos da Apple e os da Microsoft se desprezam entre si, mesmo quando os dois sistemas operacionais absorvem os recursos inovadores um do outro.[15]

No final, os recursos é que estão próximos de serem inevitáveis, não as empresas ou as religiões em particular. Mesmo que Bill Gates ou Steve Jobs não tivessem nascido, qualquer sistema operacional que se tornasse dominante seria receptivo a recursos como e-mail ou processador de texto. Mesmo que Paulo não tivesse nascido, qualquer religião que viesse a dominar o Império Romano teria sido favorável às alianças interétnicas. Pois só esse tipo de religião poderia aproveitar as externalidades de rede para superar os rivais.

A conversão de Constantino

Esse tipo de religião também poderia se mostrar atraente para um imperador. Se você estivesse governando um império multiétnico, não preferiria a harmonia étnica? Não consideraria até promover uma religião que estimulasse essa harmonia? Talvez a conversão de Constantino ao cristianismo não tenha sido uma feliz casualidade, afinal. Os dias de conquistas e de expansão do império tinham chegado ao fim. Agora, o desafio era a consolidação, manter o conjunto coeso. (A batalha que ocasionou a conversão de Constantino foi parte de uma guerra civil.) Talvez Constantino tenha apenas identificado um bom cimento social quando viu um.[16]

Não seria a primeira vez que um imperador se convertera oportunamente a uma religião. Ashoka, um imperador indiano do século III AEC, foi para o budismo o que Constantino foi para o cristianismo. Depois de subjugar violentamente o reino de Kalinga, ele concluiu que o povo deste e o seu povo eram, na verdade, irmãos. Ele teve essa epifania depois de se converter ao budismo, que havia iniciado como um movimento independente, de base popular, mas que agora, com o apoio de Ashoka, se consolidaria por todo o Império Indiano. Uma vez que não possuímos textos budistas seguramente datados de antes da era de Ashoka, não sabemos com certeza se o próprio Buda realmente apoiava a harmonia e o amor universal. No entanto, Ashoka gravou suas próprias interpretações do budismo em rochas, pilares e cavernas, e algumas sobreviveram, como "Somente a concórdia é recomendável".[17] Para um imperador, trata-se de um sentimento compreensível.

Se se duvidar que o imperialismo tende a promover as alianças interétnicas, basta olhar para o Império Romano *antes* de a igreja cristã ter ganhado massa crítica. Mesmo então, sem a ajuda de Paulo, o Estado romano atuava em prol da harmonia étnica; ele defendia a

A SELEÇÃO NATURAL DO CRISTIANISMO 351

tolerância em relação aos diversos deuses de diferentes etnias. Nesse sentido, o cristianismo estava apenas reinventando a roda. Antes de o cristianismo aparecer, o império patrocinava doutrinas favoráveis à harmonia étnica: todos deveriam prestar homenagem aos deuses do Estado, mas eram livres para adorar quaisquer outros deuses que escolhessem. Depois que o cristianismo se tornou o credo oficial, o império patrocinou doutrinas favoráveis à harmonia étnica; ele apoiou o amor fraternal entre os cristãos e estimulou intensamente que todos se tornassem cristãos.

Sem dúvida, antes de o cristianismo se tornar a fé oficial, Roma manifestou rompantes de intolerância contra aqueles que não apoiavam seu sistema de tolerância — os cristãos e os judeus. E, novamente, houve intolerância depois que o cristianismo ganhou posição — intolerância contra os não cristãos.

Assim, em termos morais, não fica claro que a missão de Paulo tenha sido um avanço. Antes do cristianismo, a fórmula imperial de tolerância interétnica funcionava bem; e assim continuou depois do cristianismo. E, em ambos os casos, os poucos que discordavam da fórmula expunham-se a perseguições.

Portanto, qual era o motivo de todo esse exercício? Bem, teríamos de perguntar a Paulo. E qual seria o motivo *deste* exercício — de analisar como e por que a versão de Paulo do cristianismo prevaleceu sobre as outras versões e, com efeito, sobre outras versões de religião?

O motivo do exercício

O motivo foi duplo: para mostrar que, desde o início, alguma doutrina de alianças interétnicas tinha mais chances de prevalecer dentro do Império Romano, já que esse tipo de doutrina extrai mais valor de uma plataforma imperial do que outras doutrinas; e para mostrar que um deus pode ser bem adaptável estando a serviço dessa lógica.

352   A INVENÇÃO DO CRISTIANISMO

Iavé iniciou sua história com um claro preconceito étnico, a favor dos israelitas. E mesmo quando, durante o exílio babilônico, ele decidiu que seu futuro estava na fidelidade mundial, portanto transétnica, ele considerou que a posição conveniente para os não israelitas seria de submissão abjeta — não apenas a submissão esperada de qualquer adorador de um deus todo-poderoso, mas uma submissão mais abjeta que a dos devotos israelitas de Iavé. Com efeito, era no final das contas uma submissão *aos* devotos israelitas de Iavé; quando o impulso monoteísta mostrou-se claramente pela primeira vez na tradição abraâmica, no Segundo Isaías, ele estava a serviço de uma hierarquia étnica.

Mesmo assim, Iavé logo amadureceu. Uma vez que Israel era um membro de boa reputação do Império Persa, a situação para alianças interétnicas intensificou-se. Como vimos, das principais fontes autorais da Bíblia Hebraica, a fonte Sacerdotal — "P" — parece ser a mais internacionalmente inclusiva; pelo menos, P traz uma visão relativamente receptiva das nacionalidades dentro do Império Persa. E a melhor explicação é que P reflete os valores promulgados pelo domínio persa após o exílio. Mesmo antes de o imperador Ashoka ilustrar esse ponto, Ciro, o Grande, já mostrara que o império podia ser uma força moralmente benevolente.

Meio milênio depois do retorno do exílio, na linhagem cristã da família abraâmica, Deus passou por outra mudança. O Deus de P havia sido um deus nacional — o Deus de Israel. (Pelo menos, sob o nome *Iavé*, o Deus de P havia sido nacional, embora, como vimos, seja possível interpretar que P queria dizer que os deuses de outras nações, com seus diferentes nomes, fossem manifestações de um único Deus verdadeiro.) Em contraposição, o Deus de Jesus — ou pelo menos o Deus de Paulo — era explicitamente transnacional.

Entretanto, é equivocado dizer, como o fizeram alguns cristãos, que o cristianismo substituiu o deus "particularista" dos judeus por um deus de "amor universal". Por um lado, o deus "particularista" dos

A SELEÇÃO NATURAL DO CRISTIANISMO

judeus não considerava a etnicidade em si uma barreira insuperável. Muito antes de Paulo — até antes de P — a Bíblia Hebraica prescrevia o tratamento compassivo e justo aos imigrantes. Por outro lado, como já vimos, o "amor fraternal" de Paulo não era verdadeiramente "universal". Ele era dirigido mais expressamente aos companheiros cristãos do que aos estrangeiros. Com efeito, o Deus cristão do suposto amor infinito condenava os infiéis a uma vida de sofrimento no além. E, já que o sofrimento seria para a eternidade, Deus não podia dizer que era "para o próprio bem deles", como pais afetuosos podem dizer, com sinceridade, a seus filhos o porquê do castigo.

Em outras palavras, o cristianismo substituiu um tipo de particularismo por outro. O novo particularismo não se baseava na etnicidade, mas na crença. Se você não pertencesse ao círculo da crença adequada, os cristãos não amavam você — pelo menos, não o amavam da maneira que eles amavam outros cristãos. E Deus também não amava você; ou, se ele *realmente* amava você, tinha uma maneira curiosa de mostrar isso! Mesmo o povo que apresentou esse Deus ao mundo — os judeus — não se qualificava para a salvação sob a doutrina cristã, como organizada depois de Paulo.

O retorno do Logos

Portanto, ainda havia um progresso moral por ser alcançado. No entanto, Deus provara sua flexibilidade uma vez mais. Ele mostrou que quando grupos diferentes, incluindo diferentes grupos étnicos, participam de jogos de soma não zero, ele pode se adaptar, amadurecendo junto com a dimensão moral, para facilitar a realização dos jogos. Dado que a evolução tecnológica demonstra uma tendência de expansão da esfera dos jogos de soma não zero, isso é bom presságio para o futuro. Talvez essa esfera continuasse a crescer e Deus continuasse a amadurecer com ela.

É claro, "Deus" deve estar entre aspas, porque o que está amadurecendo é a imagem que as pessoas têm de Deus, e não o próprio Deus — que, até onde sabemos, pode não existir. Contudo, como sugerido no capítulo 8, esse amadurecimento de "Deus" poderia ser evidência, senão de Deus com D maiúsculo, de um propósito superior em algum sentido do termo. Especificamente, como proposto no capítulo 9, a noção de Logos de Fílon poderia ser uma maneira interessante de se pensar esse propósito divino.

Elementos da teologia de Fílon figuram no gnosticismo, uma versão do antigo cristianismo que, como o ebionismo e o marcionismo, não prosperou diante do crescimento do cristianismo de Paulo. Um tema geralmente atribuído ao gnosticismo é o de que o autoconhecimento é o caminho para a salvação, ideia que, como vimos, Fílon adorava.[18] Também como Fílon, os gnósticos falavam de Deus como sabedoria e como Logos.[19] Viam Jesus como uma manifestação do Logos, de um livro "escrito no pensamento e na mente do Pai", como o gnóstico Evangelho da Verdade registrava. Jesus "organizou aquele livro; ele foi pregado a uma árvore; ele publicou o édito do Pai sobre a cruz".[20]

Isso lembra um pouco a declaração do Evangelho de João de que o verbo, o Logos, "se fez carne e habitou entre nós; e vimos sua glória, a glória que um Filho único recebe do seu Pai, cheio de graça e de verdade".[21] (João é por vezes citado como o único evangelho com temas gnósticos.)

Ver Jesus como o Logos tem certa lógica. O Logos expande o círculo de interesse moral da humanidade. Na medida em que Jesus está promovendo essa causa, ele é, de fato, em certo sentido, o "Verbo" feito carne, uma encarnação física do Logos. E certamente o Jesus do Evangelho de João é um grande defensor da expansão do interesse moral — do amor fraterno. "Dou-vos um mandamento novo: amai-vos uns aos outros".[22]

Em Marcos, o evangelho mais antigo, Jesus diz para amar "teu próximo", uma referência às escrituras hebraicas que, naquele contexto,

A SELEÇÃO NATURAL DO CRISTIANISMO

quer dizer, quase certamente, para amar seu companheiro israelita. Mas em João, o último evangelho, Jesus, como Paulo, está levando o amor para além das nacionalidades. Realmente, Jesus também, como Paulo, está concentrando o amor mais intenso aos companheiros seguidores de Jesus. Ele acrescenta, em João: "Nisto reconhecerão todos que sois meus discípulos, se vos amardes uns aos outros."[23] Contudo, na época em que o Evangelho de João foi escrito, ao final do século I, a igreja cristã era, de modo geral, multinacional; portanto, mesmo que esse amor não fosse universal, ele era totalmente multiétnico, o que é um passo em direção ao universalismo. A mensagem de Jesus é o Logos em ação naquele momento no tempo e, nesse sentido, não é absurdo chamar Jesus de encarnação do Logos.

É claro, há o problema de que o Jesus real, o "Jesus histórico", provavelmente *não* disse essas coisas. Todavia, se não podemos equiparar o Logos com o "Jesus histórico", podemos pelo menos equipará-lo com o "Jesus imaginado" — o Jesus que os cristãos têm em mente quando o adoram, o Jesus que *efetivamente* disse essas coisas moralmente progressistas?

Pode parecer paradoxal dizer que um Jesus que existe somente na imaginação seja o Logos, ou outra coisa qualquer, feito carne. Porém, quando os cristãos reverenciam Cristo *como eles o concebem*, eles podem — de acordo com a teologia do Logos — estar reverenciando alguma coisa genuinamente divina. Pois é o Logos que moldou essa concepçao dele, que infundiu essa concepção com uma ideia de amor fraternal que ultrapassa fronteiras étnicas; foi a expansão da organização social, e o concomitante cruzamento de soma não zero das etnicidades — o Logos em ação —, que levou Paulo a acentuar as alianças interétnicas e que levou os cristãos subsequentes a colocar essa mensagem na boca de Jesus. Quando os cristãos evocaram a imagem de Jesus, como encarnação da mensagem de amor, o verbo — o Logos — em certo sentido, fez-se carne.

Existe um paralelo com uma antiga doutrina ligada aos gnósticos e há muito considerada herética: o docetismo. De acordo com o docetismo, Jesus não existiu *realmente*, em carne e osso. Ele era puro espírito, e a parte de carne e osso era um fantasma, um tipo de ilusão. (Em um antigo relato docético sobre a Crucificação, Jesus está rindo na cruz; não tendo corpo, ele não sentia dor.) Todavia, nesse cenário docético, há legitimidade na reverência cristã por Jesus quando ele surgiu, porque essa aparição, embora ilusória, foi uma ilusão patrocinada por Deus e, portanto, uma verdadeira manifestação do divino. É o que ocorre na teologia do Logos: reverenciar Jesus *como os cristãos o concebem* é, por um lado, reverenciar um construto da imaginação; mas, por outro lado, é reverenciar uma manifestação do divino. Pode ser que o Jesus que os cristãos conhecem seja tanto uma ilusão como a verdadeira face de Deus.

E, aliás, talvez adorar uma ilusão divinamente patrocinada seja o mais próximo que as pessoas podem chegar da face de Deus. Os seres humanos são máquinas orgânicas construídas por seleção natural para se relacionar com outras máquinas orgânicas. Eles podem ver outros seres orgânicos, entender outros seres orgânicos, e dar amor e gratidão a outros seres orgânicos. Entender o divino, ver o divino, amar o divino — isso seria pedir demais a um simples ser humano.

CAPÍTULO 13

Como Jesus tornou-se o salvador

Para muitos cristãos, a palavra "Jesus" é praticamente sinônima da palavra "salvador". Deus enviou seu filho assim, como o Novo Testamento expressa, "toda a carne verá a salvação de Deus".[1]

Realmente, de certa forma, a salvação de Deus há muito é notada. Os israelitas foram salvos dos egípcios por Iavé. ("Deus que os salvara, que obrara prodígios no Egito", como cita a Bíblia Hebraica.) Posteriormente, eles foram salvos de vários outros algozes, às vezes por um ser humano enviado com esse propósito. ("O Senhor deu aos israelitas um salvador que os libertou das mãos dos sírios.") E mesmo quando Iavé os sujeitou à ira dos babilônicos — seu lembrete sutil de que a salvação não era incondicional — ele estava preparando Ciro da Pérsia para levar a salvação divina aos israelitas uma vez mais. Assim, o profeta Jeremias poderia dizer de Iavé:"Senhor, esperança de Israel, vós que sois seu salvador no tempo da desgraça."[2]

Mas nada disso é o que os cristãos entendem por "salvação". Quando eles chamam Cristo de salvador, não estão falando da salvação da sociedade ou mesmo da salvação física do indivíduo, mas sim da salvação da alma sobre a morte. A essência da mensagem cristã é que Deus enviou seu filho para preparar o caminho para a vida eterna

Nessa perspectiva, Jesus é um ser celestial que controla o acesso ao céu. Ele "está sentado à direita do Pai" e irá "julgar os vivos e os mortos", como diz o Credo de Niceia, um documento fundamental do antigo cristianismo e até hoje denominador comum entre a Igreja Católica Romana, a Igreja Ortodoxa e a maioria das igrejas protestantes.

Essa noção cristã da salvação é um marco decisivo na evolução do deus abraâmico — ou, pelo menos, na linhagem não judaica dessa evolução. Tanto na forma cristã como na muçulmana, ela se mostrará preponderante, para o bem ou para o mal. Acreditar que o céu está nos esperando logo que morremos faz com que a morte seja uma perspectiva menos angustiante. E isso, por sua vez, pode fazer com que a morte em uma guerra santa seja uma perspectiva mais atraente, fato que configurou a história e mesmo hoje ainda configura as manchetes.

Depois da morte de Jesus, havia oportunidades e dificuldades para quem começasse a promover a mensagem cristã de salvação pelo Império Romano. Os dois tipos de situação manifestam-se nos ídolos que os arqueólogos encontraram nas regiões do norte do império. Lá, espalhados em sítios funerários, estavam representações em bronze de um deus de nome Osíris.[3] Explorando rotas comerciais, esse deus viajou até a Gália — hoje, França — desde seu Egito natal.

Osíris, que fora um deus importante no Egito por milênios, guarda surpreendente semelhança com o Jesus descrito no Credo de Niceia. Ele habitava o outro mundo e lá julgava os mortos recentes, concedendo a vida eterna àqueles que acreditavam nele e que viveram sob suas leis. Eis a oportunidade para os evangelistas cristãos: a penetração de Osíris no Império Romano sugeria um amplo desejo por uma figura divina desse tipo, um nicho considerável que uma figura como Jesus poderia atender. E eis a dificuldade: pelo menos parte da demanda por esse tipo de divindade já estava sendo atendida. Conforme os cristãos levassem a mensagem do evangelho pelo Império Romano, se deparariam com a concorrência de um deus que já incorporava alguns dos apelos emocionais que associamos ao cristianismo.

COMO JESUS TORNOU-SE O SALVADOR 359

O mais antigo desses evangelistas encarou um segundo tipo de dificuldade durante suas pregações do evangelho no Império Romano. Não só já havia algum tumulto no mercado por uma jubilosa vida após a morte, por meio da salvação espiritual; o próprio Jesus, ao que parece, inicialmente não se encaixou muito bem nesse nicho de mercado. Isso surpreenderá algumas pessoas, inclusive os cristãos. O Credo de Niceia não descreve um Jesus feito sob medida para esse nicho? Sim, mas o Credo de Niceia foi escrito séculos depois da morte de Jesus. O retrato comum de Jesus que ele reflete — Jesus como um árbitro celestial da imortalidade — teria parecido estranho aos seguidores de Jesus durante sua vida. Assim como seu corolário: o de que os justos vão para o céu após a morte.

Certo tipo de vida eterna pode até ter sido parte da mensagem original de Jesus. Mas pode não ter sido e, em todo o caso, os detalhes da história — a parte sobre o céu, por exemplo — mudaram consequentemente nas décadas após a Crucificação. A maneira como a agora história oficial tomou forma é um estudo de caso sobre como Deus evolui para atender às necessidades psicológicas de seus seguidores e também à sua própria necessidade de sobrevivência.

Como o céu se tornou céu

A ideia de os seguidores de Jesus se juntarem a ele no céu após a morte provavelmente não tomou forma até meio século depois que Jesus morreu. Sem dúvida, seus seguidores acreditavam desde o princípio que os fiéis seriam admitidos no "reino dos céus", como o Novo Testamento o denomina. Mas "reino dos céus" é apenas a expressão usada por Mateus para o que Marcos chamou de "reino de Deus" — e, como vimos, o reino de Deus seria na terra. Em Mateus, Jesus diz: "E assim como se recolhe o joio para jogá-lo no fogo, assim será no fim do mundo." Anjos descerão e lavarão a terra de "todos os escândalos e todos os que fazem o mal, e os lançarão na fornalha ardente, onde haverá choro e ranger de dentes. Então os justos resplandecerão como o sol no Reino de seu Pai".[4]

Perceba a dinâmica: anjos vêm dos céus e eliminam da terra os maus, deixando os bons na terra nova e melhorada. Não há qualquer menção a almas de pessoas mortas subindo aos céus.

Na verdade, não há nada em absoluto que se refira aos *mortos*. Jesus, convencido de que o reino de Deus estava "próximo", não perdeu muito tempo descrevendo o além; ele falava como se o dia do Juízo Final fosse chegar a qualquer momento, antes que seus ouvintes morressem, e lhes mostrava como se preparar. O dia do Juízo Final tinha a ver com os vivos, não com os mortos.

Mas só por curiosidade: o que *seria* dos mortos? Eles ressuscitariam e entrariam no reino de Deus? E como seria a existência para eles nesse meio-tempo? Nos anos seguintes à Crucificação, tais perguntas se sobressairiam, conforme os seguidores de Jesus vissem morrer seus amigos e familiares, pessoas com quem eles esperariam entrar no reino. Em uma carta que Paulo escreveu para os cristãos na cidade macedônia de Tessalônica — provavelmente o documento mais antigo do Novo Testamento — ele confronta a inconveniência: "Irmãos, não queremos que ignoreis coisa alguma a respeito dos mortos, para que não vos entristeçais, como os outros que não têm esperança."[5] Aqueles que estiverem na boa graça de Deus — Paulo assegura aos seus colegas fiéis — podem esperar uma vida após a morte mesmo que tenham morrido antes do dia do Juízo Final.

Isso provavelmente reflete a própria visão de Jesus. A ideia de que os mortos ressuscitariam no clímax da história é encontrada no apocaliptismo judaico que Jesus herdou (inclusive no livro de Daniel), e Jesus afirma a ideia no evangelho mais antigo.[6] Além disso, as credenciais de Paulo como testemunha dos ensinamentos de Jesus são boas, como o são tais credenciais. Paulo estava vivo quando Jesus morreu e se familiarizou com as doutrinas dos seguidores de Jesus

— primeiro, como um de seus perseguidores; depois, como um de seus irmãos.[7] Nesse sentido, aquela passagem da Primeira Epístola aos Tessalonicenses, escrita cerca de duas décadas antes do livro de Marcos, é a mais antiga prova escrita que temos da visão de Jesus sobre a vida após a morte.

Em todo o caso, a visão de Paulo da vida após a morte é a visão cristã documentada mais antiga, e isso é notável por dois motivos. Primeiro, porque, embora Jesus, como filho de Deus, tenha ido para os céus logo depois de morrer, não acontece o mesmo aos cristãos comuns. Eles têm de esperar o retorno de Jesus antes do júbilo; "os mortos em Cristo ressuscitarão" somente quando "o Senhor, ao sinal dado, à voz do arcanjo e ao som da trombeta divina, descer do céu".[8] Segundo, porque mesmo assim, o céu não é para onde os mortos vão; em vez disso, eles viverão a eternidade na terra — a terra perfeita do reino de Deus.

O mito do "arrebatamento"

E quanto ao "arrebatamento" — a ideia de muitos cristãos de hoje de que Cristo descerá e levará tanto os cristãos vivos como os mortos para o céu? Essa ideia apoia-se na interpretação dúbia de uma carta de Paulo aos tessalonicenses, na qual ele descreve como, com a chegada de Cristo, primeiro os mortos e, em seguida, os vivos subirão ao céu: "o mesmo Senhor descerá do céu e os que morreram em Cristo ressurgirão primeiro. Depois nós, os vivos, os que ainda estivermos na terra, seremos arrebatados com eles sobre as nuvens ao encontro do Senhor nos ares, e assim estaremos para sempre com o Senhor". Um fato raramente notado pelos cristãos evangélicos — inclusive leitores dos livros apocalípticos da série *Deixados para trás* — é que essa passagem deixa em aberto a questão do que acontece quando os terráqueos e Jesus "se encontram" em pleno ar. Eles vão para o céu juntos (a interpretação do "arrebatamento") ou retornam para a terra juntos?[9] Se bem que o fato de os terráqueos "encontrarem-se com o Senhor", em vez de o contrário, sugere a segunda possibilidade — de que os humanos é que estão fazendo o papel de anfitrião, recebendo Cristo em terra firme.

Essa possibilidade é confirmada em outra parte dos textos de Paulo. Vemos em uma carta aos coríntios que o Messias em regresso, depois de ressuscitar os mortos, terá certos assuntos mundanos em sua agenda: eliminar os repugnantes políticos do mundo. Paulo, novamente tranquilizando os cristãos quanto ao destino dos mortos, escreve: "em Cristo todos reviverão. Cada qual, porém, em sua ordem: como primícias, Cristo [isto é, depois da Crucificação, ele foi o primeiro a retornar dos mortos]; em seguida, os que forem de Cristo, por ocasião de sua vinda. Depois virá o fim, quando ele entregar o reino a Deus Pai, depois de haver destruído todo principado, toda potestade e toda dominação. Porque é preciso que ele reine, até que tenha posto todos os seus inimigos debaixo dos seus pés".[10]

O inimigo final a ser destruído, diz Paulo, será a própria morte. ("Onde está, ó morte, o teu aguilhão?", ele pergunta em uma frase destinada à imortalidade.)[11] Mas, mesmo assim, com os cristãos agora imortais, eles aparentemente passariam a eternidade na terra. Depois que Jesus "entrega" o reino de Deus, não há menção de sua realocação.

O cenário do "arrebatamento" realmente reside em uma dupla confusão. Há a confusão sobre como Paulo prevê que o retorno de Jesus se desdobrará; e Paulo está ele próprio confuso sobre como Jesus prevê o retorno. Com efeito, ele está confuso em pensar se Jesus efetivamente previu seu retorno à terra.

Nos evangelhos, Jesus não *diz* que retornará. Ele de fato refere-se à vinda futura de um "Filho do Homem" — uma expressão já aplicada, na Bíblia Hebraica, a uma figura que desceria dos céus no clímax da história; e os autores do Novo Testamento parecem ter tomado a

COMO JESUS TORNOU-SE O SALVADOR 363

expressão como referência ao próprio Jesus.[12] E de forma plausível, já que Jesus em dado momento prediz que o Filho do Homem será morto e se levantará três dias depois. Entretanto, Jesus nunca se equipara explicitamente ao Filho do Homem. E, em alguns casos, ele parece estar se referindo a outra pessoa. ("Porque, se nesta geração adúltera e pecadora, alguém se envergonhar de mim e de minhas palavras, também o Filho do Homem se envergonhará dele quando vier na glória do seu Pai com os seus santos anjos.")[13]

Como explicar esse curioso padrão de uso? Um cenário dá uma boa solução. Jesus, como qualquer bom pregador apocalíptico judeu da época, ratificava os cenários apocalípticos da Bíblia Hebraica, notavelmente aquele sobre a vinda do "Filho do Homem". Então, depois que ele morreu, seus seguidores, impressionados com a Crucificação e tentando encontrar sentido nela, especularam que as referências de Jesus ao Filho do Homem seriam referências veladas a si próprio. Teria sido uma teoria atraente: uma vez que Jesus previu a futura descida do Filho do Homem do céu, isso deveria significar que Jesus não morrera afinal![14]

Tendo concordado que Jesus havia empregado esse termo em referência a si mesmo, os discípulos se sentiram autorizados não só a dar novas interpretações às declarações reais dele sobre o Filho do Homem; eles também poderiam inventar — ou imaginar confusamente, ainda que de maneira sincera — declarações inteiramente novas sobre o "Filho do Homem". Se um discípulo relatasse que Jesus uma vez lhe dissera que o Filho do Homem estava destinado a ser morto e a ressuscitar, como alguém poderia questioná-lo de modo convincente? É claro, se o discípulo relatasse que Jesus dissera "Eu serei crucificado", haveria muitos questionamentos. Seus pares teriam perguntado: "Por que não nos contou isso enquanto ele estava vivo?" Porém, se o discípulo insistisse que ele não tinha entendido o verdadeiro significado da declaração naquele momento — porque

Jesus usara a expressão codificada "Filho do Homem", em vez da palavra "Eu" — o relato seria inquestionável.

Tudo isso explicaria uma das cenas mais dramáticas do Novo Testamento, uma cena que, por outro lado, é enigmática. Vários dias depois de Jesus ter sido morto, a mãe de Jesus e Maria Madalena encontraram o sepulcro de Jesus vazio e ficaram "perplexas". Dois homens misteriosos apareceram e lhes disseram:

> "Por que buscais entre os mortos aquele que está vivo? (...) Lembrai-vos de como ele vos disse, quando ainda estava na Galileia: 'O Filho do Homem deve ser entregue nas mãos dos pecadores e crucificado, mas ressuscitará ao terceiro dia.'" E elas se lembraram das palavras de Jesus. Ao voltarem do sepulcro, contaram tudo isso aos onze e todos os demais.[15]

E elas se lembraram das palavras de Jesus? Se os seguidores de Jesus soubessem, enquanto ele estava vivo, que "Filho do Homem" se referia a Jesus, e se lhes tivesse sido dito que o Filho do Homem seria crucificado e ressuscitaria depois de três dias, esse vaticínio teria retornado às suas consciências durante a própria Crucificação!

Como um autor de evangelho descreve cena tão incongruente? Talvez ela não fosse tão incongruente na época em que foi escrita. Se a ideia de Jesus como o Filho do Homem surgiu somente após a Crucificação — e, de fato, era famosa naquele tempo por ter surgido somente depois da Crucificação — a cena, então, faria todo o sentido: as duas Marias estavam tendo uma grande epifania. Sim, elas tinham ouvido que ele poderia ser o Messias, o homem que salvaria Israel, mas nunca tinham imaginado que ele poderia ser algo ainda maior: o Filho do Homem — a figura que o próprio Jesus tanto glorificava.

A imagem de Jesus como o "Filho do Homem", sentado serenamente no céu, pronto para receber as almas dos bons cristãos, pode ter sido crucial no triunfo derradeiro do cristianismo. Essa imagem deu

COMO JESUS TORNOU-SE O SALVADOR 365

ao cristianismo uma vantagem sobre as religiões que não ofereciam esperanças de uma compensadora vida após a morte e o manteve competitivo contra as religiões que as ofereciam. Também inspirou os cristãos a morrer em nome de sua fé. No livro dos Atos, quando Estêvão está para ser martirizado, ele encara a morte com serenidade: "fitou o céu e viu a glória de Deus e Jesus, de pé, à direita de Deus. E disse: 'Eis que vejo os céus abertos e o Filho do Homem, de pé, à direita de Deus'".[16] A identificação *post-mortem* de Jesus com o Filho do Homem foi uma adaptação evolutiva essencial.

Na verdade, uma segunda adaptação foi necessária antes que Estêvão pudesse ter aquela visão. Parte de sua imagística tranquilizadora — o Filho do Homem habitando o céu — se estabeleceu logo após a Crucificação; porém, como vimos há pouco, a parte sobre os cristãos fiéis juntando-se a ele no final não se estabelecera. Nem tampouco a ideia, a qual Estêvão parecia adotar, de que a reunião com Jesus aconteceria logo após a morte. De fato, o silêncio de Paulo sobre a questão da situação dos mortos antes da ressurreição futura sugere que sua resposta era a resposta tradicional da Bíblia Hebraica: os mortos passariam seu tempo no *sheol*, um obscuro mundo inferior.[17]

O céu pode esperar

Decorreu mais de uma década desde o ministério de Paulo até que a literatura cristã se referisse a uma imediata recompensa para os bons na vida após a morte. Em Lucas, escrito em torno de 80 ou 90 EC, é dito que o ladrão temente a Deus suspenso na cruz ao lado de Cristo entrará no "paraíso" junto com Cristo naquele mesmo dia.[18] Também é relatada uma história sobre a vida após a morte de um homem rico e de um pobre. O rico, que morreu sem se arrepender de seus pecados, vai para uma parte do inferno onde, ele observa, "sou cruelmente atormentado nestas chamas". O pobre tem melhor sorte.

Ele encontra-se na companhia de Abraão — talvez no céu, como alguns argumentaram, ou ao menos em parte mais acolhedora do inferno: em algum lugar onde "ele é consolado".[19]

Alguns estudiosos argumentam que essa ideia da recompensa imediata para os cristãos mortos remonta ao próprio Jesus — que, afinal, é quem faz em Lucas essas duas referências à vida após a morte.[20] Entretanto, não é encontrada nenhuma referência no evangelho mais antigo, Marcos, ou na fonte Q, anterior a Lucas. O estudioso S. G. F. Brandon, de meados do século XX, estava correto em ver essa ideia como um desenvolvimento depois de Paulo e bem depois de Jesus. Trata-se, ele observa, de uma ideia central, um afastamento da "figura essencialmente escatológica que interviria catastroficamente no processo cósmico, e reuniria seus Eleitos para a recompensa eterna". Próximo ao fim do primeiro milênico da EC, "Cristo agora começava a ser imaginado como um habitante do céu, mediador entre Deus e o homem".[21]

O que causou a mudança? Primeiramente, conforme se passavam as décadas e o reino de Deus não se materializava, crescia a preocupação entre os seguidores de Jesus quanto à situação dos mortos ainda não ressuscitados. A garantia de Paulo de que os familiares e amigos dos fiéis, recentemente falecidos, se juntariam "ao resto de nós" no reino funcionou por algum tempo. Mas, no tempo de Lucas, mais de uma década depois da morte de Paulo, essa expectativa já não tinha efeito. Agora, o cristão atento estava preocupado não só com a eventual ressurreição de seus amigos e parentes falecidos, mas em saber como a morte seria *até* a ressurreição, já que tudo indicava que o cristão em questão iria se juntar a seus amigos e parentes antes de Cristo retornar. (Provavelmente, não é coincidência que Lucas, o primeiro autor do Novo Testamento a se referir ao moderno paraíso cristão, seja também o primeiro autor a reduzir as esperanças por um reino de Deus vindouro. O reino, diz Lucas, "não virá de um modo ostensivo. (...) o reino de Deus já está no meio de vós".)[22]

Esse é outro ponto central. Agora a recompensa da salvação não seria esperada durante a vida da pessoa, mas viria logo após a morte — uma boa alternativa. Não tivesse feito esse ajuste, a doutrina cristã teria perdido credibilidade, uma vez que o reino de Deus não se apresentou na terra como esperado — gerações e gerações de cristãos vinham morrendo sem receber sua recompensa. Mas agora, com o reino de Deus realocado da terra para o céu, gerações de cristãos teriam supostamente recebido sua recompensa; e você também a receberia, se aceitasse Cristo como seu salvador.

Concorrência estrangeira

Por que foi Lucas, e não o relativamente contemporâneo Mateus, que fez esse ajuste? Talvez porque Lucas seja o mais "gentio" dos evangelhos sinóticos. Enquanto Mateus parece tentar amiúde converter os judeus devotos ao movimento de Jesus, realçando sua compatibilidade com o judaísmo tradicional, Lucas está concentrado em acumular convertidos "pagãos". E se ele ia competir com as religiões pagãs, seria bom se certificar de que o cristianismo poderia se equiparar aos recursos mais populares das outras religiões. O que nos traz de volta Osíris, porta de entrada para uma jubilosa vida após a morte.[23]

Também nos traz de volta muitos outros deuses, porque Osíris não era o único deus na Roma antiga que tinha esse tipo de apelo. Embora os deuses oficiais do Estado romano não oferecessem uma jubilosa vida após a morte, o império fora tomado por cultos estrangeiros que, ao preencherem esse vazio, ganharam seguidores.[24] Essas religiões da salvação eram de variados ramos. Havia deuses não só do Egito, mas da Pérsia e da Grécia. Os cultos persas falavam de almas migrando através das esferas planetárias para o paraíso, e os cultos gregos ofereciam êxtase no Hades, o mundo subterrâneo que antes

368   A INVENÇÃO DO CRISTIANISMO

representava apenas uma existência monótona para a alma medíocre, mas que agora contemplava subdivisões suntuosas.[25]

Estou dizendo que Lucas roubou o cenário de vida após a morte de uma religião concorrente? Não, com plena segurança, não. Mas se você quisesse indiciá-lo por essa acusação, não lhe faltariam provas.

Certamente, a história em Lucas sobre o homem rico e o homem pobre no Hades possui tons osirianos. Na época em que Lucas escrevia, uma cópia escrita de uma história egípcia sobre a vida após a morte circulava pelo Império Romano. Era sobre um homem rico e um homem pobre que morreram e foram para o inferno. Ambos foram julgados na corte de Osíris. As más ações do rico pesaram mais do que as boas e, assim, ele foi despachado para uma das estações menos desejáveis. (Especificamente, a história explica: o "eixo da porta" para o mundo inferior foi "cravado em seu olho direito e girava nesse olho sempre que a porta era aberta ou fechada". Compreensivelmente, sua "boca abria-se em grande lamentação".) Em contraposição, o homem pobre, cujas boas ações ultrapassaram as más, pôde passar a eternidade na companhia das "almas veneráveis", ao lado do trono de Osíris.[26] Além disso, ele ganhou as roupas do homem rico — "vestuário de linho real". (O homem rico da história de Lucas se vestia de "púrpura e linho fino".) Moral da história: "Aquele que é bom na terra receberá deles o bem em Amenti (o mundo inferior), enquanto aquele que é mau receberá deles o mal."[27]

A história de Lucas sobre o rico e o pobre parece não ter precedente na antiga tradição judaica ou cristã.[28] Portanto, há realmente a possibilidade de que Lucas tenha ouvido ou lido a história egípcia e a tenha adaptado para uso cristão. Mas, provavelmente, nunca o saberemos e, de qualquer modo, essa não é a questão. A questão é se Lucas tomou emprestada ou não da tradição egípcia essa história particular; esse *tema* — a recompensa imediata na vida após a morte — deve ter vindo de algum lugar e a fonte provável é uma das religiões concorrentes do cristianismo no Império Romano.[29]

Dessas religiões, a religião egípcia é a primeira candidata. E ela veio em mais de uma variação. Além do próprio Osíris, havia um Osíris modificado, chamado Serápis. Séculos antes, depois das conquistas de Alexandre, os imperialistas gregos que desejavam criar vínculos com os egípcios fundiram Osíris com o deus grego Ápis. Eles chamaram o híbrido de Oserápis, posteriormente encurtado para Serápis. Agora, no Império Romano, Serápis era adorado ao lado de Ísis — que, na religião egípcia, era irmã e esposa de Osíris. À época que Paulo escreveu suas cartas canônicas aos cristãos em Roma, Corinto e Tessalônica, estas cidades já tinham cultos devotados a Ísis, a Serápis ou a ambos.[30] Se o cristianismo quisesse se sobressair perante a concorrência, como o fez, ele teria de preencher as necessidades psicológicas que aqueles cultos satisfaziam.

Renascidos

Essas necessidades não se resumiam à questão da vida após a morte. Embora o significado básico da salvação espiritual no cristianismo seja a salvação da alma da danação, o termo possui ressonância mais abrangente. Para muitos cristãos, a salvação não é só uma expectativa celestial, mas uma experiência terrena: uma forte sensação de alívio. O objeto do alívio pode variar — pode ser simplesmente o medo da danação quando houver a morte física, mas talvez outra coisa qualquer; talvez alguma influência opressora, como a bebida, talvez uma ansiedade ou culpa indefinida. E o alívio pode ser dramático. Muitos cristãos evangélicos fixam-se à fé no momento em que se sentem "renascidos", às vezes quando caminhando em direção à congregação para aceitar Cristo como salvador, ou durante o ritual subsequente do batismo.

Provavelmente, não é coincidência que as religiões que concorriam com o cristianismo durante seus anos de formação também

A INVENÇÃO DO CRISTIANISMO

contemplassem momentos de alívio transformativo. No século II da EC, o escritor grego Lúcio Apuleio descreve um ritual de iniciação no culto de Ísis como uma "morte voluntária e uma salvação obtida por meio da oração", uma maneira de "renascer para o curso de uma nova salvação".[31]

O relato de Apuleio, embora ficcional, parece basear-se em sua própria experiência como devoto de Ísis e de Osíris, e fornece muitos detalhes sobre a experiência de renascer. Aqui, o iniciado narra sua tentativa de recitar uma oração depois de um ritual de vários dias com a finalidade de proporcionar um sentimento de contato com Ísis:

> Sacudido pelos soluços, que me interrompiam as palavras e me sufocavam, disse-lhe: "Oh! santa que velas sem cansaço pela salvação do gênero humano; oh! tu, sempre pródiga, para com os mortais, de cuidados que os reanimam; tu que dispensas ao infortúnio a doce ternura de uma mãe. Não há dia nem noite, nenhum fugitivo instante, que deixes passar sem marcá-lo com tuas benesses, sem proteger os homens na terra e no mar, sem afugentar para longe deles as tempestades da vida, sem que a tua terna mão misericordiosa, que desfaz as malhas mais inextricáveis da fatalidade, acalme as tempestades da Fortuna e coíba o curso funesto das estrelas. (...) Moves o mundo no seu eixo, acendes os fogos do Sol, reges o Universo, calcas aos pés o Tártaro."[32]

Observe de quantas coisas o iniciado de Ísis é aliviado: a ameaça do inferno, todos os tipos de "tempestades" da vida e, claro, a própria origem do infortúnio; naquele tempo, a astrologia era para alguns um determinismo implacável, e uma religião poderia prosperar se prometesse livrar as pessoas do destino profetizado pelas estrelas. Por isso, a gratidão do iniciado a Ísis, que coíbe "o curso funesto das estrelas".

Provavelmente, nunca houve uma religião que salvasse as pessoas somente de uma coisa. E, certamente, a maioria das religiões do mundo antigo, como o culto de Ísis, fixava-se nas várias ameaças ao bem-estar físico e mental.

Pecado original

Entre as coisas de que as religiões podem salvar as pessoas, está o penoso senso de imperfeição moral — o sentimento do pecado. Aparentemente, o pecado é central à mensagem de salvação do cristianismo antigo. Paulo dá prioridade ao tema: "Judeus e gregos estão todos sob o domínio do pecado, conforme está escrito: 'Não há nenhum justo, não há sequer um.'"[33]

Certamente, nem Paulo: "(...) eu sou carnal, vendido ao pecado. Não entendo absolutamente o que faço: pois não faço o que quero, faço o que detesto. (...) Mas então, não sou eu que o faço, mas o pecado que em mim habita. Eu sei que em mim, isto é, na minha carne, não habita o bem: porque o querer o bem está em mim, não porém o praticá-lo. Não faço o bem que quereria, mas o mal que não quero".[34]

Os estudiosos divergem sobre se essa é uma autoavaliação de Paulo ou se ele está falando genericamente sobre a condição humana. De um modo ou de outro, essa passagem deve relacionar-se com sua experiência pessoal.

De fato, ver como Jesus poderia solucionar seus problemas com o pecado pode ter sido a epifania intelectual definida de Paulo — aquilo que o transformou em um zeloso organizador da antiga igreja. Repentinamente, tudo fez sentido na mente de Paulo. Um homem, Adão, por meio de sua fraqueza, trouxe o pecado, e portanto a morte, para a raça humana; agora um homem, Jesus, trouxe sua força, e por meio de sua morte, oferece alívio do pecado e da morte. E tudo isso como sinal do amor. Deus, a quem os homens fizeram tantos sacrifícios, amou tanto a humanidade que agora sacrificava seu filho. Assim, a história com final infeliz — a história de um suposto Messias que terminaria crucificado — torna-se uma mensagem convincente de salvação e vida eterna.

Contudo, se alguém vai fundar uma religião que se tornará a mais poderosa máquina de recrutamento da história do mundo, uma mensagem convincente é só metade do esforço. A mensagem tem não só de atrair as pessoas, mas fazer com que elas se comportem de modo que sustentem a organização religiosa e a auxiliem em sua expansão. Por exemplo, seria útil se o pecado fosse definido de forma que a aversão a ele reforçasse a coesão e o crescimento da igreja.

Isso foi algo que Paulo fez magistralmente. Observe a lista dos pecados que ele ordena que os gálatas evitem: "Ora, as obras da carne são estas: fornicação, impureza, libertinagem, idolatria, feitiçaria, inimizades, brigas, ciúmes, ira, discussões, discórdia, dissensões, invejas, bebedeiras, orgias e outras coisas semelhantes." Somente dois desses — idolatria e feitiçaria — referem-se à teologia. Os outros têm a ver com a coesão social comum. Os últimos dois — bebedeiras e orgias — tornam as pessoas irresponsáveis e membros improdutivos da comunidade. Os três primeiros — excessos sexuais — poderiam dividir a congregação com ciúmes e ameaçar os casamentos dos congregados. Os oito intermediários — inimizades, brigas, ciúmes, ira, discussões, discórdia, dissensões, invejas — são claramente desagregadores; são desvios do amor fraterno, que era crucial para a estratégia de Paulo.

E como Paulo reforçou a ordem aos gálatas para que evitassem esses pecados? Depois de listá-los, ele diz: "Eu vos previno, como já vos preveni: os que as praticarem não herdarão o Reino de Deus".[35]

Trata-se de uma fórmula poderosa: quem não viver o tipo de vida íntegra que ajuda a manter robusta a igreja, não viverá para sempre no futuro reino de Deus na terra. Depois do ajuste visto em Lucas —

COMO JESUS TORNOU-SE O SALVADOR

não se viverá para sempre no reino *existente* de Deus no *céu* — essa fórmula se tornaria ainda mais poderosa.

Poder-se-ia chamá-la de "vida após a morte moralmente condicional", porque ela torna a jubilosa vida após a morte dependente de sua determinação moral — uma determinação que, por sua vez, dá força à própria igreja. O cristianismo aproveitaria esse incentivo para levar o Deus de Israel para além de Israel, para o mercado religioso do Império Romano, onde ele teria sucesso. A vida após a morte moralmente condicional foi um limiar fundamental na história da religião.

Entretanto, o cristianismo estava longe de ser o primeiro a cruzar esse limiar. Voltemos novamente a Osíris. A história egípcia sobre o homem rico mau cuja alma é condenada na corte de Osíris tem uma origem muito antiga. O código de Osíris — a fórmula para uma vida feliz após a morte — foi descrito mais de um milênio antes, no capítulo 125 do "Livro Egípcio dos Mortos". Este "livro" é, na realidade, um amálgama de textos para ajudar a garantir uma vida feliz após a morte, textos esses que atravessaram os milênios. Mas no capítulo 125, que aparece no segundo milênio AEC, vemos um claro exemplo da vida após a morte moralmente condicional. O capítulo ensina ao morto o que exatamente dizer quando defender sua alma perante um tribunal de deuses presidido por Osíris. Por exemplo:

Não pratiquei o mal.
Não acordei todo dia esperando mais do que me cabia.
Não apresentei meu nome para exaltação de honrarias.
Não maltratei criados.
Não desprezei nenhum deus.
Não despojei o pobre de sua propriedade.
Não fiz o que os deuses abominam.
Não fui causa de que o amo prejudicasse o servo.
Não causei dor.
Não fiz nenhum homem sofrer fome.
Não fiz ninguém chorar.

Não matei.

Não dei ordem para que se matasse.

Não infligi sofrimento a ninguém.

Não furtei a bebida dos deuses em seus templos.

Não furtei o alimento dos deuses em seus templos.

Não furtei o alimento oferecido aos mortos nos templos...

Não subtraí coisa alguma do alqueire ao vendê-lo.

Não acrescentei nem roubei terra nenhuma.

Não me apossei dos campos de outrem.

Não mexi nos pesos da balança para enganar o comprador.

Não li errado o que indicava a balança para enganar o comprador.

Não tirei o leite da boca das crianças...

Sou puro.

Sou puro.

Sou puro.

Sou puro.

Aqui, bem antes do nascimento de Cristo (aliás, bem antes do nascimento do monoteísmo abraâmico), está o dia do Juízo Final no sentido claramente cristão do termo.[36] Há uma recompensa para o comportamento moral — a felicidade eterna — e talvez uma segunda recompensa, mais imediata: aliviar-se do próprio senso de imoralidade — do sentimento do pecado, do sentimento de impureza. Um encanto funerário gravado no ataúde pretendia libertar a alma do egípcio que tivesse sido aprisionado "no crime, na impureza e no erro" enquanto estava na terra.[37]

O mal-estar na civilização

Por que todo esse interesse na integridade moral? Quando isso se tornou uma grande preocupação humana? Seguramente, os anais da antropologia não estão cobertos de relatos de caçadores-coletores lamentando sua impureza moral.[38] Naquelas sociedades, a lista de lamentos contra a existência terrena contemplava coisas mais na linha da fome. Houve alguma coisa relacionada com o advento da agricultura, e com o concomitante desenvolvimento da complexidade social, que fez as pessoas se sentirem carentes mesmo quando tinham comida suficiente? Alguns possíveis culpados vêm à mente.

Um deles é a própria religião. Como vimos, assim que a complexidade social ultrapassa o nível caçador-coletor, o roubo e outras formas de comportamento antissocial tornam-se mais factíveis, e a religião começa a desencorajá-los. O resultado poderia ser penoso. Aqueles deuses polinésios que amedrontavam os ladrões com ataques de tubarão podiam atormentar a mente de qualquer um que tivesse se desviado por uma ou duas vezes da virtude e quisesse dar um mergulho.

Mais genericamente, se os deuses punissem com aflições terrenas as diversas transgressões morais, algumas das quais a pessoa estaria sujeita a cometer ocasionalmente, os infortúnios cotidianos se tornariam lembretes inquietantes da imperfeição moral. Na Índia, no fim do segundo milênio AEC, um hino ao deus do céu, Varuna, que sustentava a ordem moral, traz este verso: "Oh, Varuna, qual foi o crime terrível pelo qual quereis destruir vosso aliado, que vos adora? Proclamai para mim, para que eu possa apressar-me em prostrar-me diante de vós e me libertar do pecado."[39] E eis aqui uma oração da antiga Mesopotâmia: "Que a minha culpa esteja distante, 3.600 léguas longe daqui; Que o rio a receba de mim e a leve para as profundezas... Minhas iniquidades são muitas: não sei o que fiz... Cometi constantes iniquidades, conhecidas e desconhecidas."[40]

Variedades do pecado

O próprio Paulo, o homem que colocou a salvação do pecado no centro do cristianismo, atribuiu o peso do pecado à religião, pelo menos em parte. Um fariseu bem-educado, Paulo sentia as exigências da lei judaica. "Eu não conheci o pecado senão pela Lei. Porque não teria ideia da concupiscência se a Lei não dissesse: *Não cobiçarás.*"[41]

As opressivas restrições impostas ao comportamento pelas religiões, nos tempos antigos, apareciam em, pelo menos, duas formas. Primeira, havia o tipo de que vimos falando, o tipo que era moral no sentido essencial do termo: regras que impedem que as pessoas causem danos a seus próximos por meio de roubos, assaltos, desonestidade e vários outros enfraquecedores do tecido social. Segunda, às vezes interligada à primeira, são as normas que desencorajam comportamentos prejudiciais aos próprios pecadores.

O segundo tipo de pecado, como o primeiro, foi, em parte, produto da evolução da organização social para além do nível caçador-coletor. Uma vez que os povos superaram em muito a subsistência, apresentam-se inúmeras novas oportunidades para o comportamento autodestrutivo. Conforme a civilização avançava, o álcool foi sendo produzido em massa, e o dinheiro podia ser desperdiçado em novos jogos inventados para esse fim. Aquele hino hindu ao deus do céu Varuna descreve um pecador que isolou a causa de seu pecado: "Vinho, ódio, dados ou o desleixo me desencaminharam."

E, deixando de lado o álcool, o jogo e outros conhecidos produtos viciantes do progresso, havia as emoções humanas que, embora essenciais para o ambiente que a seleção natural projetou para nós, se tornavam cada vez mais problemáticas. Note a menção ao "ódio" no hino hindu — uma emoção que, como vimos no capítulo 9, é menos útil em uma sociedade-estado do que em uma aldeia caçadora-coletora.

Mesmo um impulso tão inocente como a fome poderia trazer problemas para os cidadãos antigos mais abastados e sedentários. E isso também era uma coisa com que o caçador-coletor típico não precisava se preocupar. É ainda outro caso de impulso funcional que se torna potencialmente ineficiente quando removido do ambiente para o qual se desenvolveu. A seleção natural projetou-nos para nos "viciarmos" em comida, mas isso no tempo em que a escassez impedia que o vício ficasse fora de controle.

Talvez não devêssemos nos surpreender que o budismo, com toda a sua austeridade inicial, tenha sido fundado por um homem que, como membro da classe dominante, poderia satisfazer plenamente seus apetites. Em todo o caso, a própria possibilidade de ceder por demais aos apetites, uma possibilidade que se ampliou conforme a civilização progrediu, sugere que alguns comportamentos vieram a ser considerados pecados não só porque eram nocivos à sociedade, mas porque eram prejudiciais aos indivíduos. Em certa medida, a religião sempre teve a ver com a autoajuda.

Uma sociedade imperfeita

Segundo alguns relatos, a ânsia por salvação no mundo antigo baseava-se, em parte, em um entendimento de que a existência terrena era impura em si mesma. No primeiro milênio AEC, segundo o sociólogo Robert Bellah, havia "uma avaliação extremamente negativa do homem e da sociedade e exaltava-se outro domínio de realidade como o único verdadeiro e infinitamente precioso".[42]

Seguramente, é verdade que o longo movimento que nos conduziu da simplicidade da sociedade caçadora-coletora para a complexidade da civilização urbana deu às pessoas novas razões para perceber a experiência social com pouca clareza. É fácil ver isso no mundo moderno: basta ir a um coquetel. Rápidas interações com diferentes conhecidos, pouco íntimos, podem levar a uma frustrante análise posterior e a ansiedades prolongadas. Será que eu a ofendi? Ele estava sendo grosseiro propositalmente? Ela estava mentindo? Ele vai ficar falando de mim agora? Essas perguntas são difíceis de ser respondidas, já que existe a possibilidade de você não ver novamente a pessoa em questão por semanas, meses ou nunca mais.

Não havia muitos coquetéis no mundo antigo, mas as coisas se movimentavam nessa direção, deslocando-se do pequeno universo social dos caçadores-coletores para um mundo com mais contatos sociais e, portanto, com mais incertezas. Eis um lamento mesopotâmico do segundo milênio (AEC):

O malfeitor me ludibria:
Eu manejo a foice por ele.
Meu amigo fala-me palavras não confiáveis,
Meu companheiro imputa falsidade às palavras sinceras que digo,
O malfeitor diz-me coisas ignominiosas,
Mas você, meu deus, não as refuta.[43]

É um tanto irônico. Você pensaria que toda a questão da civilização — da evolução dos Estados agrários no Egito, Mesopotâmia, China, Índia, entre outros — era reduzir as ameaças ao bem-estar físico e psicológico. E, em algumas frentes, a civilização fez justamente isso. Provavelmente, havia menos chances de você ser atacado por um animal selvagem na antiga Suméria ou em Mênfis do que em uma aldeia caçadora-coletora; e, com a agricultura irrigada, o sustento cotidiano tornava-se menos incerto. Entretanto, mesmo que a civilização tenha neutralizado tradicionais fontes de insegurança, parece ter criado novas, e estas, ainda que menos perigosas fisicamente, podem ser, em alguns casos, mais perturbadoras.

Figuras paternas

Talvez essas inseguranças, em conjunto com o novo sentimento de pecado, ajudem a explicar por que, conforme a civilização progredia, cada vez mais as pessoas quisessem religiões com qualidades parentais — protetoras, consoladoras e, se necessário, pelo menos

COMO JESUS TORNOU-SE O SALVADOR

com capacidade de perdoar. No segundo milênio AEC, uma oração mesopotâmica refere-se a um deus da lua como "pai piedoso e clemente". Contudo, a mesma oração o chama de "touro poderoso, com chifres terríveis", cuja "divindade é temerosa".[44] Segundo o estudioso Thorkild Jacobsen, as concepções mesopotâmicas de deus estavam se deslocando, naquele milênio, para a noção de "pai severo, mas amoroso", com o terrível temor dos deuses em crescente "tensão com o amor subjacente".[45]

Também o Egito viu a evolução de um deus parental e amoroso. O próprio Osíris, nota o estudioso J. Gwyn Griffiths, fora um deus de "medo e terror" antes de assumir uma forma mais amistosa.[46] E no segundo milênio AEC, o grande deus egípcio Amon está a exibir um lado compassivo, a julgar pelo seu encômio: "Meu coração ansiava por vos encontrar, alegria de meu coração, Amon, protetor dos desprotegidos! Vós sois pai dos órfãos de mãe, esposo das viúvas."[47]

Os cristãos adoram um Deus pai amoroso e muitos deles acham que esse deus é caracteristicamente cristão: enquanto o Deus do Antigo Testamento representa um pai austero, até vingativo, o Deus do Novo Testamento — o Deus revelado pelo cristianismo — é um pai gentil e clemente. Essa visão é muito simplista, não só porque um deus gentil e piedoso já aparece repetidamente na Bíblia Hebraica, mas porque tais deuses apareceram bem antes de a Bíblia Hebraica ter sido escrita.

E, como acabamos de ver, assim o é também com vários outros ingredientes do cristianismo — a experiência do renascimento, o dia do Juízo Final, uma vida após a morte moralmente condicional: não há nada de novo realmente aqui.

Não deveria nos surpreender que o cristianismo antigo tenha sido uma recombinação relativamente original de elementos espirituais já presentes no *Zeitgeist*. Qualquer religião que crescesse tão rapidamente quanto o cristianismo teria de atender às necessidades humanas comuns e é improvável que essas necessidades não fossem contempladas por todas as religiões anteriores.

Vínculo

Outra coisa que uma religião bem-sucedida tem de atender é às suas próprias necessidades — manter-se um movimento social coeso e vibrante. Como Paulo entendeu quando rotulou como pecado o comportamento desagregador, sua igreja, antes de qualquer coisa, teria de se manter intacta.

A palavra que os romanos usavam para "intacto" era *salvus*. Algo que fosse *salvus* era íntegro, em boa ordem de funcionamento. A expressão *salvus sis* significava "Que você possa estar em boa saúde". E da palavra *salvus*, temos "salvação". Deus, ao se deslocar de Israel para um mundo mais vasto — o Império Romano — continuou a perseguir o objetivo que tinha em Israel: prover a salvação — manter o sistema social seguro contra forças de destruição e desintegração.

Havia diferenças entre a maneira como a descrição desse trabalho foi interpretada na antiga Israel e em Roma. No cristianismo antigo, o sistema social em questão era uma organização não governamental; era apenas uma igreja — não, como em Israel, um Estado baseado na igreja. Entretanto, em ambos os casos, para que a religião se mantivesse viável por longo tempo, ela precisava manter o sistema intacto; precisava prover a salvação no nível social. A fórmula de Paulo para preservar a coesão da igreja — considerar o comportamento desagregador como pecado condenável — poderia ser descrita como um modo de vincular a salvação individual à salvação social.

Se definirmos salvação individual de maneira abrangente — como a salvação do indivíduo ou da alma de todos os tipos de aflições — esse vínculo terá alimentado religiões bem-sucedidas por diversas vezes e em diversos lugares. A religião polinésia que punia o roubo com ataques de tubarão tornou a salvação individual dependente de comportamentos conducentes à salvação social. Também foi assim na religião mesopotâmica cujos deuses enviavam sofrimentos às pessoas que ameaçavam a saúde alheia urinando na água potável. Também assim com Moisés, quando ele apresentou os Dez Mandamentos e disse aos israelitas que Deus queria infundir neles o temor de sua ira para que não pecassem.[48] (Posteriormente, os detalhes do temor seriam esclarecidos: se você pecasse, e não redimisse seus pecados por meio do arrependimento e das boas obras durante os Grandes Dias Santos, aumentariam suas chances de morrer no ano seguinte.)

Certamente, a religião de Osíris no Egito vinculava a salvação individual à social — e, ao definir a salvação individual como uma jubilosa vida após a morte, esse vínculo era fortalecido. Essa fórmula aperfeiçoada, adotada pelos seguidores de Jesus, ajudaria o cristianismo a dominar o Império Romano.[49] Também ajudaria posteriormente a impulsionar a expansão do islamismo, como veremos. Não há como negar sua eficiência em tornar dominantes algumas das maiores religiões do mundo.

Entretanto, sua eficiência nos dias de hoje é uma questão mais complexa. Quando o cristianismo imperou em Roma, e, mais tarde, quando o islamismo esteve no auge de sua influência geopolítica, o escopo dessas religiões coincidia em linhas gerais com o escopo de civilizações inteiras. As fronteiras do Império Romano eram as fronteiras de uma região extensa integrada política e economicamente, assim como eram as fronteiras do Império Islâmico. Sim, ambos os impérios faziam negócios com povos além de suas fronteiras, mas os regimes do mundo ainda não tinham se tornado nem de perto a densa teia coletiva que viriam a formar; não havia civilização global. O mundo de hoje, em contraste, é tão interligado e interdependente que o cristianismo e o islamismo, gostemos ou não, habitam um único sistema social — o planeta.

382 A INVENÇÃO DO CRISTIANISMO

Assim, quando os cristãos, ao perseguirem a salvação cristã, e os muçulmanos, ao perseguirem a salvação muçulmana, ajudam a manter suas religiões intactas, não necessariamente estão mantendo intacto o sistema social em que habitam. Com efeito, às vezes eles parecem estar fazendo o oposto. Antes de entrar nesse problema, vejamos como a doutrina islâmica da salvação tomou forma e que forma ela tomou.

IV

O TRIUNFO DO ISLAMISMO

Não há outro Deus fora de mim.

— *Isaías 45:21*

E não enviamos, antes de ti, Mensageiro algum, sem que lhe revelássemos que não existe deus senão Eu.

— *Alcorão 21:25*

CAPÍTULO 14

O Alcorão

Ocidentais cultos já disseram coisas desagradáveis sobre o Alcorão. O historiador Edward Gibbon chamou-o de "incoerente rapsódia sem fim" que "raramente incita um sentimento ou alguma ideia". Thomas Carlyle disse que se tratava de uma "leitura das mais enfadonhas por que já passei; uma mixórdia confusa e exaustiva". Até Huston Smith, um estudioso conhecido por sua invariável simpatia pelas religiões do mundo, reconheceu que "ninguém jamais se aconchegou em um fim de semana chuvoso para ler o Alcorão".[1]

E essas observações foram feitas décadas atrás, antes de o radicalismo islâmico surgir provocando interesse por suas origens. Desde então algumas pessoas têm opinado que essas origens estão no Alcorão — que qualquer coerência que o livro tenha é perniciosa e estimula a intolerância, e até a beligerância, contra pessoas que não sejam muçulmanas.

Não há como negar que o Alcorão é diferente do texto religioso com que os ocidentais estão mais familiarizados, a Bíblia. Primeiramente, ele é mais monótono. A Bíblia é uma multiplicidade de gêneros: a mitologia cósmica do Gênesis, o código ritual e legal do Levítico, uma história nacional da antiga Israel em vários volumes, os lamentos e os alertas dos profetas, a profunda e expressiva reflexão de autoajuda da literatura sapiencial, a poesia dos Salmos, os perfis evangélicos de Jesus, a teologia mística de João, a história da igreja antiga nos Atos, as visões apocalípticas de Daniel e do Apocalipse, e assim por diante. A Bíblia foi escrita por inúmeros autores diferentes, que a redigiram durante um milênio, se não mais. O Alcorão foi escrito por (ou, como os muçulmanos diriam, veio por meio de) um só homem, durante o período de duas décadas.[2]

Suponhamos que a Bíblia tivesse sido composta por somente um de seus autores. Suponhamos que tivesse sido o trabalho do profeta Oseias, um homem tomado pelo sentimento de que seu povo havia se desviado radicalmente do certo e da verdade, um homem com o propósito de alertar sobre as terríveis consequências que se seguiriam. Que tipo de livro a Bíblia seria? Um livro como o Alcorão. Ou, pelo menos, como cerca de um terço do Alcorão; Maomé não passou *todo* o seu tempo no estilo "profeta apocalíptico", como veremos.

Ou suponhamos que toda a Bíblia tivesse sido escrita por Jesus. Não o Jesus da Bíblia — não o Jesus que foi moldado no século depois da Crucificação, com a adaptação do evangelho ao ambiente competitivo. Mas o Jesus que, pelo que sabemos, era o Jesus real: um pregador apocalíptico do fogo eterno, que alertava seu povo que o dia do Juízo Final estava próximo e que muitos estavam longe de merecer um julgamento favorável. Mais que um livro escrito por Oseias, esse livro teria o tom do Alcorão. Jesus e Maomé provavelmente tinham muito em comum.

De fato, às vezes Maomé parece-se mais com Jesus do que Jesus — isto é, mais como o Jesus das narrativas do que o Jesus da história. A Jesus é atribuído o dito "Oferece a outra face" e diz-se que ele pregou a história do bom samaritano como uma parábola sobre a harmonia interétnica. Porém, como vimos, ele provavelmente não disse nada disso. Tampouco Maomé o disse, mas este parece ter dito algumas coisas realmente pacíficas e parece ter recomendado a tolerância religiosa: "A vós, vossa religião, e a mim, minha religião." Por outro

O ALCORÃO

lado, Maomé também disse coisas menos pacíficas, menos tolerantes. Por exemplo: "Então, quando deparardes com os infiéis, golpeai-lhes a cabeça até dizimá-los."[3]

Se lemos o Alcorão do começo ao fim, essas mudanças de tom, da tolerância e moderação à intolerância e beligerância e vice-versa, parecerão abruptas e difíceis de compreender. Uma solução é ler o Alcorão de maneira diferente. Como a Bíblia, o Alcorão não é organizado na ordem de sua composição. Assim como rastrear o desenvolvimento da teologia israelita significava manter esse fato em mente — lembrar, por exemplo, que o segundo capítulo do Gênesis foi escrito muito antes do primeiro — compreender a evolução do pensamento de Maomé requer reordenar o Alcorão.

O Alcorão consiste em "suras" — capítulos — que refletem as proclamações orais de Maomé. Elas estão organizadas, em linhas gerais, da mais longa à mais curta. No entanto, as primeiras proclamações de Maomé tendem a ser curtas e as posteriores, longas; assim, se você quiser ler o Alcorão em ordem cronológica, é melhor lê-lo de trás para frente.

Melhor ainda é lê-lo não de trás para frente ou na sequência normal, mas de algum ponto no meio — na ordem real de sua composição. Embora não haja como reconstruir essa ordem exatamente, a maioria dos estudiosos concorda com uma determinada relação aproximada das diferentes suras e a vida de Maomé.[4] Ler o Alcorão sob a guia desse consenso — das suras mais antigas para as mais recentes — é observar o desenvolvimento da carreira de Maomé e do nascimento do islamismo. Essa é a chave para entender como o Alcorão, à semelhança da Bíblia, veio a contemplar flutuações radicais de tom moral.

Entender as condições que deram origem no Alcorão à tolerância e à intolerância, à moderação e à beligerância, não faz com que esses temas se reconciliem. No entanto, ajuda a entender como mais tarde os muçulmanos tentaram reconciliá-los, e como os muçulmanos hoje são influenciados por eles.

388   O TRIUNFO DO ISLAMISMO

Segundo a tradição muçulmana, a revelação do Alcorão a Maomé começou quando ele tinha quarenta anos, por volta do ano de 609. Ele tinha o hábito de se retirar para uma montanha, para meditar. Em uma noite, ele teve uma visão. Um ser glorioso apareceu e transmitiu uma mensagem de Alá, com instruções para compartilhá-la. ("Recita!" é a ordem inicial da sura que, de acordo com a tradição muçulmana, é a primeira revelação de Maomé.)[5] Como o Jesus bíblico, e como os xamãs adultos, Maomé voltou do retiro com uma missão. Nas duas décadas finais de sua vida, ele voltaria a receber várias vezes essas revelações divinas e as dividiria com outras pessoas — primeiro, com um pequeno grupo de devotos; depois, com uma audiência maior.

O Alcorão descreve que o ser glorioso — aparentemente, o anjo Gabriel — "ficou à distância de dois arcos" de Maomé; em seguida, Gabriel "revelou a Seu servo o que lhe revelou". Nesse momento, nos diz o Alcorão, "o coração de Maomé não desmentiu o que viu".[6] Talvez não, mas essa não é uma questão que estejamos em posição de debater. Uma questão que *deveríamos* debater antes de prosseguir é: o Alcorão mente ao relatar o que Maomé disse? Qualquer que tenha sido a inspiração das declarações subsequentes de Maomé, o Alcorão seria um guia confiável para elas?

O Alcorão tem melhores argumentos para essa condição de guia confiável do que os evangelhos como registro confiável das declarações de Jesus. Partes dele podem ter sido escritas durante a vida de Maomé, talvez sob sua supervisão.[7] É praticamente certo que outras partes tenham sido escritas logo após a sua morte, e muitos estudiosos acreditam que o livro tenha sido concluído, em sua essência, nos vinte anos após a morte de Maomé.[8] É claro, vinte anos é bastante tempo para que distorções se estabeleçam — até mesmo toda uma falsificação. Contudo, dois fatores tornam plausível um grau satisfatório de fidelidade. Primeiro, desde a época de Maomé, os versículos do Alcorão parecem ser recitados nos rituais das comunidades muçulmanas. Segundo, o Alcorão é particularmente suscetível à memorização pela

O ALCORÃO 389

recitação; no original em árabe, muitos trechos são rimados, ainda que de forma livre, e têm padrão rítmico.

As características do Alcorão também sugerem autenticidade. À época de sua morte, Maomé já havia sido um profeta monoteísta, tendo pregado na cidade amplamente politeísta de Meca, até ser o chefe de um Estado islâmico com tendências expansionistas. E nos anos seguintes à sua morte, o Estado islâmico expandiu-se rapidamente. Se o Alcorão fosse basicamente uma mescla pós-Maomé, esperaríamos que ele refletisse principalmente as necessidades dos soberanos desse Estado.[9] No entanto, como veremos, a maior parte do Alcorão consiste no tipo de coisa que você diria não se fosse um líder político poderoso, mas se fosse um profeta independente excluído da estrutura de poder local. E a pequena parcela do Alcorão que parece adaptada às necessidades de um Estado islâmico expansionista faz sentido, no geral, como expressão do próprio Maomé nos anos finais de sua carreira, quando ele passou de profeta a homem de Estado.

Ainda assim, nenhum estudioso sério acredita que o Alcorão seja inteiramente confiável como guia daquilo que Maomé realmente disse.[10] Com efeito, as fontes antigas fora da tradição islâmica levantam a possibilidade de que, em um tema essencial — a atitude de Maomé em relação aos judeus durante os anos finais de sua vida —, o Alcorão possa ter sido adulterado, ou pelo menos criativamente interpretado, depois de sua morte.

Abordaremos essa questão daqui a dois capítulos, quando ela se tornará relevante. Mas, por ora, vamos enfatizar o sentido em que isso não importa. Como veremos, mesmo se uma fase na mudança de atitude do Alcorão em relação aos judeus reflete adulteração pós-Maomé, o padrão que vimos neste livro até agora permanece: tolerância e beligerância, mesmo quando transmitidas pela sublime linguagem das escrituras, são, ao fim, obedientes aos fatos reais.

Meca

No caso de Maomé, os fatos reais estavam na Arábia. Ele viveu na cidade de Meca. Hoje em dia, "Meca" é também substantivo comum — "meca" — denotando "um centro de atividades procurado por pessoas que compartilham algum interesse comum".[11] A razão para isso é que Meca é o destino dos peregrinos muçulmanos, a cada ano. Mas Meca já era uma meca mesmo antes de existirem os muçulmanos. Nos tempos de Maomé, tratava-se de um centro de comércio, um ponto de escala para produtos de ou para o Iêmen ao sul, Síria ao norte, e, talvez, o Império Persa a nordeste.[12]

O comércio de Meca era dominado pela tribo dos coraixitas. Maomé nasceu entre os coraixitas e, portanto, nada indicava que ele seria uma pessoa destinada a criar problemas. Afinal, por que mexer em time que está ganhando?

Entretanto, quanto mais se sabe sobre o início da vida de Maomé, mais natural parece que ele terminaria desestabilizando as coisas. Ele não nascera em um clã poderoso dentro da tribo coraixita, e seu lugar dentro do clã era incerto. Ele era órfão. Seu pai morreu ou antes ou não muito depois de seu nascimento, e a mãe morreu quando ele tinha seis anos. O tutor, um dos avós, morreu apenas dois anos depois, e Maomé passou a ser criado por um tio.

Quando jovem, Maomé casou-se com uma mulher rica, cerca de quinze anos mais velha, uma mulher de negócios que já fora casada e que se impressionou com a habilidade comercial do rapaz. Mas, mesmo assim, o sistema não o ajudou. A prole de sua esposa foi toda feminina e, na Arábia, a estatura de um homem parecia depender em parte do número de filhos homens que ele tivesse.[13] Com efeito, as filhas eram às vezes enterradas vivas ao nascerem, para que a mãe pudesse se concentrar na importante tarefa de gerar prole masculina. Não surpreende que Maomé tenha depreciado essa tradição, vislum-

O ALCORÃO

brando, em uma sura, uma "filha enterrada viva" que pergunta "por que delito fora morta".[14]

Relacionar os valores no Alcorão com a situação pessoal de Maomé não é apenas especulação. O próprio Alcorão faz esse vínculo. Em uma sura, Deus, falando de si na terceira pessoa, diz a Maomé: "Não te encontrou órfão e te abrigou? (...) E não te encontrou infortunado e te enriqueceu? Então, quanto ao órfão, não o oprimas. E quanto ao mendigo, não o maltrates." Maomé fez como prescrito. Ordenou a seus seguidores que vivessem compassivamente e que "instruíssem a compaixão pelos outros". Ele disse que Alá aprovaria "libertar um escravo, ou alimentar, em dia de penúria, um órfão aparentado, ou um necessitado empoeirado pela miséria". E divulgou a crítica de Alá ao *ethos* de Meca: "Mas, vós não honrais o órfão, e não vos incitais, mutuamente, a alimentar o necessitado, e devorais as heranças com indiscriminada voracidade, e amais as riquezas com excessivo amor."[15]

Esse não é o único trecho da mensagem de Maomé que está relacionado com a perturbação do *status quo*. Maomé era um monoteísta e muitos dos habitantes de Meca eram politeístas. Eles acreditavam em divindades como Al-'Uzza, Manat e Al-Lat — assim como em um deus criador de nome Alá. Na opinião de Maomé, quase todos estavam errados.

Do ponto de vista dos politeístas da classe dominante de Meca, se havia algo pior que alguém criticando a riqueza e pregando o monoteísmo, era alguém fazendo as duas coisas sinergicamente. Esse alguém era Maomé. Como Jesus, ele era um apocalíptico com jeito: acreditava que o dia do Juízo Final traria uma inversão radical das fortunas. Jesus dissera que nenhum rico entraria no reino dos céus. O Alcorão diz que "quem deseja as searas da vida terrena" terá algo dela, mas "não terá, na Derradeira Vida, porção alguma".[16]

Tais paralelos entre a Bíblia e o Alcorão não deveriam nos surpreender. O discurso básico de Maomé é o de que ele foi um profeta enviado pelo deus que primeiro se revelou a Abraão e, depois, falou por meio de Moisés e de Jesus. (Um versículo relativamente ambíguo do Alcorão parece dizer que ele seria o último nessa linhagem — o "selo dos Profetas".) O Alcorão está cheio de histórias da Bíblia e alusões a ela, inclusive uma declaração monoteísta que parece ter vindo direto de Isaías: "Não existe deus senão Eu."[17]

Diante da convicção de Maomé de que ele falava pelo deus abraâmico, vou abandonar a convenção atual e me referir a Alá como "Deus". Certamente, muitos cristãos e judeus não concordariam que o seu Deus é o Deus adorado pelos muçulmanos. Por outro lado, muitos judeus não concordariam que o seu Deus é o Deus adorado pelos cristãos, já que (para começar) o seu Deus nunca assumiu forma humana. Ao chamarmos o deus judaico e o deus cristão de "Deus", acatamos a alegação dos cristãos de que o seu Deus é o mesmo Deus que falou por meio de Moisés. Faz todo o sentido estender essa deferência à alegação de Maomé de que o Deus que falou por meio dele é o mesmo Deus que falara por meio de Moisés e de Jesus. Além disso, se observarmos atentamente como Maomé transformou Alá no único e verdadeiro deus dos árabes, veremos que a linhagem judaico-cristã de Alá é, de fato, mais expressiva do que em geral se considera.

Fazendo contato com o Deus de Abraão

Como e quando Maomé decidiu que o deus abraâmico era o único e exclusivo Deus? De acordo com uma antiga tradição oral muçulmana, a esposa de Maomé tinha um velho e sábio primo que era cristão. Quando Maomé teve sua revelação primeira, esta foi tão desorientadora — Ele estaria enlouquecendo? Estaria possuído por um demônio? — que ele procurou a ajuda de sua esposa e ela consultou o primo.[18]

Se realmente Maomé esclareceu o sentido de uma experiência religiosa inicialmente vaga com a ajuda de um cristão, isso explicaria por que ele concluiu que sua missão era divulgar uma mensagem monoteísta e, mais especificamente, a mensagem do deus abraâmico; em especial se, como aquela antiga tradição islâmica diz, o cristão em questão há muito acreditasse que Deus enviaria um profeta aos árabes — e declarasse ao ouvir a experiência de Maomé: "Verdadeiramente, Maomé é o Profeta desse povo."[19] Esse é o tipo de declaração que poderia ajudar a um buscador com tendências messiânicas, mas não deixa clara a sua missão.

Mesmo se não considerarmos o primo cristão, Maomé teve oportunidades de aprender sobre o Deus judaico-cristão. Pode ter havido concentrações de cristãos e judeus nos arredores de Meca, e havia uma comunidade cristã considerável no Iêmen, um dos dois principais parceiros comerciais de Meca. O outro grande parceiro, a Síria, era parte do Império Bizantino, portanto de grande influência cristã.[20] Conta-se que Maomé, quando menino, viajou à Síria com seu tio para fins comerciais.

Provavelmente, ele teria uma atitude receptiva em relação à religião síria. Meca era uma sociedade politeísta que, à maneira clássica antiga, era tolerante com os deuses dos parceiros comerciais. Na verdade o famoso santuário de Meca, a Caaba — hoje destino do *hajj*, a peregrinação islâmica anual — era, em tempos pré-islâmicos, cercado por ídolos de deuses adorados por várias tribos e clãs; esse pluralismo parece ter facilitado o comércio. Segundo uma antiga fonte muçulmana, teria sido permitido a um cristão que pintasse a imagem de Jesus e da Virgem Maria em uma parede interna da Caaba[21] — o tipo de respeito formal às crenças dos parceiros comerciais que teria sido comum nas antigas cidades politeístas.

Nesse caso, o respeito provavelmente foi além do formal. O Império Bizantino era mais cosmopolita, mais tecnologicamente avançado, que a sociedade árabe, e a cultura de um vizinho poderoso produz em geral um fascínio especial nos povos menos desenvolvidos. Desde que esse poder não fosse visto como inimigo, o fascínio poderia ser sedutor.

Isso nos leva a uma maneira de enxergar Maomé — como um homem que teve a genialidade de atender a um nicho espiritual bastante disponível. Ele pegou um deus estrangeiro que já estava avançando sobre a Arábia e se tornou o porta-voz árabe oficial desse deus. Para colocar em termos comerciais modernos, foi como se ninguém antes de Maomé tivesse pensado em obter os direitos de tradução da Bíblia para o árabe, embora a demanda pelo livro já estivesse tomando forma.

O próprio Alcorão quase diz isso: "E, antes dele, houve o Livro de Moisés (...). E este [o Alcorão] é um Livro confirmador dos outros, em língua árabe".[22]

Entretanto, há uma diferença crucial entre essa citação e a analogia de Maomé como tradutor. No cenário do tradutor, a teologia judaico-cristã é transmitida a Maomé pelo contato com os judeus e cristãos e/ou com suas escrituras. No cenário do Alcorão, a teologia judaico-cristã foi transmitida pelos judeus e cristãos por Deus e, depois, para Maomé por Deus. Quando Deus, no Alcorão, diz a Maomé que "Nós o fizemos um Alcorão árabe, para razoardes. E ele é uma transcrição do Livro arquetípico",[23] o Livro arquetípico não é a Bíblia. Antes, o livro arquetípico é o verbo de Deus — o Logos, como alguns cristãos e judeus antigos teriam afirmado — do qual a Bíblia é, igualmente, uma "transcrição". Maomé não recebeu o Verbo *por meio de* Moisés; como este, ele tinha uma linha direta com Deus.

Assim, o islamismo, por seu próprio relato, não é *descendente* de outras religiões abraâmicas, embora esteja firmemente enraizado na linhagem abraâmica. Sim, a tradição islâmica pode destacar o contato de Maomé com um parente cristão, mas a ideia não é se o parente lhe foi um inestimável tutor do cristianismo; mais importante foi seu papel em auxiliar Maomé a enxergar que deus já estava atuando como seu tutor.

Essa distinção teria sido crucial para Maomé. A maneira de atrair devotos naquele tempo era ter acesso especial ao sobrenatural. Somente ter acesso a um primo versado nas escrituras bíblicas não seria muito impressionante. Com efeito, dizer que as "revelações" de Maomé foram, na verdade, provenientes de fontes humanas é uma acusação que os inimigos de Maomé fizeram ao tentar diminuir sua alegação. Como o Alcorão descreve, a mensagem de Maomé foi descartada como "fábulas dos antepassados, que ele pediu fossem escritas; e elas lhe são ditadas ao amanhecer e ao entardecer". Em outro momento, o Alcorão até dirige uma acusação específica sobre quem estava ditando: "Eles dizem: 'Apenas, um ser humano ensina-o'. Ora, a língua daquele, a que aludem, é forânea, e este [o Alcorão] é de língua árabe, clara".[24] Caso encerrado.

Maomé era um cristão?

Qualquer que seja a posição do Alcorão sobre o assunto, a hipótese que orienta *este* livro é a de que as pessoas obtêm suas ideias de deuses de fontes materiais — de outras pessoas, das escrituras ou de suas próprias sínteses criativas de tais fontes. Provavelmente, Maomé obteve ideias teológicas de outras pessoas, inclusive Jesus, assim como este obteve ideias dos judeus apocalípticos anteriores, e assim como um desses judeus, o Segundo Isaías, tomou a linha de pensamento existente sobre Iavé, combinou-a com as circunstâncias e se tornou o primeiro profeta inequivocamente monoteísta da Bíblia.

Essa visão basicamente secular da inspiração religiosa é, decerto, compartilhada por muitos livros, incluindo a maioria dos livros ocidentais sobre o islamismo. Eles afirmam ou sugerem que, no fim das contas, a explicação para as origens do islamismo reside nos fatos materiais da história; a inspiração de Maomé foi menos sublime do que a tradição muçulmana a considera. Mas há uma interpretação pela qual até essas abordagens seculares normalmente reconhecem a insistência muçulmana de que o islamismo não *descende* realmente do judaísmo e do cristianismo.

Essa aceitação apoia-se nos relatos mulçumanos das origens de Alá. Eles descrevem a evolução de Alá como inicialmente independente da evolução do Deus judaico-cristão e, assim, creditam a Maomé a união das duas linhagens. Em Meca, antes do tempo de Maomé, eles dizem, havia um deus nativo árabe chamado Allah. E, como explica Karen Armstrong em seu livro *O Islã*, na época de Maomé alguns árabes "acreditavam que o Deus Supremo de seu panteão, al-Lah (cujo nome significava simplesmente "o deus"), era uma divindade adorada pelos judeus e cristãos".[25] Mas coube a Maomé, e ao Alcorão, completar essa fusão, convencendo os árabes de que o deus que eles há muito cultuavam era de fato o deus de Abraão.

Essa história tem certo fundamento, e a fusão de dois deuses antes distintos possui vários antecedentes no mundo antigo. No entanto, nesse caso, toda a história pode estar equivocada, até mesmo o detalhe sobre a palavra árabe Allah significar "o deus".

Sem dúvida, um deus chamado Allah aparece na antiga poesia árabe, que, até onde sabemos, é pré-islâmica. Porém, não há um bom motivo para achar que ele tivesse raízes profundas na história religiosa árabe. Então, por que não assumir que Alá era apenas o Deus judaico-cristão — talvez aceito no panteão de Meca em algum momento anterior para consolidar as relações com os parceiros comerciais cristãos da Síria, ou talvez trazido para a Arábia por migrantes cristãos ou judeus ainda antes?[26] Por que não assumir que Alá e Deus eram um e o mesmo desde o início?

No Alcorão, a reclamação mais comum de Maomé sobre a teologia dos infiéis de Meca é que eles "invocam, com Alá, outro deus" — isto é, acreditam em um panteão de deuses que inclui Alá. Parece não haver nenhuma discordância quanto à identidade de Alá. Embora Maomé acredite claramente que Alá seja o mesmo deus que o Deus dos cristãos e dos judeus, ele não perde tempo discutindo a questão. Com efeito, ele parece presumir que toda a sua audiência já atribui a Alá uma característica essencial do Deus judaico-cristão — ser o criador do universo.[27]

O ALCORÃO

Seguramente, o cidadão médio de Meca não parece aceitar outras características da crença judaico-cristã. Tais como: o monoteísmo, ou a ideia apocalíptica de que Alá julgará todos os humanos no fim dos tempos e condenará os infiéis ao fogo do inferno. Mas isso é o que esperaríamos se, digamos, um deus estrangeiro tivesse sido aceito por razões econômicas ou políticas pragmáticas: a maioria dos cidadãos de Meca não se entusiasmaria com ele, adorando-o em todos os aspectos. E, certamente, eles não aceitariam aqueles aspectos que considerassem desestabilizadores. (Por exemplo, a ideia de que não existem os deuses que eles adoram há longo tempo ou que adorar seus deuses os levaria a ser queimados no fim dos tempos.) Contudo, todos os sinais apontam para o fato de eles terem aceitado a existência dele. Isso explica a abordagem retórica do Alcorão — não convencer os cidadãos de Meca de que Alá exista ou de que ele seja o Deus criador, mas convencê-los de que ele é o único Deus digno de devoção, na realidade o único Deus existente.

Se Alá fosse, de fato, o Deus judaico-cristão desde o começo, isso resolveria pelo menos um mistério. Marshall Hodgson, um renomado estudioso do islamismo de meados do século XX, observou em sua obra magistral, *The Venture of Islam*, que, antes de Maomé surgir, Alá "não tinha um culto específico" — não havia nenhuma comunidade de árabes que o adorassem com especial devoção. Um parágrafo adiante, ele relata em parênteses algo que lhe chamou atenção: por algum motivo, "os árabes cristãos faziam peregrinações para a Caaba, ali venerando Alá como Deus, o Criador".[28] A explicação talvez seja simples: os árabes cristãos *eram* o culto de Alá, e assim o foram desde o primeiro dia em que Alá apareceu na Caaba, sob o patrocínio cristão. (Até hoje os árabes cristãos referem-se a Deus como Alá.)

Isso significa que Maomé iniciou sua carreira profética como cristão? Como veremos, até colocar a questão dessa maneira é simplificar demais o panorama social com que ele se deparava. Todavia, Maomé certamente não terminou aceitando a teologia do cristianismo como hoje entendida. E certamente, embora esperasse que sua mensagem atraísse os cristãos, ele também esperava que ela atraísse os judeus.

De todas as razões para acreditar que o deus árabe Alá sempre foi o Deus judaico-cristão, importado da Síria, a mais convincente é a fonética. A palavra que os cristãos sírios usavam para Deus é, conforme o contexto, ou *allaha* ou *allah*.[29] Qual seria a probabilidade de que sírios e árabes viessem a acreditar em dois deuses diferentes que por acaso tinham essencialmente o mesmo nome e que eram deuses criadores? Essa probabilidade seria difícil até se a Arábia e a Síria fossem separadas por um oceano; o fato de elas serem parceiras comerciais e vizinhas só torna isso mais difícil.

Decerto os estudiosos que defendem o cenário de evolução independente têm uma explicação para a semelhança fonética do deus árabe Alá e do Deus cristão da Síria. Em árabe, a palavra genérica para deus — para qualquer divindade — era *ilah* e a expressão para "o deus" era *al-ilah*. Por contração, eles explicam, essa expressão pode ter sido reduzida para *allah*.[30] Se isso foi o que de fato aconteceu, então a semelhança entre o árabe *allah* e o siríaco *allaha* tem uma explicação que não envolve transferência direta do siríaco para o árabe. Afinal, o siríaco e o árabe são, como o hebraico antigo, línguas semíticas. Assim, se pudéssemos rastrear com precisão a história da palavra siríaca *allaha* um milênio ou mais para trás, e pudéssemos fazer o mesmo com a palavra árabe *ilah*, as duas linhagens poderiam convergir em algum lugar do tronco da família de línguas semíticas. Especificamente, eles poderiam convergir nas proximidades de uma palavra que é parecida com *ilah* e *allaha* em som e sentido, a ponto de sugerir estreito parentesco com elas: *Elohim*, hebraico para Deus (e também para deus — com inicial minúscula). Assim, a semelhança fonética entre a palavra siríaca para Deus e a palavra árabe para deus poderia ser o legado de um mesmo ancestral distante, em vez de indicar que a primeira deu origem à segunda.

O problema desse cenário reside na etapa seguinte: a ideia de que o nome *Allah* surgiu da contração de "o deus" (*al-ilah*) para se referir a um deus que era pré-islâmico e não judaico-cristão — em outras palavras, um deus que vivia entre os politeístas. Como os árabes poderiam ter se referido a um deus particular simplesmente como "o deus" antes de virem a acreditar que ele era, de fato, "o deus" — antes de aceitarem que havia algo como um único e exclusivo deus? Uma sequência mais plausível de evolução linguística é a mais direta: o árabe *Allah* decorre do siríaco *allaha*, e a linhagem de *allaha*, por sua vez, leva-nos ao estreito parentesco com *Elohim*. Os nomes mudaram — um pouco — mas o Deus continua o mesmo.[31]

Pegadas fonéticas de Deus

Outra língua semítica era o aramaico, falado por Jesus e idioma ancestral da língua siríaca dos tempos de Maomé. Juntas, essas quatro línguas — hebraico, aramaico, siríaco e árabe — marcam alguns estágios decisivos da evolução de Deus. Em meados do primeiro milênio AEC, o hebraico *Elohim* viria a significar o único e exclusivo Deus, um deus que, para os israelitas, era o árbitro da salvação nacional. Esse Deus, chamado em aramaico de *elaha*, era um deus que, Jesus (ou pelo menos, seus seguidores) enfatizaria, poderia trazer a salvação *individual*, julgando almas no fim dos tempos. Na época de Maomé, alguns cristãos fizeram da salvação individual algo mais ornamentado e mais atraente, descrevendo vividamente como seriam o paraíso e o inferno; o termo siríaco para Deus, *allaha* ou *allah*, provavelmente incorporava essa expressividade para os fiéis sírios.[32]

Sendo assim, essas conotações teriam sido transferidas para o nome árabe de Deus, *Allah*. Em todo caso, a palavra carregava essas conotações quando Maomé teve contato com ela e deu volume ao Deus judaico-cristão que os pagãos de Meca haviam aceitado somente em sua forma estrutural. Alá, Maomé dizia aos árabes, não era um deus para ser aceito casualmente, em função da diplomacia comercial. Se você acreditasse nele integralmente, estava acreditando em um deus onipotente e onisciente, um deus que era justo, porém austero, um deus que ao fim julgaria a todos por seus méritos. No fim dos tempos, dizia Maomé, "toda alma saberá o que realizou".[33]

A teologia que Maomé pregou aos árabes era uma extensão natural da lógica econômica da época: Meca havia aceitado a Síria como importante parceira comercial e, mantendo o pragmático costume politeísta, aceitara o Deus sírio. Maomé apenas colocou os habitantes de Meca em contato com algumas propriedades distintivas desse deus — por exemplo, a aversão à coexistência com outros deuses.

Por mais lógica que a mensagem de Maomé fosse a um desenvolvimento da economia de Meca, ela ameaçava perturbar essa economia. A Caaba era um santuário de importância regional, atraindo devotos de vários deuses, provenientes dos arredores. (Segundo alguns cálculos, era algo em torno de 360 ídolos.)[34] Isso era bom para o comércio de Meca, notadamente durante a peregrinação anual, quando as contendas eram proibidas e o comércio florescia.[35] A Caaba era, portanto, uma chave para a solidariedade regional na Arábia e os cidadãos de Meca se beneficiavam por possuírem essa chave. Agora, Maomé parecia estar dizendo que todo o sistema precisava ser demolido, a começar pelos ídolos da Caaba, a força magnética que ajudava a tornar a cidade o centro do comércio regional.

Assim, mesmo que o Deus de Maomé não tivesse concentrado sua ira sobre a opulência, a classe dominante de Meca provavelmente não receberia bem a mensagem de Maomé. A essência da missão do Profeta — o monoteísmo — ensejava resistência contínua quase inevitável.

As oscilações do Alcorão entre tolerância e beligerância refletem as mudanças de estratégia para lidar com essa resistência. Isso pode soar como uma maneira rude de olhar para as escrituras, mas, de certa forma, essa visão é compartilhada pelos próprios estudiosos

O ALCORÃO

muçulmanos; a tradição intelectual islâmica há muito reconhece uma correlação entre o conteúdo do Alcorão e o seu contexto. Nesse sentido, essa investigação é legítima para a fé islâmica.

Mas existe uma diferença. Os muçulmanos acreditam que Deus adaptou os diferentes versículos do Alcorão de acordo com as variadas circunstâncias que Maomé encontraria. Minha hipótese, em contraste, é que o próprio Maomé estava fazendo essa adaptação — mesmo que inconscientemente no mais das vezes, e mesmo que ele estivesse convencido de que Deus é que o fazia. Assim, quando descrevo o Alcorão como um guia estratégico cujo tom de alternância reflete mudanças no contexto estratégico, digo que é Maomé, e não Deus, o estrategista e o autor do Alcorão. Como veremos no próximo capítulo, poucos livros documentaram a rejeição de seus autores com sinceridade tão dolorosa quanto o Alcorão.

CAPÍTULO 15

Meca

Maomé tem muito em comum com Moisés. Ambos se indignavam com a injustiça — Moisés, pela maneira como os egípcios tratavam os hebreus; Maomé, por como os árabes ricos tratavam os árabes pobres. Ambos levantaram a voz em protesto. Ambos encontraram resistência do poder estabelecido. Ambos decidiram se mudar. Maomé, depois de dez anos em Meca como um profeta de rua frequentemente evitado, mudou-se para a cidade vizinha de Medina — a terra prometida — onde o islamismo finalmente prosperou.

Mesmo antes de seu êxodo, Maomé viu os paralelos entre ele e Moisés como afirmação bíblica de sua missão. "Conheceis a história de Moisés?", ele perguntava para a plateia em Meca. Ele sempre contava a história na qual os seguidores hebreus de Moisés se saíam melhor que os céticos egípcios, notadamente nas tentativas de cruzar o mar Vermelho. Para que nenhum ouvinte em Meca deixasse de entender, ele acrescentava: "Por certo, há nisso lição para quem receia a Alá."[1]

Maomé também parece ter percebido paralelos entre ele e Jesus. No Alcorão, ele cita as palavras de um Jesus ainda criança : "Eu sou o servo de Deus. Ele me concederá o Livro e me fará profeta."[2] Entretanto, os paralelos entre os dois homens vão além de suas missões, estendendo-se às suas circunstâncias políticas e à receptividade que tiveram. A alusão do evangelho à recepção hostil a Jesus em Nazaré — "Nenhum profeta é bem recebido em sua pátria." — certamente se aplica aos anos de Maomé em Meca.

Não é muito surpreendente que Maomé não tenha realçado esse paralelo. Primeiro, ele não parece ter tido acesso aos evangelhos escritos. (A tradição muçulmana o tem como analfabeto, e, em todo o caso, sua versão da história de Jesus às vezes afasta-se da versão bíblica.) Além disso, a rejeição a Jesus, como vimos, é um tema cuja importância foi diminuída pelos evangelhos — e cada vez mais, conforme o tempo foi passando; na época em que o Evangelho de João foi escrito, mais de meio século depois da Crucificação e séculos antes da revelação de Maomé, Jesus impressionava as massas ressuscitando os mortos.

O Alcorão, ao contrário, nunca tentou ocultar a verdade inconveniente sobre sua figura central. Aqui aparece um profeta que falhou várias vezes em persuadir quem importava. Durante os anos em Meca — ou seja, na maior parte do Alcorão — a história de Maomé é uma história de rejeição.

Com essa rejeição, inicia-se o caminho para compreender a oscilação moral do Alcorão. Em um momento, Maomé está incitando os muçulmanos a matar os infiéis; em outro, ele é uma referência de tolerância religiosa. Os dois Maomés parecem irreconciliáveis em princípio, mas eles são apenas um homem se adaptando às circunstâncias.

Dia do Juízo Final

Como vimos, uma das partes mais plausíveis da história do evangelho é aquela em que Jesus declara, depois de voltar do deserto: "O Reino de Deus está próximo". O dia do Juízo Final estava próximo; era hora de os pecadores se arrependerem e afirmarem sua fé no único e verdadeiro deus. Desde o início do ministério de Maomé, esta também parece ser a mensagem. O apocalipse está próximo e, quando ele vier, todos serão julgados por suas ações. Maomé descreveu esse clímax da história de maneira deslumbrante:

> Quando o céu se espedaçar,
> E quando os astros se dispersarem,
> E quando os mares forem abertos, mesclando-se,
> E quando os sepulcros forem revolvidos,
> Toda alma saberá o que antecipou e atrasou.
> Ó ser humano! O que te ilude quanto a teu Senhor, o Generoso,
> Que te criou e te formou e te endireitou?
> Na forma que Ele quis, Ele te compôs.
> Em absoluto, não vos iludais![3]

Essa última frase está longe de ser o único versículo do Alcorão que reflete a rejeição da mensagem de Maomé. Por várias vezes, nas suras de Meca, Maomé é rechaçado sem demais considerações — como "feiticeiro", como "impostor". Como Jesus, ele é acusado de ser controlado por forças demoníacas, de ser possuído por um "*djinn*". (E, diferentemente de Jesus, ele é acusado de ser um "poeta". Parece elogioso, mas essa explicação para a beleza de seus versículos árabes era pejorativa comparada à sua própria explicação — de que o Alcorão provinha de Deus e que foi transmitido por meio de seu intermediário escolhido.)

Segundo uma sura, os cidadãos de Meca tratavam o ministério de Maomé como piada. "Decerto os pecadores riam dos que criam; e, quando por eles passavam, piscavam os olhos uns aos outros; e, quando tornavam a suas famílias, tornavam a caçoar."

Outra sura descreve a reação de um influente cidadão de Meca à pregação de Maomé: "Em seguida, ele olhou. Depois, carranqueou e ensombrou-se-lhe o semblante. Depois, voltou as costas e ensoberbeceu-se."[4]

O TRIUNFO DO ISLAMISMO

Às vezes, os céticos procuravam tumultuar: "E os que renegam a Fé dizem: 'Não ouçais este Alcorão, e fazei barulho durante sua recitação, na esperança de vencerdes.'"[5] Conforme a tradição islâmica, as elites de Meca estavam tão empenhadas em calar Maomé que puniram seu clã não só com um boicote econômico, mas com um boicote de *casamento*.[6]

Tudo isso deixava Maomé diante de um desafio: como manter intacto um movimento religioso minoritário que enfrenta hostilidades sancionadas pelas pessoas mais poderosas da cidade? Felizmente para Maomé, essa não era a primeira vez que o deus abraâmico se deparava com tal problema. Os elementos para uma solução já estavam posicionados.

Alguns desses elementos foram cortesia de um cristão que viveu quatro séculos antes. Ireneu, bispo de Lyon ao final do século II da EC, enfrentou circunstâncias ainda mais terríveis que as de Maomé. Os cristãos eram minoria em Lyon, e eram não só perseguidos, mas às vezes assassinados. Como manter os fiéis quando a fé torna a vida tão atroz? Em parte, por meio da imagem de recompensas abundantes na vida após a morte. Segundo Ireneu, o além contemplaria fartura, delícias em abundância e mulheres férteis. E mais: nenhum esforço e corpos que nunca se cansariam.[7] Não estava claro o que as pessoas fariam com todo esse tempo de lazer, mas certamente não faltaria vinho para beber. "As videiras crescerão, cada qual com dez mil cepas; e, em cada cepa, dez mil sarmentos; e, em cada sarmento, dez mil brotos; e, em cada broto, dez mil racemos; e, em cada racemo, dez mil uvas; e, cada uva, quando espremida, dará de cinco a vinte ânforas de vinho."[8]

O paraíso descrito por Ireneu seria censurado pelos teólogos cristãos de linha ascética, mas não por Maomé. Como Ireneu, ele enfrentava um extremo desafio motivacional, e como Ireneu, ele o solucionou oferecendo aos seus seguidores amplas compensações de longo prazo. Depois da ressurreição, essas pessoas do deserto poderiam viver entre "árvores altas cobertas de frutos e sombra extensa, e água sempre fluente". Haveria "coxins forrados de brocado", nos quais você poderia se reclinar, com as frutas "ao alcance da mão". Haveria "donzelas de olhares reservados" as quais nenhum homem tocou. De algum modo, essas belas mulheres de olhos escuros permaneceriam "virgens, para os esposos". E nunca envelheceriam, o que também não aconteceria com seus maridos.[9]

Isso era metade da estrutura de incentivo. A outra metade era a alternativa — o lugar em que você terminaria se *não fosse* um dos seguidores de Maomé. Enquanto os fiéis estariam no paraíso trajando "vestes de seda" e "braceletes de prata", os infiéis exibiriam "correntes e argolas", em meio ao "fogo ardente". Se pedissem alívio, receberiam "água como o metal em fusão, que escaldar-lhes-á as faces".[10]

O tema recorrente, no Alcorão, de recompensa e punição não era apenas mais um artifício de incentivo e ameaça. O espectro do inferno — a ameaça — era assustador, sem dúvida, mas era mais que um instrumento de medo. Ele também apelava para o senso de justiça retaliativa, garantindo aos seguidores do Profeta que os cidadãos de Meca que agora zombavam deles receberiam, um dia, o castigo merecido. Lembra-se daquele homem que "voltou as costas" ante a pregação do Profeta? Deus o fará "queimar-se no fogo do inferno". E lembra-se daqueles que tentavam tumultuar as recitações do Alcorão em Meca? "O Fogo. Nele, terão a morada da Eternidade."[11]

A posição social dos seguidores de Maomé deve ter tornado essas imagens ainda mais gratificantes. Quando você não é rico e seu inimigo o é, o iminente fracasso deste adquire um brilho especial. "Supõe que suas riquezas o tornarão eterno. Em absoluto, não o tornarão! Em verdade, ele será lançado no fogo infernal." Não se preocupem, dizia Maomé aos seus seguidores: "Deixa-os comer e gozar e deixa a esperança entretê-los, pois logo saberão a verdade! É muito provável que os infiéis almejem haver sido moslemes."[12]

408   O TRIUNFO DO ISLAMISMO

Trata-se da clássica retórica apocalíptica. Maomé está imaginando um dia em que os humildes serão elevados e os poderosos, humilhados; quando os últimos serão os primeiros, e os primeiros serão os últimos. Como o Segundo Isaías imaginava o futuro sofrimento dos inimigos de Israel, como o autor do Apocalipse previa a derrota de um imperador romano opressor, Maomé está certo da desgraça vindoura de seus perseguidores. A visão retaliativa do Alcorão não é tão mais violenta que aquela do Segundo Isaías ou do livro do Apocalipse, mas o Alcorão apresenta-a muito mais vezes, proporcionalmente, que a Bíblia como um todo.

E isso não é surpreendente, já que a maior parte do Alcorão foi revelada quando Maomé estava em Meca, tentando manter unido um grupo de seguidores acossado. Sua coesão dependia da crença de que o escárnio que suportavam inverteria a polaridade em algum dia, quando os fiéis, enfim no paraíso, "reclinados nos coxins nupciais", "ririam dos infiéis."[13]

Certamente, o pensamento da justiça divina era gratificante para o próprio Maomé. Afinal, era ele a quem chamavam de mentiroso, impostor — acusações que parecem estar sempre em sua mente quando ele descreve o destino dos infiéis no dia do Juízo Final. "Nesse dia, ai dos impostores!" E "experimentai o castigo do fogo, que desmentíeis". E "este é o dia da decisão, que desmentíeis".[14] E assim por diante.

Durante os anos em Meca, essas imagens de retaliação divina eram próximas do que podiam os muçulmanos. Os poucos e modestos seguidores do Profeta não estavam em condição de exigir, eles próprios, a retaliação. Quando os adversários armavam uma demonstração de força, Maomé não podia responder em tempo real; o fim dos tempos é que teria de fazê-lo. "Então, que convoque seus partidários", disse Maomé sobre um adversário; de nossa parte, "convocaremos os guardiões do Inferno". A força que Maomé pedia de seus seguidores baseava-se em determinação, não em agressão. "Em absoluto, não lhe obedeças; e prosterna-te e aproxima-te de Deus."[15]

MECA 409

Essa é a ironia moral do Alcorão. Por um lado, ele é vingativo; as pessoas que o leem após ouvir somente resumos abrandados surpreendem-se com o tom recorrente de retaliação. Por outro lado, a maioria das passagens retaliativas não *encoraja* a retaliação; quase sempre, é Deus, e não um muçulmano, que irá punir os infiéis. E durante os anos de Meca — a maior parte do Alcorão — os muçulmanos são encorajados a *resistir* ao impulso de vingança. Quando encontrar infiéis, diz uma sura, "indulta-os e dize: 'Salam!' Paz!" Deixe que Deus faça o resto: "E eles logo saberão!" Outra sura dos tempos de Meca sugere como agir em um confronto com um reconhecido infiel. Simplesmente, diga: "Nem adorarei o que adorastes. Nem adorareis o que adoro. A vós, vossa religião, e, a mim, minha religião."[16]

Essa mensagem de moderação é dirigida não só por Maomé aos muçulmanos, mas por Deus a Maomé. Deus afirma a seu profeta que ele sabe muito bem "o que dizem os infiéis: e tu, sobre eles, não deves ser tirano." Apenas lembra o Alcorão a quem teme minha cominação", deixando à sorte merecida aqueles que não temem. Afinal, "és apenas um admoestador: não tens sobre eles autoridade alguma".[17]

Esse tema é constante durante os dias de Maomé em Meca. Naquela que é considerada uma das mais antigas suras dos tempos de Meca, Deus diz a Maomé: "E pacienta quanto ao que dizem e abandona-os, com belo abandono."[18] E naquela que é geralmente tida como a última das suras de Meca, Deus diz: "a ti te impende, apenas, a transmissão da Mensagem"; deixe a Deus o "ajuste de contas". E eis um versículo do meio: "E os servos do Misericordioso são os que andam, mansamente, sobre a terra, e, quando os ignorantes se dirigem a eles, dizem: 'Paz!'"[19]

O princípio em operação aqui é familiar. A interpretação da vontade de Deus é submissa aos fatos reais e como eles são percebidos. A filosofia do "viva e deixe viver" viceja quando parece não haver nada a ganhar com o enfrentamento. Essa tinha sido a situação de

Paulo. Os cristãos eram uma minoria, sobrepujada desalentadoramente pelos romanos politeístas; logo, não é de surpreender que Paulo tenha dito aos seus seguidores: "Abençoai os que vos perseguem" e "A ninguém pagueis o mal com o mal". E não é de surpreender que Maomé, em situação assemelhada, tenha dito: "Revida o mal com o que é melhor: então, eis aquele entre o qual e ti há inimizade, como íntimo aliado."[20]

E, como vimos, assim também é na Bíblia Hebraica. Os israelitas, depois de sofrerem um revés nas mãos dos amonitas, mostraram-se teologicamente tolerantes ao fazer uma proposta de paz aos vizinhos: "Não possuis tudo o que teu deus Camós te deu? Do mesmo modo, tudo o que Iavé, o nosso Deus, tomou dos seus possuidores, nós o possuímos!" Quando, por outro lado, o enfrentamento parecia oferecer ganhos fáceis, a tolerância religiosa diminuía. Assim é que os israelitas são instruídos no livro do Deuteronômio para "não deixar a alma viva" nas cidades dos heteus, amorreus, cananeus, ferezeus, entre outras, "para que não suceda que eles vos ensinem a imitar as abominações que praticam em honra de seus deuses e venhais a pecar contra o Senhor vosso Deus".[21]

Depois de se mudar para Medina e mobilizar seus recursos, Maomé consideraria o confronto, como os israelitas do Deuteronômio, uma possibilidade mais promissora. E, como veremos, as opiniões de Deus sobre combater os infiéis mudariam de acordo, à maneira do que aconteceu na Bíblia. Mas enquanto Maomé permaneceu em Meca, o enfrentamento não foi interessante e a tolerância religiosa expandiu-se. Com efeito, nos momentos em que a colaboração com os pagãos pareceu atrativa, a tolerância de Maomé se desenvolveu tanto que ele esteve disposto a abrir mão do próprio monoteísmo. Essa, pelo menos, é a conclusão aparente dos "versos satânicos".

MECA   411

Os versos satânicos

Aqueles que os muçulmanos chamam de "versos satânicos" não estão no Alcorão. Pelo menos, não estão mais. Segundo a tradição muçulmana, eles foram pronunciados pelo Profeta e assim entraram nas escrituras, mas foram expungidos quando ele percebeu que foram inspirados por Satã.

Os versos envolvem três deusas — Al-Lat, Al-'Uzza e Manat — que tiveram inúmeros seguidores na Arábia e que alguns pagãos consideravam filhas de Alá. Reconhecer a existência e o poderio delas teria facilitado para Maomé os negócios com os adeptos das deusas, alguns deles influentes. Uma cidade vizinha onde as elites de Meca possuíam propriedades tinha um santuário a Al-Lat.[22]

Aparentemente, Maomé sucumbiu à tentação. Na declaração expungida, ele disse que as três deusas eram "sublimes", acrescentando: "E, verdadeiramente, a intercessão delas pode ser esperada."

Em um sentido ou em outro, essa concessão parece ter se provado inadequada. Talvez os pagãos tivessem recusado a proposta de Maomé e, assim, seus seguidores se voltaram contra sua apostasia. (De acordo com a tradição muçulmana, os pagãos aplaudiram a iniciativa, mas Maomé recebeu reação negativa do anjo Gabriel.) Em todo o caso, a sura foi modificada. Hoje ela se refere às deusas não como "sublimes", mas como "meros nomes", sem menção alguma ao seu poder de intercessão em qualquer coisa.[23]

A ideia de Maomé transformando-se de súbito em politeísta não se encaixa facilmente na tradição muçulmana; e é precisamente essa "inconveniência teológica" — a expressão que usamos para as semelhantes anomalias cristãs e judaicas no capítulo 10 — que dá credibilidade à história. Como afirmou o estudioso seminal do islamismo Montgomery Watt, referência no século XX, a história é "tão estranha que deve ser verdadeira em seus elementos essenciais".[24]

E, certamente, a *moral* da história faz sentido: quando as pessoas veem a perspectiva de interação de soma não zero para além das fronteiras religiosas, a tolerância se desenvolve. Expectativas de alianças vantajosas tentaram Maomé a abandonar o monoteísmo.

Mesmo nas suras de Meca que não foram expungidas, há sinais de Maomé tentando construir coalizões entre crenças. Para começar, ele parece se aproximar dos judeus. A evidência disso não está nas várias referências às escrituras judaicas. (Era natural que ele citasse a Bíblia judaico-cristã como autoridade para seus pronunciamentos de outro modo radicais, haja vista a conexão desta com o augusto e cosmopolita Império Bizantino.) A prova está no fato de que, em Meca, Maomé não diz nada de negativo contra os judeus e ainda elogia seus ancestrais. Deus, "em sua presciência", escolheu "os filhos de Israel (...) acima de todos os povos".[25]

E em uma sura normalmente situada no fim do período de Meca, Maomé parece ansioso para encontrar uma conformidade com judeus e cristãos. A sura explica como se relacionar com aqueles que tiveram as "revelações anteriores".[26] Os muçulmanos não devem discutir com eles "senão da melhor maneira" (se o cristão ou judeu em questão for "injusto", essa reserva não cabe). Em vez disso, eles devem destacar o que têm em comum: "Cremos no que foi descido para nós e no que fora descido para vós; e nosso Deus e vosso Deus é Um só".[27]

Em suma, Maomé era um político experiente, interessado em construir coalizões, consciente das diferenças silenciosas que impediriam esse projeto. Alguns muçulmanos podem rejeitar esse uso da palavra "político", juntamente com sua implicação de que as escrituras islâmicas possam ser vistas como mera retórica. E alguns críticos do islamismo podem receber bem a palavra como apoio ao argumento de que a "revelação" de Maomé tivesse sido apenas uma manobra elaborada, parte da estratégia do Profeta para acumular poder.

As duas reações são reações modernas. Elas surgem em um mundo em que os domínios da religião e da política são, em geral, claramente distintos. Nos tempos antigos, como vimos diversas vezes, a religião e a política eram lados da mesma moeda. Sem dúvida, o acesso especial de Maomé à palavra de Deus deu-lhe autoridade mundana aos olhos dos fiéis. Sem dúvida, o mesmo foi verdade para Jesus e para Moisés. Porém, isso não quer dizer que esses homens não considerassem plenamente legítimo o seu vínculo com o divino. O que quer que você pense sobre a realidade da inspiração divina, a natureza humana permite que as pessoas acreditem que estão sob a influência de tal inspiração. Mais especificamente: as pessoas podem acreditar que estão sob influência da orientação divina que, por acaso, é sábia politicamente considerando-se sua própria percepção dos fatos reais. Somos animais políticos e a seleção natural deu-nos giroscópios políticos que podem funcionar de maneiras estranhas e extraordinárias.

Depois de se mudar para Medina, Maomé tornaria clara a conexão entre religião e política. "Obedecei a Deus e obedecei ao Mensageiro" é frase que ocorre várias vezes nas suras de Medina e nunca nas suras de Meca.[28] Em Meca, Maomé ainda não tinha poder para fazer tais exigências — pelo menos, não explicitamente; as suras de Meca dizem em geral coisas como "Temei a Deus e obedecei-me", mas estas palavras são colocadas na boca de figuras bíblicas com quem Maomé está se comparando implicitamente.[29] Seus seguidores eram livres, é claro, para tirar suas próprias conclusões.

Isso também ocorria com sugestões de que os infiéis poderiam ser punidos não só no além, mas aqui e agora: as suras de Meca observavam a frequência com que, na Bíblia, as pessoas que não acreditam em Deus terminam morrendo em massa — um sinal, talvez, de que, apesar da grande ênfase do Alcorão no sofrimento do inferno, um sabor de retaliação divina poderia se apresentar *antes* do dia do Juízo Final. Ainda assim, o Maomé de Meca nunca torna explícita essa ameaça ou encoraja seus seguidores a realizá-la. Ele não tem exército; Sua missão seria suicida.

O Maomé de Meca, para resumir, é parecido com Jesus. Ele nunca conquista o poder político formal de Moisés, muito menos o do rei Josias de Israel, que governou um Estado maduro e cujo legado bíblico é a sanção do genocídio contra os infiéis. E o Maomé de Medina certamente nunca conquista o poder de um imperador Constantino. Conforme alguns relatos, Constantino derreteu os cravos que ele acreditava terem vindo da cruz de Jesus para fazer o freio de seu cavalo de guerra. Real ou não, essa história captura uma verdade: Constantino, talvez se esquecendo da parte de oferecer a outra face, usou a cruz parcialmente como ícone da violência em larga escala.

Nunca saberemos como Jesus teria sido se sua missão fosse bem-sucedida politicamente antes de ele ser crucificado. Nunca saberemos como Moisés teria sido se tivesse à sua disposição um poderoso exército. No caso de Maomé, nós sabemos. Depois de uma década de pregações em Meca, ele e um grupo de seguidores foram para Medina (então chamada Iatreb). Maomé estava na iminência de adquirir verdadeiro poder e as coisas iriam mudar.

CAPÍTULO 16

Medina

Quando Maomé e outros muçulmanos de Meca, montados em seus camelos, entraram pela primeira vez em Medina, homens e mulheres alinharam-se ao longo do caminho, gritando: "É chegado o Profeta de Deus! É chegado o Profeta de Deus!"[1] Pelo menos, essa é a história que ficou na tradição islâmica séculos depois da morte de Maomé. Seu espírito permanece em relatos populares ocidentais sobre o nascimento do islamismo. Nessa narrativa, os chefes tribais de Medina, cansados da rivalidade mútua, pediram a Maomé que lá fosse para acabar com os conflitos, prometendo agir de acordo com sua arbitragem.[2] Ele vai, é bem recebido, e assume serenamente o seu papel preceituado de liderança.

Mas essa história da boa receptividade a Maomé em Medina não é mais confiável que as histórias de Jesus nos evangelhos, também escritas muito depois dos acontecimentos. O próprio Alcorão, testemunha mais imediata dos fatos, pinta um quadro diferente.

Consideremos este simples refrão pronunciado pela primeira vez em uma das suras iniciais de Medina: "Obedecei a Deus e obedecei ao Mensageiro." Aparentemente, não se poderia confiar que as pessoas obedeceriam a Maomé sem o lembrete ocasional. E talvez até com ele; o versículo seguinte nessa sura é uma isenção de responsabilidade: "E, se voltais as costas, apenas impende a Nosso Mensageiro a evidente transmissão da Mensagem."[3]

De fato, as suras de Medina sugerem que lá, como em Meca, Maomé ainda estava alimentando o movimento, tentando atrair convertidos. Em uma das primeiras suras de Medina, Deus dá a Maomé instruções para recrutamento, empregando a mesma fórmula usada por Paulo para recrutar cristãos meio milênio antes: "*Dize*: 'Se amais a Deus, segui-me, Deus vos amará e vos perdoará os pecados, pois Deus é perdoador, misericordioso." E há o inverso da estrutura de incentivo: "*Dize*: 'Obedecei a Deus e ao Mensageiro'. E, se voltarem as costas, por certo Deus não ama os renegadores da Fé."[4]

Se o relato padrão da entrada de Maomé em Medina é muito simplório, qual é a história real? Como a tradição islâmica sustenta, é quase certo que, de Meca, Maomé tenha cultivado um grupo de partidários em Medina. Quando ele e seu círculo de Meca se estabeleceram em Medina, tiveram uma base de apoio e mais segurança do que jamais tiveram antes. Pode-se até dizer, como afirmam alguns estudiosos, que Maomé criou uma nova "tribo" em Medina — uma tribo baseada na crença compartilhada, não na origem comum, mas ainda uma tribo, uma tribo que agora cresceria para dominar a cidade e, em seguida, a região.[5]

Certamente, o islamismo não substituiria as tribos existentes; tratava-se de uma tribo a que você podia se juntar mesmo preservando seus laços de parentesco. Entretanto, as suras de Medina sugerem que Maomé pedia um comprometimento que excedia as vias tradicionais de devoção. "Ó vós que credes! Por certo, há, entre vossas mulheres e vossos filhos, inimigos de vós; então, precatai-vos deles."[6]

Esse versículo de uma sura de Medina é bem parecido com uma declaração atribuída a Jesus nos evangelhos: "Eu vim trazer a divisão entre o filho e o pai, entre a filha e a mãe, entre a nora e a sogra, e os inimigos do homem serão os seus próprios familiares. Aquele que ama pai ou mãe mais do que a mim não é digno de mim. E aquele que ama filho ou filha mais do que a mim não é digno de mim. Aquele que não toma a sua cruz e me segue não é digno de mim."[7]

Por mais desagradáveis que sejam essas passagens do Alcorão e dos evangelhos, ambas fazem sentido. Para que tanto o movimento de Maomé em Medina quanto o movimento de Jesus no Império Romano fossem bem-sucedidos, eles teriam de inspirar devoção que transcendesse a fidelidade existente. Ambas as religiões estavam empenhadas em reestruturar, em criar um novo tipo de organização social. E para fazermos uma omelete, temos de quebrar alguns ovos.

Com efeito, o nascimento das três religiões abraâmicas foi um exercício de engenharia social em larga escala. Com a antiga Israel, tribos antes autônomas agruparam-se, primeiro em uma confederação e, em seguida, em um Estado. O nascimento do cristianismo viu um segundo tipo de consolidação social, não de tribos, mas de grupos étnicos inteiros. Já não havia "judeu nem grego" — ou romano e egípcio — pois todos os fiéis eram "um só em Cristo Jesus". O Império Romano pelo qual o cristianismo se difundiu era um império multinacional; e o cristianismo tornou-se uma religião multinacional.

Com o nascimento do islamismo, esses dois níveis — a conglomeração de tribos e de grupos étnicos nacionais — seriam ultrapassados rapidamente. Quando Maomé fez a hégira, a migração de Meca para Medina, não havia governo centralizado das tribos em Medina, muito menos na Península Árabe em toda a sua dimensão. Na época em que ele morreu, em 632, as tribos de Medina, Meca e da maior parte dos arredores da Arábia reconheceram sua autoridade. Cinco anos depois, o regime islâmico abrangeria não só os árabes, mas os sírios — povo que hoje consideramos árabes, mas que não falavam a língua árabe até se integrarem ao islamismo. E, enquanto os exércitos muçulmanos tomavam a Síria do Império Bizantino, também tomavam o Iraque do Império Persa. Em seguida, viriam o Egito e a Palestina;[8] em uma década desde a morte do Profeta, ambos haviam passado do domínio bizantino para o islâmico, e a conquista do

418 O TRIUNFO DO ISLAMISMO

Irã, centro do Império Persa, começara.[9] Em vinte e cinco anos da migração de Maomé de Meca para Medina, tendo menos poder que o prefeito de uma pequena cidade, um Estado islâmico foi formado e se tornou um império multinacional.

Essa expansão é ainda mais surpreendente quando olhamos o tecido social pouco promissor que esperava por Maomé em sua chegada a Medina. As tribos árabes da cidade, além de serem profundamente politeístas, tinham um histórico de rixas. Havia ainda uma complicação adicional que aparentemente não existia em Meca: tribos inteiras de judeus. E também parecia haver número considerável de cristãos.[10] Naturalmente, um cenário étnico e religioso de tamanha diversidade não era receptivo a um controle político centralizado. Mobilizar e unificar essas comunidades era trabalho de proporções quase sobre-humanas.

E Maomé não logrou êxito. A julgar pelo Alcorão, seu domínio político de Medina — em seguida, de Meca; e depois, dos territórios além — deixou muitos judeus e cristãos contrariados, para não dizer coisa pior. Segundo as escrituras islâmicas, e a tradição oral, e as histórias ocidentais baseadas nessas fontes, as relações de Maomé com os cristãos e os judeus tornaram-se hostis e, em alguns casos, violentas.

Qual era a origem dessa hostilidade? Algumas das declarações de Maomé no Alcorão sugerem que a teologia era o problema: cristãos e judeus estavam longe do monoteísmo puro do islamismo, dizia Maomé, e, portanto, eram reminiscentes importunos dos politeístas. Eles "imitam o dito dos que, antes, renegaram a Fé. Que Deus os aniquile! Como se distanciam da verdade!"[11]

A ideia de que as diferenças teológicas foram o principal motivo do conflito entre as crenças abraâmicas possui aceitação natural hoje em dia, quando a convicção dogmática permeia as tensões entre muçulmanos, cristãos e judeus. Mas a verdade é mais complicada. Um olhar mais atento ao Alcorão sugere que os problemas que Maomé tinha com os cristãos e os judeus não eram apenas, ou mesmo essencialmente, teológicos. Além disso, como veremos, a intensidade das tensões, inclusive a intensidade do famoso "rompimento com os judeus" da parte de Maomé, pode ter sido exagerada na tradição islâmica e nos livros de história. Em todo o caso, pensar em Maomé como apegado a um credo rígido é compreender mal quem ele era e como ele transformou o islamismo em uma força presente no mundo desde então.

Construindo a base

Em certo sentido, a diferença entre o Maomé de Meca e o Maomé de Medina é aquela entre um profeta e um político. Em Medina, Maomé começou a construir um governo real, e as suras de Medina refletem isso. Elas são, no conjunto, mais legalistas do que as suras de Meca; menos poéticas, menos... bem... menos inspiradas. Entretanto, mesmo Maomé tendo se tornado um político, ele continuou um profeta. Em uma era em que a autoridade política dependia da autoridade divina, construir um governo sempre era, em alguma medida, um empreendimento religioso — e mais ainda quando o líder da igreja e o chefe de Estado eram a mesma pessoa. A lealdade a Maomé e a lealdade a seu Deus teriam de se desenvolver em sinergia.

A maneira de obter lealdade a um deus no mundo antigo passava pela demonstração de seu poder. Poderia ser o poder de enviar a chuva, provedora de vida, ou de curar a doença, ou de simplesmente melhorar a qualidade de vida. Sem dúvida, este último poder deu ao islamismo certa atração. Seu rigor moral[12] poderia ajudar a organizar a vida e a sociedade, e sua preocupação com os oprimidos deve ter ajudado pelo menos a estes. No entanto, durante a fase crucial de Medina dentro da evolução do islamismo, quando um movimento religioso tornou-se um sistema de governo, a afirmação da autoridade de Deus parece ter se sustentado basicamente nas vitórias no campo de batalha.

O TRIUNFO DO ISLAMISMO

Tudo começou quando Maomé decidiu organizar um ataque surpresa a uma caravana comercial conduzida pelos habitantes de Meca. Esse tipo de ataque não era coisa excepcional na Arábia de então. Algumas tribos ganhavam a vida impondo controle sobre partes de territórios e taxando os comerciantes pela passagem com segurança — e um indicador desse "controle" era a capacidade de organizar ataques repentinos sobre caravanas que não pagavam o tributo. Embora o islamismo depois acabasse considerando ilegal o assalto em estradas, não é certo se antes dele sequer havia uma palavra árabe para "roubo"; alguns estudiosos acreditam que o roubo não era um crime na Arábia, à época de Maomé.[13]

Contudo, Maomé sentiu necessidade de justificar o ataque. E, tendo sido perseguido pelo *establishment* de Meca por dez anos e forçado finalmente a procurar base em outro lugar, não lhe foi preciso ser muito criativo. Deus diz no Alcorão: "É permitido o combate aos que são combatidos, porque sofreram injustiça. (...) Esses são os que, sem razão, foram expulsos de seus lares, apenas porque disseram 'Nosso Senhor é Deus'." [14]

O ataque não teve pleno sucesso, mas Maomé infligiu danos suficientes para aumentar sua autoridade em Medina. Além disso, o ataque deu início a uma série de conflitos que, por fim, elevariam sua estatura ainda mais: os habitantes de Meca, aborrecidos com os assaltos às caravanas, lançaram um grande ataque sobre Medina, que foi repelido por Maomé. Conforme crescia o número de seguidores em Medina, e com seu poderio armado, ele sentiu que poderia se aproximar de Meca e exigir o direito de render culto no santuário daquela cidade, a Caaba. O resultado foi um tratado que durou menos de dois anos, até que Maomé, alegando que os representantes de Meca tinham violado o acordo, teve seu grande momento. Ele reuniu um exército tão poderoso que tomou Meca diante de resistência ínfima e com pouca violência. O profeta que, como Jesus, tinha sido desonrado em sua própria cidade estava agora governando o lugar.

A Caaba, antes um lugar de adoração do Deus de Maomé em meio a outros deuses, era agora um lugar de adoração do Deus de Maomé, e ponto final.

Agora, o projeto islâmico tinha um ímpeto real. Maomé possuía mais poderio militar do que jamais teve e controlava uma grande rota comercial. As tribos vizinhas reconheceram progressivamente a lógica de aliança de subordinação. Quando Maomé morreu, em 632, sua "supertribo", como alguns a chamaram, cobria a maior parte da Arábia e começava a ameaçar o domínio do Império Bizantino sobre a Síria. A década desde a sua chegada a Medina fora produtiva — pelo menos do ponto de vista dos seguidores do Profeta.

Maomé, o ecumênico

Mas e os não seguidores? Por que as relações de Maomé com os judeus e os cristãos de Medina parecem não ter funcionado?

É difícil reconstruir a história com segurança, mas uma coisa parece clara: não se tratou simplesmente de Maomé exigir a conversão ao islamismo e ser rejeitado. Pelo menos por algum tempo seu objetivo parece ter sido unir as religiões abraâmicas, mas não fundi-las. Em um documento aparentemente autêntico conhecido como a Constituição de Medina, Maomé é considerado o árbitro das disputas em Medina — portanto seu líder de fato — mas o distanciamento da religião judaica é reconhecido. De maneira semelhante, a revelação que justificou o ataque inicial à caravana de Meca o teve como um ato de defesa preventiva em nome das diferentes crenças abraâmicas. "E, se Deus não detivesse os homens uns pelos outros, estariam destruídos monastérios e igrejas e sinagogas e mesquitas, em que o nome de Deus é amiúde mencionado".[15]

Para os propósitos do governo municipal, era melhor que todos os cidadãos de Medina vissem Maomé não só como defensor do direito de culto, mas como um homem com autoridade divina legítima. Assim, Maomé quis mostrar aos cristãos e aos judeus que eles podiam acatar a validade dos pronunciamentos do Profeta sem abandonar suas próprias tradições. Explicou que Deus "fizera descer a Torá e o Evangelho, antes, como orientação para a humanidade", e agora enviara o Alcorão "para confirmar o que havia antes dele". E incentivou os judeus e os cristãos a se concentrarem no denominador comum abraâmico: "Ó seguidores do Livro! Vinde a uma palavra igual entre nós e vós: não adoremos senão a Deus, e nada Lhe associemos e não tomemos uns aos outros por senhores, além de Deus."[16]

É claro, quanto maior fosse a zona de acordo entre as crenças abraâmicas, mais completo seria o reconhecimento da autoridade de Maomé pelos cristãos e judeus. Quanto mais rituais em comum elas pudessem compartilhar, e quanto mais diferenças teológicas elas resolvessem em conjunto, mais coeso o regime de Medina poderia ser.

Aqui, Maomé estava desejoso de carregar o fardo da adaptação. Em Medina, ele decidiu que seus seguidores deveriam fazer um jejum anual de 24 horas, exatamente como os judeus fazem no Yom Kippur. Ele até chamou esse jejum de Yom Kippur — pelo menos o termo que ele usou era o que alguns judeus árabes usavam à época para o Yom Kippur.[17] E a proibição judaica de comer porco foi copiada em uma mesma proibição muçulmana, provavelmente primeiro enunciada em Medina.[18] Maomé também decretou que seus seguidores deveriam orar voltados para Jerusalém. Com efeito, Maomé combinou tão profundamente o ritual judaico com o islâmico que, meio século depois de sua morte, um cristão bizantino o descreveria como um "guia" que instruiu os árabes na Torá.[19]

Porém, sensibilizar os cristãos era mais complicado. Maomé definira a posição muçulmana básica sobre Jesus ainda em Meca. Ele aclamou Jesus como um grande profeta, mas se recusou a reconhecê-lo como o filho de Deus. Sim, ele disse, Jesus foi enviado como um sinal de Deus; e sim, ele nasceu de uma virgem. Mas, "não é admissível que Deus tome para Si um filho".[20]

MEDINA 423

Essa posição pode ter uma base fundamentalmente lógica. Entre os politeístas árabes que Maomé acusou durante sua missão monoteísta, estavam aqueles que aceitavam a existência do Deus de Maomé, Alá, mas insistiam que Alá teve filhas. Dizia Maomé: Não! Existe um só Deus — não se permitem filhas deusas (exceto na proposta aos politeístas que, como vimos, parece ter gerado os "versos satânicos", apagados em seguida). Ora, se Deus não podia ter filhas, como poderia ter um filho? Uma sura de Meca sugere que essa foi uma réplica que o próprio Maomé recebeu de pagãos céticos em um raro momento em que ele falava de Jesus com o tipo de veneração reservada à divindade. "E dizem: 'São melhores nossos deuses ou ele?' Eles não to dão como exemplo senão para contenderem; aliás, são um povo disputante."[21]

Este pode ter sido um momento teológico decisivo para Maomé: ele fez o máximo que pôde para acatar a divindade de Jesus e, então, percebeu que estava se colocando em apuros, reduzindo a crença monoteísta de sua mensagem.

Isso levanta uma questão: por que Maomé se preocuparia em honrar Jesus se depois viria a negar a divindade deste e, assim, se distanciaria de todos os verdadeiros cristãos?

Aqui, a frase "verdadeiros cristãos" é equivocada. Como vimos, o cristianismo antigo era uma coisa heterogênea, diferente da versão uniforme que depois foi repetida na história. Lembremo-nos dos ebionitas, os cristãos "judeus" que consideravam Jesus o filho *adotivo* de Deus — um messias, mas humano. Não sabemos o que aconteceu a eles depois que sua existência foi registrada nos textos do século IV, mas sua influência certamente poderia ter se voltado para a Arábia. J. M. Rodwell, um tradutor britânico do Alcorão, do século XIX, considera "praticamente certo que Maomé recorreu (...) às doutrinas dos ebionitas".[22] Se realmente as doutrinas dos ebionitas estiveram circulando pela Arábia, alguns ebionitas — ou pessoas como eles — provavelmente por lá também estavam.[23] E Maomé poderia ter esperanças de convencê-los reverenciando um Jesus meramente humano.

E os ebionitas não eram a única fonte da diversidade cristã. Como a Arábia tinha contato comercial não só com a Síria bizantina, mas com o Império Persa a leste, havia cristãos "nestorianos", que acreditavam que Cristo, embora divino, tivesse um lado mais humano do que aquele que os cristãos romanos ou gregos permitiriam. A Pérsia também tinha os maniqueus, que consideravam Jesus um profeta, embora não divino. E ainda havia os cristãos mais ortodoxos, da Síria. Tudo isso era a miscelânea da fé "cristã".[24]

A propósito, os judeus árabes no tempo de Maomé podiam ser desde apocalípticos evangélicos a sóbrios conservadores.[25] Meca, no século VII, era parecida com o mundo de hoje, um lugar em que diversas culturas se reuniam; e a época era propícia para a síntese criativa. A tendência de analisar o Alcorão dividindo-se o público de Maomé entre "cristãos", "judeus" e "pagãos" subestima tanto a complexidade cultural, como a sutileza do desafio político que Maomé enfrentava.

Tudo isso poderia explicar o fato então misterioso de que, em Medina, Maomé continuasse a procurar o apoio dos cristãos, enquanto censurava a teologia "cristã" mais visivelmente que em Meca. Aqui, pela primeira vez, ele rejeita a doutrina da Santíssima Trindade pelo nome: "e não digais: 'Trindade'", ele aconselha aos seguidores de Jesus.[26]

Entretanto, ainda nessa sura, enquanto nega a Jesus a condição de Deus, Maomé enfatiza o quanto especial ele era, chamando-o de Messias e acenando com a afirmativa do Evangelho de João de que Jesus era a encarnação do Logos divino, o "Verbo". "Ó seguidores do Livro", ele diz, "o Messias, Jesus, filho de Maria, não é senão o Mensageiro de Deus e Seu Verbo, que Ele lançou a Maria, e espírito vindo Dele". Maomé também enaltece os valores cristãos; Deus, de acordo com o Alcorão, deu a Jesus o evangelho e "colocou, no coração dos que o seguiram, compaixão e misericórdia".[27]

Mesmo que Maomé pudesse entusiasmar os cristãos com essa fórmula, ele ainda enfrentaria um problema. Ele estava chamando Jesus de Messias, e os judeus eram da opinião de que o Messias ainda não tinha surgido. Se, de fato, a intenção de Maomé era, como às vezes parece ser, construir uma plataforma religiosa em comum para cristãos e judeus, e, então, chamar essa plataforma de islamismo, o trabalho era perfeito para ele.

E, para complicar ainda mais as coisas, havia a inoportuna questão do relacionamento exato de cristãos e judeus com Maomé. Sim, Maomé desejava que os muçulmanos se abstivessem de carne de porco, que rezassem voltados para Jerusalém, e até que aceitassem um dia sagrado chamado Yom Kippur. Sim, ele desejava aceitar o nascimento de Jesus de uma virgem e chamar Jesus de o Verbo e de Messias. Mas, depois de tudo, ele queria que judeus e cristãos aceitassem a religião dele — que aceitassem que suas próprias escrituras, ainda que sagradas, haviam sido um prelúdio para o Alcorão; que seus próprios profetas, embora gloriosos, haviam sido prelúdios para ele próprio. Qualquer tipo de fusão de religiões que ele possa ter vislumbrado não era uma fusão equitativa.

A inversão abraâmica

Os termos da fusão podem ser vistos na questão de Abraão. Maomé aceitava a afirmação bíblica de que Deus tinha se revelado originalmente a Abraão como o único e verdadeiro deus. E aceitava a afirmação bíblica de que os israelitas descendiam de Abraao. Isso parecia situar os israelitas, e portanto o judaísmo, na raiz da árvore genealógica abraâmica. No entanto, Maomé contava a história de Abraão de uma maneira que ensejava uma interpretação diferente, que colocava o islamismo, e, claro, os árabes, no centro das coisas.

Na história bíblica de Abraão, sempre houve uma observação sobre a condição de parentesco entre israelitas e árabes. As tribos beduínas nômades que habitavam a região da Arábia próxima de Israel eram conhecidas como ismaelitas, por serem consideradas descendentes de Ismael. Assim, a descrição bíblica de Ismael é, implicitamente, uma descrição dos ismaelitas, dos árabes como os antigos israelitas os viam.

E como Ismael era visto pelos olhos israelitas? O bom para Ismael era que o tinham como descendente de Abraão. O ruim era que ele nascera da escrava de Abraão, Agar. Desse modo, ele era inferior a Isaac, filho de Abraão e de sua esposa Sara, de quem descenderam os israelitas.

Se isso já não é mau sinal para o *status* social dos árabes, consideremos as circunstâncias do nascimento de Ismael. De acordo com o Gênesis, Sara força Agar, grávida, a ir para o deserto, para que desse à luz sozinha. E, mais tarde, Sara abandona o filho de Agar no deserto. Um anjo profetiza o destino da criança de uma maneira que não evidencia visão favorável dos árabes pelos israelitas: "Este menino será como jumento bravo: sua mão se levantará contra todos e a mão de todos contra ele."[28]

Naturalmente, Maomé estava inclinado a descrever Ismael, pai dos árabes, de maneira mais elogiosa. E, aqui, ele não precisava ser radicalmente inovador. Pois havia uma segunda visão bíblica de Ismael, uma visão mais lisonjeira, sutilmente entremeada na Bíblia Hebraica, ao lado da primeira. Foi colocada lá por P — a "fonte Sacerdotal", o autor (ou autores) que, como vimos, parece ter refletido os objetivos do Império Persa no fim do exílio babilônico. A julgar pela descrição de Ismael presente em P, Ciro, o Grande, deve ter desejado que seus súditos israelitas vivessem em paz com seus vizinhos árabes, em respeito mútuo. (Isso faria sentido. Seu grande inimigo na região era o Egito, e a última coisa de que ele precisaria era que os beduínos da Arábia se aliassem aos vizinhos egípcios contra o seu império.)

A diferença entre a visão pré-exílica de Ismael na Bíblia e a visão pós-exílica apresentada por P é tão cabal que a narrativa bíblica, lida com atenção, beira a incoerência. Em um versículo pré-exílico, Sara, incapaz de ter filhos, encoraja Abraão a tomar a egípcia Agar como concubina conveniente: "tomes a minha escrava, para ver se, ao menos por ela, eu venha a ter filhos". No entanto, no versículo seguinte, escrito depois do exílio por P, Agar não é uma mera concubina; ela é "esposa" de Abraão, e o casamento polígamo tem a aceitação de Sara. E, enquanto no versículo pré-exílico Agar dá a luz sozinha no deserto, a fonte Sacerdotal sugere que Abraão está presente, pois é Abraão que dá o nome Ismael ao recém-nascido.[29]

E quanto à profecia angelical pré-exílica, de que Ismael "será um jumento bravo" — conforme a fonte Sacerdotal, o próprio Deus tem aspirações mais elevadas. Abraão pede a Deus que zele por Ismael e Deus responde: "Eu o abençoarei, torná-lo-ei fecundo e multiplicarei extraordinariamente sua descendência: ele gerará doze príncipes e dele farei uma grande nação."[30]

Mesmo aos olhos de P, os árabes não chegam a ultrapassar os israelitas. Imediatamente depois de distribuir palavras enaltecedoras sobre Ismael, Deus diz: "Mas minha aliança eu a estabelecerei com Isaac, que Sara te dará à luz no próximo ano, nesta mesma época." Portanto, é Isaac, progenitor dos israelitas, e não Ismael, pai dos árabes, que medeia o contrato com Deus. Entretanto, se os árabes não são exatamente israelitas, eles são próximos. A única coisa que essa aliança exige é que os descendentes de Abraão — o povo de Deus — sejam circuncidados. E Ismael, segundo a tradição sacerdotal, foi circuncidado — e no mesmo dia que Abraão![31]

Ao descrever Ismael como o filho amado de Abraão, P deu a Maomé um tema que ele poderia aumentar. No relato de Maomé, Abraão e Ismael, de algum modo, terminam juntos em Meca, onde constroem e purificam a Caaba, para que o Deus de Abraão possa ali ser louvado. Mais: isso fazia parte de uma "aliança" que Deus fizera com Ismael e Abraão.[32]

Isso é que é uma grande narrativa unificadora! Ao fazer de Abraão cofundador da Caaba, Maomé tomou a figura sagrada mais antiga da tradição judaica e cristã, e a vinculou ao santuário mais sagrado para os politeístas árabes. Praticamente todas as tradições religiosas representadas no entorno de Maomé podiam encontrar uma pedra de toque na religião que ele estava criando. Foi uma maneira engenhosa de tentar trazer todos os povos da região sob um único teto.

No entanto, todos teriam de sacrificar parte de sua tradição para ali ficarem. Sim, os politeístas poderiam manter seu santuário, mas teriam de renunciar a todos os seus deuses, exceto um. Sim, os cristãos e judeus poderiam manter a linhagem abraâmica, mas teriam de admitir que se desviaram da pura tradição abraâmica, como disposta nos tempos de Isaac e Ismael. O Alcorão descreve a resposta adequada aos povos que "disseram: 'Sede judeus ou cristãos, vós sereis guiados'": "Responde-lhes: 'Não, seguimos o credo de Abraão, monoteísta puro".[33]

E qual é o nome dessa crença monoteísta pura? No Alcorão, Abraão diz: "Ó filhos meus, Deus vos legou esta religião. Não morrais sem serdes submissos a Deus." E a palavra que significa "submisso" é a mesma palavra da qual derivam "islã" e "muçulmano". Com efeito, alguns tradutores traduzem esse versículo como: não morrais "senão pela crença do Islã" ou "senão enquanto moslemes". Assim também ocorre com este versículo alcorânico: "Abraão não era nem judeu, nem cristão; mas era um homem reto que se entregou (a Deus)." Alguns tradutores têm o versículo como: "Abraão não era nem judeu, nem cristão, mas era reto, um muçulmano."[34]

De cima para baixo ou de baixo para cima?

À luz de tudo isso, a hostilidade intermitente do Alcorão contra os judeus e os cristãos não é tão surpreendente. Maomé estava pedindo a eles que aceitassem ajustes importantes: a promoção de Ismael em relação a Isaac; o rebaixamento de Jesus em relação a Deus. Não é de se estranhar que eles tenham resistido. E se Maomé estava convicto de que sua missão divinamente ordenada era trazer todos os habitantes de Medina a um entendimento comum do relacionamento com Deus, não é de se estranhar que ele tenha considerado a rejeição deles como motivo para hostilidade.

Pelo menos, é assim que as coisas parecem se virmos a crença religiosa como a causa primeira: a incompatibilidade lógica de crenças leva à incompatibilidade política e social dos fiéis. Mas e se virmos a causalidade movendo-se na outra direção, se virmos os fatos reais como a causa primeira? Consideremos esta caracterização dos cristãos e judeus, supostamente expressa depois que a missão ecumênica de Maomé começou a titubear: "Ó vós que credes! Não tomeis por aliados os judeus e os cristãos. Eles são aliados uns aos outros."[35] Maomé está recomendando a hostilidade, ou pelo menos uma distante reserva, como atitude adequada em relação a cristãos e judeus, mas a razão que ele dá não é a de que eles sejam teologicamente confusos. O problema, em vez disso, é que eles não têm sido cordiais: não são pessoas com quem se possa fazer negócios. De fato, a implicação é que, se os cristãos e judeus fossem mais cordiais com os muçulmanos, a cordialidade em relação a eles seria pertinente, ainda que eles não se convertessem ao islamismo.

E por que os cristãos e judeus não estavam sendo cordiais? Se a crença for a causa primeira, a resposta é fácil: os muçulmanos estavam pedindo aos cristãos e judeus que abraçassem uma religião que eles não desejavam abraçar. Mas lembre se: a religião que Maomé queria que eles abraçassem era um reflexo da estrutura de poder que ele queria que eles aceitassem. Ele queria ser o líder político deles, e que eles manifestassem sua lealdade aceitando-o como o porta-voz designado para o único e verdadeiro deus.

Talvez a resistência a esse pacote tenha menos a ver com a sua dimensão teológica do que com a dimensão política. Talvez eles tenham apenas julgado Maomé superficialmente e decidiram não confiar na liderança dele em assuntos cotidianos, ou então que os objetivos políticos de Maomé não eram convergentes aos deles.

Veja-se o famoso "rompimento com os judeus". Segundo a tradição islâmica, Maomé expulsou de Medina, sucessivamente, três tribos judaicas (e, em relação à terceira tribo, "expulsar" foi um eufemismo; ele executou todos os homens adultos da tribo). As circunstâncias foram nebulosas, mas nos três casos as explicações mais plausíveis têm a ver com fatos reais, fatos que apontam para tensões políticas subjacentes.

A primeira tribo, os qaynuqa, era de artesãos e comerciantes, e, portanto, como argumenta o estudioso Fred Donner, teria favorecido as boas relações com Meca — uma postura contrária à crescente beligerância de Maomé contra Meca.[36] A segunda tribo, os an-Nadir, parece ter desafiado a liderança de Maomé em Medina depois de ele ter sofrido uma derrota militar em sua guerra contra Meca.[37] A terceira tribo, os qurayzah, era suspeita de ter negociado secretamente para ajudar Meca durante uma batalha que, para infelicidade dos qurayzah, Maomé venceu ao final. Em nenhum dos casos, a religião em si parece ter sido o problema.

O ponto aqui é que a incompatibilidade entre o islamismo e o judaísmo e o cristianismo nos aspectos teológicos e rituais poderia não ter sido uma inevitabilidade intelectual. Em princípio, o projeto ecumênico de Maomé poderia ter sido bem-sucedido tivessem suas implicações políticas — em especial, a aceitação da liderança de Maomé — sido mais ao gosto de cristãos e judeus.

Provavelmente, nunca saberemos com certeza, e uma razão para isso é que jamais saberemos exatamente qual era o projeto ecumênico inicial de Maomé. Juntei os elementos do projeto — os rituais e a teologia que Maomé adotou, sua versão da história de Abraão — com base no conjunto das suras de Medina. No entanto, as suras de Medina acumularam-se por mais de uma década, e não temos ideia clara o suficiente de sua ordem exata para dizer em que momento os elementos se aglutinaram. Por exemplo, não sabemos realmente se a história de Abraão foi uma história que Maomé tentou vender aos cristãos e judeus, ou se ela emergiu somente depois de ele ter desistido de convertê-los, e então precisava reafirmar aos muçulmanos a sua primazia abraâmica.

A propósito, não sabemos sequer se converter cristãos e judeus estava no topo de sua lista de prioridades. Se, de fato, como a Constituição de Medina sugere, Maomé inicialmente objetivou liderar uma comunidade diversificada e aceitar a autonomia religiosa das tribos judaicas, o insucesso dessa empreitada pode tê-lo afastado de buscar seriamente o objetivo mais ambicioso da fusão entre as crenças abraâmicas.

Entretanto, há uma sura de Medina que evidencia a frustração de tal ambição. Deus parece dizer a Maomé que desista da unificação dos povos por meio de seus rituais: "Temos prescrito a cada povo ritos a serem observados. Que não te refutem a esse respeito. E invoca teu Senhor, porque segues uma orientação correta."[38] Enquanto Maomé estivesse direcionando os povos para o único e verdadeiro deus, isso seria suficiente — ou, pelo menos, tudo o que ele poderia razoavelmente esperar.

O "rompimento com os judeus" realmente aconteceu?

Há mais uma coisa que não sabemos e que praticamente nunca é posta em questão: se o "rompimento com os judeus" realmente aconteceu — ou, se aconteceu, se foi tão dramático como parece ter sido.

A história padrão é a seguinte: (a) os judeus resistem à mensagem teológica de Maomé, acusando contradições entre os ensinamentos deste e a Bíblia deles; (b) Maomé desiste efetivamente da conversão dos judeus e indica essa decisão com uma mudança radical no ritual: os muçulmanos de Medina costumavam orar voltados para Jerusalém, mas, doravante, se voltarão para Meca; (c) uma a uma, ele expulsa

432 O TRIUNFO DO ISLAMISMO

as tribos judaicas de Medina, com uma "expulsão" final tão violenta que chega perto da aniquilação.

Todavia, muito dessa história baseia-se na tradição oral islâmica que se desenvolveu depois da morte de Maomé; as referências do Alcorão a esses acontecimentos são muito mais vagas. O versículo alcorânico principal — vinculado pela tradição oral ao violento confronto final — refere-se a certos "adeptos do Livro" que auxiliaram o inimigo; e, em resultado, "uma parte, [Maomé] matastes, e a outra, escravizastes. E [Deus] fez-vos herdar suas terras".[39]

Com efeito, essa passagem poderia, como é amplamente aceito, se referir a um incidente específico com os judeus, mas também poderia se referir aos cristãos, já que a expressão "adeptos do Livro" abrangia ambos. Em todo o caso, a tradição islâmica é reconhecidamente criativa em associar versículos alcorânicos enigmáticos a acontecimentos históricos particulares. Por vezes, um único versículo do Alcorão é associado com segurança, por diferentes estudiosos muçulmanos, a vários conjuntos de circunstâncias.[40] Seria a interpretação padrão dessa passagem um exemplo de tal inventividade?

Um bom motivo para suspeitar que sim seria ver se existiam muçulmanos influentes nas décadas depois da morte de Maomé que se beneficiariam da ideia de que o Profeta estava em guerra contra os judeus. Talvez haja um: Omar ibn al-Khattab, que se tornou líder do Estado islâmico em 634, dois anos depois da morte do Profeta.

Em 638, Omar conquistou Jerusalém. Nos livros de história, isso é descrito de maneira direta: os muçulmanos tomaram Jerusalém do Império Bizantino cristão e a reivindicaram para a sua fé; décadas depois, construíram sua mesquita — a Cúpula da Rocha — sobre as ruínas do templo judaico que os romanos destruíram meio milênio antes. Mas também essa história se baseia, em parte, na tradição oral, e não deve ser tomada em sentido literal, portanto. Há documentos antigos, escritos por pessoas de fora da tradição islâmica, que contam uma história diferente.

O documento mais antigo que contém um relato coerente do princípio do islamismo é uma crônica armênia dos anos 660, atribuída ao bispo Sebeos. O texto identifica Maomé como um mercador e pregador "ismaelita" que sabia a história de Moisés e se apresentava aos judeus "como se estivesse sob o comando de Deus". E, nesse relato, os judeus foram convencidos disso. Judeus e árabes "todos unidos sob a autoridade de um só homem". Maomé insiste, então, que eles recuperem sua pátria, a terra prometida. "Ide e tomai posse de vosso país que Deus concedeu a vosso pai Abraão, e ninguém será capaz de vos resistir na guerra, pois Deus está convosco."

Esse documento tem suas falhas como narrativa histórica. Ele toma histórias bíblicas sobre a linhagem ismaelita e as funde criativamente em um relato organizado da história antiga do islamismo. Contudo, permanece o fato de que ele foi escrito pelo menos três décadas depois que Omar conquistou Jerusalém aos cristãos gregos do Império Bizantino; e descreve judeus e árabes muçulmanos como uma frente militar unida. "Essas são as tribos de Ismael (...) O que restou dos povos dos filhos de Israel veio juntar-se a elas e assim constituíram um poderoso exército. Uma delegação foi enviada ao imperador dos gregos, e disse-lhe: 'Deus concedeu esta terra como herança a nosso pai Abraão e a seus descendentes; somos os filhos de Abraão; vós mantivestes nossa nação por tempo demasiado; abdicai-vos dela pacificamente e não invadiremos vosso território; de outro modo, retomaremos com juro o que nos foi retirado.'"[41]

Trata-se de uma perspectiva desconcertante: ao contrário da tradição islâmica e das histórias ocidentais construídas com base nessa tradição, a conquista de Jerusalém foi ação não de um muçulmano, mas de uma aliança judaico-muçulmana. Ainda que isso pareça estranho, contudo, há outras razões para considerarmos seriamente esse cenário. Em particular, ele ajudaria a entender o aspecto enigmático de um documento grego antigo, dos anos 630, que se refere ao "profeta que apareceu entre os sarracenos". ("Sarraceno" era uma palavra grega para árabes e, posteriormente, para muçulmanos.) O profeta clama "ter as chaves do paraíso" — parece com Maomé até aqui — mas também proclama "a chegada do ungido, que está por vir". Por que Maomé, ou outro líder islâmico, estaria comprando a ideia judaica de que o Messias ainda estaria por vir? Talvez porque, de fato, ele era um firme aliado dos judeus, já por muito tempo desde o suposto "rompimento com os judeus".

Essas discrepâncias entre o relato padrão islâmico e as mais antigas fontes escritas não islâmicas foram destacadas no livro *Hagarism*, de 1977, escrito por dois jovens estudiosos do islamismo, Patricia Crone e Michael Cook. Sua tese era radical: o islamismo tinha efetivamente começado como um movimento que incluía judeus apocalípticos, e somente muito tempo depois da conquista de Jerusalém é que conseguiu formar uma identidade religiosa inteiramente distinta do judaísmo. Nesse cenário, o Alcorão teria sido compilado, na verdade, no século VIII, e não no século VII — uma tentativa de reivindicar raízes profundas para uma nova fé abraâmica; uma tentativa, qual seja, de descrever uma religião nova como antiga.

Essa tese foi recebida com frieza no meio acadêmico e não pegou. Mas não temos de acatar os argumentos de Crone e Cook em sua totalidade para ver que os dados que eles levantaram demandam uma explicação: por que o documento bizantino mais antigo que se refere claramente a Maomé descreve seu povo como aliado dos judeus, unidos no esforço de retomar Jerusalém? Talvez porque essa seja a verdade? E talvez, depois da conquista, quando finalmente houve um real "rompimento com os judeus", o sucessor de Maomé, Omar, procurou justificar isso atribuindo a Maomé um antagonismo mais impetuoso contra os judeus do que aquele que realmente houve?

Certamente, a conquista de Jerusalém por uma força combinada de judeus e muçulmanos teria oferecido uma ocasião natural para alguma desavença. Os judeus esperariam reerguer o templo que fora destruído pelos romanos meio milênio antes. Se os muçulmanos preferiram construir uma mesquita sobre as ruínas do templo, a

MEDINA 435

disputa poderia ter ficado intensa. E, de fato, o documento armênio dos anos 660 descreve uma discussão entre judeus e árabes acerca do local do templo, com os judeus reconstruindo o templo, mas sendo afugentados pelos árabes.[42] Se a história padrão fosse verdade — um exército de muçulmanos, há muito afastados dos judeus, avançou e tomou Jerusalém — seria difícil imaginar algum judeu em Jerusalém preocupado em iniciar uma discussão que saberia ser perdida.

Mesmo que a tradição islâmica e as histórias ocidentais padrão tivessem antecipado bastante a data do "rompimento com os judeus", que efetivamente ocorreu depois da morte de Maomé, é improvável que a ideia do conflito entre Maomé e os judeus de Medina fosse inventada. Há muitos versículos alcorânicos que refletem tal tensão e, com efeito, tensão com os cristãos, e que fazem bastante sentido. Haja vista as ambições de Maomé, seus dez anos em Medina teriam suscitado, no mínimo, altos e baixos com cristãos e judeus.

Contudo, vale lembrar que o Alcorão não tinha se consolidado como um texto padrão quando Omar entrou em cena. Decerto, bem depois de sua carreira — e meio século depois da morte de Maomé — moedas islâmicas continuavam sendo produzidas com inscrições alcorânicas que divergiam, ainda que ligeiramente, do que viria a ser o texto canônico.[43] Portanto, teria havido tempo para Omar e outros muçulmanos influentes pelo menos selecionarem que versículos divergentes do Alcorão entrariam na edição final. E, possivelmente, qualquer reformatação temática do Alcorão daí resultante tenderia a satisfazer as necessidades das pessoas que controlavam a formatação.[44]

Distorção como norma

Qualquer que seja a verdade sobre o "rompimento com os judeus", vale a pena manter a origem de nossa incerteza em mente, qual seja: os sucessores imediatos de Maomé tinham interesses na distorção de sua mensagem. Isso não significa que eles inventaram partes do

436   O TRIUNFO DO ISLAMISMO

Alcorão com outra roupagem (embora possam tê-lo feito). Porém, as tradições antigas manifestamente divergentes da redação exata dos versículos do Alcorão teriam ensejado oportunidades para alterações no sentido do livro, pela seleção das tradições a utilizar. E para ampliar essa liberdade de ação estava o fato de que as antigas versões escritas (como as escrituras hebraicas mais antigas) não tinham vogais; as palavras ajudam na recitação, mas não são definitivas. Não é à toa que os clérigos posteriores, ao escolher as vogais para preencher os espaços, viam-se às vezes com real liberdade de movimento semântico. Além disso, depois de entrarem as vogais, havia obscuridades e ambiguidades a serem resolvidas.

É possível que não tenha havido grande distorção no conjunto do Alcorão depois da morte de Maomé. Mas se realmente a verdade sobre a sua época escapou da distorção, isso destacaria o islamismo entre as crenças abraâmicas. Como vimos, a história judaica oficial narra um monoteísmo mais antigo do que seria plausível. Os antigos israelitas, apesar dos protestos da Bíblia, estavam muito bem integrados com os cananeus politeístas — a ponto de serem... cananeus politeístas!

E, apesar das afirmações do evangelho cristão, o "Jesus histórico" era, ao que tudo indica, um judeu apocalíptico do tipo que se esperaria encontrar circulando pelas aldeias da Palestina naquela época, esperando pelo dia em que Israel tomasse seu lugar de grandeza entre as nações. Os valores morais cosmopolitas a ele atribuídos — inclusão étnica, fraternidade interétnica — foram incorporados em sua mensagem pelos cosmopolitas que mais tarde fundaram o cristianismo. E alguns cristãos posteriores a Jesus, talvez como os muçulmanos posteriores a Maomé, promoveram um tipo de "rompimento com os judeus"; eles exageraram a responsabilidade dos judeus pela Crucificação.

Em suma, as religiões que alcançam grande estatura têm uma tendência a reescrever sua história durante o processo. Elas se colocam como diferentes desde o início, em vez de se desenvolverem organicamente de seu ambiente. Elas encontram uma figura marcante de seu tempo — um Moisés, um Jesus, um Maomé — e o transformam em uma figura marcante de seu tempo. Elas descrevem sua mensagem como sendo um acentuado contraste com um cenário em que, de fato, a mensagem já se encontrava infundida.

Por certo, Maomé, mais claramente que Moisés ou Jesus, foi um homem que, em sua própria época, fez a diferença. Ele fundou um governo e, dessa base, declarou guerra e paz de tal modo que ergueu um império. Mas também aqui, em seus pronunciamentos sobre guerra e paz, sua mensagem seria formulada e reformulada pela posteridade. Mesmo hoje, alguns muçulmanos gostam de destacar sua beligerância — eles declaram a guerra santa e dizem que o fazem na mais fiel tradição do Profeta — enquanto outros muçulmanos insistem que o islamismo é uma religião de paz, na mais fiel tradição do Profeta.

Esse debate, o debate sobre a doutrina do jihad, pode, ao fim, fazer mais pelas relações entre muçulmanos e as outras crenças abraâmicas do que as muitas e diferentes referências àquelas crenças no Alcorão. Esse debate é o assunto do próximo capítulo.

CAPÍTULO 17

Jihad

Em meados do século XX, muitos pais americanos e europeus preocupavam-se com a geração mais jovem — a música alta, as festas ruidosas, o desrespeito pela autoridade. Enquanto isso, no Egito, um homem de meia-idade chamado Sayyid Qutb reclamava não da geração mais jovem, mas de sua própria. E o problema não era o desregramento, mas o comedimento.

Em um livro chamado *Milestones*, escrito nos anos 1950 e começo dos 1960, ele queixava-se da "lamentável situação da geração muçulmana atual" e citava, como prova principal, a interpretação predominante da doutrina do jihad. A maioria dos juristas muçulmanos sustentava que a guerra santa era justificada somente quando uma nação muçulmana fosse atacada. Tais pensadores, dizia Qutb, compreenderam mal o Alcorão. Eles "baixaram suas armas intelectuais e espirituais, derrotados. Eles dizem 'O islamismo prescreveu somente a guerra defensiva!' e acham que fizeram o certo para a religião ao privá-la de seu método, que é abolir toda a injustiça da terra, levar as pessoas à adoração do único Deus e resgatá-las da servidão aos outros homens para que sejam servas do Senhor".[1]

Entre as coisas injustas que deveriam ser abolidas, Qutb acreditava, estavam os regimes insuficientemente fundamentalistas dos países muçulmanos. Um exemplo, o governo egípcio mandou executar Qutb em 1966. Mas suas ideias permaneceram e influenciaram, entre outros, Osama bin Laden.

Depois do triunfo tático de bin Laden em 11 de setembro de 2001, um debate se iniciou no Ocidente. Alguns, inclusive o presidente George Bush, disseram que o islamismo era "uma religião de paz" que fora "usurpada" por bin Laden e outros radicais. Segundo essa visão, os jihadistas modernos não compreendem o Alcorão e não compreendem o islamismo; a interpretação muçulmana predominante que tanto perturbou Qutb é a interpretação verdadeira, fiel às palavras do Profeta.

Outros ocidentais — especialmente de direita — disseram que o islamismo é uma religião de violência, e, nesse sentido, reflete suas escrituras. Há diversas outras coisas das quais eles acusam os muçulmanos radicais, mas a má interpretação do Alcorão não é uma delas.

Quem está certo? O islamismo é uma religião de paz? Ou de guerra? Em certo sentido, a resposta é a mesma que seria para qualquer das religiões abraâmicas, e faz lembrar um comercial do Certs, de 1971, em que duas pessoas discutem se Certs é uma bala de menta ou se é uma pastilha de menta, até que são interrompidas por uma voz autoritária que diz: "Parem! Vocês dois estão certos!" As religiões, como já deve ter ficado claro, têm seus bons e maus momentos, suas boas e más escrituras. A proporção de boas e más escrituras varia entre as crenças abraâmicas, mas em todas as religiões é possível surgir interpretações benevolentes das escrituras. (Atesta isso a "lamentável situação da geração muçulmana atual" — a geração que em meados do século XX considerava o jihad uma doutrina de guerra defensiva.) Em resumo: perguntar "A religião *x* é uma religião de paz?" é fazer uma pergunta tola.

No entanto, há perguntas menos tolas que podemos fazer. A doutrina do jihad *é* embasada firmemente no Alcorão? Maomé *aprovaria* o que os jihadistas estão fazendo? Ou, para colocar esta última pergunta em termos muçulmanos: Deus — que os muçulmanos acreditam ter inspirado Maomé a dizer o que é dito no Alcorão — aprovaria o que os jihadistas estão fazendo? Considerando-se que as respostas que os muçulmanos dão a essas perguntas variam conforme a época, que respostas são verdadeiras?

Maomé em pé de guerra

A palavra *jihad* significa "lutar" ou "luta" e pode se aplicar tanto a combates violentos, como guerras, como a conflitos silenciosos, como a luta interna com a alma para agir corretamente. Logo depois do 11 de setembro, algumas pessoas argumentaram que essa luta interna era o verdadeiro significado do termo. Outras insistiram que jihad se referia à luta violenta contra os infiéis.

Quem está certo? Não encontraremos a resposta no Alcorão. Embora a forma verbal de *jihad* — *jahada* — apareça amiúde no Alcorão, *jihad* em si — o substantivo — aparece somente quatro vezes, tipicamente na frase "a luta em Seu [de Deus] caminho".[2] E, dependendo do versículo, é possível interpretar que jihad ou se refere a uma luta interna pela disciplina espiritual, ou se refere à guerra; não há uma "doutrina" do jihad no Alcorão.[3] Nas décadas e séculos depois da morte de Maomé é que os intelectuais muçulmanos transformaram jihad em um conceito da lei e, desde então, vêm discutindo sobre seu significado exato.

Sem dúvida, o Alcorão é relevante. É uma das duas principais fontes que os debatedores citam (a outra é o hadith, as palavras do Profeta relembradas pela tradição oral). Mas os intelectuais muçulmanos em busca do sentido de jihad no Alcorão vão bem mais além do que aquelas quatro citações inconclusivas do substantivo *jihad*. Eles observam as várias ocorrências da forma verbal de *jihad*, em particular

442 O TRIUNFO DO ISLAMISMO

aquelas (talvez metade delas) que aparecem em um contexto militar.[4] E eles observam o número maior de referências a conflito militar que usam outro verbo.[5]

Existe grande quantidade desses versículos marciais nas suras de Medina, já que, durante o período naquela cidade, Maomé promoveu muitas guerras. Há convocações para que os habitantes de Medina se juntassem à guerra de Deus, e garantias de lugar no paraíso para aqueles que morressem em combate. Há exortações para gerar horror no coração dos infiéis, para massacrá-los, para cortar-lhes a cabeça. Esses versículos não deixam dúvida de que, às vezes, Maomé sentia que possuía uma licença de Deus para matar as pessoas que não se convertessem ao islamismo.

A questão é: qual era o limite dessa licença? Quando Deus diz a Maomé para matar infiéis ele está dizendo que matar infiéis é sempre bom? Ou Deus estaria mais parecido com um oficial americano no desembarque da Normandia exortando suas tropas para matar alemães — não porque matar alemães seja sempre uma boa coisa, e não porque matar todos os alemães fosse uma boa coisa mesmo naquele momento, mas porque, em meio a uma guerra, matar o inimigo é o trabalho a ser feito?

Sites de direita na Web, dedicados a mostrar a "verdade sobre o islamismo", agrupam versículos mordazes que parecem mostrar o Alcorão oferecendo uma licença quase ilimitada para matar. (Alguns anos depois do 11 de setembro, uma lista intitulada "Os 111 versículos do jihad no Alcorão" foi publicada no site conservador freerepublic. com.)[6] Entretanto, quanto mais atentamente você observa o contexto desses versículos, mais limitada a licença parece ser.

A passagem mais citada é o quinto versículo da nona sura, conhecido pelos muçulmanos como o "versículo da Espada". Ele foi citado por Osama bin Laden em um famoso manifesto publicado em 1996, e, em uma primeira leitura, parece de fato dizer que bin Laden estaria justificado em caçar qualquer não muçulmano no planeta.[7] O versículo é, em geral, traduzido coloquialmente — em particular nesses sites de direita na Web — como "mate os infiéis onde quer que os encontre".

Essa tradução comum é errada. O versículo não fala realmente de infiéis", mas se refere aos "idólatras", aqueles que associam outros deuses com Deus, os politeístas. Portanto, não obstante o uso por bin Laden, o "versículo da Espada" não é o fundamento mais forte para se atacar cristãos e judeus.[8]

Entretanto, mesmo que o versículo da Espada não seja dirigido a cristãos e judeus, ele é, sem dúvida, violento: "E quando os meses sagrados passarem, matai os idólatras, onde quer que os encontreis, e apanhai-os e sediai-os, e ficai a sua espreita, onde quer que estejam." Parece que a única maneira de um politeísta escapar a esse destino é se converter ao islamismo, "observar a oração e pagar o zakah".*

Mas o versículo seguinte, raramente citado por jihadistas ou por sites de direita na Web, sugere que a conversão não é efetivamente necessária: "E, se um dos idólatras te pede defesa, defende-o, até que ouça as palavras de Deus; em seguida, faze-o chegar a seu lugar seguro." Afinal, os politeístas "são um povo sem conhecimento".[9]

E o próximo versículo sugere que tribos inteiras de politeístas podem ser poupadas, se não representarem ameaça militar. Aqueles "idólatras", com quem "pactuastes, junto da Sagrada Mesquita", se "são retos convosco, sede retos com eles. Por certo, Deus ama os piedosos". A esse respeito, o versículo imediatamente *anterior* ao versículo da Espada também é suavizador, excluindo do ataque "os idólatras, com os quais pactuastes" e que "em nada vos faltaram e não auxiliaram a ninguém contra vós".[10]

---

*Zakah: esmola legal, obrigatória para todo fiel muçulmano. Espécie de imposto de beneficência destinado a sustentar os pobres e os que são responsáveis por recolher tal imposto. Atualmente, caiu em desuso em muitos países islâmicos, sendo mantido nas nações muçulmanas mais tradicionalistas. Movimentos islâmicos fundamentalistas, que defendem a integral observância da Lei Islâmica, revalorizaram o Zakah nos dias de hoje. [N. do R.T.]

444 O TRIUNFO DO ISLAMISMO

Em suma, "mate os politeístas onde quer que os encontre" não significa "mate os politeístas sempre que encontrá-los". Significa "mate os politeístas que não estejam do seu lado nesta guerra particular".[11]

Aparentemente, as guerras particulares eram o contexto típico dos versículos marciais do Alcorão — para as quais as exortações de Maomé para matar infiéis em massa eram instrumentos motivacionais de curto prazo. De fato, algumas vezes a violência é claramente restrita à duração da guerra: "Então, quando deparardes com os infiéis, golpeai-lhes a cabeça até dizimá-los, e o resto, acorrentai-os firmemente. Depois, ou fazer-lhes mercê, ou aceitar-lhes resgate, até que a guerra deponha seus fardos."[12]

É claro, se você citar a primeira metade do versículo sem citar a segunda — como tanto jihadistas como alguns comentaristas ocidentais podem ficar tentados a fazer — parecerá uma sentença de morte a infiéis em qualquer lugar e para sempre. O Alcorão contém vários desses versículos passíveis de má citação. Diversas vezes, Maomé faz declarações que, de forma isolada, parecem exclusivamente beligerantes — mas que, em seguida, são complementadas. Por exemplo: "E os que renegam a Fé não suponham que se esquivaram. (...) E, preparai, para combater com eles, tudo o que puderdes: força e cavalos vigilantes, para, com isso, intimidardes o inimigo de Deus e vosso inimigo." Daí, cerca de trinta palavras adiante: "E, se eles se inclinam à paz, inclina-te, também, a ela, e confia em Deus."[13]

Se o Alcorão fosse um manual completo do jihad, ele consideraria os infiéis por si sós motivo suficiente para os ataques. Ele não o faz. Eis um versículo tido como do final do período de Medina: "Deus não vos coíbe de serdes blandiciosos e equânimes para com os que não vos combateram, na religião, e não vos fizeram sair de vossos lares. Por certo, Deus ama os equânimes. Apenas, Deus coíbe-vos de serdes aliados aos que vos combateram, na religião, e vos fizeram sair de vossos lares, e auxiliaram expulsar-vos."[14]

Além disso, mesmo quando a hostilidade é pertinente, ela não precisa ser para sempre: "Quiçá, Deus faça existir a boa vontade entre vós e aqueles com quem vos inimizastes: Deus é Onipotente. E Deus é Misericordioso."[15]

Realpolitik

As críticas atuais sobre Maomé, que omitem minuciosamente partes do Alcorão ao reunirem suas listas de "versículos do jihad", estão certas em uma coisa: Maomé adotara uma política externa expansionista e a guerra era um instrumento-chave. Porém, para ser bem-sucedido nessa política — e ele certamente o foi — é necessário ter uma abordagem sutil em relação à guerra. Não se pode usá-la gratuitamente, quando seus custos excedem os benefícios. E você não pode rejeitar aliados potencialmente úteis só porque eles não compartilham a sua religião — especialmente quando seu território é cercado por povos que não compartilham sua religião. Maomé pode ter sido agressivo, e até brutalmente agressivo, mas quem quer que conquistasse o que ele conquistou não poderia ser negligentemente agressivo. Logo, ele não poderia ter declarado uma política que literalmente significasse lutar contra qualquer um na vizinhança que não compartilhasse sua religião. De fato, se as versões correntes da história muçulmana são corretas, ele estava fechando alianças com tribos árabes não muçulmanas até o dia de sua morte.[16]

Quando vemos Maomé sob essa perspectiva — como um líder político que habilmente inaugura um império — as partes do Alcorão que apoiam a guerra fazem todo o sentido. Elas apenas fazem parte do curso avançado de imperialismo. Como os Impérios Bizantino e Persa, que o Império Islâmico viria a substituir, Maomé usou uma combinação de guerra e diplomacia para expandir seu território. Um jihad total — ataque aos infiéis sempre que os encontrasse — não faria sentido para uma potência militar incipiente, e é por isso que não o vemos no Alcorão.

Encontramos algo como isso nas décadas após a morte de Maomé. Agora, uma verdadeira *doutrina* do jihad toma forma: os muçulmanos, é dito, têm a obrigação de se engajar em uma luta continuada — militar, quando necessário — para expandir as fronteiras do Islã. Na versão mais extremista da doutrina, que se consolidou mais de um século depois da morte de Maomé, o mundo é dividido entre a "Terra do Islã" e a "Terra de Guerra".[17] A Terra de Guerra é a parte do mundo que vive ainda sob a falta de fé, embora a doutrina islâmica já a tenha alcançado. É chamada "Terra de Guerra" porque a obrigação do líder islâmico é combater nesse lugar.

O extremismo dessa doutrina é, de certa forma, enigmático. Afinal, o islamismo ainda era, naquelas décadas pós-Maomé, uma potência expansionista. Por que não preservaria a sutileza da *realpolitik* que vimos nos tempos de Maomé, como o próprio Alcorão reflete? Talvez tenha havido momentos durante o rápido crescimento do Império Islâmico em que a conquista do mundo — pelo menos, do mundo conhecido — parecia alcançável.[18]

Em todo o caso, por que razão os intelectuais pós-Maomé optaram por uma versão integral do jihad é só parte do enigma. A outra parte é como eles o justificaram. Como acabamos de ver, mesmo as partes mais beligerantes do Alcorão, encontradas entre as suras de Medina, não formam uma base sólida para tal doutrina.[19] E muitos versículos parecem contradizer uma versão alardeada do jihad — a maioria deles, de Meca ("A vós, vossa religião, e, a mim, minha religião"); mas alguns, de Medina ("Não há compulsão na religião!").[20]

A invenção do jihad

Então, como os criadores da doutrina do jihad a constituíram? Se o Alcorão é realmente a palavra de Deus, e não se articula com essa doutrina, como os intelectuais muçulmanos posteriores conseguiram passar a ideia de que o jihad tinha a bênção de Deus? Principalmente, por meio de dois artifícios intelectuais.

O primeiro, uma decisão crucial de juristas islâmicos sobre como resolver contradições internas no Alcorão. Eles decidiram que quanto mais recente fosse um versículo alcorânico, mais provável seria que ele refletisse a vontade eterna de Deus.[21] Isso distorce a interpretação em direção à beligerância, já que as suras mais antigas, reveladas em Meca, tendiam a ser mais tolerantes.

Segundo, os arquitetos da doutrina do jihad não se prenderam ao Alcorão. Eles recorreram ao hadith, a tradição oral das palavras de Maomé. E aqui eles tinham um sortimento de onde escolher, já que não havia escassez de suposições sobre o que Maomé teria dito.

Por exemplo, se pedíssemos a Maomé para começar listando os valores básicos do islamismo, o que ele diria? Opção A, de uma parte do hadith retransmitida por um homem chamado Abdullah ibn 'Amr: "Uma pessoa perguntou ao Apóstolo de Deus: 'Que (tipo de) ou (que espécie de) ações são boas para o Islamismo?' Ele respondeu: 'Ajudar (os pobres) e bendizer aqueles que você conhece e aqueles que você não conhece.'" Opção B, de uma parte do hadith passada por um homem chamado Abu Hurayra: "Perguntaram ao Apóstolo de Alá: 'Qual é a melhor das ações?' Ele respondeu: 'Crer em Deus e em Seu Apóstolo (Maomé).' O indagador insistiu: 'Qual é a segunda melhor (em excelência)?' Ele respondeu: 'Participar do jihad pela causa de Deus.'"[22]

Para o jihadista impetuoso, B é a opção preferida. Certamente, é possível que Maomé, em dois tons diferentes, tenha se expressado de maneiras diferentes em resposta, essencialmente, a mesma pergunta. Entretanto, não há razões para se pensar assim. O hadith passou muito mais tempo dentro da tradição oral — até ser escrito   do que o Alcorão.[23] Essa longa fase de fluidez foi tempo propício para as pessoas tentarem obter a validação do Profeta para suas pequenas causas. Isso não quer dizer que elas eram deliberadamente desonestas. Significa apenas que a memória é uma coisa engraçada — assim como o é o processo pelo qual se decidem que lembranças terão a chancela da verdade.

Eis, por exemplo, uma declaração jihadista, atribuída a Maomé, que provavelmente não foi registrada por escrito em menos de um século depois de sua morte: "Fui ordenado a lutar contra todos os homens até eles dizerem 'Não há deus senão Deus'."[24] Se Deus realmente tivesse dado essa ordem a Maomé, a questão de o jihad ser uma doutrina divina estaria resolvida, já que a injunção para lutar contra "todos os homens" é claramente universal. No entanto, é intrigante que Maomé dissesse que Deus o ordenou a fazer isso, quando o próprio Alcorão — o registro em tempo real das coisas que Deus teria ordenado Maomé a dizer e fazer — não possui nenhuma indicação de tal ordem. Afinal, tratava-se de uma ordem muito importante.

O jihad fora do Alcorão

Por um lado, é surpreendente que o jihad, uma doutrina levada a sério pelos intelectuais muçulmanos por todo esse tempo, não tenha fundamentação sólida naquele que eles consideram o registro mais confiável das declarações de Maomé e de Deus. Por outro lado, isso era esperado. A lição consistente da história das religiões abraâmicas é que qualquer livro das escrituras pode ser adaptado para vários usos.

Todavia, se a maleabilidade das escrituras é uma coisa ruim, ela é também uma coisa boa. Sim, quando você tem seus interesses contrariados pelos interesses de outro grupo, você pode achar validação dessa animosidade nas escrituras. Mas quando seus interesses parecem se coadunar com os do outro grupo, você pode encontrar moderação no aconselhamento de seu Deus.

Esse segundo lado da moeda foi ilustrado pelos sucessores de Maomé, à proporção que o Império Islâmico se desenvolveu e algumas de suas fronteiras se estabilizaram. No começo dos anos 800, apenas algumas décadas depois de os intelectuais muçulmanos terem dividido o mundo entre uma "Terra do Islã" e uma "Terra de Guerra", um influente jurista islâmico declarou que, em realidade, havia uma terceira terra: a "Terra de Trégua ou do Tratado".[25] E no fim dos anos 800, outro pensador islâmico rotulou a guerra em nome do Islã como o "jihad menor" e disse: "o jihad maior é a luta contra si mesmo".[26] Como vimos, essa ideia de dois tipos de jihad é coerente com os diferentes usos do termo no Alcorão. Mas em que bases alguém diria qual é maior e qual é menor? O hadith responde! Segundo um relato, Maomé disse, ele próprio, aos muçulmanos, no retorno da guerra: "Vocês retornaram do jihad menor para o jihad maior." Esse relato demorou a surgir; mas antes tarde do que nunca.

Uma doutrina especialmente importante era a *fard kifaya* — a ideia de que o jihad, embora uma obrigação, era uma obrigação da comunidade, não individual.[27] Assim, se a guerra parecesse inapropriada em sua parte do império, você poderia viver uma vida devota e pacífica, confiante de que, em algum lugar, algum muçulmano estaria lutando em prol do Islã.

Mas tais influências moderadas eram instáveis. Elas poderiam prevalecer enquanto a cooperação com os vizinhos, ou pelo menos a coexistência pacífica, parecesse auspiciosa, mas as coisas sempre estavam sujeitas a mudanças. Quando os muçulmanos eram atacados, a definição de jihad mudava de *fard kifaya* para *fard aynl* — uma obrigação de responsabilidade de cada muçulmano. Por exemplo, quando os cruzados cristãos alcançaram a Síria, um tratado publicado em Damasco anunciou a mudança para *fard aynl*.[28] Como sempre, alternâncias entre os jogos de soma zero e os de soma não zero podiam mudar o temperamento de uma religião.

O preço da tolerância

A maleabilidade da doutrina do jihad era evidente tanto dentro das fronteiras islâmicas como ao largo delas. Embora tornar o mundo inteiro a "Terra do Islã" parecesse implicar a conversão de todos os povos subjugados em muçulmanos, esse objetivo, se algum dia fez parte do jihad, não se manteve por muito tempo. Quanto mais infiéis fossem subjugados, mais claro ficaria que o antagonismo permanente não traria benefícios, e menos interessante seria a perspectiva de lhes provocar a ira por meio da coerção à conversão. Se se tem um império para administrar, quanto menos atritos dentro dele, melhor.

Também aqui orientações úteis poderiam ser encontradas nas escrituras, desde que procuradas com bastante atenção. O versículo alcorânico que mais se aproxima de uma convocação para o jihad em escala global também possui uma brecha decisiva. Ele se inicia: "Dentre aqueles, aos quais fora concedido o Livro, combatei os que não creem em Deus nem no derradeiro dia, e não proíbem o que Deus e Seu Mensageiro proibiram"; porém, ele conclui: "até que paguem o tributo, com as próprias mãos, enquanto humilhados".[29] No final, o dinheiro substituiria a fidelidade teológica.

Não havia nada de novo nisso. Os impérios antigos procuravam expandir-se o máximo possível e exigiam tributos dos Estados vassalos. Afinal, isso era metade da questão de ser um império. O Império Romano assim o fez, e também o fizeram os dois impérios que agora o Islã sobrepujava — o Império Persa e o herdeiro oriental do Império Romano, o Império Bizantino. Logo, os súditos do Império Islâmico emergente não devem ter estranhado os tributos exigidos a eles.

De fato, alguns cristãos preferiam os novos senhores muçulmanos aos antigos senhores cristãos. O Império Bizantino combatera as seitas cristãs heréticas, enquanto para os muçulmanos, um cristão era um cristão; contanto que eles pagassem seus tributos, os heréticos podiam prestar cultos como quisessem. Era um ganho mútuo: os cristãos antes reprimidos ganhavam sua liberdade por um preço considerado uma pechincha; e os governantes muçulmanos ganhavam a paz dentro de seu império e, de quebra, uma fonte estável de receita. Com efeito, por volta do ano 700, os governantes muçulmanos *baniram* a conversão ao islamismo para que a receita não diminuísse.[30]

Foi uma hábil manobra que os sucessores de Maomé aplicaram com sucesso: declarar guerra contra um povo em função de sua religião e, em seguida, logo após a conquista, fazer a tolerância brotar. Felizmente, os governantes islâmicos tinham a ambiguidade do Alcorão a seu favor. Eles citavam a injunção alcorânica contra a "compulsão na religião" — uma passagem que talvez lhes fugisse à consciência durante a conquista em si, quando então versículos mais pungentes lhes saltavam à mente.[31]

E ainda havia o sempre flexível hadith. Ao legislar sobre os infiéis, os muçulmanos relembravam o que Maomé dissera: "Se eles se converterem ao islamismo, muito bem; se não, que se mantenham (em sua religião anterior); de fato, o Islã é abrangente."[32] Isso dito pelo mesmo homem que, supostamente, teria declarado: "Fui ordenado a lutar contra todos os homens até eles dizerem 'Não há deus senão Deus.'"

Às vezes, não havia contradição entre essas declarações. Os súditos que eram judeus acreditavam, de fato, que não havia deus senão Deus, embora não fossem convertidos ao islamismo. Do mesmo modo, os cristãos (ainda que seu monoteísmo fosse um pouco duvidoso, diante da divindade de Jesus). A conquista de grande parte dos territórios cristãos da Síria e do Egito ensejou, portanto, um pequeno ajuste doutrinal: ao "Povo do Livro" era permitido que mantivesse sua religião.

Mas e a conquista dos territórios persas? Aqui a tolerância da fé nativa, o zoroastrismo, ensejou criatividade. Afinal, os zoroastristas não tinham escrituras dedicadas ao deus abraâmico — e, portanto, não eram, em nenhum sentido claro, o "Povo do Livro". No entanto os zoroastristas tinham, sim, uma escritura — o Avesta — logo, eles eram, em *algum* sentido, o Povo do Livro, ou pelo menos o Povo de *um* Livro. Conclusão: eles também poderiam ser tolerados![33] E depois, conforme as conquistas muçulmanas adentraram a Ásia, constatou-se que era possível estender essa ideia básica — tributos em troca de tolerância — a budistas e hinduístas.[34] E os governantes muçulmanos na África decidiram que, também lá, os politeístas poderiam ser tolerados.

452 O TRIUNFO DO ISLAMISMO

Enfim, o *modus operandi* básico do Império Islâmico foi o modo básico dos impérios antigos: conquistar e, depois, tributar. E um sistema facilitado de coleta de impostos requer paz em todo o império, seja ela a Pax Romana ou a Pax Islamica.

Através dos séculos, a tolerância islâmica a cristãos e judeus (como a tolerância cristã a muçulmanos e judeus) oscilaria. Como se iniciou uma conversão voluntária ao islamismo — fosse com o objetivo de escapar aos tributos ou de facilitar a ascensão social — a população de cristãos diminuiu a tal ponto que os muçulmanos consideraram menos importante manter as boas relações com eles. Essa mudança de atitude provavelmente aumentou a motivação para a conversão ao islamismo. Os judeus, mais avessos à conversão, mantiveram-se íntegros e, às vezes, se depararam com perseguições. Mas, no conjunto, como observou o estudioso Claude Cahen, o islamismo mostrou mais tolerância aos judeus através dos séculos do que a Europa cristã.[35]

Enquanto isso, a reinterpretação do jihad continuava, alternando entre a truculência e a moderação, conforme as circunstâncias o justificassem. No começo do século XX, muitos intelectuais muçulmanos da corrente predominante despojaram a doutrina de suas conotações ofensivas: a "guerra santa" islâmica só seria justificada em legítima defesa.[36] Essa convergência com visões ocidentais da guerra justa é, sem dúvida, o que levou Sayyid Qutb a protestar em meados do século XX contra a "lamentável situação da geração muçulmana atual". O protesto de Qutb prenunciou o ressurgimento de interpretações pugnazes do jihad. E aqui estamos.

Maomé e bin Laden

Voltemos agora às nossas perguntas: a doutrina do jihad é embasada firmemente no Alcorão? Maomé aprovaria o que os jihadistas estão fazendo? O Deus do Alcorão aprovaria?

A resposta à segunda pergunta é "praticamente certo que não". Não há indicação em nenhum lugar — nem no Alcorão, nem no hadith — de que Maomé encorajaria a matança de mulheres e crianças, uma prática preferida pelos jihadistas atuais.

A resposta à primeira pergunta — e à terceira — também é negativa. A *doutrina* do jihad, a doutrina que os jihadistas atuais citam, surgiu depois da morte de Maomé e o Alcorão não oferece base sólida para ela. Com efeito, o fato de os autores da doutrina dependerem tanto dos ditos atribuídos ao Profeta — e que essas declarações tenham surgido, suspeitosamente, muito tempo depois de sua época — é, em si mesmo, testemunho de como é difícil sustentar o jihad com o Alcorão.

Mas há uma pergunta maior: a doutrina do jihad realmente importa tanto assim? Ainda que Osama bin Laden fosse um sucessor indireto de Sayyid Qutb, e ainda que bin Laden chame atenção para o "versículo da Espada", que, quando lido fora de contexto, parece justificar o jihad ofensivo, ele não propaga essa doutrina, no final. As exortações de bin Laden para combater a América, como em seu manifesto de 1996, envolvem uma declamação ritual dos crimes americanos contra o Islã; há sempre alguma provocação, que não é o simples fato de os americanos serem infiéis.[37] Ele sempre consegue colocar o jihad, em certo sentido, como um ato de defesa.

E por aí vai. Quando as pessoas sentem-se impelidas a lutar, elas tornam se muito boas em encontrar motivos para justificar a luta — motivos pelos quais Deus está do lado delas. Uma doutrina do jihad ofensivo poderia, em tese, poupar tempo para a formulação de provocações específicas, mas, na realidade, esse tempo seria usado de qualquer modo. A psicologia humana é tal que é extremamente raro que o ataque preceda ao ressentimento, por mais criatividade de que se precise para criar o ressentimento.

Isso não quer dizer que as escrituras não tenham importância. Se você estiver recrutando homens-bomba suicidas, é importante que o Alcorão diga que os mártires que morrerem na guerra santa irão para o paraíso e que ele descreva os prazeres celestiais de maneira tão magnífica. (E era importante que os soldados cristãos das Cruzadas pudessem imaginar ruas celestiais pavimentadas com ouro enquanto marchavam para a guerra.)

Outras partes do Alcorão também importam. Se você passar muito tempo recitando versículos que falem do tormento de seus inimigos, é provável que você acate esse tormento e talvez até venha a lhes infligir o tormento você mesmo. E, de fato, o Alcorão traz vários desses versículos.

Certamente, no Alcorão como um todo, os "versículos do jihad" são uma pequena fração dos versículos que abordam o tormento dos inimigos do Islã. A maioria desses versículos não é sobre muçulmanos punindo infiéis aqui e agora, mas sobre Deus punindo infiéis na outra vida.

No entanto, seria possível que essas visões de retaliação divina na outra vida terminassem encorajando a retaliação humana no mundo real? As madrassas,* em que jovens entoam o Alcorão e até memorizam o livro inteiro, estariam incitando à violência sem proporções e à beligerância encorajada pelo próprio livro? Sim, é possível. (Felizmente, muitos desses jovens em lugares como o Paquistão e o Afeganistão não falam árabe e, portanto, não entendem os versículos que memorizam foneticamente.)

As escrituras têm sua importância; tanto que, se pudéssemos substituir magicamente o Alcorão, ou a Bíblia, por outros livros de nossa escolha, provavelmente faríamos dos muçulmanos, judeus e cristãos melhores pessoas. Mas não temos essa opção. Assim, temos sorte de que as escrituras não sejam tão fundamentais em moldar o comportamento como as circunstâncias reais, circunstâncias essas que moldam a interpretação das escrituras. Circunstâncias que podem ser inflexíveis, mas que pelo menos não estão fixadas em livros.

---

*Madrassas: escolas religiosas dedicadas ao estudo do Alcorão e do islamismo [N. do R.T.]

CAPÍTULO 18

Maomé

Quem era Maomé? Depende do momento em que o observarmos. Já vimos sua semelhança, em vários momentos de sua carreira, a figuras anteriores da tradição abraâmica, notadamente Moisés e Jesus. Há outros personagens bíblicos que poderíamos adicionar à lista. Com efeito, é possível descrever toda a carreira de Maomé como um tipo de revezamento entre seus predecessores abraâmicos.

Foi no período em Meca que Maomé teve muito em comum com Jesus. Ele liderou um pequeno grupo de devotos, alertando que o dia do Juízo Final estava próximo. A mensagem foi ignorada; a partir de então ele começou a parecer um pouco com o Segundo Isaías. O Segundo Isaías, enquanto suportava a humilhação do exílio, sonhara com um dia em que as nações que oprimiram seu povo se curvariam a uma Israel restaurada e a seu Deus. Agora, Maomé vislumbrava seus perseguidores recebendo o merecido castigo, enquanto sua fé no único e verdadeiro deus era plenamente justificada. Em detalhes gloriosos, ele imaginava, repetidamente, o dia do Juízo Final.

Em seguida, ele passou algum tempo como Moisés, conduzindo seus acossados seguidores em direção à terra prometida, a cidade de Medina. Em Medina, ele se assemelhou ao apóstolo Paulo. Paulo tentara convencer os abraâmicos de então — os judeus — que sua linhagem de fé abraâmica era essencialmente a mesma que a deles, embora tivesse havido algumas mudanças. Maomé fez quase o mesmo com os abraâmicos de sua época, um grupo que, graças ao sucesso único de integração de Paulo, agora incluía tanto judeus como cristãos. Maomé foi pouco mais bem-sucedido que Paulo; a maioria de seus seguidores viria das fileiras de pagãos.

Mas há uma grande diferença entre Maomé e Paulo. Paulo trabalhava totalmente desvinculado do poder político formal, e não tinha escolha quanto a isso. Sua igreja inicial tinha se estabelecido para ser uma organização não governamental. Maomé, ao contrário, podia aspirar ao governo municipal, e assim o conseguiu, assegurando o controle sobre Medina.

Agora, o lado paulino de Maomé se desfazia e ele começou a parecer com o rei Josias, o homem que colocou os antigos israelitas no caminho do monoteísmo, enquanto acumulava poder. Para Maomé, como para Josias, a devoção exclusiva a Deus que ele exigia era interligada — era quase idêntica — à obediência política que buscava. E, como Josias, Maomé desejava expandir a extensão dessa obediência, se necessário por meio da subjugação.

Assim, este é Maomé: a recapitulação em um só homem de alguns grandes momentos da história abraâmica, não exatamente em ordem cronológica. Se a tese principal deste livro estiver correta — se o tom das escrituras é definido pelas circunstâncias de sua criação — seria de se esperar que o passado irregular de Maomé deixasse um legado escritural que desafiasse a fácil generalização. Se os últimos capítulos não mostraram muita coisa, pelo menos mostram isso.

Entretanto, nós temos de generalizar. Os paralelos entre as circunstâncias de Maomé e as circunstâncias dos autores bíblicos levantam uma questão que as pessoas tendem a levantar de uma forma ou de outra: qual a diferença de teor entre as escrituras islâmicas e as escrituras judaicas e cristãs? Na verdade, essa é a maneira educada de se perguntar. O que as pessoas querem mesmo saber é: qual das escrituras é melhor? Qual está no plano moral mais elevado? Que essa pergunta não seja de fácil resposta não significa que não devemos enfrentá-la. As religiões não se reduzem a uma lista de qualidades morais, mas compará-las desse modo tem seus aspectos esclarecedores.

Amor fraternal e ódio

O Alcorão enaltece aqueles que "contêm o rancor, e indultam as outras pessoas — e Deus ama os benfeitores". Tais valores estão presentes na tradição abraâmica desde que a Bíblia Hebraica foi escrita. Com efeito, esses valores são um aspecto de praticamente todas as tradições. As tensões entre as pessoas devem ser controladas em qualquer sociedade, ou em qualquer religião, para que haja coesão, e a punição pela falta de coesão é, em geral, a extinção. (Se as próprias pessoas não perecerem, tal pode ocorrer com sua cultura.) Afinal, há sempre um grupo concorrente pronto para se beneficiar da desordem. O Alcorão é bem explícito quanto a essa lógica: "E os que renegam a Fé são aliados uns aos outros. Se não o fazeis, haverá sedição na terra e grande corrupção."[1]

A natureza essencialmente pragmática dos laços intrassociais pode esvaziar escrituras aparentemente magnânimas de seu idealismo. Como vimos, os estudiosos não acreditam que a afirmação "Amarás o teu próximo como a ti mesmo", na Bíblia Hebraica, pretendia ser estendida para além das fronteiras da antiga Israel. Algumas das odes do Alcorão ao amor fraternal são sinceras o suficiente para não precisarem do esvaziamento dos estudiosos. "Somente os fiéis são irmãos uns dos outros", diz uma sura atribuída ao período final em Medina. Outra sura do mesmo período diz que os confrades de Maomé são "severos para com os renegadores da Fé, mas misericordiosos entre eles".[2]

Trata-se de um longo caminho desde a passagem do "Amai os vossos inimigos", atribuída a Jesus. Como vimos, Jesus provavelmente nunca disse isso. E a pessoa que provavelmente injetou essa ideia nas escrituras cristãs — Paulo — era um mero catequizador que não tinha como se contrapor aos poderosos inimigos de seu movimento. Ele era, em suma, como o Maomé dos anos iniciais em Medina, ou o Maomé de Meca, o Maomé que dizia "revida o mal com o que é melhor", e saudava os oponentes dizendo "Paz!"[3]

Uma analogia judaica de Paulo e do Maomé de Meca foi Fílon de Alexandria. Percebendo que uma guerra entre crenças condenaria os judeus no Império Romano, Fílon encontrou mensagens de tolerância em suas escrituras e, criativamente, minimizou partes do Deuteronômio em que Deus instrui os israelitas a massacrar os infiéis.

Esses versículos estão associados ao rei Josias. Não por coincidência, as circunstâncias de Josias equiparam-se às circunstâncias de Maomé, quando este estava produzindo suas declarações mais beligerantes. Ambos eram governantes políticos que desejavam expandir seus territórios. Suas bússolas morais fizeram os ajustes necessários.

Certamente, a bússola moral de Josias parece ter sido mais inclinada por suas ambições que a de Maomé. A prescrição no Deuteronômio para as cidades pagãs vizinhas era de genocídio completo — matar todos os homens, mulheres e crianças, além dos rebanhos. Não há nada no Alcorão que se compare a isso, comprovadamente o ponto moral mais baixo de todo o corpo de escrituras abraâmicas.

Entretanto, ainda que Maomé nunca tenha encorajado a matança de mulheres ou crianças, ele encorajou muitos assassinatos. Pelo menos, ele expressou aprovação a isso um bom número de vezes. Em números absolutos, essas manifestações no Alcorão podem não exceder àquelas na Bíblia. (O Deuteronômio sozinho celebra repetidas vezes a "destruição" e o "despojamento" das cidades infiéis, e o livro de Josué também demonstra atitude festiva diante da aniquilação urbana.) Mas o Alcorão é um livro mais curto que a Bíblia; proporcionalmente, ele sem dúvida contempla mais exortações à violência.

Assim, se alguém perguntar que livro é "pior" em termos de beligerância, poderíamos dizer que, *em termos qualitativos*, a Bíblia Hebraica (e, portanto, a Bíblia Cristã) leva o prêmio — graças ao genocídio sem paralelo do Deuteronômio — mas que, *em termos quantitativos*, o vencedor é o Alcorão, pelo menos quanto à frequência de passagens beligerantes, se não em números absolutos. E se, além dos versículos que apoiam a violência no mundo terrestre, acrescentarmos os versículos que vislumbram alegremente o sofrimento dos infiéis na outra vida, o Alcorão ganha a competição quantitativa de maneira mais decisiva. (Como vimos, a noção cristã de inferno, uma noção herdada por Maomé, ainda não tinha se consolidado à época em que os evangelhos foram escritos.)

Salvação

Tanto o Alcorão como a Bíblia têm suas graças da salvação. Nos momentos compassivos, eles preveem a salvação dos povos vizinhos — na realidade, a salvação de todo o mundo.

É claro, salvação é, às vezes, um eufemismo para o que eles têm em mente. Como vimos, o Segundo Isaías imaginava a salvação para todas as nações na forma de submissão abjeta a Iavé e a Israel, uma submissão precedida pela retaliação violenta por agressões do passado. Do mesmo modo, quando Maomé adota o estilo do Segundo Isaías — um profeta humilhado e sem poder em Meca — a salvação global que ele imagina traz um lado punitivo. Um dia, Deus fará "surgir uma testemunha de cada nação. Em seguida, não será permitida a escusa aos que renegaram a Fé, e eles não serão solicitados a se desculpar".[4] Um sentimento de opressão também pode eliminar um pouco da caridade da salvação cristã. Vimos que o livro do Apocalipse, escrito em meio à perseguição romana, prevê um apocalipse no qual o salvador traz "uma espada afiada para com ela ferir as nações pagãs, porque ele deve governá-las. Ele é quem as apascentará com um cetro de ferro".[5]

Existem versões mais agradáveis da salvação. Conforme o Segundo Isaías, Israel será uma "luz entre as nações". Os discípulos de Jesus ensinarão a "boa nova" a todos os povos. E o conceito de paraíso de Maomé é, definitivamente, uma boa nova.

Isto é, se você for qualificado para admissão. No entanto, mais pessoas se qualificam do que você pode imaginar. O Alcorão diz mais de uma vez que não só muçulmanos, mas judeus e cristãos são candidatos à salvação, desde que acreditem em Deus e no dia do Juízo Final, e vivam uma vida passível de um julgamento favorável.[6]

Essa abrangência pode refletir a frustração de Maomé com as alegações judaicas e cristãs de posse exclusiva da verdade da salvação. Ele se surpreende: "E os judeus dizem: 'Os cristãos estão fundados sobre nada'. E os cristãos dizem: 'Os judeus estão fundados sobre nada', enquanto ambos recitam o Livro!" Ele recorda-lhes que "sois seres humanos dentre os demais que Ele criou. Ele perdoa a quem quer e castiga a quem quer".[7]

Maomé não vai tão longe a ponto de abraçar a salvação *universal*. Para ser salvo, você tem de aceitar que o deus abraâmico é o único e exclusivo Deus. Entretanto, ao considerar todos os abraâmicos como candidatos à salvação, ele está abrindo mais os portões do que os cristãos. E, em um momento, ele parece abri-los ainda mais, ao listar os zoroastristas entre os cristãos, judeus e muçulmanos, e dizer que Deus — que "guia a quem deseja" — será deles o juiz no dia da ressurreição.[8]

Há um fato curioso sobre essa menção alcorânica aos zoroastristas: ela é a única. De modo geral, o Alcorão não oferece nenhuma evidência de que Maomé teve contato com os zoroastristas — exceto por esse único versículo, no qual eles aparecem do nada e são, de súbito, enquadrados como candidatos ao paraíso. É o suficiente para fazer com que imaginemos se esse versículo não foi acrescentado, ou pelo menos alterado, depois da morte de Maomé, quando a conquista dos territórios persas colocou muitos zoroastristas sob o domínio islâmico.[9] Como vimos, essa conquista ensejou uma alteração doutrinal na qual os zoroastristas foram agregados ao "Povo do Livro" — uma designação que lhes facilitou tornarem-se dóceis súditos imperiais e interessante fonte de receita de tributos.

Há outra razão para suspeitar que esse versículo seja um produto da era pós-Maomé. Ele admite a salvação não só aos zoroastristas, mas também aos "sabeus". A julgar pelas crenças de seus herdeiros atuais (às vezes chamados de mandeus), os sabeus, como os zoroastristas, tiveram dificuldade para se encaixar no contexto abraâmico; eles reverenciavam João Batista, mas consideravam Jesus, Abraão e Moisés falsos profetas. E (de novo, a julgar por seus herdeiros atuais) eles teriam outra coisa em comum com os zoroastristas: seu território central era a leste do território de Maomé, onde hoje são o Iraque e o Irã, regiões conquistadas não por Maomé, mas por seus sucessores.[10]

Seja esse versículo da época de Maomé ou posterior a ela, parece que ele representa o ápice de uma abrangência crescente da salvação. Há muitos versículos no Alcorão que sugerem que os judeus e os cristãos são passíveis da salvação. Três desses versículos incluem os sabeus à lista, e, dos três, aquele único versículo inclui também os zoroastristas. (E, de fato, esse versículo pode ser lido — até que bem diretamente — como incluindo os politeístas no rol de candidatos, mas alguns estudiosos contestam essa interpretação.)[11]

É possível que os três versículos que levam a salvação para além do círculo abraâmico tenham sido, de fato, declarações de Maomé. Talvez, ao fim de sua carreira, ele tenha encontrado pequenos grupos de sabeus e zoroastristas dentro do perímetro de suas conquistas, ou talvez ele tenha se visto em aliança com cidades povoadas por esses grupos não abraâmicos. Entretanto, tenham esses versículos aparecido na época de Maomé ou posteriormente, a melhor explicação para eles é uma ampliação do escopo da soma não zero. Seja pela aliança com os grupos não abraâmicos ou por dominá-los, o governo islâmico parece ter percebido um interesse em manter a cooperação com esses grupos.

Isso faz lembrar a abrangência crescente que vimos na Bíblia Hebraica. Antes do exílio, Israel esteve frequentemente em relações antagônicas com seus vizinhos, como se reflete nas escrituras antes e durante o exílio. Por volta do fim do exílio, com Israel agora sendo parte do Império Persa, a "fonte Sacerdotal", aparentemente falando em conformidade com o governo persa, assume um tom mais conciliatório. Nas escrituras hebraicas, assim como nas islâmicas, as conquistas imperiais traduziram-se, afinal, em tolerância — pelo menos dentro dos limites do império.

O mesmo é verdadeiro, em certo sentido, acerca do cristianismo. No Império Romano, a salvação cristã era concebida de maneira mais restrita do que a salvação islâmica como descrita naqueles vários versículos alcorânicos; em geral, a salvação cristã não era permitida àqueles de fora da fé.[12] No entanto, em seu surgimento, o cristianismo foi inovadoramente inclusivo ao levar as escrituras abraâmicas para além das fronteiras étnicas. E a razão para essa abertura está no fato de que os fundadores do cristianismo estavam atuando dentro de um império multiétnico. A tentativa de construir uma grande organização religiosa colocava-os em um relacionamento de soma não zero com aqueles a serem convertidos, e estes eram uma multiplicidade étnica.

Mais uma vez, o império promovera a coexistência pacífica entre etnias antagônicas; e, novamente, a religião ofereceu-se para apoiar essa causa. Isso é motivo para esperanças, já que, como observamos, o ambiente multinacional de um novo império é a analogia antiga mais próxima da globalização. Sem dúvida, a incipiente plataforma global de hoje carece de algo que os impérios antigos possuíam —

uma liderança unificada. E, certamente, a globalização até agora fez tanto para separar as religiões abraâmicas como para aproximá-las. Todavia a experiência imperial antiga mostra que, se essas religiões nunca conseguiram uma boa convivência, não foi por lhes faltar capacidade de adaptação.

O espírito inclusivo do império é capturado em uma sura geralmente datada do período final em Medina — mas, pelo que sabemos, pertencente de fato a período posterior — em que Deus diz à humanidade que "vos fizemos como nações e tribos, para que vos conheçais uns aos outros".[13] Compare isso à história bíblica da Torre de Babel, escrita bem antes do exílio. Aqui, o plano de Deus para as nações do mundo é que tenham sempre dificuldade em conhecer umas às outras.

É claro, se a *existência* do império conduz à harmonia, a *expansão* do império — o processo de efetivamente conquistar novas terras — intensifica a intolerância dos povos e crenças vizinhos. Como vimos, isso explica a flexibilidade da doutrina do jihad: durante a expansão, o aspecto da intolerância prevalecia; porém, quando chegou o tempo de administrar os territórios conquistados, o aspecto mais brando veio à tona.

Isso também explica por que o Novo Testamento possui menos versículos beligerantes que o Alcorão ou a Bíblia Hebraica. Durante os anos de elaboração das escrituras cristãs, o cristianismo não era a religião oficial de uma potência em expansão. As doutrinas da guerra santa surgiriam quando necessárias — como durante as Cruzadas; os evangelhos e as epístolas, porém, tomaram forma muito cedo para que refletissem essas doutrinas.

Passaríamos todo o dia tentando decidir qual das religiões abraâmicas é "melhor" ou "pior". E não acharíamos nenhum vencedor inconteste. O que acharíamos é que as três oscilaram entre melhor e pior segundo a mesma dinâmica: as escrituras variam da tolerância à beligerância, e a razão está nos fatos reais, nas somas não zero — ou na falta delas — percebidas pelos seres humanos.

E Maomé, mais que qualquer outra figura na tradição abraâmica, incorpora essa dinâmica, ilustrando-a em toda a sua extensão. Por vezes, ele é o beligerante Josias; às vezes, o ressentido Segundo Isaías; em outras vezes, o abrangente e defensivo Fílon ou Paulo; em outra ocasião, ele é a inclusiva e confiante fonte Sacerdotal — ou o inclusivo e confiante Jesus dos evangelhos (ainda que o Jesus histórico seja mais semelhante ao jovem Maomé, o inspirado, porém ignorado, profeta de Meca). Esse único homem engloba a história moral da fé abraâmica, com todas as suas vicissitudes. Isso nem sempre é algo de que se possa ter orgulho, mas é, de fato, uma façanha. É também um exemplo do que dá a essa história sua estrutura: a primorosa capacidade de resposta do equipamento moral humano aos fatos reais.

A modernidade de Maomé

Claro, a dimensão moral não é a única dimensão para se comparar religiões. Uma crítica comum ao Alcorão é que ele carece da amplitude e profundidade da Bíblia Sagrada. Não há, por exemplo, a reflexão por vezes grave acerca da existência humana, encontrada nos Provérbios, em Jó e em outros livros da "literatura sapiencial". Não há as arcanas alusões filosóficas — notadamente, o refrão de João sobre o Logos — encontradas no Novo Testamento.

Entretanto, a Bíblia Hebraica e o Novo Testamento são repositórios de uma herança intelectual que ultrapassou bastante os mundos hebraico e cristão. Compostos por legiões de elites urbanas, eles capturaram ideias de grandes civilizações, da Mesopotâmia ao Egito, e até o ambiente helenístico do cristianismo. O Alcorão tomou forma em duas cidades do deserto à margem de impérios, proferido por um homem que era mais um empreendedor que um pensador, e que provavelmente era analfabeto.

É irônico, portanto, que, em um sentido específico, o Alcorão seja obra mais moderna que a Bíblia, e que Maomé seja uma figura mais moderna que Moisés ou Jesus.

Primeiro, Maomé, ao contrário dos principais personagens da Bíblia Hebraica e do Novo Testamento, não possui poderes especiais. Ele não consegue transformar um cajado em serpente ou água em vinho. Sim, os muçulmanos posteriores o descreveriam como um milagreiro, e diriam que um ou dois versículos obscuros do Alcorão (em especial, um sobre a "divisão da lua") demonstram tais poderes. No entanto, o Maomé alcorânico, ao contrário de Moisés e do Jesus bíblico, não depende de milagres como prova de proximidade a Deus.

O contraste é especialmente claro quando Maomé e Jesus encaram céticos que exigem: se tu possuis realmente um contato com Deus, prova-o por meio de "sinais" maravilhosos. Maomé não lhes responde tentando fazer algo sobrenatural.[14] Ele não ressuscita os mortos ou, com poucos recursos, dá de comer a uma multidão. É claro, o Jesus histórico — em oposição ao Jesus bíblico — provavelmente não fez tais coisas, também. Porém, Jesus pode ter se ocupado de curas pela fé e do exorcismo; certamente, essas atividades eram normais para um pregador palestino errante por volta do ano 30. Em todo caso, é provável que ao Jesus histórico tenha sido exigida a exibição de sinais. E mesmo quando, no evangelho mais antigo, o vemos recusar a exibição desses sinais, sua explicação baseia-se na premissa de que ele *poderia* produzir os sinais se a audiência fosse merecedora deles. ("Em verdade vos digo que a esta geração nenhum sinal será dado.")[15]

Aqui está o segundo sentido pelo qual o Alcorão é paradoxalmente moderno — em seu estilo de argumentação teológica. O estilo é definido pela maneira como Maomé lida com o desafio de exibir "sinais". O modo como ele define a palavra "sinais" lhe dá oportunidade para uma réplica empírica, desviando a atenção de maravilhas sobrenaturais para as maravilhas da natureza.[16] Se querem sinais da grandeza de Deus, ele diz, basta examinar as provas diárias. Observem o mundo.

Vejam como ele parece ter sido construído em benefício dos homens. Um deus que criou tal mundo não merece devoção?

Deus "fez descer do céu água. Então, com ela, fizemos brotar casais de várias plantas. Comei e apascentai vossos rebanhos. Por certo, há nisso sinais para os dotados de entendimento". E: "dos frutos das tamareiras e das videiras, deles tomais vinho e belo sustento. Por certo, há nisso um sinal para um povo que razoa". E, é claro, o ecossistema inclui a própria espécie humana: "E, dentre Seus sinais, está que Ele criou, para vós, mulheres, de vós mesmos, para vos tranquilizardes junto delas, e fez, entre vós, afeição e misericórdia. Por certo, há nisso sinais para um povo que reflete." E considere o esplendor de toda a espécie humana: "dentre Seus sinais, está (...) a variedade de vossas línguas e de vossas cores. Por certo, há nisso sinais para os sabedores".[17]

Esse aglomerado de evidências da bondade e grandeza de Deus deixa o Alcorão muito mais próximo do que a Bíblia da descrição que Darwin deu a seu livro *Origem das espécies*: trata-se de "uma longa argumentação". Esse não é o único ponto que os dois livros têm em comum. As duas argumentações procuram explicar a perfeita adequação entre os seres humanos e seu ambiente natural. Maomé observa o quão propício é o ecossistema para o desenvolvimento humano, e explica isso por meio do projeto de Deus desse ecossistema. Darwin observa a mesma adequação entre os seres humanos e o ecossistema, e postula uma explicação diferente: os seres humanos foram moldados para se adaptar a esse ecossistema — não o contrário.

Os "sinais" que Maomé via não se restringiam ao mundo orgânico. Veja como Deus adaptou perfeitamente o mundo inanimado às necessidades humanas: "Ele é quem rompe a manhã. E faz da noite repouso, e do sol e da lua, cômputo do tempo. Essa é a determinação do Todo-poderoso, do Onisciente. E Ele é quem vos fez as estrelas, para que vos guieis, por elas, nas trevas da terra e do mar. Com efeito, aclaramos os sinais a um povo que sabe."[18]

Aqui também, um intelectual moderno invocaria a evolução: tanto a evolução biológica que adaptou nossos padrões de sono aos ciclos do sol, como a evolução cultural pela qual os homens vieram a medir o tempo com relógios de sol e calendários, transformando o sol e a lua em instrumentos para "cômputo do tempo". Maomé, em contraposição, vê Deus como a explicação definitiva de todas essas bondades simultâneas, e o Alcorão se detém demoradamente sobre elas. O Alcorão é essencialmente um livro sobre gratidão: olhe em volta; dê graças. O significado pré-islâmico de uma das várias palavras árabes que o Alcorão usa para denominar os "infiéis" parece ter sido "aqueles que são ingratos".[19]

Ao definir uma bênção, Maomé pôde ser criativo. O trovão e o relâmpago são assustadores, e, às vezes, os raios são fatais. Mas seriam realmente coisas ruins? O trovão traz o "temor Dele"; o relâmpago suscita "temor e aspiração" e tem a virtude adicional de ocasionalmente eliminar pessoas que estejam passando muito tempo discutindo sobre teologia e pouco tempo apoiando-a: "E Ele envia os raios, e, com eles, alcança a quem quer, enquanto eles discutem acerca de Deus!"[20]

De uma perspectiva moderna, é natural ler a litania de Maomé sobre os "sinais" e achar que sua "argumentação" seja pela existência de Deus. Não é. A *existência* de Deus não era algo que ele precisasse discutir. Os céticos lhe eram vários, mas não havia ateístas entre eles. De fato, os céticos aceitavam não só a existência de um ou mais deuses, mas também a existência de Alá, que conquistara seu lugar no panteão dos politeístas de Meca. Além disso, os habitantes de Meca pareciam concordar que Alá era um deus criador. A questão era o quanto de devoção um adorador deveria dedicar ao deus criador. Se Maomé pudesse argumentar que a criação — o trabalho manual de Alá — demonstrava que Alá era fonte de imenso poder e bondade, a resposta à questão seria: muita devoção, praticamente devoção exclusiva. Alá era Deus.

Diz-se que o mundo moderno sofre de "desencantamento". À proporção que a ciência explica mais sobre o funcionamento da natureza, parece haver menos mistério e, assim, menos espaço para um deus que responderia pelo que é misterioso. Entretanto, no sistema de Maomé, a obediência da natureza a leis é recurso de deus, que as projetou tão adequadamente para que ele pudesse assim se retirar da labuta cotidiana de administrar um universo: "Deus é quem elevou os céus sem colunas que vejais; em seguida, estabeleceu-Se no trono. E submeteu o sol e a lua, cada qual corre até um termo designado. Ele administra a ordem de tudo e aclara os sinais." E "criou o sol e a lua e as estrelas, submetidos às leis por Sua ordem. Ora, Dele são a criação e a ordem". E se a natureza conforma-se às leis de Deus, qual é o sentido em se venerar divindades da natureza? "Não vos prosterneis diante do sol nem da lua, prosternai-vos diante de Deus que os criou."[21]

Ao final, tudo parece uma estratégia retórica eficaz: pegue algo com que os habitantes de Meca já concordam — que Alá é o deus criador — e potencialize esse consenso logicamente, levando as pessoas a concluir que toda a teologia de Maomé está no caminho certo.

Foi então que...

Hoje, é claro, não funciona dessa maneira tão simples. Atualmente, a discussão não é sobre *quais* deuses existem, mas sobre se existe algum deus; ou mesmo se existe alguma coisa que pudéssemos chamar de propósito superior. Contudo, se o argumento de Maomé não funciona hoje em dia, o *tipo* de argumento que ele usou é, mais do que nunca, o tipo de argumento a ser utilizado para persuadir as pessoas: um argumento em que as provas do propósito divino — os sinais — estejam embutidas no mundo natural; um argumento empírico.

A opinião geral é a de que tais argumentos são ou intrinsecamente ilegítimos ou ineficazes. De fato, há uma anedota histórica tradicional que é contada para mostrar o quão desanimadores são esses argumentos. O curioso da anedota é que, quando observada com atenção, ela mostra algo bem diferente.

A anedota é a história do "relojoeiro cego". Ela faz referência a William Paley, um teólogo britânico que escreveu um livro chamado *Natural Theology*, em 1802, alguns anos antes de Darwin nascer. Nesse livro, ele tenta usar as criaturas vivas como prova da existência de um projetista. Se você está caminhando por um campo e acha um relógio de bolso, dizia Paley, imediatamente saberá que esse objeto é de uma categoria diferente das pedras ao redor. Diferentemente delas, o relógio é decerto o produto de um projeto, possuindo uma funcionalidade complexa que não acontece por acaso. Ele continua, dizendo que os organismos são como relógios de bolso: eles são de uma funcionalidade complexa demais para terem acontecido somente por acaso. Logo, os organismos devem ter um projetista — a saber, Deus.

Graças a Darwin, sabemos agora que Paley estava equivocado. Podemos explicar a funcionalidade complexa dos organismos sem postular um deus. A explicação é a seleção natural.

Os darwinistas ateístas são conhecidos por celebrar o descrédito da explicação de Paley. Eles adoram observar o quão inútil vem a ser a tentativa de argumentar empiricamente a existência de Deus. O que eles geralmente não enfatizam é que Paley estava parcialmente correto. A funcionalidade complexa de um organismo exige, *de fato*, um tipo especial de explicação. Parece bastante claro que o coração existe, de certa forma, *com a finalidade de* bombear sangue; que o aparelho digestivo está aqui *com a finalidade de* digerir a comida; que o cérebro tem *a finalidade de* (entre outras coisas) ajudar os organismos a encontrar comida para digerir. Pedras, ao contrário, não parecem estar aqui com alguma finalidade. Os tipos de forças que criaram uma pedra não parecem ser os mesmos tipos de forças que criaram um organismo. Seria necessário um tipo especial de força para fazê-lo — uma força como a seleção natural.

Realmente, a seleção natural é tão especial que vários biólogos estão dispostos a dizer que ela *projeta* organismos. (Ou melhor, *"projeta"* organismos; eles preferem colocar a palavra entre aspas, para que não pensemos que querem se referir a um projetista consciente e presciente.) Até o renomado filósofo darwinista ateísta Daniel Dennett usa essa terminologia; ele diz que esse processo de "projetar" impregna os organismos com "objetivos" e "propósitos". Por exemplo, os organismos são "projetados", afinal, para maximizar a proliferação genética; assim, são "projetados" para perseguir fins vinculados ao objetivo maior, tais como encontrar parceiros, ingerir nutrientes e bombear sangue.

A lição de casa é simples. É realmente legítimo o que Paley fez: examinou um sistema físico em busca de evidências de que este era impregnado de objetivos, de propósitos, por algum processo criativo de ordem superior. Se os indícios sugerem fortemente tal coisa, isso não quer dizer que o impregnador era um projetista no sentido de um ser consciente; no caso a que Paley se ateve, mostrou-se que não era assim. Entretanto, a questão é que podemos observar um sistema e argumentar empiricamente se ele possui, em *algum* sentido, um propósito "superior". Existem marcas distintivas do propósito, e alguns sistemas físicos as têm.

Bem, todo o processo da vida na Terra, todo o ecossistema em desenvolvimento — do nascimento das bactérias ao advento dos seres humanos e o advento da evolução cultural e, ainda, a história humana dirigida por essa evolução — tudo isso é um sistema físico. Portanto, em princípio, poderíamos fazer sobre eles a mesma pergunta que fizemos sobre os organismos; poderíamos concluir que há fortes indícios de propósitos impregnados, como Paley e Dennett concordaram que há nos organismos. Em outras palavras, pode ser que a seleção natural seja um algoritmo que é, em certo sentido, *projetado* para levar a vida a um ponto em que ela possa *fazer alguma coisa* — atender ao seu objetivo, ao seu propósito.

E, realmente, quando pensamos sobre isso, alguns dos indícios que poderíamos apontar como marcas distintivas do propósito nos organismos possuem analogias no ecossistema em desenvolvimento.

Eis uma evidência no caso dos organismos. Um único óvulo fecundado replica-se a si mesmo; por sua vez, as células geradas replicam-se a si próprias; e assim sucessivamente. Por fim as linhagens resultantes das células começam a revelar características distintivas; há as células de músculos que produzem células de músculos, células cerebrais que produzem células cerebrais. Se Paley estivesse vivo hoje para assistir a vídeos desse processo, ele diria: "Nossa, veja como esse processo é perfeitamente direcional; o sistema cresce em tamanho e em diferenciação funcional até se tornar esse grande e complexo sistema funcionalmente integrado: músculos, cérebros, pulmões e assim por diante; esse movimento direcional até a complexa integração funcional é evidência do projeto!"[22] E, em algum sentido da palavra "projeto", ele estaria certo.

Agora, eis aqui uma descrição paralela da história do ecossistema neste planeta. Primeiro, alguns bilhões de anos atrás, uma única célula primitiva se divide. As células geradas replicam-se por sua vez e, depois, diferentes linhagens de células (ou seja, diferentes espécies) emergem. Algumas dessas linhagens tornam-se multicelulares (águas-vivas, pássaros) e demonstram peculiaridades distintivas (flutuar, voar). Uma linhagem — vamos chamá-la de *Homo sapiens* — é particularmente boa em pensar. Ela lança todo um novo processo de evolução, chamado evolução cultural, que produz rodas, leis, microchips e por aí vai. Os seres humanos usam os frutos da evolução cultural para se organizar em escala cada vez maior. Quando essa organização social atinge o nível global e contempla divisões cada vez mais sofisticadas de atividades econômicas, o conjunto começa a se assemelhar a um organismo gigante. Há até um tipo de sistema nervoso planetário, feito de fibras óticas e outros elementos, conectando os vários cérebros humanos em grandes megacérebros que tentam resolver os problemas. (E alguns dos problemas são globais — como deter o aquecimento global e as epidemias globais, por exemplo.)

Enquanto isso, conforme a espécie humana vai se tornando um cérebro global, assumindo gradualmente a administração consciente do planeta, as outras espécies — também descendentes daquela única célula primitiva que viveu bilhões de anos atrás — executam outras funções planetárias. As árvores, por exemplo, são os pulmões, gerando oxigênio.

Em outras palavras, se pudéssemos observar de longe (e em alta velocidade) o desdobramento da evolução neste planeta, pareceria, surpreendentemente, que estávamos assistindo à maturação de um organismo: um movimento direcional até a integração funcional. Assim, por que não poderíamos aplicar a todo o sistema de vida na Terra a parte do argumento de Paley que pode ser *legitimamente* aplicada à maturação de um organismo — a ideia de que ela sugere um projetista de *algum* tipo?

Isso é só uma questão, não um argumento rigoroso. Para discutir seriamente se o sistema de vida na Terra, o ecossistema em desenvolvimento, é o produto de um projeto — ou, pelo menos, de um "projeto" — e, assim, em certo sentido, é imbuído de um propósito superior — ou, pelo menos, de um propósito "superior" — precisaríamos de um livro inteiro. Este não é tal livro.

E mesmo que essa discussão tão extensa fosse elaborada com sucesso, ainda restariam perguntas. O propósito foi infundido por algum ser consciente ou apenas por algum processo inconsciente? E, em qualquer dos casos, o propósito é bom em algum sentido? Bom o suficiente, ao menos, para que, ainda que não consigamos especificar a natureza exata do projetista, tendêssemos a caracterizar o propósito em si como, digamos, *divino*?

Essa questão também poderia tomar um livro inteiro — e, novamente, este não é tal livro. Entretanto, este livro esclarece uma questão que certamente surgiria no decorrer do outro livro: a história humana, por sua natureza, move-se em direção a algo que poderíamos chamar de moralmente bom?

Trata-se de uma questão que vamos abordar mais detalhadamente no próximo capítulo. Mas, sem dúvida, você pode adivinhar parte do terreno que iremos atravessar ao tratar do assunto. Terá algo a ver com as forças propícias às relações amistosas e à tolerância em oposição às forças favoráveis à beligerância e à intolerância. Terá a ver com o efeito da mudança de circunstâncias sobre a consciência moral humana.

Como vimos, essas forças são evidentes em todas as escrituras abraâmicas, se as observarmos atentamente. No entanto, em nenhuma outra escritura abraâmica elas são tão evidentes como no Alcorão. Nenhuma outra avança tão profundamente por todo o espectro daquela dinâmica, da intensa soma zero à intensa soma não zero, ou expressa tão nitidamente o aspecto moral adjacente. Em nenhuma outra escritura, move-se tão rapidamente de "A vós, vossa religião, e, a mim, minha religião" para "Mate os politeístas onde quer que os encontre", e daí para "Não há compulsão na religião", para retornar novamente. Todas as escrituras abraâmicas atestam a correlação entre as circunstâncias e a consciência moral, mas nenhuma tão ricamente como o Alcorão. Nesse sentido, pelo menos, o Alcorão é incomparável como revelação.

V

DEUS TORNA-SE GLOBAL (OU NÃO)

Eles não querem saber nem compreender,
Andam nas trevas, vacilam os fundamentos da terra.

— *Salmos 82:5*

CAPÍTULO 19

A imaginação moral

As coisas podem parecer ruins, mas a salvação é possível desde que compreendamos o que ela requer. Esta é a mensagem dos profetas abraâmicos. Maomé o disse, Jesus o disse e os dois Isaías — além de outros profetas israelitas — o disseram.

"Salvação" não significava a mesma coisa para cada um deles. Maomé falava da salvação da alma na outra vida. Os dois Isaías falavam da salvação do sistema social — Israel (ou, em algumas passagens, o mundo todo). Quanto a Jesus: o Jesus a que os cristãos se referem estava, como Maomé, interessado na salvação pessoal, embora o Jesus real possa ter se preocupado mais com a salvação social, como Isaías.

Porém, mesmo as religiões que enfatizam a salvação pessoal estão, em última instância, preocupadas com a salvação social. Para os muçulmanos e cristaos, o caminho para a salvação pessoal implica a adesão a um código moral que mantenha sadio o sistema social. Como vimos, as religiões bem-sucedidas sempre tenderam à salvação no nível social, encorajando comportamentos que favorecessem a ordem.

Como também vimos, as religiões pré-abraâmicas do Oriente Médio eram bem explícitas quanto a esse objetivo. A civilização era constantemente ameaçada pelas forças do caos, e obedecer aos deuses, ou pelo menos aos bons deuses, era a maneira de manter o caos a distância.

Hoje, o sistema social, um sistema social global incipiente, é novamente ameaçado pelo caos. No entanto, agora a religião parece ser o problema, não a solução. A tensão entre judeus, cristãos e muçulmanos — ou, pelo menos, entre alguns judeus, alguns cristãos e alguns muçulmanos — põe em perigo a ordem do mundo. E as tensões são ampliadas pelas escrituras dessas religiões — ou, pelo menos, pelas escrituras como são interpretadas pelas pessoas que ampliam essas tensões. Três grandes religiões da salvação ajudaram a colocar o mundo em necessidade de salvação.

Poderíamos dizer agora o que os profetas abraâmicos disseram — que, embora as coisas pareçam ruins, a salvação é possível desde que compreendamos o que ela requer? Se sim, o que ela requer?

Convenientemente, algumas pistas são fornecidas pelas três religiões abraâmicas. (Era o mínimo que podiam fazer, já que criaram o problema.) Suas escrituras são, sob a superfície, mapas do cenário de tolerância e intolerância religiosa, mapas que agrupam um tipo de código para a salvação do mundo. A essência desse código deve estar clara agora. Quando as pessoas se veem em um relacionamento de soma zero com outras pessoas — quando veem seus benefícios como inversamente relacionados aos benefícios dos outros, quando veem a dinâmica como sendo de ganho-perda — elas tendem a localizar uma base nas escrituras para sustentar a intolerância ou a beligerância (embora, como vimos, se elas se sentirem com menor poder de fogo, na certeza de terminarem derrotadas no conflito, preferirão evitar a hostilidade por algum tempo). Quando elas se veem em um relacionamento de soma não zero — quando veem seus benefícios como positivamente correlacionados, quando percebem o potencial para um resultado de ganho mútuo — é mais provável que elas encontrem o lado tolerante e compreensivo de suas escrituras.

Portanto, a salvação do mundo pareceria bem direta: preste atenção nas lições incluídas nas escrituras abraâmicas; arranje as coisas,

A IMAGINAÇÃO MORAL

sempre que possível, de modo que pessoas de diferentes crenças abraâmicas se vejam em relacionamentos de soma não zero.

A boa notícia é que alguns desses arranjos já foram feitos. O mundo é cheio de relacionamentos de soma não zero, muitos dos quais cruzam os abismos que supostamente separam a humanidade. A má notícia é que a simples existência da soma não zero não é suficiente. Afinal, eu nunca disse que as pessoas evocam a tolerância em resposta à dinâmica da soma não zero. Eu disse que as pessoas evocam a tolerância em resposta à *percepção* da dinâmica como de soma não zero. Dependendo das circunstâncias exatas, responder com sensatez a oportunidades de soma não zero pode exigir mais que apenas perceber a soma não zero. Às vezes, isso exige um tipo de "visão" mais profunda. Pode-se exigir uma apreensão não só da verdade pragmática da interação humana, mas de um tipo de verdade moral. E a verdade moral é, por vezes, evasiva.

A soma não zero hoje

Mas, primeiro, voltemos à boa notícia. A globalização, por todos os seus deslocamentos, enseja muitas oportunidades de somas não zero. Compre um carro novo e estará jogando um dos mais complexos jogos de soma não zero da história da humanidade: você pagará uma pequena fração do salário de milhares de operários de diferentes continentes e eles, por sua vez, lhe farão um carro. Um termo popular para isso é interdependência — eles dependem de você para o dinheiro, você depende deles para o carro — e interdependência é apenas outro nome para a soma não zero. Uma vez que os benefícios de dois jogadores em um jogo de soma não zero são correlacionados, a satisfação de cada um depende parcialmente da situação do outro.

Poderíamos examinar outros campos da economia — eletrodomésticos, vestuário, alimentação — e encontraríamos longas cadeias semelhantes de interdependência. E todas compõem um tipo maior de interdependência. A recessão econômica, ou a aceleração, em uma parte do mundo pode ser contagiosa. Assim, as nações em geral têm um interesse comum em manter próspera a economia global; elas estão jogando um jogo de soma não zero. Isso é só o auge natural da expansão da organização social. As aldeias fundiram-se para formar as chefias, as tribos fundiram-se para formar os Estados, os Estados fundiram-se em impérios. Essas fusões criaram redes mais vastas de somas não zero e, como vimos, as religiões reagiram, adaptando-se e ajudando a manter essas redes intactas.

Felizmente, no mundo moderno, essa soma não zero em geral se traduz em expansão da concórdia e da tolerância, mantendo o padrão visto nas escrituras abraâmicas. A França e a Alemanha, que passaram boa parte da era moderna como inimigas, hoje possuem alto grau de entrelaçamento econômico, e as chances de que entrem em guerra são comensuravelmente baixas.

A atitude americana em relação aos japoneses é um caso claro da expansão do círculo de conciliação promovido pela globalização. Nos anos 1940, os americanos viam os japoneses como inimigos; seu interesse pelo indivíduo japonês era consequentemente mínimo. A capa de um gibi mostra o Super-Homem incentivando os leitores a comprar bônus de guerra com a mensagem de que seria uma "bofetada nos japas". A caricatura correspondente, com traços raciais exagerados, sugere que os japoneses eram quase outra espécie. E era essa a atitude implícita nas derradeiras semanas da Segunda Guerra Mundial, após o lançamento das bombas atômicas sobre Hiroshima e Nagasaki. Os EUA não demonstraram praticamente nenhuma angústia moral acerca das dezenas de milhares de crianças inocentes que pereceram, sem falar nos adultos presumivelmente inocentes.

Depois da guerra, a situação mudou para uma soma não zero. Nos anos 1970, americanos e japoneses eram aliados na luta contra o comunismo e, de quebra, os japoneses construíam carros duráveis para os consumidores americanos. Agora, o americano médio não chamava os japoneses de "japas", muito menos incentivava esbofeteá-los.

Retrocessos sempre podem acontecer. No fim dos anos 1980, a Guerra Fria acabara e, portanto, o Japão pareceria um aliado americano menos importante. Nesse ínterim, a economia japonesa começou a parecer uma ameaça aos empregos americanos. Em 1989, no ano em que caiu o Muro de Berlim — e a política de meio século de "contenção" do comunismo foi dispensa — a *Atlantic Monthly* publicou uma matéria de capa intitulada "Conter o Japão". O tema da Segunda Guerra Mundial, dos japoneses ardilosos e insidiosos, até ensaiou um retorno, notadamente no romance *best-seller* de 1992, *Sol nascente*, de Michael Crichton.

Mas a economia japonesa provou não ser a força destruidora dessa fantasia paranoica; inclusive, as empresas japonesas tiveram a perspicácia política de instalar algumas de suas fábricas de automóveis nos Estados Unidos. Isso significava que eles estavam jogando um jogo de soma não zero não só com os consumidores americanos, mas com os operários americanos. O *Sol nascente* acabou por não ser um prenúncio. No geral, entre o fim da Segunda Guerra Mundial e o fim do século XX, as relações entre os Estados Unidos e o Japão moveram-se decisivamente em direção à soma não zero, e, no conjunto, a atmosfera internacional tornou-se mais calorosa: os japoneses vieram a parecer melhores pessoas para os americanos do que pareciam décadas antes. Isto é: vieram a parecer gente.

Assim é que a evolução moral acontece — na antiga Israel, na Roma do cristianismo antigo, na Arábia de Maomé, no mundo moderno: a cultura de um povo se adapta a mudanças percebidas na dinâmica teórica do jogo, transformando sua avaliação moral dos povos com quem está jogando. Se a cultura é religiosa, essa adaptação envolverá transformações na maneira pela qual as escrituras são interpretadas e na seleção de que passagens devem ser destacadas. Foi assim na era antiga e é assim hoje.

Nesse sentido, é interessante ver que, no conjunto, a história da relação Japão e Estados Unidos reflete o caminho do mundo na era da globalização: cada vez mais povos interagindo em relacionamentos de soma não zero. Até algumas experiências ruins podem ser boa notícia. Problemas ambientais transnacionais, desde a pesca excessiva nos oceanos ao aquecimento global, são em si mesmos desastrosos, mas pelo menos essas perspectivas de soma negativa trazem à humanidade o interesse na cooperação para prevenir esses problemas.

Assim, talvez os povos do mundo desenvolvam o estado de espírito adequado para isso. Talvez eles superem o preconceito que impede a comunicação, e reúnam tolerância pela diversidade de culturas e crenças; talvez aproximem-se uns dos outros. Esse, afinal, tem sido o padrão que vimos nas escrituras: a perspectiva de participar de um jogo de soma não zero leva ao respeito mútuo. Logo, em teoria, tudo deve estar caminhando bem!

Realidade confusa

Em teoria. Mas, na realidade, vários fatores podem impedir que uma potencial soma não zero seja traduzida em sentimentos que realizem esse potencial. Primeiro, há o problema de reconhecer que você está em um jogo de soma não zero. Quantos compradores de carros estão cientes de quantos operários em tantos países ajudaram a construir seus carros? Segundo, há o problema da confiança. Palestinos e israelenses estão participando de um jogo de soma não zero, já que um não irá expulsar o outro da região; dada a inevitabilidade da coexistência, a paz duradoura seria boa para ambos os lados, enquanto a guerra permanente seria ruim para ambos. E muita gente, dos dois lados, vê essa correlação dos benefícios, pelo menos de maneira abstrata. Entretanto, ainda é difícil chegar a um acordo porque cada lado desconfia que o outro irá violá-lo.

A IMAGINAÇÃO MORAL

Essas duas barreiras para a solução de soma não zero — reconhecimento e confiança — podem parecer insuperáveis, mas, em certo sentido, nenhuma das duas é o grande problema. O grande problema é algo que faz parte dos problemas de reconhecimento e de confiança, e que também traz novos problemas à cena. O grande problema é a mente humana, como desenvolvida pela seleção natural.

De fato, a mente humana é um problema tão grande e tão intrincado que é difícil defini-lo de forma abstrata. Melhor ilustrá-lo com exemplos. Um dos exemplos reside na linha fronteiriça que vem chamando tanta atenção desde 11 de setembro de 2001: as relações entre muçulmanos, de um lado, e cristãos e judeus, de outro — ou, como a questão às vezes é reduzida, entre o "mundo muçulmano" e o "Ocidente". (Por razões que veremos, analisarei esse exemplo do ponto de vista do "Ocidente", indagando o que os ocidentais poderiam fazer para melhorar a situação — embora, é claro, esforços de melhoria sejam bem-vindos, e necessários, do outro lado também.)

Pode não ser possível identificar isso pelas manchetes de jornal, mas, de modo geral, esse relacionamento é uma soma não zero. Sem dúvida, o relacionamento entre *alguns* muçulmanos e o Ocidente é uma soma zero. Os líderes terroristas têm objetivos que conflitam com o bem-estar dos ocidentais. O objetivo do Ocidente é desmantelar a causa deles, privá-los de novos recrutas e de apoio político. Contudo, se tomarmos uma visão mais ampla — observar não só os terroristas e seus partidários, mas os muçulmanos em geral; observar não o Islã radical, mas o Islã — o "mundo muçulmano" e o "Ocidente" estão participando de um jogo de soma não zero; seus benefícios estão correlacionados positivamente. E a razão é: o que é bom para os muçulmanos em geral é ruim para os muçulmanos radicais. Se os muçulmanos ficarem menos felizes com seu lugar no mundo, mais ressentidos do tratamento a eles dado pelo Ocidente, o apoio ao Islã radical crescerá; consequentemente as coisas se tornarão piores para o Ocidente. Se, por outro lado, cada vez mais muçulmanos se sentirem respeitados pelo Ocidente e sentirem que se beneficiam desse envolvimento, isso desqualificará o apoio ao Islã radical, e os ocidentais se sentirão mais seguros contra o terrorismo.

Não se trata de um exercício de lógica especialmente enigmático. A ideia básica é que os líderes terroristas são o inimigo e nutrem-se do descontentamento dos muçulmanos — e se o que interessa ao seu inimigo é o descontentamento dos muçulmanos em geral, você deve, obviamente, favorecer o contentamento destes. Com efeito, essa visão tornou-se o senso comum: se o Ocidente puder ganhar os "corações e mentes" dos muçulmanos, terá "drenado o pântano" do qual os terroristas se alimentam. Nesse sentido, há amplo reconhecimento no Ocidente da dinâmica da soma não zero.

Mas esse reconhecimento nem sempre conduz a tentativas de diálogo entre ocidentais e muçulmanos. O influente evangelista Franklin Graham declarou que os muçulmanos não cultuam o mesmo deus que os cristãos e os judeus, e que o islamismo é uma "religião muito perversa e má". Não é assim que se deve tratar pessoas com quem você tem um relacionamento de soma não zero! E Graham não está sozinho. Muitos cristãos evangélicos e outros ocidentais veem os muçulmanos com desconfiança, e veem as relações entre o Ocidente e o mundo muçulmano como um "choque de civilizações". E muitos muçulmanos veem o Ocidente em termos semelhantes de ganhar-perder.

Então, o que está acontecendo aqui? Onde está a parte da natureza humana que aparecia na era antiga — a parte que entende se você está no mesmo barco que outro grupo de pessoas e, se estiver, estimula a solidariedade ou, pelo menos, a tolerância a essas pessoas?

Está lá, em algum lugar, mas está falhando. E uma grande razão para isso é que nosso equipamento mental para lidar com a dinâmica teórica do jogo foi desenvolvido para um cenário caçador-coletor, não para o mundo moderno. É por isso que lidar sabiamente com os acontecimentos atuais exige imenso esforço mental — esforço que, como ocorre por fim, pode trazer o progresso moral.

Processando o choque de civilizações

Se você é um cristão ou judeu, digamos, nos Estados Unidos, e está tentando aceitar o "mundo muçulmano", a maior parte, senão a totalidade, das informações que você recebe é eletrônica. Você pode não encontrar muitos muçulmanos na vida real, mas você os vê na TV. Assim, seus sentimentos em relação aos muçulmanos em geral dependem, em larga escala, de quais muçulmanos aparecem na TV.

Para começar, há Osama bin Laden. Os interesses dele são extremamente contrários aos interesses dos Estados Unidos; logo, se as mentes americanas estão operando como o projetado, elas devem perceber essa soma zero e reagir com antipatia e repulsa moral. E, de fato, essa é a reação padrão.

E quanto aos soldados de bin Laden — aqueles que realmente cometem os atos de terrorismo? Na verdade, o relacionamento do Ocidente com eles é ainda mais de soma zero do que com bin Laden. Afinal, bin Laden é, em algum nível, um agente racional. Ele parece querer manter-se vivo e ligado à notoriedade; e, às vezes, objetivos como esses levam as pessoas ao comprometimento. Alguns soldados terroristas não querem sequer manter-se vivos. Assim, certamente, quando os ocidentais veem os terroristas com antipatia e intolerância, a mente está operando como foi projetada: os ocidentais estão percebendo uma insistente dinâmica de soma zero e reagindo de acordo.

É claro que os terroristas e seus líderes são um minúsculo subconjunto dos muçulmanos. Se você pretende desenvolver uma postura em relação ao "mundo muçulmano", seria melhor ter mais dados. Que outros muçulmanos aparecem na TV? Bem, houve os milhares de muçulmanos protestando, de forma às vezes violenta, contra a publicação de charges de Maomé. E, de vez em quando, você vê a cena de muçulmanos iranianos queimando a bandeira americana.

Aqui, também, as imagens evocam reações de antipatia, as quais também parecem fazer sentido. Certamente, queimar a bandeira de um país sugere que o relacionamento com esse país é visto como antagônico, como de soma zero — e que é pouco provável que isso vá melhorar em breve. E pessoas tão fanáticas a ponto de se irritar com uma charge também não parecem prováveis parceiras de fácil negociação. Ao alimentar a antipatia contra esses inimigos quase certos, a mente está operando conforme projetada.

Mas está operando bem? A antipatia aos muçulmanos que parecem se opor aos valores ocidentais, se não ao próprio Ocidente, é realmente de interesse dos ocidentais? Talvez não, por duas razões.

A primeira é bastante óbvia. Poderíamos chamá-la de razão Franklin Graham. A antipatia contra os muçulmanos radicais que vemos na TV poderia fazer com que retaliássemos retoricamente e de maneira generalizada, dizendo coisas ofensivas acerca de todos os muçulmanos. Poderíamos, por exemplo, chamar o islamismo de uma "religião muito perversa e má". Isso poderia distanciar os muçulmanos que ainda não protestassem contra charges ou queimassem bandeiras, mas que provavelmente o fariam depois desse distanciamento.

Há uma segunda razão pela qual a antipatia contra os muçulmanos que queimam bandeiras e protestam contra charges pode ser uma estratégia ruim, razão essa menos óbvia.

Se uma das premissas principais deste livro estiver correta — qual seja, que a interpretação das escrituras está sujeita aos fatos reais — os muçulmanos que queimam bandeiras e protestam contra charges, e que agem sob a influência de ideias religiosas radicais, aceitam essa influência por alguma razão. Em algum momento no passado, há fatos que explicam essa interpretação de sua crença. E ainda que essa interpretação tenha se tornado essencialmente inabalável — ainda que cada muçulmano que queime bandeiras e proteste contra charges esteja longe de mudar — vale a pena saber que fatos são esses. Afinal, evitar que muçulmanos mais moderados se somem às fileiras dos influenciados seria interessante; e saber que circunstâncias influenciam esses muçulmanos poderia ajudar nessa tarefa. Nessa mesma linha, seria interessante entender por que os homens-bomba suicidas se tornam homens-bomba suicidas — não para que pudéssemos ajudá-los a se tornarem moderados (tente se quiser!), mas para que pudéssemos evitar que os moderados se tornassem suicidas.

E eis aqui o problema com o sentimento de antipatia contra muçulmanos que queimam bandeiras e protestam contra charges, e até contra homens-bomba suicidas. Não é que despejando simpatia sobre eles ajudaria as coisas. (Em alguns casos, poderia prejudicar.) É que, pela maneira que a mente humana é formada, a antipatia pode impedir a compreensão. Odiar os que protestam, os que queimam bandeiras, e até os terroristas torna mais difícil compreendê-los o suficiente para evitar que outros se juntem a eles.

Imaginação moral

O ódio bloqueia a compreensão restringindo nossa "imaginação moral", nossa capacidade de nos colocar no lugar de outra pessoa. Essa restrição não é artificial. Com efeito, a tendência de a imaginação moral se retrair na presença de inimigos é formada em nossos cérebros pela seleção natural. É parte do maquinário que nos leva a ter tolerância e compreensão para com as pessoas que temos em situação de soma não zero, e negar esses aspectos para com as pessoas que consideramos na categoria de soma zero. Somos naturalmente muito bons em nos colocar no lugar dos parentes próximos e dos bons amigos (pessoas com quem tendemos a ter vínculos de soma não zero); e naturalmente temos dificuldades em nos colocar no lugar de rivais e inimigos (com quem é mais comum a soma zero). Não conseguimos entender essas pessoas da perspectiva delas.

Então, como parecem ser as coisas daquela perspectiva? Considere um exemplo em que essa perspectiva do outro é possível — o caso de uma boa amiga. Sua amiga comenta com você sobre uma mulher arrogante que a irrita no trabalho, e você se recorda de uma colega arrogante da escola — a mais bonita da escola ou a oradora da turma — que também irritava você. Com um amigo, esse processo é automático: você varre sua memória em busca de pontos de referência em comum e, indiretamente, compreende a irritação dele. Isso é parte do acordo que sustenta sua relação simbiótica: você valida a queixa dele, ele valida a sua. Vocês operam na direção de uma perspectiva comum.

Esse é o processo que você não está inclinado a operar com rivais e inimigos. Eles reclamam de alguma pessoa arrogante e você simplesmente não consegue encontrar nenhuma identificação na sua mente. (Por que eles reclamam de tudo?) E, claro, isso é mais verdadeiro ainda quando eles dizem — como se poderia esperar de um rival ou inimigo — que você é essa pessoa arrogante. Daí, você *certamente* não se lembrará do paralelo com a sua colega arrogante da escola.

Assim também o é no cenário geopolítico: se você é um americano patriota, e as pessoas que estão queimando a bandeira americana dizem que os Estados Unidos são arrogantes, aquela colega da escola provavelmente não lhe virá à mente.

Isso não significa que você não tenha como explicar o comportamento delas, ou que seja totalmente incapaz de enxergar suas motivações interiores. Quando você vê pessoas queimando bandeiras e elas parecem enfurecidas, é possível, mesmo as odiando, supor corretamente que há raiva em algum lugar dentro delas. Você também pode supor que essas pessoas que queimam bandeiras percebam os EUA como arrogantes. Mas você não encontrará *identificação* com essa percepção na sua mente; portanto, ainda poderá caracterizar aquelas pessoas em termos pouco elogiosos. Você dirá que elas são movidas pelo "ressentimento" do poder americano e pela "inveja" do sucesso dos Estados Unidos. E, uma vez que a inveja e o ressentimento não são motivações nobres, a coloração moral da situação sugere que os queimadores de bandeiras são os culpados. E como os

A IMAGINAÇÃO MORAL 489

Estados Unidos não são os culpados, você resiste à ideia de que o país deva mudar seu comportamento.

Neste ponto da discussão, se não antes, uma pergunta inquietante é levantada com frequência: espere um pouco — você está querendo dizer que os Estados Unidos são arrogantes? Você está querendo dizer que os Estados Unidos, e não os queimadores de bandeiras, são os culpados pela queima das bandeiras? A pergunta fica ainda mais ácida se mencionar os terroristas: você está querendo dizer que os Estados Unidos são os culpados pelo 11 de setembro? Afinal, é isso que pareceria se entrássemos de fato na mente de um terrorista.

A resposta curta é não. Mas é um "não" com asterisco, um "não" com necessidade de desenvolvimento — e, uma vez que esse desenvolvimento é um pouco enigmático, o releguei a um apêndice on-line.[1] Recomenda-se a leitura, porque se você aceitar os argumentos, isso poderá alterar radicalmente sua visão de mundo. Mas, por ora, a questão é apenas que a capacidade de compreender *intimamente* a motivação de outrem — de virtualmente compartilhar a experiência do outro e conhecê-la de dentro — depende de uma imaginação moral que naturalmente se retrai no caso de pessoas que consideramos rivais ou inimigos.

Em outras palavras, temos dificuldades em chegar à compreensão sem ter chegado à empatia. E isso nos coloca em um dilema, porque, como vimos, algumas pessoas que temos profundo interesse em entender — os terroristas, por exemplo — são pessoas com quem naturalmente hesitamos em nos solidarizar. O natural bloqueio da antipatia à compreensão é, de certo modo, o inimigo público número um.

É fácil explicar as origens desse bloqueio de uma perspectiva conjectural. Nossos cérebros evoluíram em um mundo de sociedades caçadoras-coletoras. Naquele mundo, as disputas de cunho moral tinham consequências darwinistas. Se você estivesse em uma acirrada discussão pública contra um rival acerca de quem ofendeu quem, o veredicto da plateia poderia afetar sua posição social e seu acesso a recursos, ambos os quais poderiam afetar suas chances de passar seus genes para a próxima geração. Logo, a capacidade de argumentar de modo persuasivo que a queixa de seu rival não tem fundamento teria sido favorecida pela seleção natural, assim como as tendências que estimulassem essa capacidade — por exemplo, uma tendência de *acreditar* que o seu rival não teria justificativas para a queixa, crença essa que poderia infundir convicção à sua argumentação. E nada ameaçaria mais essa crença que a capacidade de olhar as coisas do ponto de vista do rival.

Por outro lado, ao lidar com aliados, faz sentido uma imaginação moral mais ampla. Uma vez que os benefícios deles estão vinculados aos seus — uma vez que vocês estão em um relacionamento de soma não zero — oferecer seu apoio à causa deles pode ser interessante para você (aliás, isso é parte do acordo implícito por meio do qual eles também apoiam a sua causa). Portanto, pelo menos em algumas situações, somos muito bons em enxergar pela perspectiva de amigos ou parentes. Isso nos ajuda a argumentar a favor de seus interesses — os quais, afinal, envolvem os nossos próprios interesses — e nos ajuda a criar laços com eles, quando manifestamos afinidade por suas questões.

Em suma, a imaginação moral, como outras partes da mente humana, é projetada para nos guiar na participação bem-sucedida em jogos — para que efetivemos os benefícios dos jogos de soma não zero quando esses benefícios são devidos, e para que tenhamos o melhor da outra parte em jogos de soma zero. Com efeito, a imaginação moral é uma das principais forças motrizes do padrão que vimos em todo este livro: a tendência de tolerar a religião de outros povos quando estes são povos com quem você pode negociar; e a tendência de ser intolerante ou até beligerante quando você percebe que o relacionamento é de soma zero.

E agora vemos um resíduo curioso desse maquinário: *nossa "compreensão" das motivações dos outros tende a vir com um julgamento*

A IMAGINAÇÃO MORAL

moral já pronto. Ou entendemos a motivação dos outros internamente, até intimamente — nos identificamos com elas, ampliamos a imaginação moral para elas, e julgamos suas queixas com indulgência — ou entendemos a motivação deles externamente, e em termos que explicam a ilegitimidade de suas queixas. Compreensão pura, isenta de julgamento, é difícil de encontrar.

Seria bom se pudéssemos separar compreensão e julgamento, se pudéssemos entender o comportamento das pessoas em termos mais impessoais — apenas ver as coisas da perspectiva do outro sem anexar um veredicto sobre suas queixas. Isso nos aproximaria mais da perspectiva de Deus e poderia também, adicionalmente, nos permitir uma busca melhor de nossos interesses. Poderíamos observar friamente se estamos em um relacionamento de soma não zero com alguém, avaliar friamente a perspectiva do outro, e decidir friamente pela promoção de mudanças em nosso próprio comportamento que pudessem realizar a soma não zero. Mas aqueles de nós que não atingiram o estado de Buda passarão a maior parte de suas vidas presos em uma perspectiva mais humana: estenderemos a imaginação moral às outras pessoas na medida em que enxerguemos possibilidades de ganho recíproco com elas.

Dado esse fato, o mínimo que podemos fazer é pedir que o maquinário opere conforme projetado: que quando estivermos em um relacionamento de soma não zero com alguém, *realmente* estendamos a imaginação moral para esse alguém. Isso ajudaria a atender aos interesses de ambas as partes e nos guiaria para um entendimento maior do outro — para um entendimento de como o mundo parece ser sob a perspectiva do outro.

Mas isso é o que em geral não acontece. O bloco ocidental e o bloco muçulmano estão em um profundo relacionamento de soma não zero; entretanto, no geral, eles não são muito bons em estender a imaginação moral um para o outro.

Logo, uma máquina que foi projetada para atender a nossos interesses está falhando. A imaginação moral foi formada para nos ajudar a distinguir entre as pessoas com quem podemos nos relacionar e aquelas com quem não podemos — expandir ou retrair, respectivamente. Quando os americanos deixam de estender a imaginação moral aos muçulmanos, sua mente inconsciente está dizendo: "Julgamos essas pessoas como não interessantes para nos relacionar." Contudo, a maioria delas é interessante para o relacionamento.

Já vimos uma razão desse mau funcionamento. A tecnologia está distorcendo nossa percepção do outro jogador nesse jogo de soma não zero. O outro jogador é uma vasta população de muçulmanos que, embora talvez não apaixonados pelo Ocidente, não vivem suas vidas queimando bandeiras ou assassinando ocidentais. No entanto, o que vemos na TV — e que podemos confundir com esse outro jogador — é um subconjunto de muçulmanos que, de fato, e talvez de modo irreversível, odeiam o Ocidente. Percebemos corretamente a teimosa hostilidade desse subconjunto, e nossa imaginação moral reage de acordo; porém, no processo, ela exclui o conjunto maior.

O barco

Há outra característica do ambiente moderno que pode confundir um sistema de orientação mental desenvolvido para um ambiente caçador-coletor. No ambiente ancestral — o ambiente para o qual nossos cérebros foram formados — você não era mantido no mesmo barco que seus inimigos. Se o conflito entre duas facções dentro de um bando de caçadores-coletores chegasse a um extremo, eles simplesmente se dividiriam e seguiriam seus caminhos separados. E se o conflito fosse entre dois bandos, um bando sairia como vencedor final — ou exterminaria o outro bando ou o expulsaria para outra região.

A IMAGINAÇÃO MORAL

Hoje as coisas são mais complicadas. Para começar, você não pode "expulsar" os terroristas "para outra região", a não ser enviando-os para outro planeta; eles podem prejudicar os interesses ocidentais estando em praticamente qualquer lugar. Além disso, ainda que em princípio você pudesse matar a todos, na prática isso é impossível de ser feito sem gerar mais terroristas. Há tantos deles misturados às populações civis que um ataque direto mataria inocentes — e a divulgação decorrente estimularia novos recrutas terroristas. Aliás, até para encontrar todos os terroristas (um pré-requisito para matá-los), você teria de promover vigilância tão coerciva que novamente geraria a animosidade que estimularia os recrutas.

Esse complexo cenário estratégico não é só diferente de nosso ambiente ancestral — é diferente do cenário estratégico de meados do século XX. Naquele tempo, quando os inimigos existiam na forma de estados-nações, a vitória total era possível. Veja-se a Segunda Guerra Mundial e a rendição incondicional da Alemanha e do Japão. O mundo pós-guerra também era muito simples. Você estaria seguro desde que cada Estado-nação fosse ou um aliado ou um inimigo amedrontado, desde que cada líder estrangeiro gostasse de você ou o temesse.

Então, as coisas mudaram. Progressivamente, ao fim do século XX, a segurança nacional passava a depender não só de como os líderes dos estados-nações se sentiam a seu respeito, mas de como a população comum o via. Grandes levas de insatisfação popular poderiam produzir pequenos, porém consequentes, grupos de terroristas. E a razão não era apenas que as circunstâncias históricas teriam produzido um movimento conhecido como Islã radical. O problema era profundo e estrutural, originário de uma confluência de tendências técnicas.

Em primeiro lugar, a evolução da tecnologia de armamentos — desde os explosivos plásticos às armas nucleares e biológicas — tornou mais fácil para que um pequeno grupo de terroristas altamente motivados pudesse matar muitas pessoas. Segundo, a tecnologia da informação e outras tecnologias facilitaram a disseminação das instruções de montagem e de informações sobre os componentes desses armamentos. A tecnologia da informação facilitou, ainda, a formação de grupos de interesse — fazendo com que as pessoas com interesses comuns se encontrassem e, uma vez organizadas, recrutassem outras. Quando esses grupos de interesse são de entusiastas de aeromodelismo, está tudo bem; mas quando são de sequestradores de aviões, temos aí um problema.

Por causa desses três desenvolvimentos, uma insatisfação de base popular, indefinida e vasta, pode facilmente aglutinar-se e, então, transformar-se em violência maciça. Essa "crescente letalidade da insatisfação" é uma tendência duradoura e impulsionada estruturalmente. Podemos até já estar acostumados a ela.

E seu desfecho nos leva de volta ao nosso ponto de partida: se a insatisfação de base popular é de fato o inimigo público número um, então o Ocidente está participando de um jogo de soma não zero com o grande conjunto de muçulmanos do mundo. As coisas ficarão melhores para o Ocidente se forem melhores para os muçulmanos do mundo — se eles estiverem satisfeitos com seu lugar no mundo moderno e bem-intencionados em relação ao Ocidente, não exalando a insatisfação que nutre o terrorismo.

Reduzir a insatisfação de qualquer população é uma proeza de engenharia nada trivial, e fazê-lo em um grupo tão grande e diversificado como o dos muçulmanos do mundo é especialmente desafiador. No entanto, talvez alguns dos espaços vazios possam ser preenchidos pelo exercício da imaginação moral — com os ocidentais fazendo o desconfortável esforço de se colocar no lugar de pessoas que não exatamente gostam deles, e assim começar a compreender as origens desse desafeto. É sempre possível analisar a psicologia das pessoas observando-as de fora, mas se você quiser uma avaliação apurada de que coisas desnecessariamente as contrariam, e de que coisas conquistam sua confiança e respeito, não há melhor opção do que estar no lado de dentro, relacionando realmente a experiência delas com as suas próprias.

A IMAGINAÇÃO MORAL

Além disso, esse uso da imaginação moral irá predispor os ocidentais a agir, de fato, sobre os dados que reunirem. Eles estarão mais inclinados a perceber que tratar das queixas em questão é a coisa certa a ser feita — uma intuição que não estará sempre correta, mas que no geral funcionará como contraponto positivo a um impulso antagônico mais frequente.

É claro, esse senso de justiça trará resistência: isso quer dizer que as vítimas do terrorismo são as culpadas? Isso quer dizer que os terroristas não são os responsáveis? O fato de a resposta técnica a essas perguntas ser "não" não reduz a questão. Nem o farão as exortações para desconsiderar a questão da responsabilidade e apenas se concentrar na fria avaliação estratégica — de apenas identificar as situações em que tratar das queixas gera melhor retorno que ignorá-las e aquelas situações em que ignorá-las é, no geral, mais vantajoso.

Não, a melhor maneira de confrontar a aversão visceral à ampliação da imaginação moral é por meio das próprias vísceras. Lembremonos: o que os nossos verdadeiros inimigos — os terroristas — mais querem é que a maioria dos muçulmanos abrigue o ódio e alimente o ressentimento. Portanto, se tratar de algumas das queixas do inimigo significa tratar das queixas dos muçulmanos em geral, essa pode ser a melhor vingança contra os inimigos. A ideia básica lembra vagamente a perspicácia disseminada pelo apóstolo Paulo e derivada da literatura sapiencial hebraica: "Se teu inimigo tem fome, dá-lhe de comer". Pois, assim fazendo, tu "amontoas brasas sobre sua cabeça".[2]

Sermões assimétricos

Esse foi um sermão assimétrico em dois sentidos, pelo menos. Primeiro, eu me concentrei na "notável arrogância americana" como se ela fosse a única causa do terrorismo. Mas isso foi apenas uma conveniência retórica. Há muitas outras causas desse tipo, que envolvem várias atitudes de várias nações, e essa é apenas uma delas.

Segundo, eu perguntei como os ocidentais poderiam usar sua imaginação moral para avaliar as coisas sob a perspectiva dos muçulmanos. Por que eu não perguntei como os muçulmanos poderiam usar sua imaginação moral para avaliar as coisas sob a perspectiva dos ocidentais? Afinal, isso seria um desenvolvimento de semelhante valor.

Em primeiro lugar, porque provavelmente não há muita gente na Indonésia ou na Arábia Saudita lendo este livro. O mundo muçulmano, como o Ocidente, pode se valer de alguns sermões, mas os mais eficientes são aqueles que vêm de dentro.

Além disso, fazer com que os ocidentais consigam ver sob a perspectiva dos muçulmanos é apenas outra maneira de fazer com que os muçulmanos consigam ver sob a perspectiva dos ocidentais. A ideia é entender que coisas fazem com que os muçulmanos vejam as relações com o Ocidente como de soma zero, decidir quais dessas coisas podem ser mudadas a um custo aceitável, e, assim, tornar essas relações mais claramente como de soma não zero. Quanto mais clara for a soma não zero no relacionamento, mais os muçulmanos passarão a enxergar sob a perspectiva ocidental; mais ampla se tornará sua imaginação moral.

Progresso moral, ontem e hoje

Este capítulo marcou a primeira aparição da expressão "imaginação moral" neste livro. Mas, na realidade, imaginação moral é o tema de que, em grande parte, este livro vem tratando. A expansão e a retração da imaginação moral apóiam-se no padrão que permeia a história da religião: quando um grupo religioso percebe um relacionamento de soma não zero promissor com outro grupo, é bem provável que se criem escrituras tolerantes ou que se localize tolerância nas escri-

A IMAGINAÇÃO MORAL

turas existentes; e quando o grupo não percebe possibilidades de um resultado de ganhos recíprocos, é bem provável que se invoquem a intolerância e a beligerância. Os seres humanos possuem um equipamento inato para detectar pessoas com quem podem se relacionar efetivamente, e a imaginação moral é uma parte essencial desse equipamento. Quando este equipamento se abre para um povo, as atitudes religiosas podem mudar de acordo. Foi o que vimos repetidas vezes.

Assim sendo, como é que a imaginação moral, que hoje vem falhando bastante, funcionou tão bem durante a história abraâmica, expandindo-se com segurança para explorar as oportunidades de soma não zero? Na realidade, ela não funcionou tão bem. Embora eu tenha enfatizado os casos bem-sucedidos, houve muitos erros de cálculo, que levaram a resultados de perdas recíprocas. (Quantos cristãos e muçulmanos morreram em combate sobre Jerusalém durante as Cruzadas e que vantagens duradouras resultaram para as duas crenças? E quantas religiões de que nem sequer ouvimos falar foram extintas pelo fracasso ao tentar participar de jogos de soma não zero?)

E mais: muitos dos casos de sucesso não foram resultado da imaginação moral funcionando em piloto automático. Desde que a organização social evoluiu das sociedades caçadoras-coletoras para as chefias, a imaginação moral vem operando em um ambiente para o qual não foi projetada — assim, é de se esperar que ela precisasse, como hoje, de alguma orientação para funcionar a contento. E, de fato, entre as façanhas mais admiráveis das religiões está o fato de, por vezes, intervir e fornecer justamente essa orientação.

Essa orientação remonta à religião das chefias — à era em que a religião adquiriu pela primeira vez uma dimensão moral distinta — e estava bem avançada à época em que a história abraâmica se delineou. Consideremos as etapas de formação de Israel. Se você pretende organizar uma confederação de tribos, precisará de pessoas que estendam sua imaginação moral para além do que poderiam ditar os instintos moldados em um ambiente caçador-coletor. Daí, os Dez Mandamentos e a ideia de que você deveria "amar" o seu vizinho israelita. Uma propriedade essencial do amor é ser capaz de compartilhar a perspectiva do ser amado. Do mesmo modo, se você é o apóstolo Paulo e pretende construir uma vasta organização religiosa multinacional dentro do Império Romano, você precisará destacar que o amor fraternal deve se estender para além das fronteiras étnicas. E se você está montando o Islã, uma organização religiosa intertribal que virá a se tornar um governo imperial em expansão, você terá de enfatizar aqueles dois pontos, estendendo as afinidades para além dos limites das tribos e das etnicidades.

Essas transições na história das crenças abraâmicas — e na evolução de Deus — consistiram na expansão da imaginação moral, levando-a a um nível em que não houve perda de estímulo. Essa expansão é a religião no que ela tem de melhor. A religião no que ela tem de pior é... bem, já temos exemplos demais atualmente para que precisemos falar disso.

O melhor superou o pior? Certamente, houve um tipo de progresso moral inegável na história da humanidade, ao menos no sentido de que a imaginação moral hoje em dia estende-se habitualmente para além da circunferência de uma aldeia caçadora-coletora. E, certamente, a religião desempenhou um papel nesse progresso. Mesmo quando as religiões abraâmicas são defensivas e voltadas para si mesmas, vemos os muçulmanos identificando-se com outros muçulmanos a meio mundo de distância, e o mesmo se dá com os cristãos e os judeus. Em todos os casos, há uma maior bússola moral do que a que existia neste planeta há vinte mil anos, quando todas as religiões eram religiões "selvagens". Além disso, dentro do âmbito dessas três crenças, vemos algumas pessoas tentando estender a imaginação moral para além dos limites de sua religião particular.

Existe, obviamente, espaço para mais progresso. De fato, há necessidade urgente disso. Talvez não seja muito dizer que a salvação do planeta — a coesão e permanência de uma organização social global

A IMAGINAÇÃO MORAL

emergente — dependa desse progresso. É o que acontece quando a abrangência da soma não zero atinge amplitude planetária; uma vez que todos estão no mesmo barco, ou aprende-se a boa convivência, ou coisas muito ruins acontecem. Se as religiões abraâmicas não responderem a esse ultimato de maneira adaptativa, se não expandirem sua imaginação moral, o caos pode se estabelecer em escala sem precedentes. Os precursores dessas religiões — as antigas religiões da Mesopotâmia e do Egito — estavam certos quando descreveram o triunfo do caos como o fracasso da obra religiosa.

Mas isso é verdade?

No começo deste capítulo, eu disse que a participação bem-sucedida nos grandes jogos de soma não zero de nosso tempo exigiria maior aproximação da verdade moral. Em que sentido a expansão da imaginação moral — que considero pré-requisito para esse sucesso — nos aproximaria da verdade moral? Em dois sentidos: um deles um pouco frio e racional, talvez até com certo tom cético; o outro, mais empolgante e difuso.

Primeiro, a expansão da imaginação moral pode promover um maior alinhamento com o seu propósito darwinista original. A imaginação moral foi "projetada" pela seleção natural para nos ajudar a explorar oportunidades de soma não zero, para nos ajudar a consolidar relações pacíficas e proveitosas quando forem possíveis, para nos ajudar a encontrar pessoas com quem possamos nos relacionar e fazer negócios. Para fazer isso hoje, ela tem de crescer. Ela tem de crescer no mundo ocidental e tem de crescer no mundo muçulmano.

É claro, essas oportunidades são exploradas em proveito próprio, e pode parecer irônico dizer que nos aproximamos da verdade moral quando melhor atendemos aos nossos próprios interesses. Porém, nesse caso — e aqui começamos a falar do sentido empolgante e difuso — a busca do interesse próprio possui alguns derivados que são morais em um sentido mais tradicional.

Em primeiro lugar, a exploração dessas oportunidades de soma não zero — notadamente, aquela entre o mundo ocidental e o mundo muçulmano — atenderia aos interesses de ambas as partes, e o bem-estar humano aumentaria coletivamente. (Esse é o aspecto mágico da soma não zero; ela transforma o egoísmo racional em bem-estar para os outros.) Promover uma melhor situação para a humanidade em seu conjunto pode não envolver intrinsecamente a verdade moral, mas constitui, de fato, um tipo de progresso moral. Aliás, nesse caso, ela *realmente* envolve um tipo de verdade moral. Pois seu pré-requisito, a expansão da imaginação moral, nos força a ver o interior de cada vez mais pessoas pelo que esse interior é: notavelmente como o nosso próprio interior. Como o nosso próprio interior, ele é profundamente colorido pelas emoções e paixões que são a nossa herança darwinista; como o nosso próprio interior, ele, por sua vez, colore o mundo com julgamentos morais de interesse próprio; como o nosso próprio interior, ele possui valor intrínseco.

Dizer que as outras pessoas são também pessoas pode parecer uma constatação banal. Mas trata-se de uma constatação amiúde ignorada, e que é, em certo sentido, não natural. Afinal, todo organismo formado pela seleção natural vive, por padrão, a ilusão de que é especial. Todos baseamos nossas vidas cotidianas nessa premissa — de que nosso bem-estar é mais importante que o bem-estar de qualquer outra pessoa, com a possível exceção dos parentes próximos. Com efeito, a premissa é que nosso bem-estar é *muito* mais importante que o bem-estar alheio. Trabalhamos duro para que possamos ter o que merecemos, enquanto os outros não conseguem nada. Vemos nossos próprios ressentimentos como queixas legítimas e vemos as queixas dos outros como meros ressentimentos. E somos todos assim — todos perambulando com a ilusão de que somos especiais. É claro, objetivamente, não podemos estar todos certos. A verdade deve ser diferente. A expansão da imaginação moral aproxima-nos dessa verdade.

Assim, no final, a salvação do sistema social global requer progresso moral não só no sentido do bem-estar humano; tem de haver, como pré-requisito para esse crescimento, uma aproximação maior dos seres humanos individuais com a verdade moral. E é esse o desenlace inevitável da história humana. Não é inevitável no sentido de que seremos bem-sucedidos — de que nossa espécie se aproximará o suficiente da verdade moral para alcançar a salvação. Mas seria o desenlace inevitável do teimoso impulso da história em direção a crescentes situações de soma não zero para que pelo menos encaremos esta situação limite: ou nos aproximamos da verdade moral ou caímos no caos.

Eu disse no capítulo anterior que este livro não seria o espaço para se discutir a fundo se a história humana possui algum propósito superior. Mas, certamente, um fato que surgiria em tal discussão é este: a história tem nos aproximado cada vez mais da verdade moral, e agora nossa movimentação para ainda mais perto da verdade moral é o único caminho para salvação — "salvação", no sentido original abraâmico do termo: salvação da estrutura social.

Para os abraâmicos da variante cristã e muçulmana, em especial, a questão da salvação não termina nesse sentido do termo, descrito pela Bíblia Hebraica. Eles podem perguntar: a expansão da imaginação moral conduz à salvação no sentido de salvação individual? Ela salvará a minha alma? Trata-se de uma questão para eles responderem, conforme suas doutrinas continuem a evoluir. Mas podemos dizer o seguinte: tradicionalmente, as religiões que falharam em alinhar a salvação individual com a salvação social não prosperaram no final. E, gostemos ou não, o sistema social a ser salvo agora é um sistema global. Qualquer religião cujos pré-requisitos para a salvação individual não conduzam à salvação do mundo inteiro é uma religião ultrapassada.

Mesmo que o tempo efetivamente as ultrapasse, todas as religiões abraâmicas sempre poderão dizer: os profetas estavam certos. As coisas podem parecer ruins, mas a salvação é possível desde que compreendamos o que ela requer. Entretanto, será uma pena se essas religiões não conseguirem ilustrar esse ponto.

CAPÍTULO 20

Bem, não somos especiais?

Entre as coisas que muçulmanos, cristãos e judeus sempre tiveram em comum está uma tendência em exagerar o que os tornou especiais no passado.

As escrituras hebraicas descrevem os israelitas como revolucionários teológicos: eles entraram em Canaã apoiados pelo único e verdadeiro deus e subjugaram os politeístas ignorantes. Na verdade, como vimos, a religião israelita emergiu do ambiente cananeu e foi, ela própria, politeísta; o monoteísmo não predominou em Israel até o exílio babilônico do século VI AEC.

Os cristãos veem Jesus como o homem que trouxe aos judeus uma mensagem radicalmente nova de salvação pessoal e que estava determinado a levá-la aos povos do mundo. Mas Jesus era, ele próprio, um judeu, pregando a outros judeus, e sua mensagem essencial era provavelmente conhecida — uma mensagem de salvação nacional, uma mensagem sobre a reabilitação vindoura de Israel à grandeza. Seu programa não incluía, ao que parece, a abrangência transétnica, ou o seu corolário moral: um amor fraternal que não conhecesse fronteiras nacionais. Essa doutrina adentrou o cristianismo décadas após a morte de Jesus — um reflexo não de seus verdadeiros ensinamentos, mas do ambiente multiétnico, cosmopolita, do Império Romano. Seus ensinamentos foram reescritos de acordo, e a distorção resultante tornou-se os evangelhos.

Os muçulmanos consideram que Maomé trouxe duas mensagens revolucionárias: ele disse aos politeístas árabes que só havia um único deus, Alá; e explicou aos cristãos e judeus que o Deus deles e Alá eram o mesmo deus. Mas existem indícios de que quando Maomé entrou em cena, Alá já era conhecido como o Deus dos cristãos e dos judeus, um fato que ajuda a explicar por que as crenças e os rituais cristãos e judaicos sobreviveram no Islã. E quanto à questão de Alá ser o único deus — aqui Maomé foi ambíguo. Em deferência ao poder político dos politeístas árabes, ele parece ter admitido em determinado momento a existência de outros deuses, recostando-se somente mais tarde em um monoteísmo permanente; e, ainda assim, ele foi cuidadoso em preservar costumes originalmente politeístas, como a peregrinação anual a Meca. O islamismo não nasceu de um caráter firme e inteiramente novo, mas de um acordo flexível entre o judaísmo, o cristianismo e o paganismo árabe.

Logo, se nem Moisés, nem Jesus e nem Maomé trouxeram grandes novidades à cena, e se realmente a origem das três crenças abraâmicas pode ser vista como um tipo de síntese cultural, uma recombinação orgânica de elementos preexistentes, como fica a afirmação de que elas são religiões da revelação?

As escrituras como revelação

De fato, as coisas não parecem boas para a afirmação tradicional de que elas seriam religiões de uma revelação *especial*. Todavia, há ainda um sentido, ainda que menos sensacional, pelo qual as escrituras abraâmicas podem ser entendidas como revelação.

Para começar, essas escrituras revelam o caminho do desenvolvimento moral intrínseco à história humana. Essa revelação é difícil de acompanhar, porque o progresso moral é intermitente, com vários retrocessos — e, para complicar ainda mais, as escrituras não estão organizadas em ordem cronológica. Assim, mensagens de tolerância e de beligerância, de amor e ódio, estão misturadas de modo aparentemente aleatório. No entanto, vistas no contexto, essas mensagens cedem a um padrão: quando as pessoas percebem situações de ganho recíproco e consideram que podem trabalhar juntas, elas se abrem aos pontos de vista umas das outras, e até à existência umas das outras. Desse modo, conforme a evolução tecnológica confere maior abrangência ao reino das somas não zero — o que essa evolução vem fazendo insistentemente através da história, e tudo indica que continuará fazendo — há motivos para reconhecer e respeitar a humanidade de um círculo cada vez mais amplo de seres humanos.

É claro, esse tipo de "revelação" escritural — a revelação de um padrão na história — por si só não faria com que a maioria dos judeus, cristãos e muçulmanos se enchesse de orgulho. Afinal, os documentos históricos mais laicos poderiam ser revelações, nesse sentido. Supõe-se que as escrituras teriam sido emanadas de uma fonte divina, daquele que é o revelador. E elas confirmariam não só algum postulado vago sobre um padrão moral na história, mas declarações teológicas específicas — nesse caso, declarações sobre se seriam os cristãos, os muçulmanos ou os judeus os que conhecem Deus e a sua vontade.

Entretanto, há um motivo pelo qual esse tipo de revelação menos sensacional poderia ser munição bem-vinda para os abraâmicos que se vissem em um debate teológico — principalmente, se o debate os tivesse a todos no mesmo lado. Se eles esquecerem as diferenças que têm entre si e em relação a outras religiões, veremos um divisor maior no pensamento moderno: aquele entre as pessoas que acham que existe, de alguma forma, uma fonte divina de significado, um propósito superior neste universo, e as pessoas que não acham isso.

DEUS TORNA-SE GLOBAL (OU NÃO)

De um lado, estão pessoas como Steven Weinberg, o físico ganhador do prêmio Nobel, que disse notoriamente: "Quanto mais o universo parece compreensível, mais parece também sem sentido." Em seu ponto de vista, não existe nenhuma fonte transcendente de significado ou de orientação moral. "Não se trata de uma ordem moral lá fora", disse ele certa vez. "Trata-se de algo que nós impomos."[1]

Mas o que as escrituras abraâmicas ilustram, ainda que obscuramente, é que *há* uma ordem moral lá fora — e ela é imposta sobre nós. Recursos intrínsecos na história, procedentes da lógica básica da evolução cultural, dão à humanidade a opção entre evoluir moralmente ou pagar um preço por falhar em fazê-lo. Daí o padrão, através dos milênios, pelo qual as pessoas situam cada vez mais pessoas dentro de seu círculo de consideração moral. E daí as ondas de sofrimento decorrentes da falha em fazê-lo. E daí o atual momento culminante desse padrão, um momento em que a única maneira de evitar um enorme desastre de proporções possivelmente catastróficas seja a expansão desse círculo moral para todo o planeta. A marcha da história desafia as pessoas a expandir seu raio de solidariedade e compreensão, a ampliar sua imaginação moral, a compartilhar a perspectiva das outras pessoas, ainda mais além. O tempo atraiu-nos para a aparentemente banal, embora evasiva, verdade moral de que as pessoas em qualquer lugar são pessoas, exatamente como nós.

Dizer que isso significa uma ordem moral não implica que essa ordem prevalecerá; não implica que abraçaremos essa verdade, passaremos no teste e anunciaremos uma era de tranquilidade. Muitas pessoas podem resistir à verdade de tal modo que, ao contrário, o caos se suceda. A ordem moral baseia-se no fato de que esse preço com efeito será pago se a verdade moral não despontar de maneira abrangente. A ordem moral é a coesão do relacionamento entre a ordem social e a verdade moral.

O fato de que exista uma ordem moral lá fora não quer dizer que exista um Deus. Por outro lado, é evidência a favor da hipótese de

Deus e contrária ao ponto de vista de Weinberg. No grande divisor do pensamento atual — entre aqueles, incluindo os abraâmicos, que enxergam um propósito superior, uma fonte transcendente de significado, e aqueles, como Weinberg, que não veem assim — a existência manifesta de uma ordem moral pende claramente para um lado.

Além disso, ainda que acreditar nessa ordem moral não signifique que você creia em Deus, isso pode tornar você, de certa forma, religioso. No primeiro capítulo, quando estávamos procurando uma definição de religião abrangente o suficiente para englobar as muitas coisas que foram chamadas de religião, optamos por uma formulação de William James. A fé religiosa, ele disse, "consiste na crença de que existe uma ordem invisível, e que o nosso bem supremo reside em ajustarmo-nos harmoniosamente a ela". Presumidamente, uma coisa que se qualificaria como "nosso bem supremo", na visão de James, é perceber claramente, e aceitar, a verdade moral. E se a ordem invisível é uma ordem moral, ajustar-se harmoniosamente a ela requer justamente isso.

É claro, você poderia interpretar o "bem supremo" de James em termos mais práticos. Nosso bem supremo, você poderia dizer, é a nossa saúde e sobrevivência, a nossa prosperidade. Mas, mesmo com essa interpretação, a ordem moral revelada nas escrituras abraâmicas é compatível com a formulação de James. Afinal, a maneira pela qual a história atrai as pessoas para a verdade moral é por meio da recompensa, por terem-na buscado, e pela punição, por terem resistido a ela. Conforme a evolução tecnológica aproxima cada vez mais pessoas, ou elas reúnem tolerância e respeito mútuo para se relacionarem umas com as outras, ou não conseguirão prosperar. A ordem moral oferece-nos a chance da saúde social — a salvação, no sentido da Bíblia Hebraica — mas somente se acatarmos sua lógica; somente se "ajustarmo-nos harmoniosamente" à "ordem invisível".

Vimos no último capítulo que os profetas abraâmicos estavam certos, pelo menos no sentido de acreditar que a salvação é possível desde que compreendamos o que ela requer. Agora, podemos dizer que eles estavam certos em um sentido mais profundo — ao acreditar que a salvação requer um alinhamento mais próximo com o eixo moral do universo.

É claro, eles não colocaram dessa maneira. Eles não usaram frases como "o eixo moral do universo". Eles apenas disseram que a salvação requeria o alinhamento de si mesmo com a vontade de Deus. Contudo, eles acreditavam que a vontade de Deus *era* o eixo moral do universo. Nessa linha, mesmo que presumíssemos que todas as suas ideias específicas sobre Deus estivessem erradas — mesmo que presumíssemos que eles estavam errados por achar que *existe* um Deus —, eles estariam mais próximos da verdade sobre a essência das coisas do que Steven Weinberg. Ou existe uma ordem moral ou não existe. Eles disseram que existe, ele disse que não existe. Parece que eles estavam certos.

O amadurecimento de Deus até agora

No capítulo 8, quando falei sobre o "amadurecimento" do deus abraâmico, não o fiz porque tinha confiança de que esse deus, ou qualquer outro deus, existisse (trata-se de uma questão a que não sou qualificado para responder). Fi-lo porque o deus das escrituras abraâmicas — real ou não — tinha uma tendência a amadurecer moralmente. Esse amadurecimento, embora às vezes obscuro e aparentemente fortuito, é a "revelação" da ordem moral subjacente à história: conforme o escopo da organização social se amplia, Deus tende a acompanhá-lo, atraindo uma parcela maior da humanidade para sua proteção, ou, pelo menos, uma parcela maior da humanidade sob sua tolerância.

Assim, quando as tribos de Israel combinaram-se em um só regime, Iavé expandiu-se para abrangê-las a todas, refletindo um tipo de

BEM, NÃO SOMOS ESPECIAIS?

progresso moral — aceitação mútua entre aquelas tribos, a aceitação que permitiria que se formasse a nação israelita. E depois do exílio, quando Israel obteve uma posição segura no Império Persa multinacional, o nacionalismo extremo de um Israel anterior abrandou. Agora, as escrituras hebraicas enfatizavam a afinidade com outras nações do império e minimizavam animosidades passadas.

O Deus cristão, como o Deus de Israel, extraiu sustento moral da natureza multinacional do império, nesse caso o Império Romano. A salvação era permitida a todos os fiéis, sem considerações de nacionalidade. Os vestígios de um deus mais restrito — o deus de quando Jesus chamava uma mulher de "cachorrinho" porque ela não era de Israel — foram esquecidos.

A formação do Islã encurtou, de certa forma, um milênio ou mais a história do Deus judaico-cristão. Primeiro, Alá superou distinções tribais, como o fez sob o nome Iavé na antiga Israel. Então, o Islã, por volta do final de seu período de formação, adquiriu a perspectiva multinacional do império, admitindo, como o cristianismo (e como o judaísmo moderno), povos de todas as nações na comunidade da fé. Mas o Islã foi mais além que o cristianismo do Império Romano; em certas passagens, suas escrituras concedem a possibilidade de salvação aos povos fora de seu círculo — aos cristãos e judeus, e até aos zoroastristas, que foram incluídos no âmbito do império com a conquista islâmica da Pérsia.

É claro, essa lista aparentemente progressiva de marcos teológicos foi definida com um viés. Eu poderia, da mesma maneira, ter listado os aspectos negativos da afiliação imperial — a doutrina do jihad, produto do antigo Islã imperial, ou a doutrina cristã da guerra santa, ambas as quais propiciaram os massacres durante as Cruzadas. Através da história humana, conforme as zonas de soma não zero se expandiram e, com elas, a extensão dos regimes políticos e religiões, as relações amistosas dentro dessas zonas eram, em geral, equilibradas pela hostilidade entre elas. Quando muito, o movimento em direção à verdade moral, embora significativo regionalmente, fora modesto globalmente.

Agora, atingimos um estágio na história em que o movimento em direção à verdade moral tornou-se significativo globalmente. A tecnologia deixou o planeta pequeno demais e bastante interdependente, para que a hostilidade entre grandes blocos seja de interesse duradouro. O potencial negativo da soma não zero do mundo seria explosivamente grande para ser compatível com a salvação social. Especificamente: em um imaginado "choque de civilizações" entre o Islã e o Ocidente, nenhum dos lados poderia realisticamente esperar a vitória.

Portanto, se desejamos que o Deus das crenças Abraâmicas continue a fazer o que ele conseguiu fazer antes — evoluir de modo que estimule resultados de soma positiva nos jogos de soma não zero — ele terá de amadurecer um pouco mais. Seu caráter terá de se desenvolver de modo que permita, para começar, que muçulmanos, cristãos e judeus tenham boa convivência, já que a globalização continua os aproximando ainda mais.

Se o mundo moderno oferece motivos para o pessimismo nessa frente, pelo menos podemos encontrar no mundo antigo motivos para o otimismo. Como vimos no capítulo 8, os períodos iniciais dos impérios foram o mais próximo da globalização naquele mundo, quando as nações eram forçadas a novas combinações e novas avenidas de contato eram abertas. E, como acabamos de ver, o Deus das três crenças passou no teste imperial do mundo antigo: quando inserido no contexto multinacional do império, ele convocou mentes abertas e tolerantes o suficiente para facilitar a participação nos jogos de soma não zero. Neste momento, pode não parecer que o caráter de Deus esteja amadurecendo; mas ele possui essa instância dentro de si.

É claro, o caráter de Deus é um resultado do modo como os muçulmanos, cristãos e judeus o pensam. Assim, dizer que o deus abraâmico tem de amadurecer significa que eles têm de começar a

BEM, NÃO SOMOS ESPECIAIS?

pensar nele de modo um pouco diferente — como um deus que seja menos inclinado a favorecer só a eles. Em outras palavras, eles precisam começar a pensar que são um pouco menos especiais.

Em primeiro lugar, eles poderiam pensar as diferentes crenças abraâmicas como envolvidas, desde o princípio, na mesma tarefa. E é verdade: as três crenças têm se esforçado para dar sentido ao mundo em termos definitivos, em termos do significado do mundo todo e de seu sentido. E esse esforço foi, de certa forma, bem-sucedido: o esforço em si demonstrou um padrão que sugere fortemente que *há* um sentido nisso tudo — um propósito superior, uma ordem moral transcendente. E mais: essa evidência corrobora uma conclusão a que todos os seus profetas chegaram, cada qual à sua maneira — de que a salvação é possível se soubermos o que ela requer, e que o que ela requer é um alinhamento mais próximo com a ordem moral do universo. As religiões abraâmicas poderiam dar tapinha nas próprias costas, ou melhor ainda, dar tapinha nas costas umas das outras.

Isso pode parecer aconselhamento, mas não pretende sê-lo. Se há uma coisa que este livro mostra é que aconselhar povos religiosos sobre que postura tomar perante outras religiões não leva, por si só, a lugar nenhum. Os fatos reais devem conduzir à conciliação para que esta aconteça. Mas podemos ver forças em operação que podem ter esse efeito, e sabemos que tais forças podem operar em processo rápido.

Há apenas quatro décadas, as diferenças entre católicos e protestantes não eram poucas em muitas partes da América. "Exogamia" era um termo aplicado aos casamentos de católicos com protestantes, os quais não eram sempre bem-recebidos. Atualmente, "endogamia" captura melhor a essência de tais casamentos. As razões — ou seja, os jogos de soma não zero — são várias, incluindo uma economia que gerou interdependência entre protestantes e católicos no ambiente cotidiano de trabalho, e uma percepção de que o secularismo ameaça suas crenças e valores comuns. Talvez forças semelhantes possam tornar mais próximas as crenças abraâmicas do mundo. Certamente, a sensibilidade religiosa em maior escala está sob ataque; e essas crenças teriam um interesse comum em responder a esse desafio.

Como ser humilde: lição número dois

Outra maneira de fazer com que as religiões abraâmicas se sintam menos especiais seria assinalar que elas não estão sozinhas na tentativa de dar sentido ao mundo em termos definitivos. As religiões não abraâmicas têm estado envolvidas na mesma tarefa e, indiscutivelmente, algumas se saíram melhor nisso.

Considere-se a ideia de que a salvação social — evitar o caos — exige maior adesão à verdade moral. Esta é, de certa forma, a validação fundamental do empreendimento a que se dedicam o judaísmo, o cristianismo e o islamismo. Trata-se de uma ideia, como argumentei, que a direção básica da história ratifica e é uma ideia expressa nas três crenças. Ainda assim, nenhuma das três crenças a expressou de maneira tão central e tão explícita como o fez, muito tempo antes de elas surgirem, a religião do antigo Egito.

No capítulo 13, vimos que uma vida após a morte dependente da moral, uma ideia sabidamente central ao cristianismo, fora antecipada no Egito, bem antes da era de Jesus: na corte do deus Osíris, o histórico moral dos mortos era julgado, e seu destino, determinado de acordo. Entretanto, não nos aprofundamos na riqueza simbólica desse processo judicial. Quando os mortos faziam suas declarações de pureza moral, a veracidade destas era verificada colocando-se seu coração sobre uma balança e contrapesando-o a uma pluma, que representava Maat, a deusa da verdade. (Era um momento de tensão. Ao lado, estava Ammut, a devoradora, uma deusa abominável que comeria o morto se o coração fosse julgado corrupto.)[2] Então, a questão seria decidida: era verdadeiro, como os mortos afirmavam,

BEM, NÃO SOMOS ESPECIAIS? 513

que eles haviam respeitado a propriedade e seus camaradas egípcios, incluindo os serviçais e os pobres?

Mas a pluma naquele dia do Juízo Final era mais que um símbolo de Maat, a deusa da verdade, e, portanto, mais que um medidor da verdade. Pois a própria Maat incorporava *maat* — um tipo de substância metafísica composta de verdade, ordem e harmonia cósmica.[3] Um dos trabalhos do faraó era apresentar *maat* aos deuses e, assim, sustentar a ordem precária do mundo. Os textos egípcios ensinam às pessoas como "viver em *maat*" — viver uma vida moral — e, desse modo, auxiliar o faraó. Então, quando os egípcios, conscientes de seu dia de julgamento, cultivavam *maat*, eles estavam enfrentando não só a mortalidade pessoal, mas também a dissolução social. E Osíris — às vezes chamado de "o senhor de *maat*" — simbolizava precisamente essa luta dupla.[4] Pois ele (neste e em muitos outros aspectos semelhante a Jesus) era um deus que se ergueu dos mortos, e Set, o deus que matou Osíris inicialmente, e sobre quem Osíris triunfou por meio da ressurreição, era o deus do caos.

Parece que esse enredo — cuja estrutura básica foi narrada milênios atrás — nunca foi superado como declaração mítica de nossa situação: ou nos esforçamos em direção à verdade moral, que, de maneira central, implica o respeito pelo outro, ou nos dissolvemos no caos.

A propósito, nenhuma religião superou a religião do antigo Egito na força de seu estímulo para encorajar essa luta: somente se você se esforçar é que você poderá passar a eternidade na graça. Como vimos, quase todas as religiões vinculam a salvação social a algum tipo de salvação individual, mas a glória eterna teria de estar próxima do topo das salvações individuais em termos de poder motivacional. Os cristãos e os muçulmanos equipararam-se nesse poder, mas não o ultrapassaram.

Hoje em dia esse estímulo não funciona para todos. Muitas pessoas não acreditam em uma vida após a morte — um número crescente, talvez, e certamente um número crescente de pessoas instruídas. Além disso, muitas pessoas não se veem na busca de salvação pessoal, em qualquer outro sentido. O que levanta uma questão: na era moderna, como aplicar a fórmula — já testada pela história, de formar um vínculo entre a salvação individual e a salvação social — para fortalecer o tecido social? Se tantas pessoas não procuram a salvação, como fazer da maior adesão à verdade moral um pré-requisito para isso?

Felizmente, ocorre que na verdade todos procuram a salvação. A palavra "salvação", lembremos, vem de uma palavra latina que significa manter-se intacto, manter-se íntegro, estar em boa saúde. E todos, ateístas, agnósticos e crentes, igualmente, estão tentando manter-se em boa saúde mental, tentando manter sua psique ou seu espírito (ou como queira chamar) intacto, manter o corpo e a alma integrados. Eles estão tentando, poderíamos dizer, evitar o caos em nível individual.

Logo, o desafio básico para vincular a salvação individual à salvação social pode ser posto em uma linguagem igualmente simétrica, ainda que mais secular: o desafio é vincular a prevenção do caos individual à prevenção do caos social. Ou: vincular a busca da plenitude psíquica à plenitude social. Ou: vincular a busca da integridade pessoal à integridade social. Ou: vincular a busca da harmonia psíquica à harmonia social.

Ou qualquer coisa do gênero. A linguagem exata depende do contexto: devotos abraâmicos usarão linguagem diferente da dos "buscadores" da Nova Era, da dos agnósticos neobudistas, da dos humanistas seculares, e por aí vai. Algumas pessoas se animarão com a ideia de que buscar a salvação pessoal vinculada à salvação social é alinhar-se com um propósito cósmico manifestado na história, enquanto outras pessoas não se animarão com isso (ou porque não concordam que há um propósito manifestado, ou porque não se interessam). No entanto, seja como for a descrição desse vínculo, e qualquer que seja a natureza dessa estrutura de estímulo, o vínculo terá de ocorrer para um percentual razoável de seres humanos no mundo, para que ele surta efeito. A salvação social pode ou não estar próxima, dependendo da extensão com que os indivíduos, ao buscarem suas próprias salvações, expandam sua imaginação moral e, assim, expandam o círculo de consideração moral.

O futuro de Deus

Com o risco de parecer insistente com o fato de as crenças abraâmicas não serem tão especiais: essa expansão do círculo moral é outra área em que as religiões não abraâmicas às vezes superaram as abraâmicas.

Considere-se o budismo sob a influência do imperador indiano Ashoka do século III AEC, de que falamos brevemente no capítulo 12. A conversão de Ashoka ao budismo, como a conversão posterior de Constantino ao cristianismo, garantiu à sua nova religião um posição sólida sobre uma plataforma imperial. E a ênfase do budismo no amor fraternal e na caridade, semelhante à mesma ênfase do cristianismo na Roma antiga, era, ao que tudo indica, interessante para a unidade transétnica do império. Entretanto, como os antigos califados islâmicos — e diferentemente de Constantino — Ashoka insistiu no respeito às outras religiões no império; ele nunca exigiu a conversão.

Em resumo, Ashoka combinou o melhor das duas religiões imperiais de tradição abraâmica. E, então, fez uma melhor. Enquanto o cristianismo e o islamismo estavam ambos engajados em uma guerra santa imperial, Ashoka renunciou à conquista, tomado pelo horror do evento que antecedeu e provocou sua conversão ao budismo — sua própria conquista sangrenta de uma região vizinha. "A conquista mais importante", ele declarou, é a "conquista moral." Assim, "o som dos tambores de guerra" seria substituído pelo "chamado do Dharma", o caminho da verdade moral.[5]

E se as religiões abraâmicas realmente abrissem mão de sua impressão de serem tão especiais — e demonstrassem respeito umas às outras e até, quem sabe, respeito às crenças não abraâmicas? Sem dúvida, pareceria a muitos cristãos, judeus e muçulmanos uma ofensa à sua crença. Ainda assim, isso equivaleria a um tipo de confirmação. Na essência de cada crença, há a convicção de que existe uma ordem moral e, para a concepção abraâmica de Deus, evoluir dessa forma seria ainda mais evidência de que tal ordem existe. Para os judeus, cristãos ou muçulmanos, apegar-se a afirmações de seu caráter especial poderia fazer suas crenças parecerem, e talvez serem, menos válidas. Como Ashoka afirmou, em um diferente contexto: "Se um homem exalta sua própria fé e menospreza outra por causa da devoção à sua própria e porque ele deseja glorificá-la, ele ofende seriamente à sua própria fé."[6]

É extravagante pensar que um dia as crenças abraâmicas renunciarão não só às suas declarações de que são especiais, mas mesmo à afirmação de que toda a empresa abraâmica é especial? Tal mudança radical no caráter de Deus pode ser imaginável? Mudanças dessa natureza já aconteceram diversas vezes. Mais uma transformação não seria novidade.

Há uma fórmula teológica eficaz para dissolver o sentimento de ser especial, demonstrado por diferentes crenças. É notadamente mais associada aos hindus, que parecem tê-la usado como maneira de integrar as várias regiões que permitiam a adoração de deuses hindus diversos. A ideia é que todos os deuses, com seus diferentes nomes, são manifestações de um único "ente supremo". Como um antigo texto védico registrou: "Eles o chamam de Indra, Mitra, Varuna e Agni, e também de o belo e celestial Garutman. O real é um, embora os sábios o nomeiem variadamente..."[7]

Essa ideia pode também ter se refletido, talvez de maneira obscura, nas escrituras abraâmicas. Como vimos no capítulo 8, com frequência a Bíblia Hebraica refere-se a Deus como "Elohim" — um termo que parece ter ingressado no hebraico por meio de uma língua franca, usada bem além das fronteiras de Israel. Como também vimos,

BEM, NÃO SOMOS ESPECIAIS?

alguns estudiosos consideram que essa palavra, com sua essência internacional, era, em alguns casos, usada para sugerir que os deuses da região, incluindo o deus que Israel chamava de Iavé, eram todos o mesmo deus.

Assim sendo, isso ajudaria a entender algo que sempre foi enigmático: as duas últimas letras de *Elohim* fazem do nome um plural. De fato, a Bíblia às vezes o usa dessa maneira, como na referência aos "deuses" de outra nação.[8] Todavia, quando aplicado ao Deus de Israel, esse nome superficialmente plural é tratado como singular. Talvez essa anomalia gramatical, assim como a origem internacional da palavra, fosse uma maneira de passar a ideia de que os vários deuses das redondezas de Israel — vários elohim — eram diferentes faces do Ente Supremo único.

Com efeito, a palavra *Elohim* parece bastante com antigos nomes para Deus nas tradições cristã e islâmica: *Elaha* no aramaico que Jesus teria falado, e *Allah* no árabe de Maomé.[9] Provavelmente, não se trata de uma coincidência, mas, como sugeri no capítulo 14, do efeito de uma família linguística comum; *Elaha* e *Allah* compartilham o mesmo DNA de *Elohim*. Nessa linha, vislumbres da noção de Ente Supremo são observáveis em nomes antigos para a divindade nas três crenças abraâmicas. Talvez as três crenças possam juntas usar essa noção para encontrar a harmonia com as crenças não abraâmicas, caso algum dia demonstrem capacidade duradoura para conviverem bem entre si. Mas uma coisa de cada vez.

EPÍLOGO

A propósito, o que é Deus?

Neste livro usei a palavra "deus" em dois sentidos. Primeiro, há os deuses que povoaram a história humana — deuses da chuva, da guerra, deuses criadores, deuses para todos os fins (como o deus abraâmico), e assim por diante. Esses deuses existem na mente das pessoas e, provavelmente, em nenhum outro lugar.

Porém, ocasionalmente, sugeri que poderia haver um tipo de deus que é real. Essa perspectiva foi levantada em função da existência evidente de uma ordem moral — isto é, da insistente, embora irregular, expansão da imaginação moral da humanidade através dos milênios, e o fato de que a continuidade da manutenção da ordem social depende do avanço da expansão da imaginação moral, do movimento em direção à verdade moral. A existência de uma ordem moral, eu afirmei, torna razoável supor que a humanidade possui, em algum sentido, um "propósito superior". E talvez a origem desse propósito superior, a origem da ordem moral, seja algo que se possa rotular de "deus", pelo menos em algum sentido dessa palavra.

A frase anterior não é uma expressão arrebatada de fé religiosa; na realidade, ela é essencialmente agnóstica. De qualquer modo, não recomendo que você a pronuncie, digamos, em uma reunião na universidade, a menos que queira que as pessoas olhem para você como se estivesse "falando em línguas estranhas". Nos círculos intelectuais modernos, especular seriamente sobre a existência de Deus não é um caminho muito bem visto.

Com efeito, a primeira década do século XXI tornou a conversa sobre deus uma infração ainda mais grave para a etiqueta dos intelectuais do que o era no fim do século XX. Como consequência dos ataques de 11 de setembro de 2001, a atitude antirreligiosa foi central em vários produtos culturais influentes (livros de Sam Harris, Christopher Hitchens, Daniel Dennett e Richard Dawkins; um filme de Bill Maher, um monólogo de Julia Sweeney). No espaço de apenas alguns anos, a postura mais ou menos oficial dos intelectuais perante religiosos mudou do silêncio cortês para o repúdio declarado, quando não zombaria.

Então, haveria alguma esperança para os religiosos que gostariam de ser considerados mais modernos — ou, mais realisticamente, não tão "fora de moda"? Talvez. Afinal, a versão de Deus que é ridicularizada pelos intelectuais da moda é a do deus antropomórfico, tradicional: algum ser sobre-humano com uma mente notadamente parecida com a nossa, exceto pela abrangência muito maior (de fato, um deus que, na descrição padrão, é onisciente, onipotente e, como um bônus, infinitamente bom!). E esse não é o único tipo de deus que existe.

É claro, não podemos excluir a possibilidade de que alguma versão sobre-humana do homem exista acima e além do universo. Filósofos discutem seriamente a possibilidade de que o universo seja algum tipo de simulação; e, em uma versão desse cenário, o nosso criador é um programador de computador de uma civilização extraterrestre — ou ainda, extrauniversal — muito avançada. (E, realmente, se a situação problemática humana fosse criação de um

EPÍLOGO

hacker adolescente, isso explicaria muita coisa!) Mas não temos motivos para presumir isso, e há precedente na teologia para o uso da palavra "deus" em um sentido não-antropomórfico. Por exemplo, Paul Tillich, teólogo cristão do século XX, descreveu Deus como "o fundamento do ser".

Como os críticos de Tillich apontaram, "o fundamento do ser" soa um pouco vago, talvez vago demais para se referir a um deus. Com efeito, parece-se muito com a "realidade absoluta", referida por alguns místicos que se consideram ateístas. Que bem faria um "deus" tão abstrato a religiosos tradicionais, que idealizam um deus antropomórfico, sobre-humano — um deus "personificado" com quem eles podem conversar e a quem podem dar graças, amar e pedir perdão? Em que sentido sua fé poderia ser justificada pela existência de um deus tão abstrato que a palavra "deus" poderia não ser a palavra certa para ele? ("Divindade", talvez?)

A justificativa está nos olhos de quem a vê. Mas uma base plausível para a justificativa seria se acontecesse de o deus personificado, como concebido geralmente, fosse uma aproximação razoável do deus mais abstrato, em que pesem as limitações da concepção humana.

Suponha, por exemplo, que aceitássemos como nossa concepção abstrata de Deus "a origem da ordem moral". (A definição igualmente abstrata "fundamento do ser", de Tillich, é algo que não estou qualificado para expressar, muito menos para defender. Eu a citei somente como exemplo de abstração teológica.) Pensar nessa origem, e se referir a ela, como se fosse um deus personificado poderia ser realmente uma maneira adequada para os seres humanos compreenderem essa origem, mesmo que houvesse melhores maneiras para seres menos limitados em sua compreensão?

Isso parece esquisito, eu sei. Parece uma manobra intelectual forçada, até desesperada, uma última tentativa de resgatar uma concepção pré-científica de Deus em meio ao ataque da ciência moderna. No entanto, curiosamente, eis uma discussão que não aparece na ciência moderna; os físicos fazem algo que é, de certa forma, análogo a crer em um deus personificado.

A realidade absoluta da ciência

É uma ideia básica da física moderna que, embora se defina "realidade absoluta" como realidade *científica* absoluta — a verdade mais fundamental da física —, a realidade absoluta não é algo que se possa conceber claramente.

Pense em um elétron, uma pequena partícula que gira em torno de outra pequena partícula. Errado! Sim, às vezes os físicos consideram prático pensar nos elétrons como partículas, mas às vezes é mais prático pensar neles como ondas. Concebê-los em apenas uma das formas seria incompleto, embora concebê-los como sendo ambos seria... inconcebível. (Tente você mesmo!) E os elétrons são só a ponta do iceberg. Em geral, o mundo quântico — o mundo da realidade subatômica — comporta-se de maneira que não faz sentido para nossas mentes. Vários aspectos da física quântica evidenciam a propriedade que o falecido físico Heinz Pagels chamava de "estranheza quântica".[1]

A má notícia para aqueles com inclinação religiosa, portanto, é que talvez eles devessem abandonar as esperanças de entender o que é Deus. (Se não podemos conceber com clareza o que é um elétron, quais seriam nossas chances de entender Deus de maneira precisa?) A boa notícia é que a falta de esperanças em entender alguma coisa com exatidão não significa que essa coisa não exista. Ao que parece, algumas coisas são só inconcebíveis — e mesmo assim são coisas, apesar de tudo.

Pelos menos, *alguns* físicos acreditam que os elétrons são coisas. O fato de ninguém ter realmente *visto* um elétron, e de que tentar imaginá-lo dê um nó em nossa cabeça, levou alguns físicos e filósofos da ciência a questionarem se seria correto dizer que os elétrons *realmente* existem. É possível dizer isto acerca de elétrons, bem como acerca de Deus: há os que acreditam e há os céticos.[2]

Aqueles que creem acreditam que há *alguma coisa lá fora* que corresponda à palavra "elétron" — alguma "coisa" em algum sentido da palavra "coisa"; e que, embora o máximo que possamos fazer é conceber essa "coisa" sem precisão, até erradamente, ainda assim concebê-la faz mais sentido que não concebê-la de modo algum. Eles acreditam em elétrons enquanto professam sua incapacidade de realmente "saber" o que é um elétron. Poder-se-ia dizer que eles acreditam em elétrons mesmo sem provas de que os elétrons existam por si mesmos.

Embora sustentem que conceber sem precisão a realidade subatômica seja uma forma válida de conhecimento, muitos desses físicos não aprovariam se você tentasse adotar artifício semelhante em um contexto teológico. Se você dissesse que acredita em Deus, mesmo reconhecendo que não tem uma ideia clara do que é Deus — e que você não pode sequer provar se Deus existe por si mesmo — eles diriam que sua crença não tem fundamento.

Ora, qual é exatamente a diferença entre a lógica da crença dos físicos nos elétrons e a lógica de uma crença em Deus? Eles percebem padrões no mundo físico — tais como o comportamento da eletricidade —, postulam uma origem para esses padrões e chamam essa origem de "elétron". Aquele que acredita em Deus percebe um padrão no mundo moral (ou, pelo menos, padrões morais no mundo físico), postula uma origem para esses padrões e a chama de "Deus". "Deus" é aquela coisa desconhecida que é a origem da ordem moral, a razão por que há uma dimensão moral na vida sobre a Terra e uma direção moral no tempo sobre a Terra; "Deus" é responsável pelo fato de a vida ser sensível, passível de bons e maus sentimentos, e daí moralmente expressiva; Deus é responsável pelo sistema evolutivo que colocou a vida altamente sensível em uma trajetória em direção ao bom, ou pelo menos na direção de oportunidades e estímulos para se realizar o que é bom; nesse processo, "Deus" deu a cada um de nós um eixo moral em torno do qual organizamos nossas vidas, se assim o quisermos. Sendo humanos, sempre conceberemos essa origem da ordem moral de maneiras erradamente grosseiras; mas, novamente, poderíamos dizer o mesmo acerca de conceber elétrons. Logo, sua atitude diante da origem da ordem moral será a mesma que a dos físicos diante da origem subatômica da ordem física, como um elétron: tentar entendê-la da melhor maneira possível, e não conseguir. Pelo menos, este é um argumento moderno e apoiado cientificamente que poderia ser usado pelos que acreditam em Deus.

O ateísta revida

Existem réplicas razoáveis que um cientista ateísta que acredita em elétrons poderia apresentar, porque há momentos em que a analogia entre Deus e um elétron não se aplica. Especificamente, os cientistas poderiam dizer: "Mas algo como um elétron é *necessário* para explicar padrões percebidos no mundo físico. Em contraposição, algo como Deus não é *necessário* para explicar a ordem moral do universo."

É um bom argumento. A abordagem deste livro sobre a direção moral da história foi uma abordagem *materialista*. Explicamos a expansão da imaginação moral como um resultado da expansão da organização social, que é, ela própria, consequência da evolução tecnológica, que, por sua vez, se desenvolveu naturalmente no cérebro humano, que, por sua vez, se desenvolveu naturalmente da "sopa primordial", por meio da evolução biológica. Não há nenhuma força mística que tenha entrado no sistema para explicá-lo e não há necessidade de buscarmos uma.

EPÍLOGO

De fato, quando o religioso fala da "origem" da ordem moral, o cientista pode responder que a origem da ordem moral é... *o elétron* — ou, a rigor, outras partículas subatômicas, mais fundamentais que o elétron. Afinal, a sopa primordial consistia essencialmente em partículas subatômicas; se a expansão da imaginação moral pode ser explicada em termos materialistas, então sua explicação mais fundamental é a explicação mais fundamental para o mundo material em geral — a grande teoria da unificação que os físicos procuravam. Portanto, para que começar a falar de Deus?

O religioso tem uma resposta e ela nos leva de volta ao capítulo 18. Lá, vimos uma coisa sobre a qual concordavam os biólogos modernos e o teólogo cristão William Paley, do século XIX: a existência dos animais — comparada, digamos, à existência das pedras — exige um tipo especial de explicação. E a razão não é que a criação de um animal não possa ser explicada em termos materiais; de fato, com crescente sucesso os cientistas vêm compreendendo como a complexa funcionalidade integrada de um animal (órgãos de digestão, de percepção etc.) se desenvolve de um óvulo fecundado por meio de processos físicos explicáveis. Pelo contrário, a ideia é que esse processo eminentemente material — o surgimento da funcionalidade integrada por meio da maturação biológica — parece o tipo de sistema físico que não aconteceria "por acaso"; ele deve ser resultado de um processo criativo que impregna as coisas com a funcionalidade — ou um projetista (ou seja, um deus, como o reverendo Paley argumentou) ou um "projetista" (como a seleção natural, que Darwin defendeu mais tarde).

Resultou ser o último — um *processo* "projetista", não um deus projetista. Entretanto, por maior que seja essa decepção para as crenças religiosas do reverendo Paley, há uma moral nessa história que os religiosos modernos desejarão realçar: os biólogos concordam que um sistema ou processo estritamente físico — cujo funcionamento

EPÍLOGO

pode ser inteiramente explicado em termos materiais — pode ter características tão extraordinárias que é razoável postular alguma força criativa especial como sua origem e indagar sobre a natureza dessa força. Darwin investigou a força criativa nas plantas e animais e sua resposta foi a evolução. Certamente, o religioso tem direito a fazer a mesma pergunta sobre a evolução: de onde veio o maravilhoso algoritmo da seleção natural?

Esse religioso, a propósito, *não* estaria aqui defendendo o "projeto inteligente", a ideia de que a seleção natural não é adequada para explicar a evolução humana. Ao contrário, a ideia aqui é que a seleção natural é um mecanismo tão poderoso que sua origem demanda uma explicação especial; que a evolução pela seleção natural possui padrões e propriedades tão extraordinários como o desenvolvimento de um animal em direção à integração funcional.

Explicamos alguns desses padrões no capítulo 18: conforme a seleção natural se estabeleceu, criando formas cada vez mais inteligentes de vida, ela veio a criar uma forma de vida tão inteligente que deu origem a um segundo processo criativo, a evolução cultural; e conforme a evolução cultural (especialmente a tecnológica) prosseguiu, a espécie humana apresentou expansões cada vez mais vastas de organização social, até que essa expansão atingiu proporções globais; e, no processo, surgiu uma *ordem moral*, o vínculo entre o desenvolvimento da organização social e o avanço em direção à verdade moral. Essa ordem moral está entre as razões para que o religioso suponha que o sistema de evolução pela seleção natural requeira uma explicação criativa especial.

Essa suposição pode ser equivocada, mas o argumento por trás dela é compreensível e legítimo — semelhante em estrutura ao argumento que, antes de Darwin, ofereceu motivação para a busca da teoria da seleção natural. E se, tendo concluído que a ordem moral sugere a existência de alguma origem ainda desconhecida de criatividade que colocou a seleção natural em movimento, o religioso decidir chamar essa origem de "Deus"... bem, esse é o papel do religioso. Afinal, os físicos escolheram o nome "elétron".

É claro, você poderia perguntar como o religioso pode supor uma origem criativa aparentemente tão exótica como um "deus", quando a origem criativa da vida orgânica resultou ser um mero processo mecânico conhecido como seleção natural. Ao que o religioso poderia responder que um sistema físico que apresente uma ordem *moral* demanda uma explicação mais exótica que um sistema físico que apresente somente uma forma mais material de ordem.

Ainda que o cientista ateísta considerasse esse argumento persuasivo, o religioso ainda teria algum trabalho. Pois há um argumento formidável que o cientista poderia usar contra toda a ideia de comparar a suposta existência de Deus à suposta existência do elétron. Trata-se de um argumento muito pragmático. Ei-lo: é certo, acreditamos na existência do elétron embora nossas tentativas até aqui para entendê-lo tenham sido, quando muito, imperfeitas. No entanto, há uma percepção de que nossas concepções imperfeitas do elétron têm *funcionado*. Manipulamos a realidade física presumindo que os elétrons existem da maneira imperfeita como os concebemos e — *voilà* — eis que temos o computador pessoal. Embora nossas concepções das origens da ordem material sejam grosseiras, essas concepções trouxeram o *progresso material.*

O religioso responde

Ao que o religioso pode replicar: bem, conceber grosseiramente a origem da ordem moral do universo trouxe, no conjunto, o *progresso moral.* Conforme nos deslocamos das sociedades caçadoras-coletoras para a iminência de uma civilização global unificada, nossa concepção de Deus "amadureceu" — ou seja, a bússola moral dos deuses em que

528 EPÍLOGO

acreditamos se desenvolveu, e nossa imaginação moral se desenvolveu com ela; e se ultrapassarmos esse limiar final, estaremos ainda mais próximos da verdade moral. Logo, deixar de conceber Deus agora seria abandonar um caminho que tem sido bem-sucedido em seus propósitos — não um caminho de investigação científica que trouxe o progresso científico, mas um caminho de investigação moral que trouxe o progresso moral.[3]

O cientista ateísta provavelmente não acatará esse argumento, e sua resistência poderia assumir esta forma: mesmo que seja verdade que a ideia de Deus nos ajudou a chegar ao estágio atual de evolução moral, não podemos nos aliviar dessa ideia — dessa *ilusão* — e continuar sozinhos daqui por diante? Não poderíamos buscar a verdade moral em função da própria verdade moral? Você realmente *precisa* de Deus para sustentar o progresso moral como os físicos *precisam* do elétron para sustentar o progresso científico?

Isso depende de quem seja "você". Algumas pessoas podem ter vidas moralmente exemplares sem a ideia de Deus. Outras precisam de Deus — e não necessariamente porque só poderiam ter uma vida virtuosa se temessem o inferno e esperassem o paraíso; em geral, concebendo a verdade moral como uma personificação viva, elas podem viver uma vida virtuosa mais facilmente. Elas precisam sentir que, se agirem errado, estarão desapontando *alguém*, e que, se forem boas, estarão agradando *alguém* — e esse alguém é alguém que, acima de todos, é bom agradar e é ruim desapontar.

Essa não é uma necessidade que surpreenda. Afinal, o equipamento moral humano evoluiu no contexto da sociedade humana, como uma ferramenta para navegação em ambiente social; nossos sentimentos morais são naturalmente ativados *em respeito aos outros seres*; fomos "projetados" pela seleção natural para ser bons por obrigação aos outros, por medo da desaprovação dos outros, em busca da estima dos outros. E, para muitos, levar essas relações humanas para um

EPÍLOGO

nível sobre-humano funciona bem. Elas são pessoas melhores, e, com frequência, pessoas mais felizes, ao pensar em um Deus que está ciente da luta diária delas, e que oferece conforto, ou aprovação, ou censura; elas podem se alinhar melhor com o eixo moral do universo ao agradecer a Deus, ao pedir a Deus que as ajude a manter-se corretas, ao buscar o perdão de Deus por seus erros. É interessante que algumas pessoas possam ser exemplos de virtude sem esse tipo de ajuda, mas, de certo modo, isso é surpreendente; a condição natural humana é basear a vida moral em relação à existência de outros seres, e quanto mais ubíquos esses seres, mais firme será essa base.

Em outras palavras: dadas as limitações da natureza humana, os que acreditam em Deus estão interagindo com a ordem moral tão produtivamente quanto possível, ao conceberem a origem desta de um modo particular, ainda que esse modo seja imperfeito. Isso não se parece com os físicos que interagem com a ordem física tão produtivamente quanto possível, concebendo as origens subatômicas de um modo particular, ainda que esse modo seja imperfeito?

De fato, poderíamos até descrever ambas as formas de interação como um tipo de comunicação. O cientista manuseia a realidade de uma maneira que diz implicitamente: "eu acho que o mundo subatômico possui certa estrutura"; e a realidade responde de volta, positiva ou negativamente. O processo científico — a evolução das ideias científicas — é um longo diálogo com a natureza. Como vimos, a evolução de Deus, e a concomitante evolução de nossa imaginação moral, também poderia ser descrita como um longo diálogo com a natureza; nossa espécie, no decorrer da história, obteve respostas que equivalem a uma educação moral, respostas que a dirigiram em direção à verdade moral. É a significativa direcionalidade dessa evolução que faz com que os religiosos suponham que a origem dessas respostas seja, de algum modo, mais profunda que a própria natureza.

O cientista ateísta mediano, se levado a ler até este ponto, provavelmente ainda estaria resistindo ao paralelo entre o físico e o teísta, insistindo que há diferença entre conceber de maneira imperfeita um elétron, que de fato *existe*, e conceber de modo imperfeito um Deus, que *não existe*.

Mas isso é ainda muito simples. Como dito acima, alguns físicos acham que os elétrons realmente *não* existem. Eles dizem: sim, deve haver *alguma* origem para os padrões que atribuímos aos elétrons, e, sim, faz sentido pensar nessa origem como elétrons, porque pensar assim é produtivo — mas, em verdade, a origem desses padrões é tão diferente de um elétron que não se pode dizer que os elétrons por si mesmos existam. (De acordo com a teoria das cordas, os padrões que atribuímos a partículas são, na verdade, "vibrações" emitidas por elementos semelhantes a filamentos. E mesmo que a teoria das cordas venha a ser empiricamente produtiva — o que ainda não aconteceu — por que deveríamos duvidar de que, algum dia, saberemos que a imagem dos filamentos vibrantes é tão equivocada quanto o é a imagem da partícula, como dizem hoje os teóricos das cordas?) Nessa perspectiva, o elétron não é apenas concebido de modo imperfeito; ele é uma ilusão, ainda que uma ilusão produtiva.

Talvez a perspectiva mais defensável — tanto para os elétrons como para Deus — é posicioná-los em algum lugar entre a ilusão e a concepção imperfeita. Sim, há uma origem dos padrões que atribuímos ao elétron, e o elétron como concebido é uma aproximação produtiva dessa origem, que não devemos denegrir chamando-a de "ilusão"; entretanto, nossa imagem de um elétron é muito, muito diferente do que essa origem nos pareceria se o aparato cognitivo humano tivesse capacidade de apreendê-la com clareza. Assim também o é com Deus: sim, há uma origem da ordem moral, e muitas pessoas têm uma concepção de Deus que é uma aproximação produtiva dessa origem; entretanto, essa concepção é muito, muito diferente do que essa origem da ordem moral nos pareceria se a cognição humana fosse capaz de compreendê-la.

EPÍLOGO   531

Isso nos leva de volta ao começo. Algumas pessoas questionam se *existe* uma ordem moral. Como Steven Weinberg (no capítulo 20), elas poderiam dizer que não há ordem moral "lá fora", independente das leis morais que impomos. Mas é importante entender que é aqui que está grande parte das discordâncias: existe uma ordem moral transcendente ou não? Se existe, então as pessoas que levam a sério os elétrons teriam dificuldades em negar a legitimidade de se tentar conceber a origem dessa ordem; especialmente, se você realçar a elas que a origem da ordem moral não é necessariamente inconsistente com uma visão de mundo científica — ela não precisa ser algum tipo de Deus antropomórfico, gratuitamente intervencionista, ou alguma "força" mística que ultrapassa as leis do universo; talvez as leis do universo, mesmo ao operarem com regularidade normal, sejam subordinadas ao propósito, porque foram projetadas com o propósito em mente. (Ou, talvez, "projetadas" com o propósito "em mente". Afinal, o "projetista" poderia ser algum processo além da seleção natural. Até onde sabemos, os universos evoluem através de um tipo de seleção natural cósmica, e os universos que geram vida que evolui em direção a uma crença na verdade moral, e a uma maior aderência a esta, funcionam melhor para replicarem-se do que os universos que não possuem esse tipo de ordem moral e tendência teleológica).[4] Seja o que for que postulemos como a origem da ordem moral — um Deus antropomórfico que gerou a seleção natural, ou um processo seletivo mecanicista que gerou a seleção natural, ou algo entre os dois — a questão é que se você acredita que a ordem moral existe, então a tentativa do religioso de conceber essa origem, e de referir-se a essa origem, seria um exercício legítimo mesmo pelos padrões da ciência, não obstante o quão imperfeita fosse a concepção dessa origem, não obstante o quão sinuosos fossem os meios de se referir a ela.

E, de qualquer modo, talvez sentir que você está em contato com um deus personificado *não* seja maneira tão sinuosa de se referir à origem da ordem moral. Sugeri em algumas páginas atrás que, quando as pessoas percebem a presença de um deus semelhante ao ser humano, elas estão se inspirando em partes da infraestrutura moral nelas embutidas pela seleção natural — um senso de obrigação para com as outras pessoas, culpa por desapontar o outro, gratidão por presentes recebidos e assim por diante. E essas coisas são, por sua vez, fundamentadas em componentes mais básicos da infraestrutura moral evoluída, incluindo o próprio senso de que há algo como o certo e o errado. Todos esses elementos da natureza humana — todos esses ingredientes do sentimento de contato com um Deus personificado e às vezes julgador — são produto da lógica da soma não zero, como realizada por meio da evolução; eles são a maneira de a seleção natural nos guiar em direção a relacionamentos proveitosos; eles incorporam o "reconhecimento" da seleção natural de que, por meio da cooperação com outras pessoas (com algumas delas, pelo menos), podemos atender a nossos próprios interesses. E essa dinâmica da soma não zero, lembremo-nos, é central ao "Logos", a lógica subjacente à vida que Fílon de Alexandria, por exemplo, considerava uma extensão direta de Deus. Portanto, poderíamos dizer que a evolução do equipamento moral humano pela seleção natural foi o Logos em ação durante uma etapa específica da agregação orgânica; foi o que permitiu que nossos antigos ancestrais trabalhassem juntos em pequenos grupos, e que preparou o cenário para que eles trabalhassem juntos em grupos bem maiores, incluindo, por fim, grupos transcontinentais.

Se você aceitar esse argumento — se acatar essa teologia particular do Logos —, então perceber a presença de um deus personificado terá um quê de validade irônica. Por um lado, você está imaginando coisas; o ser divino que você percebe "lá fora" é, na verdade, algo dentro de você. Por outro lado, essa coisa dentro de você é uma expressão de forças "lá de fora"; é uma encarnação de uma lógica de soma não zero que antecede e transcende os indivíduos, um tipo de lógica

EPÍLOGO

que — pelo menos, nesta teologia do Logos — pode ser chamada de divina. O sentimento de contato com uma divindade transcendente é, nesse sentido, sólido.

É claro, existem muitos religiosos — a maioria, de fato — que não embarcarão nesse exercício de modo algum. Eles não querem apenas ouvir que *alguma* concepção de deus pode ser defensável, ou que um deus personificado é defensável como um tipo de aproximação da verdade. Eles querem ouvir, sim, que sua concepção específica de Deus está certa. Bem, se é isso que eles gostariam de ouvir, este não é o livro para eles. (Talvez a Bíblia ou o Alcorão?) O melhor que podemos fazer dentro do plano intelectual deste livro é postular a existência de Deus em um sentido muito abstrato e defender a crença em um deus mais personificado em termos pragmáticos — como uma crença verdadeira, no sentido de que outras crenças fundamentais, inclusive algumas científicas, são verdadeiras.

Deus é amor?

Existem pessoas que têm as duas crenças: elas abrigam uma concepção bem abstrata de Deus e ainda possuem algumas das vantagens psicológicas de acreditar em um deus mais personificado. A chave para conseguir isso está na opção de abstração. Talvez a abstração mais bem-sucedida seja o amor: Deus é amor.

Isso é verdade? Deus é amor? Como todas as caracterizações de Deus, esta presume mais discernimento do que penso ter. No entanto, há certamente alguma coisa na ideia de que o amor esteja conectado ao tipo de Deus cuja existência estamos supondo aqui (com efeito, emana dele). A conexão vem por meio da conexão do amor à ordem moral, da qual Deus é a origem. Essa ordem moral revelou a si mesma por meio de círculos de somas não zero cada vez mais amplos, que

EPÍLOGO

conduzem as pessoas em direção à verdade moral em que o respeito mútuo é justificado. Como vimos no capítulo 19, é a imaginação moral e seu desenvolvimento que pavimentam com frequência o caminho para essa verdade, e assim o fazem por meio da expansão de um tipo de solidariedade, uma identificação subjetiva com a situação do outro. E à medida que a solidariedade se intensifica, ela se aproxima do amor. O amor, poderíamos dizer, é a apoteose da imaginação moral; ele pode promover a identificação mais íntima com a outra pessoa, a apreciação mais intensa do valor moral do outro.

Às vezes, o amor, no caminho da condução a essa verdade moral, estimula verdades mais mundanas. Suponha que você seja um pai ou uma mãe e (a) veja o bebê de alguém se comportar mal, e depois (b) veja seu próprio bebê fazer o mesmo. Suas reações previstas são, respectivamente: (a) "Que fedelho!" e (b) "Isso é o que acontece quando ele não tira um cochilo". Ora, (b) é uma explicação em geral correta, enquanto (a) — o repúdio ao "fedelho" — não é sequer uma explicação. Logo, nesse caso, o amor conduz em direção à verdade. É assim também quando um pai ou uma mãe vê seu filho se pavoneando e conclui que o exibicionismo dele é fruto de insegurança. Essa é, em geral, uma explicação válida — diferente, por exemplo, de "o filho do meu vizinho é tão exibidinho" — e ainda leva à compreensão da natureza humana. Mas é verdade que o amor também pode distorcer nossa percepção — e isso acontece todos os dias. (Como exemplo extremo, busque no Google "Texas Cheerleader Mom", sobre o caso de Nanda Holloway, ocorrido em 1991.) Entretanto, o amor em sua melhor forma leva a uma apreensão mais verdadeira do outro, uma compreensão e empatia que convergem na verdade moral do respeito, e até reverência, pelo outro.

Além disso, essa compreensão empática, a base da imaginação moral, poderia nunca ter surgido não houvesse o amor neste planeta. Muito antes da história e muito antes dos seres humanos, os animais

EPÍLOGO

sentiam algo como amor pelos parentes. E é bem provável que os animais passaram a sentir amor quando foram capazes de, em certo sentido, se identificar com o interior subjetivo do outro animal. Para colocar em linguagem fisiológica: o amor provavelmente possibilitou os primeiros "neurônios-espelho", uma possível base biológica da imaginação moral e, portanto, um elemento essencial na infraestrutura da ordem moral.

Há uma associação ainda mais profunda entre amor e ordem moral. A expansível bússola moral possibilitada pela ordem moral, como vimos, é uma manifestação da soma não zero, do fato de que a evolução cultural (e, em particular, a tecnológica) leva cada vez mais pessoas a participar de jogos de soma não zero, a distâncias cada vez maiores. E daí resulta que a invenção do amor pela seleção natural foi, ela própria, uma manifestação da soma não zero. O amor foi inventado porque, do ponto de vista da proliferação genética — o ponto de vista pelo qual a seleção natural atua — os parentes próximos estão participando de um jogo de soma não zero; por compartilharem tantos genes, eles possuem um "interesse" darwinista em comum de transmitir os genes uns dos outros para as gerações subsequentes.

É claro, os organismos não estão conscientes desse "interesse". Mesmo em nossa espécie — inteligente, como nos tornamos — a lógica darwinista não é uma lógica consciente; não saímos por aí pensando, "Ao amar minha filha, estarei mais propenso a cuidar dela e a mantê-la saudável até que alcance a idade de reprodução, de modo que, por meio do meu amor, meus genes estarão participando de um jogo de soma não zero com os genes que compartilho com ela". Com efeito, toda a perspectiva darwinista sobre o amor é uma representação dessa lógica; o amor faz com que nos comportemos *como se* entendêssemos essa lógica; a invenção do amor, em algum animal, milhões de anos atrás, foi a maneira de a natureza fazer com que organismos não inteligentes procurassem um resultado ganho mútuo (ganhar-ganhar, do ponto de vista dos genes), por serem incapazes de fazê-lo de modo consciente. E, nesse momento, as sementes da solidariedade — o corolário do amor e um elemento essencial da imaginação moral — foram plantadas.

Assim, tendo sido gerada por essa soma não zero biológica, a solidariedade pôde ser aproveitada por uma onda posterior de somas não zero, uma onda dirigida pela evolução cultural e, em específico, tecnológica. À proporção que a interdependência, e assim a estrutura social, cresceu para além dos laços de família — e daí para além dos limites dos grupos de caçadores-coletores, das chefias e dos Estados — o caminho foi pavimentado pelas expansões de solidariedade. Esta solidariedade não precisou envolver seu motivador inicial, o amor; você não precisa amar os outros para fazer negócios com eles, ou mesmo considerá-los compatriotas. Mas tem de haver imaginação moral suficiente, consideração de afinidade suficiente, para mantê-los fora da categoria cognitiva de inimigos; você tem de considerá-los, em algum sentido, seus pares.

E, como vimos que o amor pode estimular a verdade dentro da família, esse movimento de solidariedade que ultrapassa a família também fez avançar a causa da verdade. Porque o fato é que as outras pessoas *são* seus pares. Para melhor ou para pior, elas são guiadas pelos mesmos tipos de sentimentos, esperanças e desilusões que você. Quando você mantém pessoas na categoria de inimigos, você o faz motivado, entre outras coisas, pela ignorância deliberada dessa semelhança.

É bastante notável: a invenção do amor pela seleção natural — em algum animal desconhecido, muitos milhões de anos atrás — foi um pré-requisito para a imaginação moral cuja expansão, aqui e agora, pode ajudar a manter o mundo nos trilhos; um pré-requisito para nossa apreensão da verdade de que a salvação do planeta depende: da verdade objetiva de ver as coisas do ponto de vista dos outros; e da verdade moral de considerar importante o bem-estar alheio.

EPÍLOGO

Embora não possamos conceber Deus tanto quanto não podemos conceber um elétron, os religiosos podem atribuir propriedades a Deus, mais ou menos como os físicos atribuem propriedades aos elétrons. Uma dessas propriedades mais plausíveis é o amor. E talvez, sob esse aspecto, o argumento a favor de Deus seja fortalecido pela associação orgânica do amor com a verdade — pelo fato de que, com efeito, essas duas propriedades às vezes quase se mesclam em uma só. Alguém poderia dizer que o amor e a verdade são as duas manifestações primárias da divindade das quais podemos participar, e que, ao participar delas, nos tornamos manifestações mais verdadeiras do divino. Ou alguém poderia não dizer isso. A questão aqui é que o primeiro não precisaria ser louco para defender essa ideia.

APÊNDICE

Como a natureza humana criou a religião

Quando alguma coisa aparece em todas as sociedades conhecidas, como é o caso da religião, a questão de se essa coisa está "nos genes" é naturalmente levantada. A religião conferiu tamanhas vantagens a nossos distantes ancestrais de tal modo que os genes favoráveis a ela se disseminaram por meio da seleção natural? Há cientistas que acreditam que sim — e, com efeito, cientistas em número suficiente, para que fossem possíveis manchetes como esta, em um jornal canadense: "Busca pelo 'gene de Deus' continua."[1]

Espera-se ver essa manchete novamente, já que a busca provavelmente não chegará a um fim com sucesso. E isso não só porque um *único* gene não poderia, obviamente, fundamentar algo tão complexo como a religião. Também não encontra apoio uma versão mais sutil da ideia do "gene de Deus" — a de que um conjunto de genes foi preservado pela seleção natural porque esses genes motivariam as pessoas à religião.

Curiosamente, esse veredicto — de que a religião não está, em nenhum sentido claro, "nos genes" — surge da psicologia evolucionista, um campo conhecido por enfatizar as influências genéticas sobre o

540 APÊNDICE

pensamento e as emoções. Embora alguns psicólogos evolucionistas considerem que a religião seja um produto direto da seleção natural,[2] muitos deles — e provavelmente a maioria — assim não acredita.

Isso não significa que a religião não seja, em algum sentido, "natural", e não significa que a religião não esteja, em certo sentido, "nos genes". Tudo o que as pessoas fazem está, em *algum* sentido, nos genes. (Tente fazer algo sem usar algum gene.) Além disso, podemos associar a religião a partes específicas da natureza humana que estão essencialmente nos genes. Ocorre apenas que essas partes da natureza humana parecem ter evoluído por alguma outra razão que não a de fundamentar a religião.[3]

O psicólogo americano William James, em seu clássico de 1902, *As variedades da experiência religiosa*, capturou a ideia básica sem se referir à evolução: "Existe o medo religioso, o amor religioso, o terror religioso, a alegria religiosa etc. Mas o amor religioso é apenas a natural emoção humana do amor dirigida a um objeto religioso; o medo religioso é tão somente o medo comum da vida de todos os dias, por assim dizer, o tremor corriqueiro do peito humano, na medida em que a noção do castigo divino pode ocasioná-lo; o terror religioso é o mesmo estremecimento orgânico que sentimos numa floresta ao crepúsculo, ou no meio de um desfiladeiro; só que desta vez ele nos acomete com a ideia das nossas relações sobrenaturais."[4]

Se quisermos expressar a ideia básica de James na linguagem da biologia evolucionista, teremos de introduzir o conceito de "adaptação". A adaptação é uma característica cujos genes subjacentes disseminaram-se pelo *pool* genético *em virtude de* terem dado origem àquela característica. O amor, por exemplo, parece ser uma adaptação. O amor à prole, por inspirar o sustento dos descendentes, pode ajudar os genes a continuarem nas futuras gerações; em consequência, os genes subjacentes ao amor paternal parecem ter se disseminado *em virtude de* serem a causa do amor. É possível argumentar de modo

APÊNDICE

semelhante que o terror, a alegria e o medo — as outras emoções que James cita — foram, em si mesmos, adaptações. (Temer um animal grande e agressivo, ou um ser humano grande e agressivo, pode salvar a sua pele e, assim, salvar os genes subjacentes a esse medo.) Entretanto, isso não quer dizer que a *religião* seja uma adaptação, ainda que a religião envolva amor, terror, alegria e medo, e, portanto, envolva os genes subjacentes a essas emoções.

Para retomar uma terminologia menos técnica: poderíamos dizer que fomos "projetados" pela seleção natural para sentir amor e terror, alegria e medo. (Desde que se entenda esse "projetados" como uma metáfora; a seleção natural não é como um projetista humano que, conscientemente, antevê o produto final e, então, o realiza; é, sim, um processo cego e estúpido de tentativa e erro.) Mas dizer que essas emoções são um produto do "projeto" não é dizer que, quando acionadas pela religião, elas estejam funcionando como "projetadas".

Do mesmo modo, os humanos foram "projetados" pela seleção natural para serem capazes de correr e também foram "projetados" para ter espírito competitivo; porém isso não significa que foram "projetados" para participar de competições de atletismo. A religião, assim como o atletismo, não parece ser uma "adaptação". Ambos parecem ser o que o paleontólogo Stephen Jay Gould chamou de "*spandre*" — um fenômeno apoiado por genes que se tornaram parte da espécie ao fazerem algo diferente de apoiar esse fenômeno. Um *spandrel* é um produto secundário incidental do processo do "projeto" orgânico, enquanto uma adaptação é um produto direto. A religião parece ser um *spandrel*.

Entretanto, poderíamos dizer, a religião, de fato, tem marcas características do projeto. É um sistema integrado e complexo que parece servir a funções específicas. Por exemplo, as religiões quase sempre possuem alguns "ritos de passagem" — o casamento, os funerais etc. — cuja condução em forma de rituais é provavelmente boa para a sociedade. Como você explicaria a coerência e a funcionalidade da religião sem apelar a um projetista — ou, pelo menos, a um "projetista"?

Você não explicaria. Mas a evolução biológica não é o único grande "projetista" em ação neste planeta. Há também a evolução cultural: a transmissão seletiva de "memes" — crenças, hábitos, rituais, canções, tecnologias, teorias e assim por diante — de pessoa para pessoa. E um critério que orienta a evolução cultural é a utilidade social; os memes que favorecem o melhor funcionamento do grupo geralmente têm vantagem sobre os memes que não o fazem. A evolução cultural é o que nos deu as empresas atuais, o governo atual e a religião atual.

A propósito, ela nos deu a religião antiga. Sempre que observamos uma religião "primitiva", estamos observando uma religião que vem evoluindo culturalmente há muito tempo. Embora as religiões caçadoras-coletoras observadas nos deem pistas sobre como era a religião típica cerca de doze mil anos atrás, antes da invenção da agricultura, nenhuma delas se assemelha muito com a religião em sua fase literalmente *primitiva*, a época em que (quando quer que tenha sido) as crenças e práticas religiosas surgiram. Aliás, o que chamamos de religiões "primitivas" são corpos de crenças e práticas que vêm evoluindo — culturalmente — por dezenas ou até centenas de milênios. Geração após geração, as mentes humanas vêm aceitando algumas crenças, rejeitando outras, formando e reformando a religião ao longo do tempo.

Assim para explicar a existência da religião "primitiva" — ou, nesse propósito, de qualquer outro tipo de religião — primeiro temos de entender a que tipos de crenças e práticas a mente humana é receptiva. Que tipos de informações a mente naturalmente filtra e que tipos naturalmente a penetram? Antes de a religião aparecer e começar a evoluir por meio da evolução cultural, como a evolução genética deu forma ao ambiente no qual a religião evoluiria — ou seja, o cérebro humano?

APÊNDICE

Para colocar a questão de outra maneira: a seleção natural "projetou" a mente humana para receber que tipos de crenças? Em princípio, não as verdadeiras.

Pelo menos, não as verdadeiras em si. Na medida em que a percepção e a compreensão mais precisas do mundo ajudavam os ancestrais da humanidade a passar seus genes para a próxima geração, então, é claro, a precisão mental seria favorecida pela seleção natural. E, em geral, a precisão mental *é* boa para a sobrevivência e para a transmissão dos genes. Por isso é que temos uma excelente capacidade de percepção profunda, por exemplo, para captar a voz humana em meio a outros sons no ambiente. Contudo, em situações em que a percepção e o julgamento precisos impedissem a sobrevivência e a reprodução, esperaríamos que a seleção natural não favorecesse a precisão.

Verdade e consequências

Em 1974, Patty Hearst, herdeira de um jornal de San Francisco, foi sequestrada por um grupo radical chamado Exército Simbionês de Libertação, cujos objetivos incluíam "morte ao inseto fascista que saqueia a vida do povo". Depois de ser mantida cativa por algum tempo, ela acabou por se identificar com o grupo. E logo estava auxiliando-os entusiasticamente a obter recursos, chegando a brandir uma metralhadora durante um assalto a banco. Quando teve oportunidade de escapar, ela não a aproveitou.

Posteriormente, ela descreveu a experiência: "Praticamente, eu não tinha vontade própria, até que fiquei separada deles por cerca de duas semanas. E, então, de repente, aos poucos começou a ficar claro que eles não estavam mais comigo. Eu podia realmente ter meus próprios pensamentos." Hearst não só aceitou as crenças "subjetivas" de seus sequestradores, tal como a ideologia; ela assumiu suas opiniões sobre como o mundo físico funcionava. Um dos sequestradores "não queria

544 APÊNDICE

que eu pensasse em ser resgatada porque ele achava que as ondas cerebrais poderiam ser lidas ou que alguém arranjaria um médium para me localizar. E até disso eu tinha medo".

A condição de credulidade coerciva de Hearst é chamada de síndrome de Estocolmo, em referência a um sequestro ocorrido na Suécia. Mas o termo "síndrome" pode ser equivocado, por sugerir anormalidade. A resposta de Hearst às suas circunstâncias foi provavelmente um exemplo da natureza humana em funcionamento correto; parece que fomos "projetados" pela seleção natural para receber lavagem cerebral.

Algumas pessoas acham essa perspectiva uma afronta absurda à autonomia humana, mas, no geral, essas pessoas não são psicólogas evolucionistas. Em termos darwinistas, faz sentido que nossa espécie possa conter genes que encorajem a credulidade cega, pelo menos em algumas situações. Se você está cercado por um pequeno grupo de pessoas de quem depende sua sobrevivência, rejeitar as crenças que lhes são mais importantes não ajudará você a viver o suficiente para passar seus genes para a próxima geração.

O confinamento com um pequeno grupo de pessoas pode parecer muito raro para que a seleção natural o levasse em conta; entretanto, em certo sentido, essa é a condição humana natural. Os humanos evoluíram em pequenos grupos — vinte, quarenta, sessenta pessoas — dos quais a deserção não era uma opção viável. A sobrevivência dependia do suporte social: compartilhar comida, manter-se juntos em combates etc. Alienar-se de seus companheiros por lhes contestar teimosamente as crenças mais profundas poderia diminuir suas chances de proliferação genética.

Talvez isso explique por que você não tem de trancar uma pessoa em um armário para que ela tenha um pouco de síndrome de Estocolmo. Os cultos religiosos simplesmente oferecem a adolescentes desorientados uma passagem de ônibus grátis para uma refeição grátis; e depois que os noviços passam alguns dias cercados pelos fiéis, eles tendem a acatar as crenças. E não precisa haver uma figura autoritária a vociferar as crenças. Em um famoso experimento de psicologia social, os indivíduos analisados declararam que duas linhas de comprimento visivelmente diferente tinham o mesmo tamanho, depois que alguns de seus "pares" (que eram, na verdade, colaboradores do experimento) emitiram essa opinião.

Dada essa tendência conformista na natureza humana, não é surpreendente que pessoas criadas em religiões "primitivas" — ou em qualquer outra religião — aceitem um elaborado sistema de crenças que observadores externos considerem altamente duvidoso. Porém, a questão permanece: como o elaborado sistema de crenças veio a existir? Sim, as pessoas tendem a aceitar a estrutura oficial de crenças e rituais da comunidade (especialmente, se não houver alternativas). Mas como essa estrutura veio a existir, em primeiro lugar? Como a religião se estruturou desde o seu princípio?

Deus morde homem

Para responder a essa pergunta, temos de observar detalhadamente a evolução cultural. Temos de pensar em unidades individuais de cultura — crenças e práticas, nesse caso — e como elas se disseminaram. O biólogo Richard Dawkins cunhou o termo "meme" para representar as unidades de cultura em parte porque o termo lembra um pouco a palavra "gene" e ele queria realçar alguns paralelos entre a evolução biológica e a cultural. Por exemplo: assim como os genes são transmitidos de corpo para corpo, para as gerações seguintes, os memes são transmitidos de mente para mente. E assim como genes recém-criados "competem" por um lugar no *pool* genético, memes recém-gerados "competem" pelo espaço limitado do estoque de cérebros humanos do mundo. Nessa luta constante de meme contra meme, que tipos de memes terão uma "vantagem seletiva"?

Os jornais são um bom lugar para procurar por indícios. Os editores de jornais trabalham duro para descobrir que tipos de informações as pessoas querem, para assim atender a essa demanda. Eles são perfeitos engenheiros de memes e, portanto, estudiosos da natureza humana. Uma coisa que você notará nos jornais é que eles têm uma tendência para noticiar coisas boas e coisas ruins. As manchetes "Bolsa sobe 5%" e "Bolsa cai 5%" funcionarão melhor que a manchete "Bolsa sem novidades". Nesse ponto, as religiões, e certamente as religiões "primitivas", são como os jornais. Em toda sociedade caçadora-coletora, a religião dedica-se em grande parte a explicar por que as coisas ruins e as coisas boas acontecem — doença, recuperação; fome, abundância; e assim por diante.

Há também interesse em ampliar a proporção entre o bom e o ruim. Os habitantes das ilhas Andamão, convencidos de que assobiar à noite atrai maus espíritos, enquanto cantar os repele, cantam mais do que assobiam à noite.[5] As pessoas tentam naturalmente exercer controle sobre seu ambiente, e acreditar que possuem tal controle naturalmente as faz sentirem-se bem. Portanto, as mentes das pessoas estão abertas a ideias que lhes possibilitem tal controle. Isso não quer dizer que as pessoas abracem indiscriminadamente qualquer ideia semelhante que lhes apareça. Mas isso quer dizer que essas ideias recebem sua atenção — e, para um meme, esse é o primeiro passo para que ele seja aceito. Ainda que o meme das ilhas Andamão (aquele que diz que as tempestades são uma punição divina por derreter cera de abelha) dificilmente tivesse um lugar garantido na religião da sociedade, ele tinha grande vantagem sobre os memes que dissessem "Tempestades acontecem — não há nada que você possa fazer".

Outra coisa que você notará nos jornais é que o incomum e o original têm preferência sobre o rotineiro e o esperado. A tuberculose e o vírus do Oeste do Nilo são más notícias e, em termos de número de óbitos, a tuberculose é a pior delas. Entretanto, a manchete "Epidemia de novo vírus mortal intriga especialistas" facilmente chama mais

APÊNDICE

atenção do que "Espera-se o mesmo número de mortos por tuberculose este ano" (exceto, talvez, na revista humorística americana *The Onion*, que faz humor quebrando esse padrão). Como os jornalistas costumam dizer: "Cachorro morde homem" não é notícia; "Homem morde cachorro", sim![6]

É razoável que os cérebros humanos naturalmente atentem para as coisas incomuns, surpreendentes, já que as coisas previsíveis já foram absorvidas dentro das expectativas que nos orientam no mundo; notícias sobre o incomum e o surpreendente podem sinalizar que algum ajuste em nossas expectativas é devido. No entanto, uma característica das afirmações incomuns e inusitadas é que, em geral, elas são falsas. Logo, se elas têm acesso preferencial a nossos cérebros, isso dá à falsidade certa vantagem — ainda que passageira — sobre a verdade. Nos dias após os ataques terroristas de 11 de setembro de 2001, circulou uma história de que um homem no alto de uma das torres gêmeas conseguira sobreviver descendo pelos escombros conforme eles se amontoavam. Era uma história tão incrível que efetivamente fazia com que você clicasse no ícone "Encaminhar" em seu e-mail — e uma história tão incrível que não era verdadeira. Um exemplo do famoso ditado de que uma mentira pode andar meio mundo até que a verdade consiga calçar as botas.

É claro, no longo prazo, a verdade consegue calçar suas botas, e as pessoas não raro lhe dão boas-vindas quando ela chega. Com efeito, se a atração pelas notícias inusitadas não fosse equilibrada por uma atração por afirmações que resistam ao escrutínio subsequente, o ancestral humano médio não teria vivido o suficiente para se tornar um ancestral humano. Imagine um sábio local, 200.000 anos atrás, dizendo que comer determinado fruto faria com que você vivesse para sempre. Daí, imagine que as duas primeiras pessoas que seguiram o conselho dele caíssem mortas. Os genes que recomendavam acreditar em conselhos rejeitados pelas evidências não se manteriam como parte da espécie, enquanto os genes que fizessem que o cérebro considerasse as evidências continuariam. Essa consideração humana natural pelas evidências é a razão pela qual dá trabalho convencer alguém de que um mais um é igual a três, ou de que a água flui para cima.

Entretanto, alguns tipos de crença são mais difíceis de serem testados do que essas duas. E crenças de difícil comprovação podem se sair muito bem no processo de evolução cultural que deu origem à religião. Na verdade, a crença religiosa dos caçadores-coletores — como a crença religiosa em geral — consiste, em grande parte, em afirmações que resistem à refutação. Os haidas, um povo indígena da costa noroeste da América do Norte, quando surpreendidos por uma tempestade em mar aberto, tentam apaziguar as autoridades em questão (as divindades baleias assassinas) derramando um copo de água fresca no mar ou colocando tabaco ou sebo de veado na extremidade do remo.[7] Muitas pessoas, sem dúvida, retornaram do mar para relatar que essas medidas evitaram que elas se afogassem. Ninguém jamais relatou, entretanto, que, embora tenha adotado as medidas, acabou se afogando assim mesmo.

Certamente, algumas crenças religiosas podem ser confrontadas com um teste mais fácil. Se os habitantes das ilhas Andamão estivessem certos, e derreter cera de abelha fosse causa de tempestades, então evitar o derretimento deveria impedir as tempestades. No entanto, como você poderia ter certeza de que, nos dias anteriores a uma tempestade, ninguém na sua aldeia teria derretido um mínimo de cera — ou teria participado de alguma outra atividade que induzisse a tempestades, tal como fazer barulho quando as cigarras estão cantando?

Tais lacunas são encontradas também nas religiões modernas. Se você reza para que alguém se recupere de uma doença e isso não acontece, você pode perder a confiança. Mas as religiões, em geral, têm maneiras de explicar esses insucessos. Talvez você ou o doente fizeram algo de terrivelmente errado e essa é a punição de Deus. Ou talvez seja Deus simplesmente agindo de maneira misteriosa.

APÊNDICE 549

Até aqui, portanto, esperaríamos que os seguintes tipos de memes sobrevivessem nesse mundo competitivo da evolução cultural: afirmações que (a) são incomuns, surpreendentes, inusitadas; (b) esclarecem a causa de acontecimentos bons e ruins; (c) dão às pessoas a sensação de que elas podem influenciar essas causas; (d) são, por natureza, difíceis de serem comprovadas de maneira decisiva. Sob essa perspectiva, o surgimento da religião não parece tão misterioso.

Mas a nossa atração pelo inusitado não tem limites? Uma coisa é acreditar que um homem poderia ter sobrevivido, por meio de uma série de golpes de sorte, descendo um arranha-céu que se desmoronava. Outra é acreditar, como os inuítes (no capítulo 1), que uma repentina escassez de caça é trabalho de uma divindade feminina mal-humorada que vive no fundo do mar. Em outras palavras, "Homem morde cachorro", embora improvável, parece mais plausível que "Deus morde homem".

Senhor dos chimpanzés

Contudo, de fato, a ideia de um deus ou espírito personificado que implicantemente esconde o alimento, ou que maldosamente lança raios, tem receptividade no cérebro humano evoluído. As pessoas educadas em sociedades científicas modernas podem considerar natural refletir sobre alguma característica do mundo — o clima, por exemplo — e tentar chegar a uma explicação mecanicista formulada na linguagem abstrata das leis da natureza. Mas a psicologia evolucionista sugere que uma maneira muito mais *natural* para explicar *qualquer coisa* é atribuí-la a um agente semelhante ao ser humano. Essa é a forma pela qual fomos "projetados" pela seleção natural para explicar as coisas. A capacidade de nosso cérebro para pensar sobre a causalidade — para perguntar por que algo aconteceu e propor teorias que nos ajudem a predizer o que acontecerá no futuro — evoluiu em um contexto específico: outros cérebros. Quando nossos ancestrais longínquos perguntaram pela primeira vez "Por quê?", eles não estavam perguntando sobre o comportamento da água, do clima ou das doenças; eles estavam perguntando sobre o comportamento de seus pares. Essa é uma afirmação algo especulativa (e, sim, difícil de comprovar!). Não temos como observar nossos ancestrais pré-humanos, um ou dois ou três milhões de anos atrás, quando a capacidade de pensar explicitamente sobre a causalidade estava evoluindo por meio da seleção natural. Mas há como lançar alguma luz no processo.

Primeiramente, podemos observar nossos parentes não humanos mais próximos, os chimpanzés. Não evoluímos *dos* chimpanzés, mas chimpanzés e humanos de fato compartilham um ancestral comum em passado não tão distante (4 a 7 milhões de anos atrás). E os chimpanzés são provavelmente muito mais parecidos com esse ancestral comum do que os homens. Os chimpanzés não são modelos de nossos ancestrais de cerca de 5 milhões AEC, mas são próximos o suficiente para serem esclarecedores.

Como o primatólogo Frans de Waal demonstrou, a sociedade dos chimpanzés exibe claros paralelos com a sociedade humana. Um deles está no título de seu livro *Chimpanzee Politics*. Grupos de chimpanzés formam coalizões — alianças — e a aliança mais forte obtém acesso preferencial aos recursos (notadamente, um recurso que em termos darwinistas é importante: parceiros sexuais). A seleção natural equipou os chimpanzés com ferramentas cognitivas e emocionais para participar desse jogo político. Uma dessas ferramentas é a antecipação do comportamento futuro de um determinado chimpanzé com base em seu comportamento passado. De Waal escreve sobre um macho alfa reinante, Yeroen, que se defrontou com a hostilidade crescente de um aliado anterior chamado Luit: "Ele já sentira que a atitude de Luit havia mudado e sabia que sua posição estava ameaçada."[8]

Alguém poderia questionar se Yeroen estava realmente avaliando sua situação de modo tão claro e consciente como De Waal sugere.

APÊNDICE

Mas mesmo que os chimpanzés não estejam completamente aptos para inferências explícitas, eles parecem estar bem próximos. Se você imaginar a política deles tornando-se mais complexa (digamos, mais como a política humana), e eles se tornando mais inteligentes (mais como os humanos), estará imaginando um organismo evoluindo em direção ao pensamento consciente sobre a causalidade. E os agentes causais sobre os quais esses organismos pensarão são outros organismos semelhantes, porque a arena de causalidade é a arena social. Nesse reino, quando uma coisa ruim acontece (como uma disputa pela posição alfa de Yeroen) ou uma coisa boa acontece (como um aliado vir em auxílio de Yeroen), é o outro organismo que está fazendo a coisa ruim ou boa acontecer.

Decerto outros tipos de coisas ruins e boas acontecem aos chimpanzés: estiagem, excesso de bananas etc. Mas não há razão para achar que os chimpanzés estejam próximos de alguma reflexão consciente sobre essas coisas — tentando antecipar estiagens, da mesma maneira que eles tentam antecipar o comportamento de seus pares. E não há razão para achar que nossos ancestrais pré-humanos também estivessem. A melhor hipótese é que quando a seleção natural formou o maquinário mental para avaliação antecipada da causalidade, os agentes causais em questão eram os pares — os camaradas pré-humanos. (Ele irá me bater? Ela irá me trair?) Além disso, quando nossos ancestrais começaram a *falar* sobre causalidade, provavelmente estavam falando sobre seus pares. (Por que você me bateu? Você sabe por que ela me traiu?)

Não estou falando de um hábito. Não estou dizendo que nossos ancestrais estavam *acostumados a* colocar questões de "Por quê?" ao pensar sobre seres humanos. Estou sugerindo que a mente humana é formada para fazer isso — foi "projetada" pela seleção natural para isso.

Logo, não é surpresa que, quando as pessoas começaram a expandir sua curiosidade, quando começaram a falar sobre por que as coisas boas e ruins emanavam de além do universo social, elas propuseram respostas que tinham a ver com seu universo social. Responder a uma pergunta "Por quê?" — tal como "Por que a tempestade veio justamente quando o bebê nasceu?" — com qualquer outra coisa *diferente* de uma criatura semelhante ao ser humano teria sido um tanto estranho.

Há mais de cem anos, Edward Tylor escreveu que os "espíritos são simplesmente causas personificadas",[9] mas provavelmente ele não estimou, à época, o quão profundamente natural é essa personificação. De fato, falar sobre "personificar" causas é, de certa forma, virar a história no sentido contrário. Melhor dizer que a noção científica moderna de "causa" é um ser humano despersonificado — ou um deus despersonificado.

Mesmo na ciência moderna, o processo de despersonificação pode não ter sido completo. Alguns filósofos acreditam que recortar o mundo em "causas" e "efeitos" é impor um falso esquema binário no que, de fato, é uma realidade contínua. Pode ser que nossa maneira "moderna" de pensar a causalidade ainda carregue os vestígios de nossos cérebros primitivos, ainda refletindo falsamente uma arena social de causalidade, na qual as "causas" são agentes distintos.

Espíritos com pernas

A ideia de que os deuses e espíritos tiveram início como versões sobrenaturais de pessoas encontra uma objeção patente: nas sociedades caçadoras-coletoras, alguns seres sobrenaturais não eram animais, em vez de humanos? E outros seres sobrenaturais — em especial aqueles que os antropólogos chamam de "espíritos" — não eram formas de vida vagas demais para serem classificadas ou como humanas ou como animais? Por que deveríamos, em conjunto com

Tylor, falar de causas *personificadas* quando a própria terminologia de Tylor — causas *animadas* — seria mais adequada?

Primeiro, por mais diferente de um humano que um "espírito" possa ser, quando os antropólogos pedem às pessoas que desenhem imagens de espíritos, essas imagens em geral parecem-se mais ou menos como humanos: dois braços, duas pernas, uma cabeça.[10] Da mesma forma, havia um grande deus da China antiga chamado Tian, ou "céu", que parece bem diferente de uma pessoa; entretanto, o símbolo escrito mais antigo para esse deus era um boneco palito: dois braços, duas pernas, uma cabeça.[11]

Mesmo quando um ser sobrenatural se parece com um animal — como seriam aqueles pássaros que, para os klamaths (capítulo 1), podiam fazer nevar — ele não age como um animal.[12] Ele pode ter asas, ou peles, ou escamas, e lhe faltarem várias partes de um ser humano normal, mas não lhe faltará a parte que explica por que os seres humanos fazem o que fazem. Como o antropólogo Pascal Boyer observou: "A única característica que é sempre projetada nos seres sobrenaturais é a mente."[13]

Boyer acredita que a arquitetura genética da cognição humana ajuda a explicar por que as pessoas concebem deuses de tal maneira. A mente, ele diz, vem com premissas internas sobre a realidade. As pessoas dividem naturalmente o mundo em algumas "categorias ontológicas" básicas — como, plantas, animais, seres humanos — e atribuem certas propriedades aos seres conforme sua categoria. Em outras palavras, temos um "modelo" mental que nos ajuda a pensar sobre plantas, e outro modelo que nos ajuda a pensar sobre pessoas, e assim por diante. Presumimos que, se nos aproximarmos de uma pessoa e batermos nela, essa pessoa não gostará disso e poderá revidar, enquanto se batermos em uma planta isso será menos arriscado. Na visão de Boyer, quando as pessoas pensam sobre um deus ou um espírito, seus cérebros estão invocando o modelo para seres humanos, porém de forma alterada, com algumas das propriedades normais do modelo modificadas. Assim, o Deus abraâmico é bastante parecido com uma pessoa — capaz de sentimentos como amor, ódio, decepção, ciúme — exceto pelo fato de que ele conhece tudo e pode fazer qualquer coisa.

Para algumas pessoas, essa última parte — onisciência e onipotência — excede a credulidade. Em uma cultura científica moderna, isso não é surpresa. Mas os estudos de Boyer sugerem que essas propriedades difíceis de acreditar teriam sido uma vantagem de um meme de deus que surgira há dezenas de milhares de anos. Seus experimentos demonstram que as coisas com características totalmente inusitadas — coisas com propriedades que não são parte de seu modelo — são especialmente marcantes. Se você disser a alguém que a mesa "se sentiu triste quando as pessoas deixaram a sala", provavelmente essa pessoa se lembrará disso meses depois, diferentemente de você falar de uma mesa normal, que possui a impassibilidade inabalável geralmente associada ao mobiliário.[14] É possível até que a pessoa fale daquela mesa para outras pessoas, também. Portanto, os memes que representam os deuses como algo diferente de qualquer coisa que você tenha visto teriam alguma vantagem sobre os memes mais "plausíveis".

Desde que a singularidade desses deuses não seja excessiva, é o que ocorre. Boyer diz que o meme mais propício à disseminação seria aquele que é inusitado, porém fácil de imaginar: ele poderia ter uma ou duas "violações ontológicas" básicas, tais como onisciência e onipotência, mas essas violações não seriam muito numerosas, ou tão peculiares, a ponto de dificultar a imaginação do comportamento de tal divindade.

De fato, mesmo traços como a onisciência e a onipotência parecem forçar os limites da imaginação. Quando dois psicólogos entrevistaram pessoas sobre as propriedades de um ser supremo, as respostas foram, quase todas, "teologicamente corretas" — onisciência, ubiquidade etc. No entanto, essas mesmas pessoas foram levadas a

APÊNDICE 555

pensar mais concretamente, a imaginar Deus exercendo influência de fato em situações específicas. Repentinamente, elas recorreram a uma divindade mais humana. Pensaram em Deus como ocupando um único ponto no espaço e sendo incapaz de fazer duas coisas ao mesmo tempo, nas palavras de um dos psicólogos: "precisando ver e ouvir para completar um conhecimento de outro modo falível".[15]

Isso aponta para um problema da teologia moderna: como a divindade é definida de um modo mais abstrato para se adequar melhor a uma visão de mundo científica, é mais difícil para as pessoas se referirem a Deus. Em meados do século XX, quando Paul Tillich definiu Deus como "o fundamento do ser", alguns de seus colegas teólogos aprovaram a definição, mas ele também se deparou com desalento, incompreensão e uma acusação eventual de ateísmo. Entretanto, ele poderia ter respondido com razão que seus críticos sofriam de uma visão inerentemente estreita; sendo humanos, eles trabalhavam dentro da limitação de mentes projetadas para abarcar o universo social, não o universo em maior escala.

Lidando com o sobrenatural

De acordo com o livro do Gênesis, "Deus criou o homem à sua imagem".[16] De acordo com Aristóteles, "os homens criaram os deuses conforme sua própria imagem".[17] Ao que parece, Aristóteles descobriu alguma coisa, principalmente no que se refere às *mentes* dos deuses. Logo, em tese, algumas das características mais básicas da mente humana devem ter sido o equipamento padrão dos deuses, em especial dos deuses das religiões "primitivas".

Esse parece ter sido o caso, e uma dessas características merece especial consideração: a parte da mente humana formada pela dinâmica evolucionista conhecida como "altruísmo recíproco". Sob a luz dessa dinâmica, muito das origens da religião e, a propósito, muito da religião contemporânea, ganha novo sentido.

Graças ao altruísmo recíproco, as pessoas são "projetadas" para adotarem relacionamentos mutuamente vantajosos com outras pessoas, pessoas estas com quem elas podem contar para coisas desde alimento, fofocas interessantes e apoio social, e que, por sua vez, podem contar com aquelas. Nós fazemos essas alianças quase sem pensar, porque nossas emoções fundamentadas geneticamente nos atraem a elas. Sentimos gratidão por um favor recebido, em conjunto com um sentimento de obrigação, que pode nos levar a retribuir o favor. Sentimos afeto e confiança maior em relação a pessoas que se provam retribuidoras confiáveis (também chamadas de "amigos"), o que nos mantém vinculados a relacionamentos vantajosos. É *para* isso que há sentimentos como gratidão e confiança, essa é a razão que os faz parte da natureza humana.

Mas, é claro, nem todo mundo merece nossa confiança. Algumas pessoas aceitam nossas doações de alimentos e nunca as retribuem, ou tentam roubar nossa namorada, ou demonstram desconsideração de algum outro modo. E se assim deixamos que essas pessoas levem vantagem sobre nós dia após dia, as perdas acumulam-se. No ambiente de nossa evolução, essas perdas poderiam fazer a diferença entre sobreviver e não sobreviver, entre procriar bastante ou com pouca frequência. Assim, a seleção natural deu-nos emoções que nos levam a punir os indignos de confiança — pessoas que violam nossas expectativas de troca, pessoas a quem parece faltar o respeito exigido por um relacionamento mutuamente vantajoso. Elas enchem-nos de ira, de indignação moral, e essa ira — agindo como "projetada" — nos impele a puni-las de uma maneira ou de outra, seja agredindo-as de fato ou simplesmente abstendo-nos de futuros altruísmos: isso as ensinará! (Talvez o mais importante, também ensinará a qualquer outra pessoa que esteja observando, e, no ambiente ancestral dos caçadores-coletores, praticamente todos no universo social estavam observando.)

APÊNDICE

Esse é o contexto social no qual a mente humana evoluiu: um mundo cheio de pessoas próximas que, em graus diferentes, estão observando você a procura de sinais de traição, ou de desrespeito ou de desonestidade — e que, se virem fortes evidências desses atos, o punirão. Em tal universo social, quando uma desgraça lhe advém, quando alguém o agride ou ridiculariza você, ou passa a tratá-lo com desprezo, há boa chance de que o motivo seja um sentimento de que você violou as regras de troca. Talvez você tenha deixado de prestar algum favor que esse alguém achava que lhe era devido, ou talvez você mostrou desconsideração por meio de algum comportamento que não agradou.

Certamente, não é coincidência que essa explicação genérica de por que uma desgraça pode advir de um ser humano é também a explicação genérica de por que desgraças advêm dos deuses. Nas religiões caçadoras-coletoras — e em várias outras religiões — quando coisas ruins acontecem, a causa principal é quase sempre que as pessoas, de um modo ou de outro, deixaram de respeitar os deuses. Ou elas deixaram de dar aos deuses o que lhes era devido (por exemplo, deixaram de fazer os sacrifícios adequados aos espíritos ancestrais), ou fizeram coisas que incomodam os deuses (como, digamos, fazer barulho enquanto as cigarras cantam). E a maneira de compensar os deuses ofendidos é exatamente a maneira pela qual você compensa as pessoas ofendidas: ou oferecendo-lhes algo (daí, o sacrifício ritual), ou corrigindo o comportamento futuro para que não as aborreça (parar de fazer barulho enquanto as cigarras estão cantando).[18]

Sob essa perspectiva, as superstições bizarras parecem menos bizarras. Os ainus, caçadores-coletores do Japão, abstinham se escrupulosamente de cuspir no fogo.[19] Que estranho! Mas se você parte da premissa de que o fogo dos fogões a lenha é uma dádiva da deusa do fogo, o resto se segue. Você não faz coisas que insultem as pessoas que lhe dão presentes, porque, se o fizer, elas se zangarão com você e deixarão de presenteá-lo. E uma coisa que certamente poderia ser tomada como insulto é cuspir no presente.

Boyer acredita que muito da religião possa ser explicado dessa maneira — um resultado de nossa atribuição, a agentes causais sobrenaturais, das mesmas emoções humanas que evoluíram para regular o altruísmo recíproco; como nossos camaradas seres humanos, os deuses são levados a cumprir seus tratos conosco. Isso não quer dizer que as queixas dos deuses sejam sempre justas. Divindades *más*, diz Boyer, são "agentes de tratos injustos".[20] Mas é bastante natural que existam tais deuses injustos; afinal, existem pessoas injustas. (E as pessoas que conseguem se dar bem sendo injustas — isto é, que conseguem mais do que aquilo que oferecem — tendem a ser poderosas, como os deuses.)

Dois milênios e meio atrás, o poeta grego Xenófanes refletiu que, se os cavalos tivessem deuses, esses deuses seriam cavalos. Pode ser, mas nunca saberemos, e, em todo o caso, não é essa a questão aqui. Não se trata de que qualquer espécie inteligente imaginável, na tentativa de explicar coisas misteriosas, atribuiria essas coisas a seres semelhantes a sua espécie. Trata-se de que a história da espécie humana — notadamente, com a inclusão da evolução do cérebro humano em um contexto de altruísmo recíproco, de trocas sociais — apontou nessa direção.[21] Uma lei da selva social na qual o cérebro humano evoluiu é esta: quando coisas ruins acontecem a você, isso geralmente quer dizer que alguém está com raiva de você, talvez por você ter feito algo que ofendeu esse alguém; reparar a falta é sempre uma boa maneira de fazer com que as coisas ruins parem de acontecer. Se você substituir o termo "alguém" por "algum deus ou espírito", você terá uma lei que é encontrada em toda religião caçadora-coletora conhecida.

Volta no tempo

Que as ideias religiosas naturalmente atraem a mente humana não explica, por si mesmo, como a religião começou. Dado que os "memes" religiosos têm uma "vantagem seletiva" na evolução cultural, como exatamente um determinado meme — uma crença religiosa em

APÊNDICE

particular — toma forma e ganha impulso? Nunca saberemos ao certo, mas a natureza humana possibilita esboçar um cenário plausível.

Em primeiro lugar, as pessoas gostam de receber atenção, e uma maneira de fazê-lo é colocar-se no centro de eventos dramáticos. Em *As aventuras de Tom Sawyer*, de Mark Twain, Tom Sawyer foge com seus amigos, Huckleberry Finn e Joe, para brincar de pirata no rio Mississippi, e os habitantes da cidade julgam que os meninos tivessem se afogado. Twain descreve os companheiros deles, em grupo,

> a falar, num tom reverente, na maneira como Tom tinha feito isto e aquilo a última vez que o tinham visto, e como Joe dissera uma ou outra coisa que lhes parecera insignificante, mas que, afinal, era tão cheia de presságios, como agora se via. Cada um dos que falavam mostrava o lugar exato onde os pobres meninos estavam nessa ocasião, e explicava:
>
> — Eu estava bem aqui, assim como estou agora, como se você fosse ele. Estava assim pertinho, e ele sorriu assim e eu senti uma coisa passar por mim. Foi horrível, sabe? Mas nunca percebi o que aquilo queria dizer senão agora.
>
> Depois discutiram quem tinha visto os falecidos pela última vez. Todos queriam pertencer a esse número, davam provas e faziam discursos mais ou menos interrompidos pelos que ouviam; mas, quando se decidiu finalmente quem *tinha visto* e trocado com os desaparecidos as derradeiras palavras, esses tomaram uma enorme importância e foram invejados pelos outros, que os ouviram de boca aberta.[22]

Não há motivos para achar que esse estímulo para reivindicar o testemunho especial de um grande drama fosse menos intenso entre os caçadores-coletores por volta de 30.000 AEC do que entre os americanos do Meio-oeste dos EUA por volta de 1900 EC. Imagine que você fosse um desses caçadores-coletores e, passando por um lugar onde alguém morrera misteriosamente, ouvisse as folhas farfalharem de modo sinistro. Seria uma história que atrairia o interesse das pessoas,

560 APÊNDICE

e você poderia aumentar esse interesse chamando atenção para como o farfalhar era estranhamente compassado. E, aliás, você não chegou a vislumbrar uma criatura sombria — quase etérea — de relance?

O antropólogo Stewart Guthrie propôs que os caçadores-coletores eram estimulados pelo equipamento mental humano padrão a declarar tais visões falsas — algo chamado de "dispositivo de detecção hiperativa de agentes".[23] Como os danos de não se detectar um predador oculto na vegetação são muito maiores que os danos de se detectar um predador imaginário, Guthrie argumenta de maneira sensata que a seleção natural pode ter induzido nossos cérebros aos "falsos positivos": você ouve um farfalhar, sua mente alerta para a hipótese plausível de que algum animal provocou o ruído, e você se vira na direção do som, com expectativa. Você realmente viu alguma coisa? Talvez.

Em todo o caso, se ao relatar sua experiência sinistra, você entra no clima da história e *afirma* que viu um ser etéreo, você pode convencer não só a sua audiência, mas até você mesmo. Uma notável descoberta da psicologia moderna é a de como a memória é sistematicamente enganadora. As pessoas em geral lembram-se erradamente dos acontecimentos desde o princípio, e mesmo quando isso não acontece, sua memória pode ser induzida à mentira posteriormente. Especificamente, o ato de relatar detalhes falsos pode fixá-los firmemente na mente. Você não apenas relata o que lembra; você se lembra do que relata.[24] (O ex-agente do astro de futebol americano O. J. Simpson estava certo de que Simpson assassinara a ex-mulher e também tinha certeza de que Simpson não acreditava ter cometido o crime.)[25] Essa falibilidade interna faz sentido sob uma perspectiva darwinista, permitindo que as pessoas desvirtuem a verdade em interesse próprio, com grande e crescente convicção. E, é certo, verdades distorcidas de caráter religioso podem atender aos interesses próprios. Se você fosse parente ou amigo próximo do falecido, a ideia de que o espírito poderoso

APÊNDICE

do morto estaria vagando poderia inclinar as pessoas a tratar você melhor, a fim de não incitar a ira do espírito.

Outra descoberta da psicologia social: defender publicamente alguma coisa não só o ajuda a convencer a si mesmo da verdade da coisa, como molda a sua percepção futura, inclinando-o a enxergar evidências que apoiem essa verdade, e a desprezar evidências contra ela.[26] Assim, se você achar que a criatura sombria e sinistra era o espírito descontente do falecido, provavelmente encontrará confirmação disso. Você poderá notar que um de seus inimigos ficou doente uma semana depois de sua visão; e poderá esquecer, entretanto, que um de seus amigos ficara doente alguns dias antes.

Se você é uma pessoa de elevado nível social, toda essa história terá particular importância, já que tais pessoas gozam de credibilidade incomum (geralmente indevida). Se, em um grupo de trinta caçadores-coletores, alguém muito estimado afirmar ter visto algo estranho — e tiver uma teoria acerca disso — vinte pessoas serão convencidas de imediato. Assim, a tendência acima mencionada de as pessoas seguirem a opinião dos pares poderia rapidamente produzir a unanimidade.[27]

A quantidade de tendências mentais envolvidas na criação e manutenção de falsidades religiosas não deveria nos surpreender. Afinal, a mente foi construída por um processo que é, a rigor, indiferente à verdade. A seleção natural favorece características que auxiliem os genes do portador a serem passados para a próxima geração, e ponto final. Se falar alguma coisa falsa, ou acreditar em alguma coisa falsa, facilitou com frequência esse objetivo durante a evolução humana, a mente humana encorajará naturalmente alguns tipos de falsidade. Essa confusão sistemática não é propriedade exclusiva da mente "primitiva", como John Lubbock (capítulo 1) sugeriu; todas as tendências ilusórias acima foram documentadas em pessoas que vivem nas sociedades modernas — muitas delas, estudantes de excelentes universidades!

Assim, por que as pessoas nas sociedades modernas se espantam tanto com as religiões "primitivas", por que são tão incapazes de compreender como as crenças "primitivas" começaram? Em parte, trata-se da clássica falha humana da objetividade — uma incapacidade de ver que suas próprias crenças podem parecer tão estranhas aos outros, como as deles podem parecer a você. (Certa vez, um pigmeu africano, após ouvir a descrição do paraíso feita por um missionário, perguntou a este: "Como você sabe? Você já morreu e esteve lá?") E, em parte, trata-se de uma falha da imaginação. Imagine que você viva em um acampamento cercado por uma floresta, ou por um bosque, ou por um deserto, inteiramente sem contato com a ciência ou com a tecnologia moderna. Dentro do acampamento, o universo social opera com leis bastante claras; por exemplo, as pessoas geralmente não explodem de raiva e atacam seus próximos sem motivo específico. Entretanto, fora desse universo, exibem-se forças poderosas e monumentais — tempestades, estiagens, animais ferozes, doenças fatais. Você deseja intensamente entender e controlar essas coisas; e absorve e repete prontamente quaisquer informações ou suposições que auxiliem nesse objetivo. E, acima de tudo, você é somente humano. O resto é história.

Pensar e sentir

Essa visão da origem da religião — a visão da psicologia moderna — é, sob certos aspectos, apenas uma versão atualizada da visão de Edward Tylor: as pessoas conceberam deuses e espíritos inicialmente para explicar o inexplicável. Com efeito, Tylor parece ter antecipado ligeiramente o foco moderno no altruísmo recíproco: "Os seres espirituais são responsáveis por afetar ou controlar os eventos do mundo material e a vida dos homens aqui e depois da morte; e, sendo considerado que eles se relacionam com os homens, e agradam-se ou

APÊNDICE

desagradam-se com as ações humanas, a crença na existência deles leva naturalmente e, poder-se-ia dizer, inevitavelmente, à reverência e à propiciação, mais cedo ou mais tarde."[28]

No entanto, há uma diferença de ênfase. Quando Tylor fala que a crença nos deuses "leva naturalmente" à propiciação, ele parece querer dizer que essa progressão era *logicamente* natural — que a reflexão subsequente levou por fim à conclusão de que oferecer aos deuses respeito e oferendas iria satisfazê-los. Um psicólogo evolucionista, em contraste, poderia enfatizar como é essencialmente natural essa propiciação: *sente-se* que é a coisa certa a fazer. A referência de Tylor aos "antigos filósofos selvagens" (ver capítulo 1), frequentemente ridicularizada, de fato aproxima-se mais de uma maneira fria e desapegada de reflexão do que o que seria provavelmente operacional — e do que é geralmente operacional nos seres humanos. Alguns recursos da mente que deram apoio à crença religiosa são traços "cognitivos" que guiaram nossas vidas "intelectuais", mas também são plenos de sensações.

Variedades da experiência religiosa

Além de nosso maquinário mental pensar conscientemente sobre a causalidade — o maquinário moldado pela evolução do altruísmo recíproco — há outras ferramentas inatas que levam a causalidade em conta, e algumas delas operam quase que inteiramente no plano das sensações.

Por exemplo, quando nossos ancestrais não sabiam que as doenças eram transmitidas por organismos microscópicos, a seleção natural parece ter preenchido essa lacuna de conhecimento, instalando em nossos ascendentes uma aversão a coisas portadoras de doenças. Essa é a conclusão a que chegou o psicólogo Paul Rozin, ao estudar o nojo.[29] Não se trata de coincidência, ele acredita, que as coisas que causam nojo às pessoas em todos os lugares — cadáveres em decomposição, excrementos, carne podre — sejam prejudiciais à nossa saúde.

Ainda que uma sensação de nojo possa parecer rudimentar, ela de fato enseja um tipo de metafísica: uma sensação de que algumas coisas são profundamente impuras e emitem uma aura invisível de ruindade, criando uma zona de perigo. Pascal Boyer sugeriu que o nojo — nosso "sistema de inferência de doenças contagiosas" — pode, assim, estimular noções de violação ritual que figuram em muitas religiões.[30] (Lembre-se da transgressão que tanto irritava a deusa do mar no capítulo 1: não jogar fora itens contaminados pela proximidade de um aborto.)

Há outro recurso da mente humana que pode estar envolvido com a experiência religiosa e que, como o "sistema de inferência de doenças contagiosas", é uma maneira de levar em conta a causalidade sem se pensar conscientemente sobre isso. De fato, esse recurso surgiu em nossos ancestrais tanto tempo antes do pensamento racional consciente que ele existe em todos os mamíferos. É a chamada "aprendizagem associativa".

Se um cachorro se queima nas pedras quentes próximas a uma fogueira em brasas, ele evitará essas pedras na próxima vez. É difícil dizer o que se passa na mente do cão, mas provavelmente não é uma reflexão elaborada sobre o nexo causal entre o fogo e as pedras quentes, ou entre estas e o pelo queimado. Possivelmente, o cão apenas adquiriu algo como um temor a essas pedras, um temor que o leva a se comportar *como se* entendesse a associação entre as pedras em volta de fogueiras em brasa e o pelo queimado. Uma vez tentei passar com uma *golden retriever* por um cruzamento onde, semanas antes, ela havia sido atropelada. Conforme nos aproximávamos do cruzamento, ela reduzia o passo cautelosamente, até por fim estancar e resistir desesperadamente às minhas tentativas de fazê-la prosseguir. Era como se, em sua mente, o cruzamento estivesse exalando

APÊNDICE

um tipo de aura fantasmagórica, e quanto mais ela chegasse perto, maior a sensação dessa aura.

Vestígios desse tipo de mecanismo rudimentar de aprendizagem no cérebro humano podem levar as pessoas a ver objetos ou lugares como que possuídos pelo mal, uma percepção que figura em várias religiões. Daí, talvez, o sentimento de pavor associado, por alguns antropólogos, à experiência religiosa primitiva.

E que dizer do sentimento de temor reverente que também foi identificado com a experiência religiosa — mais notadamente pelo teólogo alemão Rudolf Otto (que via o temor reverente religioso primordial como em geral mesclado com o pavor)? Teria sido o temor reverente originalmente "projetado" pela seleção natural para algum propósito não religioso? Certamente, sensações desse tipo às vezes acometem as pessoas confrontadas por outras que lhes sejam opressivamente poderosas. Elas recolhem-se de maneira humilhante, imploram desesperadamente por misericórdia. (Na Guerra do Golfo, em 1991, depois de semanas de bombardeio americano, os soldados iraquianos estavam tão abalados que se ajoelhavam e beijavam as mãos dos primeiros americanos que vissem, mesmo que fossem jornalistas americanos.) Por outro lado, trata-se de uma iniciativa pragmática — a melhor coisa a ser feita, dadas as circunstâncias. Esse movimento, entretanto, parece ser estimulado tanto pelas emoções instintivas como pela estratégia consciente. Com efeito, os chimpanzés agem de maneira semelhante. Diante de um inimigo terrível, ou eles o confrontam com uma "expressão de intimidação" ou, se o inimigo for terrível *demais*, recolhem-se em submissão.

Não há como dizer o que os chimpanzés sentem nessas situações, mas, no caso dos humanos, há relatos de um sentimento como o temor reverente. Uma vez que esse sentimento é naturalmente dirigido a outros seres vivos, isso poderia levar a interpretações teológicas da natureza: se uma forte tempestade incita a mesma emoção que um inimigo poderoso e enfurecido, não fica difícil imaginar que haja um inimigo enfurecido por trás da tempestade.

Até os chimpanzés podem, por vezes, adotar uma versão aproximada dessa associação conceitual. A primatóloga Jane Goodall observou chimpanzés reagindo com expressões de intimidação a uma tempestade ou a uma cachoeira. Ela especulou que "o terror e a admiração" que "são a base da maioria das religiões" podem estar fundamentados em "tais primevos e incompreensíveis rompantes de emoção".[31]

Todas essas observações não pretendem negar a possibilidade da experiência religiosa legítima. A perspectiva de que alguns estados de consciência nos aproximam mais daquilo que os místicos chamam de "realidade absoluta" — ou de algo que possa receber o nome de "divino" — não é negada por uma visão de mundo científica. Porém, os defensores da religião seriam imprudentes em sustentar sua validade com a afirmação, como Otto sugeriu em *O sagrado*, de que no início da história religiosa houve alguma experiência mística ou de revelação que desafie a explicação naturalista. Porque, quanto mais aprendemos sobre o caráter labiríntico e às vezes irracional da natureza humana, mais fácil fica explicar a origem da religião sem invocar tal experiência. A religião surgiu de uma miscelânea de mecanismos mentais de base genética, projetados pela seleção natural com fins completamente mundanos.

Às vezes, o próprio Otto parecia duvidar de que a experiência religiosa poderia desafiar a explicação científica. Em *O sagrado*, depois de abordar coisas como culto a espíritos, culto a ancestrais e magia primitiva, ele escreveu:

> Todas essas coisas, por mais que difiram entre si e por mais distantes que estejam da religião autêntica, já estão palpavelmente assombradas por um elemento comum, que é o numinoso, razão pela qual (e somente por esta) elas constituem uma antessala da religião. Sua

APÊNDICE

origem primeira não foi esse elemento numinoso, e sim todas passaram por uma etapa preliminar na qual não passavam de produtos "naturais" de uma fantasia rudimentar de ingênuas épocas primevas. Só que então são entretecidas por uma trama bem exclusiva, pela qual vêm tornar-se antessala da história da religião; e essa trama é que vai, então, conferir-lhes o assombroso poder sobre os ânimos, demonstrado pela história de todos os lugares.

O sentido exato de Otto é discutível, mas a linha geral é intrigante: a de que os elementos da religião antiga, embora de origem mundana, poderiam, por meio da evolução cultural subsequente, adquirir um caráter profunda e legitimamente espiritual. Essa ideia não é implausível. Entretanto, o quanto a humanidade já viajou pelo caminho da evolução espiritual, trata-se de outra questão.

Uma nota sobre as traduções

Uma vez que não falo hebraico, grego ou árabe (e muito menos as versões antigas desses idiomas), tive de me basear em traduções inglesas das escrituras abraâmicas. Isso implicou fazer algumas escolhas.

No caso da Bíblia Hebraica (também conhecida como o Antigo Testamento) e do Novo Testamento, a escolha foi simples: adotei a *New Revised Standard Version (NRSV)* da Bíblia. Essa tradução é resultado do trabalho de vários estudiosos experientes, que resolveram discordâncias de maneira sistemática. (Houve uma votação para que se decidisse se a proibição de matar nos Dez Mandamentos proibia o ato de matar em si ou somente o assassinato.) Traduções feitas em comitê podem ter falhas, mas me pareceu que os méritos superam as falhas. Também vi méritos em usar traduções da Bíblia Hebraica e do Novo Testamento que possuem padrões usuais para comentários. Além disso, a versão da *NRSV* que mais consultei — a *New Oxford Annotated Bible* — adota um nível mais aprofundado de comentários uniformes, incluindo referências cruzadas que relacionam versículos na Bíblia Hebraica a versículos no Novo Testamento. Em alguns casos, utilizei traduções alternativas no texto ou acrescentei traduções complementares nas notas. Nesses casos, a fonte da tradução é citada na nota. (*RSV* refere-se à *Revised Standard Version*; *KJV* refere-se à versão do rei Jaime.)

UMA NOTA SOBRE AS TRADUÇÕES

Com o Alcorão, a escolha foi mais difícil. Não há tradução inglesa que tenha um reconhecimento institucional, como a Bíblia *NRSV*, ou que tenha um grau comparável de aceitação por estudiosos de língua inglesa. Portanto, acabei consultando várias traduções das passagens alcorânicas que citei no livro.

A tradução a que recorria primeiro era a de J. M. Rodwell, do século XIX. A razão é um expediente um tanto embaraçoso: há uma versão gratuita em áudio da tradução de Rodwell, e minha familiarização com o Alcorão começou por meio de audições enquanto fazia caminhadas à noite. Com efeito, foi dessa maneira que assimilei todo o texto — ouvindo arquivos MP3 em meu Treo 650 e usando o Treo para fazer anotações sobre as passagens que pareciam merecer maior atenção. Felizmente, a tradução de Rodwell é um trabalho respeitado e, por ser uma tradução do século XIX, também emprega um estilo de inglês com sotaque clássico, adequado a uma escritura respeitável. E, até onde eu sei, a versão de Rodwell não possui nenhum problema em particular.

Antes de citar qualquer passagem do Alcorão, sempre verifiquei outras traduções, em especial a de Arthur J. Arberry. A tradução de Arberry é conhecida como uma das menos "interpretativas"; diante de termos e expressões vagas ou ambíguas, Arberry prefere manter a obscuridade. Logo, ele fornecia uma boa referência: se um versículo traduzido por Rodwell ou outro tradutor fosse inconsistente com a tradução de Arberry — ou simplesmente *mais claro* que a tradução de Arberry — eu o via com certa suspeita e consultava várias outras traduções para ver se havia algo próximo de um consenso. Espero que eu tenha conseguido resistir à tentação que ocorre com a consulta a uma grande diversidade de traduções — a tentação de "escolher a gosto", ou seja, de selecionar a tradução que melhor se adapte às necessidades de análise do momento. Em todo caso, sempre que citei uma passagem no texto cujo significado parecesse seriamente em discussão, procurei abordar o problema nas notas.

Exceto quando citado de outro modo, as passagens do Alcorão são traduções de Rodwell. As outras traduções que utilizei — que, nas notas, são indicadas pelo último nome do tradutor — são as de: Muhammad Asad; Muhammad M. Pickthall; Abdullah Yusuf Ali; a de Arthur Arberry, acima mencionada; e a de George Sale (cuja tradução, embora já com quase três séculos, permanece altamente respeitada).

Um inconveniente de usar várias traduções é uma relativa inconsistência linguística. Algumas traduções do Alcorão usam termos do inglês arcaico, como "ye", enquanto outras, não. No entanto, considerei que a falta de consistência poderia ser admissível. E é bom lembrar — e este não é o único lembrete neste livro — que as escrituras são, para fins práticos, flexíveis.

Agradecimentos

Tenho uma dívida para com duas grandes instituições de ensino superior: a Universidade de Princeton e a Universidade da Pensilvânia. Nesta, graças à ajuda de Dean Sam Preston, tive a oportunidade de ministrar dois cursos que serviram de apoio a este livro: um seminário de pós-graduação, intitulado "Religião e Natureza Humana" (que, por acaso, foi agendado para começar em 11 de setembro de 2001), e um ciclo de conferências para alunos de graduação, intitulado "A Evolução da Religião". Não há melhor aprendizado que ministrar um curso pela primeira vez e agradeço aos alunos por tolerarem as minhas aulas.

Em Princeton, tive o privilégio de ser professor convidado do programa Laurance S. Rockefeller no Center for Human Values, em 2004-2005. Isso me proporcionou tempo e recursos para me concentrar exclusivamente neste projeto, e os seminários semanais, conduzidos por Steve Macedo, foram valiosos — especialmente aquele dedicado a criticar as ideias centrais deste livro. Dois anos depois, em Princeton, pude ministrar em conjunto com Peter Singer um seminário de pós-graduação sobre a base biológica da intuição moral.

O Center for Human Values também me proporcionou duas verdadeiras dádivas dos céus: estudantes de pós-graduação que se tornaram inestimáveis assistentes de pesquisa: Kevin Osterloh, cuja

574 AGRADECIMENTOS

fluência no hebraico e familiaridade com a Bíblia Hebraica ajudaram a me guiar em território por mim pouco conhecido; e Mairaj Syed, cuja fluência em árabe e familiaridade com as escrituras islâmicas tiveram exatamente o mesmo valor. Além disso, ambos são excelentes pessoas.

Em Princeton, também encontrei vários acadêmicos que me ajudaram lendo e criticando rascunhos de capítulos: John Gager e Michael Cook, na universidade; e Patrick Miller e Shane Berg, no Princeton Theological Seminary. Também leram rascunhos dos capítulos: Mark S. Smith, Marvin Sweeney e Michael J. Murray. George Hatke e Konrad Schmid deram especial atenção aos trechos particularmente difíceis dos capítulos. Os primeiros rascunhos foram lidos por meus amigos John Judis e Gary Krist. Suas reações de indiferença me levaram a descartar ou reduzir grande parte do material. (Eu ainda sou uma pessoa difícil.)

Vários acadêmicos facilitaram minha imersão na literatura de seus campos de saber, submetendo-se a entrevistas, em geral por telefone: Joseph Blenkinsopp, William G. Dever, Richard Elliott Friedman, Baruch Halpern, Lowell K. Handy, Martha Himmelfarb, Ralph W. Klein, Elaine Pagels, Iain Provan, William Schniedewind, Jeffrey Tigay, Norman Yoffee e os acima mencionados Gager, Cook, Smith e Miller. Além de, claro, algumas pessoas que me esqueci de mencionar. Agradecimentos especiais a Carl Andrew Seaquist, professor na Universidade da Pensilvânia, por auxiliar-me na orientação em estudos religiosos no começo deste projeto.

Certamente, a ressalva usual se aplica: as deficiências deste livro são culpa do autor, não dos orientadores.

Meu agente, Rafe Sagalyn, ajudou-me mais uma vez a navegar pelo universo editorial e apresentou-me a um editor maravilhosamente compreensivo e perspicaz: Geoff Shandler, da Little, Brown. Chris Jerome foi uma editora de texto criteriosa, e Peggy Freudenthal, uma paciente gerente de projeto.

AGRADECIMENTOS

Agradecimentos também ao pessoal da New America Foundation, da qual recebi generoso auxílio por meio do programa Bernard Schwartz, de bolsas de estudo, durante a redação deste livro.

Voltando a Princeton: o ambiente de trabalho no Center for Human Values era animado graças à presença de Jan Logan, Erum Syed, Kim Girman e John Hibbs. E, pelas críticas às ideias deste livro, acima mencionadas, agradeço aos colegas Justin D'Arms, Stephen Gardiner, Daniel Jacobson, Rachana Kamtekar, Susan Lape e Rob Reich, que foram integrados à tarefa pelos professores Peter Singer e Dale Jamieson. (Dale deu-me o que poderia ter sido o melhor conselho: abandone o projeto!)

No Bloggingheads.tv, uma equipe de profissionais muito bem preparados permitiu que eu fingisse que administrava um site de vídeos na Web, enquanto, na realidade, estava escrevendo um livro. Agradeço a Greg Dingle, Brenda Talbot, Sang Ngo, Sian Gibby, Aryeh Cohen-Wade, David Killoren, Milton Lawson e o membro da equipe original da BhTV, Brian Degenhart. E obrigado a Bob Rosencrans, cuja crença na ideia do Bloggingheads foi fundamental para manter o site.

Steve Kruse disse coisas bastante valiosas nos passeios de bicicleta, e John McPhee foi importante perguntando-me sempre quando eu iria acabar o maldito livro. Pelo mesmo motivo, porém por meio de indagações mais diplomáticas, foram importantes Merrell Noden, Jim Sturm, Matt Feuer, Michael Lapp, Gideon Rosen e Mickey Kaus. (Na verdade, pensando bem, as indagações de Mickey não foram tão diplomáticas assim!)

As três mulheres da minha vida — Lisa, Eleanor e Margaret — toleraram benevolentemente os ocasionais ataques de desespero que esse projeto (junto com a vida em geral) gerou, e proporcionaram excelentes conversas durante o jantar, todas as noites. Agradeço a Deus por elas.

Notas

Epígrafe inicial: Kaufman (1972), p. 166.

Parte I

Epígrafe: Bella, org. (1973), p. 191.

Capítulo 1   A fé primordial

1. Bogoraz-Tan (1904-09).
2. Lubbock (1892), p. 205.
3. Ibid., pp. 7-9.
4. Ibid., pp. 206-18.
5. I Samuel 28:15.
6. II Reis 13:19.
7. Gênesis 6:1-4.
8. Marett (1936), p. 163.
9. Tylor (1871), p. 387.
10. Ibid., pp. 431, 387.
11. Radcliffe-Brown (1922), p. 167.
12. Tylor (1871), p. 400.
13. Ver Tylor (1871), p. 400, ou Murdock (1934), p. 183.
14. Tylor (1871), pp. 423, 428.
15. Ibid., pp. 430-2; Tylor (1866), p. 86.
16. Tylor (1874), p. 243.
17. Tylor (1866), pp. 82-3.
18. Tylor (1871), p. 453.
19. Salvo quando citada outra fonte, todo o material sobre os klamaths neste capítulo provém de Gatschet (1890), pp. Lxxviii-civ. Para obter mais informações

NOTAS

sobre Gatschet e os klamaths, consulte http://www.uoregon.edu/~delancey/klamath.html#KM.

20. Spier (1930), pp. 104-5.
21. Os nomes dos deuses e espíritos klamaths foram formados com base em marcações fonéticas enigmáticas que os acompanham no texto original de Gatschet.
22. Gatschet (1890), p. ciii.
23. Ibid., p. xcvi.
24. Spier (1930), p. 93.
25. Há uma longa discussão entre os antropólogos acerca de quantos "deuses supremos" dos caçadores-coletores são verdadeiramente nativos e quantos surgiram do contato inicial com missionários cristãos e outros monoteístas. Novamente: quanto menos "estranho" é o conceito religioso, mais provável é a importação ocidental. Para uma boa análise da questão por um autor que considera que muitos dos deuses supremos foram importações, consulte Barnes (2000), pp. 60-2. Marett (1936), p. 170, que considera que pelo menos alguns deuses supremos sejam nativos. Para uma investigação de um caso específico em que um deus supremo parece ser uma importação cristã, consulte Vecsey (1983), pp. 80-2.
26. Acerca desse ponto, ver Smart (1969).
27. Murdock (1934), p. 255.
28. Turnbull (1965), p. 248.
29. Marshall (1962), pp. 244-5.
30. Murdock (1934), pp. 103-4.
31. Radcliffe- Brown (1922), p. 153.
32. Gatschet (1890), p. lxxxiv.
33. Marshall (1962), p. 229.
34. Murdock (1934), p. 185.
35. Marshall (1962), p. 250.
36. Ibid., p. 239.
37. Murdock (1934), p. 104.
38. Tylor (1874), vol. II, p. 360.
39. Marshall (1962), p. 245.
40. Spencer (1927), p. 424.
41. Cooper (1917), p. 146. Os indígenas fueguinos, da América do Sul, viveram por algum tempo na companhia de missionários cristãos e isso pode explicar sua crença incomum (para caçadores-coletores) em uma divindade onisciente e moralista.
42. Nos anos 1960, o acadêmico Guy Swanson (1964) organizou um elaborado estudo da religião em cinquenta sociedades selecionadas aleatoriamente de

NOTAS 579

um grande banco de dados. Dessas cinquenta, dez eram sociedades caçadoras-coletoras. Em apenas uma dessas dez sociedades, o destino de uma pessoa na vida após a morte era influenciado pelo fato de se ela ajudou ou prejudicou outras pessoas durante sua vida. E em somente três, das dez, a religião incluía outras sanções sobrenaturais (por exemplo, doenças) para esse tipo de comportamento. Dada a quantidade de sociedades caçadoras-coletoras que, antes de serem estudadas, teriam vivido próximas de sociedades que *de fato* possuíam tais vínculos entre moralidade e religião, esse número é notavelmente baixo.

Rasmussen (1932), pp. 31-4, relatou um grupo de esquimós que acreditava que "aqueles que conheciam a compaixão iriam, depois da morte, para uma terra iluminada; enquanto aqueles que não eram bons para os órfãos e desamparados iriam para uma terra obscura, onde não há alimentos ou bebidas". Mas ele atribuiu essa crença à visita anterior de um missionário britânico, "uma vez que a punição após a morte não era, com efeito, uma ideia esquimó".

43. Spier (1930), p. 93.
44. Radcliffe- Brown (1922), p. 168.
45. Murdock (1934), p. 253.
46. Service (1966), p. 72.
47. Citado em Howells (1962), p. 19; Howells observa a semelhança entre Mencken e William James acerca da caracterização da religião.
48. James (1982), p. 53.

Capítulo 2   O xamã

1. Ver o livro de Burton Malkiel, *A Random Walk Down Wall Street*.
2. Se esse termo *deve* ser aplicado a esses especialistas é uma questão que pode ensejar discussões entre os antropólogos. Alguns puristas sustentam que o termo não deveria ser aplicado a outras culturas, senão aos indígenas do nordeste da Eurásia. Outros dizem que, com efeito, há continuidade entre as culturas religiosas nativas da Eurásia e das Américas para que se possa estender o termo "xamã" para além do estreito de Bering. Outros tendem a expandir o território xamã para ainda mais além, com base em um critério importante: um verdadeiro xamã recebe seu poder através de inspiração direta — visões, vozes, possessões etc. (Ver Norbeck [1961], p. 103.) Entretanto, ainda outros dizem: mas, em praticamente todas as sociedades pré-agrícolas, há pessoas que são consideradas com acesso especial a forças que nós, homens modernos, chamaríamos de sobrenaturais — espirituais,

mágicas ou ocultas, ou algo do gênero. Precisamos de um termo para essas pessoas; por que simplesmente não usamos "xamã", por comodidade? Essa é a posição que tomamos aqui. "Curandeiros", "feiticeiros", "bruxos" — todos são xamãs neste livro. (Observação: No texto, as generalizações sobre os xamãs estão no tempo presente, enquanto exemplos etnográficos específicos estão no tempo passado, refletindo o fato de que, como as culturas indígenas mudaram ou desapareceram, poucos dos exemplos ainda existem.)

3. Rogers (1982), pp. 6-7; Lowie (1952), p. 336.
4. Rogers (1982), p. 11.
5. Spencer (1927), pp. 401-2. Entre alguns povos australianos, como os aruntas, esse poder não era exclusivo do xamã. Ver Spencer (1927), p. 397. Ver também Rivers (1924).
6. Rasmussen (1932), p. 28.
7. Reichel- Dolmatoff (1987), p. 10.
8. Man (1932), p. 29.
9. Emmons (1991), pp. 383-4.
10. Katz (1976), p. 287.
11. Citado em Bourke (1892), p. 459.
12. Eliade (1964), p. 509.
13. Ibid., p. 64.
14. Ibid.
15. Ver Marshall (1962), pp. 237-40; Katz (1976), p. 285, estima que metade dos homens e um terço das mulheres adultas podem atingir o estado transcendental do !kia, embora não seja claro se todos podem usar esse estado para curar.
16. Spier (1930), p. 107. Ver Radcliffe- Brown (1922), p. 176, e Vecsey (1983), p. 161, para observações semelhantes sobre os insulanos das ilhas Andamão e os ojibwas, respectivamente.
17. Lowie (1952), p. 14.
18. Ibid., pp. 14-15.
19. Norbeck (1961), p. 105.
20. Murdock (1934), p. 43.
21. Ibid., p. 101.
22. Ver Spier (1930), p. 124, e Emmons (1991), p. 383.
23. Rogers (1982), p. 33.
24. Spencer (1927), p. 402.
25. Emmons (1991), p. 370.
26. Man (1932), p. 29.
27. Vecsey (1983), p. 165.

NOTAS 581

28. Man (1932), pp. 28-9.
29. Todos esses exemplos são de Rogers (1982), pp. 5, 22, 28-9.
30. Ibid., p. 31.
31. Citado em Service (1978), pp. 236-7.
32. Rogers (1982), p. 30.
33. Ibid.
34. Lowie (1952), pp. 16-17.
35. Gusinde (1931), p. 1041.
36. Vecsey (1983).
37. Hoebel (1983), p. 73.
38. Há exceções relatadas. Lowie (1952), p. 335, observa que os xamãs siberianos frequentemente não são de uma posição social elevada. Mas as exceções parecem raras.
39. Rogers (1982), p. 8.
40. Ver Norbeck (1961), pp. 111-12; Rogers (1982), pp. 7, 20.
41. Ver Norbeck (1961), p. 112.
42. Ver Murdock (1934), p. 12; Service (1978), p. 237; Spencer (1927), p. 398.
43. Norbeck (1961), p. 112.
44. Vecsey (1983), p. 163.
45. Benedict (1959), p. 213.
46. Man (1932), pp. 29-30.
47. Rasmussen (1932), p. 30.
48. Reichel-Dolmatoff (1987), p. 8.
49. Lowie (1952), pp. 3-7.
50. Emmons (1991), p. 375.
51. Cooper (1946), p. 104.
52. Spencer (1927), pp. 392-6.
53. Norbeck (1961), p. 110. Radin (1937), pp. 105-7, vê o xamã dentro do perfil do "pensador-artista... um homem neuroticamente suscetível a todos os sinais internos, físicos ou mentais... A própria intensidade dessa vida interior o estimulava e o ajudava a atingir seu objetivo".
54. Rogers (1982), p. 24.
55. Emmons (1991), p. 373.
56. Lowie (1952), p. 335.
57. Rogers (1982), p. 8.
58. James (1982), p. 388.
59. Katz (1976), pp. 287, 291.
60. Konner (1990), p. 25.
61. Ibid.

582 NOTAS

62. Ver Eliade (1964), p. 181, nota de rodapé.
63. *Encyclopedia Britannica.*
64. Ver Norbeck (1961), p. 115.
65. Gusinde (1931), p. 1045. Ver Emmons (1991), p. 370, ref.: a função algo similar do xamã tlingit, no outro extremo das Américas.
66. Murdock (1934), p. 258.
67. Lowie (1952), p. 18.
68. Spier (1930), p. 120.
69. Kelekna (1998), pp. 165-6.
70. Ver Spencer e Gillen (1904).
71. Durkheim (1965), p. 448.
72. Radin (1937), p. 52.

Capítulo 3 Religião na era das chefias

1. Cook (1852), p. 176.
2. Ibid., p. 172; folha de bananeira: Handy (1927), p. 192.
3. Cook (1852), p. 176.
4. Ibid., p. 155.
5. Williamson (1937), p. 23.
6. Para uma discussão mais completa sobre as chefias, incluindo argumentos sobre a validade desta como categoria analítica própria, ver Wright (2000), capítulo 7.
7. Citada em Kirch (1989), p. 166.
8. Ibid., p. 12.
9. Williamson (1937), pp. 45, 49. A atribuição de propriedades a Tangaroa é complicada pela adição de sufixos a seu nome — *e.g.*, "Tangaroa-dos-céus", "Tangaroa-o-infinito" etc. Há discordâncias (ver Williamson, pp. 38-40) acerca de se essas descrições alternativas referem-se ao mesmo deus.
10. Williamson (1937), p. 38.
11. Ibid., p. 46. Williamson observa, mas põe em dúvida a sugestão de Handy (1927) de que Tangaroa ocupava uma posição importante nas Marquesas. Em todo caso — ver Williamson (1937), p. 44 — havia várias ilhas nas quais Tangaroa era apenas um deus entre vários, sem posição de destaque.
12. Williamson (1937), pp. 18-19, 88-93.
13. Handy (1927), p. 282.
14. Williamson (1937), p. 244.
15. Malo (1903), p. 168.
16. Ibid., pp. 169, 175-6.

NOTAS

17. Ibid., pp. 170-5.
18. Ibid., pp. 274, 278-9.
19. Ibid., pp. 199, 275-6.
20. Para uma análise, ver Firth (1940).
21. Ibid., p. 491. Firth soletra a palavra *manu,* aproximando-a da pronúncia local.
22. Cook (1852), vol. II, p. 156.
23. Ibid., pp. 155-6.
24. Thwaites (1900), pp. 127, 131.
25. Ibid., p. 127.
26. Van Bakel (1991), p. 272.
27. Hogbin (1934), p. 266.
28. Ver Claessen (1991), pp. 304, 314, 316.
29. Ibid., p. 316.
30. Williamson (1937), p. 19: Nas ilhas da Sociedade, havia aparentemente um deus não só da fornicação, mas do adultério. Eis o trecho (Williamson [1937], p. 104) de uma oração cantada nas ilhas Hervey antes de um arrombamento noturno:

> Oh, casa, tu foste amaldiçoada por nosso Deus!
> Faze com que todas as coisas caiam em sono.
> Permita que o sono profundo domine essa residência.
> Dono da casa, durma!
> Portal da casa, durma!
> Pequenos insetos que habitam essa casa, durmam!

31. Williamson (1937), pp. 9, 22.
32. Ibid., p. 92.
33. Handy (1927), p. 185.
34. Williamson (1937), p. 275.
35. Citado em Handy (1927), p. 78.
36. Williamson (1937), pp. 268-9; Handy (1927), p. 78.
37. Handy (1940), p. 311. Handy acrescenta: "As considerações éticas são fatores secundários e indiretos." Uma virtude clássica que poderia colocá-lo em boa situação eterna era a bravura. Em várias ilhas polinésias, escreveu Handy (1927, p. 78), os guerreiros heroicos mortos iriam para as "regiões mais altas do mundo do céu", para lá "residirem em felicidade eterna, ornados em flores perfumadas, dançando e satisfazendo completamente todos os seus desejos".
38. Handy (1927), p. 67.

NOTAS

39. Hogbin (1934), p. 262.
40. Ibid., p. 261.
41. Turner (1861), pp. 313, 345.
42. Williamson (1937), p. 251. O adultério também era punido pelos deuses em Tonga — ver Hogbin (1934), p. 261 — e em Samoa — ver Turner (1831), p. 313.
43. Essa sanção era, em alguns lugares, impingida por ancestrais mortos, não pelos deuses. Ver Handy (1940), p. 319.
44. Nas chefias polinésias, a religião, se não se ocupava essencialmente com questões morais, se referia a elas. Williamson escreveu que, em Tonga, "delitos humanos, como mentira, roubo, adultério e assassinato, não eram considerados pelos deuses supremos, em razão da natureza mais elevada destes". Entretanto, ele acrescenta que esses delitos "eram deixados para os deuses inferiores resolverem" (Williamson [1937], p. 16). Mesmo esse grau de atenção divina à moralidade era um grande avanço comparado com o que havia em uma sociedade caçadora-coletora típica. Handy é mais explícito que Williamson em reconhecer a dimensão moral da religião da Polinésia: *e.g.*, Handy (1940), p. 319: "A ética social é a própria essência do antigo culto polinésio institucionalizado. Maldade, más intenções e maldições contra parentes é uma das causas mais comuns de doença, e daí surge o interessante fenômeno da confissão como pré-requisito para a cura. Uma segunda fonte de problemas é o desrespeito à lei consuetudinária, como exemplificado no *tapu*: os que desrespeitam o *tapu* são sumariamente atormentados com doenças ou acidentes, pelos espíritos e deuses, em repreensão às suas transgressões."
45. Isso não quer dizer que a lei moderna *se originou* da religião. (A visão de que a lei se originou da religião é às vezes atribuída ao teórico social do século XIX, sir Henry Maine, mas essa atribuição, assim como a própria visão, podem ser por demais simplificadas. Ver Hoebel [1983], capítulo 10, acerca dos dois pontos.) Com efeito, nas sociedades caçadoras-coletoras, vê-se amiúde um tipo de lei praticada com pouca recorrência, se alguma, ao sobrenatural: crimes como um assassinato são algo errado; logo, a retaliação é justa; e pronto: nenhuma coerção sobrenatural é necessária. A sugestão é que, conforme a sociedade evoluiu para além dos caçadores-coletores, e essa coerção básica tornou-se menos prática a tal ponto que algo próximo da lei moderna fez-se necessário, a religião interveio e proporcionou a autoridade crucial durante a transição.
46. Williamson (1937), pp. 134-6; Hogbin (1934), p. 264. Na p. 253, Williamson observa que, nas ilhas da Sociedade, uma família estabelecia posse sobre sua terra construindo ali um templo em pequena escala, ou *marae*.

NOTAS

47. Hogbin (1934), p. 274. O *fono* existiu em outras chefias, mas geralmente como um corpo administrativo. Seu uso com fins jurídicos em Samoa era incomum.
48. Van Bakel (1991), p. 268.
49. Hogbin (1934), p. 269.
50. Citado em ibid. p. 263.
51. Ibid., p. 262
52. Ibid., pp. 277-8.
53. Ibid., pp. 273-4.
54. Williamson (1937), p. 122.
55. Cook (1852), p. 175.
56. Ver Hoebel (1983), p. 272.
57. Williamson (1937), pp. 302-3.
58. Williamson (1937), p. 128.
59. Sahlins (1963), p. 297.
60. Ibid., pp. 297-8.
61. Kirch (1989), p. 167.
62. Williamson (1937), p. 258.
63. Ver Wright (2000), capítulos 5, 7.
64. Dale (1996), p. 303.
65. Kirch (1989), pp. 68, 196-7.
66. Williamson (1937), p. 103.
67. Citado em Makemson (1941), p. 19.
68. Lewis (1974), pp. 135, 137.
69. Williamson (1937), p. 249.
70. Ver Lewis (1974), pp. 140, 144; Makemson (1941), p. 19. Em uma predição citada por Makemson, a crença era de que os ventos que se aproximavam da ilha primeiro passavam pela Via Láctea e afetavam sua inclinação; nesse caso, então, a explicação causal da correlação observada entre a posição das estrelas e os ventos predominantes é mais "moderna" — isto é, menos sobrenatural — que outras teorias polinésias que explicam tais correlações como divindades celestiais controlando os ventos (como em Ontong Java — ver Williamson [1933], p. 153).
71. Citado em Makemson (1941), p. 19.

Capítulo 4 Deuses dos Estados antigos

1. Bottero (2001), pp. 66-7.
2. Jacobsen, pp. 139-40. Ver Bottero (2001), p. 122, ref.: sacerdotisas mesopotâmicas que praticavam a prostituição.

NOTAS

3. Saggs (1978), p. 173.
4. Bottero (2001), pp. 66-7.
5. Pinch (2002), p. 126.
6. Citado em Le Page Renouf (1884), p. 2.
7. Faulkner (1969), p. 1.
8. Keightley (1998), pp. 804-7.
9. http://www.mnsu.edu/emuseum/information/biography/abcde/delanda_deigo.html.
10. Por exemplo, Sharer (1996), p. 160, expresssa uma opinião compartilhada por outros estudiosos de que "seria um erro presumir que eles [os deuses maias] tivessem características distintas ou antropomórficas (semelhantes aos humanos), como os deuses da antiga Grécia ou Roma". Entretanto, ele também diz que os deuses gostavam de música (p. 166) e, o mais importante, que esperavam ser alimentados pelos humanos por meio de sacrifícios, e que ficavam zangados se os humanos negligenciassem suas obrigações (p. 164). Sharer disse (comunicação pessoal) que os deuses maias eram menos antropomórficos que os deuses gregos, no sentido de que eram mais mutáveis. Do mesmo modo, Boone (1994), pp. 104-6, diz que considerar os deuses astecas como deuses é um equívoco; a palavra náuatle *teotl*, traduzida pelos espanhóis como "deus", significa, na verdade, "força sagrada impessoal" (p. 105). Os "deuses astecas não eram humanos divinos, como os deuses gregos e romanos" (p. 105). Porém, mais adiante, ela afirma, "as divindades astecas eram uma energia concentrada, manifestada em forma antropomórfica como deuses e deusas" (p. 106). Com efeito, "as lendas e histórias antigas falam das divindades astecas como atores sobrenaturais em um palco mítico". Mas ela insiste que essa "maneira de humanizar o sobrenatural" era apenas "um eficiente artifício narrativo", usado pelos anciões astecas para "explicar o cosmos em termos humanos que pudessem ser mais prontamente entendidos". Da maneira que interpreto Boone, ela está dizendo que a grande maioria dos astecas pensava em seus deuses como antropomórficos, mas que seria um erro nós os considerarmos dessa forma — o que significa que, presumivelmente, era um equívoco os astecas pensarem em seus deuses dessa forma. Ora, se os astecas não são a autoridade final sobre a natureza dos deuses astecas, quem o seria? É possível que os acadêmicos do fim do século XX, estudiosos da Mesoamérica, estejam particularmente ansiosos em ver nas religiões que estudam uma espiritualidade mais modernista, da Nova Era, do que os acadêmicos enfadonhos que, antes, moldaram a interpretação da religião egípcia e mesopotâmica. Ou talvez eles tenham sido influenciados pela argumentação de Rudolf Otto (1977), de que a per-

NOTAS 587

cepção do "numinoso" precede — cronologicamente e, em certo sentido, metafisicamente — a percepção de deuses personificados. Um acadêmico, Thorkild Jacobsen (1976), expressou claramente esse ponto de vista nos estudos sobre a religião mesopotâmica, e atualmente vários estudiosos consideram que essa perspectiva impôs um viés impróprio à sua interpretação (comunicação pessoal com Norman Yoffee). Não contesto a argumentação de Boone de que os leigos astecas tivessem uma concepção dos deuses mais literal, menos metafísica, do que teriam os intelectuais astecas. Bray (1991), pp. 155-8, sugere algo semelhante, ainda que com outro sentido. (Ele diz que alguns intelectuais viam vários deuses astecas como manifestações de um único deus fundamental.) Mas eu estou sugerindo que, se há uma maneira "correta" de se conceber os deuses de qualquer civilização — e o texto de Boone sugere que ela acha que há — essa maneira é aquela pela qual a maior parte do povo de tal civilização os concebe. Hornung (1996), p. 105, diz que, com o tempo, os deuses egípcios assumiram forma humana, em oposição à forma animal, e endossa as frases "antropomorfização do poder" e "do dinamismo ao personalismo" para descrever essa tendência. Porém, o fato de os deuses egícpcios assumirem, no princípio, mais a *forma* animal não implica que eles não fossem psicologicamente antropomórficos. Além disso, ao afirmar essa tendência, Hornung teve de minimizar (pp. 101-3) evidências inconvenientes, tais como o fato de que figuras de formas humanas em marfim e argila tenham sido encontradas no Egito pré-histórico, e o fato de várias divindades egípcias já serem relatadas em forma humana desde o princípio dos registros históricos.

11. Egito: Morenz (1973), p. 6; China: Poo (1998), p. 28; maias: Sharer (1996), p. 153; astecas: arqueólogo mexicano Alfonso Caso, citado em Bray (1991), p. 152; Mesopotâmia: Bottero (2001), p. 92.

12. Bottero (2001), p. 45. Em alguns casos, nomes diferentes podem se referir ao mesmo deus, e, de qualquer modo, não havia ninguém que cultuasse todos os deuses da lista. Saggs (1989), p. 277, refere-se a um censo contemporâneo que listou 3.600 nomes, e Bottero, p. 45, menciona uma lista de 3.300 nomes.

13. Escribas e artesãos egípcios: Shafer *et al.*, orgs. (1991), p. 54; escribas mesopotâmicos: Saggs (1989), p. 277; sobre deuses mesopotâmicos de profissões em geral, ver Lambert (1975), p. 196; comerciantes astecas: Bray (1991), pp. 147-8; mercadores astecas (e vários deuses de profissões), Boone (1994), p. 109; mercadores maias: Foster (2002), pp. 168-9, e Sharer (1996), p. 162; escribas maias: Sharer (1996), p. 161; dos fermentadores e dos pedreiros: Saggs (1989), p. 277; tecelões, pintores, ourives: Boone (1994), p. 114; ladrões: Bray (1991), p. 162; deus maia do suicídio: Sharer (1996), p. 162; o senhor

588 NOTAS

dos currais: Bottero (2001), p. 47; deuses egípcios dos pulmões, fígado etc.: Shafer *et al.*, orgs. (1991), p. 49.

14. Walker e Dick (2001), p. 53. O ritual, descrito em detalhes intricados nessa placa do começo do primeiro milênio AEC, parecia envolver lavar a boca da estátua de um deus (p. 16). O quão diretamente as pessoas associavam a estátua ao próprio deus não é claro, mas há evidências de que na antiga Mesopotâmia a associação podia ser bem direta — de que os deuses, em alguns casos, até habitavam as suas estátuas. Ver Bottero (2001), p. 65.

15. Ver Trigger (1993), pp. 98-102: os regentes do Egito, Mesopotâmia, China e Mesoamérica afirmavam ser algum tipo de descendente dos deuses.

16. Foster (2002), p. 178.

17. Trigger (1993), p. 102.

18. Ibid., p. 91.

19. Ibid. Sobre a ameaça do caos no Egito, ver Baines (1991), pp. 124-5.

20. Boone (1994), p. 117.

21. Bray (1991), p. 172; Boone (1994), p. 117.

22. Huitzilopochtli: Bray (1991), pp. 18, 172.

23. Vaillant (1950), pp. 195-7; Bray (1991), pp. 171-5.

24. Ortiz de Montellano (1990), p. 49.

25. Citado em White (1959), pp. 303-4.

26. Trigger (1993), pp. 97-8.

27. Bray (1991), pp. 177-8.

28. Michael D. Lemonick, "Secrets of the Maya", revista *Time*, 9 de agosto de 1993.

29. Bray (1991), p. 176.

30. Ver Wright (2000), p. 99.

31. Lamberg-Karlovsky e Sabloff (1995), p. 174.

32. Bottero (2000), p. 58; ver também Saggs (1978), pp. 116-17.

33. Bottero (2000), pp. 58-9.

34. Maias: Lopez Austin (1988), p. 270; egípcios: Traunecker, p. 98.

35. Ortiz de Montellano (1990), pp. 62-3, 141, 150-2.

36 Lopez Austin (1988), pp 295, 337.

37. O'Flaherty (1981), pp. 213-4, em especial a nota de rodapé 5; ver também Flood (1996), p. 47.

38 Lichtheim (1975), p. 65.

39. Um possível exemplo dessa dinâmica é a conquista, na China, próximo ao fim do segundo milênio AEC, da dinastia Shang (cujo deus principal, Shang-ti, não demonstra nenhuma clara disposição moral; ver Elvin [1986], p. 327), pela dinastia Chou (cujo deus principal, Tian, possuía preocupações morais

NOTAS

— ver Elvin [1986], p. 327 — que virão, por fim, a superar sua preocupação com a plena correção ritual [p. 328]).

40. Bottero (2001), p. 53.
41. Ibid.; Lambert (1975), p. 193.
42. Lambert (1975), pp. 191-3. Ver também Bottero (2001), pp. 48-54, sobre a racionalização do panteão durante o terceiro milênio AEC.
43. Lambert (1975), p. 192.
44. Ibid.
45. Williamson (1937), p. 252.
46. Watson (1992), p. 26.
47. Ver Saggs (1989), p. 37.
48. Watson (1992), p. 27.
49. Lamberg-Karlovsky e Sabloff (1995), p. 176.
50. Saggs (1989), p. 185.
51. Ibid., p. 41.
52. Hallo e van Dijk (1968), pp. 7-8.
53. Ibid., pp. 1-9, 23, 29.
54. Ibid., pp. 9-10.
55. Saggs (1978), pp. 184-5.
56. Bottero (2001), p. 46.
57. Bray (1991), p. 155.
58. Dietrich (1974), p. 27.
59. Bottero (2001), p. 51.
60. Jacobsen, p. 85. A narrativa é conhecida como "Enki e a ordem mundial."
61. Silverman (1991), p. 32.
62. Nem todos os acadêmicos aceitam essa visão, embora ela seja amplamente adotada. Ver Poo (1998), p. 23, e Gernet (1985), p. 49. A maioria dos estudiosos a aceitaria como da China pós-Shang. Na Mesoamérica, os panteões parecem relativamente indefinidos, mas esses Estados estavam em um estágio anterior de evoluçao social, comparados à Mesopotâmia ou ao Egito do primeiro ou segundo milênio AEC, ou à China pós-Shang.
63. Bottero (2001), p. 52.
64. Ibid., pp. 52, 97.
65. Ibid., p. 66.
66. Código de Hamurabi, tradução [para o inglês] de L. W. King.
67. Bottero (2001), p. 54.
68. Saggs (1978), p. 157.
69. Código de Hamurabi, tradução [para o inglês] de L. W. King.
70. Lambert (1975), pp. 193-4. Bottero (2001), p. 54, parece sugerir que Marduk,

590 NOTAS

no Código de Hamurabi, estava sendo elevado à posição de deus municipal da Babilônia, mas o texto do código não indica tanto; e Lambert (p. 193) diz que Marduk "sempre" foi deus da cidade da Babilônia.

71. Bottero (2001), pp. 55-6.

72. Lambert (1975), pp. 197-8. Bottero (2001), p. 57, coloca que "Marduk é Nurta, o deus da agricultura".

73. Bottero (2001), p. 57.

74. Ibid., p. 58, minimiza a tendência monoteísta, enquanto Lambert (1975), p. 198, a enfatiza.

75. Ver Lambert (1975), p. 199.

76. Saggs (1978), p. 184.

77. *Poema épico da criação*, tradução [para o inglês] de L. W. King; ver também Bottero (2001), p. 56.

78. Tradução [para o inglês] de L. W. King.

79. Reeves (2001), pp. 44-5; Redford (1984), pp. 158-63.

80. Ver Reeves (2001), p. 111; Redford (1984), p. 165. Pode ter havido um curto período de corregência, anterior à morte de seu pai.

81. Redford (1984) p. 162. Redford cita uma inscrição: "todo deus nele está". Amon já se fundira com o então supremo deus do sol Rá e — embora os dois às vezes compartilhassem a denominação como Amon-Rá — Amon parecia ser o sócio principal. Ver Redford (1984), pp. 162-3, 171; ver também Hornung (1999), pp. 91-2.

82. Reeves (2001), p. 49.

83. David (2002), p. 215. Ver também Reeves (2001), pp. 49-50; Redford (1984), pp. 171-2.

84. Redford (1984), pp. 175-7.

85. Ibid., pp. 175-6, 179.

86. bid., p. 176.

87. Redford (1992), p. 381; David (2002), p. 218.

88. Ibid., pp. 166, 178-180.

89. David (2002), p. 226.

90. Ver Redford (1992), pp. 226-33. Essa "polinização cruzada" teológica, embora politicamente conveniente para um regente imperial, não era necessariamente dissimulada. O próprio pai de Akhenaton, ao fim de seu reinado, se deslocou para a Mesopotâmia até uma estátua de Ishtar de Nínive para ajudar em sua cura. Ver Redford (1992), p. 231, e Morenz (1973), p. 240.

91. Ver Redford (1992), pp. 230, 233.

92. Ibid., p. 231.

93. Ibid., p. 230; David (2002), pp. 227-8.

NOTAS

94. Wente e Baines (1989), p. 158. Essa preocupação é atribuída a Amon-Rá, nome de Amon durante o período em que ele se fundira com Rá.
95. Morenz (1973), p. 51.
96. Hornung (1996), p. 167. A cópia mais antiga desse texto, o Livro dos Portais, surgiu logo após o reinado de Akhenaton, mas vários estudiosos acreditam ter sido escrito antes.
97. Morenz (1973), p. 52.
98. Ibid., pp. 47-9.

Capítulo 5 Politeísmo, a religião da antiga Israel

1. I Reis 19:11-12, *RSV*. O monte Sinai também é conhecido como Horeb, monte de Deus, que é o termo usado nessa passagem.
2. Armstrong (1994), p. 27. Ela comenta sobre a tradução encontrada em *A Bíblia de Jerusalém*, na qual a frase é lida não como "um som de puro silêncio" (*NRSV*) ou "uma voz mansa e delicada" (*RSV*), mas como "o murmúrio de uma brisa ligeira".
3. Baal não era *somente* um deus da fertilidade; ver Albertz (1994), p. 172.
4. Sobre o caráter "oculto" de Iavé, ver Friedman (1997), em especial as pp. 77-80.
5. Kaufmann (1972), p. 70.
6. Ibid., p. 2. A visão de Kaufmann não era, a rigor, antievolucionista. Ele acreditava que houve uma progressão evolutiva da religião pagã para o monoteísmo (p. 7). Porém, acreditava que a fase monoteísta tinha chegado repentinamente, e não como um contínuo desenvolvimento da religião anterior. Ela acontecera aos hebreus "como uma visão, uma intuição original" (p. 60).
7. I Reis 19:15-18; 20:29-30.
8. Ver Gnuse (1997), p. 66, sobre como a ideia de uma emergência precoce e repentina (isto é, mosaica) do monoteísmo foi bastante difundida, especialmente entre 1940 e 1970.
9. Ver Friedman (2003).
10. Alguns estudiosos desaprovam a referência à literatura ugarítica como "cananeia", mas, *e.g.*, Pitard (2002), pp. 251-2, argumenta a favor de tal designação, citando a continuidade cultural entre a cidade de Ugarit e as terras cananeias ao sul. É claro, a literatura ugarítica não é exatamente representativa da cultura dos "cananeus", descrita na Bíblia, mas parece correto vê-la como um reflexo mais amplo de seu ambiente.
11. Gênesis 2:8; 3:21; 3:8; 3:9.

NOTAS

12. Niehr (1995), p. 52, afirma que Iavé era inicialmente um deus do clima, como Baal. E, do mesmo modo, Day (2000), p. 14, destaca a associação de Iavé com tempestades em antigos fragmentos da Bíblia, como Juízes 5:4-5. A tese do deus das tempestades não pode ser rejeitada, mas é notável que até a passagem citada por Day destaca o violento poder de Iavé de lançar tempestades (em contraste à, digamos, simples associação de Iavé com a chuva e, portanto, com a fertilidade): "Senhor (...) quando saístes (...) a terra tremeu, os céus se entornaram, as nuvens desfizeram-se em água. Abalaram-se as montanhas diante do Senhor (...)." Para exemplos do tema do guerreiro divino nas antigas escrituras hebraicas, ver Cross (1973), capítulo 5. Cross escreve (p. 157) que os hinos que descrevem "a marcha do Guerreiro Divino para a batalha, agitando a natureza com sua ira... incluem todos os mais antigos hinos de Israel". Freedman (1987), p. 319, lista cinco poemas que provavelmente estariam entre os mais antigos — Gênesis 49; Êxodo 15; Números 23-4; Deuteronômio 33; Juízes 5 — e diz que eles se dividem em duas categorias: odes a triunfos militares e "bênçãos tribais".

13. Êxodo 15:1-3.

14. Êxodo 15:11.

15. Números 21:29. Ver Kaufmann (1972), p. 9. Sobre outro versículo indicando a monolatria, mas não o monoteísmo — Deuteronômio 4: 19 — ver Nikiprowetzky (1975), p. 77.

16. Josué 23:16. Compare-se com Juízes 3:7-12.

17. Êxodo 20:3.

18. Ver Juízes 11:24, discutido no capítulo 8.

19. Gênesis 1:26-7. Esse uso da primeira pessoa do plural por Deus é tipicamente atribuído à fonte P, diferentemente de Gênesis 3:22 e 11:7, que são, em geral, atribuídos à fonte J. (Ver no capítulo 7 informações sobre a fonte P, e neste capítulo, mais adiante, sobre a fonte J.) Uma vez que os textos de P geralmente são monoteístas, isso intrigou os estudiosos. (Ver Garr [2003], pp. 17-21.) Alguns acreditam que o versículo foi uma preservação acidental de um uso anterior no material da fonte P, enquanto outros acreditam que ele fora preservado propositadamente para constituir uma questão teológica. (Ver Garr [2003], e.g., p. 202.) Em qualquer hipótese, no entanto, o fato de que esse uso tenha feito parte de P indica que em algum momento o politeísmo fizera parte da tradição israelita, mesmo que o estilo de P não indique politeísmo na fonte P.

20. Gênesis 3:22; 11:7.

21. Na verdade, "hoste celestial", uma expressão cujo significado parece ter evoluído durante os tempos bíblicos, parece referir-se a divindades celestiais em alguns casos. Ver Niehr (1999).

NOTAS 593

22. Salmos 82:1, 6. Há quem leia essa passagem como um relato mítico de um passado distante em que Deus tomou dos deuses o controle do mundo. (Em um trecho, ele diz: "Vós sois deuses (...) contudo, morrereis como simples homens, caireis como qualquer príncipe", o que pode ser interpretado como Deus dando uma sentença de morte, ou pelo menos mencionando a mortalidade dos deuses, provavelmente em contraste com a sua imortalidade.). Nessa perspectiva, a passagem, longe de ser prova do reconhecimento israelita da existência de vários deuses, poderia ter sido escrita por monoteístas que explicavam como, tempos atrás, um único Deus veio a ser senhor do céu e da terra. Contra essa interpretação, entretanto, está o fato de que o relato não está escrito no tempo passado. Sobre o conselho divino cananeu e as origens israelitas, ver Smith (2002a), pp. 37, 143-4.

23. Smith (2001), p. 157.

24. Josué 10:40.

25. Albright (1957), p. 278. Para uma crítica favorável a respeito de Albright que, no entanto, assinala o erro dessas suas declarações, ver Schloen (2002).

26. Albright (1957), p. 281.

27. Ver Nikiprowetzky (1975), p. 75.

28. Albright (1957), p. 285.

29. Dever (2003), pp. 153, 167. Sobre uma recente argumentação de que aspectos importantes da narrativa de Josué mantêm-se condizentes com as provas arqueológicas, ver Rainey (2001). Uma importante versão anterior da teoria da origem nativa cananeia de Israel foi a sugestão de G. E. Mendenhall, em meados do século XX, de que os israelitas haviam sido inicialmente camponeses cananeus que se revoltaram contra seus soberanos urbanos. Ver um bom resumo sobre o tema em Halpern (1983), capítulo 3.

30. Finkelstein e Silberman (2002), pp. 105-22.

31. Ibid., p. 118.

32. Para análises sobre a questão, ver Callaway (1999) e Dever (2003).

33. Outra parte da Bíblia, o primeiro capítulo de Juízes, pode estar mais próximo da verdade; ao contrário das afirmações em Josué, esse capítulo fala da sobrevivência de várias cidades cananeias depois da chegada dos israelitas. Ver Callaway (1999), p. 56.

34. Finkelstein e Silberman (2002), pp. 109-10.

35. Ibid., p. 109. Ver Day (2000), pp. 34-39, acerca da dos indícios de que os bezerros de ouro que, de acordo com a Bíblia, foram introduzidos pelo rei Jeroboão I, "refletiam o antigo simbolismo iaveístico derivado do deus El".

36. Sobre Kaufmann, Albright e outros estudiosos que remetem o monoteísmo às andanças pelo Monte Sinai, ver Smith (2001), p. 149. Ver Halpern (1987), pp. 77-83, acerca de uma discussão favorável à visão de Kaufmann.

NOTAS

37. Ver Smith (2001), pp. 47-53, e Smith (2002a), pp. 37-8, para referências sobre o conselho divino na Bíblia.

38. Sobre as semelhanças entre Iavé e El, ver Cross (1973), p. 72; Smith (2002a), pp. 39-42; Day (2000a), pp. 13-41; Pitard (2002), pp. 258-9.

39. Smith (2002a), p. 39.

40. Êxodo 15:13.

41. Smith (2002a), p. 39; profetas: Oden, palestra 4.

42. Smith (2001), p. 137; Pitard (2002), p. 256.

43. Smith (2001), p. 160.

44. Ver Cross (1973), pp. 44-5: "não há dúvida de que a origem da designação 'adat 'El está no mito cananeu".

45. Gênesis 33:20. Ver Albertz (1994), vol. 1, p. 76. Os editores da *NRSV*, em nota de rodapé, traduzem a frase como "Deus, o Deus de Israel", mas a mais-culização do segundo "deus" — que parece ser um substantivo comum — é discutível. Acerca de uma discussão sobre algumas escrituras bíblicas nas quais "El" parece se referir ao deus cananeu El, ver Day (2000), pp. 24-6.

46. Friedman (2003), p. 87, traduz o trecho dessa maneira.

47. Ver Day (2000), p. 16; Theissen (1984), p. 52.

48. Sobre o significado de "Shaddai", ver Cross (1973), pp. 52-60.

49. Ver Day (2000), p. 33, acerca de uma prova circunstancial de que Shaddai "deriva de um epíteto de El". De acordo com de Moor (1990), p. 228, o Êxodo contém outras equivalências entre Iavé e El. Por exemplo, Êxodo 34:14 — traduzido na *NRSV* como "... porque o Senhor [isto é, Iavé], que se chama o Zeloso, é um Deus zeloso" — de Moor traduz como "... Iavé, o zeloso é seu nome — Ele é El, o zeloso".

50. Ver McCarter Jr. (1999), pp. 20-2.

51. Alguns argumentam que Iavé e El eram originalmente idênticos, em oposi-ção ao argumento de que teriam sido deuses distintos que posteriormente se fundiram. Ver o capítulo 1 de Day (2000).

52. Theissen (1985), pp. 54-5, escreve que, durante a monarquia dividida, o reino do norte estava "muito mais exposto à influência dos grandes estados costeiros cananeus do que Judá". Porém, ele argumenta que Judá também teve contato com a cultura cananeia, notadamente em Jerusalém (onde, ele diz, El Elyon era cultuado), e foi bem receptiva ao contato: "El e Iavé foram identificados um com o outro, o símbolo da paz da integração social entre israelitas e cananeus no reino do sul."

53. Para uma análise da questão, ver Collins (2009), capítulo 2.

54. Theissen (1985), pp. 53-4, defende esse cenário.

55. Juízes 5:14-18; ver McCarter Jr. (1999), pp. 13-17.

NOTAS

56. Sobre Noth, ver McCarter Jr. (1999), pp. 12-15, e Finkelstein e Silberman (2002), pp. 43-5.

57. Jacó, mas não Abraão, é mencionado: assume-se aqui a interpretação convencional da frase "um arameu errante", em Deuteronômio 26:6, como uma referência a Jacó, e também se assume a datação (novamente, convencional) desse versículo como anterior à dos versículos que mencionam Abraão. Ver Oden (1996), palestra 1.

58. Ver o texto da Estela de Merenptah em Pritchard (1958).

59. Ver Redford (1992), p. 275. (Durante a "monarquia dividida" de Israel, no começo do primeiro milênio AEC, o reino do norte era chamado tanto de Efraim como de Israel.)

60. Cross (1973), pp. 61-2, diz que as listas palestinas do sul que contêm o nome são do século XIV e XIII AEC. Ver também Redford (1992), p. 273; Dever (2003), pp. 150-1; Rainey (2001), pp. 68-75. Tanto Redford como Rainey parecem presumir que os shasus, em vez de fundirem-se com um povo israelita existente, foram precursores dos israelitas. Ou seja, entre a referência à "terra dos shasus" nas proximidades de Edom e a subsequente (fim do século XIII AEC) referência a Israel, os shasus migraram para o norte e vieram a ficar conhecidos como israelitas. No entanto, Rainey também observa que, durante a época de Merenptah, quando aparece a primeira referência a um povo chamado Israel, também encontramos o relevo no qual o povo denominado Shasu fora subjugado pelo Egito (uma imagem cuja semelhança com a história bíblica do cativeiro egípcio é clara). Isso parece levantar uma questão: se é correta a hipótese de Rainey-Redford de que os shasus *tornaram-se* israelitas, por que as duas inscrições egípcias, aproximadamente contemporâneas, iriam referir-se àquele povo como Shasu, em um caso, e como Israel, em outro?

61. Ver Redford (1992), p. 273, nota de rodapé 71.

62. Ibid., p. 272.

63. Rainey (2001), pp. 73-4.

64. Ver Rainey (2001) acerca da defesa dessa tradução padrão em oposição à afirmação de que a referência é à colheita ("grãos").

65. Entre as evidências que não se encaixam na teoria de um Iavé do sul, adorado pelos shasus livres do domínio egípcio, fundindo-se com um El do norte, está esta passagem do livro dos Números: "Deus [El] os libertou do Egito e tem como que chifres de búfalo" — uma descrição de El que faz lembrar a descrição ugarítica de El como um touro. Ver Smith (2002b), p. 21. Outro povo que aparece nas inscrições egípcias e que é, às vezes, colocado como primeiros constituintes de Israel são os ápiros. Por algum tempo, pensou-se

que o termo *Apiru* evoluíra para a palavra *Hebreu*, mas essa interpretação foi questionada. Além disso, a consideração dos ápiros como grupo étnico deu espaço para a ideia de que *Apiru* era uma designação socioeconômica, talvez referindo-se a povos nômades, socialmente marginais, às vezes voltados para o crime. Ver Finkelstein e Silberman (2002), pp. 102-3; Dever (2003), p. 74.

66. Ver Finkelstein (1999) e Finkelstein e Silberman (2002). Finkelstein (1999), p. 40, apoia-se em indícios arqueológicos e conclui que o reino do norte atingiu "completa soberania antes da primeira metade do século IX AEC.", enquanto nos séculos X e IX AEC, Jerusalém, a suposta capital de um poderoso reino davídico ao sul, parece ter sido "uma pequena, pobre e modesta fortaleza nas montanhas, não muito diferente de outras cidades nas colinas da região". Acerca de indícios recentes que desafiam a visão de Finkelstein, ver o artigo de Ethan Bronner, "Find of Ancient City Could Alter Notions of Biblical David", *New York Times*, 29 de outubro de 2008.

67. Deuteronômio 32:8-9.

68. Smith (2001), p. 143; Halpern (1987), p. 107, nota de rodapé 1. Alguns estudiosos — *e.g.*, Lowell K. Handy (comunicação pessoal) — consideram que essa reconstrução é excessivamente criativa. Handy não nega que a frase "filhos de Israel" no texto massorético e na versão do rei Jaime esteja errada; ele apenas acha que é problemática a reconstrução da frase original.

69. Na versão inglesa *New Revised Standard Version* da Bíblia, algo do sentido original desse versículo é recuperado:

> *When the Most High apportioned the nations,*
> *when he divided humankind, he fixed the boundaries of the peoples*
> *according to the number of the gods;*
> *the Lord's own portion was his people, Jacob his allotted share.*
> [Quando o Altíssimo dividia as nações,
> quando separava a humanidade, ele fixou limites aos povos,
> conforme o número dos deuses;
> a parte do próprio Senhor era o seu povo; Jacó, a porção de sua herança.]

Porém, mesmo aqui, embora se perceba um indício de politeísmo na palavra "deuses", não há indicação de que "*Most High*" [Altíssimo] e "*the Lord*" [o Senhor] possam ser deuses diferentes. Na verdade, o tradutor, ao adicionar livremente a palavra "*own*" [próprio] junto a "*Lord's*" [Senhor], acentua a impressão provavelmente equivocada de que eles são um mesmo e único deus. Ver Coogan, org. (2001), p. 301, nota de rodapé.

NOTAS 597

70. Finkelstein e Silberman (2002), *e.g.*, pp. 43-7, realçam o papel de uma Judá poderosa nos séculos VIII e VII na conformação dos contornos da história relatada na Bíblia. Para uma boa análise da questão de quando foram escritas várias partes da Bíblia, ver Schniedewind (2004).

71. Certamente, não há falta de teorias sobre a antiga relação entre Iavé e El. Entre as mais interessantes, está a hipótese de Cross (1973), pp. 71-2, em que *Yahweh* deriva do que foi originalmente um epíteto para El, um epíteto que significava "Ele que cria as hostes celestiais" — em que "criar" seria a palavra *yahwi*. Cross argumenta que, com o tempo, essa descrição particular de El deu origem a um culto específico, diferente dos outros cultos a El e concentrado no sul; por fim, o nome do deus do culto foi reduzido à parte do epíteto que significava originalmente "criar", quando então se consumou a separação da identidade desse deus da identidade de El. Subsequentemente, esse deus tornou-se rival de El, "finalmente, desalojando El de seu lugar na assembleia divina". Mesmo que Cross esteja certo sobre as origens da palavra *Iavé*, boa parte do cenário que expus ainda se aplicaria: *e.g.*, a transferência de poder do norte para o sul como explicação da ascensão de um deus do sul. A discordância básica seria sobre como veio a surgir um deus do sul chamado Iavé, rival do deus do norte El, para começar. Esse também é o caso de um cenário apresentado por de Moor (1990), p. 244, no qual Iavé "não era um Deus estrangeiro que se fundiu com El em Canaã, como geralmente se supõe, mas era uma manifestação de El desde o princípio. Somente quando se fez necessário diferenciar entre o poderoso El, cuja posição exclusiva era colocada em destaque cada vez maior para refutar os argumentos dos adoradores de Baal, e o fraco El, que estava na iminência de sucumbir diante de Baal, YHWH-El separou-se no antigo comando do panteão. Até seu próprio nome 'Que seja El' era adequado naquelas circunstâncias". Acerca de um cenário que envolve uma fusão de Iavé e El, mas não uma transferência de poder norte-sul, ver Albertz (1994), pp. 76-9.

72. Outro exemplo de obscurecimento aparentemente intencional: Day (2000), p. 145, observa que, no texto massorético, referências à "Rainha do Céu" foram sistematicamente alteradas por meio de uma sutil, porém semanticamente eficaz, mudança fonética, "e é amplamente aceito que se tratou de uma alteração apologética para evitar a interpretação de que o povo de Judá cultuava a Rainha do Céu".

73. Kaufmann (1972), pp. 60-1.

74. Smith (2001), pp. 84, 175.

75. Day (2000), p. 47.

76. Ver Ackerman (2003), pp. 455-9; Smith (2002a), capítulo 3; Day (2000), capítulo 2; Gnuse (1997), pp. 69-71; Blenkinsopp (1996), p. 58; Horn (1999),

p. 158. Há discordâncias acerca de se as ocorrências arqueológicas e bíblicas da palavra *asherah* referem-se à *deusa* Aserá ou meramente a um objeto de culto — possivelmente, um poste de madeira ou uma árvore estilizada. No entanto, certamente qualquer objeto de culto *representaria* Aserá; assim (supondo-se que o objeto não tenha perdido seu sentido representativo com o tempo, como alguns estudiosos argumentam), seu uso significaria a adoração a Aserá (e, de fato, o objeto poderia ser *equiparado* a Aserá, como Ackerman observa). De qualquer modo, Smith (2001), pp. 73-4, afirma que os estudiosos bíblicos "geralmente adotam" a opinião de que as referências arqueológicas a Iavé e "sua Aserá" atestam a crença em uma deusa, não somente a um objeto de culto, embora essa opinião não seja unânime. Day (2000) argumenta que a maioria das ocorrências de *asherah* refere-se a um objeto de culto, mas algumas delas referem-se a uma deusa; em todo caso, ele acredita que havia adoração israelita à deusa Aserá.

77. II Reis 23:6, *NRSV*.

78. Kaufmann (1972), p. 60. Kaufmann reconhece que a Bíblia contempla "fragmentos mitológicos ocasionais", tais como uma batalha entre Iavé e um monstro primitivo, mas diz que isso é mera "alusão poética". E, em relação a imagens como o vento sendo o alento de Deus: a Bíblia "nunca cruza o umbral do paganismo. Essas referências não são mais que imagens poéticas". E tais motivos mitológicos cananeus foram "adquiridos, com certeza, antes do surgimento da religião israelita", uma religião que rapidamente os desmitificou. Ver Kaufmann (1972), pp. 60-70.

79. Cross (1973), p. 119.

80. Salmos 74:13-14.

81. Salmos 74:13. A versão inglesa *NRSV* diz que Deus "dividiu" o mar; outra tradução diz que ele o "esmagou". Ver Smith (2001), p. 36.

82. A palavra hebraica é *yam*. Outro adversário comum a Baal e ao Deus bíblico é Tannin ("Dragão"). No conjunto, os versículos do Salmo 74:12-17, nos quais Iavé supera Yam, Tannin e Leviatã, parecem ter clara ligação com a tradição ugarítica. Ver Pitard (2002), pp. 261-2.

83. Isaías 25:8. A palavra hebraica que poderia significar morte ou Mot é *mawet*. Ver Smith (2001), p. 36. Por enquanto, de acordo com Oseias 13:14, Iavé ainda tem de pagar um resgate a Mot se quiser salvar as pessoas da morte. A nota de rodapé ao versículo em Coogan, org. (2001), observa que "Morte" provavelmente se refere aqui a Mot.

84. Day (2000), pp. 185-6.

85. Habacuc 3:8. Ver Cross (1973), p. 140.

86. Ver Cross (1973), p. 140.

NOTAS

87. Habacuc 3:9-11, 15.
88. Veja nota de rodapé a esse versículo em Coogan, org. (2001).
89. Salmos 29:3-7.
90. Ver Fitzgerald (1974); Cross (1973), pp. 151-5; Day (2000), pp. 97-8; Day argumenta que o Salmo 29 é derivado da tradição de Baal em um sentido mais livre do que aquele sugerido pela argumentação de Ginsberg.
91. Cross (1973), capítulo 6.
92. Êxodo 15:8. O relato provavelmente posterior da travessia, Êxodo 14:20-27, pode ser uma compilação de passagens escritas em épocas diferentes, por diferentes autores. Ver Friedman (2003), pp. 143-4.
93. Cross (1973), p. 163.
94. Smith (2001), p. 174.
95. Entre outros fatores que Smith cita (ver seu livro *Memoirs of God*), estão a dinâmica da transmissão oral e sua influência na memória cultural e na "amnésia" cultural.
96. *P.ex.*, Deuteronômio 4:12; ver Smith (2001), p. 176.
97. Smith (2001), p. 177. Ver também Keel e Uehlinger (1998), p. 317.
98. Korpel (1990), p. 625.
99. Como Mark S. Smith observou, nesse versículo, como em Deuteronômio 32:8, acima, a expressão "Altíssimo" (ou *Elyon,* um nome tradicional para El) torna o sentido menos direto do que com as interpretações padrão. Ou seja, Iavé pode não ser aqui o *chefe* da assembleia divina. A suposição de que ele o fosse parece facilitar a interpretação convencional de que ele está sentenciando os deuses à morte, em vez de apenas prevendo a morte deles.
100. Isaías 25:8; ver Smith (2001), p. 36.
101. Habacuc 3:5; ver Smith (2001), p. 149. Coogan (1987), pp. 119-20, e outros argumentaram que referências bíblicas a uma "sabedoria" feminina não são meras personificações, mas referências a uma deusa, possivelmente uma deusa que era uma das consortes de Deus. Para mais informações sobre a Sabedoria, ver capítulo 9 deste livro. Ver também Lang (1999).
102. Ver Smith (2001), p. 149.
103. Ver Xella (1999) e del Olmo Lete (1999). Deber, nos textos ugaríticos, é um "deus da destruição". Resheph, nos textos ugaríticos, é o senhor da batalha e das doenças. Olmo Lete diz que esse versículo em Habacuc "segue a antiga tradição mesopotâmica de que 'praga' e 'febre' fazem parte da comitiva do grande deus Marduk"; no Salmo 91:6, "é Iavé que livra seus fiéis do temor desse demônio noturno, Deber". Referências bíblicas a Resheph como um deus ou demônio parecem estar em Jó 5:7 e possivelmente em outros versículos; ver Day (2000), pp. 197-208.

600 NOTAS

104. Day (2000), pp. 232-3, postula um cenário um pouco diferente: "Os setenta filhos de Deus, que originalmente denotavam os deuses do panteão de El, com quem Iavé fora identificado, agora foram rebaixados para a posição de anjos, os setenta anjos guardiães das nações referidas no *Livro de Enoch* (*1 Enoch*)."
105. Gnuse (1997), pp. 12, 14, 62-3. Ver Gnuse pp. 66-7 sobre a popularidade, entre 1940 e 1970, da tese de uma revolução monoteísta inicial.
106. É às vezes afirmado que, no começo do primeiro milênio AEC, Baal teria deposto El do comando do panteão cananeu, mas Handy (1994), pp. 70-2, questiona essa afirmação.
107. Ver Parker, org. (1997), p. 86. A passagem relevante está no Salmo 48:1-3, que vários estudiosos interpretam como sendo a equiparação do monte Sião, a morada de Iavé, com o monte Sapan. Ver Day, pp. 107-16, para uma análise mais completa.
108. Handy (1996), p. 34.
109. Sobre o poder de Baal de fazer chover, ver Day (2000), p. 70. Como Day observa (pp. 1-2), entre os indícios da influência de Baal na antiga Israel está o fato de que alguns israelitas citados na Bíblia possuíam nomes em referência a Baal, incluindo, possivelmente, Isbaal, o filho do primeiro rei de Israel, Saul.
110. No entanto, ver Halpern (1987), p. 88, para uma abordagem que reduz a importância evolutiva das referências às teofanias atmosféricas de Baal em Iavé, no sentido de que essa "agregação de linguagem" é condizente com o caráter que Iavé já tinha estabelecido, em especial como um deus da guerra.
111. "rides upon the clouds" ["que vai montado sobre as nuvens"] é a tradução da *NRSV* do Salmo 68:4. Uma tradução alternativa (ver a nota de rodapé a esse versículo na *NRSV*) é "rides through the deserts" ["que cavalga pelos desertos"]. Ver Day (1992), p. 548, e Cross (1973), p. 157.
112. I Reis 18:38. Muitos estudiosos interpretam "fogo" como uma referência a um raio.
113. Ver Day (2000), pp. 76-7.
114. Friedman (1997), pp. 21-2.
115. Cross (1973), p. 194.
116. Friedman (1997), pp. 87-95, conjectura de maneira plausível que os autores da Bíblia, quando escreviam sobre o passado distante, tendiam a ver Deus envolvido claramente com as questões humanas, diferente de quando escreviam sobre o passado recente. (Ester não é o último livro do Antigo Testamento, já que os cristãos reorganizaram a Bíblia Hebraica.)
117. Korpel (1990), pp. 621-4, observa que muitas passagens bíblicas consideradas mais antigas descrevem Deus com uma "imagística pouco comum",

NOTAS

não encontrada em trechos da Bíblia escritos mais recentemente — incluindo referências míticas e antropomórficas encontradas também em descrições ugaríticas do divino. No conjunto, "a literatura ugarítica compartilha com o Antigo Testamento pelo menos metade de suas metáforas para o divino". Ver a lista de metáforas bíblicas para Deus em pp. 622-4.

118. Gênesis 8:21. Sobre o abandono do antropomorfismo com o tempo, ver Smith (2001), p. 176.

119. Deuteronômio 4:12-15. Campbell e O'Brien (2000) julgam que essa passagem foi escrita depois da era do rei Josias.

120. Ver Smith (2002a), p. 145, e Smith (2001), pp. 87-90, 175-7.

121. Daniel 7:9, *NRSV*.

122. Kaufmann (1972), p. 60.

123. Albright (1957), p. 14.

Capítulo 6 Do politeísmo à monolatria

1. *Random House Dictionary,* segunda edição integral.

2. Acerca da falta de confiabilidade da história bíblica de Jezebel e Elias, ver Lang (1983), p. 26, Horn (1999), p. 141, Halpern (1987), p. 92. Albertz (2003), p. 279, considera "pós-deuteronomistas" "muitas partes" da narrativa de Elias, o que significa mais de dois séculos após os acontecimentos. Schniedewind (1993) argumenta que a associação específica da adoração de Baal a Acab foi inserida na história depois do exílio — novamente, mais de dois séculos depois de Acab ter vivido. Sobre uma datação anterior, ver Campbell e O'Brien (2000).

3. De acordo com I Reis 16:32, Acab "erigiu a Baal um altar no templo que lhe edificou em Samaria". Niehr (1995), p. 56, argumenta que essa passagem oculta uma tradição anterior e, a seu ver, mais plausível de que Acab teria construído um altar para Baal no templo de Iavé.

4. Tigay (1986), p. 39, entre outros, vê a tolerância de Acab ao politeísmo motivada pelas mesmas considerações políticas que motivaram seu casamento com Jezebel.

5. I Reis 11:4-8.

6. Lang (1983), p. 27. Lang especula que os sacerdotes de Baal atraíram adoradores que poderiam patrocinar os sacerdotes de Iavé, e essa "perda financeira para o sacerdócio de Iavé" fez com que estes "se indispusessem contra Baal". Ver 2 Macabeus 3:1-12, escrito séculos depois da era de Acab, para um exemplo do templo de Iavé funcionando como um banco.

7. II Reis 10:18-27. E ver Lang (1983), p. 28.

602 NOTAS

8. Smith (1987).

9. Essa é a visão corrente. Ver Blenkinsopp (1996), p. 88, que afirma que os relatos "podem ter sido transcritos, em alguns casos, logo depois que foram narrados". Morton Smith (1987), p. 30, parece discordar, sugerindo que "a coleção das profecias [de Amós e de Oseias] provavelmente surgiu uma geração depois" — embora isso não exclua que as profecias individuais possam ter sido escritas bem antes.

10. A datação de várias partes de Oseias, como a maioria das questões nos estudos bíblicos, não é objeto de concordância universal. Muitos estudiosos veem inserções em Oseias na época de Josias ou posteriormente, e alguns diriam que essas inserções são bastante significativas teologicamente. Para uma análise condizente com a posição que adoto, ver Sweeney (2001), pp. 270-1, e Sweeney (2000), vol. 1, pp. 4-6. Para uma análise que ilustra a complexidade de datação desse texto, ver Albertz (2003), pp. 230-7.

11. Ver Smith (2001), p. 163.

12. Ver nota de rodapé em Coogan, org. (2001), sobre Oseias 5:4. Seow (1992), p. 296, diz que o verbo refere-se a "conhecimento íntimo, como o de parceiros em um pacto ou em um casamento".

13. Oseias 13:4.

14. Êxodo 20:3 e Deuteronômio 5:7. Friedman (2003) atribui a versão dos Dez Mandamentos do Deuteronômio ao historiador deuteronomista (e especificamente ao "primeiro" historiador) e, de maneira mais hesitante (p.153), identifica a versão do Êxodo como um "documento independente", que foi "inserido aqui pelo Redator". Collins (1992), p. 384, nota que alguns estudiosos argumentaram que "o primeiro mandamento seria impensável antes de Oseias". Collins também observa (p.385) que o primeiro mandamento "tecnicamente impõe a monolatria...".

15. Oseias 14:3; 7:16; 7:11; nota de rodapé ao versículo 7:16 em Coogan, org. (2001), observa que o "escárnio" refere-se às negociações no Egito. Ver também Oseias 5:13 (e, a respeito, Blenkinsopp [1996], p. 84).

16. Oseias 12:1. Ref.: tributo: ver nota de rodapé ao versículo em Coogan, org. (2001). Alguns estudiosos — ver Albertz (2003), pp. 231-4 — argumentariam que esse versículo foi inserido bem depois da era de Oseias. Todos os outros versículos de Oseias que citei neste capítulo provêm da análise de Albertz, preservada sua datação anterior tradicional.

17. Oseias parece desaprovar um recente tratado com a Síria. Ver Blenkinsopp (1996), p. 87; Albertz (1994), vol. I, p. 169; e Meeks, org. (1993), notas de rodapé a Oseias 5:11 e 8:9.

18. Sweeney (2000), vol. 1, p. 62. Ver também Albertz (1994), pp. 169-70, sobre o inconveniente envolvimento estrangeiro a que Oseias alude.

NOTAS

19. Oseias 7:8-9; 8:8.
20. Oseias 8:7. Albertz (1994), vol. 1, p. 169, vê esse versículo como uma referência a Israel sendo empobrecida pelos tributos exigidos por sua vassalagem.
21. Oseias 9:1; 2:5; 8:9-10. Nota de rodapé ao versículo 8:9-10 em Coogan, org. (2001) observa que o "peso do rei dos príncipes" refere-se à subjugação estrangeira.
22. Lang (1983), p. 15, atribuiu a Nikiprowetzky (1975) a visão de que "o nacionalismo profético (...) é o berço do monoteísmo".
23. Oseias 1:2; 9.
24. Isaías 8:3. A profecia era sobre a conquista futura de Israel pela Assíria; ver Blenkinsopp (1996), p. 101.
25. Coogan, org. (2001), p. 1278.
26. Horn (1999), pp. 165-6; Blenkinsopp (1996), p. 67.
27. Finkelstein e Silberman (2002), pp. 214-5; Horn (1999), pp. 168-9.
28. Finkelstein e Silberman (2002), pp. 217-20; Horn (1999), pp. 171-2; Blenkinsopp (1996), p. 68.
29. Alguns consideram que o próprio Oseias possa ter fugido para Judá.
30. Horn (1999), p. 180-4; Blenkinsopp (1996), pp. 68-70.
31. É claro, a vassalagem "humilhante" para uma pessoa é a vassalagem relativamente vantajosa para outra. Com efeito, a aceitação da vassalagem significava que o rei de Israel a julgava preferível à rebelião, e se as relações econômicas ensejadas pela vassalagem eram proveitosas o suficiente, poderíamos até dizer que essa vassalagem era de soma positiva do ponto de vista tanto de Israel como do poder hegemônico em questão. Em todo caso, a vassalagem provavelmente levou, pelo menos para alguns israelitas, à aceitação de deuses estrangeiros, enquanto a rebelião era em geral acompanhada por sua rejeição oficial. (Ver Cogan [1974], p. 95: "Embora a Assíria não tenha feito exigências formais de uniformidade cultural entre seus vassalos (...), Judá encarou o problema da assimilação das normas estrangeiras, em escala nacional, pela primeira vez em sua história. (...) O povo de Judá sucumbiu ao encanto dos novos deuses".) Como escreve Joseph Blenkinsopp (1996, p. 69) a respeito de Judá depois da queda de Efraim: "A vassalagem fortaleceria as tendências sincréticas. Por outro lado, as frequentes tentativas de emancipação política estavam invariavelmente associadas com movimentos de repristinação e reforma religiosa". De fato, como abordo a seguir, a Bíblia descreve a teologia dos reis da Judá do século VIII como, em geral, condizente com esse modelo: os rebeldes Ezequias e Josias são monolátricos, enquanto Manassés, que aceita a vassalagem à Assíria, é condenado como politeísta.

604 NOTAS

32. Considera-se que Amós nasceu no reino do sul, de Judá, mas que profetizou para seu público no reino do norte. Amós despende menos tempo na teologia do que Oseias, e muitos estudiosos dizem que suas declarações teológicas não garantem o rótulo de "monolatria". No entanto, Morton Smith (1987), p. 31, argumenta que a própria preservação do texto de Amós sugere que ele foi aprovado pelo movimento "tão somente Iavé", e, como ele observa, profetas monolátricos posteriores (tais como Sofonias, abordado a seguir) empregam temas de Amós. Em todo caso, Amós de fato critica (5:26) a adoração a Sacut e a Caivã, divindades de uma possível linhagem assíria (ver Coogan, org. [2001], nota de rodapé p. 1311; van der Toorn *et al.*, orgs. [1999], pp. 478, 722; e Cogan [1974], p. 104). E em nenhum momento ele aprova a adoração a qualquer outro deus que não Iavé. A propósito, dizer que, *e.g.*, Amós ou Isaías empregam uma retórica contra as elites não quer dizer que eles próprios não sejam das elites, mas sim que seu público incluía aqueles que não eram das elites.

33. Amós 2:7, 4:1.

34. Isaías 10:2. Alguns estudiosos acreditam que esse capítulo de Isaías foi incluído bem depois de Isaías ter vivido, embora esteja situado entre capítulos geralmente atribuídos ao próprio Isaías.

35. Desigualdade econômica e expansão do comércio: Blenkinsopp (1996), pp. 71, 81.

36. Schniedewind (1999), pp. 55-8, aborda o papel da urbanização e da estratificação social na criação de indignação contra as elites cosmopolitas tanto no norte, como expresso em Amós e Oseias, como no sul.

37. Amós 6:4; Horn (1999), p. 161; Finkelstein e Silberman (2002), pp. 212-3.

38. Isaías 2:6-7. Ver nota de rodapé em Coogan, org. (2001).

39. Sofonias 1:8. Ver Sweeney (2001), p. 197, acerca de uma interpretação alternativa.

40. Sofonias 1:11. Ver Blenkinsopp (1996), p. 114.

41. Sofonias 1:4-5. Sobre o significado de "exército dos céus", ver nota de rodapé a 1:5 em Meeks, org. (1993); van der Toorn *et al.*, orgs. (1999), pp. 428-9. Acerca da provável linhagem assíria de divindades astrais, ver Blenkinsopp (1996), p. 114. Ver Keel e Uehlinger (1998), pp. 288, 294, sobre a evidência arqueológica de que os administradores assírios na Palestina adoravam tais divindades celestiais, como as estrelas e a lua, nos séculos VIII e VII AEC Keel e Uehlinger veem um crescimento na adoração a corpos celestes em Israel iniciando-se perto do fim do século VIII, uma tendência que eles atribuem (p. 294) à influência aramaica e assíria.

42. Sofonias 1:4. A interpretação dessas passagens de Sofonias é problemática. Primeiro, há a questão de se "tudo o que resta de Baal" *inclui* o exército

NOTAS

dos céus, como afirmado por Halpern (1987), p. 94, ou se é uma frase solta. Minha interpretação segue a de Blenkinsopp (1996), p. 114, que assim resume a mensagem de Sofonias: "a elite política é acusada de adotar a adoração a Baal, os cultos assírios ao sol, à lua e às estrelas, e à divindade amonita Melcom (...)". Blenkinsopp também observa (p. 114) que as elites apóstatas "adotaram costumes estrangeiros e cultivam e professam um ceticismo esclarecido quanto à religião tradicional". Relacionada à questão de se esses deuses eram estrangeiros (ou se eram percebidos como tal) está a questão de quando essas passagens de Sofonias foram escritas. Alguns estudiosos acreditam que boa parte de Sofonias é exílica ou até posterior. Ver Albertz (2003), pp. 217-21. O próprio Albertz suspeita de que a essência pré-exílica do livro está em 1:7-2:4 (que inclui a denúncia das elites simpáticas aos estrangeiros, mas não a rejeição à adoração de deuses específicos). Entretanto, mesmo que a denúncia das, *p.ex.*, divindades astrais fosse incluída durante o século VI, Albertz (p. 217) ainda crê que ela se refere "principalmente aos cultos estrangeiros que invadiram Judá no século VII, durante o longo período de ocupação assíria". Deve ser notado que esse tipo de datação exata de versículos individuais deixou de interessar a alguns estudiosos que a consideram uma tarefa impossível e/ou acreditam que a redação dos textos bíblicos era menos precisa do que essa metodologia pressupõe.

43. Sofonias 2:9-13.

44. Sofonias 2:8. Essa passagem ilustra a dificuldade de vincular acusações específicas contra nações a querelas históricas. Sweeney (2001), p. 195, observa que, durante o século IX AEC, Moab e Amon ocupavam territórios que os israelitas consideravam seus — territórios que a Assíria tomou no século VIII, e que assim teriam estado vulneráveis a Moab e Amon com a queda da Assíria, durante o tempo de Sofonias. Outros estudiosos, Sweeney observa, veem essa passagem como um acréscimo exílico a Sofonias e a vinculam a uma invasão babilônica de Moab. Entretanto, Albertz (2003), p 185, atribui julgamento equivalente, e provavelmente exílico, contra Moab, Amon e Edom, em Jeremias, à participação dessas nações em uma conspiração antibabilônica. (Jeremias apoiava a vassalagem à Babilônia.) E outros estudiosos — ver Provan *et al.* (2003), p. 284 — citam evidências de que Edom, uma das nações condenadas por Jeremias, se beneficiou do exílio para ocupar território de Judá.

45. Sofonias 2:15.

46. Isaías 13:11 e 2:11-17.

47. Emoções como a indignação foram construídas na mente humana pela evolução, e o contexto era o de um pequeno universo social que contemplava

NOTAS

dinâmicas de soma zero e soma não zero. Em alguns casos, essas emoções parecem ser "projetadas" — pela seleção natural — para reagir adaptativamente àquelas dinâmicas. Indignação com a arrogância de alguém, por exemplo, pode ser a maneira de a mente inconsciente dizer que essa pessoa seria um aliado muito exigente para que a aliança valesse a pena. (De acordo com a psicologia evolucionista, a mente é projetada para levar em conta desequilíbrios de *status* ou de poder ao decidir o nível de concessão em uma amizade ou coalizão.)

Isso não significa que as emoções humanas sejam sempre orientadores confiáveis para as oportunidades de soma não zero em determinado ambiente. Quando pegamos emoções que foram construídas em uma aldeia de caçadores-coletores e as aplicamos em um ambiente radicalmente diferente, elas podem não funcionar a contento. Disfunções também podem ocorrer quando tentamos consciente e racionalmente avaliar as perspectivas de interação de soma não zero; podemos concluir erradamente que o conflito é melhor que a aliança e repelir os deuses de outras nações, com efeito desastroso. Em ambos os casos — se a decisão é emocional ou racionalmente mediada — o que interessa é a nossa *percepção*. Se percebermos a situação como de soma zero, provavelmente seremos menos tolerantes diante de uma teologia estrangeira (a menos que nos vejamos em completa desvantagem: ver o capítulo 8). Em geral, sobre essas questões, veja o capítulo 19.

48. II Reis 21:2-3.

49. Salmos 2:7, que parece ser parte de um ritual de coroação: "Tu és meu filho, eu hoje te gerei." Ver também II Samuel 7:14.

50. Smith (2002a), p. 72; Day (2000), p. 71.

51. Tigay (1986), p. 10.

52. Trata-se de uma estimativa conservadora. Dos 669 nomes com algum elemento divino, 557 eram derivados de Iavé. Todavia, dos 112 outros nomes, 77 baseavam-se no elemento divino *el* — que poderia se referir ao deus cananeu El, mas também poderia ser o nome genérico para deus e, assim, referir-se na realidade a Iavé. Ver Tigay (1986), pp. 11-12.

53. Ver Day (2000), pp. 227-8, que observa que estatuetas de uma deusa que ele considera ser Aserá estavam presentes em "grande número" na Judá dos séculos VIII e VII — sem falar nas referências a Iavé e a "sua Aserá, comentadas no capítulo anterior.

54. Edelman, org. (1996), p. 19.

55. Ver Miller (2000), pp. 178-84, sobre a diversidade de funções que os profetas exerciam na antiga Israel.

56. I Reis 22:19.

NOTAS

607

57. O exemplo de Acab citado — de I Reis 22 — é um bom exemplo da sabedoria real. O rei Acab, depois de ouvir quatrocentos profetas de Iavé recomendarem a guerra, solicita (encorajado pelo rei de Judá, seu aliado) outra opinião, de um profeta de Iavé conhecido por seu pessimismo.

58. I Reis 18:19, e ver Miller (2000), p. 184. Para uma boa análise da distribuição de poder entre profetas, sacerdotes e reis, ver capítulo 5 de Miller.

59. Patrick D. Miller, comunicação pessoal. Isso não significa que os profetas de Iavé nunca criticaram ou contradisseram um rei. (O profeta de Davi, Natã, censurou Davi por seu romance ilícito com Betsabé.); significa apenas que os reis provavelmente tinham mais influência sobre os pronunciamentos dos profetas de Iavé do que sobre aqueles dos, *p.ex.*, profetas de Aserá ou de Baal.

60. I Samuel 28:13-15. A *NRSV* traduz *elohim* como "divine being" [ser divino]. Ver também Isaías 8:19 e a discussão em Day (2000), p. 218.

61. Miller (2000), p. 54. Ele se refere especificamente à "denúncia pelo iaveísmo dos meios tradicionais de adivinhação". Porém, ele concorda (comunicação pessoal) que um rei provavelmente teria maior influência sobre os profetas de Iavé do que sobre aqueles de outros deuses. Sobre a centralização religiosa como meio de centralização política, ver também, Finkelstein e Silberman (2002), p. 249.

62. Morton Smith considerava a monolatria uma expressão pré-exílica do tipo de nacionalismo encontrado em época de crise nacional. Ver Gnuse (1997) sobre Smith. Halpern (1987), p. 101, observa uma correlação entre crise militar, xenofobia e convocações para devoção a Iavé.

63. Alguns estudiosos afirmam que esse tipo de "monolatria temporária" — concentrar devoção ao deus cuja especialidade era a mais necessária no momento (que, em outras circunstâncias, poderia ser, *p.ex.*, um deus da chuva) — foi visto várias vezes no antigo Oriente Médio. Ver van Selms (1973).

64. Theissen (1984), pp. 56-7.

65. Se lermos II Reis a partir do capítulo 13, veremos essa frase repetidamente e também veremos que, até a chegada de Ezequias, os reis maléficos superavam os reis bons à razão de cerca de 3 para 1.

66. II Reis 22:2.

67. Halpern (1987), p. 97.

68. Ezequias e Manassés, embora pai e filho, parecem ter seguido diferentes teologias. Ezequias, diz a Bíblia, fez "o que é bom aos olhos do Senhor" — concentrou devoção a Iavé e desencorajou o culto a outros deuses (II Reis 18:3). Manassés, ao contrário, "erigiu altares a Baal" e adorou vários outros deuses, fazendo, desse modo, "o mal aos olhos do Senhor" (II Reis 21:2-3). Em relação a suas ideologias: Ezequias, como coloca o estudioso Joseph

NOTAS

Blenkinsopp, aspirou a um "nacionalismo expansionista", atacando os "edomitas ao sul e os filisteus a oeste" (Blenkinsopp [1996], p. 107.). Ele também rejeitou (como o fez o ardoroso monolátrico Oseias) uma aliança subserviente com a Assíria, optando, ao contrário, por uma rebelião malfadada, que deixou Judá sitiada e isolada. (Na Bíblia, a narrativa é a de que Ezequias resistira heroicamente à conquista completa pelos assírios, mas vários estudiosos — *p.ex.* Halpern [1987], p. 97 — argumentam que se trata de manipulação de informação, em que se destaca um aspecto positivo diante de um resultado tremendamente desastroso.) Ao contrário, o politeísta Manassés, como um arqueólogo comentou, tinha a "intenção de integrar Judá à economia internacional assíria", e, assim, aceitou a vassalagem à Assíria (Finkelstein e Silberman [1999], p. 267). Horn (1994), p. 184, argumenta que as políticas religiosas de Manassés não foram pensadas para a sua reaproximação com a Assíria, já que esta não exigia a adoração a seus deuses como condição de vassalagem. Por outro lado, como observa Blenkinsopp (1996), p. 68, a vassalagem significava, em realidade, assinar um tratado de aceitação ao "jugo de Assur", o deus imperial da Assíria. E, mesmo que a adoração dos israelitas a Assur não fosse exigida pela Assíria, banir o deus poderia ter abalado as relações com a Assíria.

E a arqueologia recente sugere que a busca de Manassés por ganhos de soma não zero valeu a pena; há sinais de expansão comercial, com as políticas de Manassés trazendo recuperação econômica a uma Judá desolada sob o regime de Ezequias (ver Finkelstein e Silberman [2002], pp. 267-8). Em suma, a política externa de Israel durante esse século crucial parece confirmar a previsão geral de que as pessoas são mais abertas a práticas religiosas estrangeiras se elas percebem que se beneficiam da interação colaborativa com os estrangeiros.

A adequação entre a teoria e as evidências não deve ser exagerada. Ezequias não era totalmente isolacionista — e, com efeito, aliou-se ao Egito em sua rebelião contra a Assíria. Entretanto, no geral, Manassés parece ter sido mais internacionalista em espírito e em suas políticas do que Ezequias.

69. Alguns estudiosos questionaram se as reformas religiosas atribuídas a Josias realmente aconteceram durante seu reinado. Para referências, e sobre uma defesa de que elas de fato ocorreram com Josias, ver Day (2000), pp. 227-32.

70. A relativa credibilidade de II Reis sobre Josias em relação à de Elias: as duas principais razões para essa comparação são (1) no caso de Josias, os eventos aconteceram mais próximos da época de consolidação do texto, do que no caso de Elias e de Acab; (2) da perspectiva teológica do texto deuteronomista, as reformas de Josias são inconvenientes em sua narrativa, haja vista

NOTAS

a morte de Josias e o seu fracasso político final; que um rei teologicamente correto tenha encontrado tal destino parece mais um fato incômodo com que o deuteronomista teve de lidar, do que uma ficção conveniente.

71. II Reis 23:4, 11, 13-14, 24.

72. II Reis 23:8. Se há, como se tem alegado, indícios arqueológicos dessa destruição, trata-se de questão em discussão. Ver Finkelstein e Silberman (2002), pp. 250, 288.

73. II Reis 23:5, 20.

74. McCarter (1987), p. 139.

75. Deuteronômio 6:4 e Marcos 12:29.

76. Semelhante à tradução alternativa da *NRSV* é a versão que talvez seja a mais comum no judaísmo americano — *"Hear, O Israel: The Lord is our God, the Lord is one".* E — com *"Yahweh"* substituído por *"Lord"* — essa versão é semanticamente equivalente a uma tradução em inglês do texto massorético, a edição da Bíblia hebraica mais antiga existente: *"Hear, O Israel, Yahweh our god, Yahweh [is] one god"* (Kevin Osterloh, comunicação pessoal). McCarter (1987), p. 142, rejeita essa interpretação de Deuteronômio 6:4, argumentando (por razões que não me ficaram claras) que o versículo seguinte, 6:5, não condiz com o anterior. McCarter também diz que não há evidência de que o *propósito* da centralização do culto por Josias era acabar com a veneração a Iavés locais, ainda que isso fosse uma consequência. Entretanto, McCarter observa que as diferentes versões locais de Iavé "devem ter sido concebidas e adoradas de modo bem variado" (p. 141) e registra que, em um caso análogo na antiga Assíria — entre Ishtar de Nínive e Ishtar de Arbela — a inclusão de ambos em uma mesma lista de divindades indicava que eles "eram considerados semi-independentes". Albertz (1994), vol. I, p. 206, vê esse versículo contendo dois significados — o que eu também enfatizo, como versículo monolátrico; ou seja: (a) Iavé é um só deus, e (b) Iavé é o único deus de Israel.

77. Deuteronômio 13:6-9; 18:19-20; 13:15. Deuteronômio 18:19-20 também dá sentença de morte ao profeta que "tiver a audácia de proferir em meu nome uma palavra que eu não lhe tiver ordenado". Não é dito que o rei é responsável por decidir quais profetas têm a ousadia de falar em nome de Iavé. É dito que aqueles profetas que transmitem uma predição de Iavé que venha a ser incorreta são os que devem receber a pena de morte. No entanto, presume-se que o tribunal real, sendo responsável pelas questões judiciais, poderia explorar essa liberdade de interpretação.

78. Finkelstein e Silberman (2002), p. 288, e Ackerman (2003), p. 463.

NOTAS

79. Previdência social: Blenkinsopp (1996), p. 161. Ver pp. 159-62 sobre as reformas em geral. Entre as reformas, estava a reiteração (Deuteronômio 17:17) para o rei "não multiplicar suas mulheres"; embora o fundamento seja teológico — muitas esposas poderiam "desviar" o coração do rei de Iavé — o efeito de um desencorajamento sistemático da poligamia seria igualitário, já que a poligamia deixa menos mulheres para os pobres e aqueles de classes inferiores.

80. Halpern (1987), p. 94. A interpretação de Halpern, diferente da minha, vê esse uso da xenofobia para estigmatizar os deuses domésticos se iniciando bem cedo, pelo menos em Oseias (p.96); no entanto, esse argumento depende da interpretação da denúncia das alianças estrangeiras por Oseias, e de sua acusação paralela dos deuses (em geral, anônima, observa Halpern), como um artifício retórico sutil para estigmatizar os deuses domésticos como estrangeiros sem dizê-lo. Minha interpretação, sugerida anteriormente neste capítulo, é de que esse paralelismo indica a *motivação* xenofóbica para a rejeição de Oseias de deuses *estrangeiros* em favor da monolatria (uma motivação de que Oseias poderia ou não ter estado ciente). Eu presumo que, se Oseias quisesse usar a xenofobia, ele teria estigmatizado os deuses como estrangeiros de maneira mais clara. Em todo caso, exemplos nítidos do uso explícito da retórica xenofóbica para estigmatizar deuses que possivelmente faziam parte de um panteão doméstico parecem ter surgido bem depois da época de Oseias (assumindo-se a datação convencional dos textos). E até Halpern concorda (p. 97) que é bem após a época de Oseias que esse processo é mais notável: "Como se observa em geral, é na reforma de Josias que tem lugar a mais clara estigmatização da prática tradicional como estrangeira." Para uma interpretação de Oseias algo similar à de Halpern, ver Albertz (1994), vol. I, pp. 172-4.

81. Halpern (1987), pp. 94, 96. Halpern também observa (p. 93) que os deuses subordinados a Iavé poderiam ser, em certo sentido, domésticos e estrangeiros ao mesmo tempo. Usando o termo "baal" em seu significado genérico ("lord" [deus]), ele escreve que "a adoração e submissão a 'baal', ou até as alianças, podiam ser equacionadas, a divindade subsidiária sendo ao mesmo tempo o deus do povo estrangeiro".

82. II Reis 21:2-3.

83. II Reis 23:4 diz que "todos os objetos de culto que tinham sido feitos para Baal, para Aserá e para todo o exército do céu" deveriam ser retirados do templo. E II Reis 23:11 menciona cavalos usados para adoração ao sol, localizados na entrada do templo (embora, entre aqueles que destacam a influência estrangeira sobre a religião israelita — *p.ex.*, Keel e Uehlinger [1998] — a

NOTAS   611

adoração ao sol é geralmente atribuída menos à dominação assíria do que à dominação egípcia anterior).

84. II Reis 23:5. Lohfink (1987), p. 468, afirma que, embora as divindades denunciadas nessa parte da Bíblia (II Reis 23:4-14) tenham, em geral, "nomes cananeus", "parece claro que a reforma do culto por Josias consistiu, em grande medida, na destruição dos cultos assírios", e pode ter se refletido em um "movimento de independência nacional contra a Assíria". Albertz (1994), vol. 1, *e.g.*, pp. 198, 207, 210-11, também afirma que grande parte da prática religiosa atacada por Josias era de origem assíria — um resíduo de influência assíria já que o poder assírio retrocedera.

85. Ver Schmidt (1999). O selo é da cidade de Gezer. Para um estudo, baseado na arqueologia, de que a religião astral de Israel derivou significantemente da influência assíria, ver Keel e Uehlinger (1998), *p.ex.*, pp. 294-5, 367-9.

86. Campbell e O'Brien (2000), que são convencionais na datação dos textos, consideram essa passagem pré-Josias, e a própria passagem afirma que a história provém de um texto anterior chamado "o Livro de Jashar", [o *Livro do Justo*] uma fonte extrabíblica também referenciada em outra parte da Bíblia.

87. Josué 10:12. Ver Handy (1996), pp. 39-40, e Schmidt (1999). No versículo, é Josué quem instrui a lua e o sol a se deterem, mas ele o faz na presença de Iavé, e a ideia é claramente a de que Iavé, de certo modo, conduz o comando à lua com sua autoridade divina.

88. Smith (2001), p. 61. Ver também a p. 63, em referência ao papel das divindades astrais na adoração a El e a Iavé.

89. Day (2000), p. 164, observa que a hipótese de um deus da lua nativo é ainda fortalecida pelo fato de que, quando a Bíblia censura a adoração de um deus lunar, ela não usa o nome apropriado (*p.ex.*, Sin ou Sahar) de deuses da lua estrangeiros, mas sim a palavra hebraica para "lua". Ver Day (2000), capítulo 6, sobre o argumento de que as divindades celestiais, cuja adoração em Judá é geralmente atribuída aos assírios ou aos arameus, ou a outra influência estrangeira, possam ter sido mais localmente "cananeias" em sua origem.

90. II Reis 23:13. Ref.: a Astarte sidônia, ver Day (2000), p. 129. A visão de que Astarte, Ashtoreth e a Rainha do Céu sejam uma e a mesma deusa é frequente entre os estudiosos, mas não unânime. Ver Ackerman (1992), capítulo 1; Ackerman (2003), p. 461; Wyatt (1999).

91. Embora a Bíblia responsabilize Salomão pela importação de Astarte por meio de uma esposa sidônia, em outra parte ela se refere à adoração de Astarte bem antes da era de Salomão. Ver Juízes 2:11-13. Acerca do papel de Astarte

612 NOTAS

na religião ugarítica, ver Day (2000), p. 131, e Smith (2001), pp. 47, 74-5. De acordo com Stern (2003), p. 309, Astarte foi a divindade feminina principal de muitas nações cananeias.

92. Day (2000), p. 131.

93. Smith (2001), p. 190. E ver pp. 65-79, incluindo a análise de Smith na p. 75: "Com base nas evidências acumuladas, parece que, no conjunto, Baal foi um deus israelita aceito (...) Não há evidências de que, antes do século IX, Baal fosse considerado uma grande ameaça ao culto de Iavé." Ver Day (2000), pp. 73-77, que, argumentando por conta própria contra a visão predominante, diz que o Baal de Jezebel era Baal-Shamem, "o mesmo Baal que fora adorado pela população cananeia de Israel e pelos israelitas sincretizados" (p. 76), e não era Melqart ou "Baal do Tiro" — embora Baal-Shamem, na visão de Day, fosse "o deus mais importante de Tiro nesse período" (p. 75).

94. Schniedewind (1993).

95. Sobre a questão de se Amós, Oseias e o "primeiro" Isaías foram editados substancialmente com base em Josias, cerca de um século depois da época em que os três teriam vivido, ver Sweeney (2001), pp. 17 e segs. Em relação ao livro de Sofonias, cuja maior parte alguns estudiosos consideram atualmente — ver Sweeney (2001), p. 16 — ter sido escrita décadas depois de Sofonias ter vivido: Sweeney (2001), capítulo 11, defende a visão tradicional de que Sofonias teve origem substancialmente na era de Josias.

96. Sobre o debate corrente acerca da influência do domínio imperial assírio sobre a religião israelita, ver Day (2000), pp. 231-2, e Holloway (2002).

97. I Reis 18:19.

98. Sobre os povos cananeus que Josué não exterminou totalmente, ver Josué 13.

99. Conforme a história deuteronomista se desenvolve, a conveniência política e teológica persiste. Embora os autores bíblicos tenham descrito o reino de Davi do século X como um Estado poderoso e vasto — uma "civilização" completa, no sentido arqueológico da palavra — alguns arqueólogos agora duvidam desse quadro. Para começar, durante esse período de "monarquia unificada", as regiões do norte e do sul de Israel podem não ter sido, de fato, unificadas; Davi e seu sucessor, Salomão, podem ter governado somente Judá. E, embora o "reino" israelita ao norte de Judá possa ter merecido esse rótulo, há poucas evidências arqueológicas de que a própria Judá tenha atingido o nível de organização de um Estado. Talvez, como sugere um antropólogo, os grandes "reis" Davi e Salomão fossem "pouco mais que chefes de cidades nas colinas" (Finkelstein e Silberman [2002], p. 190). Niehr (1996), p. 53, concorda que, antes do século VIII, houve "uma modesta chefaria em Judá" e afirma que ela foi "política e economicamente dependente de Tiro". Com

NOTAS

efeito, Judá pode não ter se tornado um Estado pleno até o século VII AEC — a era de Ezequias e Josias, quando surgem evidências de uma ampla cultura. Se a visão revisionista estiver correta, o triunfo do movimento "tão somente Iavé" pode ter coincidido simbioticamente com o amadurecimento do Estado de Judá. O movimento ampliou o nacionalismo israelita que a adversidade geopolítica alimentara, e o utilizou para produzir um Estado avançado, com poder centralizado.

Mas se a visão revisionista estiver certa, de onde veio a visão pré-revisionista — ou seja, a versão bíblica? O que os autores bíblicos, ao buscarem motivos atraentes nas tradições orais de Israel, acharam de tão interessante na ideia de uma era dourada em que Israel seria um reino vasto, estendendo-se de norte a sul? Por um lado (ver Finkelstein e Silberman [2002]), essa história teria validado o plano de Josias de redefinir as fronteiras de Judá. Talvez, com o poder assírio então retrocedendo, a hora parecesse certa para anexar, pela força, o reino de Israel ao norte; e se essa união política pudesse ser encarada como uma *re*união, uma retomada da estratégia original de Deus, isso poderia ajudar a pacificar o povo do norte — que, afinal, poderia não ficar entusiasmado inicialmente com a anexação. De fato, a resistência do norte explicaria por que o tratamento de Josias em relação aos sacerdotes não ortodoxos diferia conforme a região: os do sul eram forçados a uma aposentadoria antecipada; os do norte eram assassinados. (Esse objetivo expansionista obscurece ainda a linha entre expurgar deuses domésticos e expulsar deuses estrangeiros. O reino do norte, sob controle assírio desde o fim do século VIII, presumivelmente possuía mais deuses assírios que o reino do sul.)

100. II Reis 21:2-3.
101. Deuteronômio 18:9-13.
102. Em geral, a "marcação étnica" é mais observada na evolução da linguagem, quando um grupo étnico desenvolve um dialeto distinto daquele de seus grupos vizinhos.
103. Ver Sweeney (2001), p. 19.
104. Deuteronômio 20:16-18. Alguns estudiosos argumentam que esse genocídio deveria acontecer nas cidades vizinhas somente se esses povos se recusassem a ser subjugados pacificamente. O texto não diz isso explicitamente; ele associa diretamente essa condição somente no caso de cidades distantes. Mas a redação deixa aberta a possibilidade de que essa condição pudesse ser aplicada também no caso das cidades vizinhas. Entretanto, agir contra essa interpretação é a justificativa da Bíblia para o genocídio: os povos devem ser eliminados porque, por estarem próximos, poderiam ensinar a sua reli-

NOTAS

gião aos israelitas. Possivelmente, essa prática seria abominável, e portanto desencorajada por completo, no caso de as cidades vizinhas se submeterem pacificamente. Todavia, ao que parece, a ambiguidade dessa passagem está além de uma solução.

105. Deuteronômio 20:13-14.

106. A rigor, o Código Deuteronômico não é intolerante quanto às religiões estrangeiras em si. O massacre de cidades inteiras de estrangeiros é justificado não em relação ao fato de a adoração de seus próprios deuses ser uma coisa ruim por si mesma, mas com base em que essa adoração poderia corromper a religião israelita. Em termos práticos, porém, essa distinção faz pouca diferença.

Capítulo 7 Da monolatria ao monoteísmo

1. Sweeney (2001), p. 317.

2. II Reis 23:29 relata a morte sucintamente: "Durante o seu reinado, o Faraó Necao, rei do Egito, partiu para junto do rei da Assíria, às margens do rio Eufrates. O rei Josias marchou contra ele, mas Necao matou-o em Magedo, no primeiro combate." Já II Crônicas 35 oferece mais detalhes, relatando que Josias entrou inadvertidamente em uma batalha contra um exército egípcio que não pretendia lhe fazer guerra (ignorando, inclusive, de maneira atípica, o conselho profético emanado "em nome de Deus"). No entanto, uma vez que Crônicas foi escrito depois de Reis, muitos estudiosos duvidam de sua exatidão.

3. Ver II Reis, capítulo 25, para a versão da Bíblia para esses eventos, que parece contrariar a análise histórica.

4. Klein (1979), p. 7.

5. Jeremias 44:25-7.

6. Jeremias 44:17-18. Ver Albertz (1994), vol. II, p. 377.

7. Ver Albertz (2003), p. 135. II Reis 24 diz que os quatro reis que sucederam Josias fizeram "o mal aos olhos do Senhor", possivelmente por terem tolerado o politeísmo, mas Albertz afirma que o movimento "tão somente Iavé" permaneceu intacto.

8. Deuses domésticos ("teraphim", na Bíblia): 2 Reis 23:24.

9. II Reis 23:25-6.

10. O fato de os israelitas anteriormente terem explicado infortúnios geopolíticos por meio da ira de Iavé pressupõe que pelo menos alguns dos vários versículos que explicam os reveses pré-exílicos desse modo (*p.ex.*, Isaías 9:11-12, Isaías 10:5, Amós 5:26, Juízes 3:8, Juízes 3:12) são, eles próprios, pré-exílicos.

NOTAS   615

Porém, mesmo que não fossem, é provável que esse artifício explicativo em comum fosse usado. Ver Blenkinsopp (1996), p. 105.

11. Pritchard, org. (1958), p. 209.

12. Juízes 3:8, 12.

13. Isaías 10:5.

14. Habacuc 1:5-6, 10.

15. Smith (2001), p. 165.

16. Isaías 48:10. Sobre o Segundo Isaías como o mais antigo monoteísta não ambíguo, ver Nikiprowetzky (1975), p. 82.

17. Isaías 45:5; 43:11; 44:6; 43:10; 44:24; 45:7.

18. Isaías 54:5; 42:1; 49:6.

19. Isaías 45:14.

20. Isaías 49:22-3; 49:26.

21. Albertz (2003), p. 188.

22. Ibid., p. 187. (Albertz considera que algumas partes de Ezequiel possam ser pós-exílicas.)

23. Ezequiel 25:6-7.

24. Ezequiel 25:11; 25:8; 25:17.

25. Ezequiel 28:22-3.

26. Otto (1977).

27. Ezequiel 36:23.

28. Niehr (1995), p. 57. Do prisma de Nimrud, de Sargão II.

29. Gerardi (1986), p. 32.

30. Ibid., p. 35. E ver Albertz (2003), p. 51. O rei Nabopolassar não é mencionado por nome, mas quase não há dúvidas de que ele é quem está falando.

31. Possivelmente, havia expectativas diferentes quanto a se Israel faria, ela própria, a necessária conquista do mundo, ou se, como o Segundo Isaías sugere, a conquista seria promovida em seu nome pelo poderoso Império Persa que tomou a hegemonia da Babilônia durante o exílio. Ver Isaías 44:28, 45:1.

32. Albertz (2003), p. 196.

33. Ver Wright (1994).

34. Os judeus pós-exílicos argumentariam que Iavé nunca *habitou* realmente o templo que foi destruído; ele apenas colocara seu "nome" lá. E, com efeito, eles poderiam apontar para versículos bíblicos aparentemente pré-exílicos que assim o dizem. Mas Schniedewind (2003) argumentou que, no vernáculo da antiga Israel, dizer que seu "nome" habitava algum lugar era só uma maneira de dizer que você era proprietário do lugar; essa expressão permitiu que os criativos pensadores pós-exílicos exigissem uma antiga sanção por

NOTAS

uma "teologia do nome", que era, na verdade, uma inteligente adaptação para a destruição do templo.

35. Orlinsky (1974), p. 88.
36. Ver ibid., p. 105.
37. Isaías 2:4.
38. Isaías 51:4-5.
39. Isaías 45:16-17; 51:11.
40. Isaías 45:1; 45:1-4.
41. Pritchard, org. (1958), pp. 206-8.
42. Marvin Sweeney, comunicação pessoal.
43. Isaías 46:1-2. É claro, isso pode ser um tipo de declaração depreciativa sarcástica.
44. Malaquias 1:4-5.
45. Ver Frede (1999) sobre o argumento de que Platão e Aristóteles, entre outros, eram monoteístas no sentido que os cristãos mais tarde seriam.
46. Essa designação depende da interpretação deste fragmento (cujo contexto pleno não chegou até nós): "Um único deus, o maior entre deuses e homens." Kirk *et al.* (1983), p. 169, consideram pouco provável que Xenófanes teria reconhecido "outras divindades menores como relacionadas de algum modo com o 'único deus', exceto como projeções humanas vagas". Entretanto, Aristóteles considerava Xenófanes (ver p. 171) como "o primeiro (...) a postular uma unidade".
47. Kirk *et al.* (1983), pp. 169-70.
48. Halpern (2003), pp. 324-5. Halpern sugere que as correspondências entre a filosofia religiosa grega e o pensamento religioso pós-exílico se devam não só à influência da primeira sobre o segundo — ou seja, helenização — mas a reações paralelas dos gregos e dos israelitas, de séculos atrás, a noções de regularidade científica que emergiram da astronomia babilônica e que chegaram aos gregos e aos israelitas separadamente. Halpern descreve ideias fascinantes, ainda que especulativas, sobre como tal compreensão científica pode ter encontrado seu caminho até a Bíblia de forma enigmaticamente metafórica.
49. Jeremias 10:2.
50. Isaías 40:26.
51. No entanto, não é certo que o dualismo zoroastrista tenha emergido de um politeísmo persa antigo, por volta do tempo em que Israel caiu sob o domínio persa.
52. Isaías 45:1. Ciro é chamado de "ungido", a palavra hebraica associada a "messias".

NOTAS

53. Quase todos os paralelos postulados estão em Isaías 44:24-45:15. Ver Smith (1963), p. 420.

54. Como Smith (1963) observou, o relato do Segundo Isaías sobre a convocação de Ciro por Iavé é comparável a um relato persa, encontrado no cilindro de barro mencionado, sobre como o deus babilônico Marduk convocara Ciro. Iavé, conforme Isaías 45:1, designou Ciro para "subjugar as nações diante dele e desatar o cinto dos reis". Marduk, diz o cilindro, determinou que Ciro se tornasse "regente de todo o mundo" e que "príncipes e governantes se submetessem a ele" (Pritchard, org. [1958], pp. 206-7). Smith concluiu que ambas as mensagens foram produzidas por Ciro — uma direcionada aos babilônios e outra aos israelitas. Em ambos os casos, afirma ele, a mensagem foi espalhada pelos agentes persas que se infiltraram no Império Babilônico e prepararam o terreno para a invasão de Ciro, angariando apoio entre os muitos súditos insatisfeitos do império. Nessa visão, o Segundo Isaías, percebendo corretamente que Ciro poderia libertar os exilados para Sião, tornou-se um propagandista ativo.

55. O próprio Smith deixa espaço para essa possibilidade, observando que a abertura do Segundo Isaías à influência persa seria explicada pelas "necessidades apologéticas da comunidade iaveísta na Babilônia, e no desenvolvimento da retórica devocional dentro da tradição israelita" (p. 421).

56. Halpern (comunicação pessoal).

57. Ainda outro candidato a influenciador da evolução do monoteísmo israelita é a religião assíria, que era, como argumenta Parpola (2000), p. 165, "essencialmente monoteísta".

58. Mateus 5:43-4.

59. Apocalipse 17:5; 19:1-2; 11-15.

Capítulo 8 A história de Fílon

1. Êxodo 22:28.

2. Fílon (1929), supl. II, pp. 40-1.

3. Runia (1990), p. 12.

4. Fílon (1929), supl. II, pp. 40-1.

5. Ibid., p. 41.

6. No conjunto, o contexto desse versículo parece favorecer a tradução de *elohim* no singular. Entretanto, a opção do tradutor não foi tecnicamente determinada.

7. Fílon (1929), vol. 5, p. 555; Freedman, org. (1992), vol. 3, p. 751.

8. Deuteronômio 20:16-18.

618 NOTAS

9. Deuteronômio 20:13-14.
10. Fílon (1929), vol. 8, p. 145, nota de rodapé.
11. Goodenough (1986), p. 151.
12. Goodenough (1935), p. 207.
13. Goodenough (1986), p. 47. Fílon escreveu um livro inteiro sobre a parábola. Ele descartava o sentido literal de algumas escrituras, mas às vezes defendia o literalismo (ver p. 48).
14. Goldenberg (1998), p. 69.
15. Schenck (2005), p. 11.
16. Como Goodenough (1986), p. 53, observa, o monoteísmo também era uma ameaça para os líderes romanos porque o sincretismo — a fusão ou a conciliação de elementos das diversas tradições religiosas manifestadas dentro das fronteiras romanas — era parte da estratégia de coesão imperial.
17. Goodenough (1986), p. 3.
18. Fílon (1929), vol. 10, p. 181. Fílon relata que alguns ouvintes riram dessa observação, e alguns a interpretaram como jocosa, um comentário maliciosamente irônico sobre a hipocrisia da intolerância. Isso deve ter rendido bastante crédito a Calígula.
19. Fílon (1929), vol. 10, p. 183. Ver Goodenough (1938), p. 1.
20. Fílon (1929), supl. II, p. 40. Ver Goldenberg (1998), p. 68.
21. Fílon (1929), supl. II, p. 41.
22. Provavelmente, para evitar tal contágio, os romanos formalizaram mais tarde uma justificativa limitada para a isenção dos judeus dos rituais religiosos do Estado: os judeus tinham uma antiga tradição de monoteísmo, não compartilhada por outros grupos.
23. Fílon (1929), vol. 10, p. 85. A estrutura de toda a frase deixa em aberto a possibilidade técnica de que ele estaria apenas se referindo aos egípcios antissemitas, mas a essência da acusação — de que essas pessoas teriam herdado as características dos animais selvagens do Egito — sugere que ela se aplicaria a todos os egípcios.
24. Citado em Goodenough (1986), pp. 56-7; A interpretação plausível de Goodenough dessa passagem é: "Se Fílon fosse capaz de destruir o poderio romano, ele o teria feito com satisfação." Acerca de uma análise que interpreta a atitude de Fílon perante Roma como menos agressiva, ver Collins (2000), pp. 133-4.
25. Ver Singer (1981) sobre um relato do progresso moral da humanidade que enfatiza o papel da reflexão filosófica.
26. Juízes 11:24 (a NRSV traduz como "the Lord our God" [o Senhor, nosso Deus]; o original hebraico, entretanto, traz não "lord" mas YHWH). Esse

NOTAS

versículo parece ter sido deturpado em algum momento da história das escrituras; Camós é chamado em outra parte da Bíblia, e nesse sentido em outras fontes antigas, de deus dos moabitas, não dos amonitas. E uma vez que ele parece ser o deus nacional dos moabitas, é improvável que ele fosse também deus nacional de outro povo. Ver a nota de rodapé ao versículo em Coogan, org. (2001).

27. Deuteronômio 2:19. Notadamente, um detalhe condenável sobre a linhagem dos amonitas não é mencionado nesse versículo: embora eles sejam descendentes do sobrinho de Abraão, Lot, eles foram gerados de um relacionamento incestuoso entre Lot e uma de suas filhas. O mesmo se aplica aos moabitas. E, no caso de ambos os povos, essa história da linhagem ilícita provavelmente aparece como explicação de suas relações conturbadas com Israel — ou seja, como uma manifestação dessa frequente dinâmica de soma zero. Entretanto, não faria sentido que Iavé realçasse esse produto da dinâmica de soma zero — a ilegitimidade da linhagem de Amon — quando o objetivo do jogo era levar os israelitas ao comportamento de soma não zero da coexistência pacífica.

28. Ezequiel 25:10. O sentido parece não ser o de que todos os amonitas serão aniquilados, mas de que Amon será conquistada por outra nação e nunca mais recuperará sua identidade nacional.

29. Isso presume que pelo menos uma das duas referências a Amon que citei eram pré-exílicas, com o que a maioria dos estudiosos concordaria.

30. Levítico 19:34.

31. Fílon (1929), vol. 8, pp. 225-6.

32. O livro de Rute aparece entre os antigos livros "históricos" no Antigo Testamento cristão, mas aparece próximo do final na Bíblia Hebraica.

33. Rute 2:12.

34. Ver Hubbard (1988), pp. 35-6. Essa visão já foi predominante, mas perdeu força ao longo dos anos. Ver Nielsen (1997), pp. 28-9.

35. Ver Hubbard (1988), pp. 45-6.

36. Sofonias 2:9, Ezequiel 25:9.

37. Jonas 3:8-9.

38. Jonas 4:2.

39. Esse relacionamento antagônico com Israel teria sido parte do contexto *histórico* do relato, que se refere a um profeta Jonas que, de acordo com II Reis, vivera em meados do século VIII; ver Bickerman (1967), p. 15. E teria sido parte da memória histórica dos israelitas quando o livro de Jonas foi escrito.

40. Jonas 4:11. Acerca da ilustração do livro de Jonas sobre o tema da compaixão universal de Deus, ver Limburg (1993), pp. 34-5. Sobre dúvidas e/ou quali-

620 NOTAS

ficações acerca dessa interpretação tradicional de Jonas, ver Sasson (1990), pp. 24-6, 324-5; Bickerman (1967), pp. 25-8.

41. Ezequiel 31:11.
42. Gênesis 19:30-38, tradicionalmente atribuído à fonte J.
43. Para um estudo imparcial das evidências de datação da fonte P, ver Collins (2004), pp. 173-8.
44. Gênesis 12:2. Deus *realmente* promete em textos possivelmente pré-exílicos que as outras nações e povos do mundo serão abençoados *através de* Abraão, mas ele não fala de Abraão *se tornando* ou *produzindo* várias nações, exceto na versão da fonte Sacerdotal da aliança.
45. Gênesis 17:4.
46. Gênesis 27:29.
47. Gênesis 28:3, tradução de Friedman (2003). A *NRSV* traduz como "a company of peoples" [uma companhia de povos], mas a conotação moderna, corporativa, da palavra "company" [companhia] parece inadequada.
48. Gênesis 35:11, tradução de Friedman (2003). A *NRSV* traduz como "company of nations" [companhia de povos]. (Deus repete a frase nas instruções a Jacó em Gênesis 48:4, da fonte Sacerdotal.)
49. Gênesis 17:1.
50. Gênesis 35:11; 48:3.
51. Das sete referências a "El Shaddai" na Bíblia Hebraica (Gênesis 17:1, 28:3, 35:11, 43:14, 48:3; Êxodo 6:3; Ezequiel 10:5), somente duas não são identificadas em Friedman (2003) como da fonte Sacerdotal. (Em geral, uso o esquema de Friedman neste capítulo para identificar os versículos de autoria de P.) Uma delas é o versículo de Ezequiel, que geralmente é datado de algum momento próximo do exílio; e a outra é da fonte identificada como E, ou "Eloísta", que foi datada, com segurança, de bem antes do exílio, mas cuja validade como fonte consistente sofrera algum ataque, juntamente com a fonte J. Deve ser dito que todas as fontes de Wellhausen foram postas em dúvida ultimamente. Mas P tem, no conjunto, se sustentado melhor que J e E como fonte consistente e singular. Ao mesmo tempo, também tem havido uma tendência de datar essas fontes para cada vez mais tarde. Assim, mesmo que a identidade autoral de P tenha se tornado um tanto vaga nas décadas recentes, ocorre também que a minoria de estudiosos que insistia em uma datação pré-exílica para P viu sua posição enfraquecer. A primeira dessas tendências tende a prejudicar minha análise de P neste capítulo; a segunda tende a reforçá-la.
52. Outra possibilidade é que P estivesse mesclando não dois nomes contemporâneos diferentes para Deus, mas sim duas memórias históricas diferentes: talvez um membro vizinho do Império Persa (como Edom), que também se

NOTAS 621

considerava descendente de Abraão, viesse acreditando por muito tempo que Abraão chamava seu deus de El Shaddai. A equação de P de união de El Shaddai e Iavé teria sido pensada, então, para facilitar que Israel e seu vizinho se vissem como irmãos.

53. Essa tensão não só é uma explicação plausível do famoso e enigmático versículo de Êxodo 6:3, mas também pode lançar um tipo de luz oblíqua sobre aquela outra passagem com que nos intrigamos no capítulo 5: a versão não adulterada do capítulo 32 do Deuteronômio, que descreve Iavé como filho do deus "Elyon" e diz que os vários filhos deste foram os deuses dos vários povos do mundo.

Como vimos, "Elyon" — "altíssimo" — pode se referir a "El Elyon", e assim se referir ao próprio El, o deus que fora chefe de um panteão nas proximidades de Canaã. E é possível que "El Shaddai" originalmente se referisse a esse mesmo deus — que eram dois nomes diferentes para El, com "Elyon" e "Shaddai" sendo dois adjetivos (assim como poderíamos nos referir a Deus como "Deus Todo-poderoso" ou "Deus Piedoso"). Se assim for, então o panteão descrito na versão não adulterada de Deuteronômio 32 é um tipo de apresentação teológica da linhagem patriarcal declarada por P e outros autores bíblicos. Se Iavé é o Deus de Jacó, e Jacó é descendente de Abraão, o cenário ilustrado em Deuteronômio 32 daí decorre: Iavé é descendente do deus El de Abraão e, portanto, ocupa um lugar inferior no panteão em relação a El.

Nesse cenário, quem quer que tenha adulterado Deuteronômio 32 estava fazendo, em uma data bem posterior, o que P fizera em Êxodo 6:3: eliminando a subordinação do deus de Israel a outro deus, afirmando a equivalência dos dois deuses. A única diferença é o método de operação. O adulterador de Deuteronômio estava trabalhando séculos depois de P, época em que a equivalência de Iavé e todos os Els — Shaddai, Elyon e outros — era admitida como certa. Assim, bastava mudar a linha que descrevia Iavé como descendente de Elyon; com essa mudança, a equivalência de Elyon e Iavé seria assumida.

54. Com efeito, P reforça adiante a exclusividade de Israel, realçando que a aliança de Deus com Abraão não abrange todos os descendentes deste (o que incluiria, *p.ex.*, Esaú, patriarca de Edom), mas somente a linhagem específica que leva a Jacó. Gênesis 17:21, que é geralmente atribuído a P, estabelece que a aliança passa de Abraão a Isaac, não ao irmão de Isaac, Ismael. E Gênesis 28:1-6, também atribuído a P, realça que a benção de Deus a Abraão passa de Isaac a Jacó, não ao filho de Isaac, Esaú.

55. Rose (1992), vol. 4, p. 1006.

56. Gênesis 9:16; 1:26-8.

622   NOTAS

57. Schmid (2009).

58 Schmid credita essa ideia a Albert de Pury.

59. Isaías 49:26.

60. Gênesis 9:26. Em Gênesis 10:9, Cuch, neto de Noé, é identificado com Iavé, mas nada é dito sobre Iavé e o irmão de Cuch, Egito.

61. Ver Gênesis 9:20-6. Na linhagem de Cam, também encontraremos os aviltados cananeus que Israel supostamente conquistou. Entretanto, na linhagem de Sem, ao lado de Israel, estão várias nações do Império Persa. E, especificamente: se aceitarmos o delineamento de Friedman (2003) das fontes bíblicas em Gênesis 10, P teria introduzido cirurgicamente os assírios ("Assur") e os arameus ("Aram") na linhagem de Sem.

62. Êxodo 1:13-14; 2:23; 7:5.

63. Êxodo 7:19, 8:1-2; 8:16-17; 9:9; 12:12-20.

64. Êxodo 12:12.

65. Dizer que um sistema possui um propósito que se originou em um nível "superior" não implica necessariamente a existência de um deus ou de forças imateriais. Por exemplo, alguns biólogos e filósofos sentem-se à vontade ao dizer que os animais são sistemas intencionais — afinal, os animais possuem propósitos como comer e, claro, reproduzir — e, nesse caso, o que lhes concedeu o propósito é a seleção natural, um sistema completamente material. Em geral — neste livro e em qualquer outro lugar — quando sugiro que o desdobramento da vida neste planeta, da bactéria primordial à World Wide Web, tem a marca distintiva de um um propósito maior ou "superior", estou me mantendo agnóstico quanto à origem desse propósito. A origem poderia ser algo semelhante ao divino — um ser de grande inteligência — mas também poderia ser algo bem diferente; por exemplo, um processo de seleção natural em larguíssima escala. (Até onde sabemos, os universos evoluem por meio de um tipo de seleção natural cósmica; os universos que geram vida que evolui em direção a uma crença na verdade moral e a uma maior adesão a essa crença saem-se melhor na reprodução de si mesmos do que os universos que não possuem esse tipo de ordem moral e direção teleológica.) Para estudos relacionados, ver Gardner (2003).

Capítulo 9   Logos: o algoritmo divino

1. Ver Runia (1990), que inicia um esclarecedor estudo do contexto socioeconômico de Fílon relacionando a situação deste em Alexandria com a famosa questão de Tertuliano.

2. Ver Borgen (1992).

3. Essa missão teológica também se desenvolveu da grande missão moral de Fílon — convencer o mundo de que Iavé era um deus de tolerância e

NOTAS

paz. Fílon apoiava a ideia exílica de que, em algum dia, todas as nações do mundo viriam a "conhecer" Iavé, e que os judeus fundamentalmente promoveriam esse conhecimento. No entanto, ele não achava, como alguns profetas exílicos sugeriram e como alguns judeus de sua época esperavam, que tal conhecimento devesse ser imposto militarmente. (Ver Borgen [1992], p. 336.) Ao contrário, Fílon recorreria à imagística profética mais otimista: fazer de Israel a "luz das nações" — ajudar os judeus a conduzir os pagãos à verdade de Iavé por meio do exemplo e da razão, não da força das armas. Ver Winston (1985), pp. 54-7, sobre a tentativa de Fílon de "despolitizar" o messianismo judaico e seu correspondente desencorajamento do poder militar do Messias, não obstante sua "forte tendência nacionalista". Fílon realmente prevê, em algum momento, uma figura messiânica subjugando as "grandes e populosas nações" um dia; porém, como Collins (2000) argumenta (pp. 134-6), a conquista antevista aqui não é a de todos os gentios e, com efeito, os termos da batalha não são, afinal, étnicos. "Fílon está interessado no triunfo espiritual da virtude, mais do que na vitória física de um rei messiânico", Collins escreve (p. 135). Mantém-se em aberto a questão de se ele esperava "um triunfo visível do judaísmo" (p. 136).

4. Goodenough (1986), p. 10.
5. Ibid., p. 41.
6. Kirk *et al.* (1983), p. 169.
7. Ver Fílon (1894), p. 61.
8. Ver Runia (1990), p. 11, e Tobin (1992), p. 351.
9. Fílon (1929), vol. 5, p. 331.
10. Goodenough (1986), p. 101. Acerca de uma divergência da opinião corrente de que a doutrina do Logos de Fílon serviu principalmente para conectar um deus incognoscível e transcendente ao mundo material, ver Winston (1985), p. 49, embora essa divergência seja sutil, mais uma ressalva que uma rejeição por completo.
11. Ver Runia (1999), Tobin (1992), Goodenough (1986).
12. Goodenough (1986), p. 108.
13. Fílon (1929), vol. 3, p. 217, e ver Winston (1985), p. 17.
14. Fílon (1929), vol. 3, p. 97.
15. Ver Runia (1999) e Goodenough (1986), p. 36.
16. A rigor, de acordo com Winston (1985), p. 24, Fílon considerava que a construção de todo o Logos teve lugar no dia um.
17. Runia (1990), p. 9.
18. Ver Goodenough (1986), p. 100.
19. Ver Winston (1985), p. 17, e Goodenough (1986), p. 103.

20. Goodenough (1986), pp. 37, 100; Winston (1985), p. 50.
21. Ver Fílon [1929], vol. 2, p. 427.
22. Goodenough (1986), p. 37.
23. Ver Winston (1985) e Runia (1990), p. 11.
24. Ver Tobin (1992), p. 351, e Runia (1990), p. 11.
25. Goodenough (1986), pp. 25-6.
26. Fílon (1929), vol. 8, p. 235.
27. Ibid., p. 65.
28. Antes da época de Fílon, havia uma tradição judaica de associação do logos de Deus com a sabedoria. Ver Runia (1999). Tanto o Sabedoria de Salomão (também conhecido como Livro da Sabedoria) e o Sabedoria de Ben Sira (também conhecido como Sirac) fazem essa associação. Quanto ao primeiro, é quase certo que foi escrito antes da carreira de Fílon, embora pouco tempo antes, por um judeu alexandrino; o segundo foi escrito provavelmente em Jerusalém, mais de um século antes de Fílon. Sobre o uso alternado de sabedoria e Logos por Fílon, ver Winston (1985), p. 20.
29. Fílon (1929), vol. 3, p. 91.
30. Provérbios 3:13-18.
31. Ver Lang (1999).
32. Provérbios 8:22; 8:27-31.
33. Provérbios 1:3, conforme tradução em von Rad (1972), p. 13; Provérbios 1:4.
34. Provérbios 8:12, conforme tradução em von Rad (1972), p. 12.
35. Provérbios 16:18.
36. Ver von Rad (1972), pp. 125-7.
37. Provérbios 1:18-19; 6:34.
38. Provérbios 25:23.
39. von Rad (1972), p. 124. E Murphy (1992), pp. 922-3.
40. Provérbios 26:27. Ver Koch (1955), p. 64. Koch está entre os primeiros a notar a natureza mecânica do sistema recompensa-punição expresso nos Provérbios; ele argumenta que mesmo quando Iavé é descrito como envolvido na punição, ele está, na maioria dos casos, simplesmente supervisionando o funcionamento do sistema mecânico.
41. von Rad (1972), pp. 62-3.
42. Provérbios 1:7.
43. Fílon (1929), vol. 3, pp. 82-3.
44. Fílon (1929), vol. 5, p. 343.
45. Provérbios 4:6.
46. Winston (1985), p. 16.
47. Ver Tobin (1992); Runia (1990), pp. 65-7.

NOTAS

48. Ver Winston (1985), p. 29.
49. Fílon (1929), vol. 3, pp. 82-3; vol 5, p. 343. E ver Fílon (1929), vol. 8, p. 417: "Sua própria Palavra [Logos], da qual, como seu arquétipo, a mente humana foi criada."
50. Burtt, org. (1982), p. 37.
51. Fílon (1929), vol. 4, pp. 317-9.
52. Ibid.
53. Ibid.
54. Fílon (1929), vol. 5, pp. 59-60.
55. Ver Runia (1988), p. 57. Runia argumenta que o "dele" final refere-se a Moisés, mas o consenso é de que o termo se refira a Deus. F. H. Colson, em Fílon (1929), vol. 5, p. 157, traduz "mente" como "coração".
56. Fílon (1929), vol. 1, p. 57. E ver Winston (1985).
57. Ver Goodenough (1986), p. 5.
58. Fílon (1929), vol. 7, p. 477.
59. Ver Goodenough (1986), p. 6.
60. Sandmel (1979), p. 97.
61. Fílon (1929), vol. 3, p. 217.
62. Fílon (1929), vol. 2, pp. 73-5.
63. Orlinsky (1974), p. 83.
64. Ibid.
65. Elvin (1986), p. 333. E ver a introdução de D. C. Lau a Confúcio (1979), pp. 14-16. Note-se que *ren* e *jen* são diferentes tradução da mesma palavra.
66. Analectos XII: 22 — Confúcio (1979), p. 116.
67. Elvin (1986), pp. 334-5.
68. Ibid., p. 334.
69. Ibid., p. 335.
70. Burtt, org. (1982), p. 47 (do Sutta-Nipata).
71. Esse pragmatismo estende-se ao nível social, na medida em que a contribuição da virtude àquele consagrado objetivo religioso, a ordem social, se faz explícito. Entre os problemas com o ódio, como observado na passagem budista citada, está a "raiva ou má vontade", um efeito desestabilizador descrito em outra passagem atribuída ao Buda: "Se eu tirasse a vida de vossa majestade, aqueles que desejam o bem-estar de sua majestade iriam tirar-me a vida. E aqueles que desejam o meu bem-estar iriam tirar-lhes a vida. E dessa forma a vingança não seria resolvida pela vingança." [Burtt, org. (1982), p. 42 (do Maha-Vagga)]. Mozi, defendendo o imperativo do amor universal, observou implicitamente os benefícios de paz da soma não zero, quando afirmou que nenhuma guerra comprovadamente beneficiara a humanidade [Elvin

NOTAS

(1986), pp. 334-5]. Ver Armstrong (2006), pp. 270-2, sobre uma análise da natureza pragmática do sistema moral de Mozi. E todo o sistema de valores de Confúcio, incluindo sua ênfase na benevolência, baseia-se justamente no imperativo de manutenção da ordem social.

72. Burtt, org. (1982), pp. 53-4 (do Dhammapada, capítulo 1).

73. Analectos, IV:2, IV: 5 — Confúcio (1979), p. 72. Mas Confúcio parece demonstrar soberba (ver XII:20) ao propor uma faceta de benevolência meramente para fins de reputação.

74. Armstrong (2006) observa o papel das mudanças sociais, incluindo a urbanização, no desenvolvimento do pensamento moralmente progressivo durante esse período. Ver também Eisenstadt, org. (1986).

75. Ver Hodgson (1977), vol. 1, p. 111.

76. McNeill (1990), p. 13, e ver McNeill (1980), p. 34.

77. Instruções de Amenemope: ver http://pages.stern.nyu.edu/~wstarbuc/distrust. html.

78. Provérbios 1:20-1; 8: 2, 5, 8.

79. João 1:1; 1:14.

80. "filho de Deus": ver Goodenough (1986), p. 102; Tobin (1992), pp. 350-1. Sobre os vários nomes de Fílon para o Logos (de "sombra de deus" a "chefe dos anjos"), ver Winston (1985), p. 16.

81. Para uma comparação abrangente de João e a literatura sapiencial judaica, veja Tobin (1992).

82. João 1:9; 1:4-5.

Parte III

Epígrafe: "Libertar Israel" é uma tradução alternativa da *NRSV* para "redimir Israel".

Capítulo 10   O que Jesus fez?

1. Por exemplo, Gálatas 3:1 menciona a Crucificação e é, em geral, datado do começo da sexta década da EC.

2. Com base em vários relatos, o sacrifício a Deus se reduziu no judaísmo principalmente durante a época em que a oposição aos sacrifícios se solidificava dentro do movimento de Jesus. Alguns estudiosos indicam o início dessa tendência com a destruição do segundo templo pelos romanos, no começo da oitava década da EC.

3. Gálatas 3:28.

4. Há controvérsias quanto a se o "Jesus histórico" considerava-se a si próprio o Messias e se os seus discípulos o consideravam. (No evangelho mais antigo,

NOTAS   627

Pedro fala que Jesus é o Messias [Marcos 8:29]; e Jesus, embora reservado naquele momento, diz brevemente antes de sua morte que ele é o Messias [Marcos 14:62].) Minha dedução é que tanto ele como pelo menos alguns de seus seguidores contemplavam de fato a possibilidade de ele ser o Messias em algum sentido da palavra. Sobre a questão de se ele se considerava o "Filho do Homem", ver o capítulo 13.

5. I Samuel 12:3, 5. A *NRSV* usa "anointed [one]" [o ungido] nesta passagem e em outras semelhantes, mas a palavra hebraica subjacente se aproximaria mais de "messias". Ver de Jonge (1992), p. 779.

6. Para uma excelente síntese da literatura recente sobre o significado de "messias" antes e durante a era de Jesus, ver Dunn (2003), capítulo 15, esp. pp. 617-22, 660-4. Ver também de Jonge (1992).

7. Essa é a expectativa nos Salmos de Salomão (esp. Salmo 18), redigidos algumas décadas depois do nascimento de Jesus. Ver de Jonge (1992), p. 783.

8. Marcos 15:32.

9. Ver de Jonge (1992), pp. 778-9.

10. Ver de Jonge (1992), pp. 782-3.

11. Dunn (2003), p. 619; Horsley (1993), pp. 22-3.

12. Uma exceção a essa visão é encontrada no trabalho de Israel Knohl, que afirma que a inscrição hebraica em uma placa do fim do século I AEC. fala de uma figura messiânica que é instruída pelo anjo Gabriel a retornar à vida depois de três dias. O verso por ele reconstruído diz: "Em três dias, viva. Eu, Gabriel, ordeno a ti, príncipe dos príncipes, adubo das fendas rochosas" (ver Knohl [2008], apêndice). No entanto, outros estudiosos consideram ilegíveis algumas dessas palavras — notadamente aquela que ele lê como "viva" — e Knohl reconhece que sua interpretação, que sustentaria suas afirmações anteriores sobre previsões, de antes da época de Jesus, de um messias que padece, é, em alguns pontos, conjectural.

13. Halpern e Vanderhooft (1991), p. 66, aludem a essa comparação.

14. Acerca da relação básica entre os quatro evangelhos, adoto a visão da maioria dos estudiosos, embora ela não seja unânime: Marcos foi escrito primeiro, com base em fontes escritas e/ou orais, provavelmente pouco depois de 70 EC, embora a datação seja possível como meados dos anos 60 — isto é, cerca de quatro décadas depois da morte de Jesus. Lucas e Mateus foram escritos em torno de 80 ou 90 EC, por autores que tiveram acesso ou ao texto de Marcos ou a um conjunto de informações que a ele muito se aproximava. João foi escrito por último — porém antes de 100 EC — por um autor que pode não ter tido acesso aos evangelhos anteriores, mas a outras fontes escritas e orais. Para debates sobre o assunto, ver Meier (1991), pp. 43-5; Sanders (1995), pp. 58-63; Ehrman (2004), p. 49.

15. Ver João 7:42, Miqueias 5:1.

16. Mateus 2:23. João (1:46-9) resolve a questão de Nazaré ainda de outra maneira.

17. Marcos 15:34; Lucas 23:46; João 19:30. Mateus (27:46) traz a versão de Marcos: por que me abandonaste? (O que condiz com a convicção de muitos estudiosos de que Mateus foi escrito antes de Lucas, portanto mais próximo da época de Marcos.)

18. Lucas 23:34.

19. Ver Smith (1978), pp. 141-2.

20. Marcos 8:12; Mateus 16:3, 12:40; Lucas 11:16-41.

21. Marcos 6:4-5; Mateus 13:58 (e ver Smith [1978], pp. 140-1); Lucas 4:23-4. E ver nota de rodapé a Lucas 4:28 em Coogan, org. (2001).

22. Marcos 4:10-12. Referência ao sexto capítulo de Isaías, em que Deus instrui Isaías a profetizar a ouvidos surdos. Schweitzer (2001), pp. 322-3, explica a calculada falta de clareza de Jesus em termos de uma doutrina de predestinação.

23. João 3:2, 9:16, 11:47.

24. Marcos 5:37 (= Lucas 8:51); João 11:4; 9:5. E ver Ehrman (2004), pp. 160-1.

25. João 10:30.

26. Ver Ehrman (1999), p. 199.

27. Ver Smith (1978), p. 143.

28. Marcos 1:15.

29. Lucas 17:20-1 (uma tradução alternativa para "no meio de" é "dentro de"); Marcos 9:1 (a NRSV diz "with power" [com poder], mas seus editores oferecem a tradução alternativa "in power" [em poder]); Marcos 13:24-5.

30. Marcos 9:47-8.

31. Marcos 12:30-3. A palavra "amou" aparece em Marcos 10:21: "Jesus fixou nele o olhar, amou-o e disse-lhe..."

32. Marcos 12:29-31.

33. Mateus 15:27.

34. Mateus 15:28; Marcos 7:29.

35. Ver Achtemeier (1992), vol. 4, p. 546, notas de rodapé para Marcos 16:15-16 na NRSV, Meeks, org. (1993), e Coogan, org. (2001). Esses versículos estão ausentes dos manuscritos mais antigos de Marcos. Uma especulação comum é que eles foram adicionados no começo do século II.

36. Isaías 56:6; Jesus (em Marcos 11:17) está citando Isaías 56:7. A outra referência de Marcos de pregação às nações — Marcos 13:10 — poderia ser interpretada sob a mesma ótica; de qualquer modo, parece suspeitosamente uma criação posterior a Jesus, elaborada para explicar por que o reino de

NOTAS

Deus está demorando tanto a se manifestar ("É necessário que primeiro o Evangelho seja pregado a todas as nações"). Meeks, org. (1993), p. 1944, observa que Marcos 13:10 ecoa Isaías 49:6 e 52:10.

37. Referência popular a João 8:7.

38. Mateus 5:43-5.

39. Mateus 5:47. O versículo paralelo em Lucas 6:32-34 diz "pecadores" em vez de "gentios", mas Tuckett (1992) observa que geralmente a troca é considerada uma adulteração do original.

40. Tuckett (1992), p. 570.

41. Lucas 10:25-37. Lucas 4:24-7 também traz uma mensagem de compaixão interétnica.

42. Mateus 10:5.

43. Mateus 19:28; Lucas 22:30. Ver discussão no capítulo 13 sobre o significado de "Filho do Homem". Esta expressão é usada em Mateus 19:28 para descrever o regente do reino vindouro, embora em Lucas 22:30 Jesus explicitamente se refira a "meu Reino".

44. Atos 1:6.

45. Atos 1:7.

46. A visão básica de Schweitzer é convincentemente corroborada por Bart Ehrman (ver Ehrman [1999] e Ehrman [2004]), em cuja interpretação me baseei.

47. Sanders (1995), p. 193.

48. Marcos 10:31; Marcos 10:15 (e ver Lucas 18:25 e Mateus 19:24). Há temas apocalípticos no Primeiro Isaías — ver especialmente os capítulos 2 e 4 — mas eles não são tão intensos como no Segundo Isaías, nem descrevem de modo tão proeminente o motivo da mudança de sorte. Outrossim, o Primeiro Isaías faz, de fato, uma conexão entre a política progressista e o pensamento apocalíptico; porém, ela é diferente do tipo de conexão que estou aqui atribuindo a Jesus. Isaías diz — ver o capítulo 2 — que Israel terá de corrigir sua injustiça doméstica antes que possa receber a salvação e ser exaltada entre as nações.

49. Mateus 5:3.

Capítulo 11 O apóstolo da caridade

1. I Coríntios 13:4.

2. Essa é a ênfase em Romanos 12:9, 12:10, 13:8, 13:9, 13:10. A frase "brotherly love" [amor fraternal] está em 12:10 na versão do rei Jaime. (A *NRSV* neutralizou o gênero.) Em relação às epístolas de Paulo, em geral: ainda que

630 NOTAS

nos limitássemos às sete epístolas paulinas que a maioria dos estudiosos considera autênticas, sessenta versículos contêm a palavra "amor" ou alguma variação dela, conforme busca eletrônica que efetuei. O número para os quatro evangelhos é de 65, porém a maioria desses versículos não é de palavras atribuídas a Jesus.

3. Gálatas 3:28.
4. Ver Bornkamm (1971), pp. 74-5.
5. Atos 8:3.
6. Gálatas 1:8-9.
7. Gager (2000), p. 4.
8. Dodds (1990), p. 137.
9. Hellerman (2001), p. 4.
10. Kloppenborg e Wilson, orgs. (1996), p. 13.
11. Dodds (1990), p. 137.
12. Malherbe (1983), p. 88.
13. Hellerman (2001), p. 22; Meeks (2003), p. 86.
14. I Coríntios 1:12. (Essa *não foi* realmente a primeira carta à congregação que ele fundara em Corinto, mas a primeira preservada. Ver Bornkamm (1971), p. 70, e I Coríntios 5:9.)
15. Bornkamm (1971), p. 73. Ver também pp. 71-2 e Fee (1987), p. 573.
16. I Coríntios 14:3 (e ver Fee [1987], pp. 569-74, especialmente a p. 573); 14:27, 37-8.
17. I Coríntios 4:14-16.
18. I Coríntios 12:27.
19. Pagels (2003), p. 6.
20. I Coríntios 14:23.
21. Isaías 45:14, 22-3, 25.
22. Isaía 49:6.
23. Romanos 14:10; 15:18 (E ver Sanders [1991], pp. 2-4); 15:12.
24. Romanos 11:28. As ideias de Paulo sobre o relacionamento entre judeus e gentios são complexas e às vezes contraditórias. Essa visão da submissão dos gentios ao messias de Israel não é seu único discurso sobre o assunto, e os estudiosos discutem sobre quais seriam exatamente suas opiniões — se, de fato, ele teve opiniões firmes e coerentes. Ver Gager (2000).
25. Gálatas 5:6, 12.
26. Sanders (1991), p. 62.
27. Pagels (2003), p. 6, contrasta o cristianismo antigo com o culto de Esculápio, deus da cura, cujos sacerdotes cobravam a consulta.

NOTAS

28. Gager (2000) chama a atenção a esse ponto. A visão de Paulo como fundamentalmente judaica ganhou defensores no mundo acadêmico como resultado do trabalho pioneiro de Gager e, anteriormente, de Krister Stendahl.
29. Meeks (2003), p. 28. E ver Mahlerbe (1983), pp. 97-8.
30. Atos 16:14.
31. Ver MacMullen (1984), p. 106, e Meeks (2003), p. 30.
32. Freedman, org. (1992), vol. 4, pp. 422-3. E ver Atos 16:40.
33. Ver Malherbe (1983), p. 95, esp. a nota de rodapé 9.
34. Meeks (2003), p. 17.
35. Ver Gager (2000), p. 78.
36. Atos 18:2-3. E ver Freedman, org. (1992), vol. 5, pp. 467-8.
37. Ver Sanders (1991), p. 13, e Malherbe (1983), p. 95.
38. Ver Meeks (2003), p. 109, e Malherbe (1983), p. 97.
39. E. A. Judge, citado em Meeks (2003), p. 109. Ver Meeks (2003), p. 17.
40. Romanos 16:1-2.
41. McCready (1996), p. 63.
42. Ver Stark (1997).
43. Kloppenborg e Wilson, orgs. (1996), p. 7.
44. Ibid., p. 3.
45. Romanos 1:7-11.
46. Romanos 12:10; Gálatas 5:13; I Tessalonicenses 4:9-10.
47. I Tessalonicenses 3:12; Gálatas 6:10.
48. Ver Stark (1997), pp. 87, 10.
49. Mateus 25:35-6, 39-40.
50. Coríntios 5:11-13.
51. Hellerman (2001). Troquei o termo "gratuitamente", elemento ambíguo na tradução, pela expressão "de graça".
52. Romanos 12:5.
53. Brown (1993), p. 77.
54. Lucas 6.27, Mateus 5:37
55. Mateus 5:44; Romanos 12:14-20; Mateus 5:39.
56. Gálatas 1:18-19.
57. João 13:34. Aqui, o amor era restrito aos fiéis seguidores; ver Freedman, org. (1992), vol. 4, p. 390.
58. Gálatas 5:14-5. E ver Ehrman (1999), p. 79. Paulo diz que toda a lei judaica está resumida nesse imperativo do amor fraternal, enquanto Jesus diz que este se coloca como um dos dois mais importantes imperativos da lei judaica, juntamente com o amor a Deus. Ver Marcos 12:28-34, Lucas 10:25-8, Mateus 22:39-40.

632 NOTAS

59. Ver I Coríntios 4:12 acerca de uma referência de Paulo a sua própria experiência de perseguição.
60. Romanos 12:20.
61. Provérbios 25:21.

Capítulo 12   A seleção natural do cristianismo

1. Latourette (1975), p. 85; Ehrman (1999), p. 58.
2. Ver Sanders (1991), p. 21.
3. Latourette (1975), pp. 91-2.
4. McLean (1996), p. 191.
5. Ibid., p. 196.
6. Ver Ehrman (2003a), p. 100.
7. Mateus 1:23. A NRSV, diferentemente da versão do rei Jaime, utiliza "a jovem" em Isaías 7:14.
8. Ver Ehrman (2003a), p. 110.
9. Latourette (1975), p. 127. Freedman, org. (1992), vol. 1, pp. 855-6, observa que somente no século IV houve claras tentativas de se listar os textos cristãos oficiais; somente no fim daquele século, nos anos 390, encontramos concílios eclesiásticos endossando uma lista dos 27 livros agora no Novo Testamento.
10. Clabeaux (1992), em Freedman, org. (1992), vol. 4, p. 517.
11. Ver Ehrman (2003a), pp. 108-9.
12. Diálogo de Justino com Trifão, Capítulo XVI.
13. Ver Pagels (2003), p. 13.
14. Ferguson (2003), pp. 384-6; Burkett (2002), pp. 86, 543; Ehrman (2004), pp. 19-21.
15. Ver Ehrman (2004), pp. 20-1; Burkett (2002), p. 529.
16. Certamente, Constantino depois mostrou que percebera a vantagem de manter a igreja cristã unificada. Ver Burkett (2002), pp. 407-8.
17. Nikam e McKeon, orgs. (1959), p. 52.
18. Ver Pagels (1989).
19. "Enquanto a sabedoria [de Deus] medita sobre o Logos, e uma vez que seus ensinamentos o expressam, seu conhecimento é revelado." Do Evangelho da Verdade, tradução em inglês de Robert M. Grant em http://www.gnosis.org/naghamm/got.html.
20. Ver Ehrman (2003b), p. 47.
21. João 1:1, 1:14.
22. João 13:34.
23. João 13:35.

NOTAS

Capítulo 13 Como Jesus tornou-se o salvador

1. Lucas 3:6.
2. Salmos 106:21; II Reis 13:5; Jeremias 14:8.
3. Turcan (1996), pp. 99-103.
4. Mateus 13:40-3.
5. I Tessalonicenses 4:13. Quanto à idade de I Tessalonicenses: ver Freedman, org. (1992), vol. 6, p. 516.
6. Ver Daniel 12:2-3; Isaías 26:19; Marcos 12:18-27; Mateus 22:23-33; Lucas 20:27-40. E ver Brandon (1967), p. 100.
7. Em algumas questões parece ter havido uma divisão entre Paulo e alguns seguidores de Jesus em Jerusalém, e estes podem ter se ajustado mais às próprias visões de Jesus; no entanto (ver Brandon [1967], p. 99), em geral, a tendência do grupo em Jerusalém teria sido enfatizar o tradicional apocaliptismo judaico mais ainda do que Paulo, e, nesse caso, a crença que Paulo implicitamente atribui a Jesus é bem condizente com aquela tradição.
8. I Tessalonicenses 4:16.
9. Sanders (1991), p. 37, está entre os estudiosos que apóiam a hipótese de retorno à terra.
10. I Coríntios 15:22-5.
11. I Coríntios 15:55.
12. Daniel 7:13 tem a visão de "um ser semelhante ao filho do homem" descendo do céu. Por vezes, como na *NRSV*, "filho do homem" é traduzido como "ser humano". O termo aramaico para "filho do homem" era usado para se referir a "um homem" — e, às vezes, a um homem que representava a humanidade. Ver Dunn (2003), p. 726.
13. Marcos 8:31, 38.
14. Minha análise sobre o "Filho do Homem" continua em www.evolutionofgod. net/sonofman.
15. Lucas 24:6-9.
16. Atos 7:55-6. Estêvão continua e diz, antes de morrer: "Senhor Jesus, recebe o meu espírito."
17. Certamente, essa é a visão mais comum na Bíblia Hebraica. Se há exceções claras a essa visão, isso é discutível: *p.ex.*, Salmos 49:15: "Mas Deus resgatará a minha vida do poder do Sheol, tomando-me consigo." Se a interpretação for a de que o "resgate" ocorrerá logo após a morte e que Deus "tomará" a alma para arrebatá-la ao céu, então teremos uma exceção. (Há afirmações inquestionáveis de uma eventual *ressurreição*, na Bíblia Hebraica, mas elas geralmente são associadas, como parecem ter sido na mente de Jesus, com

NOTAS

expectativas apocalípticas: *e.g.*, Isaías 26:19, Daniel 12:2-3.) E ver McDannell e Lang (2001), p. 14.

Quanto à visão de Paulo sobre a vida após a morte: ver McDannell e Lang (2001), p. 33. Dois versículos nas epístolas de Paulo — Filipenses 1:23 e II Coríntios 5:8 — realmente declaram, ou pelo menos sugerem, que depois da morte a pessoa estaria "com Cristo" ou iria "morar junto do Senhor". No entanto, o mais claro desses versículos, em Filipenses, refere-se somente a Paulo, e poderia refletir a ideia de que ele, como o grande apóstolo, teria privilégio especial. Além disso, ambos os versículos foram escritos depois da passagem em I Tessalonicenses citada acima, que descreve claramente a expectativa de Paulo de que a união com Cristo não virá até o retorno de Cristo do céu. E há outros versículos paulinos, *p.ex.*, Romanos 2:14-16, com o qual eles também parecem incompatíveis. Eles poderiam representar uma evolução dos pontos de vista de Paulo, devido ao seu contato contínuo com o "mercado" gentio de crenças religiosas ou devido a uma percepção crescente de que ele próprio morreria antes da vinda de Cristo.

18. Lucas 23:43. (Paraíso não necessariamente se refere ao céu, e, claro, esse homem em particular pode ter sido aqui selecionado para um tratamento especial, em vez de representar o conjunto dos seres humanos salvos.)

19. Lucas 16:24-5. Sobre a interpretação de que ele está no céu, ver McDannell e Lang (2001), pp. 26-9.

20. Ver McDannell e Lang (2001), capítulo 1.

21. Brandon (1967), p. 109.

22. Lucas 17:20-1

23. Mesmo desconsiderando o papel de Osíris no dia do Juízo Final, sua história de vida contém certa semelhança com a história de Jesus. Como descrito por Plutarco nas décadas após a morte de Jesus, Osíris apareceu em forma humana na terra, foi brutalmente assassinado e depois ressuscitou. Isso não significa, como alguns argumentaram, que toda a história de Jesus — com a Crucificação e tudo — tenha sido modelada pela de Osíris. Com efeito, se examinarmos o relato de Plutarco sobre Osíris de maneira mais abrangente, sem reduzi-lo a paralelos cristãos, há elementos que não remetem em absoluto à vida de Jesus. Por exemplo, quando Osíris morreu, seu corpo foi esquartejado e as partes foram enterradas por todo o Egito; ele voltou à vida somente depois que as partes de seu corpo foram recuperadas e reunidas por sua irmã/esposa Ísis — que, incidentalmente, nunca conseguiu localizar o pênis e assim o adaptou com um tipo de prótese que funcionou bem o suficiente para lhe gerar um filho dele. Ver Gabriel (2002) e Brandon (1970).

24. Ogilvie (1969), p. 2.

NOTAS 635

25. Ver Ferguson (2003), pp. 249, 295. Plutarco, que viveu durante a época de Lucas, observava que muitas pessoas "acham que algum tipo de iniciação e purificação ajudará: uma vez purificadas, elas acreditam, irão dançar e brincar no Hades, em lugares repletos de luz, ar puro e esplendor." Ver Hellerman (2001), p. 3.

26. Ver Brandon (1967), p. 44, e Scott- Moncrieff (1913), p. 48.

27. Bell (1953), pp. 13-14.

28. Brandon (1967), p. 111.

29. A história do martírio dos sete filhos no Segundo Livro dos Macabeus, um texto judaico escrito cerca de um século antes do nascimento de Cristo, realmente sugere que a mãe antecipara que seus filhos, ao morrerem, iriam juntar-se a Abraão na vida após a morte como consequência de seu autossacrifício virtuoso. Porém, a maneira pela qual Paulo, em suas epístolas, lida com a questão dos que morreram recentemente, sugere que, durante os anos iniciais do movimento de Jesus, a recompensa imediata na vida após a morte não era a expectativa padrão.

30. Hegedus (1998), pp. 163, 167. Ver Stark (1997), p. 199. Stark vê uma correlação, ao comparar cidades onde se sabe que o culto de Ísis e o cristianismo se propagaram.

31. Hegedus (1998), p. 163, nota de rodapé 8.

32. Apuleio, *O asno de ouro*, capítulo 48.

33. Romanos 3:9-10.

34. Romanos 7:14-9.

35. Gálatas 5:19-21.

36. A salvação de Osíris não necessariamente exigia que o morto contasse toda a verdade e nada mais que a verdade. Por algumas leituras, o capítulo 125 é uma peça publicitária — uma alegação de pureza por pessoas não tão puras, e, talvez ainda, um ritual de absolvição, mais próximo da confissão para um católico, embora sem a própria confissão; ou talvez mais próximo do batismo, o qual, especialmente nos primeiros anos do cristianismo, era considerado não só simbólico, mas uma purificação verdadeira, a remoção dos pecados passados do corpo. (O título do capítulo 125 é: "De modo que seja alijado de todo e qualquer pecado que tenha cometido" [Morenz (1973), p. 132.]) Brandon (1970) compara o papel do batismo na salvação cristã com o papel do ritual de Osíris na salvação egípcia, embora destaque os antigos rituais de Osíris nos textos das pirâmides, rituais esses que eram mais "mágicos" que morais. Em todo o caso, o capítulo 125 reflete uma religião que fizera do comportamento moral, e não só dos sacrifícios animais e outros rituais, questão central para a busca da vida eterna.

NOTAS

37. Morenz (1973), p. 132, e ver p. 122.
38. Havia, é claro, preocupação com a pureza *ritual* nas sociedades caçadoras-coletoras, como na história da deusa do mar esquimó, no capítulo 1.
39. Rig-Veda 7.86. As palavras "pecado" e "crime" não necessariamente denotam transgressões morais, em oposição a transgressões rituais. No entanto, Varuna punia de fato as transgressões morais. Ver O'Flaherty (1981), p. 213; Smart (1969), p. 64; e Flood (1996), p. 47.
40. Bottero (2001), p. 189.
41. Romanos 7:7.
42. Bellah (1969), p. 68.
43. Jacobsen (1976), p. 153.
44. Bottero (2001), p. 32. A datação do segundo milênio é incerta. Contudo, há outras referências a deuses mesopotâmicos como "pai" ou "mãe", seguramente datadas do segundo milênio.
45. Jacobsen (1976), p. 226. Acerca de nomes paternais para os deuses na Mesopotamia, ver Jacobsen (1976), pp. 158-9, 225-6, 236-7.
46. Griffiths (1980), p. 216.
47. Assmann (2001), p. 223.
48. Êxodo 20:20.
49. Alguns estudiosos culpam o cristianismo pelo colapso do Império. De qualquer modo, o sistema social a que a doutrina cristã estava consagrada — a igreja cristã internacional — se manteve intacto.

Capítulo 14   O Alcorão

1. Smith (1991), p. 233.
2. Mais precisamente: durante 23 anos, de acordo com as antigas tradições islâmicas e com os cálculos atuais.
3. Alcorão 109:6 (Arberry); 47:4.
4. Sobre diferentes esquemas de ordenação, ver Robinson (2003), pp. 76-97.
5. Alcorão 96:1. Alguns tradutores, *e.g.*, Pickthall, traduzem como "Lê".
6. Alcorão 53:9-11 (Pickthall). Ver Watt (1964), p. 15.
7. Welch (2003).
8. Ver Cook (1983), p. 67. Sobre uma análise recente dos debates acerca da origem histórica do Alcorão, ver Donner (2008).
9. Peters (1991), pp. 288-9, faz uma observação equivalente: de que o Alcorão parece não ter sido redigido sob o "brilho" dos triunfos militares depois da morte de Maomé.
10. Ver Donner (2008), Watt (1964), p. 17, Cook (1983), p. 74.

NOTAS

11. *Merriam-Webster's Collegiate Dictionary*, 10ª edição.

12. Alguns estudiosos consideram que os relatos tradicionais exageram a importância de Meca como centro de comércio — tanto pela intensidade do comércio como pela extensão de itens exóticos negociados, como especiarias, em relação a itens mundanos, como peças de couro. O influente trabalho (e, sob certos aspectos, uma visão particularmente extrema) a respeito é o de Patricia Crone (1987), *Meccan Trade and the Rise of Islam,* Princeton University Press.

13. A razão exata para a ênfase sobre os filhos homens não é muito clara. Uma possibilidade se aplicaria somente a árabes relativamente ricos, o que provavelmente seria o caso de Maomé depois de ter se casado: em uma sociedade polígama, os filhos homens nascidos nas classes dominantes podem atrair várias esposas, e assim gerar mais netos do que as filhas. Outra possibilidade é sugerida, de maneira especulativa, por Watt (1964), pp. 152-3: os filhos homens herdariam dos irmãos de sua mãe a administração dos bens e assim trariam riqueza e prestígio para os familiares próximos.

14. Alcorão 81:8-9 (Sale).

15. Alcorão 93:6-11 (Arberry); 90:16; 90:13-6 (Arberry); 89:18-21 (Arberry).

16. Alcorão 42:20.

17. Alcorão 21:25.

18. Lings (1983), pp. 16, 29, 44.

19. Ibid., pp. 16, 44; Watt (1964), p. 22.

20. Com efeito, algumas tribos árabes na atual Síria, Iraque e Jordão se converteram ao cristianismo. Ver Hoyland (2001), pp. 146-50.

21. Lings (1983), p. 17.

22. Alcorão 46:12 (Yusuf Ali). Ver também Alcorão 26:192-8.

23. Alcorão 43:2-4. "The archetypal Book" [O Livro arquetípico] é literalmente "Mother of the Book" [Mãe do Livro], como na tradução de Yusuf Ali.

24. Alcorão 25:5; 16:103.

25. Armstrong (2002), p. 3.

26. De acordo com MacDonald (2003), alguns filólogos árabes argumentaram que Allah é um empréstimo do siríaco, como eu afirmo aqui.

27. Entre os versículos alcorânicos que afirmam ou sugerem que os árabes consideravam Alá o deus criador: 29:61, 31:25, 39:38, 43:9. O fato de que o Alcorão nunca se queixa de alguma descrença em Alá, mas sim "daqueles que invocam, com Allah, outro deus", me foi indicado por Michael Cook.

28. Hodgson (1977), vol. 1, pp. 155-6. Armstrong (2002), p. 11, também se surpreende em relação ao mesmo ponto.

29. A palavra é às vezes representada como *alaha.*

638 NOTAS

30. MacDonald (2003).

31. Esse cenário, de que o deus árabe Allah é desde o começo o deus judaico-cristão, é necessariamente conjectural (assim como o é o cenário mais convencional da origem independente de Allah). A prova mais notável contra ele é uma particularidade de estilo envolvendo o termo "Allah". Quando a palavra *Allah* é precedida, em certos contextos, por palavras que terminam com vogais, a inicial *A* é suprimida. (Assim, quando *Allah* é precedido pela palavra árabe para "ele" — *huwa* — como na sentença "Ele é Deus", o resultado sonoro é "huwallahu", não "huwa allahu".) Esse tipo de elisão não é usual em substantivos árabes, embora seja prática comum, em circunstâncias semelhantes, suprimir o artigo *que preceda* um substantivo árabe. Portanto, essa convenção particular é consistente com a teoria de que "Al" em Allah *era* inicialmente um artigo, como no cenário contra o qual estou argumentando — o cenário em que *Allah* surgiu como *al-ilah*, ou "o deus". Claro, é possível que essa propriedade não usual tenha sido, de algum modo, absorvida pelo substantivo *Allah*, diante da especificidade do nome de Deus na cultura árabe. Entretanto, isso tende a contrapor com a teoria que estou aqui propondo.

32 · Não pretendemos sugerir com isso que o siríaco seja ramo linguístico direto do aramaico da época de Jesus. Mas, com efeito, as duas línguas compartilham uma origem comum no aramaico falado no início do primeiro milênio AEC A relação entre o aramaico dos dias de Jesus e o siríaco da época de Maomé poderia ser análoga àquela entre tio e sobrinho.

33. Alcorão 81:14.

34. "Caaba" em Bearman *et al.*, orgs. (2003).

35. Lapidus (2002), p. 14; "Hadjdj" em Bearman, *et al.*, orgs. (2003).

Capítulo 15 Meca

1. Alcorão 79:26.

2. Alcorão 19:30.

3. Alcorão 82:1-9. A sensação de Maomé quanto à *proximidade* do apocalipse parece ter sido mais intensa em passagens geralmente datadas de meados do período em Meca, *e.g.*, 21:1, 53:57, 54:1.

4. Alcorão 15:6, 34:8; 37:36-7, 21:5; 83:29-31; 74:21-3.

5. Alcorão 41:26.

6. Lings (1983), pp. 88-92; alguns estudiosos, como Watt (1964), p. 77, questionam a severidade do boicote.

7. McDannell e Lang (2001), p. 52.

NOTAS

8. Ireneu, *Contra as heresias*, 5:33.
9. Alcorão 56:29-31; 55:54; 55:56; 56:36-7.
10. Alcorão 76:4; 18:29.
11. Alcorão 74:26; 41:28.
12. Alcorão 104:4; 15:3.
13. Alcorão 83:34-5.
14. Alcorão 77:24; 32:20; 37:21.
15. Alcorão 96:19.
16. Alcorão 43:89; 109:4-6.
17. Alcorão 50:45; 88:21-2.
18. Alcorão 73:10. Rodwell situa-o como a terceira. Blachere, outra autoridade, situa-a como a 34ª, o que a colocaria em cerca de um terço do período em Meca, cronologicamente.
19. Alcorão 13:40; 25:63.
20. Alcorão 41:34.
21. Juízes 11:24; Deuteronômio 20:16-18.
22. Watt (1964), pp. 58, 61.
23. Alcorão 53:23.
24. Watt (1964), p. 61.
25. Alcorão 44:32.
26. Alcorão 29:46. Tradução de Mairaj Syed (comunicação pessoal).
27. Alcorão 29:46 (Sale). Rodwell acredita que o versículo se refere somente aos judeus, e não aos cristãos e aos judeus. E (cf. tradução de Rodwell, nota de rodapé 12) Theodor Noldeke data o versículo do período em Medina e apresenta uma tradução que torna o versículo menos diplomático. No entanto, o versículo é geralmente datado do período em Meca, e a tradução que apresentei reflete a interpretação geral.
28. Pelo menos ela nunca aparece nas suras de Meca se você considerar como de Medina a sura 64, a sura do Mútuo Engano, como Rodwell. Entretanto, alguns estudiosos não a consideram. Ver a nota de rodapé 1, de Rodwell, a essa sura.
29. Ver, por exemplo, as suras dos Poetas, do Ornamento e da Família de Imran.

Capítulo 16 Medina

1. Lings (1983), p. 123.
2. Essa versão simples da história é, p. ex., proposta por Armstrong (2002), pp. 13-14. Especialistas em islamismo — como Watt (1964), pp. 95-6 — há muito reconheceram no Alcorão sinais de que, na parte inicial do período em

NOTAS

Medina, Maomé não chegou a obter completa autoridade. Entretanto, Watt aceita, de maneira especulativa, a ideia de que, desde o princípio, Maomé fora reconhecido pelo outros clãs como um árbitro legítimo.

3. Alguns estudiosos consideram essa sura do fim do período em Meca.
4. Alcorão 3:31-32.
5. Watt (1964), pp. 95-6, compara Maomé a um líder de clã. Buhl (2003) compara Maomé a um líder tribal.
6. Alcorão 64:14.
7. Mateus 10:35-8.
8. Síria, Egito, Palestina: esses termos carregam seus sentidos geográficos modernos; na época de Maomé, a Síria teria abrangido grande parte ou a totalidade da Palestina.
9. Lapidus (2002), pp. 32-3; Kennedy (1986), pp. 59-72.
10. Essa suposição não é corroborada pela tradição oral islâmica. Entretanto, é difícil chegar a uma explicação diferente para a quantidade de versículos de Medina no Alcorão que se referem a problemas cristãos e, especificamente, ou parecem preocupados em chegar a um bom termo com os cristãos ou implicam um fracasso nessa tentativa.
11. Alcorão 9:30, tradução de Yusuf Ali. Maomé aqui se refere ao credo cristão de que Jesus era o filho de Deus e a uma crença judaica de que Ezra era o filho de Deus. Não se sabe de onde Maomé obteve a ideia de que os judeus consideravam Ezra um filho de Deus. Ver as notas de rodapé de Rodwell e Sale a esse versículo.
12. Comparado a outras religiões, o islamismo não era necessariamente rigoroso em termos rituais. Maomé fazia questão de ter regras de dieta mais flexíveis que o judaísmo, por exemplo. Mas as sanções islâmicas contra vícios socialmente desagregadores — como a embriaguez, a jogatina e o adultério — eram severas.
13. Schacht (1982), p. 9. A palavra árabe para roubo parece ter sido importada de outra língua. Mas é possível que essa importação seja anterior à era de Maomé. Nesse caso, o roubo pode ter sido um crime antes do surgimento do islamismo.
14. Alcorão 22:39-40 (Arberry). Ver também Alcorão 2:217.
15. Alcorão 22:40 (Asad). Alguns estudiosos, como Arberry e Rodwell, usam "oratórios", enquanto Asad usa "sinagogas". Entre outros tradutores que usam "sinagogas", estão Yusuf Ali e Sale. Asad — ver sua nota de rodapé a esse versículo — argumenta que, aqui, no que pode ser a versão mais antiga de uma doutrina da guerra justa, a liberdade religiosa é tida em alto valor.
16. Alcorão 3:3 (Arberry); 3:64 (Asad).
17. Veja Buhl (2003) e Watt (1964), p. 114.

NOTAS

18. Alcorão 2:173 (Yusuf Ali). Das duas outras suras que proíbem o consumo de carne de porco, uma (sura 5) é geralmente considerada do período de Medina, enquanto a outra (sura 6) é classificada como de Meca, mas do período bem tardio de Meca — aliás, considerada, de fato, como a última sura de Meca. Parece provável que pelo menos essa parte da sura era já uma expressão inicial do período de Medina.

19. Berkey (2003), pp. 74-5. Orar voltado para Jerusalém teria agradado não só aos judeus, mas também a alguns cristãos árabes que já tinham esse hábito. Ver Buhl (2003).

20. Alcorão 19:35.

21. Alcorão 43:57-8. Minha interpretação é orientada pela nota de rodapé 15 na tradução de Rodwell. A maioria dos tradutores não concorda com Rodwell que Maomé estivesse descrevendo Jesus no Alcorão como "um exemplo do poder divino" — mas apenas que ele o estivesse citando como algum tipo de exemplo. Entretanto, algumas partes seguintes da sura, inclusive as citadas acima, parecem mais bem explicadas pela interpretação de Rodwell. Sale, por exemplo, oferece interpretação diferente.

22. Prefácio à tradução de Rodwell do Alcorão. (Alcorão 5:14 alude à rivalidade entre os cristãos acerca de questões doutrinárias).

23. Pode ser pertinente que a palavra para "cristãos" no Alcorão seja uma palavra que, na verdade, signifique "nazarenos", um termo que às vezes foi aplicado a "cristãos judeus" como os ebionitas. Mas também há motivos para se acreditar que a palavra — que até hoje é a palavra usada pelos muçulmanos árabes para se referir aos cristãos — se referia de modo abrangente aos cristãos em geral, na época de Maomé. Ver Fiey (2003) sobre essa questão e sobre a diversidade da crença cristã de modo geral.

24. Um versículo alcorânico — 4: 157 — parece apoiar a "heresia" docética de que a Crucificação de Jesus era uma ilusão.

25. Ver Crone e Cook (1977). A tese provocativa do livro, de que entre os seguidores iniciais de Maomé estavam judeus apocalípticos, parece não ter sido avançada pelos autores, mas o fato de que ela não pode ser rejeitada em definitivo é uma lembrança de quão pouco sabemos com certeza sobre a diversidade de credos religiosos que Maomé encarou.

26. Alcorão 4:171 (Arberry).

27. Alcorão 4:171 (Arberry); 57:27.

28. Gênesis 16:12.

29. Gênesis 16:2-3, 15-16, e ver Knauf (1992).

30. Gênesis 17:20.

31. Gênesis 17:21, 25-6.

NOTAS

32. Alcorão 2:125 (Arberry).
33. Alcorão 2:135 (Arberry).
34. Alcorão 2:132 (Arberry); 3:67 (Pickthall); 3:67 (Shakir).
35. Alcorão 5:51. Em outro momento, Maomé parece ter percebido uma diferença de receptividade entre cristãos e judeus (5:82): "Constatarás que, entre os homens, os judeus e os idólatras são os piores inimigos dos crentes. Constatarás que os mais próximos aos crentes em afeto são os que dizem: 'Somos cristãos.'" Em uma sura geralmente datada do fim do período de Meca, Maomé não vira razão para inimizade em relação aos cristãos ou judeus (29:46): "E não discutis com os adeptos do Livro senão da melhor maneira, exceto com os que, dentre eles, são iníquos, e dizei-lhes: 'Cremos no que nos foi revelado, assim como no que vos foi revelado antes: nosso Deus e o vosso são Um e a Ele nos submetemos.'"
36. Ver Donner (1979), p. 232. Além disso, devido ao seu papel central no comércio de Medina (ver Kennedy [1986], p. 36) — eles viviam em meio ao mercado da cidade e ali ganhavam a vida — os kaynukas teriam sido um alvo tentador para Maomé. Se você está fundando um Estado teocrático, preferirá que a base comercial esteja nas mãos dos fiéis, não por causa de suas crenças em si, mas porque estas crenças significarão lealdade à sua liderança política.
37. Ver Stillman (1979), pp. 13-14.
38. Alcorão 22:67. Ver também 5:48-9, considerado por muitos como a última sura do período de Medina.
39. Alcorão 33:26-7 (Arberry). Outro versículo (59:2) refere-se aos "infiéis dentre os adeptos do Livro" como sendo exilados, não fazendo referência a matanças.
40. Ver Peters (1994), p. 156.
41. Crone e Cook (1977), pp. 6-7.
42. Thomson (1999), p. 102. (A redação não é clara, mas Sebeos parece dizer que a mesquita que é hoje conhecida como a mesquita de Al-Aqsa foi, na realidade, construída pelos judeus.) Ver Crone e Cook (1977), p. 10.
43. Cook (1983), p. 74. Como Cook observa, as diferenças são triviais. No entanto, elas sugerem algum grau de "fluidez" progressiva.
44. Um exemplo de versículos alcorânicos que parecem refletir um "rompimento com os judeus", e que mostram sinais de não serem originais, é o relato da "mudança da qibla" — a decisão de se orar não mais voltado para Jerusalém, mas para Meca. Os versículos não mencionam Meca ou Jerusalém, mas se referem, na verdade, a uma mudança na direção do devoto e observam que a direção agora diverge daquela preferida pelos cristãos e judeus — o que pare-

NOTAS 643

ceria indicar, com efeito, um afastamento de Jerusalém (2:142-50). Contudo, meio século atrás, o respeitado estudioso do Islã Montgomery Watt notou que esses versículos, embora ordenados sequencialmente, como se expressos por Maomé todos de uma vez, "dão a impressão de terem sido revelados em momentos diferentes" (Watt [1964], p. 113). Além disso, Crone e Cook (1977) apontam para evidências, tanto arquitetônicas como literárias, que sugerem que, décadas após a morte de Maomé, os muçulmanos, ao orarem, estavam se voltando para algum lugar mais ao norte de Meca. Cook (comunicação pessoal), no entanto, está agora inclinado a suspeitar que esses indícios são essencialmente "boatos".

Capítulo 17 Jihad

1. *Milestones,* capítulo 4.
2. (1974).
3. As quatro passagens são 9:24, 22:78, 25:52 e 60:1. Em nenhum caso a referência ao jihad é, em si, explicitamente militar (ver Bonner [2006], p. 22). Em 9:24, porém, o contexto parece militar. Em 25:52, a injunção é lutar, ou combater, contra os "renegadores da Fé", mas o contexto torna improvável uma interpretação militar. Em 60:1, a amizade com os renegadores é desencorajada, mas não há alusão à violência. Em 22:78, a ênfase está em servir como "testemunhas" da verdade de Deus. Os muçulmanos são instados a lutar por Alá: "E lutai por Allah, como se deve lutar por Ele"; e, então, lembrados de que são "moslemes". A passagem culmina com a injunção: "observai a oração, pagai o zakat e apegai-vos a Deus". A argumentação de que a doutrina do jihad militar não pode ser fundamentada coerentemente no Alcorão é de Bonner (2006); ver p. 20.
4. Bonner (2006), p. 22, diz que dos 41 usos alcorânicos de palavras derivadas da raiz *jhd,* somente dez referem-se "clara e inequivocamente ao comportamento bélico". Peters (1987), p. 89, pode estar incluindo referências menos explícitas à guerra quando diz que "cerca de dois terços" dos usos "denotam belicismo".
5. Outros verbos, menos ambíguos, são *qaatala,* que significa combater, e *qatala,* que significa matar. A ambiguidade de *jahada* pode ser observada comparando-se estas quatro traduções para o inglês do versículo 66:9. Yusuf Ali: "O Prophet! Strive hard against the Unbelievers and the Hypocrites, and be firm against them." Pickthall: "O Prophet! Strive against the disbelievers and the hypocrites, and be stern with them." Shakir: "O Prophet! strive hard against the unbelievers and the hypocrites, and be hard against them."

644 NOTAS

Rodwell: "O Prophet! make war on the infidels and hypocrites, and deal rigorously with them."

6. http://www.freerepublic.com/focus/ f- news/1128382/posts.

7. http://www.pbs.org/newshour/terrorism/international/fatwa_1996.html.

8. Embora Maomé às vezes acusasse cristãos, e ocasionalmente judeus, de terem tendências politeístas, esse termo [infiéis] é usado no Alcorão para se referir aos não abraâmicos.

9. Alcorão 9:6. A interpretação mais comum desse versículo é, como Sale observa em nota de rodapé a sua tradução do Alcorão, "Isto é, você deve oferecer-lhe salvaguarda, para que ele possa retornar novamente para casa em segurança, no caso de ele não considerar adequado abraçar o maometismo".

10. Alcorão 9:7, 4. A rigor, 9:4 está excetuando esses politeístas da permissão que Deus deu em 9:3 para romper pactos com politeístas. No entanto, manter os pactos com esses politeístas excetuados os excluiria claramente do grupo de politeístas que devem ser mortos.

11. E, a propósito, o verbo traduzido como "matar" poderia ser traduzido como "lutar" ou "combater", embora não haja dúvidas de que Maomé entrou em combate desejando matar. Um exemplo semelhante é 4:89-90. Aqui os infiéis que deixaram seu povo para se converter, mas que depois voltaram as costas, devem ser mortos "onde quer que os encontreis" — com exceção daqueles "que se vincularem com um povo entre o qual e vós exista aliança, ou os que chegarem a vós com os peitos constritos por combater-vos (...) Então, se se apartarem de vós e não mais vos combaterem e vos lançarem a paz, Deus não vos fará caminho algum contra eles".

12. Alcorão 47:4.

13. Alcorão 8:59-61.

14. Alcorão 60:8-9. Outro versículo alcorânico, 2:190, é geralmente citado como uma proibição direta de guerrear contra infiéis que não atacaram primeiro. E é exatamente isso que ele diz, conforme a tradução mais comum em inglês — e.g., "And fight for the cause of God against those who fight against you: but commit not the injustice of attacking them first: God loveth not such injustice". Porém, alguns estudiosos argumentam que a parte traduzida como "attacking them first" [atacá-los primeiro] deveria ser traduzida como "transgressing" [transgressão], e poderia significar apenas que mulheres e crianças não deveriam ser mortas durante a guerra, por exemplo (Michael Cook, comunicação pessoal).

15. Alcorão 60:7.

16. Ver Watt (1956), pp. 362-5.

NOTAS 645

17. Watt (1974), p. 152; Goldziher (1981), p. 102. Ver Bonner (2006), p. 92, nota de rodapé 11, acerca da datação dessa doutrina.
18. Mairaj Syed, comunicação pessoal.
19. Mesmo deixando de lado o fato de que o Alcorão nunca fez da guerra contra infiéis um princípio explicitamente universal, existe o fato de que os versículos mais geralmente caracterizados como jihadistas, quando lidos em contexto, tendem a fornecer razões para suspeitar que o sentido pretendido não é universal. Às vezes, há definição clara de tempo ou lugar. Por exemplo, 9:123, geralmente citado como versículo jihadista, diz "Combatei os renegadores da Fé *que vos circunvizinham*" (Arberry, grifos meus). Por vezes, há indicações de que a luta recomendada possa ser em resposta a uma provocação específica. Assim, 9:29 — "combatei os que não creem em Deus nem no Derradeiro Dia" — se segue a um versículo que sugere que talvez essa luta seja direcionada a infiéis que ousem se aproximar da Mesquita Sagrada. Alguns versículos tidos como de essência jihadista são simplesmente muito vagos para garantirem uma categorização clara. O versículo 8:39, muito citado, diz para combater infiéis "até que não mais haja sedição da idolatria, e que a religião toda seja de Deus" (Arberry). O versículo anterior diz que os infiéis devem ser perdoados se "desistirem", mas não se "persistirem" (Yusuf Ali). Alguns tradutores (como Yusuf Ali) acham que isso significa que, para serem perdoados, eles devem desistir da idolatria, e outros tradutores (como Pickthall) acham que significa que eles devem desistir de perseguir os muçulmanos. A primeira interpretação traduz o versículo com essência muito mais jihadista que a segunda. Em outras situações, o problema não é a incerteza do sentido, mas a ambiguidade. Assim, 48:16 antevê um dia em que os muçulmanos serão "convocados para enfrentar-vos com um povo dado à guerra; então, ou vós os combatereis ou eles se submeterão" (Pickthall). Outra tradução (de Rodwell), jogando com o fato de que "islã" quer dizer "submeter-se", traduz a frase final como "ou se islamizarão". Mas trata se de uma tradução minoritária, e, em todo caso, ela se refere a uma batalha específica, ainda que não definida, e não a uma cruzada que deve abranger o mundo. (Essa passagem foi interpretada pelos sucessores de Maomé como especificamente uma profecia da conquista dos Impérios Bizantino e Persa. Ver Goldziher [1981], p. 28.) Finalmente, há o problema de interpretação colocado pelo fato de que, em tempos de teocracia, lutar contra o Estado era, em certo sentido, lutar contra Deus. Assim, o versículo 8:12-13, também muito citado, recomenda este tratamento para os infiéis: "decapitai-os e decepai-lhes os dedos!" E o Alcorão acrescenta: "Isso porque contrariaram Deus e o Seu Mensageiro" (Rodwell). Isso significa que eles

646 NOTAS

se opuseram a Deus não crendo nele — o que também é, por definição, se opor a seu profeta? Ou simplesmente significa que se opuseram a Maomé no campo de batalha — o que teria sido o equivalente a se opor ao Deus de Maomé? Essas passagens (9:29, 8:39, 48:16, 8:12-13), juntamente com as passagens que citei no texto, são, pelo que sabemos, as mais citadas por críticos do islamismo que querem argumentar que a doutrina do jihad pode ser encontrada no Alcorão. E notemos que, mesmo que cada um desses versículos, lido em contexto, não fornecesse razões específicas para duvidar da universalidade da exortação à violência contra os infiéis, não haveria motivos para assumir que eles *fossem* pretendidos como universais, em vez de como uma exortação específica feita em um momento específico contra um inimigo em particular.

20. Alcorão 109:4-6; 2:256.
21. Bonner (2006), p. 26.
22. *Sahih Bukhari*, vol. 1, livro 2, n° 25-7, http://www.usc.edu/schools/college/crcc/engagement/resources/texts/muslim/hadith/bukhari/002.sbt.html.
23. Essa é a visão predominante entre os estudiosos. Há visões alternativas — como a opinião de John Wansbrough de que o hadith tomou forma antes do Alcorão — mas elas não tiveram larga aceitação.
24. Karsh (2006), p. 4. Atribuído a Muhammad ibn Umar al-Waqidi, que morreu no começo do século IX.
25. Bonner (2006), p. 92.
26. Watt (1974).
27. Berkey (2003), p. 200.
28. Ibid.
29. Alcorão 9:29.
30. Watt (1974).
31. Goldziher (1981), p. 33; Karabell (2007), p. 31.
32. Goldziher (1981), p. 33, nota de rodapé 4.
33. Cahen (2003).
34. Watt (1974).
35. Cahen (2003).
36. Ver Peters (1987), pp. 90-1. Por exemplo, no Oriente Médio, próximo da virada do século XX, Muhammad Abduh e Muhammad Rashid Rida divulgaram, de modo influente, doutrinas do jihad defensivo (embora essas interpretações tenham deixado espaço para a luta por independência contra os colonizadores). E, na Índia, Sayyid Ahmad Khan divulgou uma doutrina ainda mais limitada do jihad, uma que não permitia a revolta contra o domínio colonial britânico, pois a Grã-Bretanha estava permitindo a prática do islamismo na Índia.

NOTAS 647

37. Bin Laden realmente citou a presença dos exércitos infiéis (*i.e.*, tropas americanas) na Arábia Saudita como um agravante, mas aqui a transgressão alegada é a de estarem na Arábia Saudita, não por simplesmente serem infiéis.

Capítulo 18   Maomé

1. Alcorão 3:134; 8:73.
2. Alcorão 48:29.
3. Alcorão 41:34; 25:63.
4. Alcorão 16:84.
5. Apocalipse 19:15.
6. Por exemplo, Alcorão 2:62: "Os fiéis (os muçulmanos), os que praticam o judaísmo, os cristãos e os sabeus, enfim todos os que creem em Deus e praticam o bem, no dia do Juízo Final receberão a recompensa de seu Senhor e não serão presas do temor nem se afligirão." E 5:69: "Por certo, os que creem, os judeus, os sabeus e os cristãos, aqueles dentre eles que creem em Deus, e praticam o bem no dia do Juízo Final, não serão presas do temor e nem se atribularão." O versículo mais citado por muçulmanos teologicamente conservadores para provar que somente os muçulmanos são qualificados para a salvação é o 3:85: "E quem quer que almeje (impingir) outra religião que não seja o Islã, ela não será aceita e, no outro mundo, ele contar-se-á entre os desventurados." A conciliação desses versículos aparentemente contraditórios pode estar no fato de que a palavra traduzida como "Islã" significa, literalmente, "submissão" (a Deus), e em algumas passagens alcorânicas pode significar um substantivo comum, abrangendo todos aqueles que se submetem ao único deus verdadeiro — embora, é certo, a palavra "religião" naquela passagem pareça reduzir a possibilidade dessa interpretação. É claro, também é possível que tentar conciliar esses versículos seja um equívoco; eles foram expressos em épocas diferentes, sob circunstâncias diferentes. Ver também 2:112: "Aqueles que se submetem a Deus e são caritativos obterão a recompensa em seu Senhor e não serão presa do temor nem se atribularão."
7. Alcorão 2:113 (Asad); 5:18.
8. Alcorão 22:16-17.
9. A tradição muçulmana contempla, de fato, um episódio que explica por que Maomé considerava a salvação para os zoroastristas e que envolvia um pedido que ele recebera de um governador cuja região administrativa incluía zoroastristas. Por outro lado, se o versículo alcorânico em questão foi inserido depois da morte de Maomé, sem conveniência política, incluir na tradição o episódio como apoio seria um acompanhamento natural.

NOTAS

10. A salvação é oferecida aos sabeus em dois outros momentos, ambos em conjunto com os judeus, cristãos e muçulmanos: 2:62 e 5:69. Uma hipótese é a de que esses versículos surgiram depois da conquista do Iraque, e os zoroastristas foram incluídos na lista depois da conquista do Irã.

11. Alcorão 22:16-17. Eis aqui a passagem (Rodwell), com "sabeus" substituindo os "sabeítas" de Rodwell: "Assim o revelamos [o Alcorão] com sinais claros (versículos), e Deus ilumina quem Lhe apraz. Quanto aos fiéis, judeus, sabeus, cristãos, masdeístas ou idólatras, por certo Deus os julgará no Dia da Ressurreição, porque Deus é testemunha de todas as coisas." Em tese, essa formulação, com Deus decidindo "entre" esses grupos, deixa margem para que Deus exclua grupos inteiros, qualificando somente os muçulmanos. Contudo, essa interpretação é um tanto forçada, já que em pelo menos dois outros versículos — 2:62 e 5:69 — judeus, cristãos e sabeus são explicitamente considerados elegíveis para a salvação (e os sabeus não são mencionados em nenhum outro contexto no Alcorão). E ainda em outro versículo (2:112), a formulação de Deus decidindo "entre" grupos é aplicada aos cristãos e aos judeus em um contexto que também deixa claramente aberta a perspectiva de salvação para eles. Portanto, todos os sinais apontam para esse versículo que inclui os zoroastristas ("masdeístas" ou "magos") no pacote da salvação — ou, pelo menos, os inclui entre os povos *elegíveis* para a salvação, com a salvação em si dependendo das crenças e do comportamento de cada zoroastrista. Sob essa luz, pareceria que os politeístas — os "idólatras" — também estariam incluídos no rol de elegíveis. E alguns tradutores — *e.g.*, Yusuf Ali, nota de rodapé 2788, p. 854, assim argumentam. Outros — ver a tradução de Asad — dizem que Deus distinguirá entre os politeístas, de um lado, e todos os outros povos (mais ou menos) monoteístas, de outro.

12. Alguns antigos pensadores cristãos realmente acreditavam que a salvação não seria só para os cristãos. No século III EC, Orígenes de Alexandria abraçou a doutrina da salvação universal. E em certo ponto (Romanos 11:28), Paulo escreve que os judeus serão salvos em respeito à ancestralidade deles, apesar das opiniões que têm sobre Jesus. Entretanto, via de regra, os antigos cristãos excluíam os judeus do círculo de salvação, para não citar outros não cristãos.

13. Alcorão 49:13 (Asad).

14. Sem dúvida, a tradição islâmica posterior atribuía milagres a Maomé e, às vezes, essa atribuição era baseada interpretativamente no Alcorão. Assim, a tradição de que Maomé dividira a lua ao meio era ligada a este versículo: "A Hora aproxima-se e a LUA fendeu-se. Porém, se presenciam algum sinal, afastam-se, dizendo: 'É magia reiterada'" (54:1). Mas o Alcorão nunca atribuiu diretamente milagres a Maomé, como os evangelhos o fazem em relação a Jesus.

NOTAS

15. Marcos 8:12.
16. Ver Phipps (1996), p. 40, e Smith (1991), p. 227, embora nenhum dos dois note explicitamente o contraste com Jesus.
17. Alcorão 20:53-4; 16:67; 30:21, 22.
18. Alcorão 6:96-7.
19. Mairaj Syed, comunicação pessoal.
20. Alcorão 13:12-13.
21. Alcorão 13:2; 7:54; 41:37.
22. O filósofo darwinista e ateísta Daniel Dennett concordou que esse tipo de direcionalidade está, com efeito, entre as evidências de projeto, no caso dos organismos. Ver www.meaningoflife.tv/video.php?topic=direvol&speaker=dennett e www.nonzero.org/dennexcerpt.htm.

Capítulo 19 A imaginação moral

1. Veja www.evolutionofgod.net/blame.
2. Provérbios 25:21-2.

Capítulo 20 Bem, não somos especiais?

1. Weinberg (1979); debate em vídeo entre Weinberg e John Polkinghorne em counterbalance.org.
2. Silverman (1991), pp. 48-9; Hornung (1999), p. 102.
3. Ver Hornung (1996), pp. 213-15; Teter (2002), p. 189; Silverman (1991), pp. 34, 48; Pinch (2002), pp. 159-60.
4. Griffiths (1980), p. 177.
5. Nikam e McKeon, orgs. (1959), pp. 29, 31.
6. Ibid., p. 52.
7. Rig Veda I, 169. Ver Smart (1969), p. 67.
8. Êxodo 12:12.
9. A relação histórica exata entre as palavras *elohim, elaha* e *allah* não é clara, e não pretendo sugerir que haja uma linhagem direta — por exemplo, que o *elaha* aramaico e o *allah* árabe descendam do *elohim* hebraico. Com efeito, como observado no capítulo 8, é mais provável que a palavra *elohim* tenha entrado no hebraico através do aramaico, embora de uma versão anterior àquela que Jesus teria falado. (Ver Rose [1992].) Meu argumento é somente que, mesmo que o parentesco entre essas palavras seja oblíquo e/ou colateral — talvez mais como a relação entre primos que a relação entre pai e filho — existe algum parentesco. É praticamente certo que as similaridades fonéticas entre as três palavras não sejam coincidência. Ver capítulo 14

650 NOTAS

sobre meu argumento de que *allah* deriva da palavra cristã para deus em siríaco, parente próximo do aramaico. Como observado naquele capítulo, meu argumento não é convencional; afirma-se, em geral, que *allah* deriva do substantivo comum árabe para deus, *ilah*. Mas mesmo que essa afirmação seja correta, ainda há um provável parentesco entre *allah* e *elohim*, pois se considera que o próprio termo *ilah* guarde relação com *elohim*. Em geral, quando línguas são muito próximas, como o hebraico, o árabe e o aramaico — que são semíticas — semelhanças fonéticas transformam-se em reflexões sobre uma linhagem em comum.

Epílogo   A propósito, o que é Deus?

1. Alguns cientistas e filósofos argumentam que podemos remover da mecânica quântica as aparentes contradições, mas suas tentativas de assim fazê-lo geralmente acarretam cenários ainda mais estranhos que as contradições. Por exemplo: não se trata de que uma partícula exista em mais de um lugar, mas de que ela não existe em nenhum lugar — nenhum lugar em particular, poder-se-ia dizer — até que ela seja medida ou observada. Hã? E há também a famosa interpretação dos "muitos mundos", pela qual existe uma versão de você mesmo, neste momento, lendo este livro, e várias versões de você não lendo. E por aí vai: cada tentativa de escapar dos aspectos inconcebíveis da física quântica produz ou conjecturas inconcebíveis ou conjecturas de difícil credibilidade. Sobre uma introdução clássica e popular aos paradoxos quânticos, ver o livro de Heinz Pagels, de 1982, *The Cosmic Code*. Embora eu não tenha certeza de se ele cunhou o termo "estranheza quântica", ele parece ter sido o primeiro a explicá-la detalhadamente.

2. A comparação entre crer em Deus e crer em elétrons é adaptada e descrita em outros termos no ensaio de J. J. C. Smart, "The Existence of God". Ver o livro de Timothy A. Robinson, org. (2003), *God*, Hackett Publishing.

3. Esse argumento "pragmático" para a legitimidade do conceito de Deus é, em muito, a essência dos argumentos de William James, notadamente em seu ensaio "The Will to Believe".

4. Sobre cenários relacionados, ver Gardner (2003) e as citações ao trabalho de Lee Smolin.

Apêndice   Como a natureza humana criou a religião

1. *National Post*, 14 de abril de 2003.

2. A maioria dos psicólogos evolucionistas que consideram a religião um produto direto da seleção natural (uma "adaptação", na terminologia desenvolvida

NOTAS 651

adiante neste apêndice, em oposição a *"spandrel"*) apóia uma explicação de "seleção de grupo". A lógica da seleção de grupo é ilustrada por um cientista citado no artigo do jornal canadense mencionado: "A sobrevivência de nossa espécie tem demandado uma capacidade de trabalhar em conjunto, de formar sociedades. A disposição para viver — e, se necessário, morrer — por uma crença é uma poderosa vantagem seletiva. Creio que há uma propensão genética em nós para a crença." Como essa citação sugere, em cenários de seleção de grupo, os "genes de deus" não precisariam tentar se manter auxiliando diretamente o indivíduo particular portador desses genes. Com efeito, nesse caso, o portador iria, "se necessário, morrer" pela crença religiosa; porém, tais sacrifícios iriam ajudar o grupo maior, e assim os genes nesse grupo se sairiam melhor, no geral, do que os genes em grupos alternativos que não contassem com religião. A plausibilidade das explicações de "seleção de grupo" é controversa. Praticamente todos os darwinistas concordam que a seleção de grupo é possível sob certas circunstâncias. Entretanto, muitos psicólogos evolucionistas (favoráveis à "seleção individual") acreditam que, na evolução humana, essas circunstâncias raramente se aplicam; assim, a seleção natural raramente favoreceria pactos que levassem os indivíduos a fazer grandes sacrifícios pelo "bem do grupo", no sentido da sociedade em maior escala, para além da família. (Os evolucionistas da seleção individual geralmente referem-se a uma predisposição genética de se sacrificar por membros da família como resultado da "seleção consanguínea", e distinguem esta da seleção de grupo. Os defensores da seleção de grupo, por sua vez, em geral consideram essa mesma dinâmica como uma forma de seleção de grupo. Discussões terminológicas à parte, nenhum psicólogo evolucionista discorda que os sacrifícios por parentes tenham sido favorecidos pela seleção natural.) O cientista citado no artigo do jornal canadense é um defensor atípico da seleção de grupo, porque a maioria deles não acredita que a seleção natural funcione, em geral, para a "sobrevivência da espécie".

Talvez a mais conhecida análise sobre religião feita por um defensor da seleção de grupo seja o livro de David Sloan Wilson, *Darwin's Cathedral*. O livro não apresenta uma análise rigorosa ou detalhada sobre como os impulsos religiosos teriam evoluído pela seleção de grupo, mas Wilson é certamente um defensor da seleção de grupo, e os aspectos da religião que ele enfatiza são aqueles que os defensores da seleção de grupo costumam enfatizar: aspectos que facilitam o funcionamento eficiente de grupos sociais maiores. O que Wilson não deixa claro é por que aquelas adaptações em nível de grupos não podem ser explicadas pela evolução cultural (e, em alguns casos, sem dúvida, ele viria a reconhecer que a evolução cultural cumpriu uma função).

3. Ver Barrett (2000), p. 29.

4. James (1982), p. 27.

5. Radcliffe-Brown (1922), p. 139.

6. Ver Boyer (2001), capítulo 2, sobre uma análise mais precisa do *tipo* de estranheza que, de acordo com seus dados, tornam um conceito religioso atraente para a mente humana.

7. Murdock (1934), p. 256.

8. de Waal (1982), p. 98.

9. Citado em Swanson (1964), p. 13.

10. Robert Carneiro (comunicação pessoal).

11. Creel (1970), pp. 496, 501-3.

12. Ver Guthrie (1993), capítulo 7.

13. Boyer (2001), p. 144.

14. Ibid., p. 80.

15. Barrett e Keil (1996).

16. Gênesis 1:27, *RSV*.

17. Ver Evans-Pritchard (1965), p. 49.

18. Sobre a naturalidade do sacrifício religioso, ver Boyer (2001), pp. 241-2.

19. Murdock (1934), p. 184.

20. Boyer (2001), p. 200.

21. Se minha ênfase no altruísmo recíproco e nas trocas sociais parece o resultado da imposição da perspectiva darwininista dos psicólogos evolucionistas sobre o estudo da religião, é importante notar que eles não são os únicos que veem a importância central das trocas sociais para o pensamento religioso. Ver Stark e Finke (2000). Estes autores passaram décadas estudando religião em várias formas. E, embora não demonstrem ciência da teoria do altruísmo recíproco, eles veem as trocas como o fulcro básico da interação entre as pessoas e os deuses. Ver, *p.ex.*, p. 91. Para uma defesa ampla da ideia de que os deuses são fundamentalmente antropomórficos, ver Guthrie (1980) e Guthrie (1993) — embora a argumentação de Guthrie, assim como a de Stark e Finke, não seja embasada pela psicologia evolucionista.

22. Capítulo 17.

23. Ver Boyer (2001), pp. 145, 195, 301, e Barrett (2000), p. 31.

24. Ver Roediger (1996), p. 86.

NOTAS

25. "On the Record with Greta Van Susteren", Fox News Channel, 17 de junho de 2004.
26. Ver Boyer (2001), p. 301.
27. Ibid., p. 300.
28. Tylor (1871), pp. 385-6.
29. Ver Boyer (2001), pp. 119-20.
30. Ibid.
31. Ver Guthrie (1980).

Bibliografia

Achtemeier, Paul J. 1992. "Mark, Gospel of". Em Freedman, org. (1992).

Ackerman, Susan. 1992. *Under Every Green Tree: Popular Religion in Sixth-Century Judah.* Scholars Press.

———. 2003. "At Home with the Goddess". Em Dever e Gitin, orgs. (2003).

Ackroyd, Peter R. 1968. *Exile and Restoration.* SCM Press.

Albertz, Rainer. 1994. *A History of Israelite Religion in the Old Testament Period,* trad. John Bowden. 2 vols. Westminster/John Knox Press.

———. 2003. *Israel in Exile,* trad. David Green. Society of Biblical Literature. Brill Academic Publishers.

Albright, William Foxwell. 1957. *From the Stone Age to Christianity.* Doubleday Anchor.

Armstrong, Karen. 1994. *A History of God.* Ballantine Books.

———. 2002. *Islam.* Modern Library.

Aslan, Reza. 2005. *No God but God.* Random House.

Assmann, Jan. 2001. *The Search for God in Ancient Egypt,* trad. David Lorton. Cornell University Press.

Atran, Scott. 2002. *In Gods We Trust.* Oxford University Press

Baines, John. 1987. "Practical Religion and Piety". *Journal of Egyptian Archaeology* 73:79-98.

———. 1991. "Society, Morality, and Religious Practice". Em Shafer, org. (1991).

Barnes, Michael Horace. 2000. *Stages of Thought: The Co-evolution of Religious Thought and Science.* Oxford University Press.

Barrett, J., e F. Keil. 1996. "Conceptualizing a Non-natural Entity: Anthropomorphism in God Concepts". *Cognitive Psychology* 31:219-47.

Barrett, Justin L. 2000. "Exploring the Natural Foundations of Religion". *Trends in Cognitive Science* 4 (1)29-34.

Basham, A. L. 1989. *The Origins and Development of Classical Hinduism.* Beacon Press.

BIBLIOGRAFIA

Bearman, P. J. *et al.*, eds. 2003. *The Encyclopedia of Islam*. New edition, 12 vol.; WebCD edition. Brill Academic Publishers.

Bell, H. Idris. 1953. *Cults and Creeds in Graeco-Roman Egypt*. Liverpool University Press.

Bellah, Robert. 1969. "Religious Evolution". Em Norman Birnbaum e Gertrud Lenzer, orgs. (1969), *Sociology and Religion*. Prentice- Hall.

——, org. 1973. *Emile Durkheim on Morality and Society: Selected Writings*. University of Chicago Press.

Benedict, Ruth. 1959. *Patterns of Culture*. Houghton Mifflin/Sentry.

Berkey, Jonathan P. 2003. *The Formation of Islam*. Cambridge University Press.

Bickerman, Elias. 1967. *Four Strange Books of the Bible*. Schocken.

Blenkinsopp, Joseph. 1996. *A History of Prophecy in Israel*. Westminster/John Knox Press.

Bogoraz-Tan, Vladimir Germanovich. 1904-09. *The Chukchee*. 3 vol. E. J. Brill, Ltd.; G. E. Stechert and Co.

Bonner, Michael. 2006. *Jihad in Islamic History*. Princeton University Press.

Boone, Elizabeth. 1994. *The Aztec World*. Smithsonian Books.

Borgen, Peder. 1992. "Philo of Alexandria", em Freedman, org. (1992).

Bornkamm, Gunther. 1971. *Paul*. Harper and Row.

Bottero, Jean. 2000. "Religion and Reasoning in Mesopotamia". Em Jean Bottero, Clarisse Herrenschmidt e Jean-Pierre Vernant, *Ancestor of the West*. University of Chicago Press.

——. 2001. *Religion in Ancient Mesopotamia*, trad. Teres Lavender. University of Chicago Press.

Botterweck, G. Johannes e Helmer Ringgren, orgs. 1974. *Theological Dictionary of the Old Testament*, trad. John T. Willis. Eerdmans.

Bourke, John Gregory. 1892. *The Medicine-men of the Apache*. Bureau of American Ethnology.

Boyer, Pascal. 2001. *Religion Explained*. Basic Books.

Brandon, S. G. F. 1967. *The Judgment of the Dead*. Scribner's.

——. 1970. "Redemption in Ancient Egypt and Early Christianity". Em R. J. Zwi Weblowsky e C. Jouco Bleeker, orgs., *Types of Redemption* (1970). E. J. Brill.

Bray, Warwick. 1991. *Everyday Life of the Aztecs*. Peter Bedrick Books.

Brown, Peter. 1993. *The Making of Late Antiquity*. Harvard University Press.

Buhl, F. 2003. "Muhammad" [revisado por A. T. Welch]. Em Bearman *et al.*, orgs. (2003).

Burke, Trevor J. 2003. "Paul's Role as 'Father' to His Corinthian 'Children' in Socio-Historical Context". Em Trevor J. Burke e J. Keith Elliott, orgs. (2003), *Paul and the Corinthians*. E. J. Brill.

BIBLIOGRAFIA

Burkett, Delbert. 2002. *An Introduction to the New Testament and the Origins of Christianity*. Cambridge University Press.

Burtt, E. A., org. 1982. *The Teachings of the Compassionate Buddha*. Mentor Books.

Byrne, Peter. 1989. *Natural Religion and the Nature of Religion*. Routledge.

Cahen, Claude. 2003. "Dhimma". Em Bearman *et al.*, orgs. (2003).

Callaway, Joseph A. 1999. "The Settlement of Canaan". Em Shanks, org. (1999).

Campbell, Antony F. e Mark A. O'Brien. 2000. *Unfolding the Deuteronomistic History*. Fortress Press.

Clabeaux, John J. 1992. "Marcion". Em Freedman, org. (1992).

Claessen, Henri J. M. 1991. "State and Economy in Polynesia". Em Henri J. M. Claessen e Pieter van de Velde, orgs., *Early State Economics*. Transaction Publishers.

Cogan, Morton. 1974. *Imperialism and Religion: Assyria, Judah and Israel in the Eighth and Seventh Centuries, B.C.E.* Scholars Press.

Collins, John J. 2000. *Between Athens and Jerusalem*, 2ª ed. Eerdmans.

———. (2004). *Introduction to the Hebrew Bible*. Fortress Press.

Collins, Raymond F. 1992. "Ten Commandments". Em Freedman, org. (1992).

Confúcio. 1979. *The Analects*, trad. D. C. Lau. Penguin Books.

Coogan, Michael D. 1987. "Canaanite Origins and Lineage: Reflections on the Religion of Ancient Israel". Em Miller, Jr. *et al.*, orgs. (1987).

———, org. 2001. *The New Oxford Annotated Bible*, 3ª org. Oxford University Press.

Cook, James. 1852. *The Voyages of Captain James Cook Round the World*. Vol. 2. John Tallis and Co.

Cook, Michael. 1983. *Muhammad*. Oxford University Press.

———. 2000. *The Koran: A Very Short Introduction*. Oxford University Press.

Cooper, John M. 1917. *Analytical and Critical Bibliography of the Tribes of Tierra del Fuego and Adjacent Territory*. U.S. Government Printing Office.

———. 1946. *The Yahgan*. U.S. Government Printing Office.

Creel, Herrlee G. 1970. *The Origins of Statecraft in China*. Vol. 1. University of Chicago Press.

Crone, Patricia, e Michael Cook. 1977. *Hagarism*. Cambridge University Press.

Cross, Frank Moore. 1973. *Canaanite Myth and Hebrew Epic*. Harvard University Press.

Dale, Paul W. 1996. *The Tonga Book*. Minerva Press.

David, Rosalie. 2002. *Religion and Magic in Ancient Egypt*. Penguin.

Davidson, Robert F. 1947. *Rudolf Otto's Interpretation of Religion*. Princeton University Press.

Day, John. 1992. "Baal". Em Freedman, org. (1992).

BIBLIOGRAFIA

———. 2000. *Yahweh and the Gods and Goddesses of Canaan.* Sheffield Academic Press.

de Jonge, Marinus. 1992. "Messiah". Em Freedman, org. (1992).

del Olmo Lete, G. 1999. "Deber". Em van der Toorn *et al.*, orgs. (1999).

de Moor, Johannes C. 1990. *The Rise of Yahwism.* Leuven University Press.

Dever, William G. 2003. *Who Were the Early Israelites and Where Did They Come From?* William B. Eerdmans.

Dever, William G., e Seymour Gitin, orgs. 2003. *Symbiosis, Symbolism, and the Power of the Past.* Eisenbrauns.

de Waal, Frans. 1982. *Chimpanzee Politics.* Johns Hopkins University Press.

de Waal Malefijt, Annemarie. 1968. *Religion and Culture: An Introduction to Anthropology of Religion.* Macmillan.

Dietrich, B. C. 1974. *The Origins of Greek Religion.* Walter de Gruyter.

Dodds, E. R. 1990. *Pagan and Christian in an Age of Anxiety.* Cambridge University Press.

Donner, Fred M. 1979. "Muhammad's Consolidation in Arabia up to the Conquest of Mecca". *Muslim World* 69:229-47.

———. 1986. "The Formation of the Islamic State". *Journal of the American Oriental Society* 106(2):283—96.

———. 2001. "Review of G. R. Hawting's *The Idea of Idolatry and the Emergence of Islam*". *Journal of the American Oriental Society* 121(2):336-8.

———. 2008. "The Qur'an in Recent Scholarship: Challenges and Desiderata". Em Reynolds, org. (2008).

Dozeman, Tom, e Konrad Schmid, orgs. 2006. *A Farewell to the Yahwist?* Society of Biblical Literature.

Duling, Dennis C. 1992. "Kingdom of God, Kingdom of Heaven". Em Freedman, org. (1992).

Dunn, James D. G. 2003. *Jesus Remembered: Christianity in the Making.* Vol. 1. William B. Eerdmans.

Durkheim, Emile. 1965. *The Elementary Forms of the Religious Life,* trad. Joseph Ward Swain. Free Press.

Dutcher-Walls, Patricia. 1991. "The Social Location of the Deuteronomists: A Sociological Study of Factional Politics in Late Pre- Exhilic Judah". *Journal for the Study of the Old Testament* 52:77-94.

Edelman, Diana Vikander, org. 1996. *The Triumph of Elohim: From Yahwisms to Judaisms.* William B. Eerdmans.

Ehrman, Bart D. 1999. *Jesus.* Oxford University Press.

———. 2003a. *Lost Christianities.* Oxford University Press.

———. 2004. *The New Testament.* 3ª ed. Oxford University Press.

BIBLIOGRAFIA

——, org. 2003b. *Lost Scriptures*. Oxford University Press.

Eisenstadt, S. N., org. 1986. *The Origins and Diversity of Axial Age Civilizations*. State University of New York Press.

Eliade, Mircea. 1964. *Shamanism*, trad. Willard R. Trask. Princeton University Press.

Elvin, Mark. 1986. "Was There a Transcendental Breakthrough in China?" Em Eisenstadt, org. (1986).

Emmons, George Thornton. 1991. *The Tlingit Indians*. University of Washington Press; American Museum of Natural History.

Evans-Pritchard, E. E. 1965. *Theories of Primitive Religion*. Clarendon Press.

Faulkner, R. O. 1969. *The Ancient Egyptian Pyramid Texts*. Oxford University Press.

Fee, Gordon D. 1987. *The First Epistle to the Corinthians*. William B. Eerdmans.

Feiler, Bruce. 2002. *Abraham*. Morrow.

——. 2005. *Where God Was Born*. HarperCollins.

Ferguson, Everett. 2003. *Backgrounds of Early Christianity*. William B. Eerdmans.

Fiensy, David A. 2002. "What Would You Do for a Living?" Em Anthony J. Blasi *et al.*, orgs. (2002), *Handbook of Early Christianity*. Altamira Press.

Fiey, J. M. 2003. "Nasara." Em Bearman *et al.*, orgs. (2003).

Finkelstein, Israel. 1999. "State Formation in Israel and Judah". *Near Eastern Archaeology* 62:1.

Finkelstein, Israel, e Neil Asher Silberman. 2002. *The Bible Unearthed*. Simon and Schuster/Touchstone.

Firth, Raymond. 1940. "The Analysis of *Mana*: An Empirical Approach". *Journal of the Polynesian Society* 49:483-510.

Fitzgerald, Aloysius. 1974. "A Note on Psalm 29." *Bulletin of the American Schools of Oriental Research* 215.

Flood, Gavin. 1996. *An Introduction to Hinduism*. Cambridge University Press.

Foster, Lynn V. 2002. *Handbook to Life in the Ancient Maya World*. Facts on File.

Frede, Michael. 1999. "Monotheism and Pagan Philosophy in Later Antiquity." Em Polymnia Athanassiadi and Michael Frede (1999), *Pagan Monotheism in Late Antiquity*. Oxford University Press.

Freedman, David Noel. 1987. "'Who Is Like Thee Among the Gods?' The Religion of Early Israel." Em Miller, Jr. *et al.*, orgs. (1987).

——, org. 1992. *The Anchor Bible Dictionary*. 6 vols. Doubleday.

Freud, Sigmund. 1953. *The Future of an Illusion*, trad. W. D. Robson- Scott. Liveright.

Friedman, Richard Elliott. 1997. *The Hidden Face of God*. HarperCollins.

——. 2003. *The Bible with Sources Revealed*. HarperSanFrancisco.

BIBLIOGRAFIA

Gabriel, Richard A. 2002. *Gods of Our Fathers: The Memory of Egypt in Judaism and Christianity.* Greenwood Press.

Gager, John. 1975. *Kingdom and Community: The Social World of Early Christianity.* Prentice- Hall.

——. 2000. *Reinventing Paul.* Oxford University Press.

Gardner, James. 2003. *Biocosm.* Inner Ocean Publishing.

Garr, W. Randall. 2003. *In His Own Image and Likeness: Humanity, Divinity, and Monotheism.* Brill Academic Publishers.

Gatschet, Albert Samuel. 1890. *The Klamath Indians of Southwestern Oregon.* U.S. Government Printing Office.

Gerardi, Pamela. 1986. "Declaring War in Mesopotamia". *Archiv fur Orientforschung* 33:30-38.

Gnuse, Robert Karl. 1997. *No Other Gods: Emergent Monotheism in Israel.* Sheffield Academic Press.

Goedicke, Hans. 1975. "Unity and Diversity in the Oldest Religion of Ancient Egypt". Em Goedicke and Roberts, orgs. (1975).

Goedicke, Hans, e J. J. M. Roberts, orgs. 1975. *Unity and Diversity.* Johns Hopkins University Press.

Goldenberg, Robert. 1998. *The Nations That Know Thee Not: Ancient Jewish Attitudes toward Other Religions.* New York University Press.

Goldziher, Ignaz. 1981. *Introduction to Islamic Theology and Law.* Princeton University Press.

Goode, William J. 1951. *Religion Among the Primitives.* Free Press.

Goodenough, Erwin R. 1935. *By Light, Light.* Yale University Press.

——. 1938. *Politics of Philo Judaeus.* Yale University Press.

——. 1986. *An Introduction to Philo Judaeus*, 2ª ed. University Press of America.

Griffiths, J. Gwyn. 1980. *The Origins of Osiris and His Cult.* E. J. Brill.

——. 2002. "Osiris". Em Redford, org. (2002).

Grosby, Steven. 1991. "Religion and nationality in antiquity". *European Journal of Sociology* 32:229-65.

Gusinde, Martin. 1931. *The Fireland Indians.* Vol. 1. *The Selk'nam: On the Life and Thought of a Hunting People of the Great Island of Tierra del Fuego.* Mödling bei Wien: Verlag der Internationalen Zeitschrift.

Guthrie, Stewart E. 1980. "A Cognitive Theory of Religion". *Current Anthropology* 21(2):181-204.

——. 1995. *Faces in the Clouds: A New Theory of Religion.* Oxford University Press.

Hallo, William W., e J. J. A. van Dijk. 1968. *The Exaltation of Inanna.* Yale University Press.

BIBLIOGRAFIA 661

Halpern, Baruch. 1983. *The Emergence of Israel in Canaan*. Scholars Press.

——. 1987. "'Brisker Pipes than Poetry': The Development of Israelite Monotheism". Em Jacob Neusner *et al.* (1987), *Judaic Perspectives on Ancient Israel*. Fortress Press.

——. 2003. "Late Israelite Astronomies and the Early Greeks". Em Dever and Gitin, orgs. (2003).

Halpern, Baruch, e David S. Vanderhooft. 1991. "The Editions of Kings in the 7th-6th Centuries B.C.E." *Hebrew Union College Annual* 62.

Handy, E. S. Craighill. 1927. "Polynesian Religion". *Bernice C. Bishop Museum Bulletin* 34.

——. 1940. "Perspectives in Polynesian Religion". *Journal of the Polynesian Society* 49:309-30.

Handy, Lowell K. 1994. *Among the Host of Heaven: The Syro- Palestinian Pantheon as Bureaucracy*. Eisenbrauns.

——. 1996. "The Appearance of Pantheon in Judah". Em Edelman, org. (1996).

Harland, Philip A. 2002. "Connections with Elites in the World of the Early Christians". Em Anthony J. Blasi *et al.*, orgs. (2002), *Handbook of Early Christianity*. Altamira Press.

——. 2003. *Associations, Synagogues, and Congregations*. Fortress Press.

Hayden, Brian. 1993. *Archaeology: The Science of Once and Future Things*. W. H. Freeman.

Hegedus, Tim. 1998. "The Urban Expansion of the Isis Cult: A Quantitative Approach". *Studies in Religion* 27:161-78.

Hellerman, Joseph H. 2001. *The Ancient Church as Family*. Fortress Press.

Henricks, Robert G. 1994. *The Religions of China*. The Teaching Company.

Ho, Ping-ti. 1975. *The Cradle of the East*. University of Chicago Press.

Hodgson, Marshall G. S. 1977. *The Venture of Islam*. 2 vol. University of Chicago Press.

Hoebel, E. Adamson. 1983. *The Law of Primitive Man*. Atheneum.

Hogbin, H. Ian. 1934. *Law and Order in Polynesia*. Harcourt Brace.

Holloway, Steven W. 2002. *Assur Is King! Assur Is King!: Religion in the Exercise of Power in the Neo- Assyrian Empire*. Brill Academic Publishers.

Horn, Siegfried H. 1999. "The Divided Monarchy: The Kingdoms of Judah and Israel". Em Shanks, org. (1999).

Hornung, Erik. 1996. *Conceptions of God in Ancient Egypt: The One and the Many*, trad. John Baines. Cornell University Press.

——. 1999. *Akhenaten and the Religion of Light*, trad. David Lorton. Cornell University Press.

662 BIBLIOGRAFIA

Horsley, Richard. 1993. "Palestinian Jewish Groups and Their Messiahs in Late Second Temple Times". Em Wim Beuken *et al.*, orgs. (1993), *Messianism Through History*. Orbis Books.

Horsley, Richard, e Neil Asher Silberman. 2002. *The Message and the Kingdom*. Fortress Press.

Horton, Robin. 1960. "A Definition of Religion, and Its Uses". *Journal of the Royal Anthropological Institute of Great Britain and Ireland* 90 (2):201-26.

———. 1967. "African Traditional Thought and Western Science". *Africa* 37:50-71.

———. 1982. "Tradition and Modernity Revisited". Em Martin Hollis e Steven Lukes (1982), *Rationality and Relativism*. Basil Blackwell.

Howells, William. 1962. *The Heathens: Primitive Man and His Religions*. Sheffield Publishing.

Hoyland, Robert. 2001. *Arabia and the Arabs*. Routledge.

Hubbard, Robert L. 1988. *The Book of Ruth*. William B. Eerdmans.

Jacobsen, Thorkild. 1976. *The Treasures of Darkness: A History of Mesopotamian Religion*. Yale University Press.

James, E. O. 1961. *Comparative Religion*. Methuen.

James, William. 1982. *The Varieties of Religious Experience*. Penguin.

Jenness, Diamond. 1959. *The People of the Twilight*. University of Chicago Press.

Karabell, Zachary. 2007. *Peace Be upon You: Fourteen Centuries of Muslim, Christian, and Jewish Coexistence in the Middle East*. Knopf.

Karsh, Efraim. 2006. *Islamic Imperialism: A History*. Yale University Press.

Katz, Richard. 1976. "Education for Transcendence: !Kia-Healing with the Kalahari !Kung". Em Richard B. Lee e Irven DeVore, orgs. (1976), *Kalahari Hunter-Gatherers*. Harvard University Press.

Kaufman, Gordon D. 1972. "Revelation and Cultural History". Em Gordon D. Kaufman (1972), *God the Problem*. Harvard University Press.

Kaufmann, Yehezkel. 1972. *The Religion of Israel: From Its Beginnings to the Babylonian Exile*. Resumo trad. por Moshe Greenberg dos primeiros 7 vols. dos 8 vols. de *History of Israelite Religion from Its Beginnings to the End of the Second Temple*. Schocken Books.

Keel, Othmar, e Christoph Uehlinger. 1998. *Gods, Goddesses, and Images of God in Ancient Israel*, trad. Thomas H. Trapp. Fortress Press.

Keightley, David N. 1978. *Sources of Shang History: The Oracle-Bone Inscriptions of Bronze Age China*. University of California Press.

———. 1998. "Shamanism, Death, and the Ancestors: Religious Mediation in Neolithic and Shang China (ca. 5000-1000 B.C.)". *Asiatische Studien* 52:763-831.

Kelekna, Pita. 1998. "War and Theocracy". Em Elsa M. Redmond (1998), *Chiefdoms and Chieftaincy in the Americas*. University Press of Florida.

BIBLIOGRAFIA   663

Kennedy, Hugh. 1986. *The Prophet and the Age of the Caliphates*. Longman.

King, Philip J. 1988. *Amos, Hosea, Micah — An Archaeological Commentary*. Westminster Press.

Kirch, Patrick Vinton. 1989. *The Evolution of the Polynesian Chiefdoms*. Cambridge University Press.

Kirk, G. S., J. E. Raven, e M. Schofield. 1983. *The Presocratic Philosophers*. Cambridge University Press.

Klassen, William. 1992. "Love: New Testament and Early Jewish Literature." Em Freedman, org. (1992).

Klein, Ralph W. 1979. *Israel in Exile*. Fortress Press.

———. 1988. *Ezekiel: The Prophet and His Message*. University of South Carolina Press.

Kloppenborg, John S., e Stephen G. Wilson, orgs. 1996. *Voluntary Associations in the Graeco- Roman World*. Routledge.

Knauf, Ernst Axel. 1992. "Ishmaelites". In Freedman, ed. (1992).

Knohl, Israel. 2008. "'By Three Days, Live': Messiahs, Ressurrection, and Ascent to Heaven in *Hazon Gabrie*". *Journal of Religion* 88:147-58.

Koch, Klaus. 1955. "Is There a Doctrine of Retribution in the Old Testament?" Em James L. Crenshaw, orgs. (1983), *Theodicy in the Old Testament*. Fortress Press.

Konner, Melvin. 1990. *Why the Reckless Survive*. Viking.

———. 2003. *Unsettled: An Anthropology of the Jews*. Viking.

Korpel, Marjo Christina Annette. 1990. *A Rift in the Clouds: Ugaritic and Hebrew Descriptions of the Divine*. Munster.

Kramer, Samuel Noah. 1952. *Enmerkar and the Lord of Aratta*. University Museum, University of Pennsylvania.

Lamberg- Karlovsky, C. C., e Jeremy Sabloff. 1995. *Ancient Civilizations: The Near East and Mesoamerica*. Waveland Press.

Lambert, W. G. 1975. "The Historical Development of the Mesopotamian Pantheon". Em Goedicke and Roberts, orgs. (1975).

Lang, Bernhard. 1983. *Monotheism and the Prophetic Minority*. Almond Press.

———. 1999. "Wisdom". Em van der Toorn *et al.*, orgs. (1999).

Lapidus, Ira M. 2002. *A History of Islamic Societies*, 2ª ed. Cambridge University Press.

Latourette, Kenneth Scott. 1975. *A History of Christianity*. Vol. I. *Beginnings to 1500*. HarperCollins.

Le Page Renouf, Peter. 1884. *Lectures on the Origin and Growth of Religion*. Williams and Norgate.

Lewis, D. 1974. "Voyaging Stars: Aspects of Polynesian and Micronesian Astronomy". *Philosophical Transactions of the Royal Society of London* A, 276:133-48.

BIBLIOGRAFIA

Lichtheim, Miriam, org. 1975. *Ancient Egyptian Literature*. Vol. 1. University of California Press.

Limburg, James. 1993. *Jonah: A Commentary*. Westminster/John Knox Press.

Lings, Martin. 1983. *Muhammad: His Life Based on the Earliest Sources*. Inner Traditions International.

Lohfink, Norbert. 1987. "The Cult Reform of Josiah of Judah: 2 Kings 22-23 as a Source for the History of Israelite Religion", trad. Christopher R. Seitz. Em Miller, Jr. *et al.*, orgs. (1987).

Lopez Austin, Alfredo. 1988. *The Human Body and Ideology: Concepts of the Ancient Nahuas*, trad. Thelma Ortiz de Montellano e Bernard Ortiz de Montellano. University of Utah Press.

Lowie, Robert. 1952. *Primitive Religion*. Grosset & Dunlap.

Lubbock, John. 1892. *The Origin of Civilization and the Primitive Condition of Man*, 5ª ed. Appleton.

MacDonald, D. B. 2003. "Ilah". Em P. J. Bearman *et al.*, orgs.

MacMullen, Ramsay. 1984. *Christianizing the Roman Empire (AD 100—400)*. Yale University Press.

Maddox, John Lee. 1923. *The Medicine Man*. Macmillan.

Makemson, Maude Worcester. 1941. *The Morning Star Rises: An Account of Polynesian Astronomy*. Yale University Press.

Malherbe, Abraham J. 1983. *Social Aspects of Early Christianity*. Fortress Press.

Malo, David. 1903. *Hawaiian Antiquities,* trad. N. B. Emerson. Hawaiian Gazette Co.

Man, Edward Horace. 1932. *On the Aboriginal Inhabitants of the Andaman Islands*. Royal Anthropological Institute of Great Britain and Ireland.

Mann, Michael. 1986. *The Sources of Social Power*. Cambridge University Press.

Marett, R. R. 1909. *The Threshold of Religion*. Methuen (de edição facsímile publicada em 1997 por Routledge/Thoemmes Press).

———. 1936. *Tylor*. John Wiley and Sons.

Marshall, Lorna. 1962. "!Kung Bushman Religious Beliefs". *Africa* 32:221-51.

McCarter, Kyle P. Jr. 1987. "Aspects of the Religion of the Israelite Monarchy: Biblical and Epigraphic Data". Em Miller *et al.* (1987).

———. 1999. "The Patriarchal Age: Abraham, Isaac and Jacob". Em Shanks, org. (1999).

McCready, Wayne O. 1996. "Ekklesia and Voluntary Associations." Em Kloppenborg e Wilson, orgs. (1996).

McDannell, Colleen, e Bernhard Lang. 2001. *Heaven: A History*, 2ª ed. Yale University Press.

BIBLIOGRAFIA

McLean, B. Hudson. 1996. "The Place of Cult in Voluntary Associations and Christian Churches on Delos". Em Kloppenborg and Wilson, orgs. (1996).

McNeill, William. 1980. *The Human Condition*. Princeton University Press.

———. 1990. "The Rise of the West after Twenty-five Years". *Journal of World History* 1:1-21.

McNutt, Paula M. 1999. *Reconstructing the Society of Ancient Israel*. Westminster/ John Knox Press.

Meeks, Wayne A. 2003. *The First Urban Christians*. Yale University Press.

———. org. 1993. *The HarperCollins Study Bible*. HarperCollins.

Meier, John P. 1991. *A Marginal Jew: Rethinking the Historical Jesus*. Vol. 1. Doubleday.

Miles, Jack. 1995. *God: A Biography*. Knopf.

Miller, Patrick D. 2000. *The Religion of Ancient Israel*. Westminster/John Knox Press.

Miller, Patrick, Jr. *et al.*, orgs. 1987. *Ancient Israelite Religion*. Fortress Press.

Morenz, Ziegfried. 1973. *Egyptian Religion,* trad. Ann E. Keep. Cornell University Press.

Murdock, George Peter. 1934. *Our Primitive Contemporaries*. Macmillan.

Murphy, Cullen. 1998. *The Word According to Eve*. Houghton Mifflin.

Murphy, Roland E. 1992. "Wisdom in the Old Testament". Em Freedman, org. (1992).

Nickelsburg, G. W. E. 1992. "Son of Man". Em Freedman, org. (1992).

Niehr, Herbert. 1995. "The Rise of YHWH in Judahite and Israelite Religion". In Diana Vikander Edelman, org. (1995), *The Triumph of Elohim*. William B. Eerdmans.

———. 1999. "The Host of Heaven". Em van der Toorn *et al.*, orgs. (1999).

Nielsen, Kirsten. 1997. *Ruth: A Commentary*. Westminster/John Knox Press.

Nikam, N. A., e Richard McKeon, orgs. 1959. *The Edicts of Asoka*. University of Chicago Press.

Nikiprowetzky, V. 1975. "Ethical Monotheism". *Daedalus* 104:69-89.

Norbeck, Edward. 1961. *Religion in Primitive Society*. Harper & Brothers.

Oden, Robert. 1996. *The Old Testament: An Introduction*. The Teaching Company.

O'Flaherty, Wendy Doniger, trad. 1981. *The Rig Veda: An Anthology*. Penguin.

Ogilvie, R. M. 1969. *The Romans and Their Gods in the Age of Augustus*. Norton.

Olyan, Saul M. 1988. *Asherah and the Cult of Yahweh in Israel*. Society of Biblical Literature.

Orlinsky, Harry Meyer. 1974. *Essays in Biblical Culture and Bible Translation*. Ktav.

BIBLIOGRAFIA

Ortiz de Montellano, Bernard R. 1990. *Aztec Medicine, Health, and Nutrition.* Rutgers University Press.

Otto, Rudolf. 1977. *The Idea of the Holy,* trad. John W. Harvey. Oxford University Press.

Oxtoby, Willard G. 1973. "Reflections on the Idea of Salvation". Em Eric J. Sharpe e John R. Hinnells, orgs., *Man and His Salvation.* Manchester Universiry Press.

Pagels, Elaine. 1989. *The Gnostic Gospels.* Vintage.

———. 2003. *Beyond Belief.* Random House.

Pardee, D. 1999. "Eloah". Em van der Toorn *et al.,* orgs. (1999).

Parker, Simon B., org. 1997. *Ugaritic Narrative Poetry.* Society of Biblical Literature.

Parpola, Simo. 2000. "Monotheism in Ancient Assyria". Em Barbara Nevling Porter, org. (2000), *One God or Many?* Casco Bay Assyriological Institute.

Peters, F. E. 1991. "The Quest of the Historical Muhammad". *International Journal of Middle East Studies* 23:291-315.

———. 1994. *A Reader on Classical Islam.* Princeton University Press.

Peters, Rudolph. 1987. "Jihad". Em Mircea Eliade, org. (1987), *The Encyclopedia of Religion.* Vol. 8, 88-91.

Fílon de Alexandria. 1929. *Works.* 10 vol., 2 supl. Heinemann; Putnam.

Fílon. 1894. *The Works of Philo Judaeus.* Vol. 1, trad. C. D. Yonge. George Bell and Sons.

Phipps, William E. 1996. *Muhammad and Jesus.* Continuum.

Pinch, Geraldine. 2002. *Handbook of Egyptian Mythology.* ABC-CLIO.

Pinker, Steven. 1997. *How the Mind Works.* Norton.

Pitard, Wayne T. 2002. "Voices from the Dust: The Tablets from Ugarit and the Bible". Em Mark W. Chavalas e K. Lawson Younger, Jr., orgs. (2002), *Mesopotamia and the Bible.* Sheffield Academic Press.

Poo, Mu-chou. 1998. *In Search of Personal Welfare: A View of Ancient Chinese Religion.* State University of New York Press.

Pritchard, James B., ed. 1958. *The Ancient Near East.* Vol. 1. Princeton University Press.

Provan, Iain, V. Philips Long, e Tremper Longman III. 2003. *A Biblical History of Israel.* Westminster/John Knox Press.

Quirke, Stephen. 1992. *Ancient Egyptian Religion.* British Museum Press.

Rad, Gerhard von. 1972. *Wisdom in Israel.* Trinity Press International.

Radcliffe-Brown, A. R. 1922. *The Andaman Islanders.* Cambridge University Press.

Radin, Paul. 1937. *Primitive Religion.* Viking.

Rainey, Anson F. 2001. "Israel in Merenptah's Inscription and Reliefs". *Israel Exploration Journal* 51:57-75.

Rasmussen, Knud. 1932. *Intellectual Culture of the Copper Eskimos.* Gyldendal.

BIBLIOGRAFIA

Redford, Donald B. 1984. *Akhenaten: The Heretic King*. Princeton University Press.
———. 1992. *Egypt, Canaan, and Israel in Ancient Times*. Princeton University Press.
———, org. 2002. *The Ancient Gods Speak: A Guide to Egyptian Religion*. Oxford University Press.
Reichel- Dolmatoff, Gerardo. 1987. *Shamanism and Art of the Eastern Tukanoan Indians: Colombian Northwest Amazon*. E. J. Brill.
Reynolds, Gabriel Said, org. 2008. *The Quran in Its Historical Context*. Routledge.
Ridley, Matt. 1996. *The Origins of Virtue*. Penguin.
Rivers, W. H. R. 1924. *Medicine, Magic, and Religion*. Kegan Paul, Trench, Trubner and Co.
Roberts, J. J. M. 1975. "Divine Freedom and Cultic Manipulation in Israel and Mesopotamia". Em Goedicke and Roberts, orgs. (1975).
Robinson, Neal. 2003. *Discovering the Qur'an*. Georgetown University Press.
Roediger, H. L. 1996. "Memory Illusions". *Journal of Memory and Language* 35:76-100.
Roediger, H. L., J. D. Jacoby, e K. B. McDermott. 1996. "Misinformation Effects in Recall: Creating False Memories through Repeated Retrieval". *Journal of Memory and Language* 35:300-18.
Rogers, Spencer L. 1982. *The Shaman: His Symbols and His Healing Power*. Charles C. Thomas.
Rose, Martin. 1992. "Names of God in the Old Testament". Em Freedman, org. (1992).
Runia, David T. 1988. "God and Man in Philo of Alexandria." Em David T. Runia (1990), *Exegesis and Philosophy*. Variorum.
— —. 1990. "Philo, Alexandrian and Jew". Em David T. Runia (1990), *Exegesis and Philosophy*. Variorum.
———. 1999. "Logos." Em van der Toorn *et al.*, orgs. (1999).
Saggs, H. W. F. 1978. *The Encounter with the Divine in Mesopotamia and Israel*. Athlone Press, University of London.
———. 1989. *Civilization Before Greece and Rome*. Yale University Press.
Sahlins, Marshall. 1963. "Poor Man, Rich Man, Big-man, Chief: Political Types in Melanesia and Polynesia". *Comparative Studies in Society and History* 5:285-303.
Sanders, E. P. 1991. *Paul*. Oxford University Press.
———. 1995. *The Historical Figure of Jesus*. Penguin.
Sandmel, Samuel. 1979. *Philo of Alexandria*. Oxford University Press.
Sasson, Jack M. 1990. *Jonah*. Anchor Bible/Doubleday.
Schacht, Joseph. 1982. *An Introduction to Islamic Law*. Oxford University Press.
Schenck, Kenneth. 2005. *A Brief Guide to Philo*. Westminster/John Knox Press.

Schloen, J. David. 2002. "W. F. Albright and the Origins of Israel". *Near Eastern Archaeology* 65:56-62.

Schlogl, Hermann A. 2002. "Aten". Em Redford, org. (2002).

Schmid, Konrad. 2009. "Judean Identity and Ecumenicity: The Political Theology of the Priestly Document". Em Gary Knoppers, Oded Lipshits e Manfred Oeming (orgs.), *The Judeans in the Achaemenid Age*. Eisenbrauns.

Schmidt, B. B. 1999. "Moon". Em van der Toorn *et al.*, orgs. (1999).

Schniedewind, William M. 2003. "The Evolution of Name Theology." Em M. Patrick Graham *et al.*, orgs., *The Chronicler as Theologian*. Continuum.

———. 1993. "History and Interpretation: The Religion of Ahab and Manasseh in the Book of Kings". *Catholic Biblical Quarterly* 55:4.

———. 2004. *How the Bible Became a Book*. Cambridge University Press.

———. 1999. *Society and the Promise to David*. Oxford University Press.

Scholem, Gershom. 1971. *The Messianic Idea in Judaism*. Schocken Books.

Schweitzer, Albert. 2001. *The Quest of the Historical Jesus,* trad. W. Montgomery *et al*. Fortress Press.

Scott, R. B. Y. 1978. *The Relevance of the Prophets*. Macmillan.

Scott- Moncrieff, Philip David. 1913. *Paganism and Christianity in Egypt*. Cambridge University Press.

Seow, C. L. 1992. "Hosea". Em Freedman, org. (1992).

Service, Elman R. 1966. *The Hunters*. Prentice- Hall.

———. *Profiles in Ethnology*. HarperCollins.

Shafer, Byron E., org. 1991. *Religion in Ancient Egypt*. Cornell University Press.

Shanks, Hershel, org. 1999. *Ancient Israel: From Abraham to the Roman Destruction of the Temple*. Prentice- Hall.

Sharer, Robert J. 1996. *Daily Life in Maya Civilization*. Greenwood Press.

Silverman, David P. 1991. "Divinity and Deities in Ancient Egypt". Em Shafer, org. (1991).

Singer, Peter. 1981. *The Expanding Circle*. Farrar, Straus and Giroux.

Smart, Ninian. 1969. *The Religious Experience of Mankind*. Scribner's.

Smith, Huston. 1991. *The World's Religions*. HarperCollins.

Smith, Mark S. 2001. *The Origins of Biblical Monotheism*. Oxford University Press.

———. 2002a. *The Early History of God: Yahweh and the Other Deities in Ancient Israel*. William B. Eerdmans.

———. 2002b. "Ugaritic Studies and Israelite Religion: A Retrospective View". *Near Eastern Archaeology* 65:1.

———. 2004. *The Memoirs of God: History, Memory, and the Experience of the Divine in Ancient Israel*. Fortress Press.

BIBLIOGRAFIA

Smith, Morton. 1963. "Isaiah and the Persians". *Journal of the American Oriental Society* 83:415-421.

———. 1978. *Jesus the Magician*. Harper and Row.

———. 1987. *Palestinian Parties and Politics that Shaped the Old Testament*. SCM Press.

Spencer, Baldwin. 1927. *The Arunta: A Study of a Stone Age People*. Macmillan.

Spencer, Baldwin, e F. J. Gillen. 1904. *The Northern Tribes of Central Australia*. Macmillan.

Sperber, Dan. 1982. "Apparently Irrational Beliefs". Em Martin Hollis e Steven Lukes, orgs., *Rationality and Relativism*. Basil Blackwell.

Spier, Leslie. 1930. *Klamath Ethnography*. University of California Press.

Stark, Rodney. 1997. *The Rise of Christianity*. HarperCollins.

Stark, Rodney, e Roger Finke. 2000. *Acts of Faith: Explaining the Human Side of Religion*. University of California Press.

Stern, Ephraim. 2003. "The Phoenician Source of Palestinian Cults at the End of the Iron Age." Em Dever e Gitin, orgs. (2003).

Stillman, Norman. 1979. *The Jews of Arab Lands*. Jewish Publication Society of America.

Swanson, Guy E. 1964. *The Birth of the Gods*. University of Michigan Press.

Sweeney, Marvin A. 2000. *The Twelve Prophets*. 2 vols. The Liturgical Press.

———. 2001. *King Josiah of Judah*. Oxford University Press.

Teter, Emily. 2002. "Maat". Em Redford, org. (2002).

Theissen, Gerd. 1985. *Biblical Faith: An Evolutionary Approach*, trad. John Bowden. Fortress Press.

Thomson, Robert W. 1999. *The Armenian History Attributed to Sebeos*. Liverpool University Press.

Thwaites, Reuben Gold, org. 1900. *The Jesuit Relations and Allied Documents: Travels and Explorations of the Jesuit Missionaries in New France*. Vol. 68. Burrows Brothers.

Tigay, Jeffrey. 1986. *You Shall Have No Other Gods: Israelite Religion in the Light of Hebrew Inscriptions*. Scholars Press.

———. 1987. "Israelite Religion: The Onomastic and Epigraphic Evidence". Em Miller *et al.*, orgs. (1987).

Tobin, Thomas H. 1992. "Logos". Em Freedman, org. (1992).

Traunecker, Claude. 2001. *The Gods of Egypt,* trad. David Lorton. Cornell University Press.

Trigger, Bruce G. 1993. *Early Civilizations*. The American University in Cairo Press.

Tuckett, C. M. 1992. "Q (Gospel Source)". Em Freedman, org. (1992).

BIBLIOGRAFIA

Turcan, Robert. 1996. *The Cults of the Roman Empire*, trad. Antonia Nevill. Blackwell.

Turnbull, Colin M. 1965. *Wayward Servants: The Two Worlds of the African Pygmies*. Natural History Press.

Turner, George. 1831. *Nineteen Years in Polynesia*. John Snow.

Tyan, Emile. "Djihad." Em Bearman *et al.*, orgs. (2003).

Tylor, Edward. 1866. "The Religion of Savages." *Fortnightly Review* 6:71-86.

———. 1871. *Primitive Culture*. Vol. 1. John Murray (de edição facsímile publicada por Gordon Press em 1974).

———. 1874. *Primitive Culture*. Vol. 2. Appleton.

Uffenheimer, Benjamin. 1986. "Myth and Reality in Ancient Israel". Em Eisenstadt, org. (1986).

Van Bakel, Martin A. 1991. "The Political Economy of an Early State: Hawaii and Samoa Compared". Em Henri J. M. Claessen e Pieter van de Velde, orgs. (1991), *Early State Economics*. Transaction Publishers.

van der Toorn, K., B. Becking, e P. W. van der Horst, orgs. 1999. *Dictionary of Deities and Demons in the Bible DDD*, 2ª ed. Brill Academic Publishers.

Van Selms, A. 1973. "Temporary Henotheism". Em M. A. Beek *et al.*, orgs. (1973), *Symbolae biblicae et Mesopotamicae, Francisco Mario Theodoro de Liagre Bohl dedicatae*. E. J. Brill.

Vecsey, Christopher. 1983. *Traditional Ojibwa Religion and Its Historical Changes*. American Philosophical Society.

Walker, Christopher, e Michael Dick. 2001. *The Induction of the Cult Image in Ancient Mesopotamia*. Vol. 1. State Archives of Assyria Literary Texts, the Neo-Assyrian Text Corpus Project.

Watson, Adam. 1992. *The Evolution of International Society*. Routledge.

Watt, W. Montgomery. 1956. *Muhammad at Medina*. Oxford University Press.

———. 1964. *Muhammad: Prophet and Statesman*. Oxford University Press.

———. 2003. "Makka." Em Bearman *et al.*, orgs. (2003).

———. 1974. "Islamic Conceptions of the Holy War". Em Thomas Patrick Murphy, org., *The Holy War*. Ohio State University Press.

Weinberg, Steven. 1979. *The First Three Minutes*. Bantam.

Welch, A. T. 2003. " Al-Kuran". Em Bearman *et al.*, orgs. (2003).

Wente, Edward F., e John R. Baines. 1989. "Egypt: The New Kingdom." Em *Encyclopedia Britannica*. 15ª ed., vol. 18.

White, Leslie. 1959. *The Evolution of Culture*. McGraw- Hill.

Williamson, Robert W. 1933. *Religious and Cosmic Beliefs of Central Polynesia*. Vol. 1. Cambridge University Press.

—. 1937. *Religion and Social Organization in Central Polynesia*. Cambridge University Press.

Wilson, A. N. 1997. *Paul*. Norton.

Winston, David. 1985. *Logos and Mystical Theology in Philo of Alexandria*. Hebrew Union College Press.

Witt, R. E. 1997. *Isis in the Ancient World*. Johns Hopkins University Press.

Wright, Robert. 1994. *The Moral Animal: Evolutionary Psychology and Everyday Life*. Pantheon.

—. 2000. *Nonzero: The Logic of Human Destiny*. Pantheon.

Wyatt, N. 1999. "Astarte". Em van der Toorn *et al*., orgs. (1999).

Xella, P. 1999. "Resheph." Em van der Toorn *et al*., orgs. (1999).

Yoffe, Norman. 1995. "Political Economy in Early Mesopotamian States". *Annual Review of Anthropology* 24:281-311.

Zevit, Ziony. 2000. *The Religions of Ancient Israel*. Continuum.

Índice

abipão (povo da América do Sul), 44

aborígines australianos, 36, 44, 48, 49, 53, 59

Abraão, 139, 239, 245, 251, 428
  considerado falso profeta, 461
  Deus aparece a, 125, 137, 392, 425
  história de Maomé sobre, 425, 430, 433
  na vida após a morte, 365, 635n29

Acab, rei de Israel, 159, 168, 178, 190, 608n70

adaptação (conceito biológico), 540

adoração ao sol, 71, 610n83

Afeganistão, 454

Agar (escrava de Abraão), 425

agnosticismo, 14, 26, 519

Ahura Mazda (deus zoroastrista), 220

ainu (povo do Japão), 34, 557

Akhenaton, faraó do Egito, 115, 152, 161, 590n90

Alá (Deus muçulmano), 391, 392, 395-97, 468, 509
  etimologia do nome, 397, 517
  filhas de, 411, 423
    Maomé e, 503

Albertz, Rainer, 209, 212

Albright, William Foxwell, 131, 134, 135, 152

Alcorão, 383, 391, 394, 401, 403, 415-16, 422, 425, 436, 639n2
  ajustes/interpretações pós-Maomé, 390, 405, 435, 446, 453, 461
  como revelação, 387, 412, 472
  comparação com a Bíblia, 385, 392, 456, 464
  data de compilação, 435
  e guerra santa (jihad), 439, 441, 453; "versículo da Espada", 442, 452
  e justiça retaliativa, 406, 413
  e salvação, 460
  e versos satânicos, 411
  hostilidade do, a não muçulmanos, 385, 428, 432
  mal interpretado, mal citado, 439, 442, 444
  oscilação moral do, 404
  questões cristãs discutidas no, 417, 424, 427; e a Crucificação, 641n24; palavra para "cristãos" no, 641n23
  sobre a bondade de Deus, 467
  traduções do, 226, 423, 428, 569, 645n19

674 ÍNDICE

Além da Imaginação, (série de TV), 228
Alexandre, o Grande, 108, 218, 233, 368
Alexandria, 257, 259, 275. *Ver também* Fílon de Alexandria
Ali, Abdullah Yusuf, 570
alianças amistosas interétnicas. *Ver* tolerância/intolerância
alianças interétnicas/fraternidade, 313, 325, 333, 340, 347, 356; tolerância global, 479-82; casamento interétnico, 241
  de Iavé, 207, 225, 227, 239-240
  doutrina de Fílon da tolerância, 225. 278
  imaginação moral e, 490, 497
  judaica/israelita, 226, 240, 410, 462; entre crenças, 235, 335
  lei da tolerância religiosa, 165, 236
  monoteísta, 125, 157, 162, 221; usos da intolerância, 194
  muçulmana, 410, 450, 452; Alcorão, 385
  Ver também amor; guerra
alma, visão primitiva da, 23, 59; *ka*, 100
altruísmo recíproco, 37, 103, 555, 562
Amenófis III, Amenófis IV, faráos do Egito, 114
Amon (deus único egípcio), 114
Amon, amonitas, 133, 163, 175, 183
  vs. Israel, 210, 239-240, 410
Amon-Rá, 590n81, 115
amor fraternal: ênfase cristã no, 325, 346;
  interétnico, 318, 337, 340, 345, 356
  Jesus e, 332, 334, 354, 503
  odes do Alcorão ao, 457
  Ver também amor; Paulo (apóstolo)
amor, (caridade) 533, 540

"amai vossos inimigos", 305, 333, 457
amarás o teu próximo" 279, 286, 302, 333, 335, 354, 457
  cristão, 222, 352-353 (*ver também* Paulo)
  interétnico, 345, 348; evolução do, 336, 340
  universal, 38, 303, 305, 329, 352
  Ver também amor fraternal; tolerância/intolerância
amorreus, os, 410
Amós (profeta), 173, 186, 308, 602m9, 612n95
An/Anu (deus mesopotâmico), 101, 107, 108, 110
Andamão, ilhas, 23, 33, 35, 44, 49, 546, 580n16
animal moral, O (Wright), 11
animismo, 22, 123
an-Nadir (tribo judaica em Medina), 430
anticristo, 222
Antigo Testamento cristão, 619n32. *Ver também* Bíblia Hebraica
antissemitismo, 233, 236, 346
antropologia social, 22
ápiros (povo), 595n65
Ápis (deus grego), 368
Apocalipse, livro do, 222-23, 385, 407, 460
Apolônio de Tiana, 347
Apuleio, Lúcio, 369
Áquila e Priscila (missionários paulinos), 323
árabe (língua), aramaico (língua). *Ver* Língua
Arábia e Península Árabe, 417, 423, 482
  beduínos da, 425

INDICE

Arábia Saudita, tropas americanas na, 647n37
arameus, 21, 249, 357
aranda (povo da Austrália), 48
Arberry, Arthur J., 570
Aristóteles, 260, 555
Armstrong, Karen, 123, 395
"arrebatamento", o, 361. *Ver também* dia do Juízo Final
arunta (povo da Austrália), 580n5
Árvore de Natal, precursora escandinava da, 113
Asad, Muhammad, 570
Ashoka (imperador indiano), 350, 352, 515-16
Aserá/Athirat (deusas israelitas), 180, 193
adoração a, 183, 185, 191, 606n53, 610n83
como "esposa de Deus", 145, 177-78
Assur (deus assírio), 166, 203, 211, 249
Astarte (Ashtoreth), 163, 183, 189
astecas (povo), 65, 94, 108
ataques de 11 de setembro de 2001, 13, 226, 439, 483, 488, 519, 547
ateísmo, 14, 26, 253, 520
ciência e, 524, 526-27, 530
darwinista, 469-70, 649n22
Atenas, 257, 259. *Ver também* cultura grega
Atlantic Monthly (revista), 480
Aton (deus único egípcio), 115, 152
Atos dos Apóstolos, livro dos, 307, 311, 322-23, 365, 385
automutilação, 53, 59
Aventuras de Tom Sawyer, As (Twain), 558

Baal (divindade pagã), 145, 178, 189, 592n12
adoração a, 123-24, 126, 163, 190-91, 610n81
Iavé e, 123, 152, 159-60, 597n71; concorrência entre, 153; mitos sobre, 146
oposição a, 162, 166, 190; por Elias, 160-61; por Josias, 183, 184, 610n83
Babel, Torre de, 130, 463
Babilônio, Babilônia, 99, 199-200, 219
anticristo vinculado à, 223
conquistada: pela Assíria, 211; pela Pérsia, 216, 217, 220, 617n54
domina a Mesopotâmia, 112-13
Bartlett's Book of Familiar Quotations, 297
Beagle, HMS, 36
Beirute, 343
Bel. *Ver* Marduk (principal deus da Babilônia)
Bellah, Robert, 377
bezerros de ouro,
Bhagavad Gita, o, 231
Bíblia Hebraica (Antigo Testamento), 21, 123, 149, 163, 182, 248
comparação com o Alcorão, 456-57, 464
datação da, 126, 127, 131, 143, 156
Deus/Iavé/El-Shaddai da, 125, 135, 248, 345, 378-79; como Salvador, 357
e "Amarás o teu próximo", 279-80, 302, 305, 333, 354, 457, 497; compaixão pelos imigrantes, 352; "Amai vossos inimigos", 335
e "o homem à sua imagem", 130

e a vida após a morte, 365 (ver também vida após a morte)

e o messias, 291, 295, 319

e outros deuses, 128, 436, (como único Deus) 517; deuses estrangeiros, 186-87, 292

em contraste com o Novo Testamento, 222

"Filho do Homem" como expressão na, 363

fonte P (Sacerdotal), 245, 352, 426-27, 462, 463; história de Ismael, 426-27

fontes J e E, 137-38, 620n51

histórias desenterradas, 131-32 (ver também evidências arqueológicas)

Jesus cita, 297-98

literatura sapiencial e, Ver sabedoria

rejeitado por Marcião, 346

reorganizado pelos cristãos, 600n116

salvação como termo na, 508

Shemá na, 184-85

teoria do jogo e, 239-240

traduções da, 142-44, 146-47, 150-51, 211, 569, 609n76

Ver também Código Deuteronômico

Bíblia, a, 20-21. 121, 125, 287, 383, 394

versão do rei Jaime, 142-43, 629n2, 632n7

Alcorão comparado à, 386, 392, 456-58, 464-65

New Revised Standard Version (NRSV), 148, 185, 569, 596n69, 600n111, 629n2, 632n7

ordem dos livros na, 156

origens da, 385-86; declarações históricas, 289

Ver também Bíblia Hebraica; Novo Testamento

bin Laden, Osama, 439-40, 442, 453, 485

Bornkamm, Gunther, 316-17

Bottero, Jean, 109-10

Boyer, Pascal, 552-53, 557, 563

Brandon, S. G. F., 366

Brown, Peter, 333

Buda e budismo, 40, 229, 264, 273, 281-82, 376, 452

e a vida após a morte, 36

e amor, 350, 515

misticismo do, 45, 57

buriate (povo da Ásia), 58

busca do Jesus histórico, A (Schweitzer), 307

Bush, George W., 439

Caaba. Ver Meca

caçadores-coletores, 27, 73, 77, 283, 374, 490, 584n44

deuses (seres sobrenaturais) dos, 28-38, 43, 552, 559; punição dos, 80, 557

evolução social dos, 64, 67, 78, 375-76, 492

religiões dos, 40, 100, 541, 558; explicação dos acontecimentos pelos, 546; crenças de difícil comprovação, 547; oração, 86-87; xamãs como líderes, 46, 65

visão marxista dos, 60-61

Cahen, Claude, 452

Calígula, imperador de Roma, 233-34, 235, 278

Cam (filho de Noé), 251

Camós (deus moabita), 128-29, 163, 183, 203, 239, 410

ÍNDICE

Canaã e cananeus, 119, 140, 158
   israelitas e, 131, 190, 193-94; ligados
   a, 436, 503; instruídos para aniquilar, 410
   paganismo e deuses de, 20, 148, 151,
   169; Yarih (deus da lua), 189 (ver
   também Baal; El)
Canaanite Myth and Hebrew Epic
   (Cross), 149
caos, 97-98, 101, 477, 498, 507-8, 511
Carlyle, Thomas, 385
carma, 36
casamento e exogamia, 11, 241, 511
Caso, Alfonso, 587n11
Cefas. Ver Pedro
cenário da criação, 127, 130, 136, 262,
   266, 468
cereteus, 210
chefarias, 64-65, 81, 100
   autoridade como recurso das, 71-72;
      limites de poder, 82-85; sanções
      morais nas, 100-101
   "civilização" seguindo-se, ver so-
      ciedade-estado
   crime e punição nas, 72, 79-80
   evolução das, 67, 78, 497
   mana e tapu (tabu) nas, 69, 72, 77, 85
   religião e lei secular, / /; como controle
      social, 73-74
Chimpanzee Politics (de Waal), 550
China, antiga, 91, 96, 98, 135, 281-83,
   377-78, 588n15
   dinastia Shang, 94, 109; dinastia
      Chou conquista, 588n39
chippewa. Ver ojibwa (índios americanos)
chukchi (povo da Sibéria), 19, 21-22,
   27, 53

cidades-estados. Ver sociedade-estado
ciência: e a concepção de Deus, 521
   e religião, 13-14, 87-88, 257, 259, 270
   materialismo científico, racionalismo,
      12, 112
   processo de despersonificação na,
      552
circuncisão, rito da, 259, 320, 344, 346-
   47, 427
Ciro, o Grande, rei da Pérsia, 216, 217,
   220-21, 352, 357, 426
   descrito como messias, 220
civilização judaico-cristã, 119, 392, 400
   islamismo/Maomé e, 13, 393, 412,
      509
"civilização". Ver sociedade-estado
civilizações, choque de, 13, 510
Clemente de Alexandria, 92-93
Código Deuteronômico, 185
   convocações para o genocídio, 195-
      96, 229-30, 410, 457-58
código ético. Ver moralidade (bússola
   moral)
Colson, F. H., 231
Confúcio, 281, 282
conquista babilônica, exílio babilônico.
   Ver Israel, antiga
Constantino, imperador romano, 339-
   40, 350, 413, 515
conversão, ver Cristianismo, Islã
Cook, Capitão James, 63, 71, 79-80,
   87-88
Cook, Michael, 434
Corinto e Coríntios, 323, 326; epístolas
   de Paulo aos, 287, 311, 314-16, 332-
   33, 361, 368
corpo de júri, 77
Credo de Niceia, 357, 358

678 ÍNDICE

crime e castigo: crime para Maomé, 420
 na Polinésia, 72, 79-80, 375, 381
 punição por Iavé/Deus/Alá, 170,
  174-75, 202, 203, 210, 218, 231,
  624n40; de infiéis, 396, 454;
  proporcional à transgressão,
  212
 punição: morte como, 79-80; pelos
  deuses, 36, 69, 75-76, 100, 375,
  557; pelo pecado, 270, 381; em
  contexto social, 556-57
 textos védicos sobre, 100
 Ver também Dia do Juízo Final; retaliação divina
cristianismo: e vida após a morte, ver
 vida após a morte
 antigo, 92, 214, 329, 380, 463; ancestralidade cultural do, 21; e
  mudanças culturais, 482; seitas
  dentro do, 343; pecado como
  mensagem do, 371, 373
 competição do, com outras religiões,
  ver deuses;
 conversão do Império Romano ao:
  Constantino, 339-40, 350, 515;
  primeiro europeu convertido conhecido (Lídia), 322-23; judeus e
  pagãos, 367; Paulo, 312
 cristãos "judeus" e "nestorianos"
  423-24
 Deus do, 378; como onisciente, 33;
  mais restrito, rejeitado, 509; como
  deus único, 199
 e a Bíblia Hebraica, 600n116
 e não cristãos ("inimigos"), 330-34
 e oração, 40, 54, 301
 em guerra santa, 515 (ver também
  Cruzadas, as; jihad)

evolução do, 259; depois da crucificação, 292-93, 359, 360, 386,
 436
fiéis tradicionais do, 253
islamismo e, 504; Maomé, 395, 417-
 18, 421, 422, 427-29, (rejeita a
 Santíssima Trindade) 424
marcionista, 345-46, 347
monoteísmo do, 199-200, 220;
 duvidoso, 450 (ver também
 monoteísmo)
nascimento do, como religião multinacional, 417, 462
parentesco (fraternidade) dentro do,
 313-14, 317-18, 326 (ver também
 tolerância/intolerância)
particularismo do, 352-353
"peculiaridade" do, 503 (ver também
 salvação)
Ver também Deus; Jesus Cristo; Paulo
 (apóstolo)
Crone, Patricia, 434
crônica armênia do princípio do islamismo, 432, 434
Cross, Frank Moore, 149, 155
Crow (índios americanos), 46-47, 51,
 53, 57, 58
Crucificação, a, 289, 309, 372
 cenário docético da, 356; visão alcorânica, 641n24
 e ressurreição, 290, 307, 360, 361-63
 responsabilidade judaica exagerada,
  436
Cruzadas, as, 125, 226, 229, 449, 454,
 497, 509
Cuch (neto de Noé), 622n60
cultos à carga, 214
cultura grega, 232-33, 257-58, 260-61,
 265, 276

ÍNDICE

e religião, 218-19, 328, 329; deuses e cultos, *ver* deuses; cristãos gregos, 433

cura pela fé, 52

Cusã-Rasataim, rei de Edom, 203

Damasco, 172, 312, 449

Daniel, livro de, 156, 360, 385

Darwin, Charles, 36, 66, 465-66
    ateísmo e, 469-70, 649n22; psicologia evolucionista, 56, 544, 560, 650n2, 652n21
    pensamento darwinista, 170, 490, 499-500, 525-26, 535-36;

Darwin's Cathedral (Wilson), 651n2

datação do, 294; como evangelho mais antigo, 354, 360, 366, 465

Davi, rei de Israel, 199, 241, 245, 295, 607n59, 612n99

Dawkins, Richard, 520, 545

De Waal, Frans, 550

Delos, ilha grega de, 340-42

DeMille, Cecil B., 149

Dennett, Daniel, 470, 520, 649n22

determinismo bíblico, 225-26

Deus abraâmico. *Ver* Deus

deus da tempestade, Iavé como, 592n12

deus supremo, o, 30; deuses supremos, 578n25

Deus: abraâmico, 109, 126, 252-53, 519; amadurecimento do, 508-09; e o islamismo, 199, 221, 244,
    a vontade de, 508
    amadurecimento moral de, *ver* moralidade
    argumento pragmático para o conceito de, 652n3, 12

como "o Senhor" e o "Altíssimo" 142, 185, 210-11, 220, 596n69, 599n99

"do amor", 337; vs. Deus de vingança, 221-23, 378

dos cristãos, judeus e muçulmanos, 33, 378, 392, 503- 04 (*ver também* Alá; Iavé)

dos judeus, 33, 125, 157, 221, 223, 244, 392, 503; como único deus, 199, 517

em pessoa, 127, 156; descrição antropomórfica de, 259-60

existência de, 468-472, 508, 519-20, 523, 533;
    comparação com o elétron, 524-25, 526, 530

Jesus como filho de, equiparado a, *ver* Jesus Cristo

(Maomé) 392, 395, 405, 460 (*ver também* Alá; monoteísmo; Iavé)
    como onipotente, 33

necessidade de, 527-28

no Segundo Isaías, promessas de, 208

nomes diferentes para, 137, 141, 250;
    mudança de substantivo comum para nome próprio, 250

personificado, 521-22, 528, 531-33, 549

Reino de, 300-301, 303, 306-08, 359-60. 404, 628n36

religiões antecipando, 93

sabedoria de, 271

transcendência de, 260, 263

Ver também Alá; El; Iavé

Verbo de, *ver* Logos

"voz mansa e delicada" de, 200, 155

deuses: amonitas, 163, 175, 183
    adoração a deusas, 145, 180, 185

680 ÍNDICE

assírios, 175, 192-93, 249, 604n32, 609n76

cananeus, *ver* Canaã e cananeus

características antropomórficas, 96-97, 157

celestiais ("exércitos dos céus"), 71, 189, 193, 219

chineses, 94, 96, 109, 135

como ilusões, 12

como lubrificantes geopolíticos, 101-03

de Meca, 391, 393, 411

egípcios, *ver* Egito, antigo

estátuas habitadas por, 588n14

estrangeiros, 186-72, 195, 292; como Deus único, 517

gregos, 136, 145, 340-42, 367; Zeus, 108, 218

hindus, 516

israelitas (não Iavé), 123, 128-30. 167, 175;

assírios, em Israel, 192-93

posição brutal à adoração de, 160

linha entre espíritos e, 30 (*ver também* espíritos)

mesopotâmicos, *ver* Mesopotâmia

multiplicação de, 67

orações aos, *ver* orações

"outros", *ver* Iavé (Deus abraâmico)

"primitivos", 30-34, 127, 555; das chefarias, 71, 78;

bons ou maus, 33, 60 (*ver também* caçadores-coletores; Polinésia)

punição dos, 36, 69, 75, 77, 100, 375, 545

regentes como descendentes dos, 71, 588n15

relacionamento com os, 97 (*ver também* sacrifício); proteção dos, 101, 118; vs. deus real, 519; respeito ritual pelos, 34-36

romanos, *ver* Império Romano

sumérios, 107-09, 257

Ver também sobrenatural, o

vida sexual dos, 145

Dever, William G., 135

Dez Mandamentos, Os (filme), 149

Dez Mandamentos, os, 168, 381, 497

dia do Juízo Final, 174

cristão, 216, 308, 312, 332, 360, 380, 386, 404

egípcio, 374, 634n23

muçulmano, 391, 404, 413, 455, 460

Ver também vida após a morte; pensamento apocalíptico; retaliação divina; salvação

dionisíacos, cultos 328

docetismo, 356

Dodds, E. R., 313

dominação grega de Israel, 220

Donner, Fred, 430

Durkheim, Emile, 17, 59-60

ebionitas e ebionismo, 344-45, 353, 423

eclipses, solar e lunar, 48, 113, 219

Edelman, Diana V., 180

Edom, edomitas, 133, 140, 218, 248

Efraim (norte de Israel), 140, 168-69, 172, 180, 306

conquista assíria de, 143, 195, 204

Ver também Israel, antiga

Egito, antigo, 91, 93, 98, 105, 232-33, 236, 251-52

civilização do, 377-78; língua e literatura, 116-18, 267; escrita se

ÍNDICE

desenvolve, 91, 93, 367, ("Livro dos Mortos") 373-74

Estela de Merenptah, 140-41

exército afogado no mar Vermelho, 128, 149, 156, 232, 403

inimigos do, 426 (*ver também* Israel, antiga)

islamismo no, 417, 450

religião do, 96, 218, 513; deuses, 88-89, 92-96, 109, 115, 135, 152, 368, 587n10 (*ver também* Osíris); monoteísmo, 114-118, 161; instruções morais, 283, 512

Egito, moderno, 439

Ehrman, Bart, 344

El ("Deus de Israel") 247, 606n52; como precursor de Iavé, 135-45, 151, 177, 189

"filhos de", 143

El Elyon ("Altíssimo"), 142-44, 599n99, 621n53

El Shaddai, 141, 144, 247-9, 250

tradução equivocada, 137

Eliade, Mircea, 45

Elias, história de, 123-124, 155-56, 161-62, 164, 166

credibilidade da, 159-60, 167, 183, 190-91

Eliseu (profeta), 20-21, 297

Elohim, 139, 181, 228, 249-50, 252, 399, 516-17

Emanuel, 345

Enheduanna (filha de Sargão), 107

Enki e Enlil (deuses egípcios), 91, 101, 105, 107-11

Ente Supremo, o, 517

Esaú (patriarca de Edom), 248, 621n54

escravidão, 119, 131, 195

racismo como justificativa para, 92

escrita, advento da, 21, 88, 91, 93-94, 178

Esculápio (deus da cura), 630n27

espíritos: ancestrais, orgânicos e elementares, 28-30, 96

características humanas dos, 551-53

dos mortos, 20, 29-30, 75, 181; possessão por, 44

ka egípcio, 100-101

maus, 29, 557

Ver também vida após a morte; sobrenatural, o

esquimós, 34-35, 579n42, 636n38

xamanismo entre os, 44, 45, 50-52, 53, 60, 161

estados alterados, xamãs e, 52-54

Estados Unidos, 471, 485, 488, 491

Ester, livro de, 156

Estêvão (mártir cristão), 365

etíopes, 319

evidências arqueológicas, 27, 64, 93, 188-87, 609n72

de adoração à deusa, 145, 180, 185

esclarecem histórias bíblicas, 126, 131-3, 173-74, 184

refutam histórias bíblicas, 126, 132-4, 141, 157, 193, 202

evolução biológica/genética, 66, 152, 170, 467, 540, 545

ecossistema em desenvolvimento, 470

mutações na, 30

Ver também seleção natural

evolução cultural/social, 22, 256, 467, 58, 545

advento da, 29-31, 470-71, 526; e direito internacional, 105; visão de Marx, 60 deuses como produtos da, 66, 85, 152, 156

e religião, 87, 543, 567; religião como controle social, 73-74

evolução moral, 482 (ver também moralidade)

moderna, 153; teoria moderna, 26

evolução religiosa, 41, 43, 46, 64, 89, 348- 49. Ver também monoteísmo

evolução tecnológica, 118, 284, 493, 504, 509-10

e progresso moral, 256, 507-08, 526, 535-36

logos e, 276, 280, 353

Ver também escrita, advento da

Evolution of the Polynesian Chiefdoms, The (Kirch), 82

Exército Simbionês de Libertação, 543

exílio, babilônico e egípcio, ver Israel, antiga

Êxodo, livro do, 128, 149, 251

e o nome de Deus, 137, 141, 144, 247,621n53

interpretação de Fílon do, 225, 228, 231, 232, 234

experiência da conversão, 54, 57

experiência religiosa, variedades da, 563. Ver também conversão; experiência da conversão

externalidades de rede, 341-44, 347, 348-49

Ezequias, rei de Judá, 182-83, 603n31, 612n99

Ezequiel (profeta), 209-210, 211, 240, 242, 243

Ezra (sacerdote), 640n11

falando em línguas desconhecidas, 316, 317, 318

fariseus, os, 296, 299, 375

Fenícia, 162, 172, 174, 189-91

ferezeus, 410

Fiji, 23

Filho do Homem, Jesus como, 363-65

filisteus, os, 172, 210

Fílon de Alexandria, 225-26, 256, 257, 335, 457, 463

Logos de, 271-78, 284-85, 340, 353-354, 532

Finkelstein, Israel, 132-34

física quântica, 521-23

Fitzroy, Robert, 36

fontes J e E. Ver Bíblia Hebraica

formas elementares da vida religiosa, As (Durkheim), 59

Fortnightly Review (periódica), 24

Freud, Sigmund, 119

Friedman, Richard Elliott, 155, 156

From the Stone Age to Christianity (Albright), 132

funcionalismo, 59-60, 65, 79, 82-83, 98-99

fundamentalismo, 176, 439

Gabriel (anjo), 387, 411

Gager, John, 312

Galápagos, ilhas, 66

Gálatas, epístola de Paulo aos, 290, 294, 311, 320, 329, 335, 372

Gandhi, Mohandas, 231-32

Gates, Bill, 348, 350

Gatschet, Albert Samuel, 28, 29-30

"genes de Deus", 539

Gênesis, livro do, 21, 136, 262, 385, 426, 555

ÍNDICE

datação do, 126-27, 245, 386
fonte P, 248, 250, 621n54
genocídio, 195-96, 229-30, 252, 410, 413, 459
gentios, 264, 297, 302-05, 308, 344-45
casamento entre judeus e, 241
Paulo como apóstolo dos, 319
Gibbon, Edward, 385
Ginsberg, H. L., 148
Gitskan, xamã (Canadá), 50-51
globalização, 13, 176, 244, 325, 462, 510
gnosticismo, 353-354, 356
Gnuse, Robert Karl, 151
Goodall, Jane, 566
Goodenough, Erwin, 258, 260, 263
Gould, Stephen Jay, 541
Graham, Franklin, 484, 486
Griffiths, J. Gwyn, 378
Guerra do Golfo, 564
Guerra Fria, 229, 236, 480
guerra, 82, 223
contra infiéis, ver infiéis
doutrina da guerra justa, 640n15
leis da, ver Código Deuteronômico
Maomé e, 410, 440
no mundo antigo, 106, 116, 119
santa, Ver Cruzadas, as; jihad
Terra de" 446, 448
Guiana, americanos nativos da, 48-49
Guthrie, Stewart, 559

Habacuc (profeta), 151, 206
hadith, o (tradição oral do Profeta), 441, 447, 450, 453
Hagarism (Crone e Cook), 434
haidas, ameríndios, 31, 37, 50, 58, 547
Halpern, Baruch, 188, 219

Hamurabi, rei da Babilônia, 110-111
Handy, E. S. Craighill, 67, 74
Handy, Lowell K., 189, 596n68
Harris, Sam, 520
Havaí, 64, 72, 75, 78
Hearst, Patty, 543-44
hebraico, povo, 93, 591n6. *Ver também*
Israel, antiga;
judeus e judaísmo
Héracles-Melqart (deus grego), 340-42
Hermes (deus grego), 136
Hervey, ilhas, 583n30
heteus, os, 105, 410
Hidden Face of God, The (Friedman), 156
Hillel (estudioso judeu), 281
hinduísmo, 36, 231, 452, 516
História de Deus, Uma (Armstrong), 123
história deuteronomista, 143-44, 177, 190-94, 202
History of Israelite Religion (Kaufmann), 124
Hitchens, Christopher, 520
Hodgson, Marshall, 397
Hoebel, E. Adamson, 51
Hogbin, H. Ian, 75

Iavé (Deus abraâmico): e o paganismo cananeu, 132-35 (*ver também* Baal)
lado sombrio de, 207, 209, 250; como deus ciumento, 128, 549n49; como deus guerreiro, 128, 135, 139, 216, 232, 600n110
surgimento de, 88-89, 127-29; sobe no panteão, 143-44, 151, 182, 213; como deus da tempestade, como "Deus de toda a terra", 207, 213

como Deus de Israel, 144, 178-80, 199, 207, 352, 508-09; ira contra Israel, 202, 203, 357; devoção a, 289; "esperança de Israel", salvador, 357; infidelidade a, 170; como deus nacional, 178-80, 213, 352 (ver também El)

como único e verdadeiro deus, 227, 240, 517; punição pela adoração de outros deuses, 160

mitos sobre, 144; vida sexual, 145

movimento "tão somente Iavé", 168-69, 174-75, 178-80, 191, 292, 612-13n99; cultos centralizados, 184-85; intolerância ao, 195-96, 207; monoteísmo resulta do, 199-200, 207; poder político perdido, 201-02; poder recuperado, 204-05, 218

nome de: grafia antiga, 140; variação do, 249; origem da palavra, 597n71

punição de, ver crime e castigo

reconhecimento de outros deuses, 128, 167, 175, 185, 284; superioridade de Iavé sobre, 153-54, 216 (ver também deuses)

Sabedoria como filha de, 266

templo destruído, 89, 199, 201, 204, 212, 434; Cúpula da Rocha construída sobre o, 432

tolerância/intolerância de, 195-96, 207, 225, 227, 239-240; preconceito étnico, 351-52; violência, 125

universalismo de, 116, 240

Ver também Deus

Idade do Bronze, 133, 135

Idade do Ferro, 133

Iêmen, 390, 393

Ilha de Páscoa, 64

Império Acádio, 107-08, 110

Império Assírio, 166, 168-69, 617n57

conquista Israel (norte e sul), 143, 172, 188-89, 195, 203-04, 211, 219, 603n24, 610-11n83-85, 613n99; resistência israelita, 182-83; ocupado pela Babilônia, 173, 204, 212; Iavé controla, pune, 216, 243

deuses do, ver deuses

Império Bizantino, 412, 422, 434, 445, 450

Síria parte do, 393, 421, 423; capturada do, 417, 432-33

Império Caldeu (neobabilônico), 173, 206

Império Persa, 390, 423-64, 426, 617n54, 622n61

deuses e cultos, 367

fonte P como voz do, 245, 251-52

Iraque tomado do, 417

Israel como membro do, 200, 218, 220, 352, 462, 509, 615n31; exilados enviados para casa, 216

o Islã conquista terras do, 445, 450-51, 461, 509

Império Romano: e cristianismo, 309, 322, 326, 373, 380, 416, 462; competição, 328-29, 358, 368, 410; domínio, 381; alianças interétnicas/fraternidade, 313, 333, 340, 350-51, (vs. perseguição) 339, 347, 460

deuses do, 108, 233, 313, 410; estrangeiros, 367; do Estado, 339, 346, 367

e judeus, 232, 335, 626n2; antissemitismo, 233, 236, 457; isenção

ÍNDICE 685

dos judeus dos rituais, 618n22; romanos destroem templo, 432, 434

como império multinacional, 325, 350, 417, 503, 509; se expande, 337, 450

e a Pax Romana, 343, 452

Império Selêucida, 232

Inanna/Ishtar (deusa mesopotâmica, deus posterior), 91, 101, 107, 141, 161, 189

Índia, 282, 378

infiéis: Meca, teologia de, 396

guerra muçulmana contra os, 409, 413, 441; proibição de, 644n14 (ver também jihad)

má tradução da palavra árabe, 467

massacre de, 226, 413, 457 (ver também genocídio)

punição aos, 227, 413, 454; na vida após a morte, 396, 454, 459

interesses próprios, 40-41, 101, 104, 499

altruístas, 278, 282, 336

políticos e econômicos, 163-65, 283

internacionalismo. Ver globalização; Israel, antiga (política externa)

intolerância. Ver tolerância/intolerância

inuíte (povo esquimó), 34, 52, 58, 549, 578n42

Irã, 417

Iraque, 417, 564, 637n20

Ireneu, bispo de Lyon, 406

irmãos Karamazov, Os (Dostoievski), 253-54

Isaac, 137, 139-40, 247, 425, 427-28, 621n54

Isaías (profeta), Primeiro, 121, 173, 175, 203, 213, 298, 345, 392, 612n95

nacionalismo do, 174, 186, 319

pensamento apocalíptico do, 170, 308; e salvação, 477

Isaías, Segundo ou Deutero-, 206-09, 213, 217, 220, 251, 617n55

comparação com Maomé, 463

e monoteísmo, 207, 242, 250, 352, 383, 395

expectativas apocalípticas do, 223, 300, 307, 319, 407, 455

salvação como imaginada pelo, 303, 459-60, 477

Ísis (deusa egípcia), 368, 634n23

Islã, 21, 427-28

conversão ao, 443, 452; banimento, 450

crenças cristãs e judaicas incorporadas no, 504;

proibição da carne de porco, 422, 425

derivação da palavra, 428

Deus do, 33, 125, 392 (ver também Alá; Deus [Abraâmico])

e guerra santa, ver jihad

e os judeus, 388, 395, 417-18; "rompimento com" 430; força judaico-muçulmana toma Jerusalém, 432-34; ritual judaico, 422, 504

e salvação, 358, 381-82, 460, 509

e tolerância, ver tolerância/intolerância

estabelecimento do, 403, 417, 434, 498, 504, 509

Império Islâmico, 381; expansão do, 381, 388, 445, 448, 450, 461, 509

moderno, 226, 381; críticos do, 412; radical, 385, 440

monoteísmo do, 419

relações ocidentais com o, 13, 439, 483, 491, 493-95; antipatia contra o, 440, 484, 485

rigor moral do, 420

"Terra do" vs. "Terra de Guerra", 446, 448, 449

tradição islâmica, 259, 401; ocidente judaico-cristão vs., 13, 396; sobre Maomé, 394, 404, 405, 416, (como Profeta) 393, 411; oral, 441, 447; pós-Maomé, 415, 432, 436, 441, 450; pré-islâmica, 396

Ver também Alcorão, o; Meca; Maomé

Islã, O (Armstrong), 395

Ismael e ismaelitas, 425-26, 432, 621n54

Israel in Exile (Albertz), 209

Israel, antiga: aliança e comércio com a Fenícia, 163-65, 172, 174

amonitas vs., 239-240, 410

arqueologia e história de, 126, 137, 182, 217, 385;

etapas de formação, 497, 509; mito de fundação, 193, 194; nome entra no registro histórico, 140; fusão de tribos, 139, 416, 508-509; Iavé em, 143 (*ver também* evidências arqueológicas)

origem cananeia sugerida, 132-34, 436, 503;

conquista assíria de, *ver* Império Assírio

conquista e exílio babilônicos, 199-204, 212, 218, 352, 357, 426, 503, (retorno do) 200, 220, 241-42, 244-, 250, 252; teologia

exílica, 200-201, 208, 240, 622n3

Deus de, *ver* Iavé

dez tribos perdidas" de, 172

divisão de (norte e sul), 141, 595n59, 596n66, 597n71, 613n99 (*ver também* Efraim; Judá)

domínio grego de, 220

e o Egito, 172, 174; hostilidade contra, 251-52, 319; escravizados no, 141, (fuga) 131-32, 357; exílio no, 134, 201, 240; êxodo do, debate, 134; submissão ao, 168, 199

El como parte do nome, 136-37

"filhos de" 143, 412

política externa, 162, 168; expansionismo, 195; cenário PE, 176, 182, 186, 192; internacionalismo, 105, 163, 168, 173, 176, 244, 280, (nacionalismo/xenofobia vs.) 168, 181-83, 186-87, 218, 280, 607n62, 613n99, (nacionalismo abrandado) 509

"reino de", 307

sob domínio persa, *ver* Império Persa

vassalagem de, 168, 172, 203

Israel, moderna, 482-83

israelita, *ver* Israel, antiga

ciência e, 13, 87, 257, 259, 270

e autoajuda, 376

e punição, 375

fase xamanística da, 43-61

poder político e emocional da, 97-98, 104;

sobrevivência da, 82

propósito da, posições contrárias à, 60

"selvagem" ou "primitiva", 19-27, 35, 38, 60, 127, 546; "astral", 188; evolução cultural e, 541-42, 545; como começaram as crenças, 562; linha entre a religião "civilizada" e a, 92; da Polinésia, 74-81, 85-87 (*ver também* chefarias; deuses; caçadores-coletores)

Ver também cristianismo; evolução religiosa; Islã; judeus e o judaísmo; moralidade

Iwatani, Toru, 263

Jacó, 136, 216, 245, 621n54
povo de, 142-44
Jacobsen, Thorkild, 378
James, William, 40, 56, 507, 540, 650n3
Japão, 479-82, 493, 557
Jardim do Éden, história do, 45, 127, 130
Jashar, livro de, 611n86
Jefté (líder militar), 239
Jeremias (profeta), 201, 357
Jeroboão I e II, reis de Israel, 170-71, 593n35
Jerusalem Bible, The, 591n2
Jerusalém, 172, 257, 259, 502n66
combates entre cristãos e muçulmanos por, 497
exilados que retornaram a, 200, 220, 245
força judaico-muçulmana conquista, 432-34
Iavé de, 186; templo de Iavé em, *ver* Iavé
libertada do domínio selêucida, 232
muçulmanos em oração voltados para, 422, 425, 431, 642n44

nome de, 229
seguidores de Jesus em, 633n7
Jesus Cristo, 93, 184, 504
crucificação e ressurreição de, *ver* Crucificação, a
equipara-se a Deus, 299; divindade de, 450
"histórico", 294, 354, 436, 463, 465, 477; como judeu, 503; considerado falso profeta, 461
com pregador, 259, 386, 503
como "Filho do Homem", 363-65
como filho de Deus, 299, 357, 360, 412; "adotado", 345, 423; Maomé nega, 422
como ilusão, 356
como Logos, 284-85, 354-55
como o Messias, *ver* Messias, o
como salvador, 357-59, 367; e salvação, 399, 477, 503; e pecado, 372
e amor, 222, 311; fraternal, 332, 334, 354, 503; pelos inimigos, 334-35, 457; interétnico, 348; vs. guerra, 223
e milagres, 297, 299, 300, 464
e o reino de Deus, 300-01, 303, 307-08
Maomé e paralelos, 386, 391, 395, 403, 405, 413, 455; comparação com, 436, 463, 464-65; enaltece, 423, 424
Ver também cristianismo
Jesus the Magician (Smith), 300
Jeú, rei de Israel, 166
Jezebel, 159, 161, 166, 167, 178, 189, 193

688 ÍNDICE

jihad (guerra santa), 125, 436, 439, 463, 509, 515
defensivo, 646n36
e *fard kifaya, fard aynl,* 448-49
jivaros (povo da América do Sul), 53-54, 59
Jó, livro de, 33, 464
João Batista, 299-300, 461
João, Evangelho de, 290, 294, 335, 385, 404
e o Logos, 284-85, 354, 424, 464
Joás, rei de Israel, 20-21
Jobs, Steve, 350
Jonas, livro de, 242-43, 244
Jordão, 637n20
jornais, 545-46
Josias, rei de Judá, 182, 193, 227, 289, 603n31, 612-13n99
comparação com Maomé, 413, 456, 457-58, 463
monoteísmo de, *ver* monoteísmo
morte de, 199, 201-202, 289, 292
Josué, livro de, 131, 177, 189, 459
história de conquista contestada, 134, 193, 593n29
Judá (sul de Israel), 139, 168, 174, 184, 206, 210, 597n72
ira do Senhor contra, 202, 292
poder de, 143-44, 204, 597n70, 607n57, 612-13n99; fins expansionistas, 195
vassalagem de, 172-73, 188
Ver também Israel, antiga
judeus e o judaísmo, 280
árabes, 424
casamento com gentios, 241
conversão ao cristianismo, 367
Deus dos, *ver* Deus

e a Crucificação, 436
e o islamismo, 388-89, 395, 417-18; forças judaico-muçulmanas tomam Jerusalém, 432-34; rituais judaicos no, 422, 504
e o Messias, 319, 424, 433
e salvação, 460; visão cristã do, 648n12
e tolerância/intolerância, 226, 235, 240, 244, 452; antissemitismo, 233, 236, 346, 457
fiéis tradicionais entre os, 253; Fílon, 233, 258
judaísmo, 220, 258-59; americano visão de Maomé dos, 425; visão particularista, 353; rejeição dos, 346; calendário ritual, 252, (Yom Kippur) 422, 425
lei judaica, *ver* Torá, a
monoteísmo dos, *Ver* monoteísmo
relacionamento de Paulo com os, 319, 321
relações de Maomé com os, 412, 417-18, 421-22, 424-25, 427-28; "rompimento" com os, 430
revolta judaica, 218, 237
rito da circuncisão, 259, 320, 344, 346, 427
Ver também hebraico, povo ; Israel, antiga
Juízes, livro, 177, 239
Justino (Santo Padre da Igreja), 346-47

Kaufmann, Yehezkel, 124, 125, 131, 134, 145, 157
kaynukas (tribo judaica em Medina), 430
!kia (estado transcendental), 580n15

ÍNDICE

Kirch, Patrick, 82
klamath (povo caçador-coletor), 28-30, 33-34, 36, 46, 58-59, 552
Klein, Ralph W., 200
Konner, Melvin, 57
Korpel, Marjo Christina Annette, 150
Krishna (deus hindu), 231
!Kung, boxímanes, 31, 34, 36, 40, 44, 46, 57
Kwakiutl xamãs, 52

Lamberg-Karlovsky, C. C., 106
Lambert, W. G., 103, 104
Lang, Bernard, 163, 166
Law of Primitive Man, The (Hoebel), 51
Lázaro, 299
Le Petit, Maturin, 71-72
lei, 77, 105-07, 110. *Ver também* Torá, a
Levítico, livro do, 279-80, 281, 385
liderança e autoridade. *Ver* poder político
Lídia (primeiro europeu convertido ao cristianismo), 322-23, 325
língua hebraica. *Ver* línguas
línguas semíticas. *Ver* língua
línguas: ambiguidade das, 228, 231-32
  árabe, 107, 388, 397-98, 417, 420, 467, 517
  aramaico, 249, 399 400, 517
  desconfiança mística das, 273
  egípcia, 116, 146
  hebraica, 107, 136, 146-47, 151, 228
  inglesa, 152-53
  semíticas e semíticas ocidentais, 107, 140, 399
  siríaca, 397-98, 400
  ugarítica, 126, 136, 150, 600-01n117

logos, 260, 270, 280, 282, 340, 353, 464
  como Verbo/extensão de Deus, 354-55, 394, 424, 532
  equiparado com a sabedoria, 265, 266-67, 271, 286
  Jesus como o, 284, 354
Lost Christianities (Ehrman), 344
Lot (sodomita), 239, 244
Lowie, Robert, 46-47, 58
Lubbock, sir John, 19, 22, 24, 27, 38, 562
Lucas, Evangelho de, 287, 294, 305, 309, 334, 345
  e o reino de Deus/vida após a morte, 301, 366, 367-68
Maat (deusa egípcia da verdade), 512
macabeus, revolta dos, 232
Macabeus, Segundo livro dos, 635n29
Maher, Bill, 520
maias, povo, 94-96, 99, 100
Maine, sir Henry, 584n45
mal, problema do, 33, 200-01
Malaquias, livro de, 218
Malo, David, 67, 69
Man, Edward Horace, 49, 52
mana (conceito polinésio), 69-70, 75, 85
Manassés, rei de Judá, 183, 202, 603n31
mandeus, 461
maniqueus, 424
Manuscritos do Mar Morto, 143, 291
Maomé: e Alá como único deus, 503-04
  como porta-voz de Deus, 392-95; ridicularizado, 405;
  comparado: a figuras do AT, *ver* Josias; Moisés; a Paulo, *ver* Paulo; a Fílon, 463
  doutrina pós-Maomé, 446-48

e a guerra, 410; jihad, 440-48; doutrina da guerra justa, 640n15

e cristianismo, *ver* cristianismo; Jesus Cristo

e judaico-cristãos, 393-94, 395, 397, 412

e o Alcorão, 386; versos satânicos, 411

e os judeus, *ver* judeus e o judaísmo

e salvação, 460, 477

em Meca e Medina, *ver* Meca; Medina incorpora a tradição abraâmica, 463-64

juventude e vida pessoal, 390

mar Vermelho, 128, 149, 232, 403

pensamento apocalíptico do, 391, 396, 404, 460

poder político de, 414, 419-21, 445, 457-58;

missão ecumênica titubeia, 428

reações modernas a, 412

revelações a, 394; "sinais" vistos por, 465-66

teologia de, 468-469

marcação étnica, 194

Marcião e o marcionismo, 345, 347, 353

Marcos, Evangelho de, 291, 294-306, 309, 311, 332, 359

Marduk (Bel) (principal deus da Babilônia), 110-20, 151, 199, 204, 211, 216

Maria (mãe de Jesus), 364, 424

Maria Madalena, 364

Marquesas, ilhas, 66

Marshall, Lorna, 36

Martinez, Homer, 11

Marx, Karl, e marxismo, 60-61, 65, 84, 98, 108

massorético, texto, 143, 597n72, 609n76

"materialista" como termo, 12

Mateus, Evangelho de, 295-98, 302, 305, 309, 332, 334, 345, 359, 367

fontes do, 305; dúbias, 294

Mbuti, pigmeus, 31

McCready, Wayne, 327

McNeill, William, 282

Meca: Caaba em, 421; peregrinação (hajj) a, 393, 397, 400, 417, 427, 504

como centro de comércio, 390, 400

Maomé em, 388, 412, 415, 455, 457; beligerância de, 430; fracassos, 404, 407-08, 413, 460; deixa a cidade de, 403, 410, 414, 415-17; tratado com, 420-21

muçulmanos oram voltados para, 431, 642n44

o pensamento em Meca, 396, 409, 413, 419, 423, 468; divindades, 391, 393, 411; Maomé desprezado, 405, 407

Medina (Yathrib): Constituição de, 421, 431

Maomé muda-se para, trabalha em, 403, 410, 413, 415, 455, 457; controla a cidade de, 456

suras de, 413, 416, 419, 446, 463

tensão entre Maomé e, 428, 434-35; três tribos judaicas expulsas, 430, 431

Meeks, Wayne, 322, 323

Melanésia, cultos à carga da, 214

Melcom (deus amonita), 163, 175, 183

memes, 26, 86, 541, 545, 546, 549, , 558

Mencken, H. L., 40-41

ÍNDICE

mentawai (povo de Sumatra), 50
mercado de ações, 43, 49
Merenptah, Estela de 140- 41
Mesa, rei de Moab, e Estela de Mesa,
203
mesoamericana, cultura 96, 98, 588n15
Mesopotâmia, 94, 98-99, 173, 218,
267
cidades-estados da, 101-02, 105, 109;
domínio babilônico das, 112;
interdependência das, 257
deuses da, 88-9, 91-97, 101-113, 135,
141, 189;
guias éticos da, 100; hierarquia da,
109;
Marduk toma o lugar dos, 112-
116; orações e lamento aos,
375, 377, 378; punição dos,
101, 381
Sargão conquista a, 107, 109, 141
Messias, o, 290, 309, 312, 622-23n3
Ciro descrito como, 220
Jesus como, 290-91, 309, 312, 321,
361, 364, 372;
visão ebionita, 344, 423; judeus não
aceitam, 319, 321, 424, 433;
Maomé aceita, 424-25
visão da Bíblia Hebraica das figuras
messiânicas, 291, 295
Micronésia, xamãs na, 50
milagres, 155, 297, 299, 300, 464
Milestones (Qutb), 439
Miller, Patrick D., 181
missionários cristãos, 27, 578n41, 57
misticismo, 45, 57, 273, 385
mitologia, 145-51, 156, 284, 385
Moab e moabitas, 128, 133, 163, 175,
183, 203, 204, 619n27

Deus pune, 210; Iavé cor
pós-exílico, 244-45
Modoc, xamã, 58-59
Moisés e o monoteísmo (Freu
Moisés, 133, 149, 193, 258, 4
625n55
considerado falso profeta, 461
Deus fala através de, 225, 247,
394
e o Logos, 264, 280, 286
e os Dez Mandamentos, 381
existência questionada, 134
Maomé e, 432; comparação com, 394,
403, 412, 436, 455
monoteísmo de, 20, 119
monolatria, 166, 167-, 174, 182. 345,
592n15, 603n31, 607n62, 82
evolução da, 160, 186, 192, 209; em
direção ao monoteísmo, 130,
162, 176, 195, 200, 212
monoteísmo: surgimento do, 21-22,
89, 158, 206, 250-51, 352, 374;
animismo desenvolve-se em, 27;
substitui o paganismo, 20, 132,
591n6; monolatria torna-se, *ver*
monolatria; politeísmo evolui para,
ver politeísmo
como derradeira vingança, 213
como filosofia, 218-22; desafiado,
126, 292
dimensões éticas do, 92
do islamismo, 419; Maomé, 391,
392, 400, 423, (concessão) 411-
12
e "deuses supremos", 578n25
evolui no Egito, 114-18; Israel, 120,
130, 134. 182, 200, 204, (datação)
503

INDICE 691

mentawai (povo de Sumatra), 50
mercado de ações, 43, 49
Merenptah, Estela de 140- 41
Mesa, rei de Moab, e Estela de Mesa,
203
mesoamericana, cultura 96, 98, 588n15
Mesopotâmia, 94, 98-99, 173, 218,
267
cidades-estados da, 101-02, 105, 109;
domínio babilônico das, 112;
interdependência das, 257
deuses da, 88-9, 91-97, 101-113, 135,
141, 189;
guias éticos da, 100; hierarquia da,
109;
Marduk toma o lugar dos, 112-
116; orações e lamento aos,
375, 377, 378; punição dos,
101, 381
Sargão conquista a, 107, 109, 141
Messias, o, 290, 309, 312, 622-23n3
Ciro descrito como, 220
Jesus como, 290-91, 309, 312, 321,
361, 364, 372;
visão ebionita, 344, 423; judeus não
aceitam, 319, 321, 424, 433;
Maomé aceita, 424-25
visão da Bíblia Hebraica das figuras
messiânicas, 291, 295
Micronésia, xamãs na, 50
milagres, 155, 297, 299, 300, 461
Milestones (Qutb), 439
Miller, Patrick D., 181
missionários cristãos, 27, 578n41, 57
misticismo, 45, 57, 273, 385
mitologia, 145-51, 156, 284, 385
Moab e moabitas, 128, 133, 163, 175,
183, 203, 204, 619n27

Deus pune, 210; Iavé condena, 242
pós-exílico, 244-45
Modoc, xamã, 58-59
Moisés e o monoteísmo (Freud), 119
Moisés, 133, 149, 193, 258, 414, 504,
625n55
considerado falso profeta, 461
Deus fala através de, 225, 247, 392,
394
e o Logos, 264, 280, 286
e os Dez Mandamentos, 381
existência questionada, 134
Maomé e, 432; comparação com, 394,
403, 412, 436, 455
monoteísmo de, 20, 119
monolatria, 166, 167-, 174, 182. 345,
592n15, 603n31, 607n62, 82
evolução da, 160, 186, 192, 209; em
direção ao monoteísmo, 130,
162, 176, 195, 200, 212
monoteísmo: surgimento do, 21-22,
89, 158, 206, 250-51, 352, 374;
animismo desenvolve-se em, 27;
substitui o paganismo, 20, 132,
591n6; monolatria torna-se, ver
monolatria; politeísmo evolui para,
ver politeísmo
como derradeira vingança, 213
como filosofia, 218-22; desafiado,
126, 292
dimensões éticas do, 92
do islamismo, 419; Maomé, 391,
392, 400, 423, (concessão) 411-
12
e "deuses supremos", 578n25
evolui no Egito, 114-18; Israel, 120,
130, 134. 182, 200, 204, (datação)
503

ÍNDICE

ojibwa (índios americanos), 49, 50, 51, 52

Omar ibn al-Khattab (líder muçulmano), 432

Ona (povo da Terra do Fogo), 51, 58

Onion, The (revista de humor), 546

Ontong Java, 585n70

orações, 22, 549
a deuses e deusas, 40, 74, 86, 369, 375, 378; antes de um arrombamento noturno, 583n30
cristãs, 40, 54; Pai-Nosso, 301
muçulmanas, 422, 425, 431, 642n44

Origem das espécies (Darwin), 465-66

Orígenes de Alexandria, 648n12

Origin of Civilization and the Primitive Condition of Man, The (Lubbock), 19

Origins of Biblical Monotheism, The (Smith), 131

Orlinsky, Harry, 213, 279, 280

Oseias (profeta), 167, 186, 191, 385, 610n80, 612n95

Oserápis (deus grego), 368

Osíris (deus egípcio), 358, 367-69, 373, 381, 512

Otto, Rudolf, 210-11, 564, 566-67

paganismo, 123-124, 146, 157, 235, 314
judeus despedaçam ídolos do, 237
Maomé e, 455; colabora com, 410-11, 423
substituído: pelo cristianismo, 340, 367; pelo monoteísmo, 20, 132, 591n6

Pagels, Elaine, 318

Pagels, Heinz, 521

Pai-Nosso, 301

Palestina, 189, 218, 300, 417, 482-83
moderna, 482-83

Paley, William, 469, 471, 472, 525

Paquistão, 454

parábola do bom samaritano, 306, 386

Páscoa judaica, 252

Paulo (apóstolo): e a vida após a morte, 360-62, 635n29
como apóstolo da caridade, 311, 354, 410, 415, 457
comparação com Maomé, 455-56, 457, 463
conversão de, 312
crenças pós-Paulo, 366
cristianismo paulino, 337, 344, 346, 351, 353;
epístolas paulinas, 294, 316
diferenças de doutrina, 329
e amor fraterno/relações amistosas interétnicas, 311, 314, 318, 340, 345, 348, 495, 497
e pecado, 371-72, 380
e salvação, 371, 648n12
recruta neófitos, 320-22, 415
relacionamento com judeus, 319, 321

pecado original, 371

pecado, 270, 371, 380

Pedro (Cefas; apóstolo), 316, 334, 626n4

pena de morte, 511n77

pensamento apocalíptico, 156, 214, 319, 361, 385
de Jesus, 300, 307-08, 395
de Maomé, 391, 396, 404, 460
judaico, 291, 360, 424, 434
reduzidas, 366-67; aviso de Paulo, 372-73

Reino de Deus, Reino do Céu, 300, 303, 306, 359, 404, 628n36; esperanças de,

Ver também Dia do Juízo Final; Apocalipse, livro do

PI (política interna), 178, 182-83, 186, 192

Pickthall, Muhammad M., 570

pigmeus africanos, 31, 562

Platão, 258

Plutarco, 634n23, 635n25

poder político: dos chefes, 71-72

de Iavé, *ver* Iavé

de Maomé, *ver* Maomé

deuses como lubrificantes geopolíticos, 101-103

dos xamãs, 58-59, 65

poder. *Ver* poder político

Poema épico da criação (clássico mesopotâmico), 113, 114

poliginia e poligamia, 51, 610n79, 637n13

Polinésia, 94, 105

chefarias da, 64-88; sanções morais nas, 100; e sacrifícios, 161

construção de canoas na, 67-68, 80, 85

crime e castigo na, 72, 375, 381

religião da, 74-81, 85-87; deuses, 63-69, 73-81, 92; moralidade, 584n44

tapu (tabu) e *mana* na, 69, 75, 85

politeísmo, 103, 108, 123, 596n69

desenvolve-se em direção à monolatria, 192

desenvolve-se em direção ao monoteísmo, 24, 109, 151, 157, 160, 177, 186, 191; momento crucial, 145, 189

dos árabes de Meca, 391, 393

israelita, 128. 436, 592n19; oposição de Elias e Josias, 160-61; 195, 289

Maomé/muçulmanos e o, 411, 419, 422, 427, 442, 452, 503; oscilação, 473

mitologia e, 150-51, 284

romano, 410 (*ver também* Império Romano)

Ver também deuses

política externa. *Ver* Israel, antiga; Maomé; guerra

Polynesian Religion (Handy), 67

Portais, Livro dos, 591n96

Poseidon (deus grego), 343

"Povo do Livro", 450-51, 461

previsão do tempo, 87-88

Primitive Religion (Radin), 60

projeto inteligente, 525-26

"propósito superior", 14, 254, 523

Provérbios, livro dos, 266, 283, 335, 385, 464

psicologia evolucionista, 26, 37, 56, 539, 544, 550, 563, 652n21

Ptahhotep, Instruções de, 100

punição. *Ver* crime e castigo

Putnam, Robert, 313

Q, o Evangelho segundo, 305-07, 309, 332, 366

qurayza (tribo judaica em Medina), 430

Qutb, Sayyid, 439-40, 452, 453

Rá (deus egípcio), 115, 152

racismo, 92, 116

Radcliffe-Brown, A. R., 23, 33, 35

Radin, Paul, 60

"Rainha do Céu", 189, 201, 597n72

Rasmussen, Knud, 34, 35, 52, 578n42

Redford, Donald, 118

ÍNDICE

Reino de Deus, Reino dos Céus. *Ver* pensamento apocalíptico

Reis, Primeiro e Segundo livros, 145, 155, 177, 183, 202

religião: atitude antirreligiosa (depois de 11 de setembro), 519-20

grega e romana, 328 (*ver também* cultura grega; Império Romano)

Religion of Ancient Israel, The (Miller), 181

"relojoeiro cego", história do, 469

ressurreição. *Ver* vida após a morte

retaliação divina, 214-15, 240, 406-07, 413, 454, 459. *Ver também* vida após a morte; dia do Juízo Final

revelação, escrituras como, 504

Rodwell, J. M., 423, 570

Rogers, Spencer, 54

Romanos, epístola de Paulo aos, 294, 311, 319, 326, 329

Rozin, Paul, 563

Runia, David, 262

Rute, livro de, 240, 244

Sabedoria de Salomão (Livro da Sabedoria), 266, 286, 624n28

sabedoria, 278, 283- 84, 336

literatura sapiencial, 266, 281, 335, 385, 464, 495

logos equiparado com, 265, 266, 271. 286

sabeítas, 647n6

sabeus, 461

Sabloff, Jeremy, 106

Sacerdotal (P), fonte. *Ver* Bíblia Hebraica

sacrifício humano. *Ver* sacrifício

sacrifício: crucificação como, 290; aos deuses, 74, 78, 97, 161, 557; humano, 69, 79, 84, 98

Saggs, H. W. F., 106

Sagrado, O (Otto), 210, 566

"sagrado", conceito de, 210-11

Sahlins, Marshall, 81

Sale, George, 570

Salmos de Salomão, 291

Salmos, livro dos, 121, 148, 178, 385, 475

Salmo 105, 130, 136, 146, 150

Salomão, ilhas, 69

Salomão, rei de Israel, 163, 168, 241, 611n91, 123

salvação, 214-15, 221, 459

ânsia por, no mundo antigo, 377

mundial/social, 500-01, 511; salvação individual vinculada à, 513; requisitos para a, 478

sentido do termo na Bíblia Hebraica, 508

Ver também dia do Juízo Final

visão cristã, 303, 357, 375, 380, 399, 459, 477, 503, 509; dos judeus, 648n12

visão muçulmana, 358, 381, 460, 477, 509

Samaria, 163, 172

Samoa, 66, 75, 77, 79, 81

Samuel (profeta), 20, 177

Sanders, E. P., 307

Sara (esposa de Abraão), 425-27

Sargão da Acádia, 107-09, 110, 141, 161

sarracenos, 433

Satã, 11, 220, 411; versos satânicos, 411, 423

Saul, rei de Israel, 20

Schmid, Konrad, 248, 250, 252

Schniedewind, William, 203

Schweitzer, Albert, 307

Sebeos, bispo da Armênia, 432, 642n42

ÍNDICE

Sedecias, rei de Judá, 199
Segunda Guerra Mundial, 480, 493
seleção de parentesco, 37
seleção natural, 12, 56, 413, 469, 531-32, 544
   amor inventado pela, 535-36, 540
   e "genes de Deus," 539, 650-52n2
   meio ambiente e, 37, 283
   processo de "projetar", 470, 499, 525, 540
Sem (filho de Noé), 251
semang, caçadores-coletores, 33, 34, 48
Seminário Teológico Judaico, 148
Septuaginta, a, 143, 225, 226, 228, 345
Serápis (deus egípcio), 368
Sermão da Montanha, 305, 309
Service, Elman, 38
Shaman, The (Rogers), 54
shasta (povo do Canadá), 51
shasu (nômades), 140-41, 595n60
Shemá. *Ver* Bíblia Hebraica
Sibéria, 19, 44, 48, 581n38
Sidônia, sidônios, 162-3, 183, 189, 210
simbiose igreja-estado, 97
Simpson, O. J., 560
sincretismo, 108, 618n16
síndrome de Estocolmo, 544
Sirac, livro de, 266, 269, 624n28
Síria, 123-125, 126, 390, 393, 396
   cristãos sírios, Deus sírio, 397-98, 400
   islamismo na, 417, 421, 449, 450
Smith, Huston, 385
Smith, Mark S., 131, 136, 149, 150, 151, 190, 206
Smith, Morton, 167, 220
Sobek (deus egípcio), 92
sobrenatural, o: anjos como seres sobrenaturais, 130, 151

ciência vs., 13
confiança das chefarias no, 64, 69, 75, 77
crença dos caçadores-coletores no, *ver* caçadores-coletores
Maomé e, 394-95
pluralismo sobrenatural, 181
poder de Iavé como, 127
Ver também espíritos
xamãs e, 48, 51, 58, 60, 65, 69, 78
Sociedade, ilhas da, 74, 75, 78, 79, 84, 87, 584n46
deuses das, 64, 66; orações, 86-87, 583n30
sociedades-estado ("civilização"): simbiose igreja-estado, 97-99
a evolução social alcança, 105
cidades-estados, 101, 105, 109, 142
código ético na, 100
surgimento da, 64, 88, 91, 94; Israel como, 139; problemas na, 377-78
Sofonias (profeta), 174-75, 191, 242, 612n95
sonhos, 23-24, 44, 48, 67, 135
Spencer, Baldwin, 53
Spencer, Herbert, 98
Suméria, 107, 141
superstição, 20. *Ver também tapu* (tabu)
Swanson, Guy, 578n42
Sweeney, Julia, 520
Sweeney, Marvin, 168, 199

Tácito, 339
Taiti, 63, 66, 82, 87
tapu (tabu), 69, 72, 77
tecnologia. *Ver* evolução tecnológica
tendas e fabricação de tendas, 323, 326

teologia do nome, 615n34

Terra do Fogo, 36, 51

terrorismo, 226, 483, 492, 547

Tertuliano, 257, 332

Tessalonicenses, epístolas de Paulo aos, 329-30, 360-61, 368

textos védicos da, 100, 375, 516

Theissen, Gerd, 182

Tiago (irmão de Jesus), 334

Tian (deus chinês), 281, 552

Tigay, Jeffrey, 178

Tillich, Paul, 520-21, 555

Time, revista, 11

Tiro, 162, 190, 341, 343, 612n99

tlingit (povo do Alasca), 44, 49, 53, 54, 582n65

Tobin, Thomas, 263

tolerância/intolerância, 125, 244, 351, 478, 497, 508

Tonga, 63, 64, 71, 75, 77, 79, 81, 84

Torá, a (lei judaica), 267, 280, 281, 306, 344

Fílon e, 231, 235, 264, 276

Maomé e, 422

Paulo e, 320-21, 335

Tradição abraâmica, 256, 440, 456, 461, 581 4

crenças não abraâmicas, 461, 511, 517;

superando as abraâmicas, 515-16

e o islamismo, 436; Maomé e, 394, 455, 463, (defende) 421-22

e outros deuses, 144

e salvação, 358, 477, 501, 508

"peculiaridade" da, 157, 503, 511, 516

tolerância na, 244, 478-79

três religiões de, 33, 89; nascimento das, 416, 504;

comparação entre, 463; conflito das, 13, 38, 125; e verdade moral, 500; nomes de Deus, 517

variação de bom e mau na, 440

transe, estado de, 44, 57

Tuckett, C. M., 305-06

tukano, xamã, 52

tungu (povo da Sibéria), 44

Twain, Mark, 558

Tylor, Edward, 22, 35, 112, 551, 562

ugarítico, idioma e textos, 126, 135, 145, 150, 189, 600n117

universalismo, 92-93, 99, 103, 280, 352, 354

de Iavé/de Deus, 116, 213, 240

monoteísta, 92, 109, 113, 114, 119, 208

urbanização, 626n74

variedades da experiência religiosa, As (James), 40, 56-57, 540

Varuna (deus do céu hindu), 375, 376

vassalagem, 168, 172, 188, 203, 610n81

védicos, textos, 100, 375, 516

Venture of Islam, The (Hodgson), 397

vida após a morte, 40, 118, 353, 358, 371, 381

de infiéis, 396, 413, 459; guerra santa e, 454

do rico e do pobre, 365, 367

imagens de Maomé da, 406-9, 460

Livro Egípcio dos Mortos, 373

moralmente contingente, 373, 380, 512

mundo inferior: Hades, 367; Xeol, 148, 365

"paraíso", 365, 460, 461

ressurreição, 290, 307, 360, 361-4

Ver também Dia do Juízo Final; espíritos

visão de Paulo da, 360, 633n17, 635n29

visão primitiva, 23, 36, 71, 74, 84, 98

von Rad, Gerhard, 270

Wansbrough, John, 646n23

washo (índios americanos), 50

Watt, Montgomery, 411

Weinberg, Steven, 505, 507, 508, 531

Wellhausen, Julius, 137, 245

Williamson, Robert, 73-74

Wilson, David Sloan, 651-52n2

Wilson, S. G., 327

Wisdom in Israel (von Rad), 270

Wright, Robert, 11

xamãs e o xamanismo, 20, 35, 43, 65, 161

como "fraude pia", 51-52

e o sobrenatural, *ver* sobrenatural, o

Jesus se assemelha, 300

Xenófanes (filósofo grego), 219, 259, 557

yahgan, candidatos a xamã, 53

Yom Kippur, 422, 425

Zeus (deus grego), 108, 218

zoroastrismo, 220, 452, 460, 509

Este livro foi composto na tipologia Sabon
LT Std, em corpo 11/16, e impresso em papel
off-white 80g/m^2 no Sistema Cameron da
Divisão Gráfica da Distribuidora Record.